Hermann Giesler

Ein anderer Hitler

Bericht seines Architekten

ARNDT

Titelseite: Großes Bild: Modell des geplanten Münchner Bahnhofs;
kleines Bild: Hitler an Gieslers Modell von Linz in einem Kellerraum
der Neuen Reichskanzlei im Frühjahr 1945 (Foto: Walter Frentz).

Bibliographische Information der Deutschen Bibliothek
Die Deutsche Bibliothek verzeichnet diese Publikation in der Deutschen
Nationalbibliographie; detaillierte bibliographische Daten sind im Internet
über www.dnb.de abrufbar.

ISBN 978-3-88741-306-4

Genehmigte Lizenzausgabe des Druffel & Vowinckel-Verlages
82205 Gilching
Titel der Originalausgabe:
Ein anderer Hitler
Bericht seines Architekten Hermann Giesler

ARNDT-Verlag
D-24035 Kiel, Postfach 3603

Gedruckt in der Europäischen Union

Vorbericht

„Über Geschichte kann niemand urteilen, als wer an sich selbst Geschichte erlebt hat."

Goethe, der in seinen ‚Maximen und Reflexionen' diesen Gedanken notiert, durfte die Kehrseite der Sentenz vernachlässigen: Jedermann erlebt die Geschichte, zu der er selbst fähig ist. Denn die Art und der Erfahrungskreis des Geschichtserlebnisses sind nicht nur vom Umfang der Kenntnisse und von Verstandesgaben bestimmt, sondern insgesamt von den sie einschließenden Eigenschaften des Charakters, von denen es abhängt, worauf sich die Aufmerksamkeit des Handelnden und Leidenden richtet und in welcher Weise er in seiner Welt produktiv wird. Umgekehrt: Obwohl auch für die Wanderratte die Regel gilt, daß „Reisen bildet", findet sie, wie es eine moderne Fabel* erzählt, in allen Städten nichts als die Abfallhaufen, und sie wird bei ihrer Heimkehr von ihresgleichen ohne weitere Schwierigkeiten am Geruch erkannt.

Selbst Art und Inhalt des bloßen Gedächtnisses sind bereits Kennzeichen der Person, und von nichts anderem als von deren Wert hängt es ab, ob sich die Überlieferung ihres Geschichtserlebnisses lohnt. Wer die Memoirenliteratur der neueren Zeit nur überflogen hat, weiß, daß dieser Satz wahr ist, und wird den Engländer David Irving verstehen, daß er über die vielen gefälschten und als zeitgeschichtliche Quellen publizierten ‚Tagebücher' „entsetzt, und als Historiker deprimiert, war*".

Nicht selten dienen solche Memoiren der Entschuldigung ihres Verfassers, in den meisten dieser Fälle folgerichtig der Beschuldigung anderer, ein peinlicher Vorgang, der zu nichts Vernünftigem führen kann. Denn wer sich mit Geschichte beschäftigt, mag sich nicht damit begnügen, mit dem Finger auf Verantwortliche zu zeigen, so wenig er solchen Urteilen wird ausweichen können. Aber er wird sein Plädoyer mit ganz anderen Empfindungen halten als der Staatsanwalt, der von Amts wegen immer das geheiligte Recht auf seiner Seite weiß.

Die nach 1945 für die Besiegten und auf längere Sicht auch für die sogenannten Sieger recht bequeme Formel „Hitler ist schuld", wie sie Speer noch 1966 zur zweckmäßigen Beleuchtung seiner eigenen verwirrenden Schuldbekenntnisse gebraucht hat*, reicht nicht aus, um ein Geschichtsbild zu begründen, das die komplizierten und über weite Strecken noch verheimlichten weltgeschichtlichen Vorgänge unserer Jahrhundertmitte verständlich machen könnte.

Es wird schon viel erreicht sein für das Selbstverständnis unserer Welt, wenn Leser unterschiedlichster Herkünfte und Ansichten an den Perspektiven dieser Erinnerungen Anteil nehmen könnten, ohne sich in den Streit unter den Beteiligten einzumischen, die im einen oder anderen Fall bestimmend in den Gang der Ereignisse eingegriffen haben. Das Gewaltsame und Fragmentarische der übermenschlichen Anstrengungen und Leiden, die in diesem Buch Erlebnis sind, mag erschrecken oder erregen, es ist ein monumentales Symbol menschlichen Lebens auf dieser Welt. Das hat Ranke gemeint, als er in der Vorrede seiner Wallenstein-Monographie dem Leser einprägte: „Wieviel gewaltiger, tiefer, umfassender ist das allgemeine Leben, das die Jahrhunderte in ununterbrochener Strömung erfüllt, als das persönliche, dem nur eine Spanne Zeit gegönnt ist, das nur da zu sein scheint, um zu beginnen, nicht um zu vollenden. Die Entschlüsse der Menschen gehen von den Möglichkeiten aus, welche die allgemeinen Zustände darbieten; bedeutende Erfolge werden nur unter Mitwirkung der homogenen Weltelemente erzielt; ein jeder erscheint beinahe nur als eine Geburt seiner Zeit, als der Ausdruck einer auch außer ihm vorhandenen allgemeinen Tendenz*.“

Hermann Giesler ist im Jahre 1898 in Siegen/Westfalen geboren. Sein Vater und sein Großvater mütterlicherseits waren Architekten. 1915 meldete er sich von der Schule weg als Kriegsfreiwilliger beim Pionier-Bataillon 7. Im Jahre 1917 wurde er Leutnant beim Pionier-Bataillon 6, im Verlauf des letzten Kriegsjahres wurde er zum Infanterie-Flieger ausgebildet.

Nach dem Ende des Ersten Weltkrieges ging er 1919 nach München, an die Kunstgewerbeschule, die spätere Akademie für angewandte Kunst, um wie sein Bruder Architekt zu werden.

Nachhaltigen Einfluß auf ihn gewann der Akademie-Professor Eduard Pfeiffer, ein anspruchsvoller und sensibler Architekt, den er seitdem als großen Lehrer verehrt, aber auch Riemerschmid, der später die Kölner Werkschulen aufgebaut hat, Preetorius, von dem er Schriftgestaltung, Graphik und Kunstgeschichte lernte, und Berndl, der Erbauer des Mozarteums in Salzburg. An der Universität erlebte er als Gasthörer Wölfflin, dessen Kunstwissenschaft und neue Grundsätze der Stilforschung die Interpretationslehre auch anderer Wissenschaften, wie der Theologie und der verschiedenen Philologien, bis in unsere Gegenwart beeinflußt haben. Wölfflins kategorische Unterscheidung von Renaissance und Barock bildet auch den Hintergrund für Auseinandersetzungen dieses Buches, z.B. mit manchen abwegigen Behauptungen Speers.

Von richtungweisender Wirkung auf Giesler war die Begegnung mit Oswald Spengler, dessen öffentliche Diskussionen er 1919 im Münchener Rathaussaal besuchte und mit dem er in der Kaulbachklause persönliche Unterhaltungen hatte.

Nach beendetem Studium heiratete er 1923. Aus seiner Ehe sind zwei Söhne hervorgegangen. Er wurde im gleichen Jahre Mitarbeiter im Büro des Augsburger Architekten Julius Th. Schweighart, mit dem auch später noch Verbindungen bestanden. 1926 leitete er das Architekturbüro Schweigharts in Berlin. Ab 1930 war Giesler selbständiger Architekt und Keramiker im Allgäu*.

Giesler schloß sich aktiv der nationalsozialistischen Bewegung an, deren Zielsetzung er sich von Beginn an verschrieben hatte. 1933 wurde er Bezirksbaumeister in Sonthofen. In den nächsten Jahren konnte er Erfolge in bedeutenden Architektur-Wettbewerben erringen; er wurde daraufhin wieder selbständiger Architekt.

Als noch unbekannter Architekt setzte er den Bau der Ordensburg Sonthofen durch, 1936 war er mit seinen Entwürfen für das Gauforum Weimar gegen erhebliche Konkurrenz erfolgreich. Er wurde 1937 Professor und errang für seine Architektur und seine Modelle auf der Pariser Weltausstellung einen Grand Prix und eine Goldmedaille. 1938 erhielt er den Auftrag, die deutschen Bauten für die nächste Weltausstellung in Rom 1942 zu planen. 1937/38 baute er das Haus Elephant in Weimar neu und entwarf das Gauforum für Augsburg. Im Wettbewerb um die Hohe Schule am Chiemsee erhielt er den endgültigen Auftrag. Am Ende des Jahres 1938 wurde er mit der Neugestaltung von München beauftragt und durch Erlaß Hitlers zum Generalbaurat ernannt. 1939 wurde er mit den Bauten auf dem Obersalzberg betraut.

Im Herbst 1939 übernahm Giesler neben den Friedensaufgaben kriegsbedingte Arbeiten. Er war zunächst im Luftwaffen-Bauprogramm tätig. 1941/42 führte er die ‚Baugruppe Giesler‘ im Baltikum, von 1942 bis 1944 war er Leiter der OT-Einsatzgruppe Rußland-Nord, 1944 bis 1945 Leiter der OT-Einsatzgruppe Deutschland VI-Bayern und Donaugaue, sowie Generalbevollmächtigter für das Bauwesen (GBBau) für dieses Gebiet.

Seit 1940 war er mit der Neugestaltung von Linz an der Donau beauftragt. Unter den letzten Fotos, die es von Hitler gibt, zeigen ihn einige im Bunker der Berliner Reichskanzlei, vor den Modellen dieser Planungen seines Architekten.

1945 kam Giesler als OT-Führer in amerikanische Kriegsgefangenschaft. Die Monate von Herbst 1945 bis Frühjahr 1947 verbrachte er in Gefängnissen, Camps und Cages des CIC. Im Mai 1947 wurde er vom Militärgericht Dachau zum Kriegsverbrecher erklärt und zu ‚life with hard labor‘ verurteilt. Die Amerikaner lieferten ihn ins War Crimes Prison Landsberg/Lech ein. Ende 1952 entließen sie ihn von dort; die deutschen Behörden erkannten seine Haftzeit als Kriegsgefangenschaft an. Die Hauptspruchkammer München stellte nach zweitägiger Verhandlung das Entnazifizierungsverfahren gegen Giesler ein. Den wertvolleren Teil seines früheren Eigentums, soweit es nicht verschollen ist, hebt ihm die Bundesrepublik Deutschland seitdem immer noch auf. Er arbeitet als freier Architekt.

Gieslers persönliche Notizen und Arbeitsunterlagen gingen 1945 natürlich verloren. Der Leser wird jedoch finden, daß sich seine Erinnerungen auch auf zahlreiche noch erhaltene Quellen stützen können. Die zitierten Erlasse und Berichte liegen beim Verfasser, zumindest in Ablichtungen. Nicht selten wurden diese Belege erst nach der Niederschrift der Erinnerungen aufgefunden, ohne daß dadurch eine Korrektur notwendig wurde. Auch ehemalige Mitarbeiter Gieslers haben einschlägige Angaben bestätigt. Überhaupt ist die Quellenlage wesentlich günstiger, als manche Zeithistoriker ihre Leser haben glauben machen. Auf sie ist die ironische Bemerkung David Irvings gemünzt, sie hätten „voller Erleichterung" beklagt, daß die meisten Dokumente vernichtet seien*. Zu Gunsten derjenigen, die der Vorwurf trifft, sei zunächst angenommen, daß bisherige Versäumnisse mehr auf Mangel an Umsicht beruhen.

Jedoch ist das gute Gedächtnis, auf das die Geschichtswissenschaft dringend angewiesen ist, keine bloße Himmelsgabe, sondern es baut sich zu einem erheblichen Teil durch Fleiß und methodische Arbeit überhaupt erst auf. Dies gilt auch für den Verfasser eines Erinnerungsbuches. Hermann Giesler hat unmittelbar nach Besprechungen mit Hitler den Inhalt solcher Unterredungen seinen Mitarbeitern ausführlich übermittelt, nicht selten in wiederholten Sitzungen und Gesprächen und zusätzlich in schriftlicher Form. Derartiges prägt sich ein. Es kommt hinzu, daß Weisungen Hitlers sich praktisch auswirkten, daß manche dieser Auswirkungen sich durch Folgen verstärkten und ohne weiteres belegbar sind. Daher konnte Giesler von Beginn der Haft an auch ohne schriftliche Unterlagen Gespräche mit seinen Mitgefangenen in Heidelberg und Bruchsal, in Ludwigsburg, Zuffenhausen und Dachau führen und die Erinnerung an das festigen, was er persönlich erlebt hat. Dies und nichts anderes ist der Gegenstand dieses Buches.

In Landsberg forderte sein Freund, Professor Dr. Franz Alfred Six, Giesler nachdrücklich auf, Erinnerungsnotizen niederzuschreiben. Diese Notizen sind vernichtet, zum Teil mehrfach; aber sie haben das Gedächtnis weiter gestärkt und kleinste Details so gesichert, daß Giesler in manchen Fragen der Datierung und bei der Wiedergabe von Äußerungen anderslautenden Veröffentlichungen aufs bestimmteste widersprechen kann. Mit Staunen bemerkt sein Gesprächspartner, daß ihm etwa Stellen in Texten auffallen, die schon bei der amtlichen Herausgabe vor 1945 gegenüber der ursprünglichen Fassung geändert worden sind und heute in der amtlichen Version von damals publiziert werden.

Nach seiner Haftentlassung aus Landsberg begann Giesler im Jahre 1953 systematisch Notizen anzulegen und in einem Zettelkasten zu ordnen. Dieser Zettelkasten ist die unmittelbare Grundlage des vorliegenden Buches.

Ein Beispiel für die Entstehungsweise ist die Erzählung vom Auftrag Hitlers, seine Grabstätte in München zu bauen. Hitler erteilte Giesler diesen Auftrag in einprägsamster Weise am 24. Juni 1940 in Paris; aber schon vorher, am

21. Juni 1939, hatte er auf dem Berghof im Gespräch über die Neugestaltung Münchens eine Planskizze rasch hingeworfen, auf der ein kleinerer Bau mit quadratischem Grundriß zu sehen ist. Über den Zweck des Bauwerks hatte Hitler sich ausgeschwiegen. Nachdem Giesler den Auftrag zum Bau der Grabstätte erhalten hatte, erinnerte er sich dieser Skizze und schrieb einen Aktenvermerk über den ganzen Vorgang. All dies hatte sich ihm eingeprägt. Im Jahre 1976, als Giesler die Niederschrift weitgehend abgeschlossen und den Behauptungen Fests und seines Gewährsmannes Speer über Hitlers angebliches Grabmal in Linz widersprochen hatte, fand er im Hauptstaatsarchiv München Hitlers Faustskizze und seinen eigenen Aktenvermerk im Original wieder*. Wie sich hier die Gedächtnistreue des Verfassers bestätigt hat, so erwartet er in anderen umstrittenen Fällen, daß seine Darstellung sich künftig von selbst sachlich rechtfertigen wird.

Es gibt auch Fälle, in denen erst nachträglich die Vorlage zu einer Schilderung hat festgestellt werden können. Dies betrifft zum Beispiel Hitlers Nacherzählung einer Anekdote von Gulbransson. Giesler versichert jedoch, Hitler habe die Geschichte so und nicht anders erzählt, wie er das festgehalten habe. Gulbranssons Original findet der Leser nun zum Vergleich in den Anmerkungen*.

Auch in der Diskussion über stilistische Einzelheiten hat sich bei Nachprüfung mehrfach gezeigt, daß Giesler sich an weit Deutlicheres als den bloßen Inhalt der Gespräche mit Hitler erinnert. So erwies es sich als verbürgt, daß Hitler den Begriff des Eisernen Vorhangs für die Abschirmung Rußlands gegen den Westen ständig benutzte. Nachforschungen haben ergeben, daß dies nicht nur auf seine Detailkenntnisse im Theaterbau zurückzuführen ist, sondern daß der bildliche Gebrauch des Wortes für den politischen Bereich schon lange vor Hitler nachweisbar ist. Ähnlich verhält es sich mit Wortprägungen wie ‚Umweltgestaltung‘ und ‚Umweltschutz‘, ‚Leichtbeton‘ und ‚Großraumbehälter‘ und andere, besonders technische, Begriffe, für die zunächst ein terminus post quem ab 1945 hätte vermutet werden können. Sie sind mit Sicherheit vor 1945 eingeführt.

Gieslers Gedächtnis hat noch eine weitere Eigentümlichkeit, die sich auf das Erinnerungsbuch entscheidend ausgewirkt hat: Es hält nicht den abstrakten Inhalt eines Gespräches fest, sondern es notiert gleichsam unmittelbar in direkter Rede. Dies ist nicht nur jedem Gesprächspartner Gieslers geläufig, sondern für den Historiker, dem es auf den Quellenwert solcher Äußerungen ankommen muß, sogar ganz leicht nachprüfbar: Die erhaltenen Aktenvermerke und andere originale Schriftsätze Gieslers aus der Zeit seiner Haupttätigkeiten benutzen nicht anders als dieses Buch die direkte Rede, um Gespräche und Weisungen festzuhalten*.

Es hatte deswegen keinen Sinn, Gespräche, die in direkter Rede sehr anschaulich selbst das Kolorit einer Unterhaltung bewahrt haben, in die indirekte

Rede zu transponieren, um damit kundzutun, daß der Wortlaut aus der Erinnerung festgehalten wurde und nicht auf schriftliche Quellen zurückgeht. Der Leser wird dies ohnehin im Bewußtsein behalten, da das Schicksal des Verfassers eine andere Form der Überlieferung nicht gestattet hat. Dafür wird man finden, daß auch in den bloß indirekt dargestellten Teilen der Gespräche der Gesprächston unverkennbar durchschlägt. Für die Rekonstruktion der Atmosphäre hat diese Eigenart des Verfassers ganz entschiedene Vorteile.

Um dem Leser die ohnehin gegebene Distanz zu erleichtern, sind aus diesen Gründen Anführungsstriche nur bei schriftlich überlieferten und belegten Zitaten verwendet. In solchen Fällen, in denen der jeweilige Sprecher verwechselt werden könnte, etwa bei einem im Gespräch berichteten Zitat, sind zur Unterscheidung einfache Anführungsstriche gesetzt, in Ausnahmefällen, zum Beispiel wenn beim Wortwechsel das Anführungsverb fehlt, steht ein Divis.

Wo unter der Überschrift eines Abschnitts ein Datum angegeben ist, bezieht es sich auf die mitgeteilten Ereignisse, die Thematik und den Hauptinhalt der geschilderten Gespräche. Hitler hat seine Grundüberlegungen häufig wiederholt und nach verschiedenen Seiten hin abgewandelt. Sie erscheinen daher auch in Gieslers Buch nicht selten mehrmals in verschiedenen Zusammenhängen. Es leuchtet aber ein, daß die einzelne Äußerung nicht immer mit Bestimmtheit hier oder dort datierbar ist; wenn ausdrücklich gesagt werden soll, daß ein Ausspruch für ein Datum verbürgt ist, so geht das aus dem Text oder aus den Anmerkungen hervor. Gemessen an dem langen Zeitabstand von den geschilderten Ereignissen, sind die präzisen Datierungshilfen noch erstaunlich zahlreich.

Die Wiederholung einiger Hauptgedanken ergibt sich nicht nur aus der Historie selbst, sondern auch aus der Tatsache, daß Giesler sich nicht als Chronist versteht. Der Architekt, der das räumliche Beieinander zu gestalten hat, sieht das Nacheinander der Zeitereignisse mit anderen Augen als der Politiker, der im Strom, wie es heißt, am Ruder ist. Der alte Hang der Menschen, ‚für die Ewigkeit‘ zu bauen, wird beim Architekten am ehesten verzeihlich, wenn sonst auch das ‚Tausendjährige Reich‘ dem Spott der ganzen Welt verfallen ist. Da wir uns also gewöhnlich, begabt mit dem windigen Witz der Rosenzweig und Güldenstern, auf der Bank niederlassen, wo die Spötter sitzen, mag der Architekt das alte Menschenrecht üben, sub specie aeternitatis zu planen. Dieses Recht übt er beiläufig auch in seinem Buch, indem er nicht geradezu schreibt, „wie man Domino spielt“ oder gar „wie die Korallenpolypen bauen“, sondern eben „wie ein Architekt baut, der zuvor seinen Plan entworfen und bis ins einzelne durchdacht hat[*]“. So setzt er gleichsam drei zusammenhängende Baukörper fest, in denen die architektonischen Elemente seiner Welt regelmäßig wiederkehren, jedoch so, daß sie drei unterschiedlichen Lebensbereichen wie in drei gesonderten Gebäudeflügeln dienen: Der Kerntrakt, das zweite Kapitel, enthält die Erlebnisse Gieslers als Städtebauer und Architekt; den Anfang gründet er nach dem Ende 1945 mit seinem Bericht de profundis, aus der bis ins Grotesk-Absurde hinabführenden Erniedrigung, und den Beschluß bilden die militärischen und weltpolitischen Aspekte der Erinnerungen. Der Exkurs nach dem zweiten Hauptkapitel ist, um es offen zu sagen, nur ein Anbau des Monuments. Er wird der Mitwelt vielleicht den meisten Gesprächsstoff liefern und ist insofern „notwendig", aus dem Abstand der Nachwelt aber wird er in den meisten Einzelheiten überflüssig sein.

Es ist nicht jedermanns Sache, die Vertrauenswürdigkeit einer Darstellung nachzuprüfen. Geschickt vorgetragene Lügen zu durchschauen, mag in seltenen Fällen sogar ganz unmöglich sein, obwohl auch heute noch gilt, daß Lügen kurze Beine haben. Dem an Politik und Geschichte Teilnehmenden bleibt aber wie dem Fachhistoriker beim Quellenstudium gar nichts anderes übrig, als in sich selbst Ereignisse und Handlungsweisen, aus denen Geschichte besteht, zu reproduzieren, so lebendig er nur irgend kann, und von daher Kriterien der Wahrheit zu gewinnen[*].

Wer diese Probe zum Beispiel bei den weitverbreiteten Büchern Speers macht, wird leicht feststellen, daß die Entscheidungen vor 1945 und die Ereignisse des Zweiten Weltkrieges aus dem Gesichtswinkel des Haftentlassenen und Haftgeschädigten überhaupt nicht mehr zu verstehen sind. Dieses Problem liegt tiefer als das Entsetzen des schon mehrfach zitierten David Irving über die nach 1945 umgefälschten Aufzeichnungen, von denen er gleich eine lange Liste aufführt. Der Zweifel reicht vielmehr in die Quellbereiche der Ausdrucksweise hinunter, die Goethe auf der Suche nach der Wahrheit der Naturwissenschaften in den „Materialien zur Geschichte der Farbenlehre" ins Auge faßt: „Man soll sich, heißt es, nicht an das Wort, sondern an den Geist halten. Gewöhnlich aber vernichtet der Geist das Wort, oder verwandelt es doch dergestalt, daß ihm von seiner früheren Art und Bedeutung wenig übrigbleibt[*]."

Daher sind Speers Erinnerungen vor allem ein Dokument des Jahres 1969; alles, was dahinter zurückreicht, muß daraus erst erschlossen werden. Genau dies aber hat Carl Zuckmayer für Speers „Spandauer Tagebücher" eingenommen; sie sind Teilen seiner Dramatik verwandt, ein Stück Zeittheater, für eine Weile bühnenwirksam, willkürlich als historische Darstellung, für ein Werk der Dichtung zu stoffartig. Aus unverblümtem Widerwillen gegen solche literarischen Geburten erregt sich Günter Zehm über den „Hölderlin" von Peter Weiss, der gegen alle geschichtliche Wahrheit auf der Bühne vom jungen Marx besucht wird. „Denn ein Publikum, das sich für Geschichte erst zu erwärmen beginnt, wenn man ihm vorführt, daß man mit ihr ohne Scheu fälschen und manipulieren darf, beweist ja nur, daß ihm die Geschichte selber überhaupt nichts mehr bedeutet[*]." Er schließt daraus auf „unsere hämische Gleichgültigkeit gegenüber der Vergangenheit" und fordert zur Wiederherstellung der Kontinuität auf. Das ist ein zwar unbequemes Ansinnen, bezeichnet aber den einzigen Weg zur „Bewältigung der Vergangenheit". Kurz und bündig hat das v. Studnitz formuliert: „Geschichtsbewußtsein verlangt, Geschichte als Kontinuität zu begreifen und nicht als Sortiment, aus dem sich die Nachfahren beliebig bedienen können*."

Speer und seine Mitautoren sind sich über diese Problematik im unklaren, soweit man nicht geradezu den Herzog Vincentio zitieren müßte, der sich gegen das „Gift der Schmähsucht" zur Wehr setzt mit den Worten: „Deshalb redet Ihr ohne Einsicht; oder wenn Ihr mehr Verstand habt, wird er sehr von Eurer Bosheit verfinstert*." Speers Unschärfe und Schummertechnik zeigt sich schon im Vorwort seiner „Erinnerungen": „Ich war bemüht, das Vergangene so zu schildern, wie ich es erlebt habe. Manchem wird es verzerrt erscheinen, mancher wird finden, daß meine Perspektive unrichtig sei. Das mag zutreffen oder nicht: Ich schildere, was ich erlebt habe und wie ich es heute sehe." Wer aber das Vergangene so schildert, wie er es heute sieht, der schildert es nicht, wie er es erlebt hat. Das ist der Grund für die Verzerrung der Perspektive; sie ist kein Schein für manche, sondern ein für jeden vernünftigen Betrachter bedauerlicher Mangel seines Buches.

Ganz unmißverständlich drückt sich Speer in den Spandauer Tagebüchern aus: „Entweder schreibe ich, wie ich es heute sehe, oder ich lasse es*." Aus der Sicht des Historikers ist es ziemlich belanglos, wie Speer oder irgend jemand sonst das heute sieht, was er früher getan hat. Wie er es damals gesehen hat, das ist heute Geschichte, und nur das wäre mitteilenswert. Der Propyläen-Verlag sucht aus der Not eine Tugend zu machen. Mit dem unangenehmen Geruch des Schmuddeligen, den die Neigung zur Psychologie leicht annimmt, erklärt er: „Auch wenn es nicht das Buch Albert Speers wäre, könnte es allerhöchstes Interesse beanspruchen – es ist das einzige uns bekannte minuziöse Protokoll einer nahezu lebenslangen Gefangenschaft –, und da verliert die Frage an Bedeutung, wer dieser Gefangene war, bevor er verurteilt wurde*." Da den Historiker etwas anderes nicht beschäftigen kann, als was der Gefangene war, bevor ihn der Sieger vor Gericht stellte, wird ihm spätestens bei dieser Bankrotterklärung deutlich, daß Speers Erinnerungen, stellvertretend für eine Bibliothek gleichartiger Erzeugnisse, ihm, wenn er seine Aufgabe ernst nimmt, weder als „eingeweihtes" noch als „aufrichtiges Buch" gelten dürfen, wie der Verlag an gleicher Stelle rühmt. Eberhard Wolfgang Möller hat dazu bereits 1970 festgestellt: „So einfach geht das nicht. Niemand kann vor Gott und Menschen eine Rolle spielen, die Weltgeschichte wird, und sich dann mit ein paar bußfertigen Entschuldigungen aus dem Staube machen*."

Aber nicht um den Fall Speer geht es an dieser Stelle, sondern um das Problem von Wahrheit und Dichtung in der Memoirenliteratur, ihren Quellenwert für denjenigen, der sich Geschichtsverständnis erwerben will. Vielleicht ist es doch notwendig, das Gesagte an einem harmlosen Beispiel zu veranschaulichen, um das sich politischer und weltanschaulicher Streit nicht lohnt.

Speers Lebensbericht beginnt mit folgenden Sätzen: „An einem Sonntag, dem 19. März 1905, 12 Uhr mittags, kam ich in Mannheim zur Welt. Der Donner eines Frühjahrsgewitters übertönte, wie mir meine Mutter oft erzählte, das Glockengeläute von der nahen Christuskirche*." Nun kann niemand etwas dazu, wenn er ein Sonntagsjunge ist. Bedenklicher stimmt schon die Tageszeit dieser ungewöhnlichen Geburt, zu der Donar und Christus ihre Stimme erheben, zumal wenn man weiß, daß die Glocken der Christuskirche zum erstenmal am Abend des 30. September 1911 ertönten, am Vorabend der feierlichen Kirchweih*. Niemand wird die liebenswürdige alte Dame, die hier mit ins Spiel gebracht wird, Lügen strafen; sie mag wohl irgendwelche andern Glocken gehört haben, wenn auch nicht solche mit dem Namen Christi. Mit Donar hat es dagegen seine Richtigkeit. Zwar kam er nicht um 12 Uhr mittags, sondern erst zwischen drei und fünf am Nachmittag, aber zeitlich stand er dem Neugeborenen auf jeden Fall näher als Christus*. Sollte irgend jemand unterschwellig aus den seltsamen Umständen der Speergeburt zu besonderen Ansichten verleitet worden sein – die Verführung ist groß –, der gehe nun in sich und nehme sich vor, bei aller Memoirenliteratur post festum ein kritischer Leser zu werden*.

Denn Hermann Giesler hat Arbeit und Mühsal dieser Niederschrift nach den Kämpfen und Leiden eines langen Lebens nicht auf sich genommen, um sich selbst nachträglich in irgendein Licht zu rücken, sondern um Zeugnis zu geben für Verhältnisse in Deutschland vor 1945 und in den Jahren unmittelbar danach, für die zahllose andere das Zeugnis verweigern oder so verfälschen, daß es einen ausländischen Historiker und jeden jungen Deutschen wundernehmen muß, wie Hitler in einem Volk von Widerständlern eine einzige Wahl hat gewinnen können.

Giesler berichtet, von wenigen ausdrücklich gekennzeichneten Teilen abgesehen, vom Standpunkt der jeweiligen Gegenwart. Er spricht nicht aus der Distanz. Dabei begünstigt ihn die Direktheit seines Gedächtnisses. Diktion und Tonlage der direkten Reden entsprechen nach der Erinnerung der Redeweise des Augenblicks und der Stimmung unter den beteiligten Personen. Es versteht sich von selbst, daß ein solches Buch mit dem Leser von heute rechnet, der von den Ereignissen nach seiner ganzen Lebensweise weiten Abstand hat, auch wenn er sie überhaupt nicht oder nur vom Hörensagen kennt. Weder mag Giesler eine möglicherweise bei ihm persönlich vorhandene Distanz überflüssigerweise zum besten geben, noch mag er seinem Leser die Art der Distanz vorschreiben. Er möchte ihm lieber die größtmögliche Selbständigkeit dem Stoff gegenüber zutrauen. Hierzu gehört das wache Bewußtsein, daß ein Erinnerungsbuch keine historische Darstellung ist. Diese ist Sache des Geschichtschreibers, der das Erinnerungsbuch als eine seiner möglichen Quellen auswertet. Mit diesem Stellenwert hängt es zusammen, daß es hier zwar ein ausführliches Namensregister und einen Anmerkungsteil mit Quellenbelegen, zusammenhängenden Ergänzungen und Literaturhinweisen gibt, aber nicht den Ehrgeiz eines eigenen Literaturverzeichnisses. Auch der Laie kann Memoiren, wenn er etwas dabei gewinnen will, grundsätzlich nicht anders lesen als der Fachmann. Insofern muß er beim Lesen Historiker sein.

Die Vorstellungsweise des Geschichtschreibers hat methodische Ähnlichkeit mit der des dramatischen Dichters. Er läßt seine Quellen sprechen wie Personen, ohne sie zu unterbrechen, und läßt jeder anderen ihr Recht auf Erwiderung, ohne ihr damit recht zu geben. Erst wenn ihm das Drama lebendig vor Augen steht, wird er sich von ihm freizumachen suchen, nach seiner Einsicht den Stoff verteilen und ordnen und schließlich nach Gelegenheit darüber urteilen.

Als Ranke nach jahrelangem mühsamen Aktenstudium zur Deutschen Geschichte im Zeitalter der Reformation so weit gekommen war, wagte er eine große Hoffnung auszusprechen: „Ich sehe die Zeit kommen, wo wir die neuere Geschichte nicht mehr auf die Berichte, selbst nicht der gleichzeitigen Historiker, außer insoweit ihnen eine originale Kenntnis beiwohnte, geschweige auf die weiter abgeleiteten Bearbeitungen zu gründen haben, sondern aus den Relationen der Augenzeugen und den echtesten, unmittelbarsten Urkunden aufbauen werden[*]."

Was damals Ranke für die Darstellung der neueren Geschichte schon nahe glaubte, davon sind wir heute in der Geschichte unseres eigenen Jahrhunderts noch weit entfernt.

Karl-Heinz Kausch

Landsberger Gespräche

DER FREUND FRANZ ALFRED SIX
von Giesler 1950 in der Zelle gemalt

Vor über dreißig Jahren begegnete ich Hermann Giesler auf geschichtlichem Boden zur Errichtung eines deutschen Kulturinstitutes. Wir hatten den gemeinsamen Auftrag Adolf Hitlers, ein Reichskulturwerk aufzuzeichnen.

Er gab unserer Freundschaft die gemeinsame Gesinnung, den Sieg, die Niederlage, das Gefängnis und die Wiederbesinnung.

In den Gesprächen in Landsberg ging es um die unzerstörbare Zuversicht auf die Einheit Europas, um den rationalen Gehalt unserer Auffassung der Welt, der Unveräußerlichkeit der uns zugehörigen technischen Zielbestimmungen, - kurzum, es ging um den revolutionären Sinngehalt der Bewegung dieses unseres 20. Jahrhunderts.

Jahre in Landsberg wurden Jahre der Standhaftigkeit, der Bestätigung einst gewonnener Erkenntnisse und der Richtigkeit der revolutionären Zielsetzungen. Die Landsberger Jahre gaben uns das Mandat zur Niederschrift dieser Gespräche.

Dr. F. A. Six, ehemals Professor an den Universitäten Königsberg und Berlin, ehemals Gesandter im Auswärtigen Amt als Leiter der Kulturpolitischen Abteilung.
Kaltern, Südtirol 1974

Ein Anfang nach dem Ende

War Crimes Prison Landsberg 1948

Adolf Hitler war ohne Zweifel eine Persönlichkeit, die sich in vollem Bewußtsein der Herausforderung unseres Jahrhunderts gestellt hat, sagte Franz Alfred Six zu mir, als wir im Hof des War Crimes Prison Landsberg unsere Runden gingen.

Was du mir bislang von deinem Wissen vermitteln konntest, hat meine Überzeugung nur gefestigt, in Hitler eine, in das ganze 20. Jahrhundert greifende, geschichtliche Erscheinung zu sehen.

Die Parteien im Deutschland von heute haben sich inzwischen formiert. Sie fühlen sich zeitentsprechend, und sie betonen das, wo immer sie die Möglichkeit dazu finden. Und doch wurzeln sie im vergangenen Jahrhundert; ich sage das bewußt. Da sie diese Verwurzelung nicht bestreiten können und auch gar nicht wollen, sind sie bestrebt, ihren heutigen Standort mit der kontinuierlichen Entwicklung aus den Jahren 1789 und 1848 und aus den Zeiten des Kulturkampfes unter Bismarck zu deuten. Doch betrachte dies nur als einen Hinweis, denn wir werden uns noch eingehend darüber unterhalten.

Man wird nun bestrebt sein, ein neues Geschichtsbild aufzubauen und Adolf Hitler in das 19. Jahrhundert verweisen. Es wird unsere Aufgabe sein, das historische Profil Hitlers zu umreißen, ihn als Sozialrevolutionär zu kennzeichnen, dem es gelang, den Klassenkampf zu überwinden, den Reichsgedanken in die Mitte aller Vorstellungen zu setzen und die Nation zur Einheit zu führen.

Ich sehe in Adolf Hitler keinen Zurückgewandten, sondern - um mit Nietzsche zu sprechen - einen weit Vorausgeworfenen. Das in absoluter Klarheit darzustellen, dazu werde ich wohl in den vor uns liegenden Gefängnisjahren Gelegenheit haben.

Giesler, du warst sein Architekt, – was hat dich an Hitler besonders beeindruckt?

– Die zwingende Faszination! Es ging eine Ausstrahlung von ihm aus, der ich mich nicht entziehen konnte. Wie oft habe ich das auch bei anderen erlebt, so, wenn er mit Soldaten sprach, die er auszeichnete, mit Generalen und Feldmarschällen, denen er Befehle gab. Diese Ausstrahlung war außergewöhnlich. Vielleicht liegt auch darin die Erklärung, weshalb keiner imstande gewesen ist, ihm offen mit der Waffe entgegenzutreten, ihn anzuschauen und dann zu schießen. Ich weiß, was ich da sage, und der Beweis liegt vor, - ob Beck oder Halder, ob

Fellgiebel oder Thiele, ob Tresckow oder Stieff! Oder sollte ich noch mehr Namen nennen?

Oh, Stauffenberg? - ja, ohne Zweifel ein Mann mit fanatischer Entschlossenheit - so meinte damals Adolf Hitler - und gegen einen solchen Attentäter gäbe es keine Abwehr, es sei denn den warnenden Instinkt oder letztlich doch den Schirm der ‚Vorsehung‘. Und er fügte hinzu, die Entschlossenheit setze aber den vollen Einsatz voraus. Die Bombe nur hinzulegen, das genügte nicht.

Im Cage Bruchsal kam ich mit einem alten Knacker zusammen, einem General aus der Heeresreserve - nicht Führerreserve, so wichtig war er nicht, der wußte alles ganz genau: Der Stauffenberg wäre wegen seiner Kriegsverletzung physisch nicht in der Lage gewesen, mit der Pistole auf Hitler zu schießen. Ich weiß, sagte ich, er hatte durch die schwere Verwundung den rechten Unterarm, ein Auge und dazu noch zwei Finger der linken Hand verloren. Er war mit dem Wagen auf eine englische Mine gefahren, - das hat ihn von der Wirkung des englischen Sprengstoffes in einer Bombe überzeugt. Immerhin, es genügte nicht, die Mappe mit dem Sprengstoff nur hinzulegen und alles Weitere der ‚Vorsehung‘ zu überlassen! Ich sagte ihm das in Erinnerung an die Bemerkung von Adolf Hitler.

Und überhaupt eine Bombe, nach Art der Anarchisten, der balkaneser Terroristen, der Chikago-Gangster, - das ist doch nicht die Waffe eines aristokratischen Offiziers, mit der nicht nur der verhaßte Diktator beseitigt werden soll, vielmehr zugleich rücksichtslos die eigenen Kameraden getötet werden. Demnach gab es unter den Verschwörern keinen, der bereit war, sich zu opfern, keinen, der offen mit der Pistole...Ganz scharf unterbrach mich da der alte General: ‚Die Bombe war die einzige Möglichkeit, um Hitler zu beseitigen‘, meinte er und sah mich mißmutig an. ‚Denn auf ihn zu schießen, war eben nicht möglich; zu sehr war er von der SS abgeschirmt, außerdem trug er eine Panzerweste, und er trug eine gepanzerte Mütze!‘ Ich fragte ihn darauf, von welchem Trottel er sich das hätte aufbinden lassen. Da wurde er markig. Das sei verbürgt, authentisch, er wisse das aus bestinformierter Quelle. Darauf ich: ‚General, Sie werden kaum ermessen können, wie gut ich informiert bin!‘

Wie konnte er auch ahnen, was ich alles in den Führerhauptquartieren erlebt hatte, daß ich alle Berichte einsehen konnte, die Bormann von Kaltenbrunner vorgelegt wurden, und was alles mir Adolf Hitler direkt vermittelte!

Natürlich gibt es jetzt viele Wichtigtuer und Hanswursten, die nun auf die Pauke hauen und renommieren, zu was sie im Widerstand fähig waren, was sie alles gewagt haben oder gar was sie alles wagen wollten. Wir brauchen uns doch nur an diese Edelinge zu erinnern oder an die in unseren eigenen Reihen zu denken, – so an Speer und seine Aussage in Nürnberg, wobei er den Waschbären „Tabun*“ an der Leine hinter sich her zog. Wir beide hätten ein so erbärmliches Niveau doch nicht für möglich gehalten. Das historische Profil Hitlers mußt du ergänzen: Er war demnach ein gepanzerter Teppichbeißer.

Six amüsierte sich über meinen Spott, erinnerte aber hartnäckig an seine Frage. Ich kehrte zum Ausgangspunkt zurück: Adolf Hitler hat mich durch seine Überzeugungskraft beeindruckt und durch seine Willensstärke, die sich mit dem Glauben an seinen Auftrag verband. Selbst nach der zweifellos großen Erschütterung durch den 20. Juli, weniger durch das Attentat selbst als dadurch, daß so etwas überhaupt möglich war, nach all den Enttäuschungen und dem offenkundigen und doch nicht faßbaren Verrat: Er verlor nicht den Glauben an die Nation, an den deutschen Menschen und an sich selbst. Das mißlungene Attentat bestärkte ihn im Glauben an seine Mission.

Ich weiß, was du nun fragen willst, deshalb möchte ich dir eine eigenartige Begebenheit schildern. Ich war im Februar 1945 einige Zeit im letzten Befehls- stand Adolf Hitlers, im Bunker unter dem Garten der Reichskanzlei. In einem großen Kellerraum im neuen Teil der Reichskanzlei hatte ich das umfangreiche Modell der Donauufer-Bebauung von Linz aufgebaut. Regulierbare Schein- werfer simulierten auf dem Modell die Besonnung im jeweiligen Tagesablauf. Licht und Schatten machten den Rhythmus der Gebäudegruppen kenntlich, und die plastische Architektur wurde eindrucksvoll.

Adolf Hitler ging mit mir in der Zeit zwischen den Lagebesprechungen und oft auch nochmals nach der nächtlichen Teestunde in den Kellerraum und be- sprach mit mir anhand der Pläne alle Einzelheiten der Neugestaltung ‚seines‘ Linz. Oft aber saß er still und versunken in der Betrachtung des Modells. Es war für ihn ein Blick in die Welt des Friedens und des Aufbaus. Nach seinem durch die Frontmeldungen verschobenen Lebens- und Arbeits-Rhythmus konnte das um 3 oder 4 Uhr morgens sein.

Es war eine besondere Auszeichnung, wenn er den einen oder anderen Besu- cher, einen General etwa oder Dr. Goebbels, Dr. Ley, nach Besprechungen in den Modellraum führte. Mit Genugtuung nahm er deren Überraschung wahr. Ich erinnere mich an einen Abend, es war nach einem, wie mir schien, uner- freulichen Bericht von Kaltenbrunner, der mit verschlossenem Gesicht aus dem Besprechungsraum kam. Adolf Hitler sah mich durch die geöffnete Tür:

‚Kommen Sie, Giesler, wir zeigen dem Obergruppenführer das Modell. Kal- tenbrunner ist Linzer, die Neugestaltung seiner Heimatstadt wird ihn interes- sieren!‘

Es war ein spontaner Entschluß, und der Ablauf dieser Modellbesichtigung hat sich mir besonders eingeprägt.

Die Scheinwerfer wurden eingeschaltet, und Adolf Hitler erläuterte:

‚In der Morgensonne leuchtet nun der Pöstlingberg auf, die Gebäudegruppe mit der Wallfahrtskirche im Mittelpunkt - jetzt die vergoldete Turmbekrönung mit den auffliegenden, stilisierten Falken auf dem Turm an der Donau über Ur- fahr - nun der Freinberg. Dort, Kaltenbrunner, sehen Sie, der Vierkanter auf dem Felsen, - das wird mein Alterssitz! Nun liegt das Sonnenlicht voll auf der Donau und der Bebauung ringsum.‘ So fuhr er fort, sein Linz zu beschreiben.

Als beherrschter SS-General mit der Statur eines Zehnkämpfers und dem kühlen, nüchternen Blick des Juristen - du kennst ihn ja! - hatte der Chef der Reichssicherheit den Raum betreten. Doch nun war er verwandelt, die Augen folgten jedem Hinweis. Mit Hitler beugte er sich über das Modell, um alle Einzelheiten zu sehen, die ihm erläutert wurden.

Ich stand abseits und nahm diese Wandlung in mich auf. Adolf Hitler sah seinen SS-Führer an:

‚Mein lieber Kaltenbrunner, - können Sie sich vorstellen, daß ich so über meine Pläne für die Zukunft sprechen könnte, wenn ich nicht zutiefst überzeugt wäre, daß wir diesen Krieg wirklich am Ende gewinnen werden?‘

Wie ich schon sagte, das war Mitte Februar 1945! Adolf Hitler sprach ruhig, aber überzeugend, wobei er Kaltenbrunner, der ihn fast um einen Kopf überragte, im Blick seiner zwingenden Augen hielt.

Six sah mich wortlos an. Das Läutesignal beendete in diesem Augenblick unseren Aufenthalt im Gefängnishof. Auf dem Weg zurück in die Zellen schloß ich meinen Bericht ab:

Etwa 8 Tage später fuhr ich mit Kaltenbrunner nach München. Schweigsam verlief die nächtliche Fahrt. Als wir uns verabschiedeten, sagte er:

‚Nun beginnt wieder ein neuer Tag der Gegensätze. Es stehen die nüchternen, harten Meldungen und die nicht zu leugnenden Tatsachen im Widerspruch zur gläubigen Zuversicht des Führers.‘

Was er wirklich dachte, habe ich nicht erfahren.

Seltsam ist das Ganze! sagte Six, als wir uns vor den Zellen trennten.

Die Grabstätte

Adolf Hitler stellte dir einmalige Aufgaben, bemerkte der Freund bei einem unserer nächsten Landsberger Gespräche. Weimar, Augsburg, München und Linz, – welcher Stadt und welchen Planungen darin war Adolf Hitler nach deiner Meinung besonders verbunden?

Ohne Zweifel Linz, seiner Heimatstadt, und darin besonders der Donauufer-Bebauung. Aber auch in München gab es einige Planungen, die ihn besonders beschäftigten. Darüber möchte ich dir berichten, und es wird dazu führen, daß du abschließend wieder sagst: ‚Eigenartig‘ oder ‚seltsam‘. Aber ich muß dabei weiter ausholen.

Nur zu, – wir haben viel Zeit! Ich möchte meine Frage noch erweitern, warf Six ein. Welche Aufgabe war für dich von Bedeutung? Und in welchem Bauwerk sahst du die Möglichkeit, die Einheit darzustellen, von der du immer sprichst: Eine Gestaltung im Denken und Fühlen, im Gleichklang von Raum und Zeit und in Übereinstimmung mit den Anschauungen, denen wir uns verschrieben hatten?

Zunächst möchte ich feststellen, daß ich mich zu keiner dieser Aufgaben gedrängt habe, auch nicht zu den Wettbewerben, nach deren Gewinn mir dann die Bauaufträge erteilt wurden.

Das betrifft vor allem die Neugestaltung von München und die Beauftragung mit Linz. Und ich habe Grund, dies besonders zu betonen, denn gerade das führte zu schroffen Auseinandersetzungen mit Speer, - doch darüber später einmal, das ist ein Kapitel für sich!

In Weimar ging es um die Zusammenfassung aller notwendigen Parteibauten zu einer Platzformung, die sowohl dem Wesen der Partei als auch der Stadtgestalt und der Eigenart Weimars entsprach. In zwei Wettbewerben, die sich durch Änderungen im Bauprogramm ergaben, trat ich gegen eine ausgewählte Gruppe von Architekten an, die durch ihren Rang und zum Teil durch ihre enge Verbindung mit dem kulturellen Leben Weimars prädestiniert erschienen für diese Aufgabe. Doch das genügte offenbar nicht, merkwürdigerweise entsprachen ihre Entwürfe weder dem durch Goethe, Schiller, Herder und Wieland, die Musiker wie Liszt und letztlich durch die Fürsten geprägten ‚Geist von Weimar‘, noch entsprachen sie dem Wesen der Partei, der dieser Platz insgesamt, die Halle und die Gebäude zu dienen hatten.

Bei Augsburg ging es weniger um die Formung eines Platzes durch die bauliche Darstellung der Partei als um eine städtebauliche Lösung. Im Vordergrund stand die Stadtgestalt und die Kontinuität ihrer großartigen Architektur. Das Raumprogramm der Partei wurde in einem achtgeschossigen Hochbau zusammengefaßt, wobei die unteren Geschosse noch dem Stadtinteresse und der Augsburger Industrie dienten, wie auch die Halle als ‚Stadthalle‘ gekennzeichnet wurde. ‚Ich möchte nicht, daß sich die Partei hier besonders wichtig nimmt‘, sagte mir Adolf Hitler.

Der Beauftragung mit der Neugestaltung von München hatte ich mich lange entzogen. Das hatte verschiedene Gründe. Diese Aufgabe, so schien es mir, ging über meine Kräfte. Das glaubte ich auch noch, als ich mit der Arbeit begann. Doch dann wuchs in mir die Zuversicht, denn nun lagen mir die Teilplanungen mit allen Erläuterungen vor, von allen Behörden, die bislang mit den städtebaulichen Strukturen der Stadt befaßt waren. Es waren zumeist Planungen von Fachidioten, wie man zu sagen pflegt. Jeder für sich und, statt Dieu pour nous tous, alle gegeneinander. Da fiel es mir leichter, den Stadtorganismus zu ordnen, statt Arme aus den Weichteilen wachsen zu lassen. Ich konnte die Prioritäten bestimmen, so, wo Haupt und Hintern zu sitzen hatten.

Ich begriff meine Aufgabe: Die Einheit der Stadtgestalt zu wahren, dabei aber Monotonie und zugleich Originellitäten zu vermeiden, Ausuferungen zu verhindern, eine Verkehrs- und Industrieplanung durchzuführen, die zur humanen Stadtform führen würde, Wohngebiete mit Grünflächen zu verbinden, - und vor allem das alte, traditionsreiche Stadtgefüge in pfleglichen Schutz zu nehmen, seine Urbanität zu sichern.

Alle Hinweise, die mir die besten Lehrkräfte bei meinem Studium in München gegeben hatten, wurden mir nun zum Fundament der Stadtformung. Und gleichzeitig ergaben sich aus der städtebaulich geordneten Gesamtform bedeutsame architektonische Verdichtungen und dominierende Baukörper.

Das konnte ausgelöst sein durch Verkehrsanlagen, durch die Sonderheit einer Straße, eines Platzes, durch historisch oder politisch begründete Forderungen, durch Bauwerke, die kulturellen Zwecken zu dienen hatten, durch Bauten für die Stadtgemeinschaft, die zugleich auch bauliche Sinnbilder unserer Gemeinschaft sein sollten. Im hohen Maße traf dies auch alles zu bei der Neugestaltung von Linz an der Donau. Doch ehe ich von Linz berichte, möchte ich über eine Planung in München sprechen; sie setzte in ihrer Gestaltung diese Einheit im Denken und Fühlen voraus, die dich so interessiert.

Am Morgen des 24. Juni 1940 standen wir im Invalidendom in Paris. Schon auf dem Weg zum Rund der Krypta zog Adolf Hitler mich an seine Seite. Und während wir dann wie gebannt auf den Sarkophag Napoleons schauten, sagte er leise zu mir:

‚Sie werden meine Grabstätte bauen, Giesler, wir sprechen später darüber!‘

Wiederum seltsam, sagte Six, und das am Tag des größten Triumphes – und weiter?

Das war das einzige, was er sagte. Er stand da in Ehrfurcht, den Kopf leicht geneigt, die Mütze an die Brust gepreßt. Nach geraumer Zeit schaute er in den Raum, in die Domkuppel, dann wieder auf den Sarkophag. Sehr ernst verließ er den Invalidendom. Außerhalb des Tores wandte er sich uns zu:

‚Bormann, ich will, daß der Herzog von Reichstadt nach Paris überführt wird.‘

Du bist dir doch wohl bewußt, daß das alles sorgfältig notiert werden muß, sagte Six, der aufmerksam zugehört hatte*.

Das habe ich schon wiederholt versucht, auch hier in Landsberg, aber immer haben sie mir die Aufzeichnungen weggenommen, zuerst die CIC-Makkabäer, dann hier die christlichen Soldaten.

Es muß einen Weg geben, deine Aufzeichnungen zu kassibern oder wenigstens außerhalb der Zelle zu halten, wo sie doch bei jeder Filzung gefunden werden. Du bist einer der wenigen Kronzeugen! Denn was von Speer über diese Dinge zu erwarten ist, das können wir uns nach seinem Verhalten in Nürnberg ungefähr vorstellen! Bitte erzähle weiter, – und ausführlich, wir haben ja Jahre vor uns.

Es war für mich nicht überraschend, daß Adolf Hitler nach dem Invalidendom als nächstes das Pantheon über dem Quartier Latin sehen wollte, die Grabstätte der französischen Geistesheroen. Doch es wurde für ihn eine Enttäuschung. Er ging bis unter die Kuppel, ein rascher, flüchtiger Blick ringsum, und mit einer jähen Bewegung verließ er den sakralen Raum. Im Freien atmete er sichtbar auf, sprach kurz mit mir über das römische Pantheon - ‚welch ein Glück, daß dieser Raum erhalten blieb‘ -, dann deutete er zurück: ‚Dieser Raum hier ist mehr als düster und bedrückend dumpf! Dabei ist doch jetzt heller Sommertag!'

Nun wußte ich, wie er sich seine Grabstätte nicht vorstellte! ‚Wir sprechen später darüber', - deshalb wartete ich, schwieg in den folgenden Monaten und fand auch keinen Anlaß, Fragen zu stellen. Wohl aber lastete die Vorstellung auf mir, daß ich dieser Aufgabe einmal entsprechen müßte.

Nach den Frankreich-Feldzug setzte die Planung und die Durchführung verschiedener Bauten wieder ein. Trotz der Ablenkung durch harte Arbeit befaßte ich mich gedanklich mit der Form der Grabstätte, deren Standort Adolf Hitler als Parteiführer in München sah, der Stadt, in der er die Partei aufgebaut hatte. Für den Führer der Nation wäre diese Stätte in Berlin gewesen. Aber auch ohne seinen direkten Hinweis wußte ich um den Standort und den baulichen Zusammenhang.

Denn dieses ‚Sie werden meine Grabstätte bauen' war eindeutig, es bedeutete, daß er sie nicht in einem der Ehrentempel am ‚Königlichen Platz' sah, wie oft angenommen wurde. Vielmehr sollte ich ein neues Bauwerk erstellen. Und damit stand für mich auch die einzig mögliche Raumform fest: Über den vielseitigen Grabstätten der Geschichte - in den Pyramiden, den gigantischen, mit Zypressen bestandenen Mausoleen des Augustus und des Hadrian, auch über dem Rundbau der Caecilia Metella, dem steinernen Grabmal des Theoderich, der kleinen, mit Mosaiken geschmückten Gruft der Galla Placidia, über der Grabkapelle Dantes und der Medici und den Krypten der Sakralbauten aller Zeiten stand ranghoch das römische Pantheon, wenn es auch erst in christlichen Zeiten für Raffael und einen König als Grabstätte diente: Die einmalige Raumschöpfung in Würde und Schönheit, die überzeugende und auch räumlich faßbare Synthese von Gottheit und Weltall, so hatte mir Adolf Hitler einmal in Erinnerung an seine römischen Eindrücke das Pantheon beschrieben. In dieser Raumform lag wohl der Grundgedanke für die ‚Grabstätte', von der ich im Entwurf ausgehen konnte, - gleich, ob in der klassischen Rundform, als Oktogon, oder in der strengen äußeren Form eines Würfels.

Die äußere Gestaltung und die Maßstäbe ergaben sich dann aus dem Standort und den städtebaulichen Bedingungen. Die Grabstätte mußte sinnvoll im räumlich-organischen Zusammenhang mit den Parteibauten stehen.

Als ich Ende 1938 mit München beauftragt wurde, übergab mir Speer Photos von den Skizzen Adolf Hitlers, soweit sie mein Aufgabengebiet ‚München' betrafen*. Ich sah diese Photos erneut durch und fand den Zusammenhang: Da war eine flüchtige Grundriß- und Querschnitt-Skizze für eine Basilika mit den eingetragenen Maßen 120/240 Meter. Darunter, handschriftlich von Speer: „Skizze zur Versammlungshalle München, gez. Obersalzberg d. 28. III. 37."

Hier war im Hallengrundriß von Adolf Hitler eine breite Überbrückung einer Straße skizziert und damit eine Verbindung der Halle über den Chor mit dem gegenüberliegenden Bauwerk angedeutet. Eine über der Brücke errichtete Galerie-Halle würde beide Bauwerke zu einer räumlichen Einheit führen, mit deutlichem Intervall durch verschiedene Bauhöhen.

Noch eindeutiger war eine Skizze Adolf Hitlers, mit der er mir – etwa Mitte 1939 – seine Gedanken zu einem Forum der Partei in München erläuterte*. Da war wieder diese Überbrückung einer Straße - der Gabelsbergerstraße, wie ich aus dem Gesamtzusammenhang erkannte - und damit die Verbindung der großen Halle mit einem quadratischen Baukörper, der in der Freifläche hinter dem Wittelsbacher Palais skizziert war.

Obwohl – oder vielleicht gerade deshalb, weil Adolf Hitler diesen Baukörper wortlos seiner Skizze hinzugefügt hatte und auch später keinen Hinweis über seine Zweckbestimmung gab, erfaßte ich instinktiv seine Bedeutung. Und durch die mir von Speer übergebene Skizze wurde ersichtlich, daß diese Überlegungen über Standort und baulichen Zusammenhang der Grabstätte schon zumindest seit 1937 bestehen mußten.

Doch zunächst schildere ich den städtebaulichen Zusammenhang dieser Planung. Für die ‚Halle der Partei‘ war ein Areal zwischen der Theresien- und Gabelsbergerstraße vorgesehen, östlich der ‚Alten Pinakothek‘, es lag günstig an

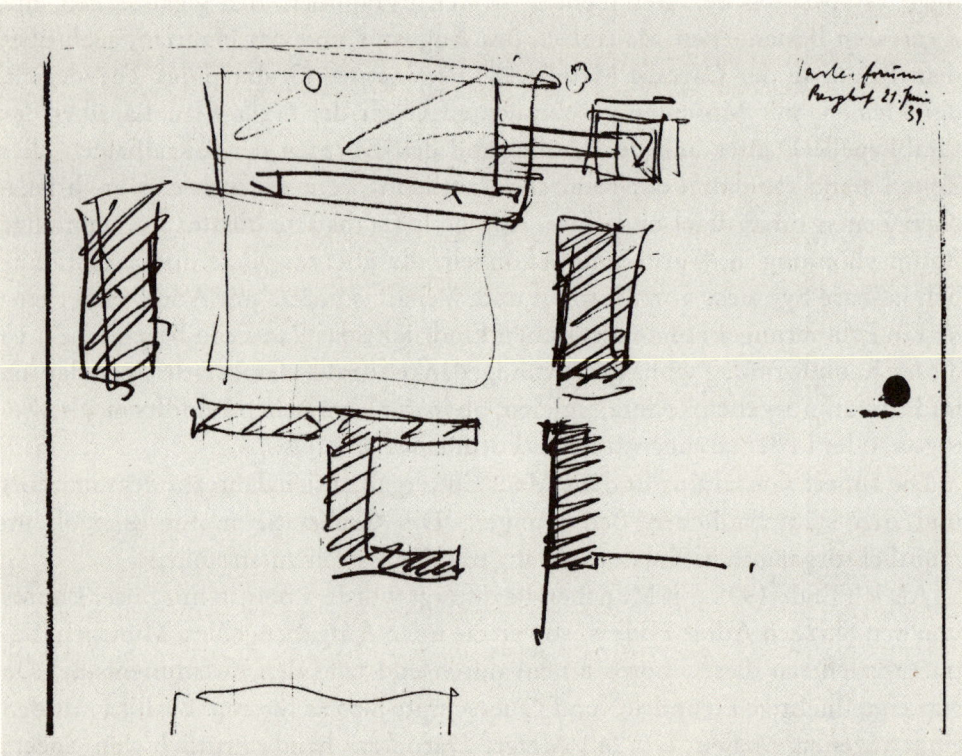

Hitlers Skizze zum Forum der Partei in München auf dem Areal der ehemaligen ‚Türkenkaserne‘. Die Halle der Partei mit der Überbrückung der Gabelsbergerstraße zur Grabstätte.
Bayerisches Hauptstaatsarchiv – Nachlaß Adolf Hitler Nr. 47.

der Nahtstelle zwischen dem Altstadtkern und dem Stadtring Ludwigs I., günstig auch zum Massenverkehrs-System der geplanten U-Bahn und der Unterpflasterbahnen.

Six unterbrach mich: Darüber mußt du eingehend berichten, denn die bislang ungelösten Verkehrsfragen – zur Zeit natürlich unwichtig – werden das Problem der Zukunft sein.

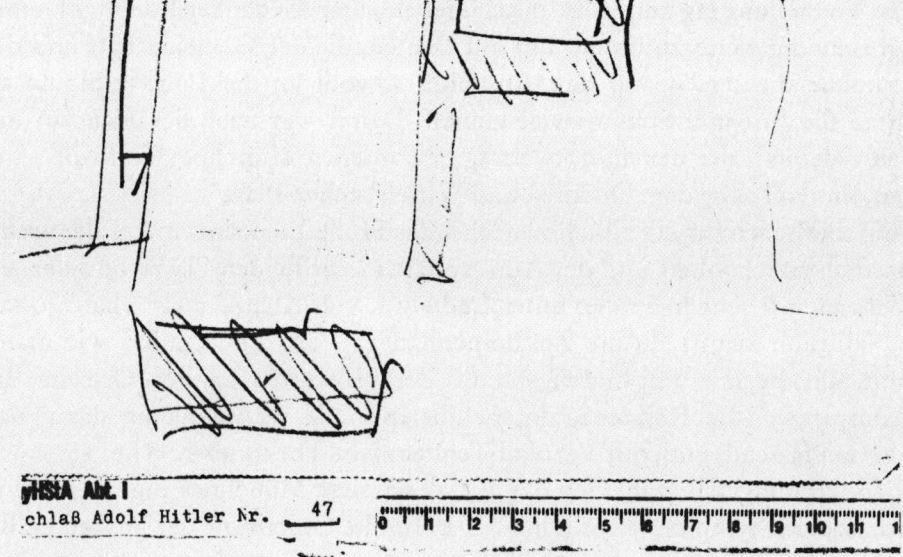

Gieslers angeheftete Notiz. Der zweite Absatz betrifft die Ostwest-Achse.

Auch damit haben wir uns damals eingehend befaßt, gab ich ihm zur Antwort. Aber unsere Planungen werden wohl nicht mehr beachtet, - das konnte ich den Redensarten eines Münchner rechtskundigen Stadtdirektors entnehmen, der mich voriges Jahr hier mit einem vom CIC zu vernehmen gedachte.

Die Auflassung der alten ‚Türken-Kaserne‘ ermöglichte eine räumliche Auflockerung. Es würde ein Raumgefüge entstehen, vom ‚Königlichen Platz‘ aus, entlang der Arcis-Straße mit den Erweiterungsbauten der ‚Glyptothek‘, bis zur Technischen Hochschule – nun, mit der Wendung nach Osten, hier würde mit den geplanten Flügelbauten der ‚Alten Pinakothek‘ ein großartiger Freiraum umschlossen, die plastische Fassade der schon begonnenen Parteikanzlei bildet den Abschluß. Anschließend begann dann die Platzfassung vor der ‚Halle der Partei‘: Es entstand so ein Platzgefüge von großer Spannung.

Dafür gab es ein frühes Beispiel, wenn auch in kleinerem Maßstab: den mittelalterlichen Kern von Verona mit seinen ineinandergefügten Freiräumen, Durchgängen und Hallen. Hier in München würde sich das in zeitentsprechender Form und in großzügigem Maßstab gestalten lassen. Als ich meine Vorstellungen aufgezeichnet hatte, erinnerte ich mich an einen Aphorismus von Nietzsche: ‚Es bedarf einmal der Einsicht, was unseren großen Städten fehlt: Stille und weitgedehnte Orte zum Nachdenken, mit hochräumigen langen Hallengängen‘.

Die Städte der Antike hatten dieser Einsicht entsprochen, aber vielleicht sah ich das zu idealisiert. Jedenfalls, - ich skizzierte die ‚hochräumigen Hallengänge‘ als Verbindungen der Straßen- und Platzräume, zugleich als eine offene Glyptothek. Ich ließ kleine Plastilin-Modelle fertigen, sie veranschaulichten die Dimensionen.

Die Vorstellung lag nun nahe, die städtebaulichen Gedanken Ludwigs I. einer Ringbebauung weiterzuführen, um mit Bauten, die der Gemeinschaft und der Stadtkultur dienten, später den Anschluß sowohl an die Ludwig-Straße als auch an die Brienner-Straße zu gewinnen. Damit war auch der Standort des neuen Odeons - der neuen, notwendig gewordenen Münchner Tonhalle - gegeben, sinnvoll nahe dem Odeons- und Wittelsbacher-Platz*.

Nun müßte ich dir eigentlich zunächst das Hohe Lied singen von der architektonischen Schönheit und der Atmosphäre dieser beiden Plätze und der anschließenden Brienner-Straße, unter Ludwig I. von Klenze meisterhaft gestaltet. Natürlich kennst du die Zusammenhänge, - am Ende, oder, wie man's nimmt, am Beginn der Ludwig-Straße der Hofgarten an der Ostseite des Odeonsplatzes, die Residenz, die Feldherrn-Halle rechtwinkelig dazu, den Platzraum fassend, und, mit Vertikal-Tendenz, die Theatiner-Kirche.

Nicht von ungefähr zähle ich das auf, denn diese Münchner Eigenart architektonischer Rhythmen war mit ein Anlaß für die Gestaltung der großen Halle, besonders für ihren Innenraum.

Nun gehen wir also von dem eigenwilligen ‚Platz vor der Feldherrn-Halle‘

in die Brienner Straße. Sie ist gefaßt von strengen, aber harmonischen Baublöcken in der Klassizität, die dem Klenze eigen war. Sicher bist du da oft
entlanggelaufen, befaßt mit deinen eigenen Gedanken hast du sicher nur unbewußt die Schönheit dieser Raumfolge aufgenommen. Darin das Beste: Der
noble Wittelsbacher Platz mit dem Arco-Palais und dem Reiterdenkmal des
Kurfürsten Maximilian I. von Thorwaldsen.

Nach etwa 200 Metern folgt links der langgestreckte, begrünte Platzraum,
der noch das ehemalige Glacis erkennen läßt, und an dessen Ende sich das
großartige Wasserspiel, der Wittelsbacher Brunnen von Hildebrand, als ideali-
sierte Form der Darstellung des ehemaligen Stadtgrabens befindet.

Wir blieben stehen, ich nahm ein Stück Holz und zeichnete in den fest-
getretenen Sand des Fußweges die Situation, um sie Six anschaulich zu
machen:

Hier öffnet sich nach rechts, von der leicht abgewinkelten Brienner Straße,
ein Platzraum mit Kastanienbäumen. Ich zeichnete weiter: Und hier, hinter
den Bäumen, lag das völlig zweckentfremdete ‚Wittelsbacher-Palais‘, – lag,
denn es ist, wie der Kastanienhain, durch Bomben restlos zerstört. Mir war
das kein Verlust. Das Palais hätte sich in der Maximilian-Straße in seiner
englisch-flämischen Neugotik durchaus eingefügt – an der Brienner Straße war
es ein Stilbruch. Ich mochte das Palais nicht, erst recht nicht in seiner letzten
Nutzung, – du weißt, was ich meine.

Im Vorbeifahren – es war noch vor Kriegsbeginn – deutete Adolf Hitler einmal zum Palais hin: ‚Dort verbrachte der Feuerkopf Ludwig I. damals, nach
seiner Abdankung, die letzten Lebensjahre, – recht freudlos, wozu auch noch
dieser Bau beigetragen hat, der seinem Wesen nicht entsprach*.‘ Als ich mich
seit dem Herbst 1940, erst gedanklich, dann in Skizzen und Plastilin-Modellen,
mit der Aufgabe ‚Grabstätte und Halle der Partei‘ beschäftigte, war ich jedenfalls zum Abbruch des Palais entschlossen, – allerdings ohne zu ahnen, daß
Adolf Hitler denselben Gedanken hatte. Dabei war dieser Entschluß nicht so
sehr durch den Rang des neuen Bauwerks ausgelöst, als vielmehr durch städtebauliche Überlegungen und den Zwang der Gestaltung.

Die Kommune zerstörte 1871 den Tuilerien-Palast in Paris, und der ehemalige Präfekt des Kaisers – Baron Haussmann – beantragte zehn Jahre später
die Beseitigung der Brandruine. So wurde aus dem Palast, dem keiner nach-
trauerte, der Tuilerien-Garten mit seinen Statuen im Herzen von Paris.

Ich plante anstelle des Wittelsbacher-Palais nach außen abschließende, nach
innen offene, raumbildende Platzwände durch Hallen. Sie sollten einen stillen,
doch großzügigen Gartenraum umschließen. Erst dann, nach dieser notwendigen Distanz von Straße und Verkehr, vom Alltag, würde abschließend der
quadratische, monolithische Block der ‚Grabstätte‘ stehen, mit der flachen
Kuppel, in der Raummasse vergleichbar etwa dem römischen Pantheon.

Drei Jahre später – längst hatte ich Planung und Modelle beiseite gelegt –

vollzogen amerikanische Bomber meinen Abbruch-Entschluß: Das Wittelsbacher-Palais lag in Trümmern. Ich bekenne, daß ich darüber erleichtert war;
im ganzen wuchs jedoch in mir die Bedrückung, von der ich zeitlebens nicht
mehr frei werde: Vernichtung und Zerstörung statt Aufbau und Gestaltung
standen am Ende meiner Münchner Zeit.

Aufmerksam hatte uns der Wachtposten vom Turm beobachtet, wir gingen
weiter. Daß ich meine Sand-Zeichnung nicht verwischte, schien ihn zu be-
ruhigen.

Merkwürdigerweise richteten die Bomben fast eine Totalzerstörung in dem
ganzen Areal an, weit mehr, als für den Abbruch bestimmt war. Der Raum
wurde damit frei für die Kulturbauten der Stadt, Zerstörungen beeinflußten
auch die Trassierungen der Verkehrsstraßen, der U-Bahn und der Unterpflasterbahn. Doch bevor ich dir nun die Gestaltung des Bauwerks im einzelnen darlege und damit deine Fragen beantworte, möchte ich noch eine
Replik einfügen: Wie sah Adolf Hitler das römische Pantheon?

Im Winter 1939 auf 1940 sprach er im kleinen Kreis öfter über seine – ich
möchte das Wort gebrauchen – ‚Römischen Impressionen‘ vom Mai 1938,
etwa so:

‚Eine glückhafte Fügung hat der abendländischen Kultur diesen Tempelraum
erhalten – sicher war es die Harmonie, die Feierlichkeit und Schönheit, die
den Raum vor Plünderung und Zerstörung bewahrte. Das frühe Christentum
hatte ja sonst wenig Achtung vor den »Heiden-Tempeln« der Antike.

Seitdem ich diesen Raum erlebt habe – keine Beschreibung, Zeichnung oder
Photographie wird ihm gerecht – hat mich seine Geschichte interessiert.

Der oströmische Herrscher Phokas, der sich zugleich als römischer Cäsar
fühlte, übergab den Tempel dem Papst. Der gab dem Raum durch die Über-
führung von »Märtyrerknochen« aus den Katakomben die erforderliche Weihe
und den Namen »Sta. Maria dei Martiri«. Damit war der Bann gebrochen, die
Götter der Antike, die als Dämonen den Raum behausten, waren vertrieben.
Hinfort schützten die Märtyrerknochen den magischen Raum, – was aber
einen späteren oströmischen Herrscher des 7. Jahrhunderts nicht hinderte, die
vergoldeten Bronzeziegel der flachen Kuppel nach Byzanz zu verschiffen.

Die Bronzeziegel waren ja außerhalb des geweihten Raumes! Ebenso außerhalb waren das Bronzegebälk und die Kassetten der Vorhalle, des Portikus,
aus denen dann Berninis Tabernakel für St. Peter gegossen wurde. Das geschah tausend Jahre später, im 17. Jahrhundert, auf Weisung des Papstes
Urban.

Welch großartige Grabstätte hat der Liebling der Renaissance, Raffael, in
diesem Raum! Dem schlichten Steinsarg in einer Nische fehlt nur der Abstand
gegen Zudringlichkeit, – gerade der Abstand ist es, der den Rang und die
Würde verbürgt!

Eine kurze Weile stand ich allein in diesem Raum – welche Majestät! – ich schaute zum großen, offenen Lichtauge, ich sah das Weltall und erfühlte, was diesem Raum den Namen gab: Pantheon – Gott und die Welt sind eins.'

Six hatte aufmerksam zugehört, er blieb stehen und meinte nachdenklich: Das ist für mich – und sicher nicht nur für mich allein – ein anderer Hitler! Ich kann nur wiederholen: Du bist verpflichtet zur Aufzeichnung! Erzähl weiter!

Später, im Herbst 1940, als er mich in die Aufgabe der Neugestaltung von Linz einführte, sprach Adolf Hitler nochmals über das römische Pantheon. Er hatte mich angewiesen, im ‚Turm an der Donau‘ einen Gewölberaum vorzusehen, als Grabstätte seiner Eltern. Über ein Glockenspiel hatte er gesprochen und über eine Tonfolge aus einer Bruckner-Symphonie. Nach einer Gedankenpause sagte er dann:

‚Stellen Sie sich vor, Giesler – wenn der Sarkophag Napoleons unter einem großen Lichtauge, wie dem des Pantheons, stehen würde, dem Wechsel der Tages- und Jahreszeiten ausgesetzt – wie groß der Gedanke, wenn über dem Sarkophag das weit geöffnete Rund steht, für das Tageslicht und den Nachthimmel, offen auch für Regen und Schnee und so verbunden mit dem Weltall.'

Von der Planung des Bauwerks

Die hochräumigen Hallen, ich sprach schon davon, führten von der Brienner-Straße zum monolithischen Block der Grabstätte. Sie schufen den notwendigen Abstand und umfaßten das Bauwerk seitlich. Einfache Durchgänge, schräg in die Steinwände geschnitten, führten in den Innenraum. In der Südfront des Bauwerks von der Brienner-Straße über den Platz gesehen, übermittelte ein strenger fünfachsiger, von Pfeilern getragener Portikus zum Eingang zwischen zwei Nischen, in denen bei besonderen Anlässen Wachen stehen sollten.

Der Innenraum entsprach in den Proportionen denen des römischen Pantheons, er sollte von großer Schlichtheit sein. Mit 40 Meter im Raum-Durchmesser und damit auch in der Höhe lag er bewußt unter den Maßen des Pantheon.

Der Raum hatte, außer den beiden unbetonten Zugängen an der Ost- und Westseite, von Süden her das betonte Portal und in dieser Achse nach Norden die weite und hohe Verbindung über die Brückengalerie zur Halle der Partei.

Als weitere Gliederung der Wandflächen und zur Betonung der Vertikalen hatte ich in den Diagonalen des Raumes halbrunde Apsiden vorgesehen, – keine weitere Unterteilung und kein Prunk, absolute Einfachheit, nichts sollte geheimnisvoll oder rätselhaft sein.

Ein einfaches Stufengesims unterteilte die Raumhöhe genau in der Mitte. Zwischen diesem Gesims und einem Architrav, der die Wandflächen abschloß, lag ein Metopen-Triglyphen-Fries*, dessen straffe Ordnung sich in den Kassetten und Rippen der Kuppel fortsetzen sollte. Die Kanten der Kassettierung zeichneten dann in ihrer Verjüngung nach oben nicht nur den sphärischen Verlauf der Kuppel bis zum glatten Druckring, sie bewirkten auch eine körperhafte Verdichtung: Die Kuppel würde weder lasten noch schweben, sie wäre dem Auge gegenwärtig, sie umschließt den Raum, und um so stärker wirkt das Gegensätzliche der großen Öffnung, – das Lichtauge in ihrer Mitte. Und diese Lichtöffnung plante ich – abweichend vom Vorbild Pantheon – um einen ganzen Meter weiter im Durchmesser.

Warum? unterbrach mich F. A. Six.

Ich könnte mich mit den anderen Lichtverhältnissen ausreden, – aber ich wollte eben mehr lichte Öffnung haben, und ich erhoffte mir damit eine erkennbare Veränderung des Raumeindrucks. Aber darüber hinaus, – ich wollte das weit offene Lichtauge, weil darunter der Sarkophag stehen würde.

So plante ich die Grabstätte Adolf Hitlers. Er ließ sich in den Trümmern der Reichskanzlei verbrennen, und es ist nicht auszuschließen, daß das, was von ihm blieb, nun in Rußland ist.

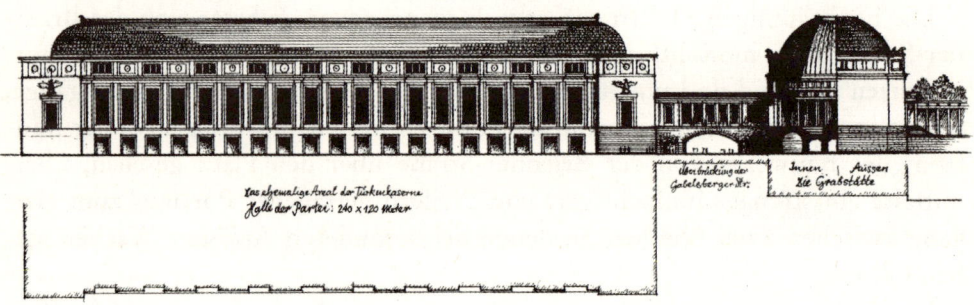

Die „Halle der Partei"

Erlebnisse, Urvorstellungen gleichsam, bestimmten zunächst die Planungen für die Halle der Partei. Sicher hast du damals auch einmal eine Kundgebung vor der Feldherrnhalle erlebt? Das war besonders eindrucksvoll in den Abend-Stunden, wenn die Architekturwände, die dreiseitig den Platz umfassen, im Licht von Scheinwerfern standen: Die Residenz, gegenüber die Theatiner-Kirche, und in der Mitte die Feldherrnhalle mit den leuchtenden Farben der Fahnen und Standarten, die sich, wie in einem Chor gestaffelt, aufbauen. Der Widerschein des Lichts traf die uniformierten Kolonnen, und über dem Ganzen lag der nachtblaue Himmel.

Ich dachte, etwas von diesem Eindruck müßte in der Halle, die ich entwerfen wollte, zu empfinden sein. Soweit das „Fühlen", da du erwähnt hast. Doch das „Denken" galt zunächst der Konstruktion. Schon bei der Halle für Weimar hatte ich die Lastabnahme der vorgespannten Stahlbetonbinder über die Wände aus tektonischem Empfinden durch eine Pfeiler-Reihung zum Raum hin verstärkt. Damit verkürzte ich zugleich die freie Spannweite der Binder. Der Untergurt des Binders erhielt eine knappe, kurvenförmige Aufhöhung, um die abgehängte Decke, durch die nun mögliche leichte Wölbung, als planeben erscheinen zu lassen, denn ohne diese Wölbung würde eine Decke in dieser Spannweite optisch durchhängen.

Bei der nun wesentlich größeren Spannweite der Halle der Partei entschloß ich mich zu einem sphärischen Verlauf der Decke in Form einer flachen elliptischen Kurve. Damit strebte ich eine Konstruktion an, die eine unabhängige und plastische Architektur der Hallenwände ermöglichte, ohne sie mit dem Druck weitgespannter Tragwerke der Dach- und Deckenkonstruktion zu belasten.

Du mußt wissen: Architekten sehen in der Vertikalen die stützende, in der Horizontalen die lastende Kraft, um es einfach auszudrücken. Das Zusammenfügen, die Tektonik, läßt einen spannenden Kampf dieser Kräfte sichtbar werden: Ausgleichend, wie beim dorischen Tempel, oder einseitig in der vertikalen Struktur des gotischen Doms, oder auch lastend, bei einer Überbetonung der Horizontalen. Die Tektonik wird nicht nur bestimmt durch den Baustoff, sie unterliegt auch dem Wandel der Anschauungen im Ablauf der Zeiten und auch den Standorten, – vergleiche einmal die dorischen Tempel von Paestum mit dem Parthenon!

Das Gewölbe ist Last und Stütze zugleich im sphärischen Verlauf. Ich ging deshalb von einem Stahl- oder Stahlbeton-Skelett aus. Die Konstruktion ermöglichte ein flaches Tonnengewölbe. In sphärisch elliptischer Kurve konnten die Binder – ohne die Wände zu belasten – unmittelbar in die Fundamente geführt werden, die zugleich auch den Seitenschub aufnahmen. Das entsprach der Halle mit 100 Meter Spannweite. Damit war die freie Gestaltung der Außenfassade und der Hallenwände des Innenraumes möglich.

Schon die erste flüchtige Skizze, die ich zeichnete, erinnerte mich an die Struktur der Basilika von Vicenza, eines Bauwerks, von dem in Dokumenten als dem „Palatium Vetus" schon im 12. Jahrhundert berichtet wird. Den Ursprung dieses Bauwerks führt der Renaissance-Architekt Scamozzi sogar auf Theoderich zurück, aber dafür gibt es keine Begründung. Die Wände der alten, zweigeschossigen, hohen Halle tragen ein freigespanntes Tonnengewölbe von fast 25×60 Meter.

In den Zeiten der italienischen Hochrenaissance umgab dann Palladio diese Halle mit einem zweigeschossigen Lauben-Umgang von 20 Meter Höhe und etwa 7 Meter Tiefe in der nach ihm benannten architektonischen Ordnung.

Die alte gotische Halle ist mit dieser Arkaden-Umstellung in der Säulen-ordnung der Renaissance zu einer Wesenseinheit und zu einem Begriff geworden: Zur berühmten Basilika von Vicenza.

Mir wurde dieses Bauwerk zu einer weiteren Anregung: Ich erkannte darin, wie die geplante große Halle der Partei maßstabsgerecht gegliedert werden konnte. Für die Halle ergaben sich damit Größenordnungen, die den Maß-stabs-Konstanten der Klenze-Bauten entsprachen. Die zweigeschossigen Um-gänge plante ich nun auch im Hallen-Inneren ringsum, aber in der Form völlig abgewandelt gegenüber den äußeren Umgängen. Der Erdgeschoß-Umgang ermöglichte ausreichende Ein- und Ausgänge für die Hallenebene auf beiden Längsseiten. Der obere Umgang erschloß die dreiseitige Tribüne der Halle, unter der sich im Erdgeschoß Nutzräume befanden, und die Ab-gänge zu den Substruktionen mit den Garderoben, den Kanälen für Beheizung und Stromversorgung.

Das Besondere waren die Mauerwerks-Scheiben. Sie verbanden die äußeren mit den inneren Umgängen mit schrägen Laibungen, dazwischen lagen die notwendigen Portale im Erdgeschoß und die Fensterreihung im Obergeschoß. Dazu, in der Längsrichtung, die Arkaden-Durchgänge mit Rundbögen. Diese Mauerwerks-Scheiben, die auch das Achsmaß bestimmten, umschlossen einen Hohlraum für den sphärisch elliptischen Verlauf der Binderkonstruktion, gleich ob aus Stahl oder Stahlbeton.

Unmittelbar aus den Fundamenten aufsteigend und ohne Belastung der Wände verbanden sich diese Bögen mit den horizontalen Rähmen und Pfetten zu einem statischen Gerippe für das Dach und die Innendecke. Das Decken-gewölbe, das damit ohne Auflager hinter der Arkaden-Architektur ver-schwand, wollte ich aus einer Lichtgrube oberhalb der Wandscheiben durch-gehend indirekt beleuchten. In dieser Art hatte der Architekt Ivar Tengbom die Decke der Stockholmer Musikhalle zur Abstrahlung des Lichtes gebracht. Die Deckenstruktur sollte durch abgestufte Kassetten im Rippennetz der Wöl-bung gebildet werden, flacher in der Vertiefung, je näher sie zum Scheitel kamen.

Vom Hallenchor aus gesehen, verbargen sich die Fenster hinter der plasti-schen Scheiben-Arkaden-Architektur, nur der einfallende Lichtschein sollte zur Wirkung kommen. Dementsprechend war auch hier, für den Abend, die indirekte Beleuchtung vorgesehen. So erhoffte ich mir, im Gegensatz zur Grabstätte, eine gewisse Unwirklichkeit des Raumes. Ich will es überspitzt als eine mögliche Verzauberung bezeichnen. Denn was allein die Lichtführung in einem plastisch gestalteten Raum vermag, dafür gibt es viele Beispiele.

Das Material für die Wandflächen mit den Scheiben und der Arkaden-Architektur sollte Untersberg-Marmor sein. Feinheit und ein warmer, leichter Goldton zeichnen diesen Marmor aus. Mit einem Maler besprach ich auch schon die Tönung des Deckengewölbes. Wie konnte man dem Raum die nächt-

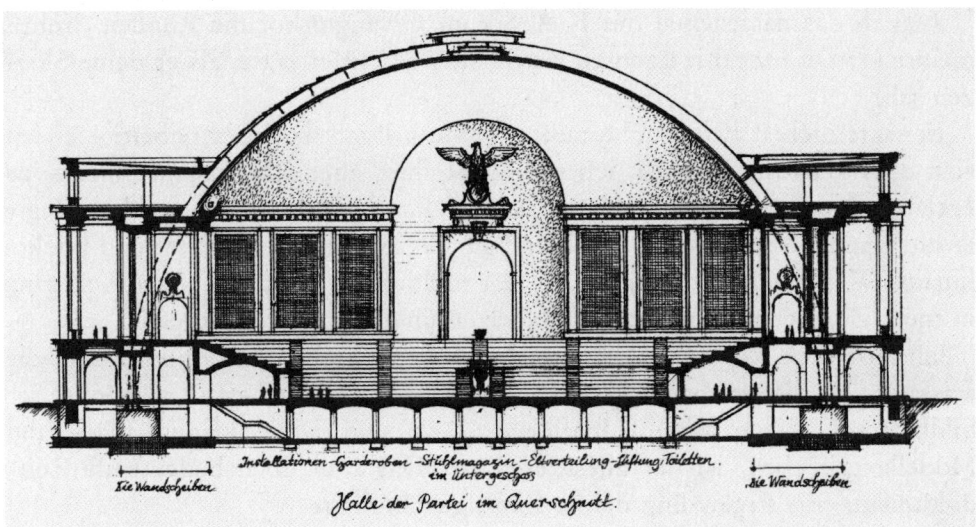

liche Feierlichkeit geben, die der dunkle Himmel dem Freiraum bei der Feldherrnhalle vermittelte? Wir kamen damals noch zu keinem Ergebnis.

Der Chor selbst, er war gestaffelt von der Hallenebene aus; so konnte auch
die Tribünen-Höhe einlaufen. Die Arkaden-Umgänge endeten dann in einer
Apside, darin sollte ein vorspringender hoher Bogen die Verbindung über die
Brückengalerie zur Grabstätte herstellen.

Aus dieser kurzen Schilderung magst du erkennen, wie vielfältig diese Aufgabe war, wie sehr sie das „Denken und Fühlen" voraussetzte und weshalb sie
mich völlig erfaßte.

Das war für mich sehr aufschlußreich, bestätigte F. A. Six. Konntest du
Hitler deine Planung vorlegen, und hat er dazu Stellung genommen?

Ja, das geschah im Zusammenhang mit der Einführung in die Aufgabe „Neugestaltung Linz", im Spätherbst 1940. Nachdem er die Grabstätte seiner Eltern
im „Turm an der Donau" bestimmt hatte, sprach er über seine Gedanken zur
eigenen Grabstätte. Wie eine Präambel dazu schien mir seine Vorstellung, der
Sarkophag Napoleons könnte unter dem offenen Lichtauge eines Raumes vom
Rang des römischen Pantheons stehen statt unter dem Laternen-Licht des
Invalidendoms.

Dann begründete er den Zusammenhang seiner Grabstätte mit der Halle
der Partei, er sprach von der verbindenden Überbrückung, über den Zugang
von der Briennerstraße aus und über die notwendige Abschirmung und Distanz
durch den Hallenhof. ‚Natürlich', sagte er, ‚das setzt den Abbruch des Wittelsbacher-Palais voraus – es ist noch nicht an der Zeit, darüber zu sprechen. Aber
befassen Sie sich gedanklich mit der ineinandergreifenden Raumfolge.'

Ich kramte in meiner Mappe nach dem Skizzenblock und einer Photographie
des kleinen Plastilin-Modells und legte ihm beides vor. Adolf Hitler war
überrascht.

Als ich das nächstemal mit F. A. Six im Gefängnishof die Runden drehte, meinte er: Du hast mir noch zu erzählen, was Hitler sagte, als er deine Skizzen sah.

Er sagte nichts! Er war überrascht, – wie soll ich das beschreiben? – er hat sich alles genau angesehen, ich stand vor ihm, aber ich brauchte nichts zu erklären. Nach einer Weile schaute er mich dann an, stand auf, und kurz legte er die Hand auf meine Schulter. Dann ging er zum großen Fenster und blickte hinaus. Wenig später begannen für ihn militärische Besprechungen, ich ging in mein Zimmer und machte mir Notizen über die Linzer Aufgabe.

Ich bitte dich, sagte F. A. Six, zeichne mir doch mal den Grundriß und die Fassade von diesem Bauwerk auf! Was du mir erzählt hast, das möchte ich bildhaft vor Augen haben. Überhaupt, – wo sind deine Skizzen, Pläne und Modelle geblieben, ist das alles gesichert? Das sind doch bedeutende Zeitdokumente zur Ergänzung deiner künftigen Berichte.

Was an Plänen und Modellen in Sonthofen war, ist wohl vernichtet, verbrannt. Die großartigen Holzmodelle, die auf der Weltausstellung in Paris 1937 mit der Goldmedaille ausgezeichnet wurden, sind mit Axt und Gewehrkolben zerschlagen worden. Dagegen ist das Modell der Münchner Ost–West-Achse mit dem neuen Hauptbahnhof jetzt im Besitz der Stadt München. Das konnte ich dem rüden und dümmlich-arroganten Geschwätz des rechtskundigen Stadtdirektors entnehmen, ich habe ihn schon einmal erwähnt. Er steht mir – wie du eben gesagt hast – ,bildhaft vor Augen‘, – denn selten erlebt man einen solchen Armleuchter! Und sowas fungiert als ,Treuhänder‘ für die ehemalige ,Dienststelle des Generalbaurates München‘! Er hatte alles, auch was ausgelagert war, beschlagnahmt, darunter das Modell der Ost–West-Achse. Aber auch mein persönliches Eigentum an Büchern, Bildern und Möbeln hat er einkassiert!

Voriges Jahr, im Spätherbst 1947, erschien er, mit Sekretär und CIC-Begleitung, um mich hier im Gefängnis zu vernehmen. Er hatte wohl die Vorstellung, ich könnte noch irgendwo etwas versteckt haben, was zu beschlagnahmen den persönlichen Einsatz eines rechtskundigen Stadtdirektors lohnte. Von meiner Frau war nichts mehr zu holen, die hauste mit dem Jüngsten auf dem Dachboden des Armenhauses von Thalkirchdorf, glücklich, daß sich der Älteste aus der Kriegsgefangenschaft gemeldet hatte.

Nun zur Vernehmung, - ,Einvernahme‘ nannte er es. Ein Wachtposten war dabei und ein Gefängnisoffizier, später kam noch der Provost-Marschall dazu. Der vom CIC in Uniform machte den Anfang: Stäähn Se bequäähm - riiehränn Se! Wo würdest du den einordnen? Six lachte nur.

- Ich konnte dem CIC-Befehl nicht entsprechen, denn ich stand schon so da, wie der David von Michelangelo - nur hatte ich keine Schleuder, sondern zeitgemäß eine Hand in der Hosentasche. Der Rechtskundige machte mir dann klar, - ich erinnere mich wörtlich -: ,Sie haben kein Eigentum mehr und werden nie wieder Eigentum haben, - dafür wird gesorgt!' So etwas macht natürlich auf einen Gefangenen mit Lebenslänglich einen ungeheuren Eindruck - haha!

Der Rechtskundige versuchte es nun mit dem ‚Verhör-Ton', weil er keine Ahnung hatte von dem, was in dieser Art schon alles hinter mir lag. Dann passierte das mit dem ‚Idiot'. So schmähte mich mit höhnischem Gesicht der Stadtdirektor, weil ich für München eine U-Bahn geplant hatte. Ich antwortete nicht mehr, er konnte fragen, was er wollte. Auch der ‚Riihränn-se' vom CIC mischte sich ein. Weil ich weiter schwieg, fingen beide lauthals an zu schreien.

Ich wandte mich dann an unseren Provost-Marschall und erklärte: ‚Ich werde nur noch Fragen der Gefängnisverwaltung beantworten'. Damit hatte ich mich in seinen Bereich gestellt, und er reagierte sofort. Er sagte ‚stop', die ‚Einvernahme' war beendet, er gab dem Wachtposten ein Zeichen, die Vernehmer ans Gefängnistor zu bringen. Der Gefängnisoffizier führte mich zurück in den Zellen-Block, beim Hinausgehen murmelte er: ‚Son of a bitch', - ich wußte, wen er meinte!

Ich hatte wohl einen Gönner bei der Gefängnisverwaltung, denn nach einiger Zeit - ich kam von der täglichen Arbeit in meine Zelle zurück - fand ich unter der Bettdecke die Abschrift eines Briefes, den der sehr ehrenwerte rechtskundige Stadtdirektor aus dem Rathaus-Zimmer 272/II an die Gefängnisverwaltung gerichtet hatte, datiert vom 17.10.1947. Darin forderte der Rechtskundige unter anderem die Gefängnisverwaltung auf, zu veranlassen, daß auf vorübergehende Zeit sowohl mein Schriftverkehr als auch persönliche Unterredungen mit Besuchern überwacht würden. Der Trottel glaubt wohl, wir hätten hier so eine Art Sanatorium mit täglichen Besuchern.

Ich muß schon sagen, die neuen Verantwortlichen von München danken es uns auf ihre Art, daß wir – mein toter Bruder und ich – damals mit vollem Einsatz gegen Kesselring die Erhaltung der Münchner Brücken durchgesetzt haben.

Darüber mußt du mir noch eingehend berichten, sagte F. A. Six. Doch zurück zu dem Stadtdirektor, - mit der Abschrift seines Briefes an die Gefängnisverwaltung kennst du jetzt auch seinen Namen?

– Der Mann war mir, in seiner Eigenschaft als ‚Treuhänder' der Dienststelle Generalbaurat, schon vorher bekannt. Für mich ist dieser Brief ein Dokument der Schuftigkeit mit Aktenzeichen. Aber was nützt mir das alles bei meinem Lebenslänglich?

– Na, warte mal ab, meinte F. A. Six, das Urteil halten die Amis nicht durch. Wie konnten sie denn aus dir einen Kriegsverbrecher machen, und wie kam es zu diesem Urteil ‚Lebenslänglich'? Doch zuvor, - wie erging es dir in diesem verruchten Bunker I in Dachau, nachdem man mich in das Nürnberger Gefängnis transportiert hatte? Auch das interessiert mich.

In der Tiefe

Der Bunker I in Dachau 1946/47

Franz Alfred Six und ich waren, wenn auch räumlich getrennt, im Hochsommer 1946 als Insassen im Bunker I von Dachau eingebuchtet. Der Essenträger und Kellenschöpfer Stork, ein Wiener, der Kriegsverbrechen verdächtig, weil er der NS-Volkswohlfahrt gedient hatte, vermittelte uns zugleich mit dem Hühnerfutter Grüße und gegenseitige Aufmunterung. Es begann so:

Im A-Flügel ist ein Neuzugang, hatte Stork zu Six gesagt, Giesler, der Generalbaurat von München. Darauf Six: Steht er, oder ist er weich?

Wenig später erhielt ich das Futter in den Blechnapf, gewürfelte Rote Beete mit Süßkartoffeln, in der blutfarbenen Brühe schwammen einige Maiskörner. Stork summte zwischen den Zähnen, ohne die Lippen zu bewegen: Gruß von Professor Six, er liegt in der Bunkerbaracke. Darauf ich: Steht er, oder wankt er?

Da fing der Kellenmeister das Lachen an: Genau das hat mich der drüben auch gefragt. Und zu den Spitzbuben, die aufmerksam die Fraßzuteilung überwachten: Mehr Maiskörner will er haben, hahaha. Ein Ami-Sergeant, der sich näher schob, wurde auch beruhigt. He wants more corn, hahaha.

Seitdem blieben wir über die Essensausgabe in Verbindung. Dabei erfuhr ich nach und nach, unter welch üblen Bedingungen Franz Alfred Six in der Bunkerbaracke existierte, die mit 300 Gefangenen belegt war. In seinem Raum, der gerade für 6 Mann ausreichte, hatten die Amis zwei Dutzend eingepfercht. Er litt unter Luftmangel und der schier unerträglichen Sommerhitze unter dem Pappdach, die Fenster waren mit Brettern zugenagelt. Dazu die schauderhaften hygienischen Zustände.

Doch das war allgemein, denn wann atmeten wir je die frische Luft - da mußte schon eine Verbrecher-Schau im ummauerten Bunkerhof der Anlaß sein, um uns aus den Zellen und der Bunkerbaracke herauszutreiben. Wir wankten in die frische Luft, wir hatten das Gehen verlernt.

Bei einer solchen Veranstaltung sah ich den Freund, wir winkten uns zu. Dann standen wir in Reihen hintereinander, wie Rekruten am ersten Tag, bereit für die berüchtigte ‚Bühnen-Schau‘-Auslese im Hof des Bunkers.

Da kamen sie. Umrahmt von CIC-Ermittlern und Wachtposten inspizierten uns ehemalige kriminelle KZler, dem Habitus nach waren es schwere Kaliber. Ich zwang mich, in diese Visagen zu schauen, die mich musterten, und war erstaunt, wieviel sie an boshaft-zynischer Gemeinheit auf ihrer widerlichen Gesichtsfläche und ihrem vollgefressenen Gefries untergebracht hatten. Als die Gangster an mir vorbei waren, schaute ich ihnen seitwärts nach und empfand den schauerlichen Kontrast: ausgerechnet diese Verbrecher suchten neue Opfer für die Dachauer Gerichtsmühlen.

Ob die Auslese erfolgreich war - ich weiß es nicht, denn mit „lets go" und „mak snell" wurde die erste Reihe der Gefangenen, in der ich stand, in die Zellen zurückgetrieben. Mit aufmunternden Zurufen der CIC-Leute begann nun die Inspizierung der nächsten Reihe.

Wenige Tage später übermittelte mir der Kellenmeister Stork den Abschiedsgruß von Franz Alfred Six. Sein Weg führte ihn in das Nürnberger Gefängnis und über einen der Nürnberger Prozesse zum War Crimes Prison Landsberg, in dem ich schon ein halbes Jahr vor ihm einsaß.

In unseren Landsberger Gesprächen konnte ich bald dem Wunsche des Freundes entsprechen und ihm meine Existenz und Erlebnisse im berüchtigten Bunker I schildern, bis hin zu dem makabren Prozeß, den mir ein Militärtribunal in Dachau machte.

Nichts an Widrigkeiten wurde mir unmittelbar zugefügt, - und doch, die Tage und Nächte, die Wochen und Monate in diesem Bau wurden - trotz oft grotesker Aufhellung - zur Bedrückung und Qual. Wir waren zu dritt in einer Zelle eingesperrt und fanden zur Kameradschaft: Ein Münchner Kunstmaler, der in den letzten Kriegsjahren als Hilfsgendarm tätig gewesen war, und ein Kriminalrat, Jurist, ein kultivierter Wiener. Er war ein faszinierender Erzähler und ein begabter Zeichner der skurrilen Ereignisse im Bunker.

In dieser Gemeinschaft konnte vieles leichter ertragen werden: Die Schikanen, die Schreie der Gefangenen, das hysterische Gekreische der WAC-Weiber, denen wir als Massenmörder und Naziverbrecher wie wilde Tiere im Zoo zur Besichtigung freigegeben waren, das tägliche Einerlei des Rote-Beete-Süßkartoffel- oder Tapetenkleister-Fraßes und das nächtliche Gebrüll der Bewacher.

Diese waren nun keineswegs unmittelbar amerikanische Soldaten - die lagen zumeist in der Wachstube am Eingang des Bunkers, die Füße auf den Tischen, ermüdet von ihren Eskapaden. Wenn sie überhaupt Diensteifer zeigten, dann war es vor den Zellen, in denen Frauen eingesperrt waren. Nein, unsere Bewacher waren Zigeuner, Polen und KZler, und sie unterstanden dem ‚Bunkerboß', und das war ein ehemaliger Sicherheitsverwahrter mit grünem Winkel aus dem KZ Dachau, ein brutaler, vierschrötiger Mann, den die Amis vertraulich ‚Hans' nannten. Im Hintergrund des Bunkers stand der aus Wien stammende CIC-Leutnant Guth, der sich auch Brown, Paul und Paulus nannte, Saulus wäre wohl passender.

Der Bunkerboß hat mir persönlich nicht das Geringste angetan, - und doch verfolgt mich noch heute sein Gebrülle in den Nachtstunden: „Albährt - Albährt

- Allbärt", mit dem er seinen Zellenhund oder Filzaffen antrieb. Albert, ein eher gutmütiger KZler, stammte aus dem Münchner Glasscherbenviertel und war des Bosses Ordonanz. Wenn das Gebrülle losging, wußten wir, daß wieder einmal ein Selbstmordversuch in den Zellen im Gange oder schon mit Erfolg vollzogen war. Ich wüßte nicht, daß je eine Nacht ruhig verlaufen wäre.

In den Wintermonaten 1946/47 begann ein ständiges Hinundher. Es waren die Zeiten der „Auslieferungen" gemäß ‚dispositionlist' für französische Bergwerke, für die Gefangenen-Transporte nach Rußland, Polen, der Tschechei und Jugoslawien. Sie wurden im Flur des Bunkers zusammengestellt. Splitternackt standen die Armen in den kalten Gängen, bis sie gefilzt, eingekleidet und gefesselt wurden. „Kameraden, habt ihr eine Glasscherbe für mich", hörte ich durch die Beobachtungs- und Freßklappe. Doch auch die Haarschöpfe der Gefesselten wurden noch auf Rasierklingenstücke gefilzt. Es spielten sich grauenvolle Szenen ab.

Dann kamen die Verurteilten der Dachauer Prozesse aus dem Gerichtsbunker, um hier eine Nacht zu verbringen, ehe sie nach Landsberg transportiert wurden, um dort hingerichtet zu werden oder den Rest ihrer Zeit hoffnungslos mit ‚hard labor' zu verbringen. Das Grauen und eine kubin'sche Gespensterwelt beherrschten den Bunker und drangen durch alle Poren.

Ich schaute oft zum Mauersturz über der Zellentüre. Teils mit Bleistift, dann nur noch mit dem Bleistiftstummel stand dort der magische Spruch eingekratzt:

„Alles geben die Götter, die unendlichen,
Ihren Lieblingen ganz,
Alle Freuden, die unendlichen,
Alle Schmerzen, die unendlichen, ganz*."

Ich hatte das schon bald entdeckt und auch die Schriftzüge erkannt, – der Chirurg Karl Brandt hatte das geschrieben, der Freund, dem in Nürnberg das Todesurteil wurde, – er bestätigte es mir in Landsberg, daß ich mich nicht geirrt hatte.

Von den vielen seltsamen Erscheinungen, die es im Bunker I gab, will ich von zweien berichten. Da war eine Type, deren Erscheinungsbild von dem der halbverhungerten Gefangenen abwich. Dieser Urian bewegte sich frei in den Fluren und war demnach ein Trustee im Dienste der Amerikaner. Obwohl groß, wirkte er, weil dick und fettleibig, mehr kolossal. Ich schätzte ihn auf zweieinhalb Zentner netto. Gradlinig verlief der Hinterkopf in den Nacken. Er hatte schwarze Borstenhaare bis fast in die Stirn hinein, ähnlich einer alten Schuhbürste, ergraut um die fleischigen Ohren, aus denen die Haare wie Staubwedel quollen. Ein trapezförmig nach unten gelagertes Gesicht mit den Kiefern und Hängebacken eines Ebers, darunter ein Doppelkinn. Unruhige Augen, bösartig und stechend, ein Wildgestrüpp von Brauen darüber.

Wer ist dieser Alp? - Das ist der Psychologe Professor Dr. Katzenellenbogen. Er bezeichnet sich als Schüler von Freud, und er muß wohl auch Vorlesungen an der Harvard-Universität gehalten haben, - daher der ‚Professor‘. Er
ist Jude, während des Krieges war er in Paris als Spitzel nach zwei Seiten tätig.
Die eine Seite merkte das, und er kam ins KZ Buchenwald. Er wurde dort Kapo im Hospital. Von den Amerikanern befreit, soll er als Rektor der Jenaer
Universität vorgestanden haben - jedenfalls hat er das so erzählt.

Allmächtiger, dachte ich, er muß sich ja prachtvoll ausgenommen haben und
passend zu den monumentalen Fresken des Malers Hodler: ‚Symbol des Aufbruchs der Nation‘ an den Wänden des Auditoriums, darunter dieser Katzenellenbogen. Weshalb ist er denn jetzt hier?

Das ist etwas undurchsichtig, der französische Widerstand hat seine Auslieferung verlangt, die haben es inzwischen wohl auch gemerkt. In der Turbulenz
der Befreiung hat man ihn zunächst vergessen. Jetzt haben sie sich in Paris
wohl an ihn erinnert und wollen ihm den Prozeß machen. Die Militärregie-
rung hat ihn - wie auch mich - in Schutzhaft genommen.

Der mir diese Auskünfte gab, das war der Professor Dr. Pirkmajer, Jugoslawe, Jurist ehemals an der Universität Belgrad. Im Verwaltungsdienst war er
so eine Art Regierungspräsident gewesen. Als Nationalist aktiv in der Mihai-
lovic-Widerstandsbewegung* tätig, wurde er vom Sicherheitsdienst der deutschen Besatzung verhaftet und kam in das KZ Dachau. Da wurde er oberster
Lagerschreiber. Die Amerikaner befreiten ihn Ende April 1945. Er wurde Rektor der ‚UNRRA-Universität*‘, die unter amerikanischen Auspizien im Deutschen Museum in München gegründet wurde.

Aber dann verlangte Tito die Auslieferung des Mihailovic-Anhängers Pirkmajer - und der wußte, was das zu bedeuten hatte. Die Amerikaner wußten es
inzwischen auch, sie nahmen Pirkmajer in Schutzhaft und, um sicher zu gehen,
setzten sie ihn als Trustee in den streng bewachten Bunker I. Und wieder war
er oberster Schreiber in diesem Bereich. Er nahm auch meine Personalien auf.

Pirkmajer interessierte sich für mich - kein Wunder, denn an mir haftete der
Satz: ‚That’s the man, who knew Hitler‘. Er ließ sich deshalb öfters auf einige
Stunden in unsere Zelle einsperren, er wollte soviel als möglich von Hitler hören. Das führte zu aufschlußreichen Gesprächen, denn ebensoviel wollte ich
von ihm wissen, von dem Bereich, den er durchschritten hatte, vor allem über
das KZ Dachau, von dem er als Lagerschreiber genaue Kenntnisse haben mußte.

Ich beantwortete alle seine Fragen und wußte ihm, dem vielfach Enttäusch-
ten, doch immer integeren Mann, von dem Wesen Adolf Hitlers und seinen
deutschen und europäischen Zielen zu erzählen. Pirkmajer hörte aufmerksam
und oft verwundert zu: ‚Das ist ein anderer Hitler, der mir durch Ihre Darstellung erschlossen wird. Ich begreife jetzt, wie es zu der Faszination und seinen
Erfolgen kam und daß fast die ganze Welt aufgeboten werden mußte, um ihn
niederzubrechen.‘

Dann sprach er über sich. Trotz seines deutschen Namens fühlte er sich als Jugoslawe, als Widerständler und Freiheitskämpfer seinem Land verpflichtet und der ursprünglichen Regierung, wenn ihm auch sein Widerstand nun den Verlust seiner Heimat gebracht hatte. Er sprach über das KZ Dachau, sachlich, mit allen ihm bekannten Zahlen und ohne erkennbare Emotionen, wie es dem Wesen dieses integeren Juristen entsprach.

Zuvor erzählte ich Pirkmajer, was ich vom KZ Dachau wußte, das ich nun als Gefangener von innen kennenlernte. Im Jahre 1939, mit der städtebaulichen Planung von München und den angrenzenden Gebieten befaßt, wurde mir ein Gesamtbestand des KZ Dachau von etwa 8000 Häftlingen angegeben. Erst in den Kriegsjahren, so habe ich später erfahren, habe sich die Zahl zunächst verdoppelt und gegen Ende des Krieges auf etwa 30.000 erhöht. Auch beim Überfliegen und bei der Auswertung von Luftbildern für die städtebaulichen und verkehrsplanerischen Gesichtspunkte konnte man feststellen, daß Unterkünfte und Gesamtausdehnung des Lagers den angegebenen Belegzahlen entsprachen.

Deshalb bin ich später stets den Phantasiezahlen und den vielen Falschmeldungen entgegengetreten, die mir in den Gefängnissen und Camps und auch bei den Verhören genannt wurden. Da wurde von Hunderttausenden, ja einmal sogar von Millionen von KZ-Insassen hier in Dachau gefaselt und sogar in den Zeitungen geschrieben.

Natürlich seien diese Zahlen unsinnig, erklärte Pirkmajer. Man müsse von den Unterteilungen und den Zahlenblöcken ausgehen; die politischen Häftlinge, die Kriminellen, die Asozialen, Homosexuellen, die Zeugen Jehovas, die Juden, - jede Kategorie habe ihren eigenen Nummernblock gehabt. Und jede Einzelnummer sei häftlingsgebunden gewesen, sei nur einmal ausgegeben worden, selbst wenn die Nummer ‚frei' geworden wäre, durch Verlegung, Tod oder Entlassung.

Schon am jeweiligen Nummernblock habe man erkennen können, welcher Kategorie der Häftling angehörte. Einbezogen in dieses Nummern-System seien auch die Insassen der Arbeits- und Nebenlager gewesen, sie seien alle in den Büchern des Hauptlagers Dachau geführt worden. Die letzten ausgegebenen Nummern hätten zwischen 161 000 und 162.000 gelegen. Aber das bedeute nicht, daß es jemals 162.000 Häftlinge in Dachau gegeben hätte, denn von dieser Zahl müßten abgezogen werden die nicht ausgegebenen Nummern der einzelnen Blöcke.

‚Und wie viele Tote gab es insgesamt im KZ Dachau?' Diese Frage vermochte Pirkmajer nicht eindeutig zu beantworten, denn im Februar 1945 sei die strenge Ordnung durch den Zustrom aus den aufgelösten Lagern und den Arbeitskommandos zusammengebrochen. Im April, im letzten Kriegsmonat, hätten teilweise chaotische Zustände geherrscht. Trotz Impfungen hätten sich Typhus und Fleckfieber ausgebreitet, die sich zu Massenerkrankungen und zur Seuche auswuchsen. Das sei die Zeit der höchsten Sterbeziffer gewesen.

Nach den Lagerbüchern der Zentralkartei, bis dahin sorgfältig geführt, habe
es von Beginn des Konzentrationslagers Dachau im Jahr 1933 bis zum Zeitpunkt der überhaupt möglichen Erfassung kurz vor der Befreiung etwa 21.000
Tote insgesamt gegeben, darunter etwa 7.500 deutschsprachige Häftlinge. Diese Zahlen könnten als verbürgt gelten. Doch er befürchte, das sei keine endgültige Zahl, man müsse wohl davon ausgehen, daß es letztlich 25.000 Tote in
Dachau gegeben hätte. Denn auch nach der Befreiung habe es nach seiner Meinung noch viele Tote gegeben, nicht nur durch die Seuchen, es hätten sich
schreckliche Dinge ereignet, darunter Massenhinrichtungen, die nur durch die
Erbitterung erklärt werden könnten. Eine hochbedauerliche Zahl von Opfern
und menschlichem Leid, so beendete Pirkmajer seinen Bericht über das Kon-
zentrationslager Dachau.

Ich stimmte Pirkmajer zu und sagte: ‚Wir alle tragen Leid, und wir tragen
schwer an unserem gesamten Schicksal, gleich, wieweit wir uns verantwortlich
fühlen. Aber gerade weil wir erschreckt vor dem Verhängnis und der Vielzahl
der Opfer stehen, sind wir - meine Kameraden und ich - empört über jede Ma-
nipulation, die mit den Zahlen der Opfer nun getrieben wird. Als wenn es nicht
schon übergenug wären - nein - hier auf Dachau bezogen – mißbraucht einer
seine Autorität, die ihm aus jahrhunderteralter Tradition zufällt, als Übermittler
und Deuter des Göttlichen und der Wahrhaftigkeit aus ethischer Verpflichtung‘. Pirkmajer schaute mich fragend an.

Ich meine – so fuhr ich fort – das Mirakel des Niemöller. Dieser Seelsorger,
der nur seinem Gewissen folgt, wie er behauptet, der bringt es doch fertig, aus
den insgesamt etwa 160.000 Dachauer Häftlingsnummern die Vernichtung von
über 230.000 Juden in diesem Lager zu verkünden.

Niemöller, der ja Häftling mit Sonderrechten hier in diesen Bunkerzellen
war, hätte die Wahrheit über die Gesamtzahl der Häftlinge im Lager Dachau
und die Zahl der Opfer genau ermitteln können, er konnte nach seiner Befreiung in alles Einblick nehmen – stattdessen verkündet er der Welt draußen die
grobe Unwahrheit.

Er mißbrauchte nicht nur die Gläubigkeit seiner Zuhörer – die furchtbare
Zahl der Opfer genügte ihm noch nicht, er verzehnfachte sie und machte sie
damit zur Farce. Ich finde, Verlogenheit und Heuchelei passen schlecht zum
Habitus eines Seelsorgers‘. Pirkmajer antwortete nicht, er öffnete die Hände
zu einer Gebärde.

Der Prozeß

Eine beiläufige Groteske gab den besonderen Anlaß, über den makabren
Prozeß zu sprechen, den ein Militärgericht der amerikanischen Armee mir im
ehemaligen KZ Dachau gemacht hatte*.

Was ich dir jetzt zu erzählen habe, das geht mich und meinen Zustand hier an. Das sagte ich zum Freunde Franz Alfred Six.

Das Wort hat zunächst der Unrecht Sepp. Und auf seinen erstaunten Blick hin erklärte ich schnell Umstand und Namen:

Am Tagesbeginn, im widerlichen Kübel- und Waschraum, spricht mich ein ‚Neuer' an: ‚Sie san der Professor Giesler, und ich bin der Sepp Unrecht - und wegen Ihnen sitz ich jetzt hier ein - mit ‚life'!

‚Wieso - ich kenne Sie gar nicht'. - ‚Aber es hat mit Ihnen zu tun, wir werden miteinander reden müssen'. Bald fand sich dazu eine Gelegenheit.

Sepp Unrecht war Kapo im KZ Dachau gewesen. Von den Amis Ende April 1945 befreit, dann aber von Mitgefangenen denunziert - er sagte, wegen einer Ohrfeige - wurde er wieder von den Amis verhaftet und in der Kapo-Baracke verknastet. Nun dünstete er dort so vor sich hin, ungewiß, ob man ihm den Prozeß machen oder ihn, weil er intelligent war - und das betonte Unrecht nachdrücklich -, als Zeugen der Anklage präparieren und einsetzen würde.

Vermutlich auf Vorschlag des berüchtigten ehemaligen Staatsanwaltes Dr. Leiss*, nunmehr Hiwi im Dienste der Amerikaner, für die er alle Drecksarbeiten machte, sah die Prosecution in Sepp Unrecht einen brauchbaren Belastungszeugen gegen mich.

Man erklärte ihm, was er unter Eid zu bekunden hätte, und versprach ihm dafür die Freiheit. Diese Praktiken wurden von den amerikanischen Anklägern offen betrieben, man genierte sich nicht im geringsten. Aber der Unrecht Sepp hatte gesagt: ‚Ich kenn den Giesler net - den hab ich noch nie gesehen'. Nun, dem konnte abgeholfen werden, da war die Photographie von ihm - und im Gerichtssaal hatte er die Nummer 7 am Hals hängen.

‚Das ist doch leicht zu merken, und hier, das können Sie auswendig lernen, das sind unsere Fragen und Ihre Antworten darauf'. Aber der Unrecht Sepp hatte sich das inzwischen überlegt, das schien ihm wohl doch zu gefährlich oder eine zu große Lumperei, wie er sich ausdrückte, und er hatte gesagt: ‚Do mach i net mit - dös tu i net'.

Darauf haben ihn die Wachen abgeführt, und der Prosecutor Nr. 1 in meinem Prozeß, der Captain Morton Roth, hat hinter ihm hergerufen: ‚Das werden Sie noch bereuen*!'

In der Kapo-Baracke hat es daraufhin ein großes Palaver gegeben, und der Kapo Lang aus Nürnberg hat ihm gesagt: ‚Sepp, du bist ja blöd – aber mir solls grad recht sein, an deiner Stell meld ich mich. Das wird mir eine Gaudi sein, den Nazi fertigzumachen'! So erzählte mir der Unrecht Sepp, und dann sagte er noch: ‚Und den Lang habens dann hinterher gelobt und die Freiheit gegeben, obwohl er ein Krimineller war und ich ein Politischer'.

Aus Rache, wie er meinte, hatten die Amis ihm dann im letzten Dachauer Prozeß Lebenslang verpaßt. ‚Und nun sitz ich hier ein, - wegen Ihnen'!

Ich habe versucht, dem Sepp Unrecht klar zu machen, daß es für den Ablauf meines Prozesses und des Urteils letztlich für mich völlig gleichgültig war, wer sich zu dem Meineid mit den blöden Belastungen hergab - ob Unrecht oder Lang. So könnte ich ihm jetzt nur sagen, daß ich ihn für einen anständigen Kerl hielte. Ob er damit etwas anfangen könnte? ,Was tu i damit!' meinte er resignierend.

Das waren aber primitive und rohe Methoden in Dachau, wunderte sich F.A. Six, in den Nürnberger Prozessen hat man das raffinierter eingefädelt. Ich würde dir raten, darüber eine Notiz zu machen und sie durch Unrecht unterschreiben zu lassen - vielleicht kommt die Zeit, daß es gewertet wird. Aber nun interessiert mich doch der ganze Ablauf, erzähl bitte.

-Voraus gingen im Januar 1947 Vernehmungen mit blödsinnigen Fragen, albernen Unterstellungen und höhnischen Andeutungen durch die CIC-Interrogatoren, alles Emigranten, denen der ,american way of life' noch naß hinter den Ohren hing, - parfümierte Wichtigtuer, mit den Füßen auf dem Schreibtisch.

- Die Typen kenn ich, sagte Six, aber weiter.

Eines Tages war es soweit, ich wurde in einen Raum geführt, an dessen Tür zu lesen war: ,Prosecution'. Da saßen zwei Offiziere, beide vom gleichen Stamm, ein Major und ein Captain, das war dieser Morton Roth, von dem Unrecht jetzt erzählt hat. Der Major hieß Bachman, ,Bächmän', darauf legte er Wert. Die Wachposten blieben im Raum, man konnte ja nicht wissen! Dann bemerkte ich noch als Zuhörer einen Leutnant in französischer Uniform. Wieder begann die Fragerei: Paris, Rom, Berghof, Hauptquartiere, Rußland, Reichskanzlei, und wieder Paris. Wann ich dort gewesen sei? Zur Weltausstellung 37. ,Und was taten Sie dort'? Um den Grand Prix mit Goldmedaille in Empfang zu nehmen. ,Und was noch'? Die Stadt und die Museen besichtigen. ,Sie haben es sich wohl gut gehen lassen, wie lange'? Zwei Tage. ,Und wann waren Sie wieder in Paris'? 1940, mit Adolf Hitler. ,Aha! Und wann wieder'? Seitdem nicht mehr. ,Sie lügen! Sie lügen'! Darauf sagte ich nichts. ,Sie lügen, und wir werden beweisen, daß Sie lügen'! Beweisen Sie. ,Er wird frech', sagte der Captain, der meist das Wort hatte. ,Ja, er wird frech', meinte auch der Major, ,und er ist arrogant, er hat noch nicht genug, er kommt hierher und ist frech und arrogant'. ,Wir werden ihn schon noch fertig machen', beruhigte ihn der Captain.

Mit so einem Quatsch vergingen die Stunden. Abführen, come on. Das wiederholte sich mehrmals, dabei stocherten sie überall in meinen Lebensabschnitten. Meine Aufenthalte in Paris und Rom interessierten sie besonders, das war ein Thema, das bei jeder Vernehmung behandelt wurde. Und doch hatte ich den Eindruck, sie wollten mich damit nur verwirren.

Endlich ließen sie dann die Katze aus dem Sack: ,Wie oft waren Sie in Mühldorf und wann das letztemal'? Da wußte ich nun, um was es ging, ich sagte:

,Bei »Mühldorf« handelt es sich um zwei Begriffe, die Stadt und die Großbaustelle der OT-Zentrale. In der Stadt war ich einmal, nach einem Bombenangriff, auf der Großbaustelle war ich nicht, die ging mich auch nichts an.' ,Wir werden aber beweisen, daß Sie verantwortlich waren für diese Großbaustelle'. ,Das wird wohl nicht möglich sein'.

Darauf wandte sich der Captain an den Major: ,Wollen wir es ihm sagen'? ,Warum nicht'. Der Captain: ,Nun härense zu. Wir haben uns eingehend mit Ihnen befaßt, wir wissen, daß Sie keinem ein Leid zugefügt haben, auch haben Sie keinen Befehl gegeben, der zu Leid geführt hätte. Aber wir brauchen für den Mühldorf-Prozeß einen Hauptschuldigen, und wir werden Sie dazu machen! Abführen, come on'! Mit einem Blick streifte ich beim Hinausgehen den französischen Offizier, dem eine Verwirrung im Gesicht stand.

Nun erklär mir erst einmal, um was es bei diesem Mühldorf-Prozeß eigentlich ging, was war das für eine Großbaustelle, von der du sprachst, was war Ursache und Sinn des Prozesses, warf F.A. Six ein, du sagtest vorhin, daß dich die Baustelle nichts anging.

Ich muß mit dem Mai 44 anfangen, da wurde ich zum erstenmal mit der Großbaustelle bei Mühldorf befaßt. Der Reichsstatthalter Ritter von Epp in seiner Zuständigkeit für die Landesplanung Bayern und mein Bruder als Gauleiter und Verteidigungskommissar hatten verspätet Kenntnis erhalten von der Planung und dem Baubeginn von Großbauten bei Kaufering und Mühldorf am Inn. Sie hatten keine Möglichkeit, dem Führer unmittelbar ihre Besorgnis über die neuerliche Konzentration von Rüstungsbetrieben im Münchner und Mühldorfer Raum darzulegen. Da ich jederzeit Zugang zu Adolf Hitler hatte, wurde ich gebeten, alle Bedenken vorzutragen.

Etwa zur gleichen Zeit wurde mir von meinen Mitarbeitern berichtet, daß dort zwei Großbaustellen eingerichtet würden, die unmittelbar der OT-Zentrale in Berlin unterständen. Ich fand das Ganze seltsam und informierte mich über die Planung und Größenordnung dieser Bauvorhaben. Es waren Großbunker für die Rüstung, vielgeschossige Fabrikationsflächen unter einem riesigen Schutzgewölbe für die Fertigung ,kriegsentscheidender Waffen', wie Turbinenjäger und V-Waffen. Für jedes dieser Bauwerke waren etwa 24 000 Rüstungsarbeiter im Drei-Schichten-Einsatz vorgesehen, für die auch Unterkünfte, Versorgungs- und Luftschutzanlagen gebaut werden mußten. Die Disposition kam von der Zentralen Planung und dem sogenannten Jägerstab, die Planung und Durchführung lag bei der OT-Zentrale, wo auch das einfache und dadurch geniale Konstruktionsprinzip dieser Bauwerke durch Dorsch und Professor Casagrande ausgearbeitet worden war.

Ich fuhr zum Berghof, mit meinen Plänen für Linz, und fand die Gelegenheit mit Adolf Hitler über diese Bauvorhaben zu sprechen: Wir wissen, diese Rüstungs-Bauwerke sind wichtig, wenn nicht sogar kriegsentscheidend. Aber die Standorte Kaufering/Landsberg und Mühldorf am Inn sind denkbar ungünstig. Dafür gab ich unsere Begründung.

Adolf Hitler war ernst und nachdenklich, er wollte wissen, welcher Zeitverlust entstehen würde bei einer neuen Standort-Festlegung. Ich dachte an die Baustellen-Einrichtung und Vorbereitungsarbeiten, die ich bei dem Bauvorhaben in Kaufering gesehen hatte, an die Kies- und Betonaufbereitungsanlagen mit dem riesigen Pumpwerk und sagte: Mindestens vier Wochen! ‚Also einen Monat - das ist unmöglich, es ist schon zuviel Zeit vertan worden. Zwar anerkenne ich Ihre Bedenken, aber in unserer Lage sind sie zweitrangig - deshalb müssen diese Bauten auf den festgelegten Standorten mit aller Intensität weitergeführt werden. Mir wurden die Termine zur Nutzung für die Rüstung von Dorsch verbindlich bis November zugesichert. Dorsch, und darüber hinaus Speer, sind mir dafür verantwortlich‘.

Ich habe diesen Termin bezweifelt, es sei denn, die gesamte Baukapazität in dem mir als GBBau anvertrauten Gebiet von Bayern und den Donaugauen würde auf diese Baustellen konzentriert. Adolf Hitler ordnete daraufhin an, daß diesen beiden Großbaustellen die Arbeitskräfte und die Materialkontingente gesondert vom Reich zugeteilt würden. Dann wandte er sich an mich:

‚Giesler, das ist eine Weisung: Zuständig für diese Bauten sind Dorsch und Speer. Sie werden sich in Zukunft nicht mehr damit befassen, bleiben Sie bei Ihren Aufgaben! Bormann, informieren Sie den Gauleiter Giesler über meine Entscheidung!‘

Also auch meinem Bruder sollte ich nicht mehr selbst berichten. Ich fühlte den leichten Tadel, daß ich mich in eine Sache eingemischt hatte, in der eine Entscheidung schon getroffen war. Ich habe mich dann auch strikt an die Weisung Adolf Hitlers gehalten und meine Mitarbeiter auf dem OT-Sektor entsprechend angewiesen.

Diese bombengeschützten Großbauten mit jeweils etwa 100 000 qm Fabrikationsfläche wurden nicht fertig, die von Dorsch als verbindlich zugesicherte Bauzeit war verstrichen. Im Dezember 1944 bat mich Oberbaurat Endrös von der OT-Zentrale, ich möchte doch anordnen, daß die Baustellen Mühldorf und Landsberg stillgelegt würden. Im Januar bzw. Februar 1945 wiederholte sich das, und dieser Aufforderung schloß sich dann auch der Chefarzt der OT-Zentrale, Dr. Poschmann, gesprächsweise an. Zu dieser Zeit war ich im Befehlsbunker Adolf Hitlers in Berlin.

Wer und was dahinter stand, das war mir klar. ‚Was soll das‘, war meine Antwort. ‚Ich habe diese Großbauten weder vorgeschlagen noch geplant, noch unterstanden und unterstehen sie mir. Zuständig dafür sind allein - und das wissen Sie genau - Dorsch und Speer, und eine Entscheidung über eine Baueinstellung kann letztlich nur der Führer treffen‘.

Ich unterhielt mich darüber mit Bormann. ‚Das ist typisch, man will Sie mißbrauchen und vorschieben, um sich aus der verfahrenen Situation der Terminverpflichtungen bei den Großbunker-Bauten herauszumogeln‘. Nun, später, in dem Prozeß, ist ‚ihnen‘ das gelungen!

Gleich nach der Kapitulation hatte die amerikanische Armee, parallel zu

Nürnberg und angespornt durch die Propaganda-Erfolge, eine Reihe von Kriegsverbrecher-Prozessen in Dachau angeordnet, darunter auch einen Musterprozeß gegen die Organisation Todt, die OT. Die Möglichkeit dazu bot nach Meinung der Amerikaner die OT-Großbaustelle Mühldorf, denn hier konnte eine Zusammenarbeit zwischen OT und SS konstruiert werden:

Planung und Durchführung unterstand der OT-Zentrale Berlin, die OT-Führer und Unterführer dorthin abstellte. Die Arbeiten wurden von der dafür verpflichteten Baufirma Polensky und Zöllner ausgeführt. Dazu kamen, höchst unerwünscht für die OT, Hilfsarbeiter aus dem KZ Dachau, darunter etwa 4000 ungarische Juden, mit ihrer SS-Wachmannschaft. Außerdem gab es noch russische Kriegsgefangene. Die Hilfsarbeiter aus dem KZ unterstanden verwaltungs- und versorgungsmäßig der SS, sie waren gesondert untergebracht, wurden zur Baustelle geführt und dort wieder abgeholt.

In dem Prozeß gab es also verschiedene Gruppen, - einmal die OT, dann die angeklagten Angehörigen der Baufirma und dazu noch die Wachmannschaft. Als Hauptschuldigen wählten sie mich. Ohne Zweifel schien ich besonders geeignet als ehemaliger Leiter der OT-Einsatzgruppe Bayern, in dessen Gebiet diese Großbaustelle lag, zwar als eine unabhängige Enklave, die mich nichts anging und mit der ich auch nichts zu tun haben wollte, aber darauf kam es nicht an. Dann war ich der ehemalige Generalbaurat von München, der Bruder des Gauleiters und weiland Ministerpräsidenten von Bayern und, wie man mir sagte, ‚Architekt und Freund Hitlers‘.

Zu Beginn des Prozesses erklärte man mir, ich hätte das Todesurteil zu erwarten, also stünde mir die freie Wahl eines Verteidigers zu. Da war die Gruppe der deutschen Verteidiger, aus der ein alter Trottel verfügbar war, der für C-Rations und Camel in den Dachauer Prozessen hilf- und nutzlos herumquasselte. Da ich einen deutschen Anwalt auch nicht bezahlen konnte, verblieb mir der Pflichtverteidiger Mr. Welch, ein Rechtsanwalt in amerikanischer Uniform.

Als Verteidiger der Bauunternehmung Polensky und Zöllner agierte ein Dr. Leiling, der nicht nur aus Firmeninteresse gegen mich als OT-Führer eingestellt war. Den Grund erfuhr ich bald. Er war ehemals Leutnant in jener Münchner Dolmetscher-Kompanie und war in den letzten Apriltagen führend an dem Putschversuch gegen meinen Bruder beteiligt. Nur widrige Umstände hatten ihn gehindert, als großer und erfolgreicher Widerständler in die Geschichte einzugehen, zumindest in die des Freistaates Bayern.

Nun war Leiling bemüht, den Pflichtverteidiger gegen mich aufzuhetzen. Kein Wunder, daß Mr. Welch sich zunächst schroff und zurückhaltend verhielt. Doch im weiteren Prozeßverlauf wurde ich für ihn zumindest eine interessante Figur, und je mehr er sich mit der Materie auseinandersetzte, um so mehr setzte er sich in den gegebenen Grenzen für mich ein.

Es vergingen Wochen im Prozeßverlauf, ehe ich erstmals beschuldigt wurde. Ein ungarischer Lauser namens Rubinstein erkannte in mir einen äußerst gefährlichen SS-Wachsoldaten, der immer fürchterbarlich mit dem Gewehrkolben auf sie eingeschlagen hätte. Das war wohl nicht ernst zu nehmen.

Erstaunlich blieb der Eifer, mit dem unglaubliche Freveltaten bezeugt wurden, - alles unter Eid natürlich. Doch verwunderlich war, was man den Richtern aus Gottes eigenem Land alles zu bieten wagte. Ihre Reaktion auf die unglaublichen und unwahrscheinlichen Anschuldigungen waren eiskalte Blicke auf uns Angeklagte.

Wenn wir unter scharfer Bewachung in den nahegelegenen Gerichtsbunker II zurückgetrieben wurden, waren kurze Unterhaltungen möglich. ,Ich hab gar nich geahnt, wat et so allet gibt und zu wat ich so allet fähig gewesen bin', hörte ich den Polier der Baufirma sagen. Die ungarischen Juden hatten ihn schwer beschuldigt, er habe mit der Meßlatte geschlagen und mit dem Hammer totgeschlagen. Nach den Aussagen wußte sich der Polier stets zu helfen; wer unter seinem Kommando nicht fleißig war, der wurde bei eisiger Kälte naßgespritzt und dann in gefrorenem Zustand einbetoniert, - weg war er! Und der Polier Sperling, eine gutmütige Seele, war auch weg, fassungslos. Er bekam dann death by hanging, aber er sitzt noch in der Todeszelle und wartet jetzt von Freitag auf Freitag auf die Vollstreckung*.

Ähnlich verfuhr man mit einem SS-Scharführer der Lager-Wachmannschaft, Franz Auer. Stundenlang war er im Gerichtssaal Haß- und Anschuldigungstiraden ausgesetzt. Ich sah in Franz Auer einen untadeligen Soldaten, der nach seiner Verwundung bis zum nächsten Fronteinsatz Dienst im Lager Mühldorf leistete.

Am Abend in der gemeinsamen Bucht sagte er: ,Die Richter haben das alles geglaubt, was gegen mich vorgebracht wurde – ich sah es an ihren Blicken.' Ich schaute in sein ruhiges, offenes Gesicht: ,Ich glaube aber an dich, Franz Auer, du wärest niemals fähig, auch nur das Geringste zu tun von dem, was man dir vorgeworfen hat'. Er dankte mir mit einem Händedruck. Vor einigen Wochen hat man ihn hingerichtet, er ging tapfer und aufrecht seinen letzten Gang.

Nun komme ich zum Höhepunkt des Prozesses, zu dem makabren Spektakel gegen die OT-Ärztin Dr. Flocken. Der Pflichtverteidiger Mr. Welch machte vorweg ein Experiment, leider ohne Beteiligung des Gerichts. Die Sekretärin des Verteidigers wurde gegen die OT-Ärztin auf der Anklagebank ausgetauscht.

Die ungarisch-jüdischen Belastungszeugen kamen in den Saal, erkannten darauf spontan in der jungen, kleinen, gutmütigen und stets hilfsbereiten Sekretärin eindeutig die verhaßte OT-Ärztin und attackierten und beschimpften sie derart, daß die Gute blaß wurde. Das diente zwar dem Mr. Welch zu neuen Erkenntnissen, nicht aber dem Court.

Und vor diesem Court ging es dann später über die wirkliche OT-Ärztin Dr. Flocken her. Ich hätte einen solchen Haßausbruch, überschäumend, brutal und gemein, wie er inszeniert wurde, nicht für möglich gehalten. Die Prosecution, der Captain und der Major, hatten sich anscheinend in besonderem Maße um die Belastungszeugen bemüht und sie zu unglaublichen Aussagen angetrieben. Als sich der Anschuldigungssturm gelegt hatte, begann erst die Aktivität der beiden. Sie knüpften willkürliche Verbindungen zwischen der OT über die zugeteilten jüdischen Hilfsarbeiter zur SS und dem KZ Dachau. Unter diesen Aspekten glaubten sie die Henkerstricke drehen zu können für die OT-Ärztin, die OT-Bauleitung, für die Lagerwachen der SS und natürlich für mich als den Hauptschuldigen. Und sie glaubten, eine Verurteilung der OT als ‚verbrecherische Organisation‘ erreichen zu können.

Die Verantwortlichen der Lagerleitung von Mühldorf und vom KZ Dachau waren übrigens schon in den ersten Prozessen verurteilt und in Landsberg hingerichtet worden.

Was die Ankläger nunmehr vorführten, war durch einen Vorgang auf der Baustelle ausgelöst worden: Damals hatte die Bauleitung erkannt, daß die Bautermine nicht eingehalten und das Soll der täglichen Arbeitsleistung bei weitem nicht erreicht wurde. Wohl stand das ‚von oben‘ verfügte Soll von etwa 4.000 KZ-Häftlingen als Hilfsarbeiter zur Verfügung, aber ihre Leistung entsprach nicht den Anforderungen der Baustelle, es waren zu viele nicht voll arbeitsfähige und arbeitsunfähige Kräfte darunter. Die im Baustellen-Gebiet für die OT tätige Ärztin veranlaßte den Austausch. Die nicht Arbeitsfähigen wurden in ihr Stammlager, das KZ Dachau, zurückgeschickt. Das gab der Prosecution die Gelegenheit zu einem Sketch.

Um das Gericht zu beeindrucken, traten die Ankläger als Akteure auf: Mit der Mimik von Schmieren-Komödianten standen sie vor den Gerichtsschranken, und mit weit ausholenden, raumgreifenden Gebärden, gleich Morisken-Tänzern, wiesen sie auf die weiland angetretenen Häftlinge: Go to the Right, to work - go to the Left, into death.

Die grausige Darstellung geriet ihnen durch die Übertreibung zur Burleske - doch der OT-Ärztin zum ‚death by hanging‘. Aber ich glaube nicht, daß man sie hängen wird, sonst wäre das zugleich mit der Hinrichtung von Franz Auer geschehen*. Man wird die Ärztin noch so einige Jahre hin und her zerren, ehe ihr die Gnade einer hohen Freiheitsstrafe zuteil wird.

Was hältst du davon? Six sagte trocken: Alles, was du erzählst, ist zwar interessant und aufschlußreich, aber schweif mir nicht dauernd ab, – dein Rubinstein wird dich wohl kaum hierher gebracht haben. – Nun, dann mache ich eine Pause, schildere du mir deinen Fall - ich bin überzeugt, da machst das konzentrierter.

Das möchte ich wohl gerne. Doch mein Fall ist kompliziert und bis heute noch undurchsichtig. Durch mich und meine Aufgaben hatte meine Sippschaft, hatten meine Freunde und ehemaligen Mitarbeiter das besondere Interesse des CIC und des englischen Secret Service, – und damit viel Kummer. Meine Familie war umlauert von Verrätern aus dem eigenen Lager, nun im Dienst des CIC, dazu Ganoven und Achtgroschenjungen, mir ist der Name von einem bekannt geworden: Hirschfeld! Meine Schwester verlor in ihrem Bemühen um mich, um mir beizustehen, um mich abzuschirmen, unter mysteriösen Umständen ihr Leben*.

Als mich dann der CIC mit Hilfe dieser Verräter festnahm, machten sie mich mit Handschellen und Fußfesseln ‚unschädlich' - als weitere ‚Sicherheitsmaßnahme' steckten sie mich in einen Sack, den sie zubanden - so wurde ich transportiert. Meine Stationen waren das CIC-Headquarter Heidelberg, Oberursel, Dachau - wo wir uns sahen - und dann Nürnberg. Dort lernte ich den Herrn Kempner kennen, und der Richter Musmano verurteilte mich. Über meine Erlebnisse in den verschiedenen Stationen amerikanischer Vernehmungen werde ich dir noch berichten, wir haben ja Zeit.

Das Glockenzeichen wies uns zurück in die Zellen. Aberhunderte von schweren Türen schlugen krachend in ihre Steinzargen. Die übliche Nachtruhe begann. Am nächsten Sonntag, beim Umgang im Gefängnishof, führte ich meinen Prozeßbericht weiter:

Als Angeklagter Nr. 7 mit 13 anderen hatte ich über Wochen den Prozeßverlauf aufmerksam verfolgt, soweit es meine Spannkraft zuließ. Denn die Nächte zwischen den Gerichtsverhandlungen verliefen unter skandalösen Umständen. Der Gerichtsbunker, in dem wir wie Karnickel gehalten wurden - Bunker II genannt – war eine Niedertracht*. Kein Bauer hätte seinen Schweinen diese Zellenbuchten zugemutet.

Es gab nur einen Schlitz als Fenster, nicht genug, um Luft einzulassen. Die Bucht war eng, mit niedriger Decke und Zementfußboden. Zwei Holzliegen übereinander. Die ganze Nacht hindurch war ein starker Scheinwerfer auf die Gesichter gerichtet. Den grellen Schein empfand man selbst bei geschlossenen Augen. Legte man das Taschentuch über die Augen, dann trommelte der polnische Wachtposten mit dem Schlagstock und schrie: Du Nazi – Tuch weg, ich will Gesicht und Hände sehen!

Daß man nicht schlafen konnte, dafür sorgten schon die dauernd knackenden Dampfheizrohre, sie führten unmittelbar am Kopf vorbei. Die Bucht wurde so überhitzt, daß man die verbrauchte Luft wie ein Jagdhund hechelte. Dazu kamen die Tumulte der Wachtposten, sie machten die ganze Nacht Radau. Mit ihren Blechhelmen, der Zierde ihrer angefressenen Bumsköpfe, oder mit leeren Konservendosen spielten sie im engen Flur Fußball. Der Helm schepperte entlang der beidseitigen Buchten, knallte gegen die Türen. Indianergeheul kündete jeweils den Torschuß. Daß sich die Posten nicht überanstrengten, dafür sorgte der Wachwechsel.

Matt und noch immer geblendet fand man dann im Gerichtssaal Ruhe. Doch es machte Mühe, dem Ablauf der Verhandlung zu folgen. Viele Angeklagte schliefen ein, wovon die Zuschauer mit Kopfschütteln Kenntnis nahmen.

Jetzt war es an der Zeit, daß die beiden Makkabäer Captain Roth und Major Bachman über mich herfielen. Noch hatte der Pflichtverteidiger eine Feststellung mit einer Frage verbunden: ‚Nach dem, was bisher ermittelt wurde, waren Sie ja gar nicht der Chief of Construction und auch nicht der Boss. Sie hatten also auch keine Jurisdiction über this goddam Building-Site Mühldorf – is that correct?‘.

Natürlich, so war es. Weder ich selbst noch meine Mitarbeiter hatten mit diesen Baustellen der ‚Zentralen Planung‘ zu tun gehabt. Weder mit der Planung noch mit der Disposition, weder mit der Bauleitung und den Arbeitskräften noch mit den Häftlingen aus dem KZ Dachau. Ich versicherte, ich hätte die Baustelle Mühldorf nie betreten, einfach deshalb, weil ich nicht zuständig war, ja sogar von oberster Stelle die Weisung hatte, mich nicht mit diesen Bauwerken zu befassen.

Am nächsten Tag brachte die Prosecution einen KZ-Kapo in den Zeugenstand. Es war der Typ eines Kriminellen, und nach dem aufmunternden Zuruf des Captain Morton Roth ‚Pick him out!‘ ging dieser Gauner auf mich zu und sagte: Das ist er! Im Zeugenstand unter Eid legte er dann los: ‚Giesler war auf der Baustelle. Wir mußten alle antreten, er kam in einem großen schwarzen Wagen. Er hatte eine goldene Uniform an, und er hatte auch Weiber dabei. Dann hat er eine Rede gehalten und den Grundstein gelegt.‘

Nebenbei ordnete ich auch – nach seiner Aussage, wohl zur Erhöhung der Festlichkeit – eine Massenerschießung von russischen Kriegsgefangenen an. ‚Wieviel?‘ Der Kapo hielt sich bescheiden in Grenzen: Na, so etwa 35, meinte er. Die sieben Richter saßen da, als predige der Kapo das Evangelium*.

Aus dem Sekretariat der Verteidigung erfuhr ich dann Einzelheiten: Lang hieß der Kapo, und eigentlich wollte man ihn wegen ‚Grausamkeit gegen Mithäftlinge‘ anklagen – stattdessen hatte er nun Lob und offen gezeigtes Schulterklopfen erhalten und für die Schmutzarbeit eine Stange Zigaretten als Zulage. Er kam in Freiheit und brüstete sich, er habe den Nazi gründlich eingetaucht.

Mühsame, doch letztlich sinnlose Arbeit gab es für die Verteidigung. Sie stellte fest, es gab überhaupt keine Grundsteinlegung, für die Lang sogar das Datum genannt hatte. Aus Unterlagen ging hervor, daß ich zu dieser Zeit im Osten war. Alle russischen Gefangenen waren noch da gewesen, die Amis hatten sie gezählt, so berichtete der zuständige Offizier des Stalag. Meine im OT-Dienst getragene Uniform wurde vorgelegt. Sie trug keine Rangabzeichen, nur den Ärmelstreifen ‚Org. Todt‘, aber auch die Hakenkreuzbinde, – und das war schlimmer, als wenn alles in purem und selbstgestohlenem Gold gesponnen gewesen wäre.

Ein weiterer Zeuge der Anklage trat gegen mich auf, es war ein Prokurist der Baufirma Leonhard Moll, ich kannte ihn nicht. Unter Eid und mit Wichtigtuerei erklärte er: ‚Giesler war der Initiator und der Verantwortliche für die Baustellen in Mühldorf und Kaufering/Landsberg.‘

Wie war eine solch verlogene Aussage zu erklären? Da kam mir die Erkenntnis: Was Polensky und Zöllner in Mühldorf, das war die Firma Leonhard Moll
für Kaufering/Landsberg. Und die Verhältnisse auf beiden Baustellen waren
gleich, denn auch Moll hatte als Hilfsarbeiter Häftlinge aus Dachau zugewiesen
bekommen. Doch die Prosecution hatte die Firma Moll, aus welchen Gründen
auch immer, nicht in den Prozeß einbezogen. Ich nehme an – beweisen kann
ich es nicht –, der Firma wurde die Möglichkeit geboten, sich mit allen ihren
Führungskräften durch eine falsche Aussage unter Eid von dem Bauwerk zu
distanzieren, wenn nur mir damit der Strick gedreht werden konnte.

Gespannt wartete ich nun auf den nächsten Schlag. Er wurde mir versetzt
durch den OT-Arzt Dr. Baumgärtl. Während ich ihn erkannte, war er außerstande, mich unter den 14 Angeklagten zu identifizieren. ,Sie sind aufgeregt',
sagte Morton Roth, ,gehen Sie die Reihe entlang und sehen Sie sich alle
Angeklagten nochmals ruhig an.' Als der Arzt wieder vor mir stand, räusperte
sich der ehrenwerte Ankläger vernehmlich, – es half nichts. ,Hat der Angeklagte Giesler eine Brille getragen?' Ja, erinnerte sich der Arzt. Es stimmte
zwar nicht, aber das machte nichts, von irgendwoher kam eine Brille, die ich
aufsetzen mußte – da endlich erkannte mich Baumgärtl ganz genau. Ins Protokoll kam: Der Zeuge der Anklage, Dr. Baumgärtl, hat den Angeklagten
Giesler eindeutig identifiziert.

Es war wohl so, daß die Ankläger ihm nicht die Nummer genannt hatten, die
ich im Prozeß trug, in der Annahme, daß ich ihm wohl bekannt sei, oder der
Arzt spielte den Unsicheren. Nun kam die Aussage Dr. Baumgärtls unter Eid:
Er habe mich bei wiederholten Besprechungen auf den schlechten Gesundheitszustand der in Mühldorf beschäftigten Gefangenen hingewiesen. Auch
das stimmte nicht. Es hat nie eine solche Besprechung gegeben, ich wurde auch
nie von Baumgärtl oder sonst irgendjemandem auf Zustände in Mühldorf hingewiesen.

,Was hat Giesler daraufhin getan?' frug nun die Prosecution.

,Nichts.'

,Was hätte er tun können?'

,Er hätte die Sanitätsdepots der Wehrmacht und die Apotheken von München beschlagnahmen können, um damit den Häftlingen zu helfen!'

Beim Eid des Hippokrates! Dieser Dr. Baumgärtl saß damals auf dem großen Sanitätsdepot Süd der OT-Zentrale, in der Nähe der Baustelle von Mühldorf. Und einige Tage vorher hatte sein Apotheker im Prozeß ausgesagt, daß
er dieses Riesendepot ordnungsgemäß der amerikanischen Armee übergeben
habe. Mit Stolz verwies er auf die Übergabeprotokolle. Aus seinen Bestand-
listen ging hervor: Das Sanitätsdepot hätte für viele Divisionen ausgereicht!

Hier hätte ein Kreuzverhör das Gespinst dieser Aussage zerreißen können,
aber der Pflichtverteidiger war nicht zugegen, als Dr. Baumgärtl seine widersinnige Aussage machte. Der Angeklagte selbst hatte ja in diesen Prozessen

kein Recht zu fragen, er darf erst den Mund aufmachen, wenn er in eigener Sache auf dem Zeugenstuhl sitzt. So entkam der Arzt dem Kreuzverhör. Ich hatte den Eindruck, das Auftreten Baumgärtls war sorgsam mit der Abwesenheit meines Verteidigers abgestimmt.

Am nächsten Tag wackelte Mr. Welch mit dem Kopf, als er das Protokoll las: ,Nun bleibt uns nur noch der Dorsch – aber wenn ich ihn in den Zeugenstand bringe und er sagte die Wahrheit, dann hat er den Strick. Er wird also nicht die Wahrheit sagen, und so haben Sie den Strick – exactly! Ich fürchte, Sie sind ganz schön eingeklemmt*.

In einer Verhandlungspause sagte mir Welch, er habe einen Investigator nach Nürnberg geschickt, um von Speer selbst ein Affidavit einzuholen. Speer solle die Frage beantworten: wer war verantwortlich für die Planung und für die Durchführung des Großbunker-Baues in Mühldorf?'

Mr. Welch sagte: ,Speer hat ja schon sein Urteil, er kann also die Wahrheit sagen.' Eines Tages wurde dann Speers Affidavit von dem Investigator, einem Major, im Gerichtssaal verlesen. Ich verstand nicht alles, aber ich konnte soviel dieser Verlesung entnehmen:

Speer sagte nicht die Wahrheit, er drückte sich gewunden um eine klare Aussage. Speer hätte sagen können: Ich allein habe das Bauwerk Mühldorf zu verantworten. Er hätte sagen können: Diese Bauwerke wurden von Dorsch beziehungsweise von der OT-Zentrale geplant und von Hitler zur Ausführung bestimmt, aber letztlich unterstand mir Dorsch, somit war ich zusammen mit Dorsch verantwortlich. Das hätte der Wahrheit entsprochen*!

Aber das sagte er in seinem Affidavit nicht. Er ließ offen, wer verantwortlich war, er sagte nur, ich sei mehr oder weniger ein künstlerisch tätiger Architekturzeichner, ein Autodidakt, und deshalb wohl nicht geeignet für große Ingenieuraufgaben, dazu fehlten mir die Fachkenntnisse.

Das Speer-Affidavit wurde vom Gericht als unbestimmt, unklar und nicht beweiskräftig bezeichnet, es wurde nicht zu meinen Gunsten gewertet. Ich will damit keineswegs sagen, daß ich nicht verurteilt worden wäre, wenn Speer die gestellte Frage der Wahrheit entsprechend beantwortet hätte. Man wollte mich verurteilen!

Gegen Prozeßende wurden einige von mir genannte Zeugen gehört, sie schienen eingeschüchtert, ihre entlastenden Aussagen wurden mit wenig Interesse vom Gericht entgegengenommen. Dann hatte ich endlich die Möglichkeit, als Zeuge in eigener Sache vor dem Gericht aufzutreten. Ich war in diesem Prozeß der einzige Angeklagte, der zum Zeugenstuhl ging und sich damit auch dem gefürchteten Kreuzverhör durch die Prosecution stellte, das über einen ganzen Tag hin ging.

Endlich konte ich den Mund aufmachen, die Ankläger machten nicht mich fertig, – ich machte sie fertig. Am Ende warf der Ankläger Nr. 2, der Major Bachman, voller Wut die Prozeßakten vor dem Militärgericht auf den Boden und schrie, ich sei ein ‚Liar‘ und forderte ‚death by hanging‘, wie schon vorher sein übler Vorredner, der Ankläger Nr. 1, Captain Morton Roth.

Es folgten dann die Plädoyers, die Beratung des Gerichts. Wie ich später erfuhr, war es da in meinem Fall zu harten Diskussionen gekommen, einige der Richter waren wohl nicht so ganz von meiner Schuld überzeugt, ein irischer Amerikaner ließ sich nicht umstimmen, so bekam ich statt des ‚death by hanging‘ nun ‚life with hard labor‘. Als ich abgeführt wurde, sah ich wieder diesen französischen Offizier mit versteinertem Gesicht.

„Du erwähnst diesen französischen Offizier – war es nicht ein Leutnant? – auffallend in deinem Bericht. Warum?

Vor einiger Zeit hat mir Mr. Welch hier einen Abschiedsbesuch gemacht, mit tröstenden Worten, nur nicht die Hoffnung aufgeben und so. Dabei erwähnte er diesen Franzosen, Leutnant Cerutti. Der habe ihn schon während des Prozesses vertraulich auf dirty tricks der Prosecution gegen mich hingewiesen und habe in einer Erklärung diese Machenschaften der Überprüfungskommission zur Kenntnis gebracht. Er sei überzeugt, daß ich nur durch bestellte falsche Aussagen verurteilt worden wäre und setze sich im Rahmen seiner Möglichkeiten für meine Freiheit ein*. Auch er selbst, so sagte mir Welch, sei von meiner Unschuld überzeugt und habe dies, obwohl ihn die Sache nichts mehr angehe, in einem Schriftsatz der Kommission mitgeteilt.

Vielleicht nützt es, meinte Six, zumindest liegt es jetzt bei den Akten. Vielleicht, fügte er nach einer Pause hinzu. Aber wie ging es weiter? Ich habe dich unterbrochen.

Da ist nicht mehr viel zu berichten. Am Abend nach der Urteilsverkündung lag ich auf der Zellenpritsche, nun wieder im Bunker I, und wartete auf die Überstellung in das War Crimes Prison Landsberg. Ich dachte über meine Lage nach und sinnierte, wie man wohl am besten ein Ende setzen könnte.

Schlurfende Schritte im Flur hörte ich durch die offene Freß- und Beobachtungsklappe in der verrammelten Türe. Es war ein Seelenhirte. Doch was da nun an Stimme zu hören und an Gesicht zu sehen war, das hatte wenig mit Seelentröstung zu tun, das gemahnte an Inquisition. ‚Sie san doch der Giesler mit dem Lebenslänglich – der Bruder von dem Gauleiter. Was den angeht, – da war ich dabei, als ihn die Amerikaner in Berchtesgaden ausgraben ließen, um festzustellen, ob er es auch wirklich war. Ich hab dafür gesorgt, daß er außerhalb der Friedhofsmauer eingegraben wurde.‘ Und in salbungsvollem Ton: ‚Ihm stand die geweihte Erde nicht zu!‘

Das war wohl der passende Abschluß dieses Tages. Was ich empfand und dachte und was ich wollte, wenn ich nur gekonnt hätte, das kannst du dir vorstellen. Hier in Landsberg bemüht sich nun der Monsignore Morgenschweiß* so, daß man seinen christlichen Bruder im Herrn und eifrigen Seelenhirten von Dachau vergessen möchte.

Im Zorn war ich aufgesprungen. Als ich dann wieder auf der Pritsche lag, wandelte sich der Zorn in Trotz, der meinen Willen dahin festigte: ‚Ihr macht mich nicht fertig!'

Ich sah den Freund an. Hab ich wieder . . .? Nein, so bist du, und es war kein Wort zuviel.

Die Einlieferung – WCP Landsberg 1947

Erzähle mir von deiner ersten Zeit hier in Landsberg! Wieder nutzte mein Freund F. A. Six mit mir die Freistunde; wir liefen zusammen unsere Runden im Gefängnishof: Ich möchte deine Schilderung haben, wie es hier zuging, ehe wir Nürnberg-Verurteilten nach Landsberg verlegt wurden.

Nachdem ihr ‚Nürnberger' hier seid, hat sich vieles geändert. Die Spannungen, der unheimliche Druck, die sinnlose und brutale Willkür wurden langsam abgebaut, man kann wieder atmen, – doch diese Zeiten wirst du selbst auf deinen Stationen beim CIC in Heidelberg mit seinen gemeinen und üblen Methoden und in dem berüchtigten Vernehmungslager Oberursel erlebt haben.

Am Tage nach dem Urteil wurden wir vom Mühldorf-Prozeß in Dachau in eine ‚Grüne Minna' gepfercht und nach Landsberg gefahren. Hier standen wir nun, nach dem üblichen Geschrei: mak snell – lets go, noch torkelnd vom Fahrgeschaukel, in einem Gefängnishof. Der Prison-Kommandant selbst gab uns die Ehre und eine Willkommens-Ansprache. Ein deutscher Ami-Hiwi, so eine Art Gefängnis-Hausknecht, übersetzte:

‚Ihr seid hierher gebracht worden, um gemäß dem Urteil die Zeit erbarmungslos bei harter Arbeit zu verbringen oder hingerichtet zu werden!' Dann wurden wir in einen Flügelanbau getrieben und registriert, es wurde mir bedeutet, ich hätte nunmehr keinen Namen mehr, ich sei der Gefangene Nummer 812. Wie man mit der Frau Dr. Flocken verfuhr, weiß ich nicht.

Wir mußten uns ausziehen, eine kalte Dusche und einen Arzt passieren und wurden eingekleidet mit schwarzgefärbten, verschlissenen Ami-Uniformen. In weißer Lackfarbe waren auf dem Rückenteil des Uniformhemdes groß die Buchstaben WCPL schabloniert, die uns standesgemäß als Kriegsverbrecher auswiesen.

Franz Auer und die anderen Todeskandidaten erhielten rote Jacken und wurden von uns getrennt. Dann schlurften wir in ausgelatschten Ohio-Schuhen ohne Schnürriemen in den Zellenblock des Gefängis-Sterns. Die Gittertore der Schleusen klirrten und krachten wieder zu, unsere Schlurfschritte hallten mit Echo in den langen Gängen, vorbei an den Zellen.

Wie aus Karnickelställen schauten schräg die neugierigen Köpfe der Gefangenen aus den offenen Freßluken der Zellentüren. Bis in das oberste Geschoß des seitlichen Sternflügels ging es, immer mit den klirrenden, krachenden Gittertoren, die die Treppenhäuser sicherten. Eine Zellentüre wurde aufgeschlossen, ich wurde hineingestoßen, die eisenbeschlagene Bohlentüre knallte hinter mir zu. Ich war angekommen, – auf der tiefsten Stufe der Existenz, und das am Himmelfahrtstag 1947. Zwei Jahre hatte man gebraucht für diesen Weg, über Gefängnisse, Zuchthäuser, CIC-Keller, Cages, Camps und die Bunker des ehemaligen KZ Dachau.

Nun stand ich in einer wahrhaft bestialisch stinkenden Zelle, keuchte, und würgte dann in den Kübel, aus dem der fürcherliche Gestank kam – ich mag ihn nicht beschreiben. Das hochgelegene Zellenfenster war mit Brettern vernagelt, nur wenig Licht schimmerte durch die Ritzen. Wer weiß, wie lange die Zelle mit dem Kot im Kübel ungenützt gedünstet hatte, um diesen würgenden Geruch anzunehmen. Dazu kam die Hitze.

Ich lag am Boden, weil ich glaubte, sonst ersticken zu müssen. Da klappte die Freßluke in der Bohlentüre herunter. Sofort war ich auf und und mit dem Kopf an der Luke – da knallte der Schlagstock des polnischen Wachtpostens gegen die Türe – ‚du wegg da!‘. Doch ich atmete weiter, mit dem Kopf in der Luke, und wie frisches Quellwasser empfand ich die verbrauchte Luft, den Gefängnismief im obersten Geschoß.

Später klatschte ein Salzhering auf die Freßluke, das Abendessen. Zu trinken bekam ich nichts. Seitdem weiß ich einen Schluck Wasser zu würdigen oder in Zukunft gar, falls wir es je erleben sollten, einen Becher Wein. Den Hering warf ich gleich in den Kübel, er tat mir leid – der Hering – doch ich bildete mir ein, er könnte dem Gestank eine andere Nuance geben.

Die Luke blieb offen, gottseidank, zur nächtlichen Kontrolle mit stechend scharfen Scheinwerfern: ‚Heh – du liegen so, daß ich sehe Kopf und Hände‘, ermunterte der polnische Posten meinen halbwachen Zustand. Es war wie im Gerichtsbunker in Dachau.

Für die niederen Dienste hatten die Amis Polen in blau eingefärbten Uniformen zu Wachkompanien formiert, sowohl für den Innendienst als auch für die Wachtürme entlang der Gefängnismauern.

In den Nachbarzellen schrien die Gefangenen nach Wasser, demnach hatten sich einige von uns aus Hunger mit dem Salzhering eingelassen. ‚Du Durst? – Das serr gutt‘, so hörte ich den Polen, und er ratschte mit seinem Knüppel an dem Geländergitter des Umgangs. Auch hier schepperten in der Nacht die Helme als Fußball-Ersatz auf den Steinböden der Gänge:

Acht Tage und neun Nächte ging das so mit der Isolierung – Quarantäne nannten sie es. Dann wurde ich, gemäß dem Urteil, zu ‚hard labor‘ eingesetzt. Ein Trustee besorgte das, ein gewiefter Bursche, Iserles hieß er. Ein Gefangener zwar, jedoch, wie ich hörte, ein Auserwählter, ein Kapo aus dem jüdischen Lager im KZ Dachau. Von den Amerikanern verurteilt, stand er aber doch in hohem Ansehen bei der Gefängnisverwaltung und hatte eine Sonderstellung. Ich wurde von den Wachen in den Photo-Shop geführt, die Verbrecher-

Aufnahmen wurden gemacht, en Face und en Profil, mit der Nummer 812 auf einem Schildchen, die Fingerabdrücke wurden mir abgenommen, zum x-tenmal.

Dann zurück zum Wachturm in der Zentrale. Da schor man mir den Kopf kahl und rasierte mich mit einem Apparat, der, von kräftiger Hand geführt, mich schmerzhaft verunstaltete. Nun auf zur ‚harten Arbeit‘. Im Vorübergehen sah ich mich in einer dunklen Scheibe und dachte: ‚Oh Haupt voll Blut und Wunden!‘ Es ging in den Keller, in das ‚Kesselhaus‘, so nannte sich das, unter der Vierung der Zellenbauten. Mit ‚Neuzuteilung‘ übergab mich der Iserles einem riesigen Gorilla.

Der sagte zu mir: ‚Ech hann heh dat Kommando.‘ Er war der Kapo der Kohlenbunker und der Heizkessel. Kapo war er schon im KZ Dachau gewesen, nun hatte er hier, von den Amerikanern im Dachau-Prozeß verurteilt, die Aufsicht. Peter Bongartz hieß dieser Buhmann der plutonischen Unterwelt des WCP Landsberg. Er wußte genau, wer ich war, – man hatte ihn informiert und Hinweise gegeben. Jedenfalls, – ein Blick genügte, um zu erkennen: der Mann war gefährlich! Doch gab es auch dort unten einen höchst merkwürdigen guten Geist, der mich dann in seinen Schutz nahm. Wenig später lernte ich ihn kennen.

Der Kapo wies mich zur Arbeit. Nur mit einer alten, dreckigen Unterhose bekleidet – zur Schonung edler Körperteile – mußte ich in einen stillgelegten Heizkessel kriechen, um die Rauchzüge zu säubern. Kaum war ich ‚vor Ort‘, da schlug mir eine volle Ladung von Ruß und Flugasche auf den Kopf – ich spuckte und schrie: ‚Heh – aufhören!‘ ‚Schnauze‘, kam dumpf die Antwort, ‚wat machst du denn da überhaupt – wie kommst du in den verdammten Ofen – wer bist du?‘

‚Der Gorilla da draußen hat mich . . .‘ ‚Det iss doch Quatsch, ick für mich allene bin schon zuviel hier drinnen – aber ick weeß nun Bescheid, du bist der Neue! Zieh dir zurück, denn ick schieb det alles jetzt vor mir her in den Kaminfuchs.‘

Er meinte Asche, Ruß und abgekratztes Kohlenpech. Bald darauf kroch ich rückwärts über den Feuerungsrost und kam, geschunden vom rauhen Schamotte, aus dem Ofen, hinter mir der Berliner, mager, doch muskulös und zäh. Wir schauten uns an, schwarz wie die Mohren beide. ‚Wer du bist, det weeß ick – ick bin der Walter.‘ So lernte ich ihn kennen, einen Berliner, ehemaliger Kapo oder Barackenältester in Dachau.

Ich schwieg und blieb stehen, um den Schnellgang meines Freundes zu stoppen. So war es meist, zu dem gemächlich-gemessenen Schritt eines Gefangenen, der Jahre vor sich hat, war F. A. Six nicht zu halten. Ich lachte: Ich kann dir auch noch die Fortsetzung meines ersten Arbeitstages im Kesselhaus erzählen, es ist eine tolle Geschichte, mit der ich aufwarten kann. ‚Nur zu‘, ermunterte mich der Freund.

Die Blaue Maus

Nachdem ich meinen ersten Tag ,hard labor‘ mit Kesselreinigen begonnen und dann mit Kohle an- und Schlacke wegkarren beendet hatte, trottete ich hinter ,Walter‘ zu einer verkommenen Duschzelle.

Trübes Licht kam aus einem Kohlenschacht, der Walter räsonierte und fluchte: Über den verkalkten Brausekopf, das laue Wasser, den glitschigen Boden, die schlechte Seife, den schweinigen Fraß, das ganze vergammelte Zuchthaus, und auch die Amis vergaß er nicht, er gab ihnen schmückende Vor-wörter, um dann sachlich zu sagen: ,Ick wasch dir den Buckel, du mir auch.‘

Während er seinen Kopf und die Vorderseite beseifte, fing ich mit seinem Buckel an. ,Weshalb haben dich die Amis verdonnert‘, wollte ich wissen. Als Barackenältester im KZ Dachau hätte er so einem ,feinen Pinkel‘ aus Budapest mal eine gescheuert, von wegen Zucht und Ordnung. ,Und wie dann nu der Ami kam, zur Befreiung, da hat mir det rachsüchtige Aas verpfiffen!‘

,Wie kamst du denn überhaupt ins KZ, was bist du von Beruf?‘ Gelernter Monteur sei er, aber ohne Umschweife sagte er: ,Ick war ein sogenannter Asozialer, ick hatte da in Berlin Pferdchen am Laufen und so – heh, wat reibst du mir mit der Sandseife mit Gewalt auf meinem Buckel rum?‘

Ich sagte ihm, ich käme nicht klar, das wäre wie eingebrannt und ging nicht weg – ,na sowas!‘, stellte ich dann überrascht fest, ,das sind ja Tätowierun-gen!‘. ,Det iss man erst der Anfang, det sind man nur die Arabesken, die Ornamente, oder wie man det nennt, – die Hauptsachen kommen noch!‘ kün-dete er an und drehte sich um.

Er hatte ein etwas verwüstetes Gesicht, mit flinken, blaßblauen Augen, auf dem Kopf lag schütteres, hellrötliches Haar. Doch was war das? – ich trat einen Schritt zurück, so konnte ich ihn überschauen: Der ,Walter‘ war täto-wiert von den Schultern bis fast zu den Knien hin, auch die Armflächen dienten der skurrilen Ornamentik und realistischer, symbolhafter Darstellung.

Die angekündigten Hauptsachen waren schon zu erkennen, wenn auch zum Teil noch verrußt und verschmiert. So lehnten sich zwei nackige Damen von links und rechts an seine Brust. Rückwärts sah ich später noch zwei weitere Damen, scheinbar aus seinem Berliner Geläuf, – eine Quadrille oder Quadriga demnach, wie mans nimmt, die ihm einst zu Gebote stand. Dazwischen ein flammendes Herz, pfeildurchbohrt.

Die Damenstrumpfbänder mit Schleifen über den Knien waren sicher der Vorlage eines Toulouse Lautrec entnommen. Sie bildeten einen seltsamen Ab-schluß: dunkles Blau mit Rot auf der ihm eigenen weißen Haut, darunter die knochigen Knie und die sehnigen, muskulösen Waden, leicht rötlich behaart. Ein Künstler dieses Faches war insgesamt an der Arbeit gewesen, um Walter zu verschönern. Den Gesamtentwurf, das Rankenwerk mit den Hauptsachen darin, konnte man mit Spätjugendstil bezeichnen.

Fleißig wusch er nun mit Seife und Lappen weiter, mit Genugtuung sah er mein Erstaunen und meinte, fast entschuldigend: ‚Jetzt iss det alles geschrumpelt – Mensch, wenn ick wieder wat Richtiges zu fressen kriege und ein Kernfetten unter die Haut habe, denn kommt det alles erst schön zum Tragen!‘ Er richtete sich auf und holte tief Atem, und die Damen auf seiner Brust wurden zu beweglichen Bildern.

Dann sah ich die Inschrift auf der Bauchdecke unter seinem Nabel, in dekorativen, fast kyrillischen Lettern, und ich buchstabierte: ‚Mamas Liebling‘, in Dunkelblau, leicht verschummert durch rötliches Haar. ‚Was haben sie dir denn aufgebrummt, life oder Zeit?‘ ‚Na‘, sagte Walter, ‚25 Jährchen – für nen Kanarie iss det ja ne dolle Zeit, aber ick sitz det auf ner Rasierklinge ab!‘ ‚Aber dann stimmt die Inschrift nicht mehr so recht‘, gab ich zu bedenken. ‚Ach‘, sagte er und deutete unter den Nabel, ‚da iss noch Platz, wenns soweit iss, da laß ick mir in Schwarz tätowieren: ›det war‹ – und nu wasch mir endlich den Buckel fertig, die Kotflügel hab ick schon klar – und krieg man keinen Schrecken vor der Maus!‘

Tatsächlich, auf einem Sitzteil war ihm eine Maus tätowiert, die mit geognostischem Gespür zum sicheren Unterschluf huschte. Und während ich die letzte Dame der Quadriga freischrubbte, erzählte Walter die Geschichte der blauen Maus.

‚Det kleene Biest hat mir schon Kummer gemacht, ick wollte det voll tätowiert haben, Punkt an Punkt, daraufhin konnte ick wochenlang nich mehr richtig sitzen. Na, und dann im Prozeß, wo der Lümmel auftrat, dem ick eene gescheuert hatte, da sollte der mich identifizieren und da sagt der doch: ‚Er hat auf dem Hintern eine Maus tätowiert!‘ Klar, det war abgesprochen mit der Prosecution.

Ick mußte vortreten und die Hose runterlassen. Ick mir genieren? – von wegen, ick zeigte denen soviel ick grad konnte, schon wegen den Tippsen. Und dann machte ick ne tiefe Verbeugung zum Publikum und streckte dabei dem Hohen Gericht den Hintern zu – det gab Klamauk, die fühlten sich beleidigt, dabei wollte ick ihnen doch nur die Maus zeigen. Sie verpaßten mir zusätzlich noch nen scharfen Arrest, Dunkelhaft, Wasser und Brot und so, abzusitzen nach den 25 Jährchen, verstehst du!

Auch det werd ick durchstehen, nach den 25 Jährchen, hahaha, Walter steht das durch, die Amis nicht, die sind doch bekloppt, deswegen mach dir man keene Sorgen mit deinem life‘, tröstete er mich.

Von nun an nahm mich der Walter unter seine Fittiche und in Schutz. Ich weiß nicht, wie es mir da unten ohne ihn ergangen wäre, denn der Gorilla sollte mich offensichtlich mit Schikanen traktieren, mich fertigmachen.

Schon am nächsten Tag sah sich Walter veranlaßt, dem Peter Bongartz eine glühende Schlackenlanze vor den Bauch zu halten: ‚Du läßt den jetzt in Ruhe, ein für allemal – det iss mein Arbeitskumpel – merk dirs, Bongartz

der berühmte Professor Giraux von der Sorbonne (oder war es die Charité, auch für die Schreibweise des Namens kann ich mich nicht verbürgen) - wenn also dieser berühmte Professor hier erscheinen könnte, er würde dann für ihn, für seinen Freund, den Katzenellenbogen, einstehen und bekunden, welch ein edler Mensch er sei, wie er ihm stets geholfen habe in allen schlimmen Zeiten - ja, daß er dem Freunde Katzenellenbogen sogar das Leben verdanke! Aber leider, der berühmte Professor könne nicht mehr hierherkommen, weil ihn ‚die Ass-Ass umgebrocht hätte'. Nun, das war einleuchtend.

Am nächsten Tag begann dann die Anklage mit dem Rebuttal, der erneuten Befragung von Zeugen. Der Ankläger kündete dem hohen Gericht: ‚As the next witness I call Professor Giraux, Paris'. Nun war er doch noch gekommen, um für seinen Freund Katzenellenbogen auszusagen, die Ass-Ass hatte ihn nicht umgebrocht.

Doch was nun, nach den Modalitäten der Personalien und der Einführung des Zeugen, folgte, das war wohlüberlegte Regie der Anklage:

‚Kennen Sie einen Professor Dr. Katzenellenbogen?'

‚Non', hatte der Berühmte gesagt. Allgemeines Erstaunen.

‚Kennen Sie einen Doktor Katzenellenbogen?'

‚Mais non!'

‚Kennen Sie einen Edwin Katzenellenbogen?'

‚Oui!!' so hatte der Berühmte gerufen.

‚Pick him out!' Was der Professor aus Paris ohne Mühe tat, hatte er doch den guten Freund zur Genüge kennengelernt.

Neue Frage des Anklägers:

‚Wenn dieser Katzenellenbogen im Zeugenstand unter Eid Aussagen macht, – ist er glaubhaft – ja oder nein?'

‚Jamais!!!'

‚That's all – keine weiteren Fragen an den Zeugen.' Darauf das Gericht: ‚Hat die Verteidigung noch Fragen? – Dann ist der Zeuge entlassen.'

Nun hätte man meinen können, fuhr Eisele in seiner Erzählung fort, der Katzenellenbogen wäre am Boden zerstört, – das war keineswegs der Fall. Denn als sie in den Gerichtsbunker zurückgetrieben wurden, hätte man den ‚Katzen' gehört:

‚War er nicht großartig, der berühmte Professor, und hat er nicht gesagt ein einziges böses Wort über mich!'

‚Hüten Sie sich vor diesem Psychologen!' sagte abschließend der Dr. Eisele, ‚der ist zu allem fähig!'

Sicher mit Billigung der Gefängnisverwaltung baute ‚Katzen' einen Spitzeldienst auf, Achtgroschenjungen fand er im Gefängnis zur Genüge. Das trug ihm eine Namensverstümmelung ein, wodurch sein ‚au naturel' und seine Aureole bestens umrissen waren. Mich verfolgte er mit alttestamentarischem Haß, obwohl ich ihm aus dem Wege ging.

Eines Jahres, eines Tages hatte er seinen Zuträgern, als sie zum Befehlsempfang bei ihm versammelt waren, verkündet: ‚Dieser Giesler wird nie aus dem Prison entlassen, - dafür habe ich bei den Zuständigen gesorgt‘!

Bei allem Respekt vor diesem Psychologen Freud'scher Prägung, es wurde mir zuviel. Ich meldete mich bei dem Provost-Marshall des Gefängnisses zum Rapport. Der strenge und gefürchtete Offizier war korrekt. Aufmerksam hörte er sich meine Beschwerde über den Katzenellenbogen an, die ich in eine Frage überleitete.

Ich sagte, die Verpflichtung, für die Familie einzustehen, hätte sich mir mit der Hoffnung auf eine Überprüfung des Urteils verbunden. Nur dies habe mich vor einem Verzweiflungsschritt zurückgehalten. Daß die Revision des Urteils eines Militärtribunals einen gewissen Zeitablauf bedingen würde, wäre mir bewußt, genauso aber auch, daß das völlig unbegründete Urteil auf die Dauer nicht zu halten sei.

Nun maße sich ein Gefangener mit dem Nimbus eines Überkapos an, seine widerliche Gesinnungsschnüffelei, gestützt auf seine Spitzeltätigkeit, mit drohenden Aussprüchen zu garnieren und sogar Urteilsüberprüfungen vorzugreifen. Die Frage stelle sich: ‚Ist das nur Wichtigtun oder muß man den Unfug ernst nehmen‘?

‚Das Prison hier‘, sagte der Major, ‚ist mit einem Kessel unter Dampfdruck zu vergleichen. Der Gefangene Katzenellenbogen dient als Ventil - zugegeben - aber mehr nicht. Er ist kein Adler, er ist eine alte Krähe, und die Federn, die ihm verblieben, haben wir ausgerupft. Im übrigen kennen wir uns aus. Take it easy, Giesler, forget it.‘

Nicht nur Böses und Schlechtes, auch Gutes bewirkte der Psychologe Katzenellenbogen. Er setzte durch, daß wir deutsche Gefangenenkost erhielten. Die ersten Kartoffeln, in der Pelle im Backofen gebacken, waren ein kulinarisches Ereignis!

Einige Zeit später kam ich von ‚life‘ auf 25 Jährchen, wie Walter Neye sich ausdrückte. Und einige Jahre darauf, da waren es nur noch überschaubare 12. Und dann war es soweit, ich wurde vorzeitig entlassen, im ‚Abgangszeugnis‘ stand unter Führung: ‚Ausgezeichnet‘.

Wie ein Lauffeuer verbreitete sich die Neuigkeit: Giesler wird entlassen! Es war vor dem Mittags-Appell, ich war von Mitgefangenen umringt, darunter auch einige spitze Buben - Zuträger des Katzenellenbogen. Dabei hatte er doch, endlich einmal glaubwürdig, versichert, der Giesler kommt nie in Freiheit!

–‚Ich hatte den besten Fürsprecher in dem Katzenellenbogen - der Ami hat sich gesagt, wen dieser Stinker verleumdet, der muß ein anständiger Kerl sein, den können wir entlassen‘. Die Zuträger, ich konnte es belustigt beobachten, informierten eilends den Psychologen.

Merry Christmas

Der Gefangene im War Crimes Prison Landsberg konnte Weihnachten 1947 zum ersten Mal ein Paket mit Nahrungsmitteln erhalten. Beim Appell nach der Tagesarbeit wurden die Namen der Paketempfänger verlesen. ,Die Ausgabe erfolgt im Keller des A-Flügels—Bett-Woilach mitbringen!'

Nun war ich an der Reihe und breitete den alten, nach Desinfektionsmittel stinkenden Woilach auf den Ausgabetisch. Der Ami-Corporal Dennis, einer unserer bösartigsten Gefängniswärter, bediente mich.

Da war zunächst ein kleines Weihnachtsbäumchen im roten Tontopf, eine Beigabe von der Frau des gefallenen Gärtners der Ordensburg Sonthofen. Dennis riß das Bäumchen aus dem Topf, den er nach rückwärts warf, wo er an der Wand zerschellte. Gewissenhaft zerkrümelte er die Pflanzenerde auf die Decke, das Bäumchen legte er darauf.

Nun war das Paket an der Reihe, ein polnischer Hiwi hatte Schnur und Packpapier entfernt. Da war ein Kuchen,—bewundernswert, wie Dennis damit fertig wurde, er zerbröselte ihn über dem Bäumchen. Etwas Tabak, einige Zigarren und Zigaretten folgten, Dennis zerbrach, was Form hatte und streute alles über das Bäumchen, über die Krümel des Kuchens und der Erde.

Kleine Liebesgaben wurden zerbrochen oder zerschnitten. Ein Buch, - es flog nach rückwärts an die Kellerwand, kein Fetzen Papier entging dem gewissenhaften Dennis.

Das letzte, was er—wohlbedacht—in die Hand nahm, war ein Einmachglas mit Schraubdeckel, darin ein goldbraunes Etwas, - Malzsirup war's, wie ich später feststellte.

Dennis schraubte den Deckel ab, roch, ließ den Hiwi kosten. Der schleckte den Finger ab und nickte, - keine Bedenken, und Dennis goß den Inhalt gleichmäßig über alles, das heißt, solange er Geduld hatte, dann flog das Glas splitternd an die Rückwand.

Der Sirup tropfte zäh von den Zweigen des Bäumchens auf die Tabak-, Kuchen- und Erdkrümel. Sicher war das alles in Ordnung, und Dennis handelte richtig, denn in der Erde, im Kuchen, im Tabak konnten auch gefährliche Waffen, Gift und Kassiber stecken. Auch hygienisch war alles einwandfrei, denn Dennis hatte weiße Waschhandschuhe an.

Ich raffte meine Wolldecke zusammen. Doch das gehässig verzogene Gesicht hätte sich der Corporal Dennis sparen können, als er sagte: „Merry Christmas!"

„Das geht uns nichts an!"

Im Photo-Shop des Gefängnisses schrieb ich in großen Buchstaben den Namen und die Nummer für den Superintendenten, der für einen Gefängnisausweis photographiert werden sollte. Die Schrift, auf einer Holztafel mit Griff befestigt, sollte der hohe geistliche Herr unters Kinn halten. Damit wurde er dann ‚abphotographiert‘, wie der Photo-Shop-Meister, ein altgedienter, anständiger deutscher Gefängnisbeamter diesen Vorgang bezeichnete.

Der Superintendent war in Begleitung von Pfarrer Müller. Ich gehörte nicht zu den Schafen, deren Hirte er war. Er kümmerte sich auch nicht um mich, was ich anerkannte. Ich hatte nichts gegen ihn, er schien mir von schlichtem Gemüte. Im Gefängnis nannte man ihn den „Speck-Müller“. Das war wohl so gekommen, daß alte Mütterchen aus dem Fränkischen mühselig den Weg nach Landsberg gefunden hatten, um den Sohn aufzusuchen, der bei der SS Soldat gewesen war und der nun in der Rotjacke auf den Henker wartete.

Soweit sie den Sohn nicht zu sehen bekamen, gingen sie zum Pfarrer und baten ihn, die Grüße und ein Stück Speck zu übermitteln. Die Grüße schon, das war einfach; aber ein Stück Speck durch die Freß- und Überwachungsluke zu übermitteln, das war nicht einfach. Der katholische Gefängnispfarrer Karl Morgenschweiß hätte dies zwar spielend fertiggebracht. Ich bin überzeugt, er hätte die Wachen erst einmal am Speck riechen lassen und sie dann lächelnd um ein Messer gebeten, um den Speck mundgerecht für den Gefangenen zu zerschneiden.

Anders der Pfarrer Müller, der übermittelte die Grüße, jedoch mit dem Speck hatte er seine Brut geatzet, – weiß Gott, es waren magere Zeiten damals. Aber er war offen und ehrlich, zu dem Gefangenen hat er dann gesagt: ‚Da war noch der Speck, den hab ich für meine Familie gebraucht, - Sie brauchen ihn ja doch nicht mehr, Sie haben ja das Todesurteil.‘

So soll sich das zugetragen haben, wenn auch vielleicht nur einmal, ich weiß es nicht. Doch man wird böse im Gefängnis, und jede Kleinigkeit wird vermerkt oder sogar übertrieben. Jedenfalls formte sich so sein Name wie von selbst.

Während ich die Kennzeichen schrieb, hörte ich, wozu das alles gut sein sollte: Der Superintendent wollte in der Gefängniskirche predigen. Und um da reinzukommen, brauchte er einen Gefängnisausweis.

Das „Verbrecherschild“ mit Namen und Nummer war fertig geschrieben und auf der Holztafel befestigt. Ich achtete nun besonders auf das Gespräch der Gottesmänner.

‚Es ist sehr schwer, die Todeskandidaten zu betreuen,‘ sagte der Pfarrer Müller, ‚es ist für mich eine große Belastung. Viele sprechen mich an und bitten mich um Übermittlung von Nachrichten. Sie versichern mir, sie seien unschuldig und nur auf Grund von falschen Aussagen verurteilt. Sogar Namensverwechslungen werden behauptet, einer sagt mir ...‘ - Der Superintendent unterbrach ihn:

‚Das geht uns nichts an, – ob schuldig oder unschuldig, kann uns nicht interessieren. Wir haben nur ihre Seelen zu betreuen, – halten Sie sich daran, und gehen Sie allem anderen aus dem Wege, weisen Sie alles andere von sich ab . . .'

Vielleicht entsprach das den Gepflogenheiten protestantisch-christlicher Gefangenenbetreuung, denn der katholische Gefängnisgeistliche Morgenschweiß dachte und handelte da anders. Er wußte um die brutalen Urteile der Dachauer Tribunale, und die Landsberger Vollstreckungen standen ihm fast wöchentlich vor Augen. Er unternahm alle Schritte, um dem Unrecht zu begegnen.

Ich hatte nun genug und stand auf: ,Das ist aber nett, daß Sie sich mit den Seelen bescheiden und begnügen! Ob schuldig oder unschuldig, – das geht Sie also nichts an, das kann Sie nicht interessieren? Sie sollten sich schämen!'

Ich schrie nicht, aber ich sprach laut und deutlich. Sicher durchbrach ich damit die Tabu-Zonen, die einem Superintendenten anstehen und hinter denen sich seine Tätigkeit vollzog. Zunächst war alles still im Photo-Shop. Ich schaute in das leere, aber arrogante Gesicht des Superintendenten. Der fragte nun:

,Wer ist das?' Darauf der Pfarrer Müller leise: ,Das ist Giesler'.

Der Gesang im Gefängnis

Im Kreuzverhör vor dem Militärtribunal in Dachau stellte der jüdische Ankläger Morton Roth fest, daß ich nicht mehr einer christlichen Kirche angehörte. ,Aber Sie werden doch wieder in die Kirche eintreten?' fragte er mich lauernd. ,Nein'. Die Handbewegung des Anklägers zu den Richtern in Uniform deutete an: Da haben Sie es! Sicher wäre diese Handbewegung ähnlich ausgefallen, vielleicht etwas tiefer, hätte ich gesagt: ,Ja'.

Ich nahm also in Landsberg nicht an dem Gottesdienst für die Gefangenen teil, doch ich hörte die frommen Lieder über den geschlossenen Hof, zwischen Kirche und D-Flügel, wo ich meine Zelle hatte.

Es waren die Zeiten, in denen die Todesurteile vollstreckt wurden, meist am Freitag. Soweit der Henker mit dem Strick diesmal an ihnen vorbeigegangen war, saßen die Rotjacken sicher alle in der Kirche, unter dem Wort Gottes und den harten Augen der Bewacher, - weniger um Botschaften des Heils zu hören als vielmehr Mutmaßungen zu flüstern, Parolen zu vernehmen, die Kameraden zu sehen und um, - wie sagt man heute? - nun, um die Isolationsfolter zu unterbrechen.

Ich hätte mich erkundigen sollen, wer an diesem Sonntag den Gottesdienst abgehalten hatte. War es der evangelische Gefängnispfarrer Müller, von uns „Speck-Müller" genannt, oder war es ausnahmsweise der Herr Superintendent, dessen Gesicht ich noch so deutlich vor mir sehe. Oder war es der Pfarrer Hess, der als Gefangener auch Gottesdienste abhielt? Weiß der Teufel, warum der, als Kriegsverbrecher verurteilt, für kurze Zeit im Prison Landsberg einsaß. Offenbar war das ein Irrtum, wie so vieles in diesen Jahren. Nach seiner Entlassung aus Landsberg war Pfarrer Werner Hess als Vertreter der Kirche in der freiwilligen Filmselbstkontrolle tätig und wurde dann Intendant des hessischen Rundfunks.

Was gepredigt wurde, hörte ich nicht. Doch der Gesang erreichte mich: „Bis hierher hat uns Gott gebracht in seiner großen Güte!‘

Ich habe mir sagen lassen, daß ein Pfarrer sehr wohl fähig sei, das widersinnige ‚death-by-hanging‘-Urteil für Soldaten, die ihre Pflicht erfüllten, in einen sinnvollen Zusammenhang mit Gottes Güte zu bringen. Natürlich gehört dazu nach beiden Seiten ein kindliches Gemüt, ohne Argwohn. Dem Pfarrer Müller zum Beispiel war das nicht abzusprechen.

Der Alt-Parteigenosse Johann Wolfgang von Goethe

Als die Verurteilten aus den Nürnberger Prozessen in das War Crimes Prison Landsberg/Lech eingeliefert waren, verbesserten sich langsam die Haftbedingungen.

Mit Alfried Krupp, Friedrich Flick, einigen ehemaligen Reichsministern, Feldmarschällen, den Generälen, hohen Militär-Ärzten und Forschern, mit den Chemikern der IG Farben, den Industriellen wuchs das Presse-Interesse am WCP-Landsberg. Es kam damit Licht auf das Gefängnis und seine Zu- und Umstände, wenn auch zunächst nur trübe, wie aus einer Tranfunzel.

Ein Colonel, als Soldat ein anständiger, gerecht denkender Mann, wurde als ‚Prison-Director‘ mit der Gefängnisleitung beauftragt. Seine Amtsführung beeinflußte bald das Verhalten aller Dienstgrade. Wenn man mit ihm zu tun hatte, zeichnete er Männchen; die hingen am Galgen, und er gab ihnen die von primitiven Karikaturisten geübten Kennzeichen der Haartolle und des Bartes. ‚All Nazis must be hanged‘, sagte er und fühlte sich dabei wohl als Kreuzritter aus Gottes eigenem Land.

Aber er meinte es gar nicht schlimm, er war gutmütig, - es sei denn, er entsprach einem harten Befehl, der aus Heidelberg kam. Unter ihm änderte sich die Gefängnisordnung gründlich. Nach der Tagesarbeit konnten Vorträge gehalten werden, Ausbildungslehrgänge fanden statt und Sprachunterricht. Erstrangige Fachkräfte aller Disziplinen aus den Reihen der Gefangenen stellten sich zur Verfügung. Ausgenommen waren natürlich die Rotjacken.

Für die Koordinierung dieser Lehrtätigkeit und für die Einteilung der Vorträge, die jeweils von der Gefängnisleitung genehmigt werden mußten, war der Mitgefangene Moosberg zuständig. Er war Journalist und gehörte zu den „China-Men“. Das war eine ehemalige Canaris-Gruppe, Männer, die schon vor dem Krieg freiberuflich in Ostasien tätig waren und nach Pearl Harbor* von den Japanern als Nachrichten-Team eingesetzt wurden.

Die Amerikaner hatten sie dann als Kriegsverbrecher verurteilt und nach

Landsberg verbracht. Mit einer Ausnahme waren es alle gute und tüchtige Männer, die sich auch als Kameraden erwiesen, einschließlich Moosberg, der jüdischer Abstammung war. Fast durchweg hatten die Amerikaner sie als ‚Trustees' und Dolmetscher in der Gefängnisverwaltung eingesetzt.

Ich gehörte, neben meiner Arbeit, zum ‚Lehrkörper' und hatte Umgang und Zwiesprache mit Moosberg. Er erzählte auch die ‚news', die sich ihm boten.

‚Sie wissen, daß Schwerin zum 200. Geburtstag von Goethe einen Vortrag halten will? Ich habe das der hohen Direktion des Prison formgerecht gemeldet, mit der Bitte um Genehmigung: Gefangener Lutz Graf Schwerin von Krosigk – ehemals Reichsminister der Finanzen – Vortrag über J.W. von Goethe. Doch hier hat der Oberste Chief des Prison eingehakt!'

Moosberg machte eine bedeutsame Pause. Ich schaute ihn an, seine geblähten Nüstern über den neugierigen Naslöchern ließen eine journalistische Delikatesse erwarten.

‚Who is this goddam fucking Göte? I am sure, he is another big nazi, – he?'

‚Nein, nein, Sir, Goethe ist schon vor weit mehr als 100 Jahren verstorben.'

‚Angenommen, es wäre so, - dann sehe ich nicht ein, weshalb noch über diesen Göte gesprochen werden soll.'

Moosberg grinste: ‚Aber Schwerin kann dennoch über diesen Göte sprechen.'

Colonel Graham

Ein polnischer Wachposten in dunkelblau eingefärbter Ami-Uniform holte mich aus der Zelle: ‚Du gehen zum Turm.' Das war der Mittelpunkt im Gefängnis, die zentrale Überwachung der vier Zellenflügel. Darin saß der Mastersergeant Hauberger, er gab mir einen Laufzettel. ‚To the Colonel – go on', knurrte er am Kaugummi vorbei.

Jedesmal, wenn ich mir den Hauberger anschaute, erinnerte ich mich an eine Bemerkung Hitlers: ‚Ein Deutscher, der nach Amerika auswandert, ist in kurzer Zeit für das Deutschtum verloren.'

Durch die Gitterschleuse mit obligater und physisch unangenehmer Filzung und mit Ehrengeleit, damit ich mich nicht verlaufen konnte, wurde ich im großen Raum bei den Beflissenen abgeliefert. Bald stand ich vor dem Schreibtisch des Colonel. Er zeichnete einen Galgen mit einem Gehenkten in Linksauslage, sorgfältig schraffierte er: ‚Wie war der Name von Ihrem Ankläger im Dachauer Tribunal?'

‚Captain Morton Roth', sagte ich.

Darauf der Colonel: ‚No, no, – das kann nicht stimmen.

‚Oh, ich hatte deren zwei – Major Bachmann, – paßt das besser?'

‚Thats correct' – ja, und dann erzählte er mir eine merkwürdige Geschichte:

Er sei als Gerichtsoffizier in Augsburg tätig gewesen, es ging um die Verurteilung eines amerikanischen Offiziers, tut nichts zur Sache, ‚forget it‘, fügte er hinzu. Der Verteidiger dieses Offiziers sei eben dieser Major Bachman gewesen.

‚Nach dem Urteil hat er sich mit mir unterhalten; er sagte: ‚Colonel, Sie sind doch der Gefängnisdirektor vom War Crimes Prison in Landsberg? Sie haben dort einen Gefangenen, sein Name ist Giesler, – Sie kennen Ihn?‘

Natürlich kannte mich der Colonel, denn ich hatte seine Frau gemalt, nach Fotografien, die er mir in die Zelle schickte. Da er mir aber weder den Teint noch die Farbe des Haares beschreiben konnte, durfte ich mir seine Frau einmal in seinem Directors-Office anschauen. Später sagte er mir dann in etwa: ‚Das picture ist ja soweit ganz gut, - aber jetzt hab ich die Bescherung, den trouble: Sie verlangt von mir, ich soll ihr das Abendkleid beschaffen, das Sie ihr gemalt haben.‘ Trotzdem, ich hatte bei ihm einen Stein im Brett.

Im Ton, als hätte er mir eine große Neuigkeit mitzuteilen, erklärte der Colonel:

‚Major Bachman hat mir versichert, Sie, Giesler, seien kein Kriegsverbrecher, er müsse das genau wissen, denn als Ankläger seien ihm alle Fakten bekannt!

Ich habe dann den Major gefragt, wenn Giesler kein Kriegsverbrecher ist, weshalb kam er dann mit ‚life‘ nach Landsberg? Der Major sagte mir: ‚Wir wollten ihn fertigmachen, weil er ein Nazi ist.‘

Der Colonel schaute mich mit gespielt finsterer Miene an, er deutete auf sein Gekritzel, den Mann am Galgen, als wollte er sagen: Da hast du ja noch Glück gehabt. Ja, das stimmte, wie man's nimmt, denn Bachmann und Roth hatten mich eigentlich an den Galgen bringen wollen.

‚And now‘, sagte der Colonel, ‚Sie schreiben an den Major Bachman! Wenn ich das, was er mir gesagt hat, schriftlich habe, fahre ich damit nach Heidelberg. In aller Kürze werden Sie aus dem WCP Landsberg gefeuert! Beziehen Sie sich auf das Gespräch, das er mit mir in Augsburg geführt hat.‘

Er wandte sich an den Dolmetscher: ‚Umschlag und Adresse von hier.‘ Ich dachte: ‚Guter, anständiger Colonel, und sagte: ‚Ich schreibe nicht an Major Bachman - vielen Dank, Colonel, aber ich schreibe unter keinen Umständen - Sie kennen ihn flüchtig, ich kenne ihn besser – unmöglich!‘ Der Colonel fluchte und lief rot an. Empört über meine Sturheit ließ er mich in den Zellenblock zurückbringen.

Am übernächsten Tag: ‚Giesler nach vorn‘, – das hieß, mit Haubergers Laufzettel versehen, zur Gefängnisverwaltung. ‚Sonder-Besuchserlaubnis auf Weisung des Colonels‘, wurde mir erklärt, meine Frau und mein ältester Sohn erwarteten mich. Ich erfuhr nun, dem Colonel hatte es keine Ruhe gelassen, er wollte helfen. Er veranlaßte, daß meine Frau nach Landsberg geholt, über das Major-Bachmann-Gespräch und meine Sturheit informiert wurde. Sie hatte darauf dem Colonel zu erklären versucht, weshalb ich nicht an Bachman schreiben könnte. Aber sie war bereit, den Major aufzusuchen und um diese schriftliche Erklärung für das Headquarter Heidelberg zu bitten.

Mit großem Eifer bemühte sich der Colonel, den Besprechungstermin festzulegen, derweilen meine Frau im Sekretariat wartete, – lange Zeit. Der Colonel ließ Sekretär und Dolmetscher kommen. Die übermittelten meiner Frau, bei dem Telefonat habe der Major Bachman den Colonel gründlichst desavouiert und ihm erklärt, es habe nie ein Gespräch zwischen ihm und dem Colonel stattgefunden!

Später erfuhr ich die Einzelheiten: Nach diesem Telefonat mit Bachman hatte Colonel Graham völlig verstört Sekretär und Dolmetscher gefragt: ‚Leide ich an Halluzinationen? Ist Euch an mir aufgefallen, daß ich von Sinnen bin?‘ Sie hatten ihn beruhigt.

Ich jedenfalls bekam, als Entschädigung, eine Sonder-Besuchsstunde und hatte die Genugtuung, nicht geschrieben zu haben. Nach etwa einer Woche ließ mich der Colonel wieder nach vorn kommen.

‚I am sorry, – aber ich will nun mit Ihrem Anwalt sprechen.‘ - Ich klärte ihn auf:

‚Das war damals der Pflichtverteidiger Dr. Welch, ein Oberstleutnant und ein Mann mit Gewissen und Anstand. Er gab sich alle Mühe, aber gegen die Prosecution Bachman-Roth und das Militärtribunal kam er nicht an. Er ist inzwischen wieder zuhause, in New York. Ich habe keinen deutschen Anwalt, könnte Ihnen nur den Namen eines Abgeordneten nennen, der sich für mich einsetzte.‘

Den wollte er sprechen, und er sagte, er habe noch immer nicht diese Major-Bachman-Affäre überwunden. Ich dachte mir: Was hab ich schon zu riskieren, er kann mich nur noch bei Wasser und Brot in den Gefängniskeller einsperren lassen -, und sagte jäh und zornig: ‚Ich auch nicht, in den ganzen langen Jahren hier! Colonel, Sie haben jetzt den Fälscher Major Bachman kennengelernt, der mit Drohungen und Gemeinheiten Zeugen zu Meineiden gegen Gefangene gezwungen hat. Was würden Sie erst sagen, wenn Sie den Satan Captain Morton Roth erleben würden!‘

Colonel Graham machte große Augen und sah mich finster an. Doch er begegnete mir weiter in guter Form, und das wirkte sich auch auf seine Offiziere aus.

Reeducation

Es gab seltsame Betätigungen im War Crimes Prison. Da schleppte ein alter Mann in regelmäßigen Abständen zwei Eimer Kohlen durch die weiten, hallenden Flure und Gänge des Gefängnisses. Es war Friedrich Flick, der sich mit

Geschick zwischen dem ersten und dem zweiten Weltkrieg ein Kohle-Stahl-Imperium aufgebaut hatte. Nun, als Kriegsverbrecher, war er, nicht ganz berufsfremd, mit Kohlentransport befaßt.

Er versorgte die Kabüffs der amerikanischen und polnischen Wachtposten, soweit sie nicht durch die große Dampfkessel-Heizanlage erreicht wurden. In diesen Kesselungetümen, in den Substruktionen unter dem Gefängnisturm, hatte ich eine zeitlang die Ehre, herumzuschüren und zu stochern.

Friedrich Flick versorgte auch den Festungsteil des Gefängnisses, in dem seinerzeit Adolf Hitler in Haft gehalten wurde. Darin war ein großer Raum, in dem Prof. Dr. Six mit zwei ‚China-Men', einem Tibet-Mongolei-Forscher und dem cleveren Vertreter der IG Farben für Japan, die neue Gefängnisbibliothek einrichteten. Die Regale füllten sich mit den Buchspenden von fast allen Verlagen. Im Mittelpunkt des Raumes stand ein großer Kanonenofen. Um den geht es letztlich in meiner Erzählung. Eine weitere seltsame Betätigung vollzog ein zumindest ebenso alter Mann wie Flick: Schlank, hochaufgerichtet, eine imponierende Erscheinung. Ich sehe ihn noch vor mir:

Er hatte einen engen, alten, schwarz eingefärbten Ami-Mantel an. Auf dem Rücken waren mit weißer Lackfarbe über Schablonen die großen Buchstaben WCP aufgepinselt. Er trug eine schwarze Schirmmütze, ein grober Rupfensack hing ihm seitwärts von den Schultern, dazu hatte er einen Stock mit Zwinge in der Hand. Das hagere, kühne Gesicht eines Soldaten: Generalfeldmarschall Wilhelm List, eine integere Persönlichkeit.

Seine Tätigkeit bestand nun darin, durch die langen Hallen, Gänge und Flure zu gehen, um die Kippen aufzulesen, die von den Amis auf den Boden geworfen und zertreten worden waren, dazu die leeren Zigarettenpackungen von Camel und Lucky Strike, die Hüllen und das Staniol von Wrigley's Kaugummi. Er hatte die ausgespuckten oder an die Wände geklebten ausgezutzelten Kaugummis aufzupicken, abzuschaben und in den Sack zu stecken.

Weiß Gott, die Amis legten Wert auf Ordnung, Sauberkeit und Hygiene, wenn es auch beim Landsberger Gefängnisboden zu Lasten der Würde eines Feldmarschalls gehen sollte. Ich habe mich 25 Jahre später mit einem engagierten Juristen, einem jungen Amerikaner, unterhalten. Der meinte: ‚Ich hätte mir das nicht bieten lassen!'

Sie haben ja keine Ahnung, sagte ich ihm. Man konnte nur sofort Schluß machen, solange man noch über die freie Entscheidung verfügte, denn, - war man einmal in der Mühle drin, war es zu spät. Ausnahmen bestätigen nur die Regel.

Zunächst war man Gefangener von soldatischen Frontverbänden, die waren zwar nicht von der Heilsarmee, aber immerhin, – es gab darin anständige Soldaten und Offiziere. Dann, etwa ab August/September 1945, fiel man in die Hände der CIC-Gangster und Sadisten; ich hatte es jedenfalls mit solchen zu tun und benutze ohne Zögern diese Bezeichnung. Stufe um Stufe ging es abwärts: Camps, Gefängnisse, über Dachau oder Nürnberg nach Landsberg.

Da wurde der alte Flick als Kohlenträger auf Eimerbasis tätig, der Feldmarschall durfte die Kulturabfälle amerikanischer Provenienz aufsammeln, ich
mußte als Kohlen- und Schlacken-Trimmer unter der Aufsicht eines Kapos arbeiten, der über eine Latte von 35 Vorstrafen verfügte.

Das stand keineswegs zu Beginn einer Umerziehung, das diente vielmehr
der Erniedrigung, der Entwürdigung. Man wollte uns das Rückgrat brechen,
uns korrumpieren, wie man zugleich, mit willigen deutschen Hiwis, mit einer
Journaille, die für alles zu haben ist, das deutsche Volk korrumpierte und zer-
setzte, mit dem Ziel, alles ‚in Frage zu stellen‘, die ‚Umwertung aller Werte‘ zu
betreiben.

Sie sagten vorhin, Sie hätten sich das nicht bieten lassen. Was sollte denn der
Feldmarschall nach Ihrer Meinung machen? Sollte er die Arbeit verweigern?
Er wäre wegen Meuterei in die Dunkelzellen des Kellers gesperrt worden.
Auch das haben wir in Landsberg erlebt!

Der General Hermann Reinecke war über 40 Jahre Soldat, als man ihn wegen nichts verurteilte. Er war im WCP im Utility-Shop, im Gerätelager, beschäftigt. Darin lag auch die Seilrolle für den Galgen. Die Amis trafen mal wieder die Vorbereitungen für die Vollstreckung der Urteile ‚death by hanging.‘
‚Hol die Rolle und schneid die Stricke ab mit 20 Fuß Länge!‘ General Reinecke
weigerte sich: ‚Ich helfe nicht, diese Urteile zu vollstrecken.‘

Er kam in den Keller, Dunkelzelle und verschärfte Haft, und erlebte eine
Schikane nach der anderen. So wurde zum Beispiel seine Zelle umgestülpt, und
selbstverständlich fand man eine halbe Rasierklinge, das war so üblich. Der
General gewann die Achtung seiner Kameraden, beim Ami erreichte er nichts,
für sich selbst nur Unbill, an der er lange zu tragen hatte!

Sollte sich der Feldmarschall das Leben nehmen? Wie denn? Er hätte sich
heimlich tothungern können, denn ich kann mir List nicht am selbstgeknüpf-
ten Strick vorstellen. Der General Blaskowitz stürzte sich vom obersten Gang
des Gefängnisses in die Tiefe, - auch nicht so recht etwas für einen General,
aber darüber hatte er sich wohl hinweggesetzt, wie über das Geländer. Nicht
jedoch die Amis, die spannten darauf Drahtgeflechte in den Gefängnissen, die
ihnen zu Diensten waren.

Wegen der Würde, meinen Sie? Die hatte List nicht verloren. Es passierte im
Gefängnis einmal, daß der Feldmarschall den Malatesta*, einen Haudegen von
der Leibstandarte, mahnte, weil ihm irgendetwas an ihm nicht behagte. Da
wurde aus dem Rupfensack ein Uniformbestandteil, und der Zwingenstock
für die Kippen wurde zum Interimsstab. Malatesta nahm Haltung an und
sagte: ‚Jawohl, Feldmarschall!‘

Vom Turm aus hatten die Amis das beobachtet. ‚Come on, guy‘, – der
Mastersergeant Hauberger war es. ‚Was wollte er von dir, er hat dir nichts zu
sagen. Du hast nicht stramm zu stehen vor dem da! That's all, let's go!‘

Der Feldmarschall sagte mir: ‚Der Makel trifft doch nicht mich, der ich als

Gefangener hilflos und willenlos bin. Daß ich gezwungen werde, mit einem Sack herumzulaufen, um Abfall einzusammeln, das fällt doch zurück auf die Amerikaner, die sich nicht genug tun können, von der Würde des Menschen zu reden.' Ähnlich drückte sich der Prinz Philip von Hessen aus, mit dem ich in einer Zelle des Dachauer Bunkers 1946 Gespräche führte.

Ich muß feststellen: Trotz aller Bemühungen, - in unseren Augen verloren sie nichts an der Würde, die ihnen in den Jahrzehnten der Arbeit für die Nation und an sich selbst geworden war.

Weil wir uns gerade mit Würde und Schamlosigkeit befassen: Ich las dieser Tage, in der Presse groß aufgemacht: ,Ich hoffe, daß sich dies zu keiner Zeit und an keinem Ort wiederholen möge', sagte der Präsident Nixon am Grabmal des Mädchens Tanja in Leningrad, des legendären Opfers der deutschen Belagerung. Er ließ einen Kranz niederlegen und war umgeben von den Funktionären der Sowjet-Union.

Und zur gleichen Zeit ergießt sich — unter dem großen Schweigen Gottes — Napalm und Phosphor auf diese Mädchen, die in Vietnam einen anderen Namen haben mögen, abgeworfen durch Amerikaner, die der Präsident Nixon auch in Leningrad repräsentiert, und ihre Bomben explodieren zwischen unschuldigen Frauen und Kindern.

Das geschieht nun auf Befehl und mit Duldung dieses Präsidenten, der sicherlich der Würde des Augenblicks entsprach und ein tiefernstes Gesicht machte.

Natürlich schlagen auch von der anderen Seite her die Granaten und Raketen ein, die vom Russen geliefert wurden. Ich wähle nun bewußt eine Ausdrucksform der englischsprechenden Welt: ,Ich fürchte', das Ganze ist nicht nur würdelos, und ,ich fürchte', es ist eine grenzenlose Heuchelei. Und wenn euer Präsident das gar nicht merkt, dann wird es nur noch schlimmer. Sie können mir Polemik und Intoleranz vorwerfen, – das wäre ein billiger Ausweg vor einer nüchternen Feststellung.

Der amerikanische Jurist meinte, es sei ein interessantes Gespräch gewesen.

In Landsberg kam die Gefängnisbibliothek allmählich in Nutzung, und die Bestände vermittelten uns neue Eindrücke. Professor Six fand die Möglichkeit, den Kohlenträger Flick und den Abfallsammler List in die Bibliotheksarbeit einzufügen. Damit war der peinlichen Tätigkeit des Feldmarschalls, die uns alle bedrückte, ein Ende gesetzt.

Flick begann in der von Six ermöglichten Bibliotheks-Abschirmung an seinem Konzern zu basteln, aus den ihm noch verbliebenen Restteilen seines Kohle-Stahl-Imperiums eine Hose, dann einen ganzen Anzug zusammenzuflicken. List verteilte Bücher in die Zellen.

Allein konnte er das nicht schaffen, es mußten die Bücher ja auch eingetragen, eingesammelt und kontrolliert werden. Da wurde von der Gefängnisverwaltung, klug und weise, eine weitere Arbeitskraft eingesetzt, nämlich der Gefangene Professor Dr. Edwin Katzenellenbogen. Die Buch-Einsammlung betrieb er mit dem schrillen, langgezogenen Schrei: „Biiiicher!' Mich beehrte er mit einem gleichbleibenden Haß. Er war ohne Zweifel ein seltenes Exemplar.

Als Six einmal im Hospital lag, versorgte mich der Feldmarschall. So reichte er mir, als ich von der Arbeit kam, die Zuteilung; es war „Des deutschen Spießers Wunderhorn" von Meyrink.

‚Feldmarschall, das können Sie mir doch nicht antun, Sie kennen doch meine Einstellung!'

‚Aha', sagte er, ‚so ist das, - ich nehme an, dieser Meyrink ist ein Jude. Gerade deshalb sollten Sie das Buch lesen! Bücher verbrennen, - das ist zwar das Wenigste, was ihr gemacht habt, aber das war das Einfachste. Toleranz und Umdenken ständen Ihnen besser.'

‚So ist das eben nicht, ich habe schon meine Wertvorstellungen. Sie können mir ein Buch geben von Buber, von Tucholsky, zynische Artikel von Harden, Kritiken von Kerr, etwas von Heine oder Einstein, ja, - das Alte Testament in Luthers Sprache. Aber doch nicht Meyrinks hämische Witzeleien mit dem persiflierten Titel des Romantikers Brentano, dessen Welt dem Meyrink verschlossen blieb!'

Der Feldmarschall war doch irgendwie beeindruckt: ‚Trotzdem, lesen Sie bitte das Buch, Sie können es ja am Mittwoch umtauschen.'

Ich dachte mir, jetzt fängt der Feldmarschall sogar mit der Reeducation an. Ich las das Buch. Am Mittwoch kam ich in die Bibliothek, der Feldmarschall war allein. Ich legte das Buch auf die Austauschtheke.

‚Gelesen?'

‚Ja, Ihrem Wunsch entsprechend.'

‚So ist das recht.'

‚Feldmarschall, kennen Sie das Buch?' - ‚Nein.'

‚Dann entsprechen Sie bitte nun meinem Wunsch und lesen Sie diese eine Seite.'

Mißtrauisch schaute er mich an, ihm schwante etwas, aber er las. Ich fasse es kurz, nach meiner Erinnerung, zusammen:

Nach Meyrinks Schilderung hatte man in der Donauebene eine Art Hünengrab ausgebuddelt und war fündig geworden. Eine eisenbeschlagene Truhe enthielt ein undefinierbares, zähes, klebriges, stinkendes Etwas. Selbst Chemiker konnten es nicht analysieren. Da kam einem Phantasiebegabten, vielleicht war es insgeheim der Herr Meyrink selbst, die Erleuchtung. Ja, – es konnte nichts anderes sein, es war ein fossiles, vergammelts Offiziersehrenwort*.

Der Feldmarschall wurde blaß, dann rot. Zwei Worte sagte er nur und warf das Buch – ein verspätetes Autodafé – in den Kanonenofen, darin die Flick'schen Kohlen glühten. Dann wandte er sich mir zu, aber ich blieb ernst, deutete eine Verbeugung an und verließ still den Bibliotheksraum.

Die letzten Tage in München – April 1945

Wirren

Wie kam es dazu, daß trotz des eindeutigen Führerbefehls vom 19. März, nach dem Desaster von Remagen und den bösen Folgen, die bedeutsamen Isarbrücken in München nicht gesprengt wurden? Das war die Frage des Freundes F.A. Six, und er fuhr fort: Aus deinen Andeutungen konnte ich entnehmen, daß dein Bruder sich in besonderem Maße für die Erhaltung der Brücken eingesetzt hat. Das ist deshalb seltsam, weil er als treuer Gefolgsmann Adolf Hitlers zu dessen Befehlen stand.

Natürlich – doch er war kein Zerstörer. Er hatte alles bedacht, er sagte mir, er setze sich für den Bestand der Brücken ein, und übernahm dafür die Verantwortung. Und weil es sinnlso sei, bei dieser militärischen Lage die Brücken zu sprengen, würde auch der Führer für seine Entscheidung Verständnis haben.

Im War Crimes Camp Zuffenhausen, in Dachau und auch hier in Landsberg hörte ich stets eine gegenteilige Darstellung. Da wurde und wird als ‚Tatsache‘ behauptet: der Gauleiter befahl die Sprengung aller Brücken, aber das hat ein Obergefreiter, ein Feldwebel, ein Major – je nach dem, wer es mir berichtete – und dann der Hauptmann Gerngroß von der ‚Freiheitsaktion Bayern‘ durch seinen Putsch verhindert. Das ist alles Unsinn und Tendenz. Erhaltung oder Vernichtung der Münchner Brücken – das wurde auf einer anderen Ebene entschieden, nach harten Auseinandersetzungen zwischen dem Feldmarschall Kesselring und meinem Bruder als Reichsverteidigungskommissar Süd. Aber ich will über die Ereignisse in München im Zusammenhang berichten.

Da ich mich auf meine Mitarbeiter verlassen konnte – sie waren mit den Baueinheiten damit befaßt, Bombenschäden zu beseitigen, Straßen, Schienenwege und Versorgungseinrichtungen instand zu halten –, verbrachte ich viele Stunden der letzten Tage im Befehlsstand meines Bruders. Ich erlebte den Ablauf der turbulenten Ereignisse, den stetigen Wechsel der militärischen Situationen, die schnellen Entscheidungen, die auf allen Gebieten getroffen werden mußten, Besprechungen, die überlagert wurden von Telephonaten, Fernschreiben und Meldungen. Ich habe dabei die kraftvolle Ruhe meines Bruders bewundert; ohne Hysterie traf er seine Anordnungen, und wo es nötig war, setzte er sich mit klaren Befehlen energisch durch. Er war sich der Lage völlig bewußt und begegnete dem sich abzeichnenden, unausweichlichen Zusammenbruch mit soldatischer Haltung, aber auch mit Härte.

Wir beide waren überzeugt, nicht nur durch entsprechende Hinweise höherer militärischer Kommandostellen, daß in München gekämpft würde und daß wir damit unser Ende finden würden. Erst in den letzten Apriltagen änderte sich unsere Einstellung, als feststand, daß Kesselring das Stadtgebiet München aus dem befohlenen ,hinhaltenden Widerstand gegen die Westgegner' ausklammerte. Hinzu kam, daß mein Bruder durch eine Weisung von Adolf Hitler an das Hauptquartier Kesselrings gebunden wurde. Er war zum Verteidigungskommissar für den Bereich der Heeresgruppe Süd eingesetzt worden. Die Weisung betraf außer seinem Gau München/Oberbayern auch die anderen Gaue wie Tirol, Salzburg und Oberdonau.

Mit großer Spannung nahmen wir alle Meldungen auf, die uns aus der Befehlszentrale Berlin erreichten. Manchmal schienen es Belanglosigkeiten zu sein; so das „Wo ist Speer?" Das kam über den Bormann-Rundruf an alle Gauleiter am 22. April. Ich dachte zurück an die Ereignisse nach dem 20. Juli und sagte: ,Auch das noch.' Darauf mein Bruder: ,Nach allem, was wir bisher erleben mußten, wundert mich gar nichts mehr.' Seltsam, das waren fast die Worte, die Bormann damals gebraucht hatte. Doch zwei Tage später kam über Rundruf die lapidare Mitteilung: „Frage nach Speer – zurück – Bormann*."

Am 27. April war ich in Sonthofen, um meine Frau und den jüngsten Sohn nach München zu holen, wir wollten die letzten Tage zusammensein. In der Nacht fuhren wir über Gebirgsstraßen, weil die direkten Verbindungsstraßen schon vom Feind besetzt waren. Es fiel mir auf, daß es in der Nacht keinen Bombenalarm und am hellen Tag keine Tiefflieger-Angriffe gab. Und eigenartig, vor München waren die Straßen von Militäreinheiten besetzt, die alles, was aus München kam, streng kontrollierten. Was das zu bedeuten hatte, erfuhr ich im Befehlsstand meines Bruders. Er erzählte mir:

,Der Spuk ist schon vorbei! Eine vom Wehrkreis gehortete Dolmetscherkompanie unter der Führung eines Hauptmann Gernegroß hat geputscht. Das ganze lief unter dem Namen ,Freiheitsaktion Bayern' - FAB; dazu einige Grüppchen, die sich - nach dem Wehrkreis - 07 nannten, dazu der kommunistische Untergrund. Alles in trauter Eintracht, von den Königsmachern bis zu den Kommunisten. Hinzu kommt, sie standen in Verbindung mit den Amerikanern, sie befreiten sogar Kriegsgefangene, wiegelten auf, betrieben Sabotage, riefen auf zur Meuterei und zum offenen Landesverrat.

In der vergangenen Nacht wurde diese Clique unter der Führung des Gerngroß aktiv, sie glaubten, ihre Stunde sei gekommen. Sie besetzten die Nachrichtenzentrale und militärische Telefonvermittlung in Kempfenhausen. Durch Vortäuschung von Wachablösung setzten sie sich in Besitz der Sender Freimann und Erding. Gleichzeitig hatten sie ,Stoßtrupps' angesetzt. Die sollten in Pullach den Chef des Stabes von Kesselring festnehmen und die Befehlszentrale der Heeresgruppe ausschalten. Sie stießen auf SS, – doch mit denen wollten sie nichts zu tun haben, sie zogen sich vornehm zurück.

In den ersten Morgenstunden ist hier auch so ein ‚Stoßtrupp' erschienen, von einem Leutnant Putz geführt. Der sollte mich verhaften - aber er wollte mehr, er hat geprahlt, er würde mich liquidieren und am Strick zum Fenster an der Ludwigstraße rausbaumeln lassen. Dann wollten diese Idioten die ‚Macht ergreifen', die Amerikaner nach München reinholen und Frieden schließen, - wie im Märchen!

Schon nach einer Handgranate war der Spuk hier zuende, sie ließen ihre Waffen, ihre MGs in Stich, dazu einige ihrer Mitläufer - als Männer oder Soldaten möchte ich die nicht bezeichnen. Von ihnen erfuhren wir dann die Einzelheiten, die Namen wie Gerngroß, Putz und sonstige, wie auch die Zusammenhänge.

Dann – am frühen Morgen – fängt doch dieser Gerngroß an, über die Sender zu hetzen. Mit dem Stichwort ‚Fasanenjagd' verkündet er im Namen der Freiheitsaktion Bayern den Aufstand. Natürlich haben sie die Regierungsgewalt ‚erstritten', und nun wollten sie den Nationalsozialismus erbarmungslos ausrotten.

Was mich bedenklich stimmt, ist die Behauptung des Gerngroß, daß der Reichsstatthalter Ritter von Epp sich auf dem ‚Gefechtsstand' der Freiheitsaktion Bayern befunden habe. Zwar möchte ich bezweifeln, ob je ein ‚Gefechtsstand' dieser Verrätergruppe existierte, doch das Verratsgeschehen, der Aufruhr der Gestrigen und der Kommunisten läuft um; wo er zutage tritt, wird rücksichtslos durchgegriffen. Die das alles ausgelöst haben, sind verschwunden. Die Schlauen, die Gernegroße verschwinden, laufen zum Feind über, die Dummen, Aufgehetzten fallen unter die harten Kriegsgesetze.

Um die Aufklärung, auch inwieweit Kommandostellen des Wehrkreises VII in den Strudel des Aufruhrs gezogen sind, bemüht sich der General Hübner. Er ist seit heute morgen hier in München, als hätte ihn der begangene Verrat angezogen.'

General Hübner war von einigen Offizieren begleitet, er machte einen energischen Eindruck. Mein Bruder kannte ihn. Der General erklärte, er sei bevollmächtigt, ein Standgericht einzusetzen, um die Verräterclique im Bereich des Wehrkreises VII abzuurteilen. Gleichzeitig erklärte er, er sei von Feldmarschall Kesselring als Kampfkommandant für München eingesetzt worden.

Mein Bruder besprach mit General Hübner die notwendigen Maßnahmen, die sich aus der Revolte ergaben. ‚Hier, lies inzwischen', sagte mein Bruder und gab mir einen Stoß Formulare und Meldungen. ‚Das sind die Aufzeichnungen von dem Achtung-Achtung-Gequatsche, das dieser Gerngroß über den Sender brachte, und das hier, was ich vor einer Stunde zur Aufklärung sagen konnte. Die Freiheits-Aktionäre hatten die Sender schnell wieder verlassen, als ihnen die Meldung kam, SS sei im Anmarsch.'

Ich las nun das ‚Achtung-Achtung-Gequatsche', wie es mein Bruder genannt hatte, - es war wirklich nicht mehr. Ich hoffe, es ist irgendwo festgehalten, um dereinst das Niveau zu kennzeichnen, das Gerngroß und Mitstreitern zu eigen war, mit dem sie Geschichte machen wollten*. Ich erinnere mich an Formulierungen wie ‚Regierungsgewalt erstritten‘ - ‚alle Magazine offen für den Zugriff‘ - das hörte sich besser an als der gemeinte Aufruf zur Plünderung - dann war da dieser Hinweis auf Ritter von Epp, als hätte er diesem Verratsgeschehen seinen Segen erteilt. Sodann hatte Gernegroß noch eine Art Regierungsprogramm verkündet, darin war auch die ‚erbarmungslose Ausrottung‘, das hatten sie wohl von Adolf Hitler übernommen, dazu - auch das durfte nicht fehlen - die Beseitigung des Militarismus. Und das in Übereinstimmung mit dem Reichsstatthalter Ritter von Epp? fragte ich mich - ich konnte mir das nicht vorstellen.

Das Ganze war anschließend in englischer Sprache gesendet worden; denn wozu waren sie sonst Dolmetscher. Offensichtlich sollten damit die amerikanischen Divisionen angesprochen werden, die vor München standen. Ich vermeinte das homerische Gelächter zu hören, das Gerngroß mit seiner Sendung auf Englisch ausgelöst hatte. Schlimm schien mir die Auswirkung auf die zutiefst deprimierte Truppe. Ich bezweifelte, ob die Soldaten noch den ‚Hinhaltenden Widerstand‘ durchführen, ja, ob sie überhaupt noch den Sinn dieser Maßnahme begreifen würden. F.A. Six erkundigte sich genauer:

Es wurden also bei euch im Süden des Reiches zu dieser Zeit, Ende April, ein ‚hinhaltender Widerstand gegen die Westgegner‘ praktiziert. War das offiziell oder stillschweigend, und welche Begründung wurde dafür gegeben, zum Beispiel gegenüber deinem Bruder als Gauleiter und Reichsverteidigungskommissar?

Offiziell verkündet war es nicht. Dieser hinhaltende Widerstand war in der damaligen Situation das einzige, was noch, im Ganzen gesehen, versucht und auch mit Aussicht auf einen gewissen Erfolg durchgeführt werden konnte: Es galt Zeit zu gewinnen, um den Verbänden im Osten und im Südosten, außerdem den Deutschen im Sudetenland einen Rückzug nach Westen zu ermöglichen, und es galt vor allem, ihnen den Raum dafür freizuhalten. Das war das Ziel, und dabei kam es auf jeden Tag, ja auf jede Stunde an.

Ich sagte dir schon, daß sich mein Bruder über die Situation völlig klar war: ‚Der Ostfront den Rücken freihalten, damit möglichst viele Deutsche - Soldaten und Zivilisten - vor dem Bolschewismus in die größere Sicherheit des Westens gelangen können, - das ist die Aufgabe der Heeresgruppe Süd, wie ich sie sehe. Und meine Aufgabe sehe ich darin, sie als Reichsverteidigungskommissar dabei zu unterstützen‘.

Das ist interessant, sagte Six, und in diese strategische Konzeption wollte der Hauptmann Gerngroß mit seinem Putsch hineinkapitulieren, - wußte der denn überhaupt, wozu das alles hätte führen können?

Das bezweifle ich. Mit dem, was sie da anzettelten, durchkreuzten sie die letzte strategische Maßnahme der Wehrmacht, möglichst viele Menschen dem

Zugriff der Bolschewisten zu entziehen. Und ich bezweifle auch, daß sie sich überlegt haben, welches Unheil sie durch ihren Aufruf zur Revolte auslösen würden, - und welches Unheil sie über die gebracht haben, die ihrem Aufruf folgten und nicht rechtzeitig untertauchen konnten, wie es die Initiatoren der Revolte praktizierten.

Im Befehlsstand meines Bruders, nach meiner Lektüre der Aufrufe, verschiedener Meldungen und der ersten Ermittlungsergebnisse hörte ich einem Gespräch zu, das mein Bruder mit General Hübner führte: ‚Ob wahr oder Flunkerei, - Gerngroß hat den Reichsstatthalter Ritter von Epp mit dem Verratsgeschehen verbunden, das bleibt nicht ohne Auswirkungen, Herr General, hier muß sorgfältig ermittelt werden zur Meldung an den Führer - ich kann es mir nicht vorstellen, daß ein Reichsstatthalter Adolf Hitlers Verrat begeht. Doch selbst wenn das alles geflunkert ist, was ich bei Epp annehme – was wir auch dagegen unternehmen, - wir kommen damit zu spät. Die Nachricht ist über den Sender verbreitet worden, und die Wahrheit wird durch Mißtrauen überdeckt.‘

Ein Oberstleutnant mit seinem Adjutanten und einem Zivilisten, dem Bürgermeister von Penzberg, erschien im Befehlsstand. Der Oberstleutnant, Kommandeur eines Werferregimentes, machte Meldung: Im Abschnitt seiner Kampfgruppe um Penzberg sei, veranlaßt durch die Sendungen der Freiheitsaktion Bayern, Aufruhr und Meuterei entstanden. FAB-Anhänger und Gegner des Nationalsozialismus hätten das Rathaus besetzt, Kriegsgefangene aus Lagern befreit, Verbindung mit dem Feind aufgenommen, die Kampfgruppe behindert und zur Meuterei aufgefordert. Die amerikanischen Verbände hätten während dieser Vorgänge keine Aktivität gezeigt, ein sicheres Zeichen, daß sie über die Revolte unterrichtet waren. Dies sei auch durch Vernehmungen bestätigt worden. Unbestritten seien diese Vorgänge Hoch- und Landesverrat.

‚Zur Sicherung der Truppe sah ich mich gezwungen, das Standrecht zu verhängen‘, sagte der Kommandeur abschließend. ‚Ein Standgericht wurde eingesetzt, die sieben Anführer der Revolte und des Verrats wurden zum Tode verurteilt.‘

Mein Bruder sagte darauf: ‚Herr Oberstleutnant, Sie haben als verantwortlicher Kampfkommandant in Ihrem Abschnitt nach dem Kriegsrecht alle Entscheidungen zu treffen. Damit haben Sie auch das Recht, Standgerichte einzusetzen, wenn es die Sicherung Ihrer Truppe verlangt und die Durchsetzung Ihrer Befehle erfordert. Sie haben auch das Recht, die Urteile des Standgerichts vollstrecken zu lassen. Ich nehme Ihre Meldung zur Kenntnis.‘

Auf besorgte Vorstellungen des Bürgermeisters sollte eine Wehrwolf-Kompanie zusätzlich die Sicherung von Penzberg gegen einen möglichen Aufstand ehemaliger Kommunisten, die jetzt aktiv würden, übernehmen. Entsprechende Weisungen sind wohl an Zöberlein, dem der Wehrwolf unterstand, ergangen.

Ich schaltete ein: Zur Zeit finden in Penzberg oder sonstwo Prozesse statt gegen den Oberstleutnant Ohm und seine Offiziere, auch gegen den Wehrwolf-Führer Hans Zöberlein. Und in München steht der Major Salisco, der den Münchner Volkssturm befehligte, unter Anklage. Das haben mir unsere China-Men erzählt, die in der Gefängnisverwaltung die Möglichkeit haben, amerikanische Armeezeitungen zu lesen.

Sie berichteten mir, dem Oberstleutnant werde das Standgerichtsverfahren von Penzberg mit den durch die Truppe vollstreckten Urteilen angelastet, Zöberlein habe ohne Gerichtsverfahren willkürlich ‚Antifaschisten liquidiert‘ und der Major Salisco habe auf Befehl des Gauleiters einen aufrechten Offizier namens Carraciola durch ein Peleton des Volkssturms exekutieren lassen.

Den Rennfahrer Carraciola? unterbrach mich Six.

Nein, einen Major, er war Adjutant des Reichsstatthalters Ritter von Epp und hing mit der ‚Freiheitsaktion Bayern‘ zusammen, - darüber später mehr. In allen Verfahren wird mein Bruder als der Verantwortliche bezeichnet.

Im Fall des Oberstleutnants war es ein Standgericht der Truppe, und die Urteile wurden von der Heeresgruppe zur Vollstreckung bestätigt. Der Major Carraciola wurde vom Standgericht des Generals Hübner verurteilt. Hübner war dazu bevollmächtigt als Vorsitzender des Standgerichts West, das nach der Brücken-Katastrophe von Remagen eingesetzt wurde. Dieser Major mußte wissen - wie die Gerngroß-Offiziere, die im Zivilberuf Juristen waren - was sie mit dem Aufruf zur Revolte und zum Verrat und mit der aktiven Beteiligung daran zu verantworten hatten, solange das Kriegsrecht Gültigkeit besaß.

Das Vorgehen Zöberleins und der Wehrwolf-Einheit, mit oder ohne Befehl, vermag ich nicht zu beurteilen; ich weiß nicht, was sich dort abgespielt hat, inwieweit ein Anlaß zum Durchgreifen bestand. Ich kann mir nur denken, daß manches geschah von denen, die, den Untergang vor Augen, um sich schlugen, in Aufruhr und Verrat hineinschlugen, was durch die damalige Turbulenz veranlaßt wurde und in Zeiten der Besinnung zu verurteilen ist.

Sicher wird man allen den Prozeß machen, die damals nach dem Kriegsrecht handelten, die zu ihrem Eid standen. Wir haben es in Nürnberg und Dachau erlebt, und wir werden es weiter erleben, nun vor deutschen Gerichten, sagte Six. Erzähl weiter von den letzten Tagen in München.

– Unmittelbar nach dem Kampfkommandanten von Penzberg meldete sich der General der Waffen-SS Simon*, ein breitschultriger Riese mit hartem, kantigem Gesicht. Er gab einen Bericht über den Frontverlauf und den Einsatz seiner Verbände im Norden von München. Dem Amerikaner sei es gelungen, bei Moosburg über die Isar zu stoßen und Raum zu gewinnen. Seine geschwächten Truppen seien in der Flanke bedroht, eine Umfassung Münchens aus Nordost zeichne sich ab.

Dann meinte Simon: ‚Gauleiter, Sie sind alleine fertig geworden mit den Verrätern, die den Aufruhr anzettelten, um sich groß zu tun - die wollen sich beim Ami noch schnell 'nen goldenen Pint verdienen. Nach den Rundfunk-Aufrufen von diesem Gerngroß war ich daran, eine Kampfgruppe in Marsch zu setzen. Diese Verräter und ihr Anhang hätten das blaue Wunder erlebt, - und uns wäre es eine Genugtuung gewesen, diesen Klüngel noch fertig zu machen! Dann hörte ich Ihre Ansprache im Sender und hielt die Kampfgruppe zurück.

Eine Meldung wurde vorgelegt: Im Süden von München, nahe Tölz, seien die Amerikaner bis zur Isar vorgedrungen. Und wenig später: Sie haben einen Brückenkopf auf der Ostseite gebildet. Eine völlige Umklammerung von München zeichnete sich ab.

Es stellte sich die Frage, ob bei dieser Lage ein ernsthafter Widerstand in München überhaupt noch sinnvoll sein würde. Der General Simon meinte das nicht, es würde wohl unter Aussparung von München weiter nur hinhaltend bis zur Alpenfestung gekämpft werden, um den Truppen im Osten und Südosten möglichst lange den Rücken freizuhalten.

Da war wieder der Begriff ‚Alpenfestung‘. Ich sagte: ‚Darunter sind doch nur die natürlichen Gebirgsformationen zu verstehen, die sich leichter verteidigen lassen, - denn von Befestigungen kann keine Rede sein. Selbst auf dem Obersalzberg gibt es außer dem Luftschutz-Stollensystem, das ich im Berghof-Gelände gebaut habe, keine Befestigungen. Die Alpenfeste ist nichts anderes als eine großartige Szenerie, um darin mit Anstand unterzugehen.‘ ‚Ich hatte mir mehr darunter versprochen‘, sagte der General.

Erneute Telefonate mit dem Chef des Stabes der Heeresgruppe, General Westphal, und dann auch, mit großen Schwierigkeiten, direkt mit Feldmarschall Kesselring, der meist unterwegs war an den östlichen und südlichen Fronten, ergaben, daß München nicht verteidigt werde.

‚Für die Stadt ist das sicherlich besser‘, meinte mein Bruder dazu. Doch wir beide seien mit München verbunden, wir sollten uns hier verteidigen und das Ende finden. Es nahm aber einen anderen Verlauf.

Das Standgericht

General Hübner kam und berichtete meinem Bruder über seine Ermittlungen. Demnach war es Gerngroß mit den Aktivisten der ‚Freiheitsaktion Bayern‘ und Widerständlern einer Gruppe ‚Org 7‘ gelungen, den Reichsstatthalter Ritter von Epp in ihr verräterisches Spiel zu bringen. Ihr Verbindungsmann war der Adjutant Epps, Major Carraciola. Er, Hübner, habe die Festnahme von Epps und seines Adjutanten angeordnet.

Also wollen Sie auch Ritter von Epp in das Standgerichtsverfahren einbeziehen und ihn aburteilen? – Ja. – Und es handelt sich dabei um eine militärische Maßnahme, ohne Einschaltung einer politischen Persönlichkeit und damit auch außerhalb meiner Befugnisse als Reichsverteidigungskommissar? Ich möchte Ihre Vollmachten sehen, Herr General.

Sorgfältig las mein Bruder die Sondervollmachten General Hübners und gab sie dann schweigend zurück. Das Standgericht unter Vorsitz General Hübners trat in den Räumen über der Befehlsstelle im Zentralministerium an der Ludwigstraße zusammen.

Ich hatte inzwischen Besprechungen über den Einsatz meiner Mitarbeiter bei letzten baulichen Not- und Sicherungsmaßnahmen. Als ich in den Befehlsstand meines Bruders zurückkam, erlebte ich eine harte Auseinandersetzung. Das Standgericht hatte inzwischen Ritter von Epp und seinen Adjutanten, Major Carraciola, zum Tode verurteilt. Mein Bruder diskutierte nicht mit General Hübner, er sagte: Ich habe keine Zeit, ich bestimme jetzt, was zu geschehen hat. Lassen Sie Ritter von Epp in meinen Befehlsstand bringen. Das wurde veranlaßt.

‚Herr Reichsstatthalter Ritter von Epp! Das Standgericht unter Vorsitz des Generals Hübner hat Sie zum Tod verurteilt. Das Standgericht hat seine Befugnisse und seine Vollmachten überschritten. Dem Standgericht hätte eine politische Persönlichkeit zugeordnet sein müssen, denn Sie sind keine militärische Persönlichkeit - obwohl Sie den Rang eines Generals aus dem ersten Weltkrieg haben. Sie sind vielmehr als Reichsstatthalter von Bayern eine rein politische Persönlichkeit und unterstehen unmittelbar dem Führer. Er allein hat zu entscheiden. Er wird würdigen, daß Sie sein Gefolgsmann sind, und er wird nicht vergessen, daß Sie mit Ihrem Freikorps 1919 in Bayern das kommunistische Gewaltregime zerschlagen haben. Ich verbürge mich für Ihren persönlichen Schutz bis zur Entscheidung des Führers.‘

Ritter von Epp schaute meinen Bruder unverwandt an, mit ernstem, verschlossenen Gesicht. Er sagte kein Wort.

General Hübner erhob Einspruch. Mein Bruder winkte ab, er führte Epp aus dem Zentralraum in einen Nebenraum der Befehlsstelle und ließ ihn durch einen SA-Adjutanten abschirmen. General Hübner protestierte erneut und bestand auf Vollstreckung der Urteile. Dem Urteil des Standgerichts über Carraciola stimmte mein Bruder ohne Zögern zu. Der Major habe sich durch seine Aversion gegen den Nationalsozialismus zu Hoch- und Landesverrat hinreißen lassen. In sein destruktives Gespinst habe er sogar seinen Chef, den Reichsstatthalter von Bayern, einbezogen. Ein Volkssturm-Peleton erhielt den Befehl, das Urteil zu vollstrecken.

‚Ich war zur schnellen Handlung gezwungen‘, sagte mein Bruder zu mir, ‚denn nach den Vollmachten lagen Urteil und Vollstreckung in der Entscheidung des Generals. Aber ich glaube, wenn er auch protestierte, er war froh, daß ich eingriff und die Verantwortung für Ritter von Epp übernahm. Ich habe den Reichsstatthalter von Bayern - und das wird mich rechtfertigen - der Untergangs-Hysterie des Standgerichts entzogen.

Das Urteil ist zu verstehen als Ergebnis und Nachwirkung dessen, dem wir in diesen Tagen und Nächten alle ausgesetzt sind. Aber das Urteil wird diesem Mann nicht gerecht. Ich kann nicht zulassen, daß er exekutiert wird. Ich kann auch nicht zulassen, daß man Ritter von Epp in Verbindung mit Verrat bringt.

Ich glaube vielmehr, diese Clique hat versucht - und das ist die Schuld des Carraciola - ihre Revolte, ihren Verrat mit dem Namen ,Ritter von Epp' zu legalisieren und populär zu machen. Ritter von Epp ist für viele eine bayrische Symbolfigur.

Sicher hat man versucht, den alten Herrn mit dem Hinweis breitzuschlagen: Sie haben schon einmal Bayern mit dem Freikorps gerettet - tun Sie es jetzt nochmals mit der Freiheitsaktion Bayern. Er ist zunächst auf das törichte Geschwätz seines Vertrauten Carraciola hereingefallen, - aber vor den effektiven Verrat gestellt, hat er sich geweigert mitzumachen.

Man würde es mir weit über meinen Tod hinaus anlasten, wenn ich ihn der Urteilsvollstreckung nicht entzogen hätte*.'

Mein Bruder setzte Meldungen auf, die über Fernschreiber nach Berlin und gleichzeitig zur Nachrichtenzentrale Obersalzberg gingen. Antworten und vor allem eine Entscheidung des Führers kamen nicht zurück.

Die Spannung um und in München nahm zu. Mein Bruder telefonierte mit dem Gauleiter von Salzburg, Dr. Scheel. Er schilderte ihm kurz die Situation: ,Es besteht hier eine Gefährdung für Ritter von Epp. Ich habe mich für seine Sicherheit verbürgt, Scheel, bitte tun Sie dasselbe. Unter dem Schutz eines Polizei-Obersten wird Ritter von Epp zu Ihnen fahren*.'

Die Münchner Brücken

Atemlos kam Fiehler, der Oberbürgermeister von München, mit Professor Stecher, dem Leiter des Tiefbauamtes der Stadt, in den Befehlsstand. Stecher war eine integre Persönlichkeit, ein großer Könner und der klarste Kopf des städtischen Bauamtes. Ich hatte ihn in gemeinsamer Arbeit kennengelernt und ihn sehr geschätzt.

Stecher berichtete, ein Pionierkommando der Wehrmacht habe die Münchner Eisenbahn-Nordbrücke gesprengt. Das war nun ironischerweise ausgerechnet die Brücke, unter der Gerngroß sein Revolte-Hauptquartier etabliert hatte. Aufgeregt fuhr Stecher fort:

,Auf Befehl von Feldmarschall Kesselring sollen in München alle Isarbrücken gesprengt werden - das kann doch nicht sein!' Und, wohl mit etwas Übertreibung: ,Das ist der Tod der Stadt München!' Der Auffassung Stechers schloß sich auch Fiehler an.

,Das geschieht nicht ohne Prüfung der Notwendigkeit und auch nicht ohne meine ausdrückliche Zustimmung', war die Antwort meines Bruders. Er ließ sofort alle Brücken durch Volkssturm-Einheiten besetzen, deren Führern er präzise Befehle zur Sicherung der Brücken gab.

Zusammen mit Stecher informierte ich meinen Bruder, soweit das überhaupt erforderlich war, über die Bedeutung der Brücken: Mit ihrer Sprengung würde zugleich die Wasserversorgung der westlich der Isar gelegenen Stadtteile und Vororte unterbunden. Zudem hätten die Brücken einen hohen technischen und künstlerischen Rang.

‚Rede nicht soviel - das weiß ich selber - ich frage mich nur, was sollen diese Sprengungen noch für einen Sinn haben, wenn die amerikanischen Divisionen schon nördlich und südlich von München über die Isar vorgestoßen sind! Für eine reine Zerstörung ohne jede militärische Notwendigkeit, die nur zu Lasten der Zivilbevölkerung geht, bin ich nicht zu haben.‘

Die Telefonate mit dem Chef des Stabes der Heeresgruppe und mit dem General der Pioniere rissen nicht mehr ab. Zunächst forderte mein Bruder genaue Informationen über den Frontverlauf, die Lage, die Abwehrkräfte und die getroffenen Festlegungen der Heeresgruppe im Bereich des Gaues München-Oberbayern und der Stadt München. Es wurde ihm erklärt:

Die Amerikaner sind mit starken Infanterie- und Panzer-Verbänden nördlich von München und im Süden bei Tölz über die Isar vorgedrungen und haben angesetzt, München auch östlich zu umklammern. Drei Divisionen werden München von Westen frontal angreifen, deshalb hat der Feldmarschall die Sprengung aller Münchner Brücken befohlen.

‚Und warum? Soll denn in München am Ostufer der Isar Widerstand geleistet werden? Soll da gekämpft werden?‘

‚Nein, dazu fehlen die Kräfte, es wäre auch sinnlos, weil die Kampfgruppe bald von allen Seiten eingeschlossen wäre.‘

‚Dann ist das Sprengen der Brücken genauso sinnlos.‘ Die Stimme meines Bruders wurde scharf: ‚Herr General! Sie sprechen jetzt nicht mit dem Gauleiter von München, sondern mit dem vom Führer für den Gesamtbereich des Oberbefehlshabers Süd eingesetzten Reichsverteidigungskommissar, und ich dulde keine sinnlosen Zerstörungen! Der Feldmarschall soll seinen Sprengbefehl zurücknehmen! - Sie können ihn doch über Draht oder Funk erreichen! - Dann veranlassen Sie bitte, daß er mich anruft. Nehmen Sie zur Kenntnis: Ich habe alle Münchner Brücken durch Volkssturm-Einheiten besetzen lassen, Ihre Sprengkommandos kommen nicht an die Brücken heran!‘

Es gab später nochmals ein telefonisches Gerangel, diesmal mit Kesselring selbst, der von irgendwoher anrief. Er verwies auf die Führerbefehle, auf den Fall Remagen - der Vorsitzende des Remagener Standgerichts, der General Hübner, befinde sich ja zur Zeit in München und sei von ihm als Kampfkommandant eingesetzt worden - kurz, er Kesselring, sei verantwortlich. Mein Bruder sagte darauf zu Kesselring:

‚Feldmarschall, Sie selbst haben München als Kampfgebiet ausgeklammert -

somit bin ich hier der Verantwortliche. Ich hafte persönlich für die Erhaltung der Brücken. Ich übernehme die volle Verantwortung, und mit mir auch mein Bruder als Generalbaurat von München. - Nun, wenn Sie mir sagen, Sie würden notfalls mit Gewalt die Sprengungen durchsetzen, dann kann ich Ihnen versichern, Sie lassen mit den Brücken auch gleichzeitig meine Volkssturmmänner in die Luft jagen und auf der Prinzregenten-Brücke mich mit dazu!'

Schließlich wurde eine Formulierung aufgesetzt: ,Der Gauleiter von München-Oberbayern in seiner Eigenschaft als Reichsverteidigungskommissar im Bereich des Oberbefehlshabers Süd und der Generalbaurat von München übernehmen gemeinsam die volle Verantwortung dafür, daß die Münchner Brücken nicht gesprengt werden', - ,in Anbetracht der militärischen Lage und der Tatsache, daß das Ostufer der Isar nicht verteidigt wird', fügte mein Bruder hinzu.

Nach nochmaligem Protest gab Kesselring dann nach. Auf die Frage meines Bruders bestätigte er, daß ernsthafter Widerstand nur noch in der ,Alpenfestung' möglich sei. Er fügte hinzu: ,Es stehen hier Entscheidungen an, die ich nicht ohne Sie, als den Reichsverteidigungskommissar, treffen möchte. Ich erwarte Sie baldigst in meinem Hauptquartier.'

Um den amerikanischen Verbänden ein schnelles Passieren der Brücken zu erschweren, ordnete mein Bruder Sperren an. Dann verließen wir am Spätnachmittag des 29. April in meinem Wagen München. Wir fuhren zunächst zum General der Pioniere nach Rosenheim - nur noch Nebenwege waren hinter München feindfrei - um die Sprengung der Autobahn-Mangfall-Brücke zu verhindern. Wir kamen zu spät.

Die Erhaltung aller Stadtbrücken verdankt München, außer dem leidenschaftlichen Appell des Baudirektors Professor Stecher, allein meinem Bruder, der durch sein energisches Auftreten in der Lage war, sich gegenüber dem Oberbefehlshaber Süd, dem Feldmarschall Kesselring, durchzusetzen.

In der Nacht unterhielt ich mich lange mit meinem Bruder. Dabei sagte er mir: ,Du bist dir doch darüber im klaren, was wir von den Amerikanern zu erwarten haben. Sie erschießen auf ihrem Vormarsch rücksichtslos gefangene deutsche Soldaten - das wurde mir von militärischer Seite wiederholt gemeldet. Und so ganz nebenbei erfuhr ich, daß die Amerikaner bei der sieghaften Befreiung von Dachau zugleich auch das SS-Lazarett „befreit" haben, - ohne sich zu genieren haben sie dabei die Versehrten und Verwundeten mitsamt den Ärzten totgeschlagen oder erschossen - ganz im Sinne der Roosevelt-Parole: ,Vorwärts, christliche Soldaten - Amen.'

Jetzt, hier in Landsberg, wurde ich vor einigen Monaten an diesen Hinweis meines Bruders erinnert, - aber davon später.

In der Nacht zum 1. Mai erreichte uns in Traunstein dann die Nachricht: Der Führer ist tot! Eine Welt brach für uns zusammen!

Mein Bruder entpflichtete alle Gefolgsmänner seines Gaues, soweit er sie

Erinnerungen an Linz

Fauler Pelz und Villa Bergius in Heidelberg

Ich weiß nicht, was du für Erlebnisse in dieser Zentrale des CIC gehabt hast, – bei mir war jedes ‚Verhör‘ mehr als komisch. Six schaute mich erwartungsvoll an. Ich schilderte:

Das Nachtquartier hatte ich im Heidelberger Stadtgefängnis ‚Fauler Pelz‘, und der Raum, in dem ich nächtigte, hatte eine gewölbte Decke, ein carcere, sicher noch aus Perkeos Zeiten. Ich lag zwischen einem halben Dutzend Berufsverbrechern und wagte nicht, über Nacht die Schuhe auszuziehen. Erst später wurde ich in eine Einzelzelle verlegt und konnte auf der Pritsche schlafen, ohne die Hände in die Taschen zu stecken.

So gegen 10 Uhr wurde ich dann regelmäßig mit einer Grünen Minna oder gefesselt in einem Jeep zur Villa Bergius gefahren und dort ins Souterrain verbracht. So gegen 11 Uhr hatten sich die arroganten Interrogatoren soweit von ihren nächtlichen Beanspruchungen erholt, daß sie mit den ‚Verhören‘ beginnen konnten. Wem ich auch immer vorgeführt wurde, es begann mit: Ausziehen, Hemd ausziehen - Arme hoch. Sie suchten nach dem Blutgruppenzeichen.

Von einem dieser Verhöre möchte ich dir berichten. Der mich an diesem Tag dazwischen hatte, war ein amerikanischer jüdischer Schwede oder schwedischer Jude in CIC-Uniform - es müssen da Rangunterschiede* bestehen. Nachdem er vergeblich mit einer Lupe nach möglichen Resten der Blutgruppen-Tätowierung gesucht hatte, stellte er überzeugend fest: ‚Du doch Ass Ass!‘ Ich antwortete nicht, darauf er: ‚Nur eine Stunde Ass Ass - schon zuviel!‘ Ich schwieg weiter. Nach einer Weile, die mich wohl zermürben sollte: ‚Wenn nicht Ass Ass - welcher Beruf dann?‘

Das war mal was Neues, und ich sagte: ‚Architekt.‘

‚Hahaha‘, kams von tief unten - ‚wir wissen das besser, wir wissen alles‘, wobei er auf eine Akte klopfte. ‚Ich komme von Schweden nach Amerika, ich will nun hören als Beweis schwedische Architekten mit Namen.‘

Nun machte es mir Spaß. ‚Ragnar Östberg‘, sagte ich, ‚und sein berühmtes Stadthaus in Stockholm - Asplund, seine Bibliothek und das Skandiatheater - Ivar Tengbom und sein Konzerthaus.‘

Da fängt er doch wieder mit seinem Lachen an und sagt dann: ‚Gut, gut - sehr schnell und schlagfertig - die Namen hören sich an wie richtig schwedisch - aber ich höre die Namen zum erstenmal - hahaha, hahaha!‘ Ich dachte mir, es ist wohl sicher, daß er an keinen von denen Kanalrohre verkauft hat, wer weiß was und an wen.

Doch am Abend, in der Zelle im ‚Faulen Pelz‘, waren meine Gedanken beim Stadthaus - nein, nicht bei dem von Ragnar Östberg in Stockholm, vielmehr beim Stadthaus Adolf Hitlers in Linz-Urfahr. Gewiß, damals in den Gesprächen mit ihm und wie auch jetzt nach dem Bergius-Verhör war ein Anstoß durch das Werk des Architekten Ragnar Östberg gegeben.

F.A. Six faßte mich am Arm und sagte: Wenn das, was du zu berichten hast, uns wieder im Gespräch zu Adolf Hitler führt und dazu beiträgt, etwas von seinen Planungen und seinem Wesen kenntlich zu machen, dann ist mir das wichtiger als aller Schnickschnack und alle deine grotesken Geschichten. Natürlich, auch die höre ich gerne, schon allein, um lachen zu können. Doch von Bedeutung ist das Erscheinungsbild Adolf Hitlers, das durch jeden Bericht von dir an Konturen und Farbe gewinnt. Erzähl von dem Stadthaus Adolf Hitlers in Linz!

Das Stadthaus für die Bürger von Linz

So fing ich denn an: Als mich Adolf Hitler im Herbst 1940 in Linz zunächst in die neue Aufgabe der ‚Donauufer-Bebauung‘ einwies, war ich sehr erstaunt, mit welcher Bestimmtheit und wie überlegt er die Standorte der Gebäude festgelegt hatte. Von der Nibelungenbrücke schauten wir zur Urfahr-Seite der Donau. Adolf Hitler erläuterte mir seine Vorstellungen über die Beziehungen der Bauten und Platzräume zueinander, er sagte:

‚Daß die von der Brücke ausgehende Straßenachse nicht streng zur Bekrönung des Pöstlingberges ausgerichtet ist, halte ich für einen Vorteil. Wäre es anders, es würde nicht dem Charakter der Landschaft und der Stadt entsprechen, die keine großen Sichtachsen kennen. Mit Ausnahme der Lauben‘ - so bezeichnete Adolf Hitler kurz die geplante neue Lauben-Straße –, die aus der Alt-

stadt zum Bahnhof führen werden und sinnvoll beidseitige Achsenbezüge aufweisen, möchte ich in Linz sonst keine achsialen Beziehungen bauen.

Die Donau und ihre Ufer, nun die Hauptelemente der neuen Stadtform, sind
im Wechsel konkav-konvex geschwungen. Deshalb ist eine rhythmische Fügung der Gebäudegruppierungen geboten. Beidseitig entspricht dies dann dem
äußerst lebendigen Schwung des Stromes.

In Nord-Süd-Richtung steht der alte Linzer Hauptplatz schmal und senkrecht zur Donau. Doch, über diese Brücke hinweg, müssen sich die neu zu
bauenden Platzformen entgegengesetzt breit gelagert dem Stromverlauf anfügen. Damit sie in den hier gültigen stadtgerechten Maßstäben empfunden werden, sollten sie durch die Gebäudegruppen unterteilt und akzentuiert, dabei
dreiseitig gefaßt und zum Strom hin geöffnet sein. So wird das lebendige Element des Stromes in die neuen Platzräume einbezogen.'

Soweit zitierte ich die Hinweise Adolf Hitlers. Um es verständlich zu machen, nahm ich einen Stein und zeichnete in den sandigen Weg des Gefängnis-
hofs die Situation: Die Nibelungenbrücke und die Kontur des Stromufers der
Urfahrseite.

Stromabwärts, hier, wo das Ufer konvex gewölbt gegen den Strom stieß,
sollte die Raumkomposition durch die Halle der Gemeinschaft ihren Abschluß
finden. Ich zeichnete das geplante dominierende Gebäude senkrecht zum
Stromverlauf gerichtet, - und daneben, zum Platz hin, frei wie ein Kampanile,
der ‚Turm an der Donau'.

Der Brücken-Vorhof der Nibelungenbrücke vermittelte vor dem zurückgesetzten Reichsstatthaltergebäude nach rechts hin, stromabwärts, zu einer großzügigen Terrasse. Die wiederum führte dann zum weiträumig geplanten
Hauptplatz der Urfahrseite. Durch die senkrecht zum Strom gerichteten seitlichen Gebäude hat dieser Platz eine Trapezform. Die umlaufenden, gestuften
Terrassen betonen diese Grundform und verbinden die Baukörper in der Horizontalen.

Nun steht, wie mit dem Platzraum verankert, dieser Turm an der Donau,
mit dem Glockenspiel-Motiv von Bruckner. Schon aus dieser kurzen Beschreibung kannst du entnehmen, daß ich eigentlich nur nachzuvollziehen brauche,
was Adolf Hitler gedanklich und, wie es sich dann später zeigte, auch in
Grundrissen und Fassaden-Skizzen festgelegt hatte.

Was ist mit dem Stadthaus? Ungeduldig unterbrach mich mein Freund. Nun
warte es ab, sagte ich, erst muß ich doch die Situation im Ganzen schildern.
Vorweg, das Stadthaus ist das dominierende Gebäude an der Donau auf der
Urfahrseite, von der Brücke stromaufwärts gesehen. Ich zeichnete den Umriß
in den Sand des Weges ein.

Seine Front ist zur Donau gerichtet und stößt bis zum alten Treidelpfad vor,
die Substruktionen des Bauwerks verbinden sich mit den granitenen Ufersteil-
wänden. Seitlich entsteht ein quadratischer Platzraum, er gibt dem Stadthaus

nicht nur Abstand vom Verkehr, er vermittelt ihm auch von Brücke und Straße her Distanz und Würde. Ich entwarf eine Säule für diesen Platz, eigenwillig im Standort, bekrönt mit den Planetenzeichen, dem Johannes Kepler gewidmet, der zwölf Jahre in Linz lehrte.

Dazu plante ich einen horizontal gelagerten Brunnen - Adalbert Stifter zu Ehren, mit einem Zitat aus einer seiner Naturschilderungen.

In den Baukörpern, die den Platzraum bestimmten, sollten auch die gegensätzlichen Umrisse - vertikal zu horizontal - in Erscheinung treten. Die Planung sah deshalb an der Nordseite des Platzes ein Hochhaus mit 14 Geschossen vor, energisch im Umriß, und mit plastischen, doch nervigen Architekturteilen, die dem Hochhaus die Kraft vermitteln sollten, um auch der Brücken-Horizontalen standzuhalten. Eine abgesetzte Bogengalerie sollte die hohe Vertikaltendenz des Gebäudes mit dem gelagerten Kubus des Stadthauses verbinden.

Dieses Stadthaus zeichnete ich nach den Ideen und Skizzen Adolf Hitlers. Es hatte die Grundform der Bauernhöfe, die rings um Linz stehen. Es sind die quadratischen Vierkanter, sie bilden jeweils eine in sich geschlossene Baueinheit mit einem Innenhof. Und alle diese Ansitze liegen inmitten ihrer Felder wie Bauernburgen. Von Beginn an hatten alle Skizzen Adolf Hitlers für das Stadthaus den quadratischen Grundriß, und alle hatten den großen Innenhof, doch nicht offen, vielmehr durch die Geschosse als hoher Raum geführt, mit dem Abschluß durch eine kassettierte Decke. Die Wände ringsum waren als Laubengalerien ausgebildet, von Pfeilern getragen, über die sich römische Bögen spannten. Die Pfeiler verfeinerten sich in den zwei folgenden Geschossen zu Säulen.

Frühes Vorbild war sicher der prachtvolle, wenn auch offene, Innenhof im ‚Landhaus‘ von Linz, das in den Zeiten der ‚Landstände‘ im 16. Jahrhundert gebaut wurde.

Eine Basilika-Führung des Tageslichtes war im oberen Galerie-Umgang vorgesehen, allseitig durch das innere Attikageschoß ermöglicht. Dieser indirekten Lichtführung entsprach auch die Abendbeleuchtung, sie war somit einer Illumination vergleichbar, doch ohne blendende Lichtquellen.

In diesen hohen Raum plante Adolf Hitler eine Treppenanlage, die, gleich wie im Führerbau in München, nur das Erdgeschoß mit dem betont repräsentativen Obergeschoß verband. Für die weitere Verknüpfung der Geschosse dienten die Treppenhäuser in den Seitenflügeln.

Ich konnte mir denken, welche Überlegungen und welche Vorbilder dieser Treppenanlage zugrunde lagen. In meinem Atelier zeichnete er drei verschiedene Anordnungen und Systeme, von weiteren weiß ich im Führerhauptquartier Winniza. Soweit ich die Skizzen sammeln konnte, sicherte ich sie im Tresor - was mag aus ihnen geworden sein!?

Schon in der Jugend waren ihm sicher die Treppenanlagen bedeutsam er-

Skizze von Adolf Hitler: Grundriß des Linzer Stadthauses, mit den neu eingetragenen Raummaßen 18 – 42 – 18 Meter. Darüber die Andeutung der Fassade zur Donau. Er skizzierte das im Zug auf einer Fahrt nach Berlin.

schienen, ich denke an St. Florian, an die Kaiserstiege in Göttweig. Dazu kamen seine Architektur-Erlebnisse in Wien mit den Treppenhäusern des Prandtauer, der Fischer von Erlach und des von Hildebrandt.

Einmal erwähnte er - und darüber war ich erstaunt - die Treppe in der ‚Blauen Halle‘ von Ragnar Östberg, er hatte sich eingehend mit den Plänen und Photographien des Stockholmer Stadthauses befaßt. Er bezeichnete es als ein romantisches Bauwerk mit großer handwerklicher Qualität, phantasievoll, doch herb, der Stadt Stockholm wohl angemessen und von bleibendem künstlerischen Wert.

Für das Linzer Stadthaus hatte Adolf Hitler Fassaden skizziert, von seltsamer Eigenart. Als die prägnanteste dieser Skizzen aufgezeichnet und ins Modell übertragen war, trat der kubische Baukörper mit höchster Klarheit der Form in Erscheinung. Etwas an dem Gesamtgebilde erinnerte an Lentia, die römische Gründung von Linz, an die Kastelle des Hadrian und Marc Aurel entlang der Donau, an die Karolinger-Zeiten, an kaiserliche Pfalzen, - und doch war das Gebäude ein modernes Stadthaus, die beste bauliche Repräsentation der Stadtgemeinschaft von Linz.

Ich kann das Bauwerk nur beschreiben, indem ich es gleichzeitig aufzeichne, - hier, das Tor vom ‚Motorshop‘ ist dafür geeignet. Wir gingen zu den Gefängniswerkstätten, und ich zeichnete mit einem Bleistift auf die glatte Torwand die zur Donau hin orientierte Fassade des kubischen Gebäudes.

Nur im oberen Teil, unter dem Gesims, befindet sich eine Reihung von tief eingeschnittenen Lichtöffnungen, womit sich der strenge Kubus nach oben auflöst. Sonst beharrt er in einer tektonischen Geschlossenheit der Wandflächen. Dann springt aus dem hohen dreigeschossigen Kubus ein zweigeschossiger eigener Baukörper um fünf Meter vor. Das ergibt zwei gestaffelte Fassaden, die sich ergänzen.

Die vorspringende Fassade hat eine fünfachsige Empfangsgalerie im Erdgeschoß, darüber, im Obergeschoß, eine siebenachsige Loggia von römischem Ausmaß, von denen die zwei äußeren Loggien als Raumelement dienen, um zu den Sälen nach innen zu vermitteln.

Ich wiederholte: Es ist das eine Fassade von großer Eigenart. Gewiß, ein aus hohem Baukörper vorspringender zweigeschossiger Loggientrakt zeigt sich auch am Wiener Opernhaus, doch viel zu verschachtelt: Es fehlt an der Klarheit der Form. So steht der Entwurf Adolf Hitlers für das Stadthaus in Linz einsam für sich.

Die Loggien-Fassade beherrschte den Kubus, der etwa das Ausmaß von 80 mal 80 Meter hatte. Als ich dann die einzelnen Baukörper um den quadratischen Platz an der Nibelungenbrücke im Modell zusammenfügte, zeigte sich ein Mißklang der Maßstäbe zwischen dem Stadthaus und dem Hochhaus. Es erwies sich, daß die Aufeinanderfolge von zehn Bürogeschossen von je drei Meter Geschoßhöhe zu einem geistlosen, ja stupiden Raster führte.

Dem Hochhaus fehlte es an dem großen Atem, der das Stadthaus auszeichnete. Das konnten auch das kraftvolle Erdgeschoß und der vielgestaltige Attikaaufbau nicht ausgleichen. In der Mittelachse des Bauwerks faßte ich deshalb jeweils zwei Geschosse durch Lichtlauben für die Innenhalle mit dem Treppenhaus zusammen und erzielte damit die Maßstabs-Verwandtschaft.

Ich legte Adolf Hitler ein Teilmodell der Bauten um den quadratischen Platz vor - mit dem Stadthaus, dem Gebäude des Reichsstatthalters und dem geänderten Hochhaus mit diesem Lauben-Risalit, den ich begründete. Und ich verwies auf den Ducale von Urbino, bei dessen Westseite das Motiv der Loggien übereinander anklingt. Adolf Hitler wollte die Abbildung des Ducale sehen und sagte dazu:

‚Diese Architekturform entspricht völlig dem Herzog und seiner Zeit, - und die von Ihnen hier geprägte Form ist der Ausdruck eines Baugedankens unserer Zeit.‘

Er wiederholte seine Auffassung, die er mir in einem früheren Gespräch schon vermittelt hatte: ‚Weshalb sollten wir nicht die Worte der Architektur gebrauchen, die uns aus Jahrtausenden materialverbunden überliefert sind. Es ist an uns, daraus neue Sätze zu bilden, die dann in unserer Zeit Gültigkeit haben. Auf den Baugedanken kommt es an und auf seine Durchsetzung, dienend darin sind das Material und die Technik - nicht umgekehrt.‘ Dabei deutete er auf die Pfeiler und die Bögen der Arkaden und Loggien.

Ich habe wohl zu sehr als Architekt über das Stadthaus berichtet - es sollte nach dem Willen Adolf Hitlers das Haus der Linzer Bürger sein. Denn bei ihnen und dem Bürgermeister würde die Repräsentation der Stadt liegen und nicht bei dem Reichsstatthalter und Gauleiter der Partei.

Darin verstand ich ihn. Anläßlich des Stapellaufes der ‚Bismarck‘ erlebte ich in seiner Begleitung einen Empfang, den der Bürgermeister von Hamburg gab. Das war, als Erlebnis, für mich eine notwendige Voraussetzung, um die Räume für dergleichen Veranstaltungen, wo auch immer, gestalten zu können.

Das erforderliche Stadt-Ämter-Gebilde mit den zahlreichen Büroräumen für die Verwaltung und die Dienstleistungen der Stadt sollte als eine selbständige Gebäudegruppe, als ‚Technisches Rathaus‘, im Anschluß an das Stadthaus stromaufwärts gebaut werden. Doch eine Funktion wollte Adolf Hitler aus diesem Rathaus- und Verwaltungsbezirk herausgelöst haben: Das Standesamt. Es sei im Nordteil des Stadthauses vorzusehen, sagte er zu mir, der Weg dorthin sei über die große Halle mit dem Treppenhaus zu führen.

Sogar um die Anlegemöglichkeit von Motorbooten an der Stromseite des Stadthauses war er bemüht. Er sprach von den Loggien, die den Linzern und ihren Gästen den schönsten Blick über die Donau zur Stadt und zum Freinberg ermöglichten. Den Malern böten sich die Rückwand-Flächen an für Entwürfe zu Mosaiken.

In eine seiner Grundriß-Skizzen, die ich noch vor Augen habe, schrieb er die Maße ein für die Empfangsräume: 18 x 18 Meter, dann der große Raum mit 18 x 42 Meter, davor die Loggien zum Strom, und wiederum 18 x 18 Meter. Sodann folgten nach den Übergangsräumen die Rats- und Bankett-Säle. Zur Pöstlingberg-Seite hin war das Standesamt mit den Archivräumen und dem Trausaal vorgesehen.

Auch an das Ratssilber dachte er. Auf meinen Vorschlag wurde der Gold- und Silberschmied Professor Lettré in Berlin mit den Entwürfen dazu beauftragt. Schon 1941 legte ich Adolf Hitler Lettrés großartige Zeichnungen vor. Die schmückenden Ornamente für alle Teile des Rats- und Tafelsilbers waren Variationen über das Akanthusblatt.

Die Donauufer-Bebauung

Und dann sehe ich ihn - immer wird mir das vor Augen bleiben - als ich ihm im Februar 1945 das Linzer Modell im Keller der Reichskanzlei vorführte. Wie mochte ihm zumute sein; heute überlege ich mir: machte ich ihm damit die letzte Freude oder vertiefte ich nur den Schmerz, daß alle Mühen um Deutschland, um die Durchsetzung seiner Ziele, daß alle Opfer vergeblich waren?

Gleich zu welcher Zeit, ob Tag oder Nacht, - sobald sich ihm in diesen Wochen die Möglichkeit bot, saß er vor dem Modell. Ich erwartete von ihm Hinweise, Anregungen, ich forderte Kritik heraus und sagte, das Modell vermittle den Umfang der Bauaufgabe, vermittle aber auch einen Begriff von der Verantwortung, dies alles zu gestalten. So sei für mich das Modell die Grundlage zur sorgfältigen Überprüfung, es ermögliche die Fehler aufzuspüren --- doch ehe ich weiter sprechen konnte, winkte Adolf Hitler ab, als sei dies alles bedeutungslos, er wollte nicht gestört werden, und sein Blick blieb auf dem Modell.

Am längsten verweilte er in der Betrachtung des linken Stromufer-Prospektes, der Bebauung des Urfahr-Stadtteils. Dem Sonnenstand entsprechend, war das Modell mit Scheinwerfern ausgeleuchtet, so boten sich die Bauten und die durch sie gebildeten Platzformen zu dem Gesamtgebilde seiner Vorstellung. Nichts stand isoliert, nichts war auf sich bezogen, die Bauten fügten sich zueinander, bildeten Architektur-Akkorde und -Intervalle.

Von dem Platz aus, den Adolf Hitler bevorzugt zur Betrachtung des Modells wählte, konnte er die bauliche Fassung des Stromes in seinem konkav-konvexen Verlauf am besten überschauen. Von der ‚Linzer Seite' sah er die wie von der Sonne beleuchteten Fassaden der Baukomposition. Es begann stromauf mit der Adolf-Hitler-Schule auf dem steil zur Donau abfallenden Spatzenberg. Im noch schmalen Donautal folgten dann die Gästehäuser der Industrie, der Stahlwerke, mit den zum Strom orientierten Terrassen. Dieser Standort war wohlüberlegt, nicht nur im materiellen Sinne des finanzstarken Bauherrn gesehen: Die Donau verbindet als Verkehrsstrom die Gästehäuser mit den Indu-

Donauufer-Bebauung. Blick über die Linzer Altstadt zur Urfahrseite.
Von links: Technisches Rathaus – Stadthaus – Hochhaus für den Kreis – Reichsstatthalter-Gebäude –
Platz an der Donau mit Gauleitung, Halle der Volksgemeinschaft und Turm an der Donau. Vorne links der Alterssitz Adolf Hitlers.

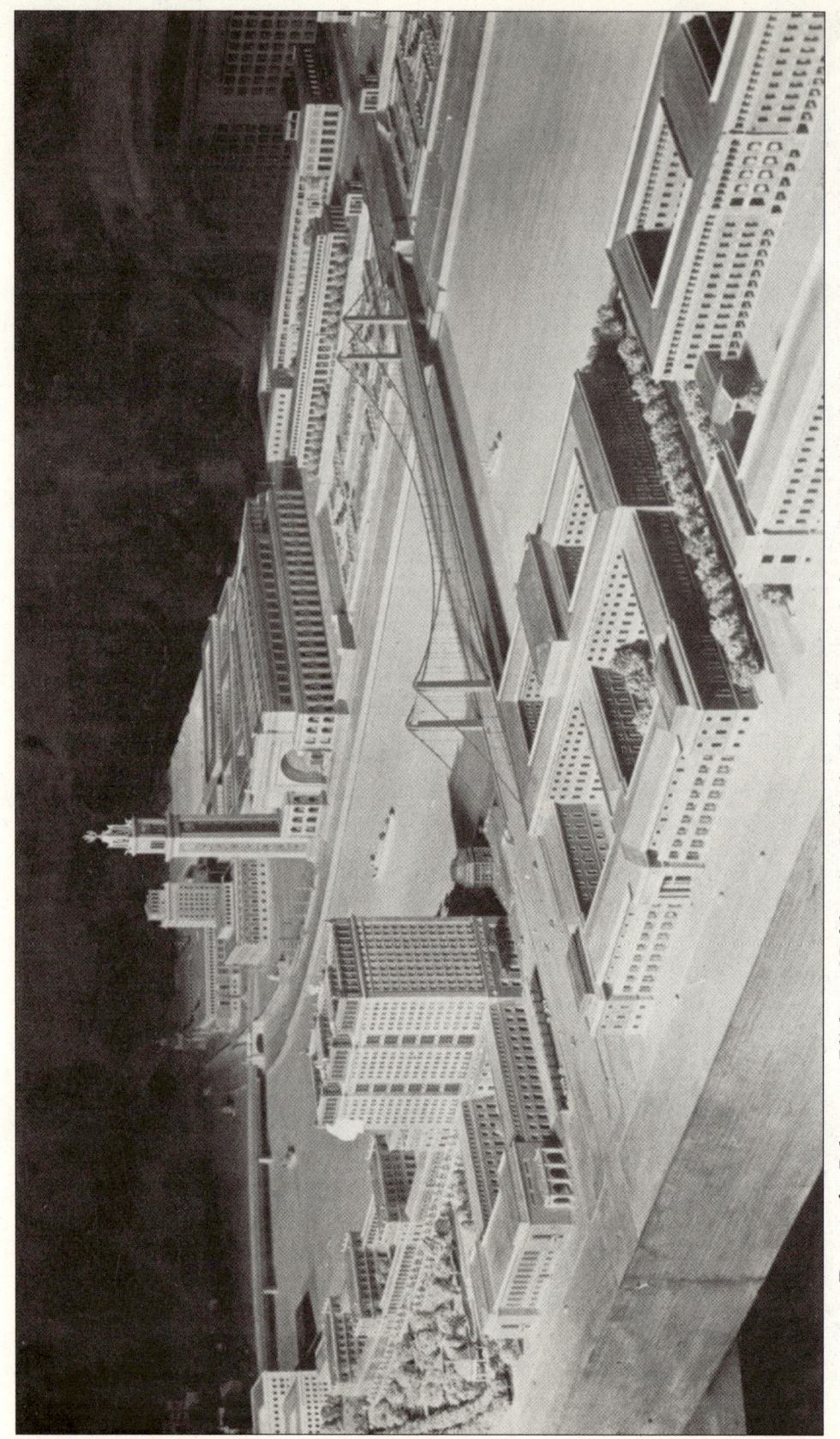

Donauufer-Bebauung, Blick zur Urfahrseite: Halle der Volksgemeinschaft mit Turm – Architekturgärten – Galerien. Vorne das KdF-Hochhaus-Hotel, anschließend der „Basar".

Donauufer-Bebauung. Blick auf die Linzer Seite zur Technischen Universität. Im Vordergrund Galerien, Ausstellungshallen, Konzerthalle und Architekturgärten.

Ausschnitt aus dem Modell der Technischen Universität mit dem Auditorium.

strieanlagen weit im Osten. Die Besonderheit der beidseitigen Donauufer-Bebauung lag darin, daß die Breite des Strombettes etwa 225 Meter betrug. Somit
blieb die bauliche Fassung überschaubar und die Fahrt auf dem Strom zwischen der Uferbebauung würde zu einem eindrucksvollen Erlebnis. Diese
beiden Überlegungen bestimmten letztlich den Standort der Gästehäuser der
Industrie.

Als langgestreckte Horizontale, durch Risalite unterteilt, war anschließend
das ‚Technische Rathaus' vorgesehen, dann kam das Stadthaus - seitlich davon,
zurückgesetzt, das Hochhaus, davor der quadratische Platz mit der Einmün-
dung der Nibelungenbrücke in das Straßensystem von Urfahr. Nun folgte ein
rhythmisches Raum-Gebilde durch die Bauten des Reichsstatthalters, der Gauleitung in Verbindung mit der Halle der Volksgemeinschaft: diese Bauten umschlossen und bestimmten den zum Strom weit geöffneten Platzraum, den
idealen Standort für den ‚Turm an der Donau'.

Nach dem plastischen Hallengebäude folgte der Architektur-Garten mit den
weit zurückgesetzten Galerien, Pavillons, die Adolf Hitler selbst entworfen
hatte, und Ausstellungshallen. Die flach zum Strombett liegenden Architek-
tur-Gärten waren auch aus stromtechnischen Gründen veranlaßt. Die leicht
gestuften Terrassen sollten nach dem Wunsch Adolf Hitlers mit Rosen, Stauden und Oleander bepflanzt werden: - die letzteren konnten gegen Winterkälte
abgeschirmt werden, wie es die Sanssouci-Terrassen ermöglichen.

Eine Hängebrücke sollte die Verbindung mit der Linzer Seite herstellen und
damit die Gartenanlagen, Ausstellungshallen und Galerien auch für die
Gesamtstadt erschließen. Den Abschluß der Gärten bildete die Seitenfront
einer Konzerthalle, es folgten die Bauten für Institute, das Militär-Museum,
abschließend das Generalkommando.

Eine Dreibogen-Granitbrücke verband wieder mit der Linzer Seite. In Verbindung mit dem östlichen Brückenvorhof auf der Urfahrseite war ein Tholos
geplant, ein allseitiges Kuppelgebäude, von Wilhelm Kreis um das Jahr 1912
als Bismarck-Denkmal für Bingen entworfen. Dieser Tholos sollte nach dem
Willen Adolf Hitlers der energische Schlußpunkt der Donauufer-Bebauung
sein und an Bismarck und an die Geburtsstunde des Großdeutschen Reiches
erinnern.

Nach dem Tholos folgten die weiten Grünflächen der Steyregg'schen
Donau-Auen. Nun wendet sich der Strom nach Südost, linksseitig liegen die
ausgedehnten Auen, rechtsseitig, auf sieben Kilometer Länge, die überwälti-
gende Industrieanlage der Reichswerke Hermann Göring mit den Hochöfen,
Stahlwerken und Walzstraßen.

Diese Werke sollten nach Auffassung Adolf Hitlers die materielle Grundlage bilden für die kulturellen Einrichtungen der Stadt Linz, für die Theater,
die Galerie, die Museen, die Bibliothek, das St. Florian-Orchester, die Konzerthalle und das Planetarium auf dem Pöstlingberg und vieles mehr.

Ganz anders als auf der ‚Sonnenseite Urfahr' stehen die Bauten entlang des Stromes auf der Linzer Seite. Es ist nicht nur eine bewußt angestrebte statuarische Haltung der Baukörper, sie unterliegen auch der Strenge der straffen, an den Strom geführten, zweifach gestaffelten Baufluchten. Sie sind räumlich durch die Stadtgestalt bestimmt und bedingt.

Die Donauufer-Fassung beginnt mit Baumbestand, der, dem Tholos gegenüber, den Marine- und Wasserpolizei-Hafen abschirmt und zur granitenen Bogenbrücke vermittelt. Dann beginnt die große Gebäudeanlage der Technischen Hochschule, – Adolf Hitler gab ihr den Namen und damit ein Programm: Technische Universität. Zum Strom hin war sie symmetrisch aufgebaut, zentrisch darin und als kubische Masse überragend das Auditorium. Nach rückwärts, zu den Industrieanlagen, gestaffelt die Säle, die Laboratorien, die Raumgruppen für Forschung, darunter auch das Institut für Metallurgie.

Als nächster Bau war die Zentrale der europäischen Banken eingeplant. Später wurde ihr Standort bei den Gärten der Urfahrseite bestimmt, im Austausch mit den Instituten, die zur Hochschule orientiert wurden.

Der einzige Gebäudekomplex mit vertikaler Tendenz auf der Linzer Seite war das nun folgende KdF-Hotel*, ein Hochhaus mit 20 Geschossen und zweitausend Betten. Es galt, die Gebäudemasse so zu gliedern, daß sie nicht aus dem Maßstabsgefüge herausfiel, und es galt auch, ein gleichförmiges Rasterschema der Fassaden zu vermeiden, um das Gebäude nicht als ein ‚Haus mit 1000 Fenstern' erscheinen zu lassen. Kurz, dieses Massenhotel mußte die Baugestalt finden, die der Würde des Stromes und der übrigen Bebauung entsprach.

Eine strenge Disposition der vielseitigen Raumeinheiten des Hotelorganismus stand zu Beginn. Räume der allgemeinen Nutzung wurden um einen Hof gruppiert, wie Speisesäle mit den notwendigen Wirtschaftsräumen. Auch das Abschlußgeschoß des Hochhauses diente dieser übergeordneten Nutzung.

Um die Baumasse zu gliedern, wurden in die Strom- und die Rückfront negative Risalite eingeschnitten, in die sich die notwendigen, teils offenen Treppenhäuser der Fassade einfügten.

So gliederte sich die große Baumasse zur überschaubaren Architekturform, die brutale Eintönigkeit einer Rasterfassade wurde vermieden und die Vertikaltendenz betont.

Das Hotel war in der Sommer-Halbzeit des Jahres vornehmlich für die Urlaubsreisen mit der Donauschiffahrt von Passau bis Wien eingerichtet, für die übrige Zeit sollte es als großes Gästehaus der Deutschen Arbeitsfront dienen, um eine breite Teilnahme aller Werktätigen an den Kulturleistungen, die Linz als ‚Stadt des Reiches' später bieten konnte, zu ermöglichen. Auch für die geplanten Kongresse und Tagungen war das Hotel die Voraussetzung.

Die Donauschiffe hatten hier ihre Anlegestelle, ein Omnibusbahnhof vermittelte den Landschaftsverkehr, eine Unterpflasterbahn verband den Hotelkomplex unmittelbar mit dem geplanten neuen Hauptbahnhof.

Auch die nächste, stromauf anschließende Bauanlage diente vorwiegend den Hotelgästen, nicht nur denen des KdF-Hotels, sondern auch denen des dann folgenden Donauhotels, mit dessen Aufbau der Architekt Roderich Fick schon vor meiner Beauftragung mit der Neugestaltung von Linz begonnen hatte.

Diese zwischengelagerte Bauanlage wurde der ‚Basar‘ genannt und vermittelte zu den baulichen Maßstäben, die der Linzer Altstadt entsprachen.

Eine bedeutsame Naturkomponente bildet der steil zur Altstadt und zur Donau abfallende Freinberg. Hier hatten die Römer das Kastell mit der Siedlung Lentia errichtet, hier stand im Mittelalter ein bescheidenes Kaiserschloß Friedrichs III. Römerberg, Schloßberg, Freinberg - so wurde die Granitkuppe des westlichen Bergmassivs durch die Jahrhunderte genannt. Das Schloß verfiel unter den Habsburgern, ein Brand tat ein Übriges, was blieb, war ein ungestalter, nüchterner Block.

‚An diesen Felswänden kletterte ich in meiner Jugend - Auf dieser Kuppe hing ich, mit dem Blick über die Donau, meinen Gedanken nach. Hier möchte ich meinen Lebensabend verbringen. Giesler, – über diesen Felswänden bauen Sie mir den Alterssitz!‘

Noch mehr über Linz

Franz Alfred Six hatte mit großem Interesse zugehört und meinen Bericht durch Fragen zum Gespräch erweitert. Nun meinte er, die politischen Zustände des ausgehenden 19. Jahrhunderts, aber auch die Situation in den ersten Jahrzehnten unseres Jahrhunderts, gleich ob Monarchie oder Weimarer Demokratie, hätten keinen Anlaß für städtebauliche Planungen geboten, den Architekten keine Aufgaben gestellt, die über das zweckdienliche Mittelmaß hinausgingen.

Ich erwiderte, weder die Konservativen noch die Liberalen, erst recht nicht die Marxisten hätten Ideen, Vorstellungen und Impulse auf die Raum- und Stadtplanung übertragen, noch nicht einmal auf ihre Gestaltung. Die Demokratie böte nicht den Nährboden für große Architektur, es sei denn, Männer von Rang, wie Perikles in Athen, hätten sich durchzusetzen vermocht. Denn Architektur, die Sprache in Stein, offenbare in Bauwerken den einheitlichen Willen einer Gemeinschaft; im Dom, im Münster ihre Religiosität, in Burgen, Schlössern und Palästen die Macht und Größe, den Ruhm einer Persönlichkeit, eines Herrschers. Ein Beispiel nur: der Sturz Napoleons III. war zugleich das Ende Haussmanns und letztlich ein Bruch in der Kontinuität der städtebaulichen Entwicklung von Paris.

Außer der Donauufer-Bebauung, – was wurde für Linz an sonstigen Bauwerken und städtebaulichen Maßnahmen geplant?

Über alles zu berichten, das wäre nur auf der Grundlage einer Stadtkarte möglich, vielleicht kann man sie mit irgendeiner Begründung beschaffen. Jetzt nur soviel: 1938 betrug die Einwohnerzahl von Linz etwa 100000. Veranlaßt durch den Neuansatz der Industrie und aller weiteren Maßnahmen konnte im Endausbau mit einer Einwohnerzahl von 300 bis 350000 gerechnet werden. Das war die Grundlage aller städtebaulichen Überlegungen für die künftige Linzer Stadtgestalt.

Auch die Breitspur-Bahn würde Linz berühren, das setzte eine Gleis-Tangente voraus, anstelle der engen Radien der bisherigen Gleisführung. Deshalb wurde die Verlagerung des Bahnhofs nach Südost um etwa 1500 Meter notwendig. Das war bedeutungsvoll für die Stadtform und ergab die Möglichkeit, das Straßensystem neu zu ordnen.

‚Zu den Lauben‘ wurde die Verbindungsstraße vom neuen Bahnhof zum Stadtkern. Sie wurde fertig geplant, mit allen Baublöcken und den großartigen Laubengängen. In dieser Straßenachse stellte eine Unterpflasterbahn die Verbindung mit der Altstadt und der Donauufer-Bebauung her. Parallel zu den ‚Lauben‘, auf dem nun freien Gelände der alten Bahnanlagen, hatte Adolf Hitler einen Architekturpark vorgesehen. In der Querachse zu den ‚Lauben‘ und dem Park war das Schauspielhaus geplant, dessen Fassade im Südwestlicht stand.

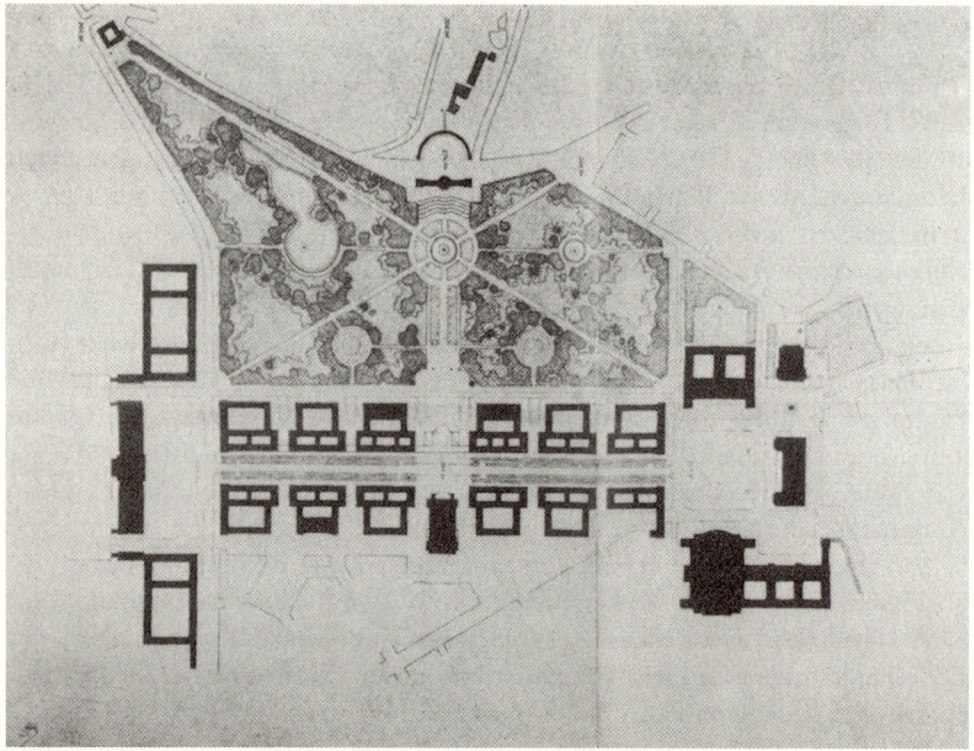

‚Zu den Lauben‘ mit dem Schauspielhaus zur Parkachse. Links der neue Bahnhof, rechts die geplanten Bauten: Galerie – Bibliothek – Oper. Anschließend die Altstadt.

Es gäbe noch viel zu berichten über die Gestaltung dieser Straße und über die einzelnen Fassaden. Darin war Vielfalt, und doch blieb die Einheit des Straßenraumes gewahrt, also bei weitem keine Rue de Rivoli. Mit Erinnerungen aus seiner Jugendzeit begründete Adolf Hitler die ‚Lauben' und den dazu parallel geplanten Architekturgarten mit Brunnen, Plastiken, Pavillons sowie der Orangerie.

Wiederholt hatte ich Adolf Hitler erklärt, daß ich mich der Aufgabe, ein Theater zu bauen, nicht gewachsen fühle. Bei der Ausarbeitung der Pläne für die Straße ‚Zu den Lauben' ließ ich deshalb die Querachse ohne Darstellung des Schauspielhauses. Darauf deutete Adolf Hitler und meinte: ‚Das können wir doch gemeinsam bearbeiten!' Am nächsten Abend legte er mir Skizzen vor, Grundrisse und Fassaden für die Linzer Oper, hauptsächlich jedoch für das Schauspielhaus, auf allem möglichen Papier von ihm im Laufe der Zeit gezeichnet, vieles nur als flüchtiger Gedanke notiert.

Nochmals versuchte ich, dieser Aufgabe auszuweichen und nannte den Theaterarchitekten Baumgarten, der ja auch ... Nein, unterbrach mich Adolf Hitler, der sei mit der Oper beauftragt, wie Speer mit der Galerie und Gall mit der Bibliothek. Ich wußte um diese Planungen, dreiseitig würden diese Bauten einen Platz umgeben, der unmittelbar vor dem Stadtkern mit dem Beginn der geschwungenen ‚Landstraße' liegen würde und in dessen vierte Seite die breite Straße ‚Zu den Lauben' einmündete.

Auf einer dieser Grundrißskizzen zum Schauspielhaus sah ich die Notierung: „40 – 400"; das ergab nur einen Sinn, wenn sich diese Zahlen auf die Eingangshalle bezogen. Ja, es war so. Adolf Hitler plante in der Front des Schauspielhauses, zu den ‚Lauben' hin, eine offene Eingangshalle in den erstaunlichen Ausmaßen von 10 Meter Tiefe bei 40 Meter Länge.

Diese offene Halle war zwischen kräftigen Risaliten gespannt, in denen innen die Treppen zum Foyer führten. Das Besondere war: in der Front dieser Risaliten zur offenen Halle waren die Ecken zu Architektur-Anten im quadratischen Querschnitt ausgebildet, mit je einer zugeordneten Rundsäule. Das Motiv für diese Front, wenn auch in völlig umgewandelter Form, hatte seine Wurzel im ‚Templum in Antis'. Statt den dabei vorgezogenen Stirnflächen der Cellawände standen bei dem Entwurf Adolf Hitlers die mächtigen, doch den Proportionen entsprechenden Risalite.

Bei den weiteren Grundriß- und Fassaden-Skizzen und bei den Perspektiven fehlten jedoch die sonst üblichen tragenden Zwischensäulen völlig. Adolf Hitler sagte dazu: ‚Die freie Spannweite des Frontgebälks zwischen den Risaliten von nahezu 40 Metern in Verbindung mit einer kassettierten Deckenplatte von 10 mal 40 Meter, also 400 Quadratmeter, ist nur in Stahlbeton möglich. Und gerade das möchte ich hier demonstrieren: den Stahlbeton mit seinen statisch möglichen Spannweiten dienend in eine tektonisch empfundene Architektur einzufügen!

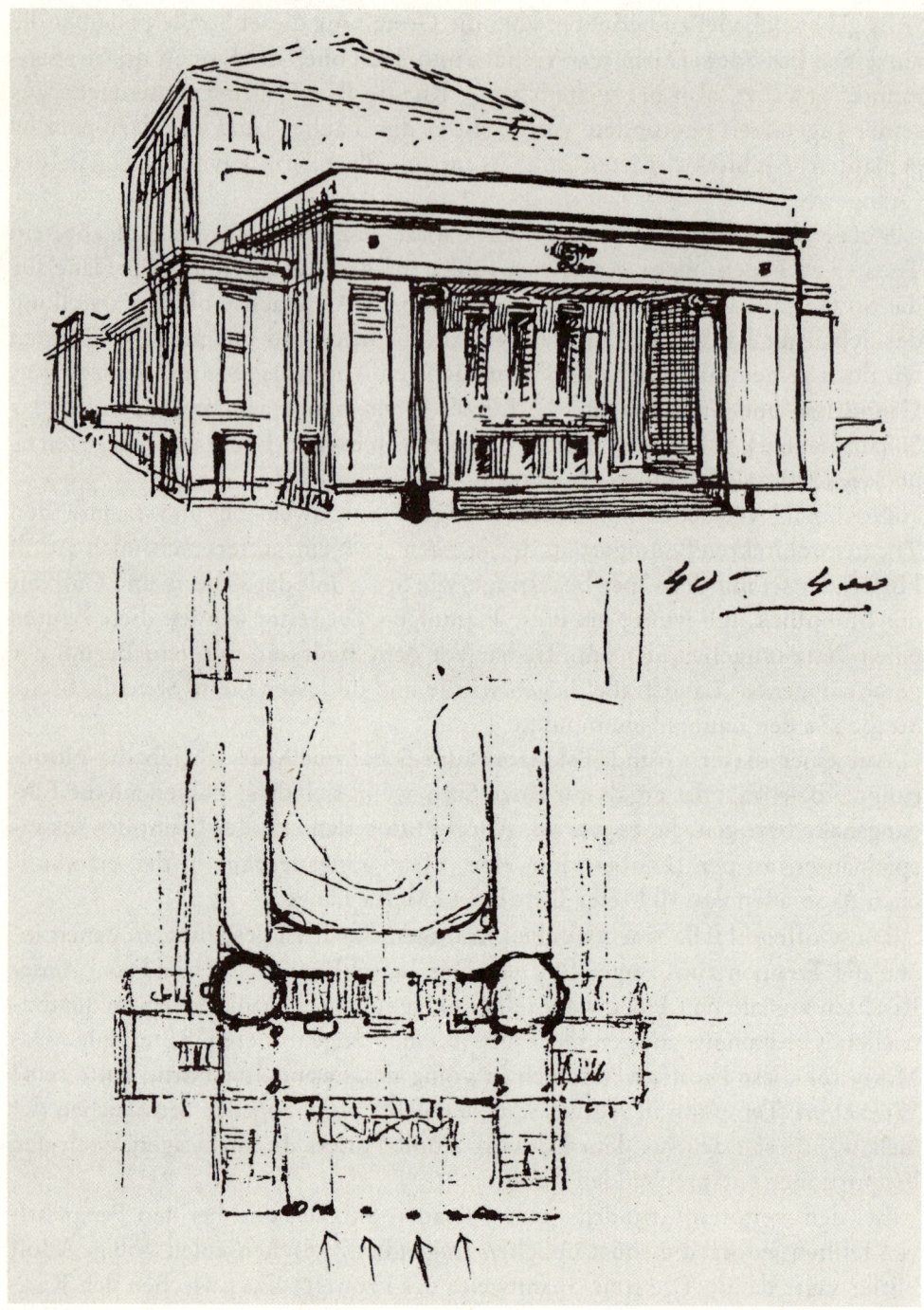

Diese Säulen können entfallen, sagte Adolf Hitler. Es entsteht dann eine offene Halle 40×10 = 400 Quadratmeter.

Eine der vielen Skizzen Adolf Hitlers zum Schauspielhaus an der geplanten Lauben-straße in Linz.

Hier werde ich die technischen Baustoffe unseres Jahrhunderts verwenden, ohne auf die Bestandteile der Architektur zu verzichten, die sich mit dem Erscheinungsbild des Theaters seit der Antike verbunden haben. Glauben Sie mir, es wird unserer Zeit entsprechen, es wird keine Dissonanz entstehen, kein Stilbruch, schon am Modell werden wir das feststellen können! Versuchsweise sollten im Modell statt der beiden Rundsäulen kannelierte Pfeiler eingesetzt werden, falls die Spannweite und die Strenge des Gebälks und der Kassettendecke dies erfordert.

Plastisch gegen die Eingangswand sollten die Windfang-Portale stehen, feingliedrig, aus Stahl, Bronze oder Aluminium mit Glas. Darüber die großen Fenster des Foyers, die den Blick über den Park bis zur Orangerie ermöglichen. An den Wandflächen der offenen Halle bis zu den Eingängen werden auf Stelen die Portraits bedeutender Dramatiker und Schauspieler Aufstellung finden. Die Wandflächen denke ich mir in einem warmen, hellen Naturstein, die Rippen der Decke bleiben in der Farbe, die dem Beton eigen ist, die Kassetten jedoch in azurblauem Mosaik.'

Nun soll es genug sein für heute.

Der Freund Franz Alfred Six sagte darauf: deinem Bericht über die Donau-Uferbebauung ging ein Hinweis auf Adolf Hitler voraus. Demnach befaßte er sich noch im Februar 1945 eingehend mit städtebaulichen Problemen. Die Abstraktion, die von den Architektur-Modellen ausging, scheint ihn fasziniert zu haben, und sicher haben die Modelle ihm einen Blick in die erträumte Stadtgestalt vermittelt. Das ist ein seltsamer Vorgang, ich möchte irgendwann von dir alle Einzelheiten darüber hören. Hast du den Linzer Gauleiter noch einmal gesehen? Er wurde doch hier hingerichtet!

Ja, ich werde auch die letzte Begegnung mit Gauleiter Eigruber hier in Landsberg nicht vergessen. Durch meine Arbeit für Linz lernte ich ihn damals näher kennen und schätzen. Er war ein großartiger Mann, von beständiger Art. Ich wußte, daß er, im Mauthausen-Prozeß zum Tode verurteilt, hier auf die Vollstreckung wartete.

Ich arbeitete als Kohlen- und Schlackentrimmer im Kesselhaus. An einem Nachmittag karrte ich Pechkohle aus einem entlegenen Bunker. In diesem Kohlenbunker lag das Einwerf-Fenster über Terrain, ich konnte in den Hof sehen, in dem gerade ein Teil der Rotjacken hintereinander mit Abstand seine Runden zog. Da, – ein Bekannter, der Gauleiter von Linz.

Halblaut rief ich: ‚Eigruber‘ –, ‚Wer bist du?‘. Er schaute zu mir, ich preßte meinen Kopf an das Gitter; doch kohlenverschmiert, wie ich war, erkannte er mich nicht. Er war auch schon wieder zu weit weg, um ihm nachzurufen. Ich wartete ab, bis er wieder näher kam bei seinem Rundgang. Jetzt war er wieder ansprechbar. ‚Giesler‘, sagte ich. ‚Was hast du?‘ ‚Lebenslang‘.

Wieder kam er näher, er ging langsamer, sah mich an: ‚Du armer Kerl – weshalb hast du dir keinen Strick verpassen lassen‘. ‚Go on‘, schrie ein amerikanischer Posten. Das galt Eigruber, denn mich konnte er nicht sehen. Wieder kam Eigruber vorbei: ‚Armer Kerl – du tust mir leid‘, sagte er. Ich sah ihn nicht wieder.

Die Hinrichtungen fanden immer am Freitag-Vormittag statt, sie waren verbunden mit Einladungen an die Auerbachs und Ohrensteins und weitere Ehrengäste aus München, die auf Stühlen vor den Galgen saßen. Wir wurden über die Stunden der Vollstreckung in den Zellen eingesperrt.

Dann, an einem dieser Freitage, hörte ich im Zellenbau laut und hallend die Stimme des Gauleiters von Linz: ‚Lebt wohl, Kameraden!‘ und dann seinen Ruf: ‚Alles für Deutschland!‘ Tapfer, aufrecht und bekenntnistreu ging er in den Tod. Wir schrieen auf und trommelten mit Fäusten und Füßen gegen die Zellentüren.

Eine Zeitlang gingen wir schweigend nebeneinander, dann blieb mein Freund stehen und sagte: Was du mir da über Städtebau und Architektur erzählt hast, über die Donau-Uferbebauung, das Stadthaus, über die ‚Lauben‘ und das Schauspielhaus, das veranlaßt mich zur Bitte und zur Mahnung zugleich: Konzentriere dich auf die Beschreibung aller Aufgaben, die dir von Adolf Hitler gestellt wurden. Notiere alle Gespräche mit Hitler, die du jetzt noch in guter Erinnerung hast. Du warst sein Architekt, dich hat er mit Linz beauftragt. Du hast seine Vorstellungen konkretisiert; deshalb warst du ihm auch besonders verbunden, denn die Gestaltung dieser Stadt hat ihn bis in die letzten Monate fasziniert.

Du bist der Einzige, der über den Städtebauer Hitler und über seine Gedanken berichten kann, denn ohne Zweifel offenbart sich der Städtebauer Hitler hauptsächlich in den Stadtformen von München und Linz. Es ist deshalb nicht nur deine Aufgabe, es ist deine Pflicht, über diesen Hitler zu berichten, der diese Sicht über Städtebau und Architektur hatte, die unserem Jahrhundert entspricht.

Zur Zeit stehst du noch zu sehr unter dem Eindruck des Zusammenbruchs, des Prozesses und der Haft, – aber das wirst du überwinden. Als Quelle wichtig ist nur deine Aussage über die Persönlichkeit Hitlers, und auf deinem Gebiet kannst du dazu beitragen, daß er als eine historische Persönlichkeit des 20. Jahrhunderts verstanden wird.

Städtebau und Architektur

„Jetzt beginnen die alten gewachsenen Städte mit ihrem gotischen Kern aus Dom, Rathaus und spitzgiebeligen Gassen, um deren Türme und Tore die Barockzeit einen Ring von geistigeren, helleren Patrizierhäusern, Palästen und Hallenkirchen gelegt hatte, nach allen Seiten in formloser Masse überzuquellen, mit Haufen von Mietskasernen und Zweckbauten sich in das verödende Land hineinzufressen, das ehrwürdige Antlitz der alten Zeit durch Umbauten und Durchbrüche zu zerstören. Wer von einem Turm auf das Häusermeer herabsieht, erkennt in dieser steingewordenen Geschichte eines Wesens genau die Epoche, wo das organische Wachstum endet und die anorganische und deshalb unbegrenzte, alle Horizonte überschreitende Häufung beginnt."

„Ich sehe – lange nach 2000 – Stadtanlagen für zehn bis zwanzig Millionen Menschen, die sich über weite Landschaften verteilen, mit Bauten, gegen welche die größten der Gegenwart zwergenhaft wirken, und Verkehrsgedanken, die uns heute als Wahnsinn erscheinen würden."

Oswald Spengler
Der Untergang des Abendlandes II – Städte und Völker,
München 1919/21

Die Aufgabe – München 1938

Am Anfang der „Neugestaltung von München" standen die Planungen und die Bauten moderner Verkehrsanlagen. Für den künftigen Individualverkehr hatte Adolf Hitler mit Dr. Todt die Trasse des Autobahn-Ringes festgelegt, mit dessen Bau im Nordwesten von München 1938 begonnen wurde.

Am 22. Mai 1938 wurden die ersten Spundwände für die U-Bahn geschlagen. Damit begann der Bau des umfangreichen U- und S-Bahn-Systems, des künftigen Massenverkehrsmittels. Das Reichsverkehrsministerium plante einen modernen Zentralbahnhof als Durchgangsbahnhof anstelle des alten, unzureichenden Kopfbahnhofes.

All dies gab Adolf Hitler Anlaß zu einer bedeutsamen Rede, aus der ich die wesentlichen Teile zitiere*. Er sprach auf der U-Bahn-Baustelle zu den Bauarbeitern und Ingenieuren:

„... Die Aufgabe, die wir uns zu lösen vorgenommen haben, war seit Generationen gestellt. Schon vor dem Kriege* war die Erkenntnis vorhanden, daß die Münchener Bahnhofsanlagen nicht nur unwürdig sind, sondern auch den technischen Bedingungen nicht mehr genügen können. Allein es fehlte die Kraft, eine wirklich große Lösung herbeizuführen. Dies lag an der damaligen politischen Zersplitterung des Reiches und an den ewigen Streitereien in den Parlamenten und Landtagen.

Die Frage einer Münchener Untergrundbahn ist schon im Frieden behandelt worden, und auch nach dem Kriege beschäftigte man sich einmal so weit damit, daß man bereits zu einer oberflächlichen Planung kam. Um das alte und das München der ludwigischen Zeit unter allen Umständen zu erhalten, ist es notwendig, daß eine Verkehrsregelung gefunden wird, die wenigstens einen Teil des Massenverkehrs* von den Straßen fernhält. Es gibt dafür nur einen einzigen Weg: Es ist der Weg unter die Erde.

Bei der Verdoppelung und Verdreifachung des Autoverkehrs werden schon in Kürze die Wege im Innern der Stadt nicht mehr ausreichend sein, um diesem Massenandrang zu genügen. Dieser Verkehr wird sich aber – davon können Sie überzeugt sein –, nicht nur verdreifachen und vervierfachen, sondern versechsfachen und verachtfachen. Es ist nun heute unsere Aufgabe, diese Verkehrsentwicklung vorauszusehen und für ihre Bewältigung zu sorgen, statt zu warten, bis eine Katastrophe eintritt und es dann kaum mehr möglich sein wird, der Probleme noch Herr zu werden. Die Männer vor uns brachten nicht die Kraft auf, aus einer solchen Erkenntnis den Weg zu den notwendigen Entschlüssen und zu ihrer Verwirklichung zu finden. Heute aber gilt auch hier das Gesetz der nationalsozialistischen Bewegung, vor keiner Schwierigkeit zu kapitulieren.

Die Erkenntnis der fortgesetzten Steigerung des Verkehrs zwingt uns, beizeiten jene Voraussetzungen zu schaffen, die geeignet sind, auch in der Zukunft den Verkehr reibungslos sich abwickeln zu lassen. Das wird nun hier in einer selten großzügigen Weise geschehen!

Ich möchte an dieser Stelle den Herren der Reichsbahn, in erster Linie ihrem genialen Chef Dr. Dorpmüller, danken, daß sie nicht mit halben Zielsetzungen gekommen sind, sondern ein großes Problem großzügig anfaßten und seine Durchführung nun sicherstellen.

Die Stadt erhält damit ein vorbildliches Verkehrsnetz von Schnellbahnen, die die ganze Umgebung mit dem Zentrum verbinden werden. Es wird dann möglich sein, in wenigen Jahren aus dem inneren Stadtkern die Trambahn zu entfernen und damit vielen Straßen eine größere Ruhe zu geben, als es heute der Fall ist...

Spätestens in fünf bis sechs Jahren wird diese Aufgabe restlos gelöst sein. München wird dann ein hervorragendes Verkehrsnetz für den Massenschnellverkehr besitzen und vor allem eine Reihe gewaltiger Bahnanlagen, an der Spitze den neuen großen Zentralbahnhof sein eigen nennen können.

Dasselbe, was hier geschieht, wird auch Berlin erleben, und ich möchte wünschen, daß die beiden Städte in einen edlen Wettbewerb eintreten in dem Sinne, daß die eine versucht, die andere in der Erkenntnis der Notwendigkeit der gestellten Aufgaben zu übertreffen.

Die Lösung der Verkehrsaufgaben ist der erste Grund für die großen Aufgaben, die besonders in Berlin, in München und in Hamburg in Angriff genommen worden sind.

Der zweite Grund ist folgender: Es war bisher in den deutschen Landen so üblich, daß jeder baute, wie und wo er bauen wollte. Dadurch entstand jene Zerrissenheit in der Gesamtgestaltung der deutschen Städte. Glauben Sie, daß jemals eine Ludwigstraße entstanden wäre, wenn man es damals den Münchener Bürgern und den sonstigen Institutionen der Stadt freigestellt hätte, zu bauen, wie sie wollten?! Große Baulösungen sind immer nur durch eine einheitliche Planung entstanden, und so soll es auch heute wieder werden.

Alle Bauaufgaben, seien es nun die des Reiches, der Länder, der Gemeinden, von Versicherungsgesellschaften oder Privaten, werden in einer einheitlichen Planung niedergelegt, und zwar unter Berücksichtigung des gesamten Stadtbildes, der Interessen der Städte und ihres Verkehrs und vor allem auch der ästhetischen Erfordernissen und Bedingungen. Und so wird auch in dieser Stadt nun gebaut.

Es kommt hier noch eine planmäßige Sicherstellung jener kulturellen Bauten hinzu, die für die Erhaltung des Charakters Münchens als Kunststadt notwendig sind...

Drittens: Wir wollen, daß diese Aufgaben gelöst werden aus einem Geist heraus, der unserer Zeit entspricht. Denn unsere Zeit ist bestimmt durch die Sorge für die Zukunft des deutschen Volkes. Ich möchte, daß diese Arbeiten, die wir heute vollbringen, auch noch nach Jahrhunderten groß genug sind. Ein paar Zahlen lassen erkennen, daß unsere Vorfahren einst schon so groß gehandelt haben: Als die Straße ,Unter den Linden' im 17. Jahrhundert entstand, zählte Berlin noch nicht 40 000 Einwohner, und als die Ludwigstraße in München gebaut wurde, besaß München noch nicht ganz 70 000 Einwohner. München hat heute über 800 000 und Berlin hat über 4 1/2 Millionen Einwohner. Da soll mir keiner kommen und sagen, unsere neuen Straßen, die wir jetzt bauen, seien zu breit...

Wenn wir nun mit dieser gewaltigen Arbeit beginnen, dann erkennen wir immer wieder, daß das alles ja nur möglich ist, weil die geballte Kraft eines 75-Millionen-Volkes dahintersteht. Nicht Berlin baut Berlin, nicht Hamburg baut Hamburg, nicht München baut München, und nicht Nürnberg baut Nürnberg, sondern Deutschland baut sich seine Städte, seine schönen, seine stolzen, herrlichen Städte! ..."

Ich las damals diese Rede mit wachem Interesse, denn ich hatte mich bei meinen vorausgegangenen Aufgaben als Bezirksbaumeister mit städtebaulichen und mit Verkehrs-Problemen befaßt, wenn auch nur kleinräumig, auf einen Landkreis beschränkt. Nach gewonnenen Wettbewerben interessanter Bauten war ich dann aus diesem Amt ausgeschieden, um wieder als freier Architekt tätig zu sein.

Schon im Jahre 1936 hatten mich einige Münchener Stadträte in Sonthofen aufgesucht und mir mit dem Hinweis auf die vielseitigen Gestaltungsaufgaben die Leitung des Stadtbauamtes angeboten. Ich hatte wegen der mir inzwischen anvertrauten Bauten höflich abgelehnt.

Im Frühsommer 1938 bat mich Gauleiter Wagner von München-Oberbayern zu einem Gespräch und trug mir dabei die Leitung der Neugestaltung von München an. Er sprach auf einer anderen Ebene, nämlich in seiner Eigenschaft als Innenminister von Bayern, für seine Landeshauptstadt.

Mir lag Wagner nicht, und er schien das auch zu spüren, aber er war mehr als nur erstaunt, als ich sein Angebot ablehnte. Ich fühlte mich meinen bisherigen Aufgaben verpflichtet, für die ich das Vertrauen meiner Bauherren besaß. Schon aus diesem Grund wollte ich freier Architekt bleiben. Zudem hatte ich keine Lust, mich dem bürokratischen und sicher oft dissonanten Kompetenz- und Interessenstreit zwischen Stadt-, Landes- und Reichs-Behörden auszusetzen.

Ich besprach mich mit Speer, der schon von diesem Angebot und meiner Ablehnung gehört hatte, und ich war sehr überrascht, wie er reagierte:

Giesler, laß dich unter gar keinen Umständen für München verpflichten! Ich bestimme, wer mit München beauftragt wird, ich werde dem Führer den Architekten vorschlagen, den ich in München sehen möchte!

Speer nannte mir den Namen dieses Architekten. In seinen ‚Erinnerungen‘ macht er sich nachträglich über ihn lustig*. Er fuhr dann fort:

Da werden wir was zu lachen haben, das wird mir Spaß machen! Du, Giesler, kommst nach Berlin und kannst bei mir Bauten übernehmen, die dich interessieren. Ich gebe dir Aufträge wie die neue Philharmonie und das Promi.

Ausgerechnet die schwierigsten Bauvorhaben, das Propagandaministerium und die Philharmonie, dazu Dr. Goebbels, den anspruchsvollsten Bauherrn, dachte ich und winkte ab: Ich hätte schon mit meinen jetzigen Aufgaben genug zu tun; im übrigen dächte ich nicht daran, nach München zu gehen.

Gut, meinte Speer abschließend, bleib dabei! München soll ...

Ich will hier nicht im einzelnen darstellen, was nach Speers Wunsch und Vorstellung München sollte oder besser nicht sollte.

Nach den Gesprächen mit Wagner und Speer wußte ich nun: Die Neugestaltung Münchens war vielschichtig und nicht nur eine Frage der Gestaltung. Mir fiel die Rede Adolf Hitlers wieder ein. Wo blieb hier der von ihm gewünschte edle Wettbewerb zwischen den Neugestaltungsstädten Berlin und München?

Immerhin muß sich dieser Wunsch nach edlem Wettbewerb im Städtebau Speer eingeprägt haben; er entsprach ihm später auf ungewöhnliche und sehr handfeste Weise.

Etwa einen Monat später – ich war auf einer meiner Baustellen in Weimar – suchte mich der Landschaftsgestalter Alwin Seifert auf. Er tat sehr wichtig. Nach Abstimmung mit den maßgebenden Münchener Architekten, als deren Sprecher er sich bezeichnete, tat er mir kund, ich sei der richtige Mann für München. Ich müsse die Leitung der Neugestaltung München übernehmen, ich dürfe mich dieser Aufgabe nicht entziehen.

Schwarze Wolken zögen aus Berlin heran und verdüsterten den weiß-blauen Himmel, München dürfe nicht die Domäne von Speer werden, das müsse man unter allen Umständen verhindern. Die Gefahr bestehe, daß München von Speer überschluckt werde.

Lachend gab ich zurück: Dann macht mal schön eine Neugestaltungs-Revolte; ich gehe jedenfalls nicht nach München. Und Sie, mit ihrem Architekten-Club, können wohl auch nicht darüber bestimmen.

Seifert blieb hartnäckig, wie es seine Art war, und unterbreitete mir so nebenbei allerlei Interna und den neuesten Stand des catch-as-catch-can, der Querelen und der gesponnenen und gezogenen Fäden. Ich war verwundert über das Sprudeln der Nachrichten-Quellen, die dem Apologeten der Interessen Münchens zur Verfügung standen. Und Sie kommen doch nach München! schloß er eigensinnig seine Philippika.

Im November 1938 übergab ich das neu eingerichtete Hotel Haus Elephant in Weimar. Adolf Hitler war mit großem Gefolge zur Einweihung erschienen. Zu meiner Überraschung war auch Gauleiter Wagner dabei, der mich alsbald um ein Gespräch bat.

Wiederum forderte er mich auf, die Neugestaltung von München zu übernehmen, denn ich hätte das volle Vertrauen des Führers, und ich sei der geeignete Mann für diese Aufgabe. Wiederum lehnte ich ab. Verdrießlich kamen wir zum Tisch des Führers zurück. Ich bemerkte seinen fragenden Blick, der von mir zu Wagner ging, und Wagners verneinendes Kopfschütteln.

Das Gesprächsthema war zunächst das neue Haus Elephant. Dann aber sprach Adolf Hitler über die Neugestaltung von München. Ich blieb nicht lange unbeteiligter Zuhörer.

Giesler, Sie kennen doch München genau, Sie haben Ihre Studienzeit in München verbracht, sagte Adolf Hitler.

Darauf folgten alle möglichen Fragen. Es blieb zwar im Rahmen einer Unterhaltung, aber im großen ganzen war es doch ein Examen über den Stadtorganismus Münchens, von seinem Beginn bis zu den heutigen Problemen. Es entging mir nicht, mit welcher Spannung sowohl Wagner als auch Bormann diese Unterhaltung verfolgten.

Adolf Hitler sprach dann über die Verkehrsplanungen, er begründete die Notwendigkeit eines neuen Hauptbahnhofes und kam schließlich zu den von ihm festgelegten U-Bahn-Trassen. Er wollte gerne meine Meinung hören, – das Teilstück der U-Bahn-Trasse vom Marienplatz zum Ostbahnhof, also unter dem Alten Rathaus, parallel zum ‚Tal‘ und zum Isartorplatz und dann, im weiteren Verlauf, zum Ostbahnhof, – wie ich die Trasse legen würde, im Tunnel unter der Isar oder mit einer Brücke über die Isar.

Ich vergegenwärtigte mir die Situation, überlegte und sagte dann:

Ich glaube, diese Ost-West-Trasse, mit dem Stachus-Kreuz und einer Isar-Unterquerung, ergibt technische Erschwernisse, möglicherweise wird sogar der Grundwasserstrom beeinflußt. Alles andere ist leicht. Ich würde die Trasse hinter dem Alten Rathaus ansteigen lassen und dann mit einer Brücke über die Isar-Parallelstraße und die Isar hinweg in das hohe Gasteig hinein-tunnelieren.

Temperamentvoll schlug Adolf Hitler mit der Handkante auf den Tisch: Nun geben Sie auch noch die Begründung, – ausführlich bitte!

– Es sprechen mehr Gründe für das Hochnehmen der U-Bahn-Trasse mit einer Brücke über die Isar als dafür, das Tunnelprofil im Kiesgeröll des Grundwasserstromes unter der Isar durchzuführen, – obwohl, rein technisch gesehen, auch das für die Ingenieure kein grundsätzliches Problem ist.

Aber die Trasse und das Tunnelprofil wird ja nicht nur für die U-Bahn ausgelegt, sondern zugleich für den S-Bahn-Verkehr.

Unter der Isar durch?, – ich weiß nicht, ob der Grundwasserstrom gedückert werden muß –, auf alle Fälle kommt man dabei zu tief in das hoch ansteigende

Gasteig. Damit wird das Steigungsverhältnis des Abschnittes von der Isar zum Ostbahnhof ungünstig, – zwar noch erträglich für den U-Bahn-Betrieb, aber kaum für die viel schwereren S-Bahn-Züge.

Man müßte natürlich das Lichtraumprofil der aufsteigenden Trasse, nach ihrem Auftauchen hinter dem Alten Rathaus, ummanteln, schall-isolieren und so völlig umbauen, bis die Trasse den freien Raum der Isar-Parallelstraße erreicht. Diese notwendige Umbauung, aus der heraus dann die Bahn-Trasse über eine Brücke durch den freien Talraum der Isar geführt wird, ist für Wohnzwecke natürlich nicht geeignet, könnte aber für technische Zwecke genutzt werden, oder als Archiv für die Stadt. Auch könnte ich mir vorstellen, daß die Baugeschichte der U- und S-Bahnanlagen hier untergebracht würde, – das würde sich im räumlich nahen Zusammenhang mit dem Deutschen Museum für Technik anbieten.

Grundsätzlich überwiegen die Vorteile einer Isar-Überbrückung. Ich glaube, es täte auch gut, aus dem Tunnel ins Freie zu kommen, noch dazu mit dem Ausblick über die Isar und das begrünte Gasteig, selbst wenn es nicht die Situation ist, die die Seine zu bieten hätte.

Das erinnert mich an die Pariser U-Bahn, die ‚Metro‘, – sie hat einen typischen, keineswegs angenehmen Geruch, sie ist schlecht entlüftet. Auch das spricht für eine Überbrückung. Denn wenn die Bahn-Trasse bei der Isar ins Freie geführt wird, so bedeutet dies zugleich eine Zwangsentlüftung der Tunnel durch die Züge selbst.

Eine U-Bahn-Haltestelle über der Isar, auf der kleinen Prater-Insel, halte ich auch für notwendig. Damit werden das Deutsche Museum, das Müller'sche Volksbad, das Alpine Museum, die Gasteig-Anlagen und die Isar-Parallelstraße erschlossen.

Die Konstruktion der Stahlbrücke für die Bahn-Trasse, mit den abschwingenden Rampen der Bahnsteige und den Aufzügen, könnte hinsichtlich der Gestaltung eine interessante Gemeinschaftsleistung von Ingenieur und Architekt werden. Dazu sieht man von der Zweibrückenstraße und der Ludwigsbrücke, und vor allem vom Gasteig, die modernen Züge, die geräuschlos an- und abfahren, und das alles in der Sicht und im räumlichen Zusammenhang mit dem Deutschen Museum für Technik.

Adolf Hitler faßte mich am Arm: Hören Sie, Wagner, was Giesler sagt, das ist genau meine Auffassung! Man könnte meinen, wir hätten uns abgestimmt, – und ich mußte mich in dieser Sache mit der Stadt und ihrem Stadtbaurat Professor Alker so herumärgern.

Später, als sich Adolf Hitler zurückgezogen hatte, sprach mich Gauleiter Wagner erneut und mit großer Eindringlichkeit an, ich müsse nach München und die verantwortungsvolle Aufgabe der Neugestaltung übernehmen. Es sei der Wunsch des Führers.

Ich blieb bei meiner ersten Antwort: Gauleiter, Sie kennen meine Einstel-

Ordensburg Sonthofen/Allgäu. Der Palas im Bau – 1935/36.

Ordensburg Sonthofen/Allgäu, Gemeinschaftsraum – Laubengang.

Weimar. Modell vom Platz Adolf Hitlers mit der Halle der Volksgemeinschaft.
Im Vordergrund das Museum mit den Preller'schen Fresken. Wettbewerb 1935/36.

Weimar. Modell vom Platz Adolf Hitlers. Im Vordergrund: Gebäude der Deutschen Arbeitsfront. Wettbewerb 1935/36.

lung, nur ein Befehl könnte mich dazu zwingen, – aus freiem Entschluß gehe ich nicht nach München!

Darauf könne er nur sagen, der Wunsch des Führers sei uns Nationalsozialisten Befehl.

Natürlich, – aber der Führer wolle mich doch nicht als Nationalsozialisten, sondern als Architekten nach München, und als Architekt sei ich den mir anvertrauten Aufgaben verpflichtet, ich könne meine Bauherren und die Bauten nicht im Stich lassen. Es wäre unverantwortlich, wenn ich zu meinen Arbeiten noch München übernehmen würde; nein, das gehe über meine Kräfte, er möge dafür doch bitte Verständnis haben! Außerdem fühlte ich mich dieser vielseitigen Aufgabe auch deshalb nicht gewachsen, weil dazu eine gewisse Robustheit gehöre, über die ich nicht verfüge. Mit diesem Argument hoffte ich die Beauftragung mit der Neugestaltung München endgültig abgewehrt zu haben.

Einige Wochen später, Mitte Dezember 1938, rief die Adjutantur des Führers an und teilte mir mit, der Führer wünsche mich am Abend in München zu sprechen. Am Bahnhof erwartete mich dann der Adjutant Wagners. Ich dachte, der Führer will mich sprechen? – Ich habe den Auftrag, Sie zum Gauleiter zu bringen! – Hört das denn gar nicht mehr auf, dachte ich.

Gauleiter Wagner empfing mich mit: Nun ist es so weit, lieber Professor Giesler, – der Führer will mit Ihnen sprechen, er wird Sie mit München beauftragen! Sie haben es ihm schwer gemacht. Ich schwieg.

Lebhaft und interessant war die Unterhaltung beim einfachen Abendessen zu dritt. Adolf Hitler sprach über die Architektur der Barockzeit und ihre Bauwerke in Rom, Wien und Würzburg. Kein Wort fiel über München! Beim Abschied sagte er, ganz nebenbei, er erwarte mich am nächsten Tag zu einer Besprechung über München. Zugleich informierte er einen Adjutanten. Ich wußte nun, daß die Entscheidung gefallen war.

Die Besprechung fand am Morgen im Führerbau am Königlichen Platz statt. Ich stand Adolf Hitler in seinem Arbeitszimmer gegenüber, wir waren allein. Ohne besondere Betonung, so als führte er die abendliche Unterhaltung weiter, sagte er:

Giesler, ich vertraue Ihnen die Neugestaltung Münchens an, ich bin überzeugt, sie ist bei Ihnen in guten Händen.

Auch Ihre Bauherrn, wie Dr. Ley und Sauckel, werden meine Entscheidung begrüßen, sie werden volles Verständnis dafür haben, daß Ihre Hauptkraft nunmehr dieser großen Aufgabe München gilt. Delegieren Sie Ihre bisherigen Aufgaben mehr innerhalb von Mitarbeitern, die sich bewährt haben. Ihre Entwürfe stehen und sind sogar im Modell in allen Einzelheiten durchgearbeitet. Sie behalten ja die Übersicht.

Ich fand es typisch für Adolf Hitler, und es entsprach seiner Art: Er gab mir keinen ‚Befehl‘, – und doch stand hinter diesem: ‚Ich vertraue Ihnen die Neugestaltung Münchens an‘ eine zwingende Weisung, die nur aus großer Festigkeit und Autorität zu erklären war. Seinen faszinierenden Augen konnte man sich nicht entziehen, es lag in ihnen etwas, was zur Disziplin zwang. Aber trotzdem, die Größe der Aufgabe und die Verantwortung lagen schwer auf mir:

Mein Führer, ich bin unsicher und weiß nicht, ob ich dieser Aufgabe gerecht werde, ich weiß nicht, ob mein Können dazu ausreicht und ob ich die Kraft habe, mich durchzusetzen.

Giesler, ich habe lange gezögert, nun ist es doch ein Befehl, der Sie an diese Aufgabe führt. Ich bin überzeugt, Sie werden damit fertig; ich stehe hinter Ihnen mit meiner Autorität, und ich bin jederzeit für Sie zu sprechen.

Sie sind Nationalsozialist, und Sie werden mich deshalb auch in meiner Zielsetzung der Neugestaltung Münchens verstehen. Sie kennen München genau und sind sich auch der Tradition und der Atmosphäre dieser Stadt bewußt. Ich schätze Sie als Architekten, Sie haben mein volles Vertrauen.

Ich wisse auch, daß sich die Neugestaltung dieser Stadt nicht in der Planung und im Bau einer neuen, modernen, verkehrsgerechten Straßenachse, in neuen Straßenzügen oder in einer Platzgestaltung erschöpfe. Es gehe nicht nur um zeitentsprechende Verkehrsanlagen, nicht nur um einen modernen Hauptbahnhof:

Sie werden Ihre Aufgabe darin sehen und verstehen, den Organismus dieser Stadt im Ganzen zu erfassen. Sie werden die Grundlagen schaffen, um die chaotische Unordnung, die den traditionellen Stadtkern und die Bauten der Könige umwuchert hat, zu überwinden. Die neue Gestaltung muß unserer Lebensauffassung entsprechen, das heißt, in der Stadtformung muß der kulturelle, politische und soziale Ausdruck unserer Zeit baulich kenntlich werden.

Sollte sich erweisen, daß Ihre eingehende Planung da oder dort diskrepant zu einer von mir schon getroffenen Anordnung steht, dann werden Sie mich verständigen. Sonst haben Sie freie Hand, ich gebe Ihnen für München dieselben Vollmachten, wie sie Speer für Berlin hat. Ich nehme an, das wird Ihnen auch für Ihre anderen Bauten Rückhalt bedeuten.

Ich solle ihn auf den Berghof begleiten oder mit nach Berlin fahren. Wir würden uns dann eingehend über die städtebaulichen Notwendigkeiten und Voraussetzungen für eine zukünftige gesunde bauliche Entwicklung von München unterhalten.

Doch ehe ich die für meine Arbeit notwendigen Informationen von den Behörden einholte, solle ich seinen Erlaß abwarten, der mich legitimiere. Jetzt solle ich zu Bormann hinübergehen, er könne mich mit seinem bewunderungswerten Gedächtnis über die bisherigen Anordnungen und Entscheidungen, die die Neugestaltung von München betreffen, unterrichten und alle Einzelheiten mit mir besprechen.

Adolf Hitler legte mir Hand und Arm über die Schulter, begleitete mich zur Tür und drückte mir dort die Hand, eine Geste des Vertrautseins und der Zuversicht.

In knapper, sachlicher Form gab mir Bormann eine Einführung in die mir gestellte Aufgabe der Neugestaltung Münchens. Er umriß meine künftige Zuständigkeit und meine Befugnisse gegenüber den Behörden des Reiches, des Landes, der Stadt und der Gemeinden, der Partei und deren Gliederungen, im Rahmen der städtebaulichen Maßnahmen. Es folgten dann die Hinweise auf schon getroffene Entscheidungen Adolf Hitlers zur Plangestaltung allgemein und zur Lösung der Verkehrsprobleme.

Dann sprach er über die Spannungen und die diskrepanten Auffassungen zwischen der Reichsbahn und der Stadt und charakterisierte abschließend die Persönlichkeiten, mit denen ich es bei der Durchsetzung meiner Anordnungen zu tun hatte. Er beendete seine Darlegungen: Der Führer kenne die Schwierigkeiten der Aufgabe, die mir gestellt sei, – aber ich hätte ja sein volles Vertrauen.

Ich hielt es für richtig, nach Berlin zu fahren, um Speer über die Entscheidung des Führers, die ja nun keineswegs seinen Wünschen und Vorstellungen entsprach, zu informieren. Speer war überrascht und sagte dann zu seinen engsten Mitarbeitern: Giesler ist mit München beauftragt, – das wird nunmehr toleriert.

Ich war meinen Weg gegangen, ohne zu wissen, wohin er führte, und stand nun, gegen meinen Willen, vor einer Aufgabe, wie sie selten einem Architekten gestellt wird. Diese Aufgabe forderte Arbeit und Mühen ohne Unterlaß, auch die Kämpfe blieben nicht aus; trotz aller Vollmachten war es keineswegs einfach, sich durchzusetzen. Doch führte die Arbeit an dieser Aufgabe zu Zeiten und Höhen beglückender Gestaltung. Dann kamen die Jahre des Krieges, mit noch größeren Lasten, mit Not und Bedrückung.

Am Ende aller Mühen stand der Zusammenbruch, und damit begann auch für mich die Erniedrigung, bis in den Abgrund des Kriegsverbrechergefängnisses Landsberg.

Und doch habe ich es nie bereut, diesen Weg beschritten zu haben: Über die Wettbewerbe und Planungen der Foren Weimar und Augsburg wurde ich ein Gesprächspartner Adolf Hitlers. Doch durch die gemeinsame Arbeit an der Neugestaltung München gewann ich sein Vertrauen.

Ich meine, ich sollte den Weg aufzeichnen, wegen der bedeutsamen Gespräche, die er mit mir führte und die sich mir eingeprägt haben.

Bildhauer Prof. Josef Thorak

Architekt Prof. Paul Ludwig Troost

Bildhauer Prof. Josef Wackerle

Architekt Prof. Heinrich Tessenow

Foto: Archiv des Verlages

Stadtplaner Georges-Eugène Haussmann

Foto: Archiv des Verlages

Architekt und Stadtplaner Karl Friedrich Schinkel

Foto: Archiv des Verlages

König Ludwig I. von Bayern

Foto: Bundesarchiv, Bild 146-1971-016-21, CC BY-SA 3.0 (bearbeitet)

Architekt Prof. Wilhelm Kreis (li.) mit Albert Speer

Die Allgäuer Ordensburg in Sonthofen*

Der Entwurf und der Bau einer Schulungsstätte hatte am Beginn meiner Tätigkeit als Architekt für die Partei und den Staat gestanden. Dr. Ley hatte im Februar 1933 über die notwendige Ausbildung und Schulung junger Parteigenossen gesprochen. Er wollte in landschaftlich schönen Gebieten drei Schulungslager aufbauen lassen.

Schon in seinem ersten Vortrag, durchsetzt mit der ihm eigenen vitalen Bildhaftigkeit, klang – bewußt oder unbewußt – der Ordensgedanke der Stauferzeit auf und ließ an Hermann von Salza denken: Eine fortdauernde Auslese junger, begabter Kräfte sollte durch harte geistige und körperliche Schulung in diesen Lagern herangebildet werden, um dereinst der Partei, der Volksgemeinschaft und der Nation zu dienen.

Da die zur Verfügung stehenden Mittel knapp bemessen waren, dachte Dr. Ley daran, Barackenlager bauen zu lassen. In einer Diskussion widersprach ich. Dr. Ley sagte darauf: Aber mit solchen Lagern bleiben wir beweglich, wir können den Standort wechseln, außerdem müssen wir billig bauen.

Wir seien keine Nomaden, meinte ich, die Baracken seien ein Provisorium und nur auf begrenzte Zeit erträglich. Sie brauchten aber die Erschließung, die Versorgungs- und Entsorgungs-Anlagen wie feste Bauwerke. Ich glaube, Baracken seien nicht geeignet, um darin Eliten auszubilden, und sie entsprächen auch nicht unserer notwendigen baulichen Selbstdarstellung.

Ich plante darauf ohne Auftrag eine Schulungsstätte. Durch ein Holzmodell machte ich meine Vorstellungen überschaubar. Das legte ich Dr. Ley bei der nächsten Tagung der Schulungsleiter in Bernau bei Berlin vor. Nun gab es über die Schulungslager keine Diskussionen mehr. Dr. Ley anerkannte sofort meinen Entwurf. Er habe nicht gewußt, daß ich Architekt sei. Und ich wußte damals noch nicht, daß Dr. Ley ein großartiger Bauherr sein würde.

Er besichtigte das von mir vorgeschlagene Baugelände. Wie zu Beginn das Holzmodell die Bauabsicht überschaubar gemacht hatte, so half mir nun die Allgäuer Jugend, die sich auf meinen Wunsch zur Verfügung stellte: Wild liefen die Jungen auf dem Gelände durcheinander, dann aber verharrten sie in sinnvoller Aufstellung still, bildeten so die Konturen des künftigen Bauwerks und machten es damit in der Landschaft überschaubar. Ich konnte Dr. Ley durch das von der Jugend dargestellte Gebäude führen, durch die Räume in den Innenhof mit dem prachtvollen Ausblick nach Süden in das Gebirge. Dabei erlebte ich einen begeisterungsfähigen Bauherrn.

Mir ging es damals nicht nur um eine Schulungsstätte, ich sah darin zugleich eine Baumaßnahme, die Arbeit schuf für über hundert arbeitslose Maurer, Steinmetze und Zimmerleute. Ich war zu dieser Zeit Bezirksbaumeister und kannte die bedrückende Situation auch der übrigen Bauhandwerker.

Der Bau begann gemäß handwerklicher Tradition in der alpenländischen Baugesinnung und mit den Baustoffen, die das Allgäu zu bieten hatte: Bruchsteine und Holz. Die Anlage wuchs über das Lager zur Schulungsburg, und in der Planung erreichte sie den Stand einer Ordensburg. Jedoch nur zu einem Drittel konnten die Gebäudegruppen nach dieser Planung ausgeführt werden, dann zwang der Krieg zur Baueinstellung.

So erstand die „Ordensburg Allgäu" nur in der Vorstellung. Im Bauzustand blieb der Bau ein Torso, zwar geeignet zur vielseitigen Nutzung, doch im Widerspruch zu den Ideen des Bauherrn und des Architekten und auch nicht in Übereinstimmung mit dem Organismus des Bauwerkes selbst.

Auch die geplante Einbindung in das Landschaftsgefüge konnte nicht mehr durchgeführt werden. Die Burg lag auf einer Moräne-Terrasse über dem Illertal und der Ortschaft. Kahl und fast nutzlos erstreckte sich zum Tal die Hangflanke des Plateaus kilometerweit nach Süden, sie sollte mit Lärchen aufgeforstet werden. Im jahreszeitlich farbigen Wechsel hätte dieser Lärchenforst die Fassung der Burg und zugleich ihre Trennung vom bebauten Tal ermöglicht.

Aber ein Erfolg stellte sich bald nach Fertigstellung der ersten Bauabschnitte ein, denn schon in diesem Zustand gewann die Burg im Allgäu an Bedeutung: Durch Kammerspiele, Vorträge und Kammermusik von hohem Rang wurde sie zum kulturellen Mittelpunkt der Gemeinschaft.

Im November 1937 führte ich Adolf Hitler durch die Burg und erläuterte am Modell den weiteren Ausbau. Er lobte die Schlichtheit der Anlage und war beeindruckt von der herben Strenge der Raumgestaltung.

‚Architektur der Gemeinschaft' war das Thema unserer weiteren Unterhaltung. Die Kultur unseres Jahrhunderts spalte sich auf in Disziplinen, bei absoluter Spezialisierung, meinte Adolf Hitler; der Beginn dazu liege schon im 19. Jahrhundert. Doch gerade beim Bauwerk sei die Einheit von konstruktivem Denken und künstlerischem Fühlen unerläßlich, das müsse zur tektonischen Synthese führen. Konstruktives Denken und künstlerisches Gefühl für Rhythmus und Proportionen sollten sich im Werk eines Architekten untrennbar zusammenfügen und eine harmonische Einheit bilden.

Das Gespräch war zwanglos, wie unter Architekten mit gleicher Baugesinnung. Wir wurden unterbrochen, überraschend erschien der General Sperrle mit einem Offizier der ‚Legion Condor‘. Ich wollte den Raum verlassen, Adolf Hitler hielt mich zurück. So nahm ich als Zuhörer teil an dem militärisch-politischen Bericht des Generals und an den darauf folgenden Anordnungen und Befehlen.

Ich erlebte die Wandlung Adolf Hitlers von einer eben noch intuitiv gestaltenden zur nunmehr gestrafften militärischen Erscheinung, mit einer Autorität, die zwingend und doch wie selbstverständlich war.

Als ich ihn dann zur Halle begleitete, gab er mir eine Deutung der Vorgänge: Wir könnten nicht dulden, daß der Bolschewismus unter demokratischer Tarnung in Spanien Fuß fasse und zur Macht komme. Andererseits sei er sich nicht sicher, ob unsere Hilfe und unser Einsatz nicht doch letztlich der Festigung reaktionärer Zustände dienten. Wir könnten nur hoffen, daß die spanische Falange ihre Aufgabe im kommenden Europa erkenne und sich durchsetzen werde.

Sensationell war die Rede, die den ‚Sonthofener Tag‘ beschloß, sie war zugleich das Zeugnis einer umfassenden Geschichtsbewußtheit*. Adolf Hitler sprach vor den Führern der Partei über den Aufbau und die Organisation der Volksführung und über den germanisch-deutschen Reichsgedanken: Nicht auf einer Staatsidee würde sich dieses neue Reich gründen, sondern auf die 85 Millionen der deutschen Volksgemeinschaft. Der Zusammenschluß des Volkes zur Nation sei nur möglich durch die Überwindung der Zerrissenheit und der Schwäche, in die uns im Ablauf der Geschichte die Gegensätze der Konfessionen, Dynastien und Parteien geführt hätten:

„Wir hatten Europa schon einmal. Wir haben es nur verloren, weil uns jene Tatkraft der Führung fehlte, die notwendig war, um – auf die Dauer gesehen – unsere Stellung nicht nur zu behaupten, sondern auch zu vermehren.“

Er sprach weiter über die Auslese und die Bildung einer Elite, über die Autorität und über die schöpferische und kämpferische Persönlichkeit. In seinen Ausführungen lag zugleich die Begründung der Ordensburgen und ihrer Aufgaben.

Im Ablauf dieses Tages, nach den Unterhaltungen, den Erlebnissen der militärisch-politischen Besprechung, der geschichtsbewußten Rede, wurde ich mir der vielseitigen, faszinierenden Erscheinung Adolf Hitlers und seiner Ausstrahlung bewußt.

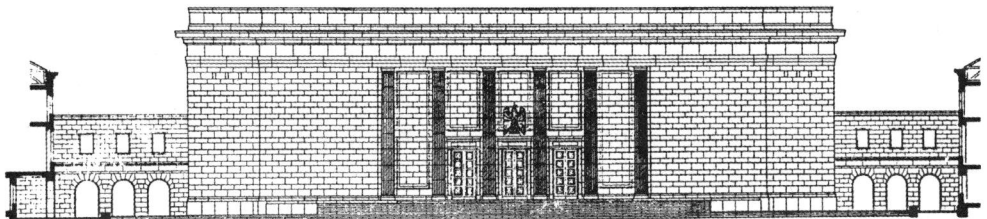

Weimar

Der Platz Adolf Hitlers

Ende 1935 wurde ich aufgefordert, an dem Wettbewerb für das Gauforum Weimar teilzunehmen. Speer erschien auf der Baustelle in Sonthofen und sagte mir:

Bei diesem Wettbewerb wird es sich herausstellen, ob Ihr Entwurf für die Ordensburg ein Zufallstreffer war. Mit Weimar haben Sie die Möglichkeit, Ihr Können unter Beweis zu stellen, gegen eine Auswahl von Architekten.

Ein Jahr zuvor schon hatte mein Freund Opdenhoff mich angesprochen: Hier in Weimar soll ein Parteiforum gebaut werden, – Giesler, das wäre doch was für dich!

Es war am Ende einer Tagung, wir standen vor dem Nationaltheater in Weimar, wir waren Gäste der Gauleitung von Thüringen. Ein Prominenter aus Weimar meinte trocken: Dafür brauchen wir Giesler nicht, die Planung für das Forum liegt hier bei den Professoren der Hochschule in den besten Händen. Scherzworte gingen hin und her. Seltsam wäre es, wenn ihr in Weimar ausgerechnet auf mich warten würdet.

Daran dachte ich nun nach der Aufforderung durch Speer, am Wettbewerb teilzunehmen.

Zwölf Architekten waren vom Gau Thüringen, vom Atelier Troost in München und von Speer dem Führer vorgeschlagen worden, der sich die Wettbewerbs-Entscheidung selbst vorbehalten hatte. Das Bauprogramm wurde den Teilnehmern in München erläutert, anschließend erfolgte in Weimar die Einführung in die schwierigen örtlichen Gegebenheiten.

Inmitten der Stadt, zwischen dem Bahnhofsgebiet und dem alten Stadtkern, lag eine flache Talsenke, die durch einen Straßenviadukt zerschnitten wurde. Wegen der technischen Schwierigkeiten war das Gelände bislang nicht bebaut worden. Hier sollte das Forum entstehen, als ein geschlossener Platzraum, gebildet durch die Gebäude des Reichsstatthalters, der Gauleitung, der Deutschen Arbeitsfront, der Parteigliederungen und des Arbeitsdienstes.

Am Rand der Talsenke stand einsam das Stadtmuseum mit den Preller'schen Fresken, wie ein Prellbock in der Achse der Bahnhofsstraße. Nunmehr sollte dieser Bau in die Komposition des Platzraumes einbezogen werden, was die Aufgabe nicht gerade erleichterte. Das Museum war ein massiger Werksteinbau in überzogenem Maßstab: Zwei Geschosse mit Attika und Kuppel standen auf einem hohen, groben Sockel.

Wir Architekten schauten von der großen Freitreppe, die aus den verschnörkelten Rabatten zum Museumseingang führte, über die unbebaute Senke zu dem ärmlichen alten Stadtrand. Das war also der Empfang, die Pforte zu dem Weimar von Goethe und Schiller. Nur wenige hundert Meter hinter dieser Trostlosigkeit stand das Deutsche Nationaltheater!

Gibt es in Weimar keinen besseren Standort für das bedeutende Bauvorhaben? Die Frage stellten die meisten Teilnehmer des Wettbewerbes.

Nein, erklärte Gauleiter Sauckel, diesen Standort habe Adolf Hitler bestimmt. Nach dem Wunsch des Gaues solle dieser Platz später seinen Namen tragen. Ich war mir bewußt, weshalb Adolf Hitler das Forum Weimar hier gebaut haben wollte, es ging ihm darum, das Chaotische, das Ungestaltete im Stadtraum zu überwinden.

Ich gewann den Wettbewerb.

Aber neue Überlegungen führten zu einer Abänderung des Bauprogrammes: Nicht das Gebäude des Reichsstatthalters, sondern eine ‚Halle der Volksgemeinschaft‘ sollte in der Mittelachse stehen und den Maßstab des Platzes bestimmen. Das schien mir durchaus richtig. Zwar verfügte Weimar über eine Stadthalle; sie entsprach aber in der Anlage und in der Form Adolf Hitler nicht. Er stiftete deshalb die Forums-Halle.

Ein neuer Wettbewerb wurde ausgeschrieben. Ich wollte mich nicht mehr beteiligen: Ich habe doch meinen Beitrag geleistet und den ersten Wettbewerb gewonnen, das genügt mir. Sollen doch die Weimarer Professoren die Sache unter sich ausmachen! Ich bin mit Arbeit für das Bauwerk Sonthofen überhäuft, argumentierte ich. Aber es half mir nichts, ich mußte einer dringenden Aufforderung entsprechen. Man hatte hinter der Ausflucht meiner Überarbeitung den ‚westfälischen Dickkopf‘ gespürt.

Ich gewann auch den zweiten Wettbewerb und wurde in die Reichskanzlei gerufen.

Er habe seine Entscheidung aus dem ersten Wettbewerb bestehen lassen und mich unmittelbar mit dem Entwurf für die Halle beauftragen wollen, sagte mir Adolf Hitler. Aber die Thüringer hätten ihn für ihre Architekten um die Chance des zweiten Wettbewerbs gebeten. Doch sei er sicher gewesen, daß ich mich auch mit dem zweiten Entwurf durchsetzen würde. Er deutete auf das Modell:

Die Gebäudekomposition erfordert noch eine energische Vertikale, setzen Sie an diese Stelle einen Turm, und den Zugang zum Dienstgebäude des Reichsstatthalters betonen Sie durch einen Risalit.

In einem längeren Gespräch erläuterte mir dann Adolf Hitler seine Vorstellungen und Gedanken über Raumfolge und Platzgestaltung im Stadtgefüge. Zuerst sprach er über Weimar. Er habe in dem Wettbewerb Weimar die einzige Möglichkeit gesehen, sich von einem Entwurf zu distanzieren, mit dem man ihn in Weimar überrascht habe und der ihm von Gauleiter Sauckel vorgelegt worden sei.

Dieser Entwurf sehe als Standort ausgerechnet den Goethepark vor. Die Formung der Gebäude sei zwar kultiviert, doch stark traditionsgebunden. So sehe das Ganze mehr nach der Residenz eines Großherzogs als nach einem Forum der Partei aus.

Den Goethepark zu schmälern, das sei unmöglich! Was nun den von ihm bestimmten Standort für das Forum der Partei in Weimar angehe, so biete er dem planenden Architekten zwar alle Schwierigkeiten der Gestaltung, aber die Situation könne so nicht bleiben! Der Besucher komme mit hohen Erwartungen nach Weimar, er erwarte Klassizität und finde eine Ungeformtheit des Empfangs. Das sei der Grund, weshalb er diesen Standort für das Forum gewählt habe.

Gewiß, draußen im Park oder auf einer Höhe sei leichter zu planen und zu bauen. Aber unsere Bauten dürften nicht isoliert sein, sie dürften nicht alleine für sich stehen; er wolle, daß sie sich in den Organismus der Stadt einfügten:

Hier kam noch hinzu – er deutete auf das Modell –, daß sich dadurch die Möglichkeit bot, das einsam stehende Museum in die Baukomposition einzufügen. Durch diese Einbindung und Fassung wird auch sein Maßstab erträglich und das Gebäude erhält die Würde, die seinem Inhalt entspricht.

Mit den ersten Überlegungen zum Bauprogramm, das Reichsstatthaltergebäude in die Mittelachse des Platzes zu setzen, hatte ich einen Fehler begangen. Nicht die Einzelperson, der Reichsstatthalter, steht im Mittelpunkt – das wäre ein städtebaulicher Rückfall in den Absolutismus –, im Mittelpunkt steht die Volksgemeinschaft, die durch diese Halle repräsentiert wird.

Es hat mir gefallen, daß Sie den Eingang zur großen Halle mit zwei quadratischen, hohen Krypten gefaßt haben, als Ruhestätte für die im Kampf um Thüringen gefallenen SA-Männer. Ich nehme an, als Belichtung sehen Sie offene Lichtaugen vor?

– Ja, das Licht fällt von oben in die beiden Krypten, die schönste Art der Beleuchtung eines feierlichen Raumes überhaupt.

– Prüfen Sie später am Bau, ob die Deckenaussparung für die wirkungsvollste Lichtführung quadratisch oder besser rund gestaltet wird. Er betrachtete das Forum-Modell von allen Seiten und sagte dann:

Giesler, in räumlicher Nähe zum Turm sähe ich gerne einen Brunnen. Das wäre für Weimar nicht fremd, denken Sie an den schönen Neptunbrunnen auf dem Marktplatz. Ein Brunnen mit Wasserspiel würde dem Platz noch mehr Atmosphäre geben. Was halten Sie von all dem?

Es war die erste Unterhaltung, die ich als Architekt mit Adolf Hitler hatte, ich war deshalb überrascht, wie locker und ohne Distanz er das Gespräch führte, so, als sei ich ihm schon lange vertraut.

Auf seine Frage sagte ich, daß auch mir eine dominierende Vertikale, ein Turm, und auch der plastische Risalit als notwendiges Intervall gefehlt hätten. Das sei mir dann besonders aufgefallen, seitdem das Modell den Entwurf überschaubar gemacht habe. Auch ein Brunnen sei schon von einem Mitarbeiter angeregt worden. Aber durch ein festumrissenes Bauprogramm fühlt man sich gebunden. – Machen Sie sich davon frei, meinte Adolf Hitler, und gestalten Sie nach dem Empfinden.

Später fügte sich in die Forum-Disposition noch eine Besonderheit: Eine Bronze-Plastik. Asymmetrisch sollte die große Plastik vor der linken Stirnfläche der Halle, neben dem breitgelagerten Eingang stehen, ‚Prometheus‘, als plastische Replik zu dem Gedicht Goethes.

Nach dem Mittagessen wollte Adolf Hitler mit mir weiter über die Planung von Weimar sprechen. So lag es nahe, daß die Unterhaltung bei Tisch in dem großartigen Speiseraum der Reichskanzlei, den Ludwig Troost gestaltet hatte, schon dem Thema Städtebau und Architektur galt. Ich hörte interessiert zu; das taten auch zwei Gäste aus Köln, und nach dem Essen klagten sie lebhaft über städtebauliche Aufwendungen, die Adenauer veranlaßt habe. Erst jetzt erkenne man den Umfang der Verschuldung der Stadt Köln.

Durch die Eigenmächtigkeiten des ehemaligen Oberbürgermeisters sei diese Schuldenlast so angewachsen, daß Anlaß zu ernster Sorge gegeben sei. Nur aus persönlichem Ehrgeiz habe Adenauer den Ausbau des Kölner Ringes, der Köln-Bonner Schnellstraße – es wurde noch eine Reihe von städtebaulichen Maßnahmen genannt – mit hohem Kostenaufwand betrieben.

Und ausgerechnet dieser Mann, der als Oberbürgermeister der Stadt Köln diese Schuldenlast aufgebürdet habe, der ehemalige Separatist und erklärte Parteigegner, erhalte seine volle Pension.

Ich dachte mir meinen Teil, und genauso kam es dann auch. Adolf Hitler hatte sich das alles ruhig angehört, ich hatte den Eindruck, daß er leicht belustigt war. Er sagte dann:

Das ist uns allen gegenwärtig. Adenauer war Separatist und ist Parteigegner schon aus seinem militanten Katholizismus heraus und deshalb für uns untragbar als Oberbürgermeister.

Aber Adenauer war ein Oberbürgermeister von großem Format, und das hat er unter Beweis gestellt. Er war sich der geschichtlichen und landschaftlichen Bedeutung dieser Stadt bewußt. Er hat sie mit allen Mitteln gefördert. Er hat auch den Kölner Stadtorganismus klar erkannt und deshalb die zwingenden städtebaulichen Maßnahmen veranlaßt und verantwortet.

Das kostet natürlich Geld, und mit den Schulden kam er dann in den wirtschaftlichen Niedergang. Aber die Stadt Köln wird diese Schulden tilgen, und die Kölner Bürger werden erkennen, daß diese Leistungen Adenauers Anerkennung verdienen und nicht Pensionsentzug.

Anschließend setzte Adolf Hitler das Gespräch mit mir in der Bibliothek fort. Er sagte: Ich hatte ein mich sehr beeindruckendes Erlebnis einer großen Architektur, und das ausgerechnet im Ruhrgebiet. Nach stundenlanger Fahrt durch monotone Wohnviertel, die zwischen den bizarren Silhouetten von Hochöfen und Fördertürmen und imponierenden Industriebauten einen besonders trostlosen Eindruck machten, kamen wir über eine Ruhrbrücke, und ich sah eine Stadthalle von überraschender, weil unerwarteter, Schönheit.

Schön in der Gesamterscheinung wie auch in allen Details. Es kam mir vor, als sähe ich ein Licht nach langer Dunkelheit: Es war die Stadthalle von Mülheim an der Ruhr.

So großartig sich diese Einzelleistung als hohe Architektur auch sichtlich manifestierte und für sich bestehen konnte, – dieses Bauwerk machte mir deutlich: Es stand doch alleine, für sich, und hätte in eine Komposition eingefügt werden müssen, die ihm, seinem Rang entsprechend, den Abstand gesichert hätte von der Alltäglichkeit.

Er hätte einen gestalteten Raum um sich benötigt, der seiner Würde als Architekturleistung und seiner Bestimmung als Halle für die Bewohner der Stadt entsprach.

Eine Parallele dazu sei der Klang einer schönen Stimme: Sie dürfe nicht zerschellen, nicht untergehen im Alltagslärm. Der Klang müsse getragen werden vom Orchester und aufgenommen werden in dem sorglich geplanten Raum der Zuhörer.

Das heiße doch, fuhr er fort, das Einzelbauwerk, so wichtig seine Bestimmung auch sei und so schön es immer gestaltet sei, bedürfe einer Gesamtplanung, und diese wieder müsse sich einfügen in den Stadtorganismus oder in die Struktur des Stadtteils.

Wie in Mülheim habe er noch viele ähnliche Erlebnisse und Eindrücke gehabt. Daraus habe er die Erkenntnis gewonnen, daß sich die Architektur erst im Zusammenhang als künstlerische Leistung manifestiere.

Das Einzelbauwerk benötige um sich den gestalteten Raum und den Abstand. Es müsse sich aber gleichzeitig mit diesem Raum verbinden, um bestehen zu können. Welch großartige Beispiele dafür seien das Belvedere des Prinzen Eugen, das Schloß Schönbrunn und Nymphenburg. Er betone nochmals:

Wenn ein Einzelbauwerk nicht über diesen gestalteten Raum verfügt, dann sollte es sich mit anderen Bauwerken zu einer städtebaulichen Konzeption verbinden zum Straßen- oder Platzraum, um so, dem Rang entsprechend, Impulse auszulösen.

Damit wird kenntlich, daß auch die im Baulichen sichtbar gewordene soziale Unordnung zu überwinden ist. Deshalb sprach ich über die Stadthalle von Mülheim im Zusammenhang mit dem geplanten Forum in Weimar.

Wir waren in der Bibliothek auf und ab gegangen und standen wieder vor dem Modell und den Plänen des Forums. Durch einen Ordonanzoffizier wurde Göring gemeldet. Adolf Hitler stellte mich vor.

Weimar interessiere ihn, sagte Göring, und Adolf Hitler erklärte ihm am Modell die Bauabsicht. Um den Einblick in den Innenraum der großen Halle zu ermöglichen, war das flache Dach abnehmbar. Es lag seit unserer Besprechung auf dem Tisch bei den Plänen.

Aufmerksam schaute Göring von oben in das Hallen-Innere, schüttelte den Kopf: Und was passiert, wenn es regnet oder schneit? – Einfach das! sagte Adolf Hitler, er nahm das Dach und setzte es auf die Halle, lachte und zwinkerte mir zu. Na ja, meinte Göring, da wäre ich auch noch drauf gekommen! Dann lachte er mit.

Am Abend fuhr ich nach Weimar zu Gauleiter Sauckel. Dort warteten nun doch seine Mitarbeiter im Hotel Elephant auf mich, den beauftragten Architekten für das Weimarer Gauforum.

Haus Elephant

Das alte Haus ‚Hotel Elephant‘ aus dem Jahre 1521 mußte im Sommer 1937 wegen Einsturzgefahr gesperrt werden. Das Deckengebälk war am Auflager vermodert und abgeknickt. Die tragenden Wände waren aus der guten alten Zeit, sie bestanden aus Feldsteinen in Lehmvermörtelung. Nur die Tradition aus Jahrhunderten hatte bislang alles zusammengehalten. Die Bauaufsicht forderte den Abbruch.

Gauleiter Fritz Sauckel war bestürzt über den Verlust dieses für Weimar so bedeutsamen Hauses, in dem Goethe, Schiller, Wieland, Herder und viele andere Einkehr gehalten und Herberge genommen hatten. Der Gauleiter meldete sich in der Reichskanzlei an, um Adolf Hitler zu informieren und seine Weisungen zu erbitten. Ich baute damals in Weimar und hatte das Vertrauen von Sauckel. Er bat mich deshalb, mit ihm zu kommen. Ich sollte nicht nur technische Erläuterungen über den derzeitigen Bauzustand geben, sondern Sauckel wollte mich zugleich als Architekt für die Neubaumaßnahme vorschlagen. Nach unserem Vortrag entschied Adolf Hitler, die Bauaufsicht bestehe mit Recht auf Abbruch, an eine Renovierung sei bei einem solchen Bauzustand nicht zu denken; wir könnten von Glück sprechen, daß niemand zu Schaden gekommen sei: Der ‚Elephant‘ wird neu gebaut!

Dann sprach er darüber, wie das neue Hotel in Weimar – was er besonders betonte – aussehen müsse, um unserem Lebensgefühl zu entsprechen. Er sah auch dieses Einzelbauwerk im Zusammenhang, so in der Einfügung zum Marktplatz, als eine selbstverständliche Verpflichtung. Dann begründete er die Konzeption des neuen Hauses mit den zeitgemäßen Raumfolgen:

haben Sie mir wirklich eine Freude gemacht. Ich sagte, mein Mitarbeiter Kröninger – ich hatte ihn in der Halle vorgestellt – habe die Säulen auf Pergament
in Sepia gezeichnet und laviert.

Ein Jahr später erbat ich für Kröninger den Titel ‚Baurat‘. Aber ja, sagte
Adolf Hitler, – von dem sind doch auch die Säulenzeichnungen in meinem
Wohnraum im Elephanten.

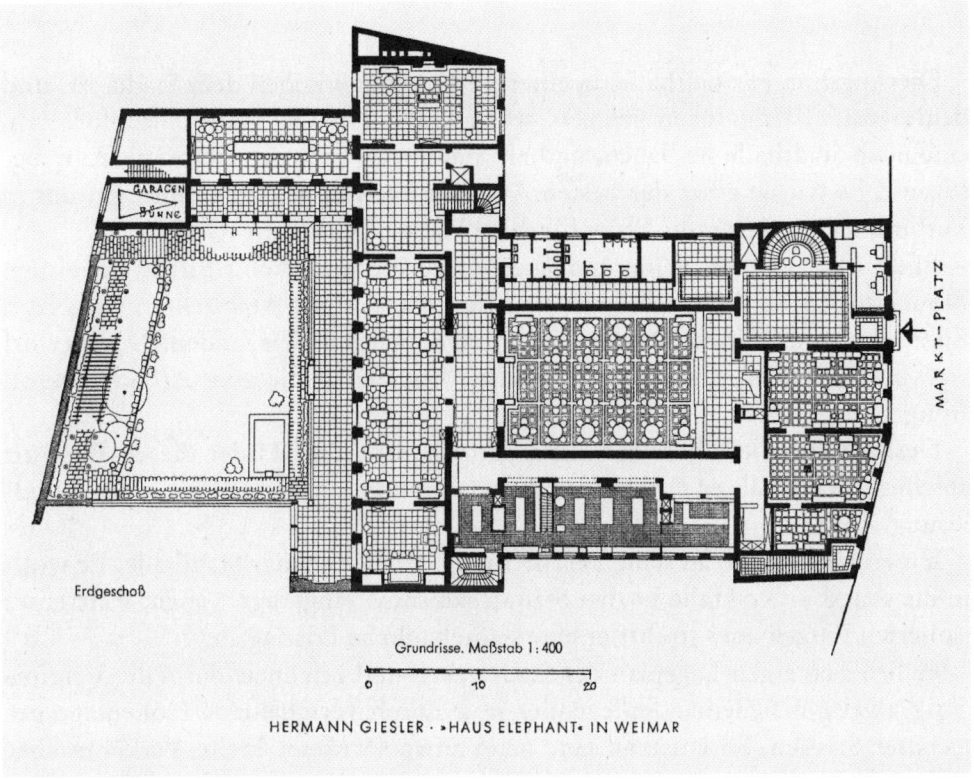

Erdgeschoß

Grundrisse. Maßstab 1:400

HERMANN GIESLER · »HAUS ELEPHANT· IN WEIMAR

Die Platzgestaltung für Augsburg

Die Augsburger Stadthalle, in einer Grünzone zwischen dem Stadtkern und dem Stadtteil Göggingen gelegen, war abgebrannt. Die Stadt entschloß sich, eine neue Stadthalle zu bauen, und als Standort wurde dieselbe Grünzone bestimmt. Es wurde einer der besten Augsburger Architekten beauftragt, der in Verbindung mit Speer die Pläne für diese Halle erstellte.

Ende 1937 wurden Pläne und zugehörige Modelle Adolf Hitler bei einem Besuch in Augsburg durch Speer und den Augsburger Architekten vorgelegt. Zusammen mit meinem Bruder Paul war ich zugegen. Wir fanden, der Entwurf war ausgezeichnet, und alle Einzelheiten bestätigten die gute Architektenleistung.

Deshalb war die Überraschung allgemein, als Adolf Hitler diesen Entwurf ablehnte. Wohl sah er in ihm eine gute Gestaltung, aber zugleich eine Einzellösung.

Ich erinnerte mich an seine Beschreibung der Mülheimer Stadthalle. Er wollte die Augsburger Halle in den Stadtorganismus eingefügt wissen, statt eines isolierten Einzelbaues strebte er eine städtebauliche Lösung an.

Er ließ sich einen Lageplan der Stadt geben und zeichnete darin die Vereinigung zweier nebeneinanderliegender, nur durch verschiedene Höhenlage getrennter Straßen. So entstand eine neue, etwa 48 Meter breite Verkehrsachse zwischen der Oper im Norden und einem Rundplatz im Süden. Diese neue Straße verlief in einem Abstand von etwa 350 Metern parallel zum berühmten mittelalterlichen, mit Brunnen geschmückten Straßenzug, der Maximilianstraße, die sich von der Bürgerkirche St. Ulrich, vorbei am Stammhaus der Fugger, dann dem Rathaus des Elias Holl, bis hin zum Bischofsdom, dem alten Augusta Vindelicorum, zog.

Schon mit wenigen Strichen auf dem Lageplan war zu erkennen, daß durch diese breite Verkehrsachse dem Stadtteil des 19. Jahrhunderts eine Verfestigung und Neuordnung gegeben wurde, zugleich verbunden mit der Möglichkeit einer zeitentsprechenden Gestaltung.

Er skizzierte weiter, – nun verband er diesen neuen Straßenzug zwischen dem Altstadtkern und den Bahnanlagen, zunächst rechtwinklig, dann leicht abknickend, großzügig mit dem Bahnhofsplatz.

Es erwies sich später, daß dies entscheidend war für die bauliche Konzep-

Prometheus vor der Halle der Volksgemeinschaft in Weimar.
Nach dem Gedicht von Goethe – Bildhauer Arno Breker.

Hotel Haus Elephant in Weimar. 1937/38. Ansicht vom Marktplatz – Wohnraum Adolf Hitlers.

Hotelhalle mit Blick in den Frühstücksraum. – Hotelhalle mit Blick zum Eingang.

Der Turm für das Augsburger Forum mit der Eingangsfront der Stadthalle. Modell 1938.

tion und Gestaltung: Der plastische Hallenkopf und der Turm der geplanten Anlage standen dominierend sowohl in der Sicht des Bahnhofsplatzes als auch, überraschend, in der Diagonale zum Beginn der Altstadt!

Bei Adolf Hitler genügte eine kurze Konzentration, dann umriß er mit kräftigen Strichen vom Schnittpunkt dieser beiden Straßen aus ein Rechteck und legte damit den Standort der Stadthalle und eines Platzes fest. Er sagte:

Die Halle gehört in die Stadt, – zentral liegt sie hier und kann allseitig mit kurzen Wegen erreicht werden, auch ist sie vom Massenverkehr gut erschlossen: Nahe am Bahnhof, den Omnibussen und den Trambahnen, auch für Auto-Parkflächen werden wir sorgen.

Hier entsteht dann ein Straßenzug und eine städtebauliche Formung des 20. Jahrhunderts. Städtebaulich schon deshalb bedeutend, weil wir uns sehr anstrengen müssen, um gegen den Straßenzug des Mittelalters zu bestehen.

Durch den wirtschaftlichen Aufschwung in unseren Jahren stehe auch in Augsburg eine Anzahl öffentlicher und privater Bauvorhaben an. Nach bisherigen Gepflogenheiten würde man nun nach Willkür und Gelegenheit, durch Zufall oder nach Profitdenken die Bauplätze wählen. Hier biete die neue Straßenachse die Möglichkeit, durch planvolle Zusammenfassung auch den Forderungen moderner Baubedürfnisse zu entsprechen.

Die Vertretungen und Niederlassungen, die Ausstellungsräume, die Werbung der bedeutenden Industrien Augsburgs wie MAN, Messerschmitt, der Chemiewerke, der Textil- und Handelshäuser von Weltruf, – hier, im Straßenzug des 20. Jahrhunderts, sollten sie ihren Platz finden.

Hier müsse alles, auch die Bauvorhaben der Stadt, zusammengefaßt werden, dann sei die Platzanlage mit der Stadthalle, mit dem Gebäude für den Gau und für die Deutsche Arbeitsfront sinnvoll. Und auch einen Turm könnten wir uns gestatten, er gehöre zu diesem neuen Teil von Augsburg wie der Perlachturm zum Rathaus, zum alten Straßenzug. Der Platz solle ja mehr sein als eine Freifläche, er solle zum Forum von Augsburg werden.

Das war eine kleine Sensation, denn der bleibende Bestand des Gaues Schwaben wurde jahrelang bezweifelt, der Gau würde, so hieß es, nach München-Oberbayern ,eingemeindet' und damit seine Selbständigkeit verlieren. Mit der Einzeichnung in den Augsburger Lageplan und mit dem neuen Bauprogramm wurde diesen Vermutungen und Spekulationen ein Ende gesetzt.

Der Besuch Adolf Hitlers endete im ,Goldenen Saal' des Rathauses. Mein Bruder, der damals die SA-Gruppe der Gaue München-Oberbayern und Schwaben führte, stand neben mir, als sich Adolf Hitler verabschiedete. Er gab meinem Bruder die Hand, dann wandte er sich mir zu, stutzte und sagte:

Ihr seid ja Brüder, – ich hätte es mir längst denken können und es auch wissen müssen! Er faßte uns mit beiden Händen: Ihr beiden begleitet mich zum Zug, ich möchte mit euch sprechen.

Unterwegs unterhielten wir uns über Augsburg. Auf dem Bahnsteig verabschiedeten wir uns, mein Bruder blieb stehen, ich ging noch mit Adolf Hitler zu seinem Abteil.

Was ist Ihr Bruder von Beruf? – Architekt. – Wie Sie? – Nein, besser, er kann mehr. Adolf Hitler lachte:

Er soll wieder Architekt werden, als SA-Führer kann ich ihn ersetzen. Er stieg in den Zug und winkte uns zu.

Einige Monate später, im Frühjahr 1938, sagte mir Adolf Hitler: ,Ich brauche Ihren Bruder doch noch als SA-Führer, er soll in der Ostmark, in meiner Heimat, in den Gauen Oberdonau, Salzburg und Tirol die SA aufbauen. Sein Standort wird Linz an der Donau sein.

Anfang 1938 wurde ich zum Berghof gerufen. Adolf Hitler sagte:

Man kommt nicht weiter in Augsburg, man versteht mich nicht, – ich beauftrage Sie mit der Planung der Straße und der Platzanlage für Augsburg, erarbeiten Sie baldigst einen Vorentwurf!

Mit Skizzen und Zeichnungen zur Gestaltung des Platzes, die ich schnell mit meinen Mitarbeitern ausgearbeitet hatte, kehrte ich zum Berghof zurück. Ich glaubte, meine Entwürfe würden Anerkennung finden, aber das war nicht der Fall. Adolf Hitler war unzufrieden:

Ich kann meine Vorstellung, wie dieser Platz gestaltet werden muß, nicht in allen Einzelheiten umreißen, – aber eines weiß ich: Er muß seine Prägung aus der Gegebenheit ,Augsburg' erhalten.

Vielleicht lassen Sie die bauliche Situation und die Eigenart der Stadt nochmals auf sich einwirken. Wenn dann Ihr Entwurf ins dreidimensionale Modell übertragen wird, muß zu erkennen sein: Das ist für Augsburg geplant. So ging es mir, als ich damals Ihr Modell für Weimar sah: Das ist Weimar.

Ich erlebe es jetzt, daß Ihr Weimar-Platz mir in Nachempfindungen vorgelegt wird. Wir müssen doch erreichen, daß jede Platzgestaltung lebendig aus dem Organismus einer Stadt entwickelt wird.

Ich müsse den Straßenzug, bei nur 1 200 Meter Länge, möglichst geschlossen fassen. Nicht nur der durchflutende Verkehr dürfe dem Straßenzug Leben geben, hier solle das neue Augsburger Geschäftszentrum entstehen, jedoch keineswegs eine Konkurrenz zu den Läden der Altstadt. Er meine vielmehr übergeordnete Ausstellungsräume und Niederlassungen der bedeutenden Industriewerke im Augsburger Raum, auch die der großen Handelshäuser, mit Lichtreklamen, sollten den Straßenraum beleben.

Das Gebäude der Gauleitung und der Deutschen Arbeitsfront dürfe nur mit der Schmalseite zur Straße orientiert werden und solle im Erdgeschoß Geschäfts- und Ausstellungsräume aufnehmen.

Er möchte überhaupt den nun einmal notwendigen Führungs- und Verwaltungsaufwand der Partei so knapp wie möglich halten und ihn gewissermaßen in die Sicht der Öffentlichkeit, der Gemeinschaft, setzen, um ihn der Gefahr einer Aufblähung und des Sichwichtigmachens zu entziehen.

Er könne sich auch vorstellen, daß in diesem Gebäude Räumlichkeiten vorgesehen würden, die der Stadtgemeinschaft unmittelbar dienten, wie Bibliothek, Leseräume, Vortragsräume und vieles mehr. Mit anderen Worten: Das Gebäude sollte dem urbanen Leben dienen und nicht zu einer Parteibonzen-Büro-Ansammlung entarten! Das gelte grundsätzlich für alle Gaue.

Nochmals zu dem großen Platz sagte er ganz allgemein: Soweit ich die Situation kenne, zieht sich von Süden her eine Bodenwelle zum Platzgelände. Wir sehen es auch hier an den Höheneintragungen im Plan und am Gefälle der Nebenstraßen. Etwa 2 bis 3 Meter beträgt die Differenz. Ich halte es deshalb für richtig, diese Höhendifferenz durch die Gebäudegruppen aufzunehmen und zugleich den gesamten Platz um weitere zwei bis drei Meter anzuheben.

Das bedeutet, der Platz liegt dann mindestens fünf Meter über dem Straßenniveau der neuen, großen Achse. Herausgehoben aus dem Verkehr, wird der Platz zu einem ruhigen Bezirk inmitten des städtischen Getriebes. Aber zugleich wird auch die Verkehrsachse auf der Länge des Platzes als Straßenraum gefaßt. Die Straßen-Platzwand könnte in der Höhe durch eine Arkade über diese fünf Meter hinaus noch betont werden.

Nun könne der ganze Platzraum unterkellert werden, zumindest mit zwei, wenn nicht sogar mit drei Geschossen. Der damit gewonnene Raum werde als Großgarage genutzt, die Zu- und Abfahrten solle ich seitwärts und von der rückwärtigen Nebenstraße aus anordnen: Es mag jetzt noch zu groß gedacht sein, – übertrieben, wird man sagen. Aber in einem Jahrzehnt ist das genau richtig, und die Parkflächen werden restlos genutzt. Das Tiefgeschoß kann, wenn einmal eine Notzeit kommen sollte, auch als Luftschutzraum genutzt werden. Das bleibt zunächst unter uns, – sprechen Sie nicht darüber.

Ich gehe von folgender Überlegung aus: Wenn ich mir einen so großen Platz im Stadtgefüge gestatte und ihn verantworten will, dann muß ich ihn doppelt, wenn nicht dreifach nutzen, – als eigentlichen Freiluftraum, darunter die Abstellflächen für Kraftfahrzeuge, vielleicht sogar in zwei Geschossen.

Das sei auch durchaus richtig, denn der Platz sei zentral gelegen, zu den neuen Gebäuden der Straßenachse, zur Altstadt, zum Bahnhof und natürlich, bei Veranstaltungen, zur Stadthalle selbst. Gleichzeitig ergebe diese Unterkellerung niveaugleiche Neben- und Abstellräume für die Stadthalle, aber auch in der ganzen Länge des Platzes zur Straße hin, unter den Arkaden. Hier könnten diese Räume vielseitig von der Stadt genutzt werden:

Versuchen Sie die Platzformung mit den Gebäudegruppen einmal unter Beachtung dieser Gesichtspunkte!

Gegenüber dem Hallenkopf, aber den ganzen Block umgreifend, sollte ein moderner Hotelbau vorgesehen werden, davor eine allseitig abgestufte Gartenterrasse mit einem Brunnen in der Mitte. Das wirkt dann wie ein großartiges Blumen-Arrangement, für den festlichen Empfang, gleich ob man vom Bahnhof oder über die neue Straße kommt, um die Stadt zu besuchen.

Geben Sie sich alle Mühe, Giesler, und versuchen Sie, meine Gedanken und Vorstellungen in die für Augsburg richtige Form zu bringen!

Es war Abend geworden – wir unterhielten uns dann noch über die Bauten von Weimar. Dabei fiel mir seine Unruhe auf. Wiederholt hatte er nach der Uhrzeit gefragt und: Hat Fräulein Braun angerufen? Dann befaßte er sich wieder mit den Plänen, oder er schaute durch das große Fenster der Wohnhalle auf die in der Dunkelheit kaum sichtbaren, fernen Schneefelder des Untersberges.

Er ließ eine Sekretärin kommen: Weshalb ist Fräulein Braun nicht mit ihnen zurückgefahren? – Sie hatte noch verschiedenes zu besorgen. – Mit wem fährt sie überhaupt, mit ihrer Freundin, Frau Schneider? Ich bin besorgt, sie müßte doch längst hier sein, – hoffentlich ist nichts passiert!

Endlich war Fräulein Braun mit ihrer Freundin gekommen. Sie seien langsam gefahren und hätten unterwegs noch eine Tasse Kaffee getrunken. – Derweilen mach ich mir Sorgen, – konntest du nicht anrufen? – Ach, das wollte ich nicht. Fräulein Braun, eine nette, junge Dame, schaute mich an. Adolf Hitler stellte mich vor. Ich habe von Ihnen gehört, sagte sie.

Ich gewann neue Erkenntnisse und Eindrücke, ich lernte ein Fräulein Eva Braun kennen, zugleich aber auch einen Adolf Hitler, der sehr um sie besorgt war.

Ich hatte vieles zu überlegen, als ich am nächsten Tag zurückfuhr, um mit den Ausarbeitungen der Augsburger Entwürfe zu beginnen, für die ich soviel Anregungen bekommen hatte.

Meine Mitarbeiter waren sehr skeptisch, als sie von der neuen Grundkonzeption hörten, sie konnten sich mit dem hochgelegten Platz nicht abfinden, allein schon wegen möglicher Sicht-Überschneidungen von den Straßen zur Stadthalle hin.

Ich ließ mich dadurch nicht beirren, Adolf Hitler hatte mich überzeugt, seine Gedanken und Vorstellungen waren sinnvoll und zweckmäßig. Ich hatte nun begriffen, was er anstrebte: Es ging ihm zunächst um die klare Fassung und Festigung des Straßenraumes, er sollte nicht zerflattern. Das bedeutete zugleich die Abtrennung des Platzes und der Stadthalle vom Verkehrsfluß und Lärm. Der Platz sollte sich nicht zur neuen Straße hin orientieren, vielmehr, energisch abgesetzt vom Niveau dieser Straße, wurde er mit den zweigeschossigen Arkaden und den Lauben entlang der Stadthalle zum Freiraum.

Als Sonnenraum und, wie mir schien, auch für Sommerfeste, sollte der Platz mit der Halle von der Bevölkerung genutzt werden. So war auch sein Wunsch nach Brunnen und Plastiken, nach Blumenschalen und Sitzmöglichkeiten bei den Arkaden und Lauben zu erklären. Er wünschte auch die Einfügung eines Cafés im Kasinobau zwischen Stadthalle und Gauanlage, dazu eine Verbindung der Wirtschaftsräume der Stadthalle mit den nach Osten orientierten Lauben, die zum Platz offen waren.

Ich begann meine Arbeit zunächst mit einem kleinen Tonmodell. Vom Straßenniveau ausgehend, wurden der hochgelegte Platz mit der Stadthalle und die Arkaden-Abgrenzung zum Straßenraum modelliert. Das ergab eine starke Horizontalwirkung. Darauf folgte, in Vertikaltendenz, das Gaugebäude und, asymmetrisch, dem Hallenkopf zugeordnet, der Turm. Jeder Baukörper war nach seiner Bestimmung akzentuiert, und doch fügte sich alles rhythmisch zusammen. Noch stärker betonte ich die Horizontale der Stadthalle und höhte den strengen Kubus des Gaugebäudes. Ich gab ihm vertikale Unterteilung durch einen Risalit und ließ die Gebäudetiefen an den Ecken als plastische Vorsprünge sichtbar werden.

Die sorgfältige Überprüfung des Modells, wobei ich die Augpunkte für das perspektive Sehen genau nach der Wirklichkeit markierte, beseitigte die letzten Zweifel. Eine störende Überschneidung der Baukörper war nicht zu empfinden. Zur weiteren Ausarbeitung halfen mir nun meine Mitarbeiter.

An einem größeren Arbeitsmodell entwickelten wir die Grundlagen für die genaue Planung. Wir gaben uns Mühe und erkannten bald, daß nach den Gedanken und Vorstellungen Adolf Hitlers eine Platzformung entstand, die der Eigenart Augsburgs völlig entsprach.

Das vielseitige, umfangreiche Raumprogramm erforderte einen achtgeschossigen Baukörper mit zwei Innenhöfen auf einer Grundfläche von 90 zu 140 Metern. Die vertikale Gliederung mit dem betonten Abschluß durch ein Attikagesims mit Fries gaben dem Bau eine kastellartige Formung – warum nicht. Eine leichte Reminiszenz an die römische Stadtgründung mochte anklingen.

So spannten sich auch zur tektonischen Verdichtung bei der Stadthalle zwischen den Pfeilern der Lauben und der Eingangshalle die römischen und Augsburger Rundbögen. Darüber standen die schlanken Rechtecke der großen Fenster der Hallenbasilika, die Raum bot für 20 000 Personen.

Dem Turm kam eine besondere Bedeutung zu. Der einfache Turmschaft trug eine reichgegliederte Bekrönung, die mit dem Adler auf einer Kugel endete*, auch hier ein bewußter Anklang an die Augsburger Tradition. Vorbild waren der Perlachturm und das Turmdoppel des Rathauses, die großartigen Baumeisterleistungen des Elias Holl.

Wir stellten Versuche an und entfernten im Modell den Turm aus der Komposition des Platzraumes – unmöglich –, das Platzgefüge war ohne Spannung, die Baukörper der Anlage waren trotz ihrer Akzentuierung aufeinander angewiesen.

Bald waren die Architektenzeichnungen in allen Einzelheiten erstellt, und die Mitarbeiter der Werkstätte begannen mit der Arbeit am endgültigen Holzmodell. Die abgeschlossene Planung und das fertige Modell – ich zeigte es Adolf Hitler in meinem Münchner Atelier – fanden seine volle Zustimmung. Das ist Augsburg! sagte er. Die Mühe um Form und Gestaltung, meist nach der Tagesarbeit in den Abend- und Nachtstunden, hatten nun den erhofften Erfolg.

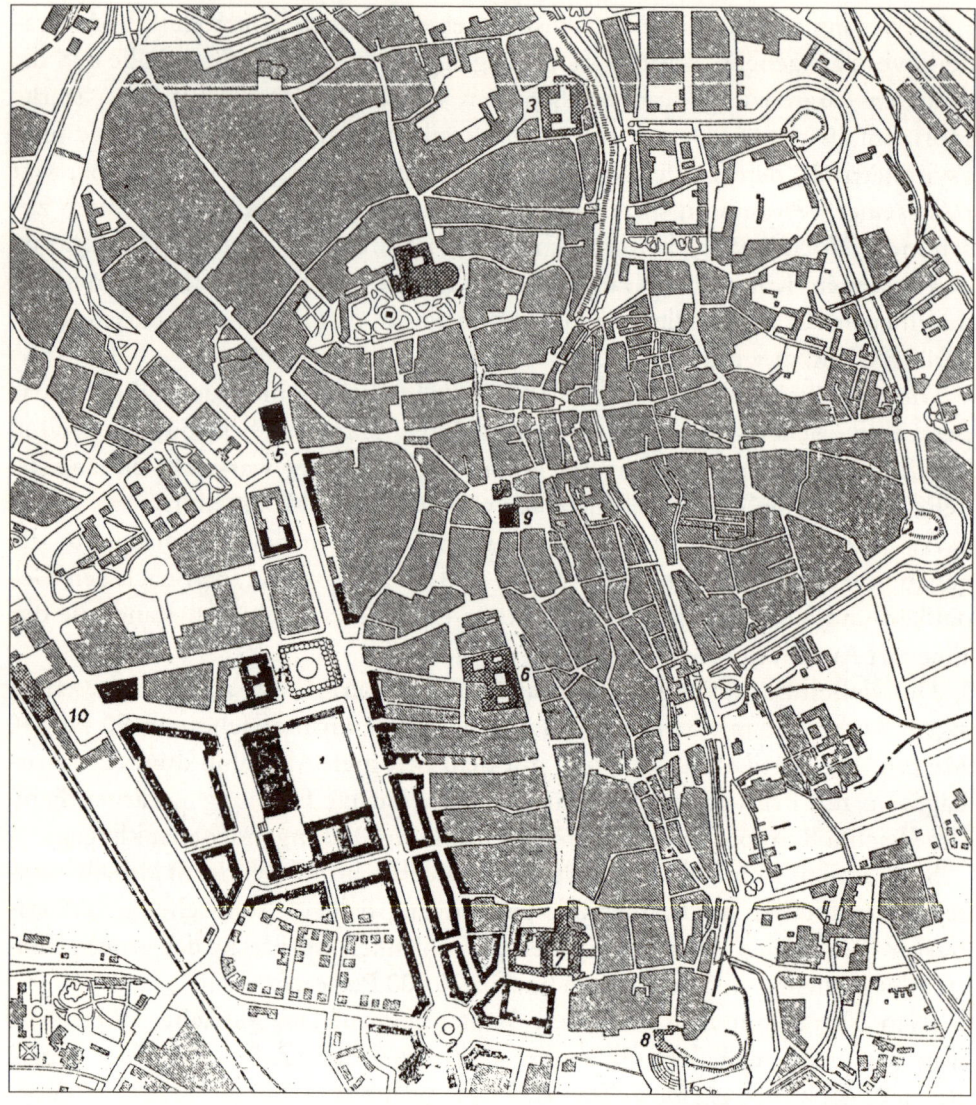

Die Aufgabe ‚Augsburg' war für mich eine Herausforderung, der ich entsprechen mußte: In Augsburg hatte ich als junger Architekt begonnen, in diesem Gau wurde ich Nationalsozialist, und für diesen Gau hatte ich im Auftrag Adolf Hitlers das Forum und damit den baulichen Bestand des Gaues zu gestalten.

Die Vorbereitung für das Bauen liefen an. Nach Rücksprache mit Adolf Hitler, in dem ich den eigentlichen Bauherrn sah, erteilte ich vorzeitig, aber auch vorsorglich Aufträge an freischaffende Künstler: Der Bildhauer Wineberger entwarf für den südöstlichen Hallenabschluß einen Brunnen und für den Attikafries die Mosaiken mit den Wappen der Städte im Gau; der Münchner Bildhauer Bleeker – als Abschluß seines Lebenswerkes – die Plastik ‚Energie', einen Rossebändiger. Ebenso erhielten Wackerle und Kolle Aufträge für Statuen an den Platzwänden, der Maler Weiß für die Fresken in der Eingangshalle. Die Stifter waren Adolf Hitler und die Partei.

Die Bauleitung für die Gesamtanlage übernahm die Stadt Augsburg. Ich vermißte den schwungvollen Einsatz, den ich einige Jahre vorher in Weimar erlebt hatte, später erfuhr ich die Umstände. Mit Kriegsbeginn endeten auch hier die Vorbereitungen für das Bauvorhaben.

Die städtebauliche Platzgestaltung für Augsburg zeigt, mit welcher Intensität und Vorstellungskraft, bis in das Detail, sich Adolf Hitler mit einer Baumaßnahme auseinandersetzte und wie er bemüht war, die Platzräume so zu gestalten, daß sie der Wesensart der Stadt entsprachen. Weshalb er sich für das Bauen so leidenschaftlich einsetzte, sagte er mir oft, in immer wieder neuen Formulierungen, aber stets in überzeugender Weise:

Unserer nationalsozialistischen Lebensauffassung und unserem Gemeinschaftsdenken widerspricht die Willkür, die in der Stadtform seit Generationen vorherrscht. Weil wir das erkennen, sind wir legitimiert, das zu ändern, und es ist an mir, die Zeichen zu setzen. Die Zeichen eines neuen Denkens und Fühlens finden außerdem ihren Ausdruck am besten im Städtebau und in der Architektur.

Aber, fügte er hinzu, es genüge nicht, daß der Bauherr sich Gedanken mache und Vorstellungen habe, wie diese Neuordnung des Stadtorganismus gestaltet werden solle, er brauche den Architekten, der ihn verstehe und der ihm verbunden sei.

Mehr noch als bei der Arbeit an dem Platz in Weimar erlebte ich bei dem ‚Forum Augsburg' den schöpferischen, phantasievollen und zugleich in der Gestaltungsforderung disziplinierten Adolf Hitler. Ich lernte ihn als Ordner kennen, der dem politischen, sozialen und kulturellen Denken und Fühlen auch im Räumlichen, im Städtebau, Ausdruck geben wollte.

Was können Sie mir über Augsburg berichten? Es war im Winter 1939/40, als Adolf Hitler mir diese Frage stellte.

Ich wußte nur, – und das hatte ich indirekt erfahren, – daß alle Vorbereitungen für die Baumaßnahme seit Kriegsbeginn eingestellt waren. Nach seiner Genehmigung der Planung und seiner Zustimmung zum Bau hätte ich noch die Aufträge an die freischaffenden Künstler erteilt und sie in die Aufgabe eingeführt. Sie sind sicher damit einverstanden, daß der Professor Bleeker wegen seines Alters – trotz Krieg – seine Arbeit fertigstellt?

Sonst sei ich nicht mehr mit der Baumaßnahme befaßt worden, – nein, die Bauleitung habe sich die Stadt selbst vorbehalten, das habe ich für richtig gehalten. Ich müsse mich auf die ‚Neugestaltung München' konzentrieren. – Nein, ich wurde nicht mehr gefragt, natürlich hätte ich nach meinen Erfahrungen in Weimar manchen Hinweis geben können.

– Demnach waren Sie an der Aufstellung der Baukosten nicht beteiligt, – kennen Sie diese Aufstellung, die man mir vorgelegt hat? frug Adolf Hitler.

– Nein.

– Das ist seltsam, – ohne Mitwirkung des Architekten kann ich mir eine Bau-kosten-Ermittlung nicht gut vorstellen! Und dasselbe gilt auch für die Festle-gung der einzelnen Bauabschnitte für die Durchführung. Sie wissen, ich habe damals vorgeschlagen, diese große Baumaßnahme nach Folgerichtigkeit und Erfordernissen in verschiedene Abschnitte zu unterteilen, bei einer Gesamt-bauzeit von etwa 15 Jahren.

Er habe dem Gauleiter und dem Bürgermeister persönliche Stiftungen für die Halle, den Turm und auch für Plastiken zugesichert, die Partei würde selbstverständlich für den ermittelten Anteil am Gaugebäude aufkommen, – desgleichen die Deutsche Arbeitsfront für ihren Anteil und das Reich für die Räume des Arbeitsdienstes. Das betreffe auch die Erschließungskosten, die anteilig ermittelt würden. Und die Industrie könne doch ihren Anteil an der Baunutzung auch leisten, wie die privaten Bauherrn, die an der neuen Straße bauen wollten.

Aus einer Ermittlung der möglichen Gesamtkosten präzisiere man die Bau-kosten des ersten Bauabschnittes von etwa 5 Jahren. Bei derartigen Bauträgern und einer solchen Baumaßnahme seien wohl auch Beteiligungen von Banken und Sparkassen in Form von Hypotheken und Zwischenkrediten möglich.

Die Augsburger machten das anders! Statt sich, wie in Weimar, zu überle-gen, wie sie die Finanzierung aufbauen müßten, legten sie ihm eine Gesamt-kosten-Ermittlung vor, einschließlich der üblichen Stadtleistungen, – bis zum letzten Kanaldeckel! Alles in allem etwa 150 Millionen. Und fingen das Heu-len und Jammern an, das gehe weit über ihre Möglichkeit, – natürlich, so ge-sehen schon!

Und nun seien die Schlaumeier auf eine großartige Idee gekommen: ‚Der Führer‘ sichert die ganzen 150 Millionen, belastet damit die Einwohner des Reiches und gibt uns Augsburgern das verbindlich in einem Schriftstück! Sowas wird mir dann von dem zuständigen Bürgermeister bei allen passenden und unpassenden Gelegenheiten als einzig möglicher Finanzierungsplan ser-viert*!

Kein Dom, kein Münster, kein Bauwerk von Bedeutung wäre uns überlie-fert, wenn die Bürger nicht aus freiem Anlaß die Baulasten auf sich genommen hätten und meist über Generationen hinweg! Sie konnten auch nicht mit den Baukosten die Einwohner des ‚Reiches‘ belasten.

Unvermittelt darauf kam die Frage: Giesler, hat man Ihnen das Honorar bezahlt?

– Die Rückvergütung der Unkosten für meine Mitarbeiter und für das Mo-dell ist von der Stadtkasse geleistet worden. Ich habe keine Honorarforderun-gen gestellt und werde für meine bisherigen Leistungen auch kein Honorar verlangen.

– Und weshalb?

das deute auf eine ‚große Lösung‘ hin. Wir tun gut daran, das Modell der bisherigen Planung erst gar nicht vorzulegen, schloß ich unser Gespräch.

Das bestätigte sich am nächsten Morgen nach der Diskussion und der dann folgenden Entscheidung. Wir standen so weit auseinander, wie es der Wohnraum zuließ. Kein Regisseur hätte die szenische, kein Dramaturg die gedankliche Differenziertheit räumlich anschaulicher bestimmen können. Wie im Rahmen eines gleichschenkeligen Dreieckes standen Personen und Auffassungen, – an den Ecken der Basis Ley und Rosenberg mit ihren Architekten, an der Dreiecksspitze Adolf Hitler, der aufmerksam die Auseinandersetzung verfolgte.

Nichts, was die beiden Kontrahenten vorbrachten, wies er zurück, doch als er dann seine Auffassung darlegte, hatte alles einen neuen, überzeugenden Klang. Noch nie zuvor hatte ich die Überlegenheit Adolf Hitlers so stark empfunden.

Die ruhige Abgeschlossenheit, so gab er Rosenberg recht, könne auch in der ‚großen Lösung‘, die er für richtig hielt, durch vernünftige Planung erreicht werden. In der zurückhaltenden Anordnung der schulischen Nebenbauten, die eine lebendige Beziehung zwischen Forschung, Lehre und Erziehung sicherten, müsse das Primat der eigentlichen ‚Hohen Schule‘ einen überzeugenden baulichen Ausdruck finden.

Schon mit diesem kurzen Umriß formte sich für mich als Architekt das Bild der Gesamtanlage. Adolf Hitler fuhr fort:

In der ‚Hohen Schule‘ sähe er mehr als nur den Schlußstein des Gewölbes der Erziehung, der Bildung und letztlich der Auslese von Führungskräften der Partei, die ‚Hohe Schule‘ sollte im Dienst der Nation stehen, über die Ordensburgen hinweg sollte sie offen sein für alle Hochschulen und Universitäten. Es gelte, eine Elite heranzubilden, die der Herausforderung unserer Zeit auf allen Gebieten des staatlichen, kulturellen, wirtschaftlichen und geistigen Lebens der Nation entsprechen könne.

Nach einem mit Idealismus beschrittenen opferreichen Weg beginne nun das fünfte Jahr des nationalsozialistischen Aufbaus. Noch seien die Irrungen und Zersetzungen, die Folgen der Entartung und der Dekadenz aus dem 19. Jahrhundert und der Weimarer Demokratie nicht überwunden. Überall mangele es an geistig durchgebildeten, schöpferischen und auch kämpferischen Männern in der Gegenwart und auch, soweit überschaubar, für zukünftige Zeiten:

Das Volk steht im Mittelpunkt unserer Staatsidee, insofern sind wir Republikaner, Bekenner des Volksstaates. Die geschichtliche Gesamtleistung unseres Volkes bezeugt seine rassischen Werte. Und doch waren es stets die großen Einzelnen, die schöpferischen Menschen, denen das Kulturbild unseres Volkes zu verdanken ist. So wird es auch in Zukunft sein. Unsere Aufgabe muß sein, gleichsam wie ein Magnet das Eisen anzieht, alles, was Charakter zeigt, alles an Begabungen, ja, auch an Eigenwilligkeit, als Auslese an uns zu ziehen!

Aufgabe der ‚Hohen Schule' werde es sein, ihnen dann nach der Bewährung in den Schulen der Partei, im Beruf, nach abgeschlossenen Studien hier die räumlichen und geistigen Voraussetzungen einer weiteren Entwicklung zu bieten, ihnen den Weg freizumachen zur Wirkung und Ausstrahlung. Adolf Hitler sprach uns Architekten an: Er habe gesagt, ‚räumliche Voraussetzungen', – das schließe auch die Gestaltung der ‚Hohen Schule' ein. Sie müsse der Rangordnung dieser Institution entsprechen. Die Formung dieser Anlage sei zugleich eine politische Aufgabe, sie habe die Einheit von Partei und Staat darzustellen.

Dr. Ley sagte betont: Unsere Planung entspricht Ihrer Entscheidung, mein Führer, und sie wird auch Ihren Forderungen gerecht. Pläne und Modell können noch heute vorgelegt werden. Adolf Hitler schaute Rosenberg und mich an, ich schüttelte den Kopf und zeigte die leeren Hände. – Ich warte, bis mir auch von Ihnen die Planung vorgelegt werden kann, – das muß bis Mai doch möglich sein? Rosenberg bejahte dies.

Wir nahmen noch Einblick in die Chiemsee-Karte, darin war der Standort der ‚Hohen Schule' am Nord-Ost-Ufer eingetragen, dann wurden wir verabschiedet. Wir Architekten hatten kein Wort gesprochen. In den Gesichtern von Ley und Klotz stand die Enttäuschung, sie hatten mit einer endgültigen Entscheidung zugunsten ihrer Planung gerechnet. Rosenberg war gelassen, das entsprach seiner Art. Kommen Sie, Giesler, wir werden zusammen essen und alles besprechen.

Ich sprach über meine Arbeitsüberlastung, – die ‚kleine Lösung' hätte ich noch gerade verkraften können, aber ... Rosenberg unterbrach mich: Was ich grundsätzlich von der Entscheidung halte. – Ich hielt sie für richtig gemäß der Aufgabenstellung, dem Rang und dem Namen, ich erläuterte dies im einzelnen. Rosenberg stimmte zu und meinte: Dann muß Ihnen diese einmalige Aufgabe doch Freude machen.

Natürlich, das schon, meinte ich, wenn diese Planung einmalig wäre in dem Sinne, daß keine anderen Aufgaben darunter zu leiden hätten – er, Rosenberg, der doch früher in Moskau Architektur studiert habe, müßte doch wissen, wie sehr Baustellen Zeit und Kraft dem Verantwortlichen abfordern. Und während Klotz die ‚große Lösung' – sogar am vom Führer bestimmten Standort – fertig geplant hätte, müßte ich völlig neu beginnen.

Zwar hätte ich nach der Einführung durch Adolf Hitler eine klare Vorstellung – so und nicht anders müßte die ‚Hohe Schule' gestaltet werden – immerhin erfordere die Ausarbeitung und vor allem das Modell ihre Zeit. Weshalb würde denn für ein derartig bedeutsames Bauwerk, das zugleich den Staat und die Partei repräsentieren solle, ein solch knapper Termin gesetzt und weiter, weshalb bleibe dieser Wettbewerb auf zwei Architekten beschränkt, – gerade bei dieser einmaligen Aufgabe würde ich die Teilnahme von Speer vermissen, den ich noch nie in einem Wettbewerb erlebt hätte!

Rosenberg wußte keine Antwort. Anders bei der nächsten Frage: Weshalb der Führer den Chiemsee als Standort für die ‚Hohe Schule' bestimmt und sogar das Baugelände genau festgelegt habe. Die Verkehrserschließung durch Straße und Bahn würde schwierig und aufwendig, die Kanalisation müsse bis über Seebruck hinaus zur Alz geführt werden. Versorgungsanlagen und Siedlungen wären einzuplanen, Energie- und Heizfragen ständen an; vordringlich müsse Dr. Todt in die Erschließungsplanung eingeschaltet werden. Damit hätte ich nur einen Teil der Probleme umrissen, die Frage stände deshalb an: Weshalb am Chiemsee?

Eins weiß ich genau, sagte Rosenberg, noch bevor die Autobahn gebaut wurde, seit der Berghof besteht, hat der Führer zum Teil auf Feldwegen den Chiemsee umfahren. Ich vermute nun, der besondere Anlaß, das auslösende Moment für diese Standort-Bestimmung ist die Absicht des Jesuiten-Ordens, im Salzburger Raum eine katholische Universität zu errichten*. Dem will der Führer auf seine Art entgegnen: Mit der Schule der Partei. Seit heute sind wir uns bewußt, es wird die ‚Hohe Schule' von Partei und Staat.

Zunächst, nach der Machtübernahme, schienen die Absichten kompensiert durch das großzügige Konkordat, aber das schien nur so. Vielleicht sprechen noch andere Gründe für diesen Standort, Sie wissen, der Führer bleibt bei den einmal getroffenen Entscheidungen.

Auch ich umfuhr den Chiemsee und schaute lange über die Weite des Sees von der Südseite her zum gewählten Standort am Nord-Ost-Ufer. Auf 15 Kilometer Länge würde das Bauwerk im Blickfeld von der Autobahn sein, bei einer Sicht über den See in 8 bis 15 Kilometer Entfernung. Dahinter verlor sich der Blick in der flachgewellten Landschaft. Ich fand meine Vorstellung über die Bauform der ‚Hohen Schule' bestätigt und begann mit der Planung.

Dann kam mit dem 12. März 1938 der Anschluß der Ostmark an das Reich. Bald darauf sprach ich mit Rosenberg: Der ‚besondere Anlaß' für die Standort-Bestimmung der ‚Hohen Schule' sei doch nun durch den Anschluß entfallen; ob es dennoch bei dem Standort Chiemsee bleibe. Sicher, sagte Rosenberg, denn die Richtung ist doch geblieben, und die Situation hat sich nicht geändert. Ich plante weiter.

Um die Maßstäbe zu ermitteln, hatte ich mit Plastilin-Modellen, die den Chiemsee und den Voralpen-Rand überschaubar machten, begonnen und steigerte dann die Maßstäbe auf weiteren Modellen, um die horizontale Ausdehnung und die Höhe der Trakte des Bauwerkes nach ihrer Bedeutung festzulegen, – immer mit dem Blick auf den ganzen See und die Fernsichten von der Autobahn. Nach Abschluß der Planung notierte ich erläuternd:

„Der Name ‚Hohe Schule' bedeutet Verpflichtung und Programm. Der Führer hat den Standort und die Gestaltung des Bauwerks bestimmt. Das Baugelände, eine vorgeschobene Landzunge am Nord-Ost-Ufer des Chiemsees, bedingte, neben anderen Gründen, eine Orientierung der ‚Hohen Schule' von Nord nach Süd mit dem Blick über den See zum Gebirgszug der Voralpen, mit der Kampenwand in einer Entfernung von etwa 20 Kilometer. Am Südufer des Chiemsees führt die Autobahn München-Salzburg vorbei, auf etwa 15 Kilometer Länge ergibt sich ein freier Blick über den weiten See zum geplanten Bauwerk. Es galt also durch Zusammenfassung der Baumassen und durch eine dominierende Vertikalsteigerung der ‚Hohen Schule' Ausdruck zu geben und gleichzeitig die Fernwirkung zu erreichen. Eine besondere Abzweigung der Autobahn und eine Bahnanlage, beide aus dem Raum Traunstein, führen zum Empfangsplatz im Norden der ‚Hohen Schule'. Hier beginnt die Bauachse, die sich mit 1 700 Meter Länge nach Süden zum hohen Saalbau erstreckt. An dieser Achse liegen aufgelockert und in sich abgeschlossen die Adolf-Hitler-Schule und die Gebäudegruppen für die Lehrgänge der Partei. Abgesetzt, verdichtet sich nun die Anlage zur eigentlichen ‚Hohen Schule' und erfährt die letzte Steigerung, einer Demonstration gleich: Das Turmgebäude mit dem hohen Saal. Bootshafen und Sportanlagen sind ostseitig angeordnet. Die notwendige Siedlung und die Versorgungsbauten und -einrichtungen sind durch Baumbestände abgeschirmt und im nordöstlichen Gelände eingeplant.

Eine dem See abträgliche Baubelastung wurde damit vermieden, denn nur mit 500 Meter Breite durchbricht die ‚Hohe Schule' die 10 Kilometer natürliche Uferlänge des Chiemsees an der Ostseite."

Bei einer späteren Überarbeitung im FHQu Winniza staffelte ich die Baukörper der Südseite. Dadurch wurde die Gebäudefront zum Chiemsee auf 300 Meter verkürzt, verdichtet und zur Architekturplastik geformt.

Am 10. Mai 1938 entschied sich Adolf Hitler für meinen Entwurf. Gleichzeitig beauftragte er mich mit der Planung der ‚Deutschen Bauten' für die Weltausstellung in Rom 1942.

Er war am Vormittag von seinem Staatsbesuch in Italien aus Florenz zurückgekommen und unmittelbar bei den aufgebauten Modellen der ‚Hohen Schule' erschienen. Die Spontaneität seiner Entscheidung überraschte mich. Später sah ich dies alles im Zusammenhang mit seinen römischen Eindrücken.

Doch am 10. Mai 1938 traf Adolf Hitler nicht nur die Entscheidung über die ‚Hohe Schule', er traf auch eine Entscheidung über mich, von der ich noch nichts ahnte. Sie betraf die Neugestaltung von München. Dem folgten später die Planung und Entwürfe für seine Heimatstadt Linz.

Als ich mich ein Jahr später mit der Neugestaltung von München und dabei auch um die Einfügung der Parteibauten in die Stadtform mühte, sprach ich Adolf Hitler über den Standort der ‚Hohen Schule' an. Anlaß war die Überlegung, den Chiemsee ohne weitere bauliche Belastung als Natursee zu belassen. Dazu kam: Ich scheute den Erschließungsaufwand, der bei einem Standort in München entfiel. Hier war alles gegeben: Die Verkehrseinrichtungen, die wirtschaftliche Versorgung, Energie und Wärme, Wohnbauten, das vielseitige Angebot der kulturellen Einrichtungen, ferner die unmittelbare Verbindung mit der Parteiführung. Adolf Hitler hatte mich ruhig angehört:

Nein, Giesler, – und gerade Sie müßten mich darin verstehen; die ‚Hohe Schule' hat einen anderen Rang, abseits der Stadt beansprucht sie ihren Standort in der freien Landschaft. Sicher ist die Stadt anregend, doch zugleich auch unruhig und ablenkend; kennzeichnend dafür ist die Erscheinung des fluktuierenden, wurzellosen Intellektuellen.

Zwar mag die Erschließung der Bauanlage im Stadtraum vereinfacht sein, aber um die ‚Hohe Schule' in die Stadtform einzufügen —— nein, – das setzt doch eine neue Planung voraus – ausgeschlossen! – es bleibt bei meinem Entschluß ‚Chiemsee' und bei Ihrem Entwurf!

Die ‚Hohe Schule' soll in der natürlichen Urwüchsigkeit des Landschaftsraumes stehen. Dazu kommt die Besonderheit des Chiemsees, die weite Horizontale, die Ruhe vermittelt, und der große Abstand mit dem Blick in die Gebirgswelt*.

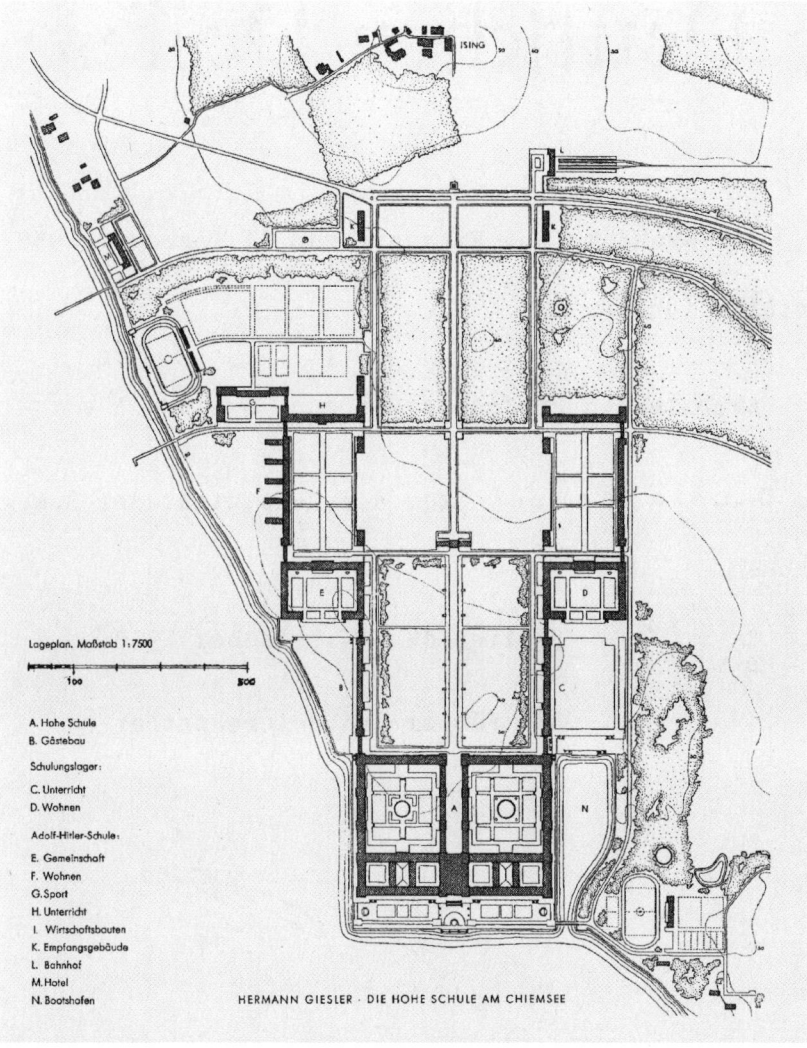

HERMANN GIESLER · DIE HOHE SCHULE AM CHIEMSEE

München
Der Auftrag

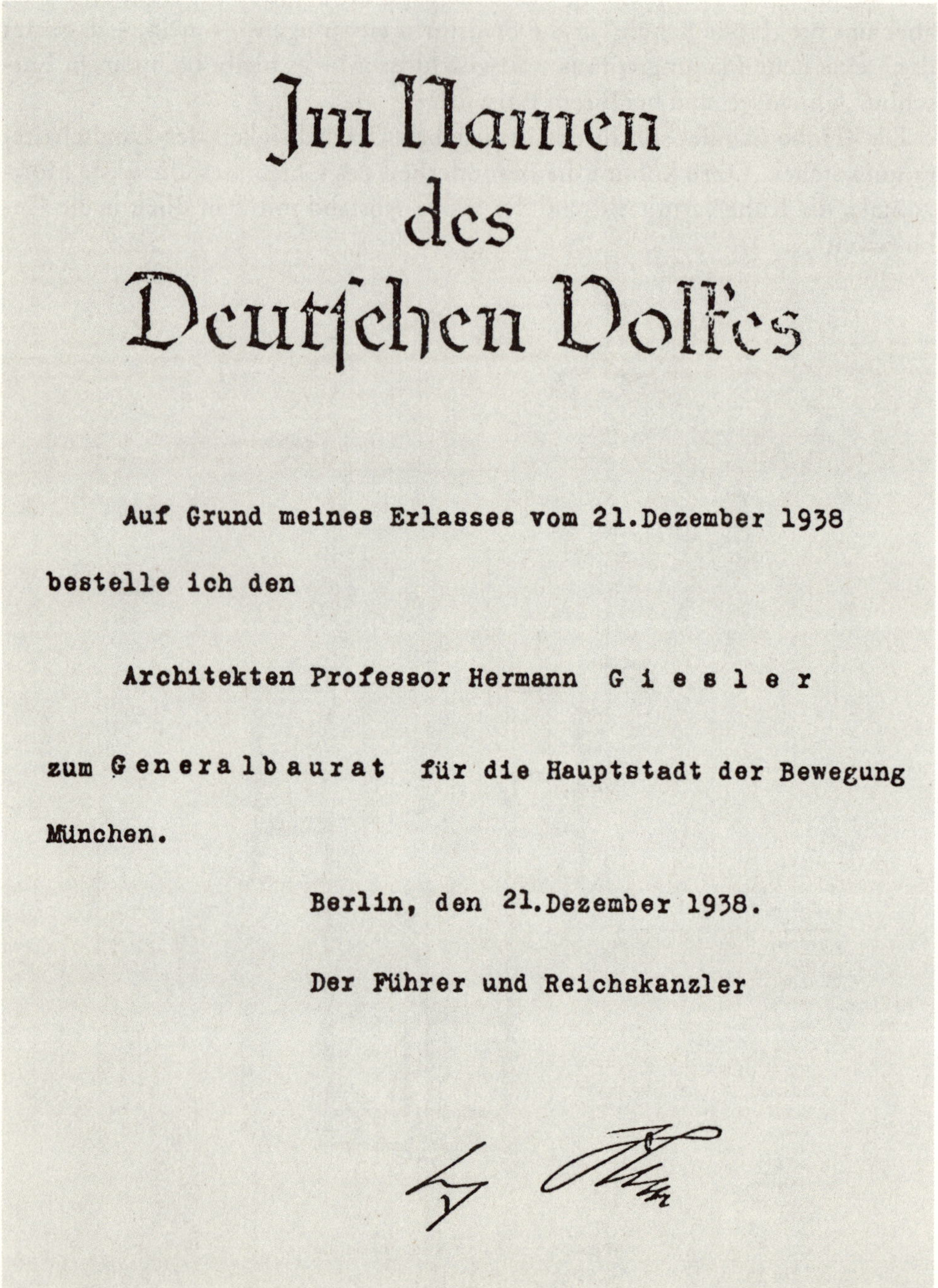

Im Namen
des
Deutschen Volkes

Auf Grund meines Erlasses vom 21.Dezember 1938

bestelle ich den

Architekten Professor Hermann G i e s l e r

zum G e n e r a l b a u r a t für die Hauptstadt der Bewegung

München.

Berlin, den 21.Dezember 1938.

Der Führer und Reichskanzler

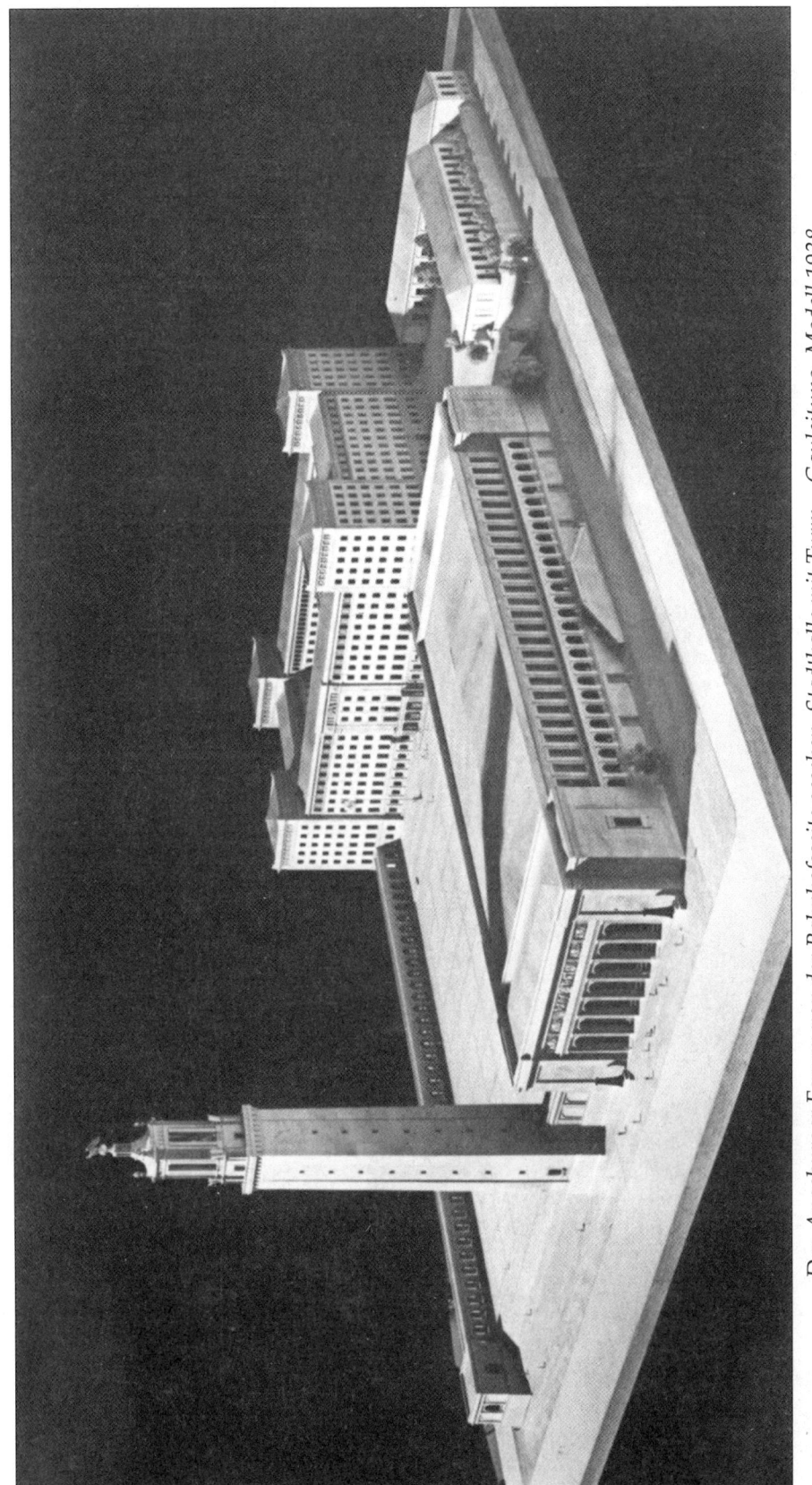

Das Augsburger Forum von der Bahnhofsseite gesehen. Stadthalle mit Turm – Gauleitung. Modell 1938.

Das Augsburger Forum von der großen Straße gesehen.

Die Hohe Schule am Chiemsee von der Seeseite gesehen. Modell 1938.

Die Hohe Schule am Chiemsee von der Landseite gesehen. Modell 1938.

Gegen Ende des Jahres 1938 erhielt ich die Urkunde meiner Bestellung zum Generalbaurat für die Hauptstadt der Bewegung und den Erlaß* über die Neugestaltung Münchens. Ich nutzte die ruhige Zeit vor dem Jahreswechsel und befaßte mich eingehender als schon in der Studienzeit mit der Baugeschichte der Stadt München, soweit mir die Unterlagen zur Verfügung standen. Darunter waren die Abbildungen des Holzmodells der Stadt, das Jakob Sandtner 1570 für den Bayernherzog fertigte. Deutlich markiert sich darin die alte ost-west-gerichtete Salzstraße.

Es waren ferner die Photographien des großartigen Stadtmodells der Brüder Seitz aus der Mitte des 19. Jahrhunderts, das ich oft im Nationalmuseum bewundert hatte und das der Anstoß wurde für meine eigene Modell-Werkstätte, und die Wiedergabe der Generalpläne der ‚Königlichen Baukommission‘ unter Sckell und Karl von Fischer, dazu die historischen Stadtpläne der Maillinger-Sammlung.

Aus dem Seitz-Modell und der Stadtplanung des frühen 19. Jahrhunderts wurden die genialen baulichen Initiativ-Vorstellungen des Kronprinzen Ludwig kenntlich, die zur Konzeption der Ludwig- und der Brienner-Straße und des Königsplatzes führten und damit zu den Bauten der Architekten Gärtner und Klenze.

Ich las auch die nüchternen Berichte Wiedenhofers über die bauliche Entwicklung Münchens und über die Stadterweiterungsplanungen und Bauordnungen, die Theodor Fischer um die Jahrhundertwende ausgearbeitet hatte.

Dann nahm ich mir die Mappen mit den Werken der großen Baumeister und Architekten vor. Sie hatten das Bild der Stadt München geformt. Die Werke der Bildhauer und Maler, die das einzigartige Phänomen dieser Stadtkultur bestimmt hatten, – selbst in den Abbildungen wurde der Zusammenhang gegenwärtig. In seltener Kontinuität, über Jahrhunderte hin, wurden diese großartigen Leistungen durch ihren hohen Rang in München zur Einheit.

In späteren Gesprächen konnte ich dann feststellen, wie eingehend und genau Adolf Hitler mit der Baugeschichte dieser Stadt und ihren Künstlern vertraut war.

Ich begann mit der Arbeit. In den letzten Tagen des Jahres 1938 bestimmte ich die Organisationsform der nun aufzubauenden Dienststelle des Generalbaurats. Ich gliederte die Arbeitsbereiche in drei Abteilungen: Planung, Durchführung sowie Recht und Verwaltung. Diese Arbeitsbereiche unterteilte ich in Referate.

Außer der Führung der Dienststelle insgesamt übernahm ich auch die Leitung der ‚Planung‘.

Für die Leitung der ‚Durchführung‘ bestimmte ich den Bauingenieur Gimple, einen energischen und zielbewußten Mitarbeiter von immenser Arbeitskraft. Er hatte sich schon auf meinen Baustellen in Weimar bewährt*.

Für die Leitung der Rechts- und Verwaltungsabteilung fand ich in dem

Rechtsrat der Stadt München, Dr. Praun, die geeignete Persönlichkeit von hohem Rang. Er wurde allen Mitarbeitern der Dienststelle ein persönliches und Leistungsvorbild*.

Einige Referate waren für die Gesamtplanung von Beginn an vorrangig und bedeutungsvoll. Ich betraute damit fähige Mitarbeiter meines Architekturbüros:

Die wichtige Stadt-Verkehrsplanung, dann die umfangreiche und vielseitige Industrieplanung unter Zeibig* und Wölfel sowie die Grünflächenplanung mit den Freizeitanlagen, den Schulen, die Sport-Achsen und das Ausstellungsgelände unter v. Freyhold*.

Alle übrigen Referate meiner Planungsabteilung entwickelten sich planungsbedingt aus den zeitlichen Erfordernissen, so für die Bauten der Reichsbahn und der Reichspost, dann das Entwurfsbüro für den Hauptbahnhof und den Ostbahnhof, das Referat für Wohnbauten und Siedlungen, das Referat ‚Innenstadt‘ und Sonderaufgaben öffentlicher und privater Bauträger, das Referat für Baugenehmigungen und Erfassung von Baulücken.

Mein Bestreben war, die Dienststelle Generalbaurat zu straffen, sie nicht zu einem Behördenapparat aufzublähen und auch die einzelnen Referate nicht auswuchern zu lassen. Ich strebte eine lebendige Arbeitsgemeinschaft an, – sie wurde es, sprühend von Ideen, und jeder Mitarbeiter fühlte sich der großen Aufgabe verpflichtet.

Zu Beginn des Jahres 1939 holte ich dann die Informationen bei allen Behörden, den Verbänden der Industrie und des Gewerbes ein, soweit sie mit der Neugestaltung Münchens befaßt waren, von ihnen betroffen wurden oder als Bauträger zu berücksichtigen waren.

Ich begann mit den Bauämtern der Stadt München. Die überragende Persönlichkeit, die sich auch in der Prägnanz des Vortrages zeigte, war der Leiter des Tiefbauamtes, Professor Stecher. Seine Sachkenntnis war einmalig. Durch seine loyale Mitarbeit konnte das vorgesehene Referat ‚Tiefbau‘ der Dienststelle eingespart werden.

Auch den originellen Berater der Stadt in Eisenbahnfragen, den Ingenieur Halter, Professor an der Technischen Hochschule, lernte ich bei den informativen Vorträgen kennen, und ich hörte mir seine urwüchsigen Darlegungen mit großem Interesse an.

Als berechtigten Verkehrsindividualisten anerkannte er nur den Fußgänger, das Auto lehnte er ab. Vor allem aber, als ‚gestandener Münchner‘, den er auch in der Figur und im Habitus darstellte, war er der Meinung, der alte Hauptbahnhof läge jetzt genau an der richtigen Stelle, unmittelbar am alten Stadtkern, und da sollte er nach seiner Auffassung auch bleiben.

Ausgerechnet darin haben ihm einzig die Zeiten entsprochen! Schaffts die Autos weg, dann ist Platz genug, meinte er, – aber dies ist den Zeiten nicht gelungen.

Großzügig und einmalig war die Grundkonzeption der Reichsbahnplanungen für den Massenverkehr, die Bahnanlagen im Rahmen der Neugestaltung. Aus der Rede Adolf Hitlers vom 22. Mai 1938, seinen mir unmittelbar gegebenen Hinweisen und aus den Erläuterungen der Führer-Entscheidungen durch Bormann war mir diese Konzeption bekannt. Aus den späteren Gesprächen gewann ich die Überzeugung, daß die Ideen für diese moderne Konzeption von Adolf Hitler selbst stammten.

Nun wurden mir diese Konzeption und die ihr zugrundeliegenden Ideen und Überlegungen in ruhiger Sachlichkeit von dem Reichsbahn-Präsidenten Koll erläutert. Darauf folgte die Darstellung der ausgearbeiteten Einzelheiten durch seinen Vertreter Franz, einen gewandten Bahningenieur aus dem Verkehrsministerium, dem jedoch die verbindliche Art des Präsidenten fehlte. Ich unterbrach ihn in seinem Vortrag: Sind das qualifizierte, endgültige Festlegungen? Ja, antwortete er, unsere Ausarbeitungen basieren auf der übergeordneten Planung des Ministeriums, sie sind verbindlich. Kurzfristig werden Ihnen die Ausführungspläne mit den Erläuterungen zur Unterschrift vorgelegt. Wir bitten schon jetzt um Ihre Anerkennung und damit um die Genehmigung zur Durchführung, damit wir die gesetzten Termine einhalten können.

Ich wußte nun, was da auf mich zukam! Denn schon aus diesen Vorträgen die sich zunächst nur auf Systempläne stützten, erkannte ich: Die Bahnanlagen waren dem Stadtorganismus nicht dienend zugeordnet, sie waren ohne Rücksicht auf die übrigen städtebaulichen Belange ausgeartet und damit zum Selbstzweck geworden. Die großzügige Konzeption der neuen Bahnanlagen, von Adolf Hitler in seiner Rede vom 22. Mai 1938 besonders hervorgehoben, hatte sich im Detail verfangen und verheddert.

Die mir angekündigten Ausführungspläne würde ich unter gar keinen Umständen in dieser Form anerkennen. Und damit war der Konflikt mit dem Reichsverkehrsministerium vorauszusehen. Erschwerend für meine Situation waren die Terminzwänge, die durch meine Ablehnung entstehen würden. Nun bedauerte ich, daß ich mich nicht schon früher der Herausforderung der Neugestaltung Münchens gestellt hatte.

Mit jeder weiteren Information traten die Diskrepanzen im städtebaulichen Zusammenhang verschärft in Erscheinung, auch in der bereits abgeschlossenen Planung des Autobahn-Ringes, mit dessen Brückenbauten im nordwestlichen Teil schon vor meiner Beauftragung begonnen worden war.

Dieser so bedeutende Verkehrsgürtel war mit 22 Kilometer Durchmesser in Ost-West-Richtung für München zu eng geschnallt. Wenn er so blieb, dann würden die städtischen Belange Schaden leiden, der Raumdruck würde diesen Ring bald durchbrechen und überfluten und damit die zwingende Vorstellung meiner Bedingung: ‚Hie Stadt – hie Land‘ verfälschen. Die Stadt würde ausufern, wie schon im 19. Jahrhundert.

Alle Informationen übertrug ich auf übersichtliche, transparente Pläne, darin vermerkte ich farbig die Zwänge und die Dissonanzen. Dann bestimmte ich die Prioritäten:

Der Mensch in der Stadtgemeinschaft und die Gestaltung seiner Umwelt

Die Bewahrung der historischen Substanz

Die Einfügung und Ordnung aller erforderlichen Funktionen im Stadtorganismus

So schuf ich mir die Grundlagen für die koordinierende Überarbeitung aller bisherigen Einzelplanungen. Der Erlaß gab mir dafür die Vollmacht.

Die ersten Entscheidungen wurden getroffen, es warteten darauf die Reichs- und Landesbehörden, die Stadt und die Baugenehmigungsbehörde, in München ,Lokalbaukommission' genannt*. Es warteten die Bauträger für die Industrie und das Gewerbe, für Wohnbauten und Siedlungen.

Die Bausperrgebiete wurden abgegrenzt und durch „Bereichserklärungen" rechtlich gesichert, um Fehlplanungen zu vermeiden und um die städtebaulichen Maßnahmen der Neugestaltung nicht zu behindern.

Damit begann die Planung der Stadt im Sinne des mir erteilten Auftrages und nach den Vorstellungen Adolf Hitlers.

Es begann damit zugleich eine mühevolle Arbeit und eine tägliche Anspannung bis in die späten Abendstunden hinein. Die Dienststelle Generalbaurat wurde geradezu überschüttet mit den angestauten Bauanträgen. Darunter waren auch einige Bauvorhaben wehrwirtschaftlicher Art von höchster Dringlichkeit. Gerade sie widersprachen den schon gefügten Grundlinien der Neugestaltungs-Planung, den festgelegten Trassen der U-Bahn und den Verkehrsräumen. Es ergaben sich willkürliche Überschreitungen von Baulinien und Mißachtung von Abstandsflächen, dazu alles noch in schlechter Architektur, die ein Mindestmaß von Haltung vermissen ließ.

Ich versagte die Genehmigung, die Dissonanz war da, gleich zu Beginn, sie artete in Drohungen gegen mich aus. So hatte ich nicht nur mich, ich hatte auch die Dienststelle durchzusetzen. Es ging soweit, daß der Führer eingeschaltet wurde: Sie haben meinen Erlaß und mein Vertrauen! Der Anruf seines militärischen Adjutanten genügte, so einfach war das; doch kostbare Arbeitstage waren in der Abwehr verbraucht, sie fehlten in der Gestaltung. Für diese wehrwirtschaftliche Großbaustelle setzte ich einen qualifizierten freischaffenden Architekten ein, mit dem ich die städtebaulichen Zusammenhänge besprach und die Einzelheiten abstimmte.

Aber die Sorge blieb: Wie soll das in Zukunft werden, wieviel an Arbeitskraft und Zeit wird der Dienststelle durch die Notwendigkeit dauernder Überprüfungen entzogen? Mußte die Dienststelle erweitert werden, woher sollten die neuen Kräfte kommen? Es genügte ja nicht, daß sie gute Architekten waren, sie mußten auch Erfahrung haben und mit dem Wesen und der Eigenart der Stadt vertraut sein.

Ich besprach mich mit meinen Mitarbeitern, dabei kam dann der überraschende, doch logische Vorschlag: Appellieren Sie an die qualifizierten Architekten im Münchner Raum, fordern Sie alle zur freiwilligen Mitarbeit an der Neugestaltung der Stadt auf, je nach ihren Wohn- oder Atelier-Standorten wird ihnen ein Stadtgebiet zugewiesen, das sie zu betreuen haben.

Es war der Mitarbeiter, der bislang mein Entwurfsbüro in Weimar geleitet und sich in den vielseitigen baulichen Aufgaben bewährt hatte, der diesen Vorschlag machte. Eines Tages, so fuhr er fort, werden Sie diese Architekten mit den Bauten der Neugestaltung beauftragen; je eher sie mit der Zielsetzung der Neugestaltung vertraut werden, umso besser.

Das war die Lösung, so konnte eine Gemeinschaft von Planung und Gestaltung entstehen, die der Aufgabe und der Stadt München gerecht wurde.

Als ich dies niederschrieb, kam mir der Gedanke, den Mitarbeiter von damals um einen Beitrag zu bitten. Er sollte darin aufzeigen, wie das Prinzip der gemeinschaftlichen Stadtformung gedacht war. Bereitwillig schickte er seinen Bericht und schrieb dazu:

„Ich habe in dem ganzen Text außer dem Namen Bestelmeyer keinen weiteren Namen – auch nicht den meinen – genannt. Aber ich habe so etwa 50 Namen notiert – so mancher hat heute Rang und hohes Ansehen – die auf irgendeine Weise in dem beschriebenen Zusammenhang für den Generalbaurat tätig gewesen sind.

Doch etwas habe ich eingefügt, was mir damals als eine besondere Sache vorkam, nämlich die Hinzunahme junger Planungskräfte in die Entscheidungen über Bauprojekte anderer Behörden oder Institutionen. Das war nicht alltäglich, es geschah aber durchaus nicht nach dem Wahlspruch ‚Divide et impera'! sondern in idealer Absicht, die Sie mit ‚sinnvoller Aktivität' bezeichneten".

Hier folgt nun sein Bericht:

„Der Einsatz von freien Mitarbeitern und der Sinn der Einschaltung von Vertrauensarchitekten im Stadtgebiet.

Das Interessengebiet der Dienststelle ‚Der Generalbaurat für die Hauptstadt der Bewegung' umfaßte grundsätzlich den eigentlichen Stadtbereich von München, darüber hinaus jedoch auch Landschafts-, Siedlungs- und Industrieansiedlungsräume im Nachbarschaftsbereich, auf den sich entweder die Neu- und Umgestaltungsabsichten in unmittelbarer Beziehung erstrecken mußten oder die unter dem Gesichtspunkt der wachsenden Stadt von diesen zu erfassen waren.

Innerhalb dieses Interessengebietes im weitesten Sinne gab es natürlich große und kleine Stadtbereiche, in denen Neugestaltungsmaßnahmen nicht erforderlich und nicht zu erwarten waren. Hier verblieb nun die alleinige Behandlung aller städteplanerischen und einzelnen Objekte sowie deren baurechtliche Behandlung bei den Fachbehörden der Stadt München oder der Bezirksämter im Außenbereich.

Eine Ausnahme bildete der Starnberger See. Auf besonderen Wunsch von Hitler gehörte See und Ufer und letztlich auch die Bebauung in das Interessengebiet des Generalbaurats, der seine Vollmacht der künstlerischen Leitung der bayrischen Verwaltung ‚Schlösser, Gärten und Seen' delegierte. Sinn und Weisung war als Weitziel gesetzt: Freie Ufer entlang des Sees.

Das Gebiet der Innenstadt von München, der Stadtkern und die unmittelbar damit verbundenen Stadtbereiche, war natürlich eine Region besonderer Art und forderte eine sorgsame Aufmerksamkeit hinsichtlich seiner städtebaulichen Anlage und seines architektonischen Ausdrucks: War doch in ihr das Herz der historischen Stadt eingebettet, dessen Schutz und Mauer-Umwehrung im Laufe der jahrhundertelangen Entwicklung mehrfach gesprengt und an die, mit überschaubaren Straßenadern, neue Stadtteile angeschlossen waren.

Der großzügige Durchbruch nach Nord und Nordwest erfolgte unter dem temperamentvollen Kronprinzen und späteren König Ludwig I. mit seinen Architekten und Landschaftsgestaltern. Es entstanden die großartigen Bauten des 19. Jahrhunderts. Hier war das Bild der Stadt München – in aller Welt bekannt – am ausgeprägtesten, aber seine Bewahrung stand auch stets unter dem Druck unaufhaltsamer Strömungen der Zeit!

An diese Innenstadt mußten nun auch die Planungen der Neugestaltung angebunden, folgerichtig und organisch mit ihr verknüpft und weiterentwickelt werden. Dieser Ausrichtung hatte sich aber auch jede Art von Bauplanung im innerstädtischen Bereich um der Sache willen zu stellen, hatte sich das Kleine dem Großen und das Einzelne dem Ganzen in einer die Qualität dieser ‚Vorstellung München' nicht entwertenden und nicht beeinträchtigenden Weise zu verbinden.

Die Lokalbaukommission, jene am 14. Dezember 1804 vom Staate gegründete Behörde, der seit jener Zeit die baurechtliche Behandlung aller Bauvorhaben oblag, mußte kraft Verfügung alle Bauplanungen innerhalb von Interessengebieten dem Generalbaurat vorlegen, entsprechend der historischen Aufgabe, die der König der Kommission gesetzt hatte, »damit ferneren Verunstaltungen vorgebogen werden könne«. Darunter fielen auch die Bauvorlagen für jedwede Bauabsichten im Bereich der Innenstadt.

In der Regel war eine Anpassung an die übergeordnete Planung erforderlich, die im städtebaulichen Bereich zunächst beim Generalbaurat zu erfolgen hatte, da hier die Planungen der Neu- und Umgestaltung auflagen. Die erforderliche Anpassung und Abstimmung von Bauprojekten auf die übergeordnete Planung erfolgte durch die Kräfte, die ohnehin in den verschiedenen Planungsbereichen beim Generalbaurat tätig waren.

Es konnte aber auch vorkommen, daß eingereichte Entwürfe für Bauwerke gestalterischen Anforderungen nicht vollauf genügten oder innerhalb eines hervorgehobenen, bedeutenden städtebaulichen Ensembles einer behutsameren Handhabung der Gestaltung in Rücksichtnahme auf wertvollen Bestand noch zugänglich waren. Diese bauberatende Betreuung selbst in die Hand zu nehmen und wirkungsvoll zu machen, hätte eine aufwendigere personelle Ausstattung der Dienststelle des Generalbaurats erforderlich gemacht, also eine stärkere Ausstattung mit Planungskräften, die den vorhandenen kleinen und schlagkräftigen Planungsapparat der Neugestaltung unnötig aufgebläht und verzettelt hätte und der Lösung der eigentlichen Aufgabe eine unangebrachte Verzögerung eingebracht haben würde.

Für diese bauberatende Tätigkeit sicherte sich der Generalbaurat die Mitarbeit von freischaffenden Architekten in München, die nach ihrer Persönlichkeit und ihren Fähigkeiten eine besondere Achtung in der Architektenschaft genossen. Zu diesen stellten sich noch maßgebende Fachleute der Denkmalpflege. Sie wurden zu ‚Vertrauensarchitekten‘ des Generalbaurats und berieten in kollegialer Weise unorthodox den das Einzelobjekt planenden Architekten bei seinem Bemühen um eine wertgemäße Gestaltung, die dann nach Zustimmung durch den Generalbaurat wieder in das baurechtliche Verfahren bei der Lokalbaukommission einlief.

Dieses Vorgehen, aus der Not geboren, hatte aber auch ein ideelles Gewicht: Die Vertrauensarchitekten an der Neu- und Umgestaltung ‚ihrer‘ Stadt München weitgehend zu interessieren, sie darüber zu informieren und sie dafür zu aktivieren; und manche Planung erfuhr dabei Anregung und Befruchtung. Das Ergebnis war in aller Regel befriedigend und beiden Seiten dienlich.

Dies war die eine Seite einer zweckmäßig gewonnenen und aktiven Mitarbeit von Persönlichkeiten unter den freien Architekten Münchens. Die Mitarbeit von Beratern bei anderen umfassenden Planungsbereichen wie Grünflächen-, Industrie- und Verkehrs-Planung, im baukonstruktiven und bauwirtschaftlichen Bereich wird sicher an anderer Stelle deutlich gemacht, ebenso wie die Beauftragung von freischaffenden Architekten mit der Planung von Neubauten im Rahmen der Neu- und Umgestaltung der ‚Hauptstadt der Bewegung‘.

Der Generalbaurat versicherte sich darüber hinaus – im Hinblick auf die großen und nur mit großer Anspannung zu bewältigenden Aufgaben – auch vieler Kräfte, die an öffentlichen Instituten als Künstler oder Gestalter von besonderem Rang tätig waren und für die Erziehung des Nachwuchses im Bereich der bildenden Künste oder der Formgebung – heute sagt man Design – verantwortlich waren. Neben Professoren und Dozenten an der Technischen Hochschule und an beiden Akademien waren dies die Leiter und Mitarbeiter an Meisterschulen oder an gewerblichen Fachschulen, die sowohl als Berater oder schon als Ausführende mit dem Aufgabenbereich des Generalbaurats im weiteren Sinne verbunden waren. Sie gestalteten ihre Lehraufträge entsprechend den Zielvorstellungen für die nahe und die weite Zukunft.

Ein besonderes Anliegen des Generalbaurats war die Einbeziehung von jungen, aufgeschlossenen Planern in die Neugestaltung, die als Angestellte oder als Mitarbeiter verschiedener Behörden unter deren Amtsleitern tätig waren und einen eigenen Ausdruck und Stil entwickelt hatten. Diese Architekten gab es beim Reichsstatthalter ebenso wie bei der Obersten Baubehörde in Bayern, bei der Stadt München, bei der Reichsbahn wie bei der Reichspost, beim Luftgaukommando ebenso wie beim Generalkommando, bei der Reichsbank und so weiter.

Sie wurden – es gab dabei natürlich hin und wieder Prestigefragen – zu den allgemeinen Planungsbesprechungen des Generalbaurats hinzugezogen und erweiterten durch ihre Teilnahme den Kreis der interessierten, informierten und aktivierten Fachleute.

Zusammengefaßt – mit dem Ziel der Lösung der großen Bauprobleme der Neu- und Umgestaltung Münchens – war das freie Spiel der gestalterischen Kräfte auf das stärkste in einer Gemeinschaft der Schaffenden verbunden. Diese Gemeinschaft dokumentierte ihre kameradschaftliche Zugehörigkeit zur Dienststelle durch die Teilnahme an den Kammermusik-Abenden des Generalbaurats im Saal des Nationalmuseums an der Prinzregentenstraße.

Diese Gemeinschaft manifestierte sich auch, zusammen mit vielen anderen Persönlichkeiten des öffentlichen und kulturellen Lebens, in jenem Staatsakt, der im Sommer des Jahres 1942 zu Ehren des verstorbenen ersten großen Vertrauensarchitekten, der mit dem Generalbaurat loyal und selbstlos gebend zusammengearbeitet hatte, gehalten wurde: Des Direktors der Akademie der Bildenden Künste und Professor der Baukunst an der Technischen Hochschule Dr. h. c. German Bestelmeyer. Dieser Staatsakt fand statt in dem großartigen Raumgebilde in der Münchner Universität, das er einst geschaffen hatte."

Soweit der Bericht meines ehemaligen Mitarbeiters. Aus der Not geboren, entstand so die ideelle Gemeinschaft der Vertrauensarchitekten. Sie arbeiteten selbstlos mit dem „Generalbaurat" zusammen, der über die Vollmachten verfügte, das gemeinsam Erarbeitete auch durchzusetzen.

Die städtebauliche Aufgabe war gestellt, die größte Herausforderung an alle, die zur Gestaltung berufen waren. Man hat auch nach dem Kriege die Aufgabe gesehen, aber ihre einmalige Bedeutung nicht mehr erkannt*.

Die Ost-West-Achse: Einführung durch Adolf Hitler 1938/39

Seit Jahren sei die Verlegung des Münchner Hauptbahnhofes nach Westen im Gespräch, sagte Adolf Hitler, als er mir die vordringlichste Aufgabe der Neugestaltung Münchens erläuterte. Wie weit man mit diesem Bahnhof nach Westen gehen sollte, darüber gingen die Meinungen auseinander. Letztlich wäre es wohl, ähnlich wie in Stuttgart, zu einer kleinen, unbefriedigenden Lösung gekommen.

Man habe dort vor Jahren den Bahnhof um etwa 500 Meter nach Norden verlegt, ihn jedoch als Kopfbahnhof belassen, was wohl durch die räumlichen Verhältnisse zu erklären sei. Aber den durch die Verlegung gewonnenen Raum habe man nicht dazu genutzt, um die städtischen Platz- und Straßenräume sinnvoll und verkehrsgerecht zu ordnen.

In der Landsberger Festungszeit habe er sich mit den Berliner und Münchner Bahnanlagen befaßt. Er habe damals eine Presse-Nachricht gelesen; danach plante man in Berlin einen Wettbewerb zur Neuordnung des Stadtgebietes um den Anhalter und Potsdamer Bahnhof. Er fuhr fort:

In einen Stadtplan zeichnete ich die Zusammenfassung der beiden Kopfbahnhöfe zu einem zentralen Durchgangsbahnhof Süd mit einer Umfahrung des Tempelhofer Feldes; dem entsprach ein Bahnhof im Norden des Zentrums. Im Kerngebiet der Stadt wurden so große, bislang von den Gleisanlagen der Kopfbahnhöfe beanspruchte wertvolle Flächen frei. Die Voraussetzung für ein der Reichshauptstadt entsprechendes Straßensystem war gegeben. So entstand das den Stadtraum verfestigende Straßenkreuz, und damit begann schon um diese Zeit meine Vorstellung über die Neugestaltung Berlins.

Auch für München habe der Verkehrsfluß, den ein Durchgangsbahnhof biete, den Vorrang: Schon damals habe er mit dem Anschluß der Ostmark an das Reich gerechnet. Es war dann mit einem verstärkten und allseitigen Verkehrsstrom zu rechnen, dem der derzeitige alte und räumlich sehr begrenzte Kopfbahnhof nicht mehr entsprechen könne.

Schon von der Gleisführung her sei also der einzig mögliche Standort für den neuen Hauptbahnhof festgelegt. Die innerstädtischen Verkehrsprobleme könnten nur durch ein großzügiges U-Bahn-System gelöst werden, deshalb spiele auch die Entfernung des neuen Hauptbahnhofes vom Stadtkern keine wesentliche Rolle.

Wie in Berlin, so würden wir auch in München das große Gelände des aufgegebenen Kopfbahnhofes mit seinen weit aufgefächerten Gleisanlagen gewinnen. Abgeschnitten von den Versorgungsgleisen, entfielen auch die unschönen Industrie- und Lagerhallen entlang der Einfahrt nach München. Auch dieses Gelände komme der Großen Straße mit den Bauten zugute. Einen Augenblick zögerte Adolf Hitler; dann setzte er neu an:

Doch ich beginne mit meiner Darstellung wohl besser vom Altstadtkern aus. Um diesen mittelalterlichen Kern legt sich, aus dem frühen 19. Jahrhundert, eine großartige ineinandergreifende Platz- und geräumige Straßen-Folge, sichelförmig geschwungen von Nord nach Süd. Von dieser Raumfolge strahlen drei Hauptstraßensysteme aus. So von dem Odeonsplatz nach Norden, zunächst großzügig, die Ludwigstraße, die über die Leopoldstraße im weiteren Verlauf verkümmert, bis ihrer Zielrichtung endlich durch die Autobahn Nürnberg-Berlin wieder Format gegeben wird.

Im Süden, vom Sendlinger-Tor-Platz, ist es die Lindwurmstraße, – auch hier dieselbe Verkümmerung, bis endlich die Olympia-Straße der Zielrichtung zum Starnberger See und zum Gebirge ihrer Bedeutung entspricht.

Nun zur Mitte dieser Raum-Sichel: Dem Karls-Tor mit dem Stachus, dem bisherigen Ende der historischen Salzstraße, dem wichtigen Ausfall nach Westen. Wie ein Pfropfen im Verkehrsfluß sitzt der Gebäudekeil zwischen der Prielmayer- und der Bayerstraße. Hier ist die Verkümmerung der Straßenführung schon unmittelbar anschließend an die großartige Raumfolge ersichtlich. Diese Verkümmerung behindert nicht nur den Individualverkehr, sondern auch den Kopfbahnhof, – dadurch entsteht die unerträgliche Enge.

Es ist also notwendig, daß dieser Gebäudekeil im Zuge einer wirklichen Neugestaltung abgetragen wird. Damit wird auch zugleich der Blick frei zur „Großen Straße", aber auch auf ein Monument, das hier gebaut werden soll! Adolf Hitler deutete auf die alten Bahnhofs-Hallen:

‚Das Denkmal der Partei', – ich könnte auch sagen, ein Monument, das einen Entschluß aus Willenskraft und Überzeugung symbolisiert, die Darstellung einer Idee!

Giesler, Sie werden mich darin verstehen: Hier betrat ich nach dem verlorenen Krieg den Münchner Boden und hatte eine Vision und faßte einen Entschluß!

Meine Vorstellung habe ich skizziert: Auf einer breiten Basis steht eine hohe rechteckige Säule, und sie trägt das Hoheitszeichen der Standarte. Nach dieser Skizze hat Speer einen Entwurf ausgearbeitet und ein Modell anfertigen lassen. Er soll Ihnen diese Unterlagen zur Einfügung in Ihre Gesamtplanung übergeben.

Vom Karls-Tor und Stachus hat die Säule einen Abstand von 500 Meter. Nach der Freilegung der alten Bahnhofsanlagen steht für das Denkmal ein Platz zur Verfügung von etwa 300 Meter zwischen der Arnulf- und der Bayerstraße und in der Ost-West-Richtung von etwa 400 Meter. Es ist deshalb möglich, dem Denkmal eine dem Maßstab entsprechende Umbauung zu geben, ohne die Querprofile der Arnulf- und Bayerstraße und den Verkehrsraum der „Großen Straße" einzuengen.

Die Umbauung könnte das Archiv der Partei aufnehmen. Wir haben Zeit, uns die Gestaltung sorgfältig zu überlegen, denn der Bau des Denkmals steht am Abschluß der Neugestaltung Münchens.

Das Querprofil der Großen Straße habe ich mit 120 Meter festgelegt, die Länge der Straße, von Mitte des Denkmalsplatzes bis zum neuen Hauptbahnhof, beträgt 2 500 Meter. Folgende Entscheidungen habe ich bereits getroffen: In Höhe der Theresienwiese weitet sich der Straßenraum einseitig, nach Norden, zur Arnulfstraße hin, platzartig aus. Auf diesem etwas erhöhten Platz soll die neue Münchener Oper gebaut werden. Durch terrassenförmige Treppenanordnung wird eine Überschneidung der zurückgesetzten Opern-Fassade vermieden.

Vorgesehen habe ich an der westlichen Seite des Platzes ein großzügiges Hotel mit unmittelbaren seitlichen Übergängen in die Foyers der Oper und gegenüber, auf der Ostseite des Platzes, ebenfalls mit dieser direkten Verbindung zur Oper, Restaurants in verschiedenen Geschossen.

Beide Gebäude sollen Cafés auf der Platzebene erhalten, mit vorgelagerten Terrassen, darauf Brunnen, Wasserspiele und Blumen in Steinfassungen. Dieser Platz muß ein belebter Mittelpunkt der neuen Straße werden.

Im Südlicht steht dann – auch im Maßstab herausgehoben – der geschwungene Portikus der Oper als Platzwand. Und von dort geht der Blick nach Süden quer über die belebte neue Straße, zur großen Freifläche der Theresienwiese, – immerhin fast zwei Kilometer tief.

Unter dem Opernplatz sehen Sie Abstellplätze für Kraftwagen vor, mit Rampen-Zufahrten von der Großen Straße und von der Arnulfstraße aus. Sie müssen ausreichend sein für die Oper, das Hotel, die Restaurants und Cafés. In Zukunft gehören die unmittelbaren, aber nicht störenden Parkflächen für Kraftwagen zu den Selbstverständlichkeiten. Meine Grundriß-Disposition der Oper sieht auch eine direkte Vorfahrt zum unteren Foyer vor.

Brinkmann bearbeitet die Oper. Sie werden mich in sein Atelier begleiten, um sich die Pläne und das Modell anzusehen. Auch Brinkmann wird Ihnen die notwendigen Unterlagen für die Gesamtplanung übergeben.

Nun wieder zur Großen Straße: Sie muß kreuzungsfrei angelegt werden! Es liegt bei Ihnen, Giesler, wie Sie diesen Straßenraum seitlich mit Gebäuden begrenzen. Nach der festgelegten Straßenbreite bestimmen Sie die Proportionen, die Bauhöhen und damit die Geschoßzahl. Sowohl das Erdgeschoß wie auch das Hauptgesims wird von Ihnen verbindlich für alle Bauten entlang der neuen Straße festgelegt.

Primär ist die Gesamtform des Straßenraumes, und diese Form wird von Ihnen bestimmt. Auch die dominierenden Akzente möchte ich von Ihnen ausgearbeitet wissen. Nach diesen für die ganze Ost-West-Achse verbindlichen Festlegungen müssen wir für die Einzelbauwerke selbst eine Vielfalt an individueller Gestaltung anstreben. Beauftragen Sie damit Architekten, von denen Sie überzeugt sind, daß sich deren persönlicher Stil in die Gesamtform einfügt: Ich möchte die Gleichförmigkeit in der Gestaltung der Bauten an der Ludwigstraße ebenso vermeiden wie die Stil-Reminiszenz am Wiener Ring!

Ich habe das Querprofil mit der Unterteilung des 120 Meter breiten Straßenraumes gezeichnet und Bürgersteige mit je 20 Meter Breite vorgesehen. Ich möchte, daß sich diese Bürgersteige wie Terrassen in den Straßenraum erstrecken und gegen die Fahrbahnen durch doppelte Baum-Reihen abgeschirmt werden.

Ein breiter Mittelstreifen unterteilt den Straßenraum und festigt die Fahrtrichtungen. Die Champs-Elysées haben das nicht, aber die Abbildungen vermitteln mir den Eindruck: die Straße kommt ins Schwimmen, wenn beide

Fahrtrichtungen ohne Unterteilung ineinanderfließen. Den Mittelstreifen brauchen wir auch für besondere Anlässe, wie Empfänge und Aufmärsche. Die Fahrstraßen erhalten Langsam- und Schnellfahrspuren.

Außer der Oper, dem Opernhotel und dem Restaurant-Café-Gebäude am Opernplatz habe ich am neuen Bahnhofsplatz den Standort von vier weiteren Gebäuden bestimmt: Auf der südlichen Platzseite die Reichsbahn- und auf der nördlichen Seite die Reichspost-Direktion. Die seitlichen Platzbegrenzungen, gegenüber dem Hauptbahnhof, jedoch mit der Hauptfassade zur ‚Großen Straße‘, bilden Hochhäuser. Die Seitenflügel der Hochhäuser nehmen das für die Straße verbindliche Hauptgesims auf.

Den um eine Raumtiefe zurückgesetzten Hauptbaukörper entwickeln Sie vertikal zu den horizontalen Straßenbauten, mit etwa 20 bis 25 Geschossen, je nach Raumbedarf und Proportionen, aber beide Baukörper sollten die gleiche Höhe aufweisen.

Das Hochhaus an der Nordseite ist für den „Völkischen Beobachter" als Verlagsgebäude und Druckerei gedacht. Mit den Seitenflügeln umschließt es zur Arnulfstraße hin die Hallen mit den Rotationsmaschinen. Im straßengleichen Erdgeschoß des Hochhauses wünsche ich mir eine große Informations-Halle, mit dem freien Blick in die Maschinen-Hallen der Druckerei. Dazu Tunnel-Verbindung mit dem Omnibus-Bahnhof und den Verlade-Bahnsteigen des Hauptbahnhofes. Das Hochhaus gegenüber wird ein KdF-Hotel* mit 2 000 Betten. Auch hier umschließen die Seitenflügel die notwendigen Höfe, ohne die ein solcher Betrieb nicht möglich ist: denken Sie nur an die Säle, an die Frühstücksräume, Küchen, Personalräume und so weiter. Das letzte Geschoß des Hochhauses, umgeben von einer Terrasse, dient als Café, mit einer, wie ich mir vorstelle, großartigen Aussicht über die Stadt bis zum Gebirge hin.

Die Größenordnung für dieses Hotel ist von Dr. Ley und seinem Beauftragten Dr. Lawerenz festgelegt, sie entspricht dem ‚Kraft-durch-Freude‘-Plan für Urlaubsreisen und ist auch mit den Urlaubszielen und mit der Reichsbahn abgestimmt.

München wird die Zwischenstation, der Drehpunkt der Reisen nach Nord und Süd, nach Ost und West sein. Auch dieses Hotel soll eine Tunnel-Verbindung zum Hauptbahnhof haben.

Ich möchte nun, daß Sie diese beiden Hochhäuser nicht nur disponieren, sondern als Architekt gestalten. Sie sollen differenziert sein, trotz gleicher Ausmaße und Höhen. Mit Dr. Ley als Bauherrn werden Sie sich gut verstehen. Amann und Müller vom ‚Eher-Verlag‘, auf der gegenüberliegenden Seite, – na, das wird schon schwieriger! Sie werden mir sagen, wenn Sie mich brauchen!

Ich betrachte den Bau der Großen Straße mit dem neuen Hauptbahnhof und mit dem System der U-Bahn als die erste Zielsetzung der Neugestaltung Münchens. Planen Sie deshalb mit Energie, damit wir bald zur Durchführung kommen! Überprüfen Sie auch die Entwürfe der Reichsbahn für den neuen Hauptbahnhof. Aber vergessen Sie über all dieser Arbeit nicht die städtebauliche Gesamtordnung von München!

Eine Unterhaltung beschloß die Einführung in die vordringlichste und auch, wie sich zeigen sollte, schwierigste Aufgabe der Neugestaltung: Die Große Straße. Adolf Hitler beklagte sich, er müsse in München dieselben Erfahrungen machen wie in Berlin: Den Baubehörden könne man nicht zukunftsgerichtete Planungen anvertrauen. Die Herren Stadtbauräte seien keine Gestalter, sondern festgefahrene, verkrustete Bürokraten. Meist fehle ihnen auch die Vorstellungskraft. Er sah das Schmunzeln in meinem Gesicht und meinte:

Ich weiß, was Sie denken, aber das spricht nicht gegen meine Erfahrungen. Ein Beispiel: Ich erläuterte in Berlin anhand der Stadtpläne und meiner Eintragungen die ‚Nord-Süd-Achse‘ und sage: ‚Wir haben hier die einmalige Möglichkeit, auf dem Bahngelände der Anhalter- und Potsdamer-Kopfbahnhöfe mit nur wenigen Durchbrüchen eine großzügige Verkehrsachse nach Süden zu gewinnen‘.

Da sagt doch der ‚Oberste‘ Stadtbaurat von Berlin: ‚Gerade dort besteht aber kein Bedürfnis für eine breite, leistungsfähige Verkehrsachse, – sondern hier!‘ – und er zeigt, parallel zu dem später offenen Bahngelände, etwa 200 Meter weiter westlich, – mitten durch das dicht bebaute Stadtgebiet.

Ich habe dann Speer mit Berlin beauftragt, und als mir hier von den Behörden ähnliches wie in Berlin geboten wurde, habe ich Sie mit München beauftragt, und ich habe euch auch die Vollmachten gegeben.

Übrigens hat der Präfekt Haussmann bei der Neuordnung des Straßensystems in Paris dieselben Erfahrungen gemacht.

Der Autobahn-Ring – 1939/1940

Als vordringliche Baumaßnahme habe er den Autobahn-Ring bezeichnet, sagte Adolf Hitler. Dr. Todt habe die Autobahndirektion München mit der Planung und Ausführung beauftragt.

Wenn an einer Straße ein größeres Bauvorhaben begonnen werde, sorge man für vernünftige Umleitung des Durchfahrtsverkehrs, damit die Materialanlieferungen zügig erfolgen könnten und die Baustelle möglichst wenig gestört werde; umso schneller könne gebaut werden.

Hier in München werde nun nicht nur an einer Straße gebaut, sondern in der ganzen Stadt: Die Bahnanlagen, der Hauptbahnhof, die U- und S-Bahn, neue Verkehrsstraßen mit Erschließungen, die große Ost-West-Achse mit bedeutenden Bauwerken, dazu die Wohnbauten, die Gewerbe- und Industriebauten, – kurzum, überall müsse in München gebaut werden. Deshalb sei der Autobahn-Ring so vordringlich. Wäre er nicht da, dann hätten wir chaotische Zustände zu erwarten!

Der Autobahn-Ring sei aber nicht nur eine notwendige Umleitung des Durchfahrtverkehrs im Zeitraum des intensiven Bauens, er sei gleichzeitig eine Neugestaltungs-Maßnahme von großer Bedeutung für die Zukunft, unerläßlich bei dem stetig wachsenden Individualverkehr durch das Auto. Er ermögliche die unmittelbare und schnelle Verbindung der Autobahnen untereinander und diene damit der dauernden Verkehrsentlastung der Stadt:

Überprüfen Sie die Planung dieses Verkehrs-Ringes in der Trassenführung und Höhenlage! Im nordwestlichen Teil wird schon mit Brückenbauten begonnen.

Ich erwiderte: Ich weiß, ich habe mich mit der geplanten Trasse auseinandergesetzt. Sie entspricht dem München von heute, aber sie entspricht nicht dem Stadtorganismus, den Sie anstreben. Der jetzt trassierte Autobahn-Ring wird der Stadt München nicht gerecht. Die Trassierung ist zu straff.

Der Durchmesser des Autobahn-Ringes nach der Planung der Obersten Bauleitung der RAB (Reichsautobahn) betrug in der Ost-West-Richtung 20 km, in der Nord-Süd-Richtung etwa 15 km. In der damit umschlossenen Fläche ließen sich die geplanten und absolut notwendigen Maßnahmen der Neugestaltung nicht realisieren. Der Fehler lag darin, daß jeder für sich geplant hatte, ob Reichsbahn oder Reichsautobahn, ob die Bauabteilungen der Ministerien oder der Stadt. Unklarheit bestand auch über den Flächenbedarf der Industrie, die durch die Neuordnung der Bahnanlagen aus dem Süden der Stadt zwangsläufig nach Nordost verlagert wurde. Auch der Flächenbedarf für die Wohnbauten und die Grünzonen war nicht genügend berücksichtigt.

Aus der von mir nun durchgeführten Koordinierung aller Maßnahmen der Neugestaltung und der Berücksichtigung einer vorauszusehenden Stadtentwicklung ergab sich zwangsläufig die Ausweitung des Autobahn-Ringes. Nur so konnte der benötigte Stadtraum mit seiner umlaufenden Begrenzung durch dieses Verkehrs-Glacis entstehen, und damit wurde die Stadt auch eindeutig geformt: Innerhalb des Ringes lag das Vorrecht bei der Stadt – außerhalb des Ringes hatte das Land die Priorität, auch in den baulichen Maßstäben. Hiermit meinte ich eine kommende Entwicklung von Industrie- und Wohn-Trabanten. Auf alle Fälle mußte das krebsartige Auswuchern städtischer Belange über den Autobahn-Ring hinaus verhindert werden.

Ich legte nun die sich überdeckenden Transparentpläne vor: Die bebaute Substanz der Stadt – die neuen Bahnanlagen – die Neugestaltungs-Maßnahmen mit den bislang geplanten Bauten – die notwendigen Industrie- und Gewerbeflächen – die Wohngebiete - die Grünzonen – jeweils mit der Eintragung des von der Obersten Bauleitung der RAB geplanten Autobahn-Ringes. Überall auf diesen Plänen wurden die Dissonanzen sichtbar. Ich erläuterte:

Ich möchte meinen Trassierungs-Vorschlag begründen und beginne mit der Kritik am bislang geplanten Ring: Hier, im Norden der Stadt, wird das beanspruchte Industriegebiet durch den Ring nicht nur eingeengt, sondern sogar durchschnitten; ich denke an Allach, an BMW und andere wichtige Betriebe.

Weiter verläuft die Trasse hier durch das Ludwigsfeld, durch die Harthof- und Neuherberg-Siedlung, weiter wird Freimann eingeengt und kann sich baulich nicht abrunden. Im Osten führt die Trasse zwischen Riem und Daglfing, – hart an Christian Webers Trabern vorbei. – Adolf Hitler lachte.

Dann wird der Siedlungsraum von Trudering durchschnitten, dabei bleibt der Flughafen Riem außerhalb des Autobahn-Ringes. Das ist unmöglich, allein schon deshalb, weil diese Trassenführung jede Startbahn-Erweiterung ausschließt. Wenn nun einmal die Entwicklung des Flugverkehrs neue Maßstäbe erfordert, dann benötigt München den Flughafen Riem als innerstädtischen Landeplatz oder als Reserve für die Stadtentwicklung.

Auch im Südosten, um Perlach und Unterbiberg, spannt sich der Ring eng und ohne Rücksicht auf den Siedlungsraum. Hier ist abzusehen, daß die Trasse durch Wohnbauten, Siedlungen und Bauten für die Gemeinschaft, wie Krankenhaus und Schulen, übersprungen wird. Dasselbe trifft auch bei der Umgrenzung des Stadtraumes im Süden zu. Die Trasse führt hier zwischen Geiselgasteig und Solln, sie läßt also Grünwald und Pullach außerhalb des städtischen Gesamtraumes. Aber Grünwald wie Pullach sind zu dicht mit dem Stadtorganismus verbunden, als daß sie noch zu selbständigen Trabanten geformt werden könnten.

Mein Trassierungs-Vorschlag berücksichtigt die Forderungen, die sich aus den jeweiligen Situationen ergeben. Die Oberste Bauleitung der RAB hatte keine Vorstellungen von der städtebaulichen Gestaltung Münchens, als sie den Autobahn-Ring plante. Daraus erklärt sich ihre Trassierung.

Mein Führer, ich bitte um Ihre Zustimmung zu meinem Trassierungs-Vorschlag!

Adolf Hitler antwortete: Gut, Giesler, grundsätzlich ja, denn Sie haben den Überblick. Die Trasse hat den Erfordernissen der Neugestaltung zu entsprechen. Der Autobahn-Ring ist ein Teil der Neugestaltung, stimmen Sie sich mit Dr. Todt ab!

Ich hielt auch eine Abstimmung mit den Regierungsstellen und dem Ministerium für Landwirtschaft und Forsten für notwendig. Denn die Einbeziehung von Pullach und Grünwald in das Stadtgefüge bedeutete gleichzeitig, um die Ringführung flüssig zu halten, daß große Teile des Perlacher Forstes und des Forstenrieder Parks dem Stadtorganismus zugeordnet werden mußten.

Dabei dachte ich nicht an einen Übergang dieser Liegenschaften in den Besitz der Stadt. Die Zuständigkeit für die Grünflächen, die langsam einen Stadtpark-Charakter annehmen konnten, würde durchaus richtig beim Staat liegen, bei der ‚Staatlichen Verwaltung Schlösser, Gärten und Seen‘.

Ich sagte, diese Ausweitung der Grünflächen erscheine zunächst, gegenüber der bisherigen Planung, als recht großzügig. Aber das entspreche für den Süden Münchens den Maßstäben, die Ludwig I. durch den Architekten Sckell vor über 100 Jahren im Norden der Stadt, im Englischen Garten, gesetzt habe.

Wie ichs gesagt hatte, merkte ich, das war nicht ganz fair: ich hatte seinen König, den er verehrte, in mein Spiel gebracht. Er blickte von den Plänen auf, ein leichtes Schmunzeln im Gesicht. Ich entschuldigte mich: Das ist zwar ein Hinweis, aber ohne Absicht, gerade so dahingeredet.
– Schon richtig, Giesler, – ich verstehe Sie!

Dann deutete er auf den westlichen Teil des Autobahn-Ringes: Demnach bleiben Gauting, Germering und Unterpfaffenhofen als selbstständige Gebilde außerhalb des Ringes. Ich halte das für richtig. Ich bin mit Ihrem Vorschlag der Trassierung einverstanden. Im Lageplan hat nun der Ring nach Ihrem Vorschlag eine flüssige Form.

Zunächst versuchte ich, durch Gespräche mit der Obersten Bauleitung der RAB die Voraussetzungen einer Neu-Trassierung zu testen, – aber einfach war das nicht! Ich hatte es mit Oberbaudirektor Hafen zu tun, einem ehemaligen Eisenbahn-Ingenieur, der mit allen Mitteln seine Planung des Autobahn-Ringes um München verteidigte.

Es war, als wenn ich gegen eine Dampflok anrennen mußte. Ich versuchte, Weichen einzubauen, gab Aufklärung über die Neugestaltung, über den Raumbedarf, der durch die Industrieverlagerung ausgelöst wurde. Selbst wenn er da und dort die Notwendigkeit der Ausweitung einsehen mußte, dann blieb er zunächst bei seinem: Damit kommen Sie zu spät, wir haben unsere Planung abgeschlossen.

Ich begann, mit meinen Vollmachten zu winken, – ich mußte es in München nach allen Seiten hin tun. Damit brachte ich die Lokomotive Hafen zwar zum Stehen, und ich erreichte Teilerfolge. Aber der Dampfdruck bei den Verhandlungen stieg. Ich konnte dem Oberbaudirektor Hafen meine mit dem Führer abgestimmte Trassierung noch nicht vorlegen, denn sicherlich wäre er dann explodiert!

Da setzte der Ausbruch des Krieges völlig neue Signale. Die Neugestaltung wurde eingestellt, die Planung kriegswichtiger Bauten begann.

Doch nach dem Frankreich-Feldzug überreichte mir Adolf Hitler am 25. Juni 1940 im Führerhauptquartier den Erlaß zur Wiederaufnahme der Friedensarbeit. Die Neugestaltung Münchens sollte, als eine der wichtigen Bauaufgaben des Reiches, sofort begonnen werden; auch Termine wurden genannt.

Nun setzte ich meine Vollmachten ein. Nach eingehenden Besprechungen, verbunden mit der Offenlegung der Gesamtplanung, bat ich Dr. Todt um klare Weisung an seine Oberste Bauleitung, nunmehr die Neu-Trassierung des Autobahn-Ringes auch im Süden der Stadt nach meiner Planung durchzuführen.

Dr. Todt entsprach meiner Bitte. In einem Vermerk formulierte er seine Weisung über die neue Trassierung des Autobahn-Ringes um München. Dieser Vermerk kennzeichnet Dr. Todts Art der Behandlung seiner Mitarbeiter und zeigt ihn in seiner Vornehmheit und Abneigung, diktatorische Befugnisse anzuwenden.

Der allseitige Bahnhof – Individualverkehr über Massenverkehr.

Das abgesenkte Gleisbett – der technische Bahnhof.

Der transparente Bahnhof von Westen.

Die „Große Straße" mit dem Hauptbahnhof. Modellausschnitt 1939/40.

Nr. GI 4072/40   Berlin, den 23. Oktober 1940
                    Vermerk

Aufgrund der verschiedenen Rücksprachen mit Herrn Professor Hermann
Giesler habe ich mir an einem der letzten schönen Tage nochmals die geplante
Linienführung der Reichsautobahn um München vom Flugzeug aus sowohl in
niedriger als auch von großer Höhe angesehen. Ich kann mich dabei dem Gedanken nicht verschließen, daß die heutigen Bebauungsgrenzen für München
sehr eng sind. Wenn man Berlin oder Paris oder auch schon Brüssel, Ant-
werpen und andere Städte des Kontinents vom Flugzeug aus kennt und die
Ausmaße vergleicht, die derart große Städte im Laufe der letzten Jahrzehnte
angenommen haben, so kann man sich vorstellen, daß die Hauptstadt der Bewegung im Laufe der nächsten Jahrzehnte doch wesentlich über die jetzige
Bebauungsgrenze hinaus Platz braucht.

Diese sachliche Überlegung und der Vergleich mit zahlreichen anderen
Städten, die ich im Laufe der letzten Monate vom Flugzeug aus gesehen habe,
ist der Anlaß, die Oberste Bauleitung zu bitten, doch die Südhälfte des Ringes
unter Berücksichtigung der Vorschläge des Generalbaurates Professor Giesler zu verschieben und die Planbearbeitung für diese Strecke zu übernehmen.
Ich bin mir dabei bewußt, daß die in allen Einzelheiten sorgfältig durchge-
führte Arbeit der letzten 2 Jahre aufgegeben wird, und ich habe volles Verständnis dafür, daß das Aufgeben dieser in allen Einzelheiten wohldurchdach-
ten Planung für alle, die daran gearbeitet haben, außerordentlich schwer wird,
denn nach den derzeit bestehenden Voraussetzungen war diese Linienführung
unbedingt richtig. Ich erkenne daher diese Planung und ihre Richtigkeit unter
Berücksichtigung der zur Zeit gegebenen Verhältnisse an, bitte aber trotzdem,
der künftigen Entwicklung weiter Rechnung zu tragen und die südwärts um
rd. 1 km hinausgeschobene Linie nunmehr in den Einzelheiten zu entwerfen.
Herrn Generalbaurat Prof. Giesler habe ich gebeten, die Reichsautobahn in
all den Fällen zu unterstützen, wo die weiter südlich liegende Linie durch vorhandene Gebäude oder sonstige Verhältnisse auf Schwierigkeiten stößt. Der
Generalbaurat hat ferner zugesagt, daß in solchen Fällen, wo etwa der Anschluß einer vorhandenen Straße schwieriger wird, er durch Verlegen der betr.
Straße entgegenkommt.

Ich bin überzeugt, daß bei einem gegenseitigen Berücksichtigen der verschiedenen Gesichtspunkte und bei einer guten kameradschaftlichen Zusammenarbeit zwischen den Dienststellen der Reichsautobahn und den Dienststellen des
Generalbaurates eine Linie gefunden werden kann, bei der die Grundtrassie-
rungsbedingungen für die Reichsautobahn mit den dazu gehörenden Anschlüssen und Kreuzungen nicht schlechter sind als bisher und bei der der
Generalbaurat für seine städtebauliche Entwicklung im Südraum doch etwas
mehr Spiel hat als bei der jetzigen Linie.

Ich bitte Herrn Oberbaudirektor Hafen, mir von Zeit zu Zeit über den Stand
der weiteren Entwurfsarbeiten zu berichten.

Abschriftlich an: Herrn Generalbaurat Prof. Giesler

     Herrn Oberbaudirektor Hafen

     zur gefl. Kenntnisnahme.

     gez. Dr. Todt.

In einem darauf folgenden Gespräch konnte ich Dr. Todt davon überzeugen,
daß die in seinem Vermerk genannten Schwierigkeiten in der von mir vorgeschlagenen Trassierung nicht gegeben waren, weder durch bauliche Anlagen
noch durch eine Erschwerung von Straßenanschlüssen. Es waren dies Abwehr-
behauptungen seiner Dienststellen.

Das Gegenteil war der Fall, die Trasse des Autobahn-Ringes führte nach
meiner Planung nirgends zu Zäsuren im Stadtraum oder gar zur Durchschnei-
dung geschlossener Siedlungsräume. Auch die Straßenanschlüsse wurden günstiger, weil mehr Raum zur Verfügung stand. Diese Bremsklötze und Prell-
böcke waren schnell ausgeräumt*.

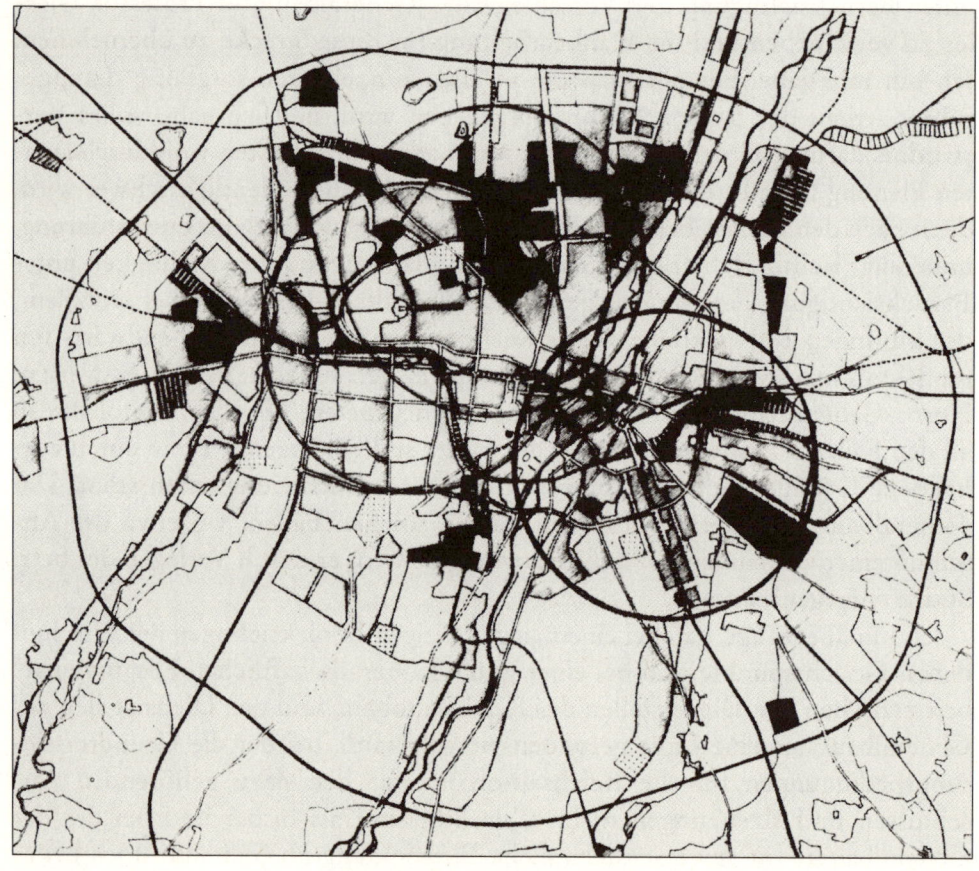

Der Autobahnring Ende 1940.

Der Ring, nunmehr ein gerundetes Oval, hatte 25 km Durchmesser in der Ost-West-Richtung und 23 km in der Nord-Süd-Richtung. Das Querprofil wies je zwei Fahrspuren und eine Standspur auf. Dazu kamen lang ausgezogene Auslauf- und Einlaufspuren bei allen wichtigen Straßenanschlüssen, bedingt durch den zusätzlichen städtischen Verkehrsfluß, eine Weisung von Adolf Hitler. Fast überall war es möglich, einen 50 m breiten Grüngürtel auf beiden Seiten des Ringes anzuordnen. So entstand in der Planung ein Verkehrsglacis.

Das schon mit Aufschüttungen, Brücken und Durchlässen gebaute Teilstück des Ringes im Nordwesten der Stadt diente in meiner Planung nun als Entlastungsstraße zwischen den Autobahnen West von Augsburg und Nord von Nürnberg. Als Parallelstraße zwischen Autobahn-Ring und dem geplanten innerstädtischen Verkehrs-Ring würde diese Straße auch für die Industrie von Bedeutung sein. In kurzer Zeit gelang es, die Verkehrsplanung für München abzuschließen.

Von der Planung der Großen Straße zur Ost-West-Achse

Ich stand am Obelisken auf der Place de la Concorde und schaute die Champs Elysées hinauf zum Triumphbogen, es war 1937. Wichtiger als die Weltausstellung war mir das Stadtbild von Paris, seine Entstehung und Grundform, sein Gesicht und sein Wandel in den Zeiten der Könige und Kaiser und die oft gewaltsame Um- und Neugestaltung durch den Präfekten Haussmann, der aus dem mittelalterlichen Paris eine moderne Weltstadt geformt hatte. Noch ahnte ich nicht, wie bedeutsam mein Interesse an dem Lebenswerk des Präfekten Haussmann später sein würde.

Wohin ich mich auch wandte, zwang sich der Kult der Straßenachse auf: So bei der Rue Royal mit dem Tempelbau der Madeleine, darauf, gegenüber, der Pont de la Concorde mit dem Palais Bourbon, der Chambre des Députés. Besonders aber dominierte der Achsen-Kult bei den Champs Elysées mit dem Triumphbogen. Dem entsprach, in fast drei Kilometer Entfernung, der Louvre, den ich nun, mit dem Blick vom Etoile aus, hinter den Tuilerien-Gärten im herbstlichen Dunst nur noch in Konturen sah.

Hier wurde ich mir der Kontinuität bewußt in der Plan-Verwirklichung über die Zeiten der Könige, der Republik und der Kaiser hinweg, wie sie nur in Frankreich möglich war. Diese Straßen- und Platzgestaltung habe ich mir sehr genau angesehen. Sie war im Eindruck großzügig, weit und weltstädtisch offen. In der hohen Beanspruchung während der Weltausstellung waren die Räume gerade noch imstande, die Verkehrsströme aufzunehmen.

Doch nicht aus Verkehrsentsprechung entstanden diese Straßenräume Napoleons, vielmehr repräsentieren sie vollendet die Grandeur der Nation. Besonders imposant war diese Straßen-Platz-Raumfolge am Abend in der Strahlung der Scheinwerfer und in der Lichtfülle der Automobile: Eine Raumkomposition des 19. Jahrhunderts, prall gefüllt mit dem Leben und dem Verkehrsfluß unserer Zeit.

Ein Jahr später stand ich vor der Aufgabe der Neugestaltung von München, und darin war die Planung der Großen Straße. Die Einführung durch Adolf Hitler gab mir eine Vorstellung von der Bedeutung dieser städtebaulichen Aufgabe.

Für mich trat die formale, architektonische Gestaltung der Großen Straße zunächst zurück: sie war zweitrangig gegenüber der zwingenden Forderung, alle verkehrs- und ingenieurtechnischen Probleme zu lösen. Das Ziel war die Synthese von Straße und Schiene. Ich sah in dieser Aufgabe eine Herausforderung, und ich hatte zugleich den Ehrgeiz, ein modernes Straßensystem zu entwickeln, das der Technik unserer Zeit entsprach: Eine urbane Straße des 20. Jahrhunderts. Sie wurde geplant, aber nicht gebaut*.

Mit einigen Mitarbeitern, Architekten und Ingenieuren, ging ich an die Arbeit, dazu kam ein überaus geschickter Bildhauer und Modelleur. Alle notwendigen Planunterlagen der Reichsbahn, der Stadt, die Entwürfe für die Oper, die Skizzen des Führers zur Großen Straße und zum Denkmal der Partei standen mir inzwischen zur Verfügung.

Wir fügten alles in der zweidimensionalen Grundriß-Planung zusammen, und während wir noch zeichneten, formte der Modelleur aus Plastilin die dritte Dimension nach den dauernd sich entwickelnden Skizzen unmittelbar auf der Grundriß-Planung.

Plastisch lag die Formung des Straßenzuges vor unseren Augen, zugleich wurden alle Probleme sichtbar. Sie kamen aus der ‚Für-sich-Planung‘ der Reichsbahn. Sie war diskrepant zur Großen Straße und auch zum Organismus der Stadt im Süden und Westen.

Ich hatte dies nach den ersten informativen Gesprächen mit den beauftragten Ingenieuren des Verkehrsministeriums und nach der Einsicht in die Systempläne schon vorausgesehen, nicht jedoch in dieser Unerträglichkeit, die jetzt, durch die Übernahme der Detail-Planung in das Modell, kenntlich wurde.

Zusammen mit der von mir angeforderten Einzel-Planung der Bahnanlagen im Südwest-Gebiet der Stadt hatte mir die Reichsbahn ihre Gesamt-Planung im Neugestaltungsbereich München vorgelegt. Die Pläne umfaßten die Trassierungen und den Flächenumfang der neuen Bahnanlagen, die Höhenlage der Gleiskörper, die Disposition der Bahnhöfe und ihre Gestaltung. Alles war vor meiner Beauftragung mit München vom Reichsverkehrsministerium konzipiert und von der Neubaudirektion München im einzelnen ausgearbeitet worden.

Das Ministerium bat um meine Unterschrift und damit um die Anerkennung und Genehmigung zur Durchführung. Ich sah mich außerstande, diese Pläne zu unterschreiben und damit die Baugenehmigung zu erteilen.

Wie ein Wall umspannte ein breites Gleissystem von Westen her, über den Standort des neuen Hauptbahnhofes, dann in einem Bogen ausschwingend über die Isar, den Südteil der Stadt. Dabei unterwarfen sich diese breiten Schienenstränge alle Stadtstraßen, die aus dem Ballungsraum und Stadtkern nach Süden in den freien Landschaftsraum, zu den Seen und in das Gebirge führten. Bedingt durch die Höhenlage des Gleisbettes, sollten die Stadtstraßen in unzumutbarer Länge unterführt werden.

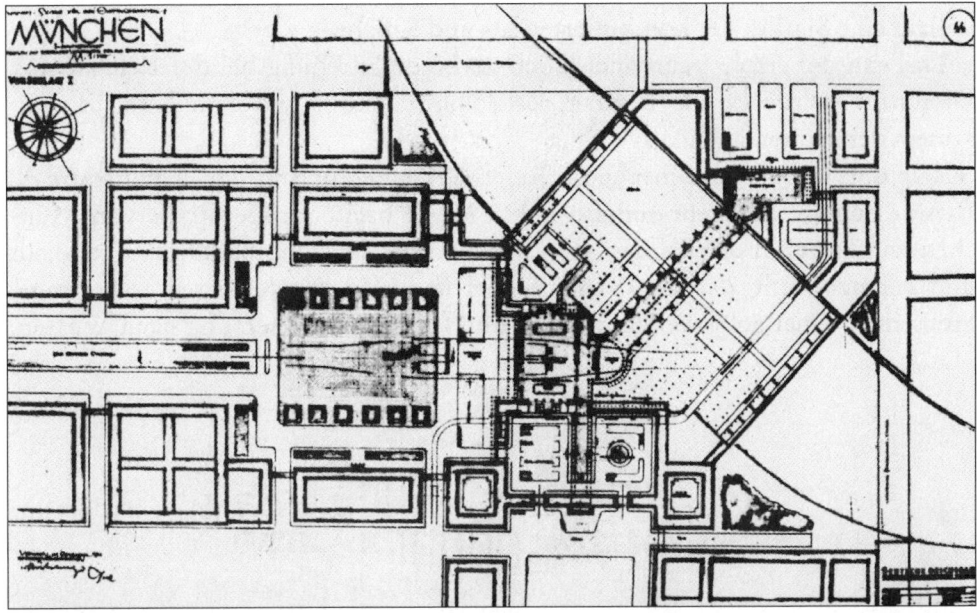

Der Entwurf der Reichsbahn für den neuen Hauptbahnhof 1938.

Die im Westen zum Hauptbahnhof aufgefächerten Gleisanlagen setzten sich in voller Breite fort, um in einen – städtebaulich unerwünschten – neuen Südbahnhof überzugehen, den die Reichsbahn südlich der Theresienwiese geplant hatte. Der Hauptbahnhof verschmolz mit dem Südbahnhof im Stadtraum zu einem voluminösen Gefüge aus Gleisen, Signalanlagen, Stellwerken und Gebäudegruppen.

Wozu dieser Aufwand? Wozu dieser Südbahnhof? Weshalb sollen hier Züge halten, kaum daß sie den Hauptbahnhof verlassen haben? Hier genügt doch vollauf eine Station der kombinierten U- und S-Bahn!

Das gab die erste, wenn auch noch geringe Aufregung bei der Reichsbahn. Dissonant wurde es erst beim neuen Hauptbahnhof und dem Koordinatensystem der Höhenlagen.

Wir übertrugen zunächst diese Reichsbahn-Planung in das Arbeitsmodell. Es war nun so: Die repräsentative, 120 Meter breite Große Straße von München wurde durch die Bahnanlagen mit dem neuen Hauptbahnhof abgeriegelt und endete damit als Sackstraße! Dabei bedurfte gerade dieser bedeutsame Straßenzug einer selbstverständlichen und flüssigen Fortsetzung nach Westen.

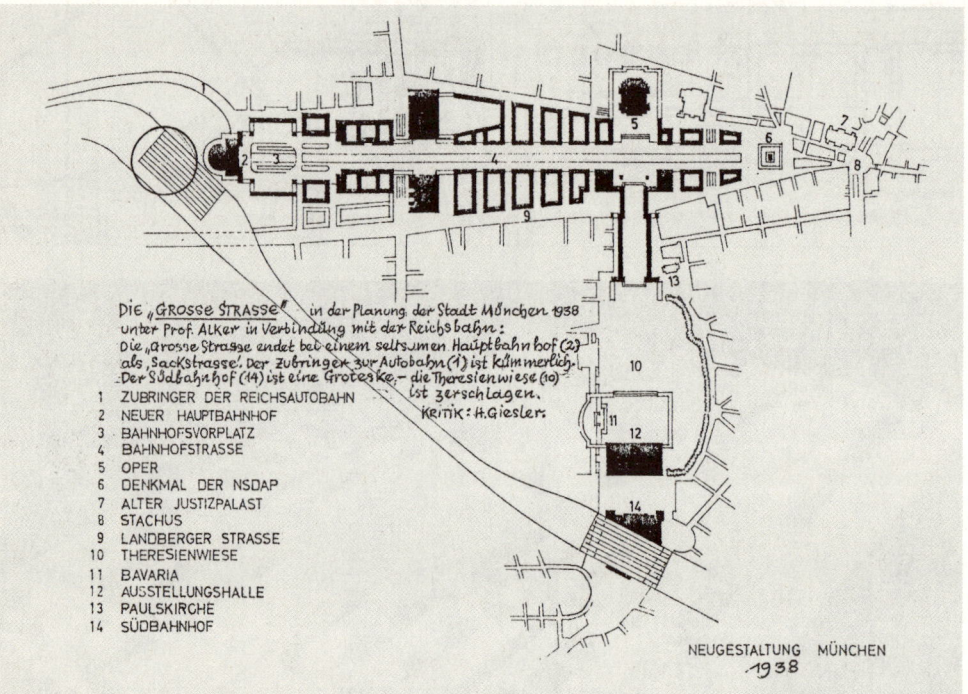

DIE „GROSSE STRASSE" in der Planung der Stadt München 1938
unter Prof. Alker in Verbindung mit der Reichsbahn:
Die „Grosse Strasse" endet bei einem seltsamen Hauptbahnhof (2)
als „Sackstrasse". Der Zubringer zur Autobahn (1) ist kümmerlich.
Der Südbahnhof (14) ist eine Groteske, – die Theresienwiese (10)
ist zerschlagen.
Kritik: H. Giesler.

1   ZUBRINGER DER REICHSAUTOBAHN
2   NEUER HAUPTBAHNHOF
3   BAHNHOFSVORPLATZ
4   BAHNHOFSTRASSE
5   OPER
6   DENKMAL DER NSDAP
7   ALTER JUSTIZPALAST
8   STACHUS
9   LANDBERGER STRASSE
10 THERESIENWIESE
11 BAVARIA
12 AUSSTELLUNGSHALLE
13 PAULSKIRCHE
14 SÜDBAHNHOF

NEUGESTALTUNG MÜNCHEN
1938

Die städtebauliche Fehlplanung von 1938 durch Reichsbahn und Stadtbauamt: Die 'Große Straße' als Sackstraße, der Hauptbahnhof als Blendwerk, ein unnützer Südbahnhof, die Theresienwiese wird zerschlagen.
Die Idee von Giesler: Er setzt den Hauptbahnhof als Kreis mit Polygonhalle über die Gleise, die 'Große Straße' setzt sich fort zur Ostwest-Achse und gewinnt den Anschluß an die Autobahnen.

Diese Erkenntnis hatte mir das Arbeitsmodell vermittelt. Unbehindert durch die Bahnanlagen, ohne Haken-Winkelei oder gar Tunnelierung mußte die „Große Straße" in eine Ost-West-Achse übergehen, zur klaren, kreuzungsfreien Verbindung mit den Autobahnen nach Augsburg und Lindau und auch zum Stadtteil Pasing. Das bedingte die städtebauliche Konzeption, die Ordnung von Schiene und Straße. Nicht die Rangordnung mußte bestimmt, sondern die Gleichberechtigung mußte gefunden werden!

Auch die vernünftige Einfügung der Bahnanlagen in den Stadtorganismus war unerläßlich für den hohen Rang einer modernen Neugestaltung. Es durfte nicht sein, daß die Bahnanlagen sich den Süden der Stadt rücksichtslos unterwarfen.

Der Standort des neuen Hauptbahnhofes war durch den Zusammenfluß der Bahntrassen aus verschiedenen Richtungen und mit der Durchfahrt zum Bahnhof München-Ost festgelegt. Daran konnte sich nichts ändern. Aber alles andere an der Planung der Bahnanlagen bedurfte einer neuen Gestaltung, und die Voraussetzung dafür war, daß die Höhenlage der Gleisstränge und der Bahnhöfe geändert wurde.

Das Gleisbett mußte abgesenkt werden, damit wurde zugleich die Synthese zwischen Straße und Schiene möglich und sichtbar. Die Große Straße verband sich mit dem Hauptbahnhof zur Einheit, erschloß ihn allseitig und gewann als Ost-West-Achse die Verbindung mit der Autobahn.

In intensiver Arbeit suchte und fand ich die Lösung. Schnell erstellte Modelle, schon gleich mit der Polygonform des Hauptbahnhofes, gaben mir die absolute Gewißheit: Diese Planung war besser, sie mußte sich gegen jede Kritik durchsetzen.

Allerdings stand diese Lösung konträr zu der Konzeption des Reichsverkehrsministeriums. Ich hielt es für richtig, den Präsidenten der Münchner Reichsbahn-Neubaudirektion und seinen Chef-Ingenieur zu informieren. Ich wollte auch ihre Gegenargumente herausfordern, – und die kamen mit Vehemenz! Doch ich überzeugte den Präsidenten, der das sagte: Ich bekenne mich dazu, aber den Zeitverlust werden wohl Sie verantworten.

Den Konflikt mit dem Reichsverkehrsministerium konnte ich voraussehen. Nicht aber die Verärgerung Adolf Hitlers. Zwar hatte ich nicht vergessen, was er mir bei meiner Beauftragung mit München gesagt hatte: Ich sollte ihn verständigen, wenn meine Planung im Gegensatz zu einer von ihm getroffenen Entscheidung stehen würde. Aber ich konnte mir nicht vorstellen, daß ihm die Reichsbahn-Planung in allen Einzelheiten und Konsequenzen vertraut war.

Ich erwartete Adolf Hitler in den nächsten Tagen in meinem Atelier und wollte ihm dann diese Planung vorlegen und an ihr begründen, weshalb ich meine Zustimmung verweigern mußte. Anschließend wollte ich meine Lösung am Arbeitsmodell demonstrieren. Aber es kam anders! Der Reichsverkehrsminister war mir zuvorgekommen.

Am späten Abend vor dem angekündigten Atelierbesuch rief mich Bormann aus Linz an, eben habe Minister Dorpmüller dem Führer erklärt: ‚Ihr General-baurat Giesler hat die gesamte Reichsbahn-Planung für München über den Haufen geworfen!‘

Er frage mich, ob das stimme, – und wenn ja, warum ich das getan habe? Der Führer sei sehr verärgert, er werde morgen Vormittag zu mir ins Atelier kommen.

Ich erklärte Bormann, die Reichsbahn-Neubaudirektion hätte mir die Pla-nung der Bahnanlagen für München zur Anerkennung vorgelegt. Ich würde mich jedoch strikt weigern, dieser Planung durch meine Unterschrift zuzu-stimmen, und dafür hätte ich meine guten Gründe. Offenbar habe das Mini-sterium von meiner Disposition Kenntnis bekommen, meine Bahn-Konzep-tion stände allerdings diametral zur Auffassung des Ministeriums.

Fest stehe jedenfalls, daß Minister Dorpmüller, ohne sich mit meinen Über-legungen und Planungen vertraut zu machen, darüber dem Führer berichtet habe. Das Ganze sei nicht fair! Und abschließend: Ich informiere den Führer über Münchner Planungs-Angelegenheiten übergeordnet, – und nicht Minister Dorpmüller!

Mönchlein – Mönchlein ---! sagte daraufhin Bormann. Nun, ich ließ es darauf ankommen.

Mit verschlossenem Gesicht betrat Adolf Hitler am nächsten Vormittag mein Atelier. Nach einer flüchtigen, kühlen Begrüßung sah er mich fragend an.

Ich habe Gründe, begann ich, die Reichsbahn-Planung für München in der mir vorgelegten Form abzulehnen. Ich kann mir nicht vorstellen, daß diese Planung Ihren Anordnungen entspricht!

Weiter kam ich nicht. Adolf Hitler hatte das Arbeitsmodell gesehen, er ging darauf zu und betrachtete es eingehend. Völlig umgewandelt sah er mich an und sagte: Giesler, – das ist die Lösung! Dann wieder, nun begeistert: Das ist wirklich die Lösung!

Erst nach einiger Zeit konnte ich erläutern, warum die Reichsbahn-Planung nicht den städtebaulichen Zielsetzungen entsprach, die er mir als Aufgabe ge-stellt hatte:

Mit diesem Vorschlag der polygonalen Halle wollte ich die bisher übliche Art der Bahnhofsgestaltung durchbrechen: Eklektische Architektur in Neu-renaissance, wie in Berlin der Anhalter- oder Potsdamer- Bahnhof, die sogar als Loggien dei Lanzi aufgezäumt sind, oder auch wie beim Bahnhof in Stutt-gart: Monumentale Steinquader-Architektur mit romanischen Holzdecken, – was hat das alles mit der modernen Technik des Massenverkehrs zu tun!

Was ich hier in München anstrebe, das ist die vollkommene technische Ein-heit von Lokomotiven, Zügen und Gebäude – das Letztere so transparent wie möglich, mit den modernen Baustoffen, die dem ‚Chemin de Fer‘ entsprechen!

Was ich hier seitens der Reichsbahn – und auch von der Stadtplanung – an Entwürfen vorfand, wobei auch noch die Schräglage der Bahnanlage kaschiert wurde, entsprach nicht der technischen Einheit, die wir aufrichtig anstreben müssen. Denn hinter diesen vorgeblendeten Empfangshallen, hinter schwerem Mauerwerk mit Pfeilern, Säulen, Architrav-Attika und Klimbim, konnte alles mögliche sich ereignen, nur nicht Ankunft und Abfahrt von Zügen und Loko- motiven.

Nach den Entwürfen der Reichsbahn und des Beauftragten der Stadt endet die Große Straße am Hauptbahnhof als Sackstraße, und nur eine unbestimmte, gequälte Verbindung vom Westen zur Stadt und nach Westen zu den Autobahnen war möglich und vorgesehen. Man hätte einen Lotsen gebraucht, wie jetzt, wenn man von der Autobahn aus Stuttgart in den Münchner Stadtraum fahren will.

Die städtebauliche Verkehrsplanung war einseitig ausgerichtet zu Gunsten der Schiene, zu Lasten der Straße, des Individualverkehrs.

Adolf Hitler pflichtete diesen Überlegungen bei: Giesler, Sie haben nicht nur das Gleichgewicht von Schiene und Straße wieder hergestellt, Sie haben die Lösung gefunden, die dem Organismus der Stadt völlig entspricht. Sie ha- ben aber noch viel mehr erreicht: Die Große Straße erhält nunmehr eine un- mittelbare Verbindung mit den beiden wichtigen Autobahnen. Damit wird diese Ost-West-Achse von nun sechs Kilometern Länge die modernste Straße. Der neue Hauptbahnhof wird ein Monument der Technik unseres Jahrhunderts. Dann wurden Einzelheiten meiner Planung durchgesprochen. Adolf Hitler sagte, der einzige Nachteil meiner Lösung sei der Zeitverlust, den sie uns brin- ge. Das sei auch eines der Argumente gewesen, mit denen ihn Dorpmüller ge- stern Abend schockiert habe.

Ich teilte diese Bedenken nicht: Mein Führer, ich sehe das anders; wir verlie- ren zwar Zeit mit der Neuplanung, aber wir gewinnen Zeit durch die Verein- fachung und auch später in der Bauausführung, denn wir ersparen uns den bis- lang geplanten Südbahnhof, und damit auch Millionenbeträge.

Er hörte aufmerksam zu und bestätigte, auf diesen Südbahnhof könne man verzichten. U- und S-Bahn-Haltestellen erfüllten vollauf den Zweck, die The- resien-Wiese und das Ausstellungsgelände zu erschließen, und dabei bleibe auch die traditionelle ,Wiesn'-Fläche voll erhalten: Giesler, kommen Sie mit, wir essen zusammen in der ,Osteria'.

Beim Hinausgehen wandte sich Bormann schmunzelnd an mich: Ich hatte schon das Schlimmste befürchtet.

In der ,Osteria' gab es Kartoffelsuppe. Ausgezeichnet, sagte Adolf Hitler – und dann leise zu mir: Aber meine Mutter würzte die Kartoffelsuppe noch mit etwas Majoran.

Er aß trockenes Brot dazu – es war mir immer beachtenswert, zu sehen, wie er das Brot brach. Als wir dann aufstanden, hielt er mich zurück: Giesler, sehen Sie zu, daß wir den Zeitverlust aufholen und bald zum Bauen kommen!

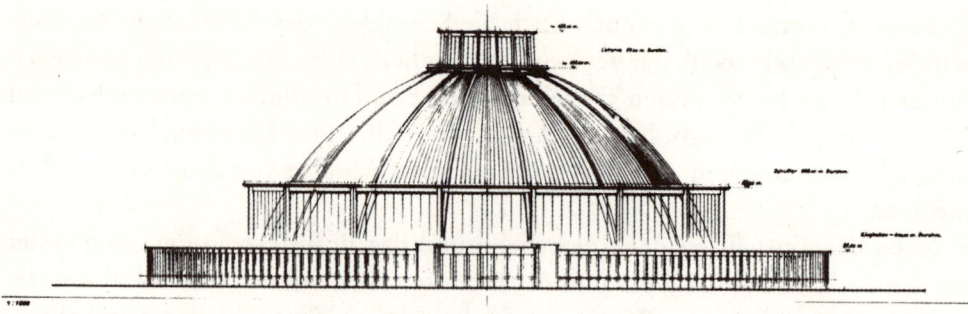

Der neue Hauptbahnhof in der Ost-West-Achse

Adolf Hitler hatte durch die Bemerkung: ‚Der neue Hauptbahnhof wird ein Monument der Technik unseres Jahrhunderts' den Anstoß gegeben für die Gestaltung und Einzelplanung der Gesamtanlage; sein Hinweis wurde verpflichtend.

Das Arbeitsmodell hatte entscheidend zur Klärung der Verkehrsprobleme und damit zur Überwindung der Bahn-Barriere beigetragen, jede Erklärung überflüssig gemacht und überzeugt. Der neue Hauptbahnhof war im Modell plastisch-dominierender Mittelpunkt. Schon bei der ersten, tastenden Formung suchte ich nach der Allseitigkeit, der Harmonie von Hallenraum und äußerer Gestaltung. Dieser Bahnhof sollte zu einer vollkommenen technischen Einheit werden, wesensgleich den Schienensträngen, den Lokomotiven und dem durchfließenden Verkehr der Züge. Im Modell war dieser Bahnhof überzeugend als Polygon, als 16-Eck mit flacher Kuppel dargestellt und von einem Ring umspannt, der allen Raumanforderungen entsprechen konnte*.

Bei fast allen Bahnhöfen, selbst bei denen, die neuzeitlich unter dem Vorzeichen großer Sachlichkeit errichtet waren, schien mir der Dualismus zwischen Bahngebäude und der angefügten Bahnhalle absurd. Denn dem Empfangsgebäude – im eklektischen Rückgriff der Vergangenheit entlehnt, oft der Renaissance, sogar der Romanik – folgen die Bahnsteighallen der Züge, die oft wie Schutzbedachungen für Pferde aussehen. Bei einer bedeutsamen Anlage waren diese Bahnsteighallen sogar in Holzgebinde ausgeführt, eine mißhellige Täuschung in Zeit und Material.

Mit einer Bahnhofs-Fassade, sie mochte noch so hoch und wuchtig sein, war die Richtungsvehemenz der Großen Straße nicht aufzufangen. Das war gut zu erkennen, als im Arbeitsmodell das Straßengefüge mit 120 Meter Breite vom Stachus bis zum Bahnriegel plastisch überschaubar wurde. Eine Fassade konnte auch nicht den Abschluß der Großen Straße bilden.

Nach 2.5 Kilometer teilte sich sinnvoll der Straßenraum in die Fahrtrichtungen, der Mittelstreifen wurde breit, wie eine Insel im Strom, daraus wuchs der geschmeidige Ring, und darüber das transparente Polygon mit den schattig-markanten Segmenten der flachen Kuppel.

Wie schwebend sollte der Bahnhof am Ende der Großen Straße stehen, wie ein Filigran, umgeben von Licht und Schatten, mußte die Konstruktion sich darstellen. Ich konnte mir seine Gesamterscheinung nur im völligen Gegensatz vorstellen zu der ruhenden, geschlossenen Tektonik der Steinbauten, die den Platz und die Straße säumten.

Allseitig bot sich dem Blick nun der Hauptbahnhof, und er war auch von allen Seiten zugänglich. Das Hauptportal war nach Osten, zur Großen Straße, gerichtet. Vier Bahnhöfe in einem erschloß der Ring um das Polygon. Von den Zugängen und den Zufahrten hatte diese Bahnhofsanlage die kürzesten Wege zu den Verkehrsflüssen und auch die kürzesten Wege zwischen den einzelnen Verkehrssystemen untereinander, gleich ob zu den Fern- oder Nahzügen, ob zu den S-Bahnen, zum S-Bahn-Ring oder zu den U-Bahnen, ob zu den Omnibussen, den Taxis oder den großen Parkflächen für Privatwagen in den seitlichen Untergeschossen. Die Verbindung der verschiedenen Verkehrssysteme untereinander ermöglichten horizontale und vertikale Übergänge, wie Rolltreppen und Teleskop-Aufzüge.

Durch die Absenkung des Gleisbettes konnten jetzt die Stadtstraßen nach dem Süden über die Schienenstränge geführt werden. Im ganzen Stadtgebiet sollte das Gleisbett mit weich profilierten und bepflanzten Böschungen gefaßt werden. Durch Grünzonen würden die Züge in technisch gestaltete Bahnhöfe fahren.

Die freie Spannweite der Kuppel-Konstruktion mußte mit den Ingenieuren der Reichsbahn ermittelt werden. Sie waren nicht kleinlich in ihren Ansprüchen, sie drangen auf 245 Meter, dazu addierte sich der Ring und der Straßenanteil mit 110 Meter Breite um die Kuppel.

Nun folgte die Auseinandersetzung mit dem Reichsverkehrsministerium: Daß diese Besprechung in Berlin stattfand, war für das Ministerium eine Frage der Rangdurchsetzung, der ich bereitwillig entsprach, denn vorweg hatte ich ein Gespräch in der Reichskanzlei. Dabei sagte mir Adolf Hitler: Wenn Sie mit Minister Dorpmüller nicht klarkommen, dann übermitteln Sie ihm meinen Wunsch – aber nur ihm! –, daß das Gespräch über die Münchner Bahnanlagen bei mir zum Abschluß gebracht wird!

Als Stütze und für das Protokoll begleitete mich Dr. Praun, der Leiter meiner Rechtsabteilung. Präsident Koll von der Reichsbahn-Neubaudirektion München erschien mit seinem zähen, angriffsbereiten Chefingenieur Franz. Der Minister erwartete uns mit seinem Staatssekretär Kleinmann und dem Chefplaner der Reichsbahn, Dr. Leibbrand. Es ging zu wie bei der Olympiade. Der zeremonielle Ablauf schien im Ministerium aus den ersten Jahren der

Chemin de Fer-Epoche überkommen zu sein. Und doch sagte mir Dr. Praun später, er habe noch nie eine solch interessant-aufregende und aktuelle Verhandlung erlebt.

Präsident Koll, ein kluger, integerer Mann, bekannte sich zu meiner Planung. Sein Franz, der noch mehr Dienstjahre vor sich hatte, sprach dagegen, schon allein wegen des Zeitverlustes, ‚ebend wegen dem Zeitverlust‘, meinte er, denn er stammte aus Finsterwalde, und da sagt man so. Der Staatssekretär spornte Dr. Leibbrand zum Widerstand an. Jovial, mit sonorer Stimme, schirmte der Minister seine Mitarbeiter, ohne sich aber festzulegen. Soweit ministeriale Würde es zuließ, steigerte sich der Kampf um die Höhenlage der Gleise, um Straßen-Unterführung oder Straßen-Überführung in der Höhenlage der Stimmen bis ins Fortissimo.

Da Dr. Leibbrand mich nicht mit sachlichen Argumenten angreifen konnte, fand er einen Ausweg. Er stand auf und sagte akzentuiert, doch feierlich: Ich desavouiere den Herrn Präsidenten Koll in aller Form! Worauf der Gute sich erhob und antwortete: Ich weise dies in aller Form entschieden zurück!

Wie Lokomotiven unter Dampf standen sie sich gegenüber, aber damit war der Genugtuung Genüge getan. Ich hatte mein Vergnügen daran und fand nun den Zeitpunkt für gegeben, um zu sagen: Herr Minister, der Führer erwartet uns beide zum Abschluß des Gespräches in der Reichskanzlei, – kann ich mich von hier aus mit der Adjutantur in Verbindung setzen?

Da war dann in kurzer Zeit alles geklärt: Über die Höhenlage und die Gestaltung der Bahnhöfe bestimmt der Generalbaurat nach Anhörung der Reichsbahn-Neubaudirektion!

Ich ging zum Bericht in die Reichskanzlei. Nur das Ergebnis trug ich vor, auch Adolf Hitler war kurz:

Und?

– Ich war gehalten, dem Herrn Reichsminister Ihren Wunsch zu übermitteln, – falls notwendig –, das Gespräch über die Münchner Bahnanlagen in der Reichskanzlei zum Abschluß zu bringen.

Adolf Hitler drehte sich um: Kommen Sie, Giesler. Aber ich sah doch noch eine leichte Veränderung in seinem Gesicht und dachte: Das sind so unsere kleinen Freuden!

Wir sprachen anschließend über die Konstruktion des neuen Hauptbahnhofes. Ich schlug einen Wettbewerb vor, zwischen den führenden Stahlbau-Firmen wie Krupp, Klönne, Jucho und MAN. Adolf Hitler überlegte, an dem Ergebnis des Wettbewerbs könnten wir die Entwicklung ablesen, die der Stahlbau seit dem Eiffel-Turm, der großen Maschinenhalle der Weltausstellung von 1889 und den gigantischen Brücken in Amerika nun in Deutschland genommen habe*.

Ich beschränkte den Wettbewerb nicht auf die Stahlbau-Firmen, ich bat auch die Stahlbeton-Firma Dyckerhoff und Widmann mit ihrem genialen Konstrukteur Dr. Finsterwalde um einen Konstruktionsvorschlag. Mich interessierten die Dimensionierung und die Möglichkeiten des Stahlbetons bei den geforderten Spannweiten, und zwar im Hinblick auf andere, sich schon abzeichnende Aufgaben.

Für den Bahnhof, so entschied Adolf Hitler, kommt als Konstruktions-Werkstoff nur Stahl in Frage. Den Wettbewerb gewann die Dortmunder Stahlbau-Firma Klönne, die als Berater Professor Bonatz verpflichtet hatte. Das Projekt war groß und vielseitig, unter der Federführung von Klönne wurde mit Krupp und Jucho eine Arbeitsgemeinschaft gebildet. Ich richtete ein ‚Bahnhofbüro‘ ein und beauftragte Professor Bonatz, als freien Mitarbeiter, mit dessen Führung*.

Der Statiker Dr.-Ing. Rudakow ermittelte in unwahrscheinlich kurzer Zeit die Dimensionen der Konstruktionsteile. Vorsorglich erfolgte der Einsatz der Versuchs-Statik zur Überprüfung der theoretisch ermittelten Werte. Professor Graf von der TH Stuttgart wurde damit beauftragt. Diese Untersuchungen wurden an einem großen Stahl-Modell durchgeführt, dessen Konstruktionsteile genau nach den Berechnungen des Statikers Rudakow maßstabsgerecht dimensioniert waren.

Zahlreiche Meßstellen am Modell, zwischen Kuppel, Binder-Spanten und Fundamenten, registrierten jede Bewegung der Konstruktion bei simulierten Belastungen wie Schnee, Wind bis zum Orkan und einem angenommenen Ausfall einzelner Pfetten oder einer Binder-Spante. Auch der Einfluß der Sonnen-Erwärmung auf der Südseite wurde ermittelt. Damit konnte das statische Kräftespiel der polygonalen Stahlkonstruktion, von der Kuppel-Laterne über den Druckring und die 16 Einzel-Spanten zum beweglichen Übergang und zur Lastaufnahme durch die Fundamente gemessen werden.

Es ergab sich nur eine geringfügige Über-Dimensionierung einzelner rechnerisch ermittelter konstruktiver Teile, die durch Sicherheits-Zuschläge begründet waren. Adolf Hitler verfolgte mit großem Interesse diese Versuche. Durch Professor Graf ließ er sich die angewandten Meß-Methoden erläutern. Nach Abschluß der Modell-Versuche bat er mich, Rudakow und Graf seine Anerkennung und seinen Dank zu übermitteln.

Professor Bonatz gegenüber verhielt er sich zurückhaltend. Er hatte keine Bedenken geäußert, als ich ihm mitteilte, daß ich Bonatz als freien Mitarbeiter für München gewinnen wollte, um ihm das Bahnhofsbüro anzuvertrauen. Er sähe es zwar lieber, wenn ich den Hauptbahnhof selbst in allen Einzelheiten planen würde, denn dieser Bahnhof sei meine Idee, aber er sehe ein, alles was die Neugestaltung mir abverlange, was die Partei und er selbst mir an Aufgaben gestellt hätten – und was er mir noch anvertrauen möchte – übersteige schon das Zumutbare.

Ich sagte, Professor Bonatz habe Erfahrung im Stahlbau, er sei die große Autorität bei den Ingenieuren, er habe auch Erfahrung im Bahnhofsbau, wie

Stuttgart zeige, er sei ein Diplomat und gewandt in der Weichenstellung, was bei allen Verhandlungen mit der Reichsbahn Grundbedingung sei. Er nähme es gleich mit einem Dutzend Eisenbahn-Ingenieuren auf, während ich schon mit zweien am Prellbock anstieß.

Adolf Hitler lachte: Der grimme Hagen. Als ich ihn fragend anschaute, erklärte er mir: So nennt Sie Bormann, – und er meint es durchaus zustimmend und anerkennend!

Die Planungsarbeit am Hauptbahnhof mit Professor Bonatz, den Ingenieuren der Neubaudirektion, mit mir und meinen Mitarbeitern, war harmonisch. Bald konnte meine Modellwerkstätte ihre oft bewunderten Holzmodelle fertigen: Die Große Straße mit ihren Bauten, das Denkmal und den Hauptbahnhof. Dann wurden die einzelnen Teile zur Übersicht zusammengefügt.

Wie selbstverständlich verband sich das Bauwerk mit dem großen Straßenraum, bildete einen sachlich-dominierenden Abschluß der Großen Straße und stand zugleich, wie schwebend, im Mittelpunkt der Ost-West-Achse.

Die große Transparenz des Hauptbahnhofes ergab sich aus der hohen, verglasten Stahlschulter des Polygons. Der klaren, statisch wie tektonisch überzeugenden Stahl-Konstruktion wurde für die verschiedenen Funktionen schimmerndes, schwerelos wirkendes Material zugeordnet: Aluminium für die profilierte Kuppel-Eindeckung, Aluminium für Fenster und Elemente, Glas und Glasmosaik für die Licht- und Wand-Flächen.

Es gab im Raumìnneren der weiten Kuppel keine absolute Geschlossenheit, vielmehr verschmolz die durchflutende Lichtfülle das Raumvolumen mit dem unbegrenzten Außen.

Adolf Hitler verbrachte lange Zeit vor diesem Modell. Als ,Sonne' diente ein milder Scheinwerfer, der nicht blendete. Damit sah er den Bahnhof in jeder Tagesbeleuchtung. Am eindruckvollsten wurde die schwebende Leichtigkeit und die Transparenz, wenn der Scheinwerfer in die ,Abendstellung', im Modell bei Pasing, gebracht wurde. Adolf Hitler nickte nur, als ich ihm sagte: Die Nachtbeleuchtung wird den Bahnhof fast unwirklich erscheinen lassen. Wortlos drückte er mir die Hand.

Die Breitspur-Bahn - 1942

Die gesamten Bahnanlagen für München waren in allen Einzelheiten festgelegt. Es war nicht einfach gewesen, das städtebauliche Primat der Trassierung, die Höhenlagen, die Böschungswinkel, die Brückenbauwerke so durchzusetzen, daß sich die Gesamtanlage in den Organismus der Stadt einfügte. Im harten Kampf mit dem Reichsverkehrsministerium hatten sich auch meine Planungen der Bahnhöfe behaupten können, meine Modelle und meine Konzeption des neuen Hauptbahnhofes hatten überzeugt. Die Stahlkonstruktion, von der Laterne des großen Kuppelpolygons bis zu den Fundamenten, war in allen Einzelheiten abgeklärt, die theoretische und die experimentelle Statik mit staunenswerter Übereinstimmung beendet.

Adolf Hitler kam in mein Atelier, um neue Planungen von Linz anzusehen. Sein Blick glitt über die Münchner Modelle, blieb am großen Modell des Hauptbahnhofes haften, und dann sagte er, – so ganz nebenbei, ohne besondere Betonung: Giesler, den Durchmesser des Polygons werden Sie wohl noch ändern müssen.

– Allmächtiger, – ich schaute ihn an, es war ihm ernst.

Warum denn das, mein Führer?

– Ich habe mich entschlossen, eine Breitspur-Bahn zu bauen.

Dann gab er mir den Ursprung und die Begründung seiner Idee: Er habe sich in den letzten Jahren sehr viel mit Transportproblemen befassen müssen. Von jeher sei er sich über die Wichtigkeit von Schiene und Straße im klaren. Schiene und Straße seien die Voraussetzung für die Erschließung, die Durchdringung des Raumes. Er erinnerte an das Römische Reich mit seinen Straßen, an Napoleon, an die Rolle der Eisenbahn bei der Erschließung Amerikas, an die Transsibirische Bahn.

Während wir nun Straßen bauten, die verkehrsgerecht den Raum erschließen und damit die Menschen, die Völker zusammenbringen sollten, vierspurige Straßen, mit Breiten von 20 bis 25 Metern, sei die Schiene beim englischen Postkutschen-Profil von 1435 Millimetern verblieben. Das möchte richtig gewesen sein in der ersten Entwicklungsstufe des Schienentransportes, richtig auch für die Durchdringung des kleinen Raumes. Es bleibe auch richtig für die differenzierte Sammlung und Verteilung der Transportgüter. Aber für die Zukunft, für das kommende Europa, sei dieses Profil nicht ausreichend, – er glaube, der richtige Ausdruck sei: zu kleinspurig!

Er habe dem Reichsverkehrsministerium von seinem Entschluß, eine Breitspur-Bahn mit einer Spurbreite von vier Metern zu bauen, Kenntnis gegeben. Ein kleiner Kreis von sachverständigen Ingenieuren beginne mit der Überprüfung und Ausarbeitung. Vorgesehen seien zwei Nord-Süd-Trassen und zwei Ost-West-Trassen. Je eine davon führe über München: Die Nord-Süd-Trasse, von Hamburg kommend, und die vom Westen, später verlängert zur französischen Atlantikküste und Mittelmeerküste. Sie träfen sich in München, würden gemeinsam über Linz in die Ostmark hineingeführt und gabelten sich dort wieder in den Osten und in den Südosten mit einem Anschluß nach Triest.

Die Trassen für Personenzüge und Güterzüge würden grundsätzlich getrennt geführt, beide Trassen seien zweispurig. Das Profil des Breitspur-Personenwagens sei in Höhe und Breite fest begrenzt. Die Ladehöhe der Güterwagen müsse frei bleiben, ebenso wünsche er keine zu enge Begrenzung der Breitennutzung. Die Personenwagen seien zweigeschossig, mit dem Mittelgang hätten sie eine Nutzbreite von sechs Metern. Der Speisewagen solle eingeschossig sein. Einige Monate später besichtigte ich mit Adolf Hitler ein Modell davon in natürlicher Größe. Ebenfalls gezeigt wurde ein Personen-Abteil, das – entsprechend seiner Forderung – mit wenigen Handgriffen in ein Liege-Abteil umgewandelt werden konnte.

Den Breitspur-Güterwagen stellte er sich so vor: Auf einer Plattform von etwa sechs Meter Breite würden die Normal-Waggons als Behälter durch Brückenkräne aufgesetzt, – zwei nebeneinander, drei oder vier hintereinander. Darauf, je nach dem Ladegut, noch einmal dasselbe. Ein Breitspur-Waggon übernehme für den Ferntransport also mindestens sechs bis zwölf Normal-Waggons und gebe sie bei den Verteilerzentralen wieder auf die Normalspur-Achsen zurück.

Massengüter könnten auch in leichten, großräumigen Transportbehältern transportiert werden. Diese Behälter würden wie Kisten auf die Breitspur-Waggons gestapelt und bei den Verteilerzentralen auf Normal-Waggons umgeladen oder direkt durch Lastkraftwagen zum Bestimmungsort transportiert und entladen.

Die Fahrgeschwindigkeit solle für den Güterverkehr mindestens 150 bis 200, für den Personenverkehr 250 Kilometer in der Stunde betragen*!

Natürlich seien seine Überlegungen auch aus militärischen Gründen erfolgt, – der Krieg sei der Vater so mancher Idee. Aber der Hauptgrund sei der, daß unser gegenwärtiges Transportsystem das Verkehrs-Aufkommen in 10 oder 20 Jahren nicht mehr bewältigen könne und daß gegenüber dem Wasser-Transport auf Kanälen der Schienen-Transport auf der Breitspur vorteilhafter sei in der Erschließung des Raumes. Man müsse nur an die Überwindung der Höhen denken, die Dauer des Wasser-Transportes, die Abhängigkeit von der Jahreszeit; denn in den Monaten des größten Transport-Aufkommens seien selbst bei uns, im Reich, die Kanäle meist zugefroren.

Diese neuen Breitspur-Güter-Trassen solle ich unmittelbar durch den Güterbahnhof München-Nord führen. Im Hauptbahnhof müsse ich also mit zwei zusätzlichen Vier-Meter-Spuren für den Personenverkehr rechnen. Dazu werde ein Bahnsteig erforderlich, die zugehörigen beiden Gepäck- und Post-Bahnsteige seien sowieso gegeben. Er schloß diese Überlegungen:

Aber ich glaube, ohne Erweiterung des Polygon-Durchmessers wird das nicht möglich sein. Dementsprechend erweitert sich ja auch der Umfahrungs-Ring. Überprüfen Sie bald, ob sich das noch mit den Straßenraum-Proportionen verträgt. Ich bin absolut davon überzeugt, denn der Bahnhof erscheint im Straßenraum ja nicht als Masse, sondern durch die Art seiner Konstruktion und die Ausbildung der Außenhaut sehr transparent.

Die begründete Vorstellung Adolf Hitlers von einer europäischen Breitspur-Bahn, veranlaßte das Reichsverkehrsministerium, die Bahnhofsanlagen, und damit das Polygon, um 20 Meter zu verbreitern. Kurze Zeit darauf sprach mich Speer an:

Blick auf den Hauptbahnhof, vorne die Arnulfstraße.
Die Hochhäuser am Hauptbahnhof: Das KdF-Hotel, dahinter der „Eher-Verlag".

Hauptbahnhof. Teilausschnitt der Halle.

Bahnhofshalle: Schnitt durch die Polygonkuppel. Stahlkonstruktion und Treppen.

Der Hauptbahnhof dominiert am Ende der Großen Straße, ohne den Verkehrsfluß von und nach Westen zu behindern.
Der Bahnhofsplatz wird durch die beiden Hochhäuser gefaßt.

Giesler, ich hörte, du willst die Spannweite der Münchner Bahnhofs-Kuppel um 20 Meter vergrößern. Das gäbe dann einen Durchmesser von 265 Metern, – unmöglich!, – denn meine Halle in Berlin hat 250 Meter Spannweite. Du mußt in München darunter bleiben, auf 245 Meter, wie du es bisher geplant hast!

Ich erwiderte verblüfft: Ich bin nicht an einer Ausweitung des Durchmessers der Münchner Halle interessiert, – ich habe auch nicht den Ehrgeiz, die größte Halle im Rahmen der Neugestaltung zu bauen!

Ich erläuterte Speer meine Auffassung zu der vorgesehenen Verbreiterung der Bahnhofsanlagen: Ich glaube nicht, daß diese Reichsbahn-Forderung berechtigt sei; sie müsse überprüft werden. Denn durch die Breitspur könnte im Bahnhof doch mindestens ein Gleispaar der Normalspur eingespart werden. Im übrigen schienen mir die Gleisanforderungen des Ministeriums, die mich zu der Polygon-Spannweite von 245 Metern gezwungen hatten, als übersetzt, davon sei ich überzeugt. Nach dem Kriege würde das Flugzeug als schnelles Fernverkehrsmittel an Bedeutung gewinnen, dazu komme die zunehmende Motorisierung und jetzt noch die Breitspur, all dies bewirke doch, daß weniger Normalzüge als vorgesehen verkehrten.

Ich fügte hinzu: Und weshalb wird denn in München ein Durchgangsbahnhof gebaut? Weil er leistungsfähiger ist als der alte Kopfbahnhof, weil Zeit gespart wird und die Gleise schneller frei werden: weil der Zug-Durchsatz größer ist. Die Breitspur trifft dich in Berlin genauso wie mich in München. Wir haben doch ein gemeinsames Interesse, den übertriebenen Forderungen zu begegnen. Es ist sehr wohl möglich, daß wir zusammen Erfolg haben. Dann bleibt es in München bei den 245 Metern, und es ändert sich weder die Planung noch die abgeschlossene Statik. Wir haben 1940, nach dem Frankreich-Feldzug, schon mit den Fundamenten begonnen. Auch das ist zu bedenken. Doch die Entscheidung, ob es bei dem Durchmesser von 245 Metern bleibt oder ob nach den Forderungen der Reichsbahn der Kuppeldurchmesser mit 265 Metern neu geplant und berechnet werden muß, – diese Entscheidung wird der Führer treffen.

Das Straßen-Bauwerk – 1939/40

‚Die große Straße muß kreuzungsfrei angelegt sein‘, hatte mir Adolf Hitler gesagt, als er mich in die städtebaulichen Aufgaben der Neugestaltung Münchens einführte. Das galt natürlich für die gesamte Ost-West-Achse, deren Bestandteil stadteinwärts die Große Straße war. Vom abgesenkten Gleisbett der Bahnanlagen aus, das ich gegen den Widerstand des Reichsverkehrsministeriums durchgesetzt hatte, begann die sorgfältig überlegte Interpolation der Höhenlagen dieser bedeutsamen Straßenräume.

Vom ‚Denkmal der Partei' bis zum Platz vor dem neuen Hauptbahnhof stieg die Große Straße an, um den notwendigen Freiraum über den abgesenkten Bahnanlagen zu gewinnen. Es begann mit einer konkaven Ausrundung des Längsprofils, darauf folgte auf zwei Kilometer die Steigung mit etwa 15 Zentimetern auf 100 Meter. Unmerklich fast, kenntlich nur – und erwünscht – an dem leichten Versprung der Hauptgesimse der Gebäudeblöcke.

Vom Bahnhofsplatz setzte die Steigung rampenförmig an, eine konvexe Steigung mit Ausrundungen, die am Ring des Polygons endeten. Dadurch wurden Sichtüberschneidungen am Bahnhofsgebäude vermieden und der Schwebezustand des Polygons betont.

Vom Stachus – vor dem Beginn des Altstadtkerns – bis zum neuen Hauptbahnhof wurde die Große Straße als zweigeschossiges Bauwerk geplant. An dieser Entscheidung hatte das körperhafte Arbeitsmodell Anteil. Die Ost-West-Trasse der U-Bahn verlief unter dem Straßen-Untergeschoß. Die Quer- und Ring-Straßen hatten die Höhenlage dieses Untergeschosses, das sie somit unterteilten und zugleich erschlossen.

Durch Abfahrts- und Auffahrts-Rampen wurden die seitlichen Fahrspuren der Großen Straße mit den Quer- und Ring-Straßen und zugleich auch mit dem Straßen-Untergeschoß verbunden. Diese Rampen zweigten von besonderen Einlaufspuren ab, als Auffahrts-Rampen mündeten sie wiederum in Einlaufspuren; diese Einlaufspuren standen mit den äußeren, den Langsam-Fahrspuren der Großen Straße in Verbindung. So war das Ab und Auf zwischen Großer Straße und den Quer- und Ring-Straßen hergestellt.

Wichtiger jedoch war, daß mit den Rampen zugleich auch die Verbindung zwischen der Großen Straße und dem Straßen-Untergeschoß gegeben war. Darin standen über 160 000 Quadratmeter Parkflächen zur Verfügung, ausreichend für mehr als 6 000 PKW. Damit war für genügende Parkmöglichkeit bei den Gebäuden entlang der Großen Straße gesorgt. Aber weit darüber hinaus – und das war bedeutsam – standen diese Parkflächen auf etwa 2.5 Kilometer Länge in guter Verbindung mit der U-Bahn: Der weiteste Weg vom geparkten Fahrzeug bis zur nächsten U-Bahn-Station betrug etwa 275 Meter!

Der Übergang vom Auto zur U-Bahn war damit gesichert, die Überlappung des Individualverkehrs mit dem Massenverkehr der Schiene war erreicht[*].

Um den ruhenden Verkehr auf der Großen Straße nicht gänzlich auszuschließen, war zwischen den Einlaufspuren eine Abstellfläche für kurzparkende PKW sowie Raum zur Vorfahrt bei Gebäudegruppen in einer Tiefe von 4 bis 7 Metern vorgesehen. Damit würde ein belebter und farbiger Saum entlang des Straßenraumes entstehen.

Unter den Bürgersteigen entlang den Gebäudefronten lag eine 10 Meter breite, zweispurige Versorgungsstraße auf der Ebene der Quer- und Ring-Straßen, jedoch abgetrennt von den großen Parkflächen. Zwischen den Baum-Caissons war ein zusätzlicher Parkstreifen den Versorgungsstraßen zugeordnet. Somit

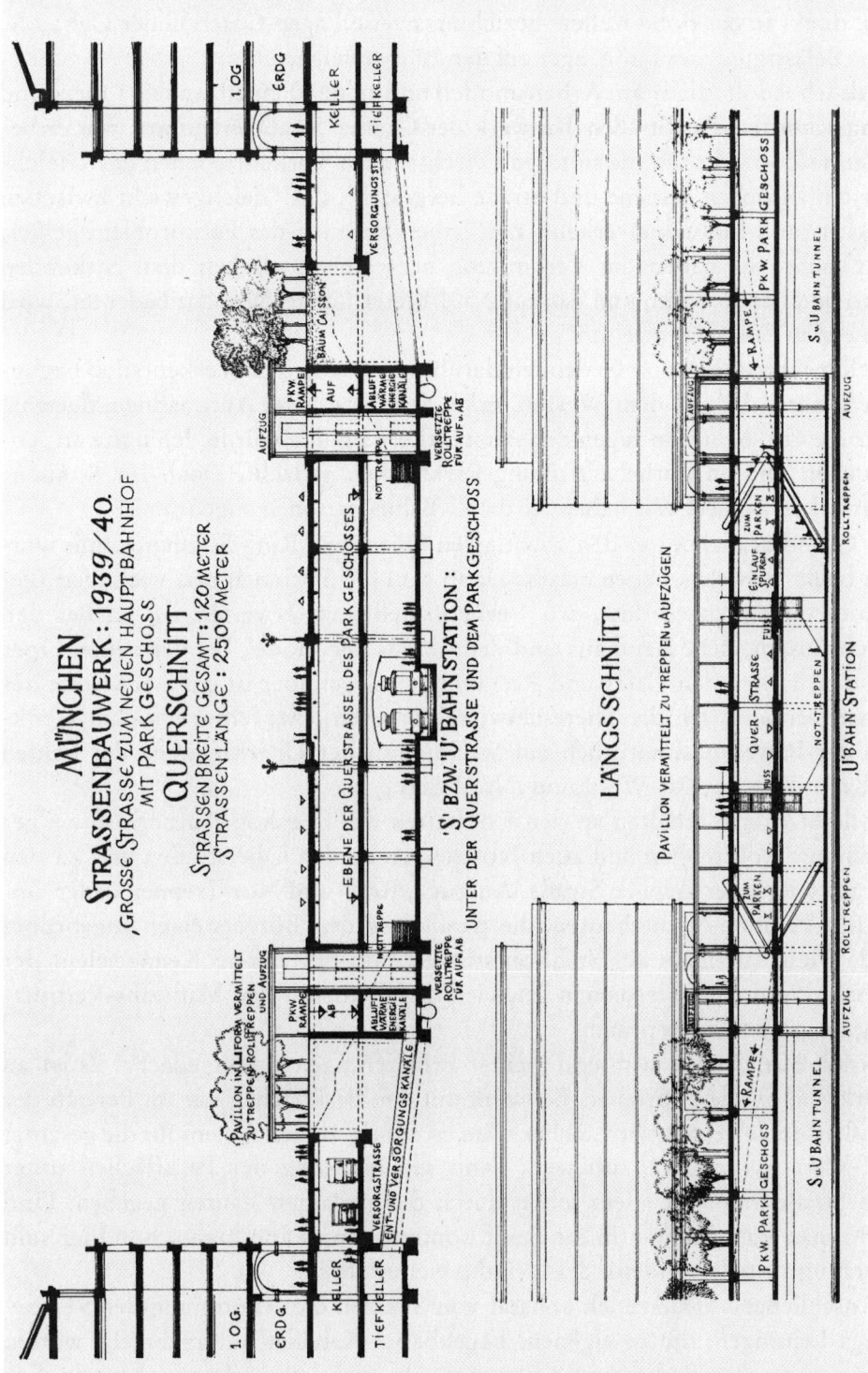

Geplantes Straßenbauwerk vom alten zum neuen Hauptbahnhof – Systemzeichnung.

war die Anlieferung, das Aus- oder Einladen im Straßen-Untergeschoß möglich, direkt in das hohe Keller- beziehungsweise Lager-Geschoß der Gebäude, ohne Belästigung der Fußgänger auf den Bürgersteigen.

Als ich Adolf Hitler am Arbeitsmodell und an den Plänen, an den Quer- und Längsschnitten, das Straßen-Bauwerk der Großen Straße erläuterte, war er begeistert: Zuerst haben Sie mit den verschiedenen Verkehrsebenen das Gleichgewicht zwischen Schiene und Straße hergestellt, das Gleichgewicht zwischen Massen- und Individualverkehr, nun haben Sie auch das Parkproblem gelöst; weit mehr, Sie haben die Verbindung hergestellt zwischen dem parkenden Auto und der U-Bahn, und das auf 2 500 Meter Länge. Was das bedeutet, wird sich erst in Zukunft erweisen!

Ich machte mir schon Gedanken darüber, wie man dem Verkehrsfluß begegnen könnte, der aus dem Westen, noch dazu von zwei Autobahnen, dereinst über die Große Straße gegen den Altstadtkern prallen würde. Ich hatte an Ableitungen und an seitliche Auffang-Parkflächen gedacht. Doch Ihr Straßen-Bauwerk ist besser! Wie haben Sie die U-Bahn-Stationen angeordnet?

– Grundsätzlich unter den wichtigsten Quer- und Ring-Straßen; damit werden beide Verkehrsebenen erfaßt. Dann sind die Stationen den wichtigen Gebäudegruppen zugeordnet, wo Verkehrsdichte zu erwarten ist, so bei den Hochhäusern, dem Kaufhaus und dem ‚Haus der Mode‘, bei der neuen Oper mit dem Hotel, den Cafés und Restaurants; Gegenüber ist dann zeitweise der Massenverkehr, den die Theresienwiese erwarten läßt; ferner bei dem Denkmal der Partei, und natürlich am Stachus mit der Überkreuzung der beiden U-Bahn-Trassen ‚Ost-West‘ und ‚Nord-Süd‘.

Alle Stationen erhalten an den Kopfseiten die Teleskop-Aufzüge sowie gegenläufige Rolltreppen und auch Nottreppen zu den Querstraßen und zu den Bürgersteigen der Großen Straße. Aufzüge, Roll- und Not-Treppen enden unter den Pavillon-Schutzbauten, die parallel zu den Bürgersteigen angeordnet sind. Diese Pavillons auf Stahlrohrstützen sind das äußere Kennzeichen der U-Bahn-Stationen, sie dienen zugleich als Elemente der Maßstabs-Vermittlung im großen Straßenraum.

Adolf Hitler hatte während meiner Erläuterungen weitergedacht: Es ist zu überlegen, ob dieses Straßen-Bauwerk mit den Parkflächen nur im Bereich der Großen Straße gebaut wird. Sicher wäre es richtig, dieses System für die gesamte Ost-West-Achse durchzuführen, denn die Nutzung der Parkflächen unter dem Straßenraum ist allein schon durch die geplanten Bauten gegeben. Und wenn man von draußen in die Stadt kommt, dann kann man schon hier sein Fahrzeug abstellen und mit der U-Bahn weiterfahren.

Anschließend erklärte ich anhand von Skizzen die Anordnung der Versorgungs-Leitungen, die in eigenen, begehbaren Kanälen untergebracht waren, nach technischen Bedingungen getrennt, übersichtlich verlegt und zugänglich für die Wartung.

Adolf Hitler betrachtete interessiert den Schnitt durch das Kanalsystem mit den Unterteilungen für die verschiedenen Kabelstränge, für die Nutzwasser-Leitungen und die Abwasser-Rohre.

Das sei gut, denn damit entfalle später das lästige Aufreißen von Bürgersteig und Straße, wenn man einmal an eine der Leitungen müsse. Was die großen Kammern mit der Bezeichnung ‚Abluft‘ und ‚Wärme‘ bedeuteten, fragte er mich dann.

Ich erklärte, die Abluftführung im Straßen-Untergeschoß sei so notwendig wie die Bewetterung im Stollensystem eines Bergwerkes. Am Boden der Park-flächen müßten die Kohlenoxydgase abgesaugt und dann über Nachbrenn- und Filterkammern in die Kamine der Gebäudegruppen geführt werden. Frisch-luft ströme ohne Ventilation aus den Querstraßen zu.

Dann deutete ich ihm zum erstenmal Einzelheiten eines neuen Plans an: Und ‚Wärme‘ bedeutet den kontrollierbaren Kammerraum für die Transportleitun-gen der Fließenden Wärme, also Fernwärme für die Bauten anstelle von Einzel- oder Sammel-Heizungen, obwohl die für eine Einzelheizung notwendigen Kesselräume und die Kamine vorsorglich in jedem Bauwerk eingeplant wer-den.

Meine Ingenieure befassen sich damit, die Fahrstraßendecke über dem Park-geschoß durch Wärmestöße zu beheizen, um die Straße frei von Schnee und Glatteis zu halten. Denn bei diesen großen Straßenräumen kann man nicht an manuelle Schneeräumung oder an Sandstreuen denken.

Über das für die Neugestaltung insgesamt so wichtige Problem der Wärme-versorgung kann ich noch nicht berichten. Noch fehlen mir dazu die qualifi-zierten Unterlagen, es wird einige Wochen dauern, bis die Planung und die überprüften Berechnungen der Ingenieure abgeschlossen sind.

Adolf Hitler zeigte auf das Modell und sagte: Ich habe den neuen Haupt-bahnhof als ein Monument der Technik unserer Zeit bezeichnet, – und ich füge hinzu, die ‚Große Straße‘, die zu diesem Monument führt, wird die modernste Straße unserer Zeit sein!

„Der Empfang"

Bauten der Partei – 1939

Es geht um die Stadtformung, sagte Adolf Hitler. Früher war sie über lange Zeiten bestimmt durch die schützenden Mauern, die aber zugleich auch den Stadtorganismus eng umklammerten. Erst nach Jahrhunderten eines langsamen vertikalen Wachstums wurde diese Umklammerung übersprungen, wobei sich der neu gewonnene Stadtraum wiederum mit Mauern abschirmte.

War die Stadt von Bedeutung, der Sitz eines Fürsten, oder war sie Festung, dann umgaben die Mauern noch Schutzwälle, Gräben, weit vorgestreckte Bastionen und Glacis.

In den Merian-Stichen erkennt man den besonderen Reiz der alten Stadtformung, das festumrissene Gefüge einer Gemeinschaft. Darin finden der Dom, die Residenz, das Rathaus – dem Rang entsprechend – über dem Gefüge der Wohnstätten ihren bedeutsamen und gültigen Maßstab.

Erst im 19. Jahrhundert begann die unbegrenzte und gestaltlose Auswucherung, die wir wieder zu einer organischen Ordnung führen müssen. Die Stadtform kann heute meist nur noch in Sektoren empfunden werden, die wir zu ordnen und deren Dissonanzen wir zu überwinden haben, um mit ihnen wieder ein sinnvolles Stadtgefüge zu bilden.

Anstelle der Schutzmauern, die früher das Stadtvolumen bestimmten, tritt hier in München der Autobahn-Ring, der die Verkehrsströme leitet und der, zusammen mit seinem Grüngürtel, den Stadtraum begrenzt und vom freien Landschaftsraum trennt.

Was wir beachten müssen, das ist der ‚Empfang'! Dem von außen Kommenden muß sich der Eindruck vermitteln, ‚hier beginnt die Stadt', und, darüber hinaus, ‚hier empfängt mich die Stadt'! Dem folgt dann ein klares Geleit zum traditionsreichen alten Stadtkern, zum Empfang durch das mittelalterliche Stadttor oder dem Empfang durch ein Siegestor, einem Triumphbogen, – wie in München durch die Feldherrnhalle oder die Propyläen aus der Ära Ludwigs I.

Wie bedeutsam die Stadttore einst empfunden wurden, zeigt sich hier in München: Im frühen Mittelalter wählte man als Siegel, ein Symbol der Stadt, das wehrhafte Tor, darüber schwebte ein Adler mit ausgebreiteten Schwingen. Das weist auf den damaligen kaiserlichen Rang der Stadt; der Kopf eines Mönches im gotischen Torbogen deutet den Namen München*. In späteren Zeiten wurde daraus, verniedlicht, das ‚Münchner Kindl'.

Plastiken und Fresken haben die Wehrtore zugleich auch für den Empfang geschmückt.

Wir saßen im Wohnabteil des Sonderzuges und fuhren von München nach Berlin. Adolf Hitler war entspannt, er hatte die Zeit und wohl auch die Lust zu einer Unterhaltung über städtebauliche Gestaltung. Es war für mich immer wieder überraschend, in welcher gelockerten Form er oft bedeutsame Akzente setzte und mir für meine Arbeit Anregungen vermittelte.

So sprach er nun weiter über Wehrtore im schützenden Mauerwerk und über Tore der Herrschaft, wie das Löwentor von Mykene mit seiner Kontrastwirkung der feinen Meißelarbeit zu den mächtigen Zyklopen-Quadern. Er schilderte die Ischtar-Toranlage von Babylon, deren Außenpforte er im Berliner Museum bewundert hatte, und er sprach über die farbigen Kontraste des leuchtend-blau glasierten Ziegelmauerwerks, darauf die Reliefs der Löwen und Wappentiere im Gelb der Sandwüsten: Imponierend in seiner majestätischen Form – und dabei ist die rekonstruierte Außenpforte nur ein kleiner Ausschnitt aus dieser großartigen Toranlage, die wohl auch sinnbildlich als Ausdruck der Herrschaft zu deuten ist.

Einen anderen Typ der Toranlagen, mehr der Würde des Empfangs und der Repräsentanz zugeordnet, sah er in dem Architektur-Aufbau der Akropolis-Propyläen und in der dekorativ-plastischen Fassadengestaltung des Markttores von Milet.

Noch ein Beispiel von besonderer Bedeutung und Eigenart fiel ihm ein: Das seltsame Tor des Staufers Friedrich II. in Capua, der Eingang zu seinem Reich, ein Tor der Herrschaft; Abwehr, Empfang und Drohung zugleich.

Bauherren von Rang wüßten um die Verpflichtung des angemessenen Empfangs. Diese Verpflichtung sei tief verwurzelt und uns in allen Formen übermittelt: In den Kolonnaden vor dem Petersdom, im Court d'Honeur, in den Hallen und Treppenhäusern der Residenzen, aber auch in Alleen, mit Führung durch Parklandschaften, mit Brunnen und Wasserspielen, – alle dienten dem Empfang. Auch die kleine Dorfgemeinschaft fühle diese Verpflichtung, bei besonderen Anlässen errichte sie Tore und schmücke sie mit Tannengrün, Fahnen und Inschriften. Wir müßten auch in München im Rahmen der Neugestaltung den ‚Empfang' beachten:

Giesler, überlegen Sie sich das, und machen Sie mir Vorschläge, in welcher zeitentsprechenden Form der ‚Empfang‘ zu gestalten ist. Der bauliche Teil muß sinnvoll sein und überzeugend, – das heißt: weder Triumphbogen noch nutzlos einengende Propyläen, doch dem Wesen der Stadt gemäß.

Gerade diese Worte waren es, die mich in meinen Absichten bestärkten. Ich sagte, dann könne Sinn und Zweck des ‚Empfangs‘ der von ihm festgelegten Bestimmung entsprechen: München als ‚Hauptstadt der Bewegung‘.

Er zögerte noch, mir zuzustimmen:

Mit den Bauten der Partei wollen Sie demnach ‚die Stadt beginnen‘ und den ‚Empfang‘ gestalten? Vieles spricht dafür, doch geben Sie mir Ihre Begründung.

Ich führte aus, ich möchte ‚Empfang‘ und Stadtbeginn mit den Parteibauten verknüpfen, weil damit eine vorrangige Baustufe gegeben sei, zugleich werde die endgültige Formung gesichert und nicht Zufällen künftiger Zeiten ausgesetzt, – kurz, es sei eine bedeutsame Entscheidung, nicht nur für den westlichen Sektor im Stadtgefüge.

Die sich daraus ergebende Gestaltung solle sein Signum tragen. Es seien seine Ideen für die Neuordnung Münchens zur Ganzheit hin. Und nichts sei besser geeignet, seine städtebaulichen Vorstellungen überzeugend sichtbar zu machen als die vorausgehende endgültige Gestaltung des westlichen Stadtgebietes, vom Altstadtkern bis zum freien Landschaftsraum. Letztlich sei es die neuzeitliche Fortsetzung der alten Salzstraße, die zum frühen Ursprung Münchens geführt habe.

Ich entfaltete einen Lageplan und legte Übersichts-Aufnahmen vom Arbeitsmodell bereit:

Hier, am alten Hauptbahnhof, beginnt die Große Straße mit einem Paukenschlag: Die Säule der Bewegung, das Denkmal der Partei. Am neuen Hauptbahnhof vorbei führt dann der Straßenzug, als Ost-West-Achse, weiter nach Westen, – wo und wie und mit welchem baulichen Akzent dieser Straßenzug endet, hat mich beschäftigt. Das ‚wo‘ wird bestimmt durch Pasing.

Pasing war ein eigenständiger Kleinstadt-Organismus, zwar im Stadtbereich innerhalb des geplanten Autobahn-Ringes, jedoch ohne unmittelbaren Zusammenhang mit München. Schon der baulichen Maßstäbe wegen mußte Pasing ein selbständiges Gebilde bleiben, mit dem Erschließungsraum nach Süd und West. Die Arbeit am Übersichtsmodell hatte mir die Sicherheit vermittelt über die Gesamtordnung, die mögliche klare Trassierung der Verkehrsströme, die vernünftigen Rhythmen in den Längen der Ost-West-Achse und auch über ihren sinnvollen Abschluß, oder, umgekehrt, über den Stadtbeginn.

Nun galt Hitlers Interesse den Aufnahmen des Übersichtsmodells, die ich ihm vorlegte und erläuterte:

Hier sollte Pasing durch einen Grüngürtel nach Osten, vor München, abgeschirmt werden, um einer unorganischen Entwicklung vorzubeugen. In diesem

Grüngürtel würde sich der Ost-West-Straßenzug in drei Trassen aufgliedern, die in ihrer Höhenlage differieren; Nach Südwest der Zubringer zur Alpenstraße und zur Autobahn nach Lindau, dann nach Pasing und weiter nach Landsberg, und hier, nach Nordwest, der Zubringer zur Autobahn Augsburg-Stuttgart.

Ich erläuterte: Alle drei Trassen stehen auch in Verbindung mit dem Autobahn-Ring. Diese Modellaufnahme zeigt in umgekehrter Richtung die Einführung der genannten Einzeltrassen in die Ost-West-Achse mit leichtem Rampenanstieg. Und hier beginnt die Stadt, – nicht mit Zufälligkeiten, nicht mit Wohnbauten. Weit offen, mit einer Bauanlage, die zugleich dem Empfang dient, ist der Stadtbeginn unmittelbar und energisch: Das Forum der SA.

Weitere Parteibauten folgen zur Stadt hin entlang der Ost-West-Achse. Den Abschluß der Parteibauten bildet der große Gebäudekomplex der Deutschen Arbeitsfront. Dann beginnt die Region des neuen Hauptbahnhofes mit den Nebenanlagen. Parallel zum Gleisbett habe ich die geforderten Ausstellungshallen der Arbeitsfront vorgesehen, die damit Gleisanschluß erhalten.

Adolf Hitler unterbrach mich. Nun seien wir über die Stadttore, Stadtbeginn und ‚Empfang' zu den Standorten der Parteibauten gekommen, – durchaus folgerichtig. Über den richtigen Standort und die Gestaltung dieser Bauten habe er sich oft Gedanken gemacht, auch sei er wiederholt seitens der Partei um Klärung gebeten worden, man habe sich schon vorsorglich um Grundstücke bemühen wollen. Er habe bislang abgewehrt, denn sinnvoll solle erst die Planung der Neugestaltung Münchens in den wesentlichen Teilen festliegen. Dann habe er es sich leicht gemacht mit dem Hinweis, zuständig für die Bauten der Partei in München sei der Generalbaurat, so wolle er seinen Erlaß zu meiner Einsetzung verstanden wissen.

Ich hob die Hand, um eine Bemerkung einzufügen, kam aber nicht dazu.

Ich weiß, was Sie sagen wollen, Giesler, – mein Hinweis an die Reichsleiter schließt nicht aus, daß wir uns zuvor abstimmen und daß Sie, falls erforderlich, meine Entscheidung einholen – aber die Zuständigkeit liegt bei Ihnen.

Schon ein Jahr später hatte ich Anlaß, mich an diese Worte zu erinnern.

Der Tee wurde serviert, Bormann wollte die Unterbrechung nutzen, um einige Informationen einzuholen.

Lassen Sie das jetzt, Bormann, bleiben wir doch bei den Parteibauten, und Sie, Giesler, begründen aus städtebaulicher Sicht Ihre Vorstellungen über die Anordnung dieser Bauten an der Ost-West-Achse.

Ich tat es ausführlich, ich wußte, Adolf Hitler konnte zuhören, und über die städtebauliche Planung von München wollte er eingehend informiert werden. So erläuterte ich, weshalb meiner Meinung nach das Gelände beidseitig der Ost-West-Achse sich besonders für die Bauten der Partei eignete, nicht aber für Wohnbauten. Denn die Geländestreifen von jeweils fast drei Kilometer Länge, die durch die Ost-West-Achse erschlossen würden, lagen zwischen parallel verlaufenden Verkehrsströmen: Der nördliche Geländestreifen wurde begrenzt durch die Gleisanlagen, die zum neuen Hauptbahnhof führten, der südliche durch die Landsberger Straße, und es stand zu erwarten, daß gerade diese Straße künftig starken innerstädtischen Erschließungs- und Lkw-Verkehr aufzunehmen hatte. Zwischen diesen Verkehrsströmen Wohnstätten einzuklemmen, war abwegig.

Außerdem verlangte die bedeutende Ost-West-Achse bauliche Maßstäbe, denen Wohnbauten nicht entsprechen konnten. Doch die Geländeflächen entlang dieses großzügigen Straßenzuges mußten intensiv genutzt werden und bedurften einer räumlichen Verdichtung. Das war allein schon bedingt durch die günstige Lage zum neuen Hauptbahnhof und zu den Verkehrsmitteln der U- und S-Bahnen, ferner durch die Verbindung dieser Straßenachse mit zwei Autobahnen und dem Autobahn-Ring. Auch ergaben sich die notwendigen Parkflächen in den Bauanlagen selbst oder unter dem Straßenraum. Wichtig schien mir außerdem die Möglichkeit der fast unmittelbaren Versorgung mit Wärme und Energie durch das geplante Heizkraftwerk West.

Die baulichen Maßstäbe, die dieser Ost-West-Achse zustanden, allein schon unter Beachung der Dimensionen des Hauptbahnhofes und der daran anschließenden Großen Straße, konnten nur straffe, monumentale Bauten vermitteln: Bauten für die Gliederungen der Partei, mit dem Forum der SA zu Beginn und den Gebäudegruppen der Deutschen Arbeitsfront als Abschluß vor dem neuen Bahnhof. Dazwischen konnten das NSKK angeordnet werden, die Bauernschaft, die NSV, die Frauenschaft und anderes mehr.

Ich ging nun auf Gestaltungsfragen ein. In offener Bauweise, durch Baumbestand voneinander getrennt, sollten sich diese Bauten differenzieren und ihren eigenen Ausdruck finden. Damit hätten qualifizierte Architekten die Möglichkeit, für jedes Gebäude die eigene Handschrift zu zeigen, natürlich im Rahmen der übergeordneten Festlegungen wie Geschoß- und Gesimshöhen. Doch das schließe keineswegs eine individuelle Gestaltungsfreiheit aus.

Auch könne die dem Straßenzug eigene Horizontaltendenz durch die vertikalen Intervalle, Zäsuren und Risalite der Bauwerke bereichert werden. Ich dachte sogar an eine Auflockerung der Bauflucht, jedoch nur innerhalb einer Bauanlage selbst, um durch eine bewegte Grundrißform den Nordfassaden eine plastische Wirkung zu geben. Damit würde ein interessanter optischer Wechsel erzielt durch die Verschiedenartigkeit der Tages- und Nacht-Beleuchtung.

Ich wolle jede Erstarrung der Straßenfronten vermeiden. Es stehe mir eine Kritik an der Ludwigstraße nicht zu, aber man könne an den einheitlich ausgerichteten Fassaden des Architekten Gärtner lernen, daß sie auf mehr als einen Kilometer Länge zu geschlossen und monoton wirken.

Ich hätte die Intervalle, die in den Straßenraum vorspringende Freitreppe der Staatsbibliothek und die Vertikale der Ludwigskirche, die die Geschlossen-

heit durchbrechen, immer als notwendig empfunden. Und die Platzausweitun-
gen am Beginn und am Ende des Straßenraumes – der Universitäts- und der
Odeons-Platz – kämen gerade rechtzeitig, um tief atmen zu können. Umsomehr zwinge die Bebauung der rund drei Kilometer langen Ost-West-Achse
zu sorgfältigen Überlegungen.

Aus der Situation des Baugeländes auf beiden Seiten der Ost-West-Achse
ergebe sich zwangsläufig, daß die Durchformung der Baukörper und der Fassaden bedeutsam sei. Bei diesen Bauten gebe es wohl Innenhöfe, aber keine
Hinterhöfe. Die Rückansichten seien hier zugleich die Fassaden, die sich den
ein- oder ausfahrenden Zügen zuwendeten, oder sie bildeten gleichzeitig die
Baufluchten zur Landsberger Straße. Wohl seien sie durch Grünstreifen oder
Baumbestand von den Verkehrsströmen abgeschirmt, sie seien aber dennoch
bedeutsame Teile des Stadtporträts. Die allseitig geformten Baukörper entlang
der Ost-West-Achse entsprächen dem geforderten ‚klaren Geleit' zum Stadtkern, und sie dienten ebenso dem ‚Empfang' wie das Forum der SA als Tor für
den Stadtbeginn.

Adolf Hitler unterbrach mich: Bleiben wir zunächst noch bei den Bauten der
Partei. Es fällt mir auf, Sie haben weder die Standorte noch die Bauten für
die SS und die HJ erwähnt, – und wohin wollen Sie mit der Gauleitung
München-Oberbayern, die jetzt noch in verschiedenen Gebäuden aufgeteilt
ist?

Ich entfaltete einen Teil-Lageplan. Im Norden von München hatte ich die
Bauten für die SS vorgesehen. Es solle hier, am Ende der Autobahn Berlin-
München, eine Toranlage entstehen, durch zwei Kastelle für Einheiten der SS-
Standarten ‚Das Reich' und ‚Der Führer'. Damit bildete sich ein Platz, der
dem Empfang dienen könne und der zugleich die gesamte Bauanlage einleite.
Dazu gehörten auch die geforderten Wohnstätten – sie waren hauptsächlich
zur Westseite der Isar-Auen orientiert –, die eine vorgesehene Weiterentwick-
lung des Englischen Gartens nach Norden ermöglichten.

Adolf Hitler hatte den Übersichtsplan betrachtet: Wie ich hier sehe, haben
Sie diese Bauanlage als eigenständiges Gebilde, wie einen Trabanten, vor den
Autobahn-Ring gelegt, den Sie doch nicht mit Stadtbauten überspringen woll-
ten?

– Ja, – und das ganz bewußt! Was ich hier anstrebe, das ist ein kleiner, in sich
geschlossener „Ideal-Stadtorganismus", und das ist nur im Norden von München möglich, „fuori le mura"! Vor dem Autobahn-Ring, der im Norden der
Stadt durch besondere Umstände sehr straff gezogen ist, wodurch der berechtigten Raumforderung der SS innerhalb des Ringes nicht entsprochen werden
kann, ganz abgesehen von dem Übungsgelände, das sich durch die Anordnung
vor dem Ring nun nach Norden frei entwickeln kann.

Hier ist die räumliche und verkehrstechnische Voraussetzung für eine einzigartige Aufgabe, die schon in der Antike und wiederum in der Renaissance

die Architekten bewegte. Aber abgesehen von der, wie es heißt, unerfüllbaren städtebaulichen Idealform, die fast einer Architektur-Utopia gleicht, einem noch nicht gebauten Wunschland, halte ich doch den Standort der Bauten für den Waffenträger der Partei im Norden von München, an der Autobahn von Berlin, für richtig.

Adolf Hitler hatte mich unverwandt angeschaut, mit einer gewissen Verwunderung, wie ich vermeinte. Nun sah er Bormann an. Der schmunzelte, – vielleicht wegen meiner ‚Utopia‘ oder weil ich die SS in den Norden von München und in die Orientierung zu Berlin gebracht hatte. Doch Adolf Hitler blieb ernst. Wie ich zu diesen Überlegungen komme, und welche weiteren Voraussetzungen gegeben sein müßten, um meine Vorstellungen zunächst im Entwurf und im Modell kenntlich zu machen.

Ich begründete weiter: Seitdem ich mit der Neugestaltung von München als Hauptstadt der Bewegung beauftragt bin, gehört die bauliche Darstellung der Partei zu meiner Aufgabe. In der SS sehe ich den Beginn zu einer Einheit und einer Gemeinschaft, die auf allen Gebieten neue Ufer anstrebt, und gerade das möchte ich im Aufbau dieses Ideal-Stadtteils zum Ausdruck bringen. Ob es gelingt, weiß ich nicht. Die Architekturfassungen in den Bildern des Piero della Francesca, in die er seine statuarischen Figuren stellt, und das Fresko des Perugino in der Sixtinischen Kapelle mit der Architektur-Abstraktion im Hintergrund gaben mir dazu den Anstoß.

Und als weitere Voraussetzung, um ernsthaft an diesem Entwurf zu arbeiten, brauche ich Ihre Zustimmung, mein Führer.

Die haben Sie, sagte er knapp.

Nach einer kurzen Pause wandte er sich an Bormann: Giesler weiß schon, weshalb er die SS-Bauten in München nach Norden orientiert und nicht nach Süden, denn das wäre seitenverkehrt.

Bormann lachte, er hatte Verständnis für den Hinweis. Adolf Hitler fuhr fort: Ihrem Architekturbezug auf die Bilderkompositionen der Renaissance-Maler will ich an Hand von Abbildungen nachgehen, wir werden uns darüber noch unterhalten. Doch weiter zu den Standorten der Parteibauten. Für die HJ, nehme ich an, haben Sie den Südosten der Stadt vorgesehen, in Verbindung mit der Autobahn nach Salzburg?

Ja, sagte ich, das ist meine Auffassung, die Bauten der HJ sollten zu der Straße angeordnet werden, die in Ihre Heimat, in die Ostmark führt. Hoffentlich weiß die Jugendführung diesen Standort zu würdigen.

Von einem HJ-Forum wollte ich absehen. Einem zentralen Haupt-Baukörper sollte unbeschwert und locker eine mit Pavillons bebaute Park- und Sportflächen-Landschaft gegenüberliegen. Damit würde ein bewußter Gegensatz zu dem straffen Forum der SA und der strengen tektonischen Klarheit der SS-Kastelle erzielt.

Es werde Sache der jungen Architekten aus den Reihen der HJ sein, den

richtigen, der Jugend eigenen Maßstab für diese Bauanlage zu finden. Sie sollte sich nicht zu wichtig nehmen, vor allem nicht ins ‚Monumentale' verfallen.
Der ‚Empfang', der hier den HJ-Bauten zufiel, mußte der heiteren Voralpen-
Landschaft entsprechen, die durchfahren wurde, oder, umgekehrt, ein Vorzeichen sein für die landschaftliche Schönheit auf dem Weg zum Süden.

Für das Gebiet vom Stadtkern, dem Isartor-Platz über die Isar-Doppelbrük-
ke, am Deutschen Museum vorbei, zum Gasteig hinauf und dann über den
breiten Zubringer bis zum Autobahn-Ring mit dem Beginn der Autobahn in
Richtung Salzburg hatte ich ebenfalls einen Lageplan-Ausschnitt bei meinen
Unterlagen.

In diesem Plan-Ausschnitt waren die HJ-Bauten, die neue Wohnstadt-Mün-
chen-Süd, der Ostbahnhof und auch der Standort der Gauleitung eingetragen.
Aber es schien mir richtiger, abwartend zu taktieren. Zwar war meinen Vor-
schlägen für die Standorte der Partei-Bauten eine Zustimmung zuteil geworden, die ich nicht erwartet hatte. Doch nun wurde ich unsicher, denn Standort
und Gestaltung, so wie ich mir die Gauanlage vorstellte, waren ungewöhnlich,
und ich hatte das Gefühl, daß ich nur auf Umwegen meine Überlegungen begründen konnte.

Möglicherweise waren schon vor meiner Beauftragung mit der Neugestal-
tung Münchens Festlegungen erfolgt, von denen ich keine Kenntnis hatte.
Bei der Einführung in die städtebauliche Aufgabe München hatte mir Adolf
Hitler nur allgemeine Richtlinien gegeben, dabei vorzüglich über die Verkehrs-
probleme gesprochen und die Partei-Bauten nicht besonders erwähnt. Von
Gauleiter Adolf Wagner hielt ich aus persönlichen Gründen Abstand.

Sieh da, Bormann – Giesler zögert und ißt Kekse – das sei ihm gegönnt –
jetzt geht es um die Gauleitung, mir sieht das nach einer Überraschung aus.

Ja, sagte ich, mir kommt das auch so vor – in einer gedanklichen Serpentine
möchte ich den Standort der Gauleitung angehen.

Ich schilderte nun die Besonderheit der Situation des traditionellen Münchner Stadtraumes zur damals ungebändigten Isar. Das alte München lag an
der westlichen Flachufer-Terrasse der Isar, die alte Salzstraße kreuzte rechtwinkelig den Fluß von Osten nach Westen. Vom steilen ostseitigen Hochufer,
dem Gasteig, ging die Straße in einer Serpentine zur Zweifach-Brücke, die sich
auf dem Schotterberg der Isar-Insel abstützte, dann zu dem, vom Fluß weit
zurückgesetzten, Isartor. Nach beschwerlicher Fahrt erreichten die Salzfuhr-
werker die Stadt.

Umgekehrt wurde gerastet, ehe man das Isar-Hochufer zur langen Fahrt
nach Salzburg anging. Oft wurden auch die Mauern der Stadt vom Hochwasser
bedroht und die Brücken vom Wildwasser weggerissen.

Ich ahne schon, wohin Sie zeigen werden, sagte Adolf Hitler, doch sprechen
Sie weiter.

Im 19. Jahrhundert dehnte sich die Stadt über die mittelalterlichen Schutzmauern aus. Die Isar wurde gebändigt, das westliche Flachufer hochgelegt und gesichert. Die Stadt wuchs dem Fluß zu. Die Maximilianstraße entstand, und mit einer Brücke übersprang sie die Isar zum Hochufer der Ostseite. Eine Architekturkulisse bildete nun den Abschluß, so wie die Gloriette von Schönbrunn: – das Maximilianeum. Semper wurde dafür bemüht, und Sckells Nachfolger schuf die Begrünung des Hochuferhanges.

So entstand städtebaulich der Zusammenhang von West und Ost. Das wiederholte sich am Ende des 19. Jahrhunderts weiter nördlich mit der Prinzregenten-Straße und -Brücke, mit dem großartigen Abschluß des Straßenraumes, dem ‚Friedensengel‘.

Beim Maximilianeum ist es zu sehr Schau-Kulisse ohne gewichtigen Inhalt, doch die Tendenz tritt bei beiden Straßenbrücken und den baulich-bildhaften Markierungen klar in Erscheinung: Die Stadt verbindet sich über die Isar hinweg, betont mit dem Bauwerk die Überwindung des Flusses, und damit wird die Vereinigung mit dem Stadtteil München-Ost sichtbar.

Ludwig I. hatte bereits früh die naturgegebene Eigenart des Hochuferhanges und seine Bedeutung für München erkannt. Er dachte zu seiner Zeit schon daran, vom Stadtkern, dem Max-Joseph-Platz an der Residenz, eine Straße über die Isar zu führen. Sie sollte einen bedeutsamen Abschluß finden: auf dem Hochuferhang gedachte er eine Ruhmeshalle errichten zu lassen!

Damit wäre dieser Straße und dem mit ihr verbundenen Regierungsforum eine Substanz gegeben worden, die sich verpflichtend auf die Gestaltung der Straße ausgewirkt hätte. Mit den vielseitigen Wandungen des Max-Joseph-Platzes durch Karl von Fischer und Klenze zu Beginn der Straße und einer Ruhmeshalle auf dem Isar-Hochufer als Abschluß würde ein Baumeister wie Klenze die Straßen- und Platz-Fronten in einer sicheren und klaren Tektonik gestaltet haben. Es ist schade, daß diese Vorstellung Ludwigs I. noch nicht einmal zu einem Entwurf geführt hat, von der Durchsetzung ganz zu schweigen.

So wurde die Maximilianstraße in allerlei eklektizistischer Neugotik und Formen des Historizismus gebaut. An der Gestaltung dieser Straße zeigte es sich: Der Bauherr Maximilian hatte nicht das Format seines Vaters.

Die Ruhmeshalle mit der ‚Bavaria‘ fand einen anderen Platz: Am Rande der ‚Wiesn‘, wie ich finde, recht beziehungs- und maßstabslos. Zwar ist die ‚Bavaria‘ ein meisterlicher Guß, doch zu groß für die Ruhmeshalle und wiederum zu klein in der großen, weiträumigen Ellipse der Theresienwiese. Beiden fehlt die Zuordnung zum Straßen- und Platzraum, die das grünbestandene Hochufer der Isar ermöglicht hätte.

Aber echt münchnerisch sind der Standort und die ‚Bavaria‘ letztlich doch: Begleitet von ihrem Hauslöwen hält sie in über 20 m Höhe grüßend den Kranz über die Gaudi des Oktoberfestes, umschmeichelt vom Bierdunst, von Bratwurst- und Steckerlfisch-Düften. In den Zusammenhang paßt mir die dorische Ordnung der Ruhmeshalle nicht, doch die Marmorbüsten großer

Bayrischer Männer nehmen keinen Anstoß an dem dionysischen Treiben nach München Art.

Wie anders – spannungsreich, würdevoll und doch münchnerisch beschwingt zugleich – zeigt sich im Vergleich zur Maximilianstraße die Prinzregentenstraße.

In meiner Studienzeit verbrachte ich stets den Sonntagmorgen im Nationalmuseum, und anschließend stand ich immer an der Isar, um die einmalige Leistung zu bewundern: Die Brücke mit den Brücken-Vorhöfen und den Plastiken, die Straßenführung am Hochufer mit dem Unterbau des ‚Friedensengels‘, der Brunnenwandung, und die Strukturen für die Serpentinentreppen und Terrassen, darauf die Korenhalle mit Mosaiken, die große, kannelierte Säule mit der vergoldeten Plastik, eher einer Nike als einem Engel gleich.

Die Komposition, die Brücke und die Architektur mit den Horizontalen, Diagonalen und Vertikalen, mit allen plastischen Elementen, bildet eine Einheit, die sich harmonisch mit dem Hang und seinem Baumbestand und mit dem Fluß verbindet. Selbst in Paris suchte ich vergebens nach Gleichwertigem.

Bormann, sagte Adolf Hitler, da hören Sie den begeisterungsfähigen Architekten! Obwohl uns das alles hier bekannt ist, – es tut gut, sich damit zu befassen.

Doch nun kommt die Begründung für Ihren Standort der Gauleitung – nach der ‚Einleitungs-Serpentine‘ zu urteilen, ist das östliche Hochufer der Isar, das ‚Gasteig‘ also, der von Ihnen gewählte Standort für das Gaugebäude?

– Ja, damit würde sich eine städtebauliche Besonderheit, die Eigenart der Hochufer-Betonung, fortsetzen: Nach dem Friedensengel und dem Maximilianeum nun an dem wichtigsten Brückenübergang das Gaugebäude. Drei Gründe sprechen dafür. Von der Ludwigs-Brücke aus gesehen, ist der bebaute Ostteil auf dem Gasteig willkürlich und zum Teil chaotisch. Hier sollte die Neugestaltung ansetzen und ordnen. Umso erfreulicher, wenn dabei ein Baukörper entsteht, in allseitiger Formung, ein Oktogon, wie ein Kristall.

Ich faltete die Planskizze auf, dazu legte ich die Photos eines Übersichtsmodells aus Plastilin. Ich brauchte nicht lange auf die Reaktion von Adolf Hitler zu warten, – er nannte sofort auch die beiden anderen Gründe meiner Standortwahl für das Gaugebäude:

Da haben wir wieder eine städtebauliche Überraschung, Bormann! Dieser Baukörper hat nicht nur die unmittelbare Beziehung zur Stadt, sondern er ist allseitig auch zu den östlichen Stadtstraßen orientiert und steht in der Sichtachse der Autobahn von Salzburg. Der Baukörper wirkt überzeugend durch die Klarheit seiner Grundform.

Was hat dieser Flügelbau zu bedeuten, der sich von Norden in den Innenhof schiebt? Ah, – jetzt verstehe ich, es ist der Bürgerbräukeller, den Sie in das Oktogon einbezogen haben! Damit verbinden Sie das neue Gaugebäude mit der Tradition der Kampfzeit. Durch den Innenhof erübrigt sich ein Gauforum

– dafür steht ja der Platz vor der Feldherrnhalle und der ‚Königliche Platz' zur Verfügung. Giesler, – das ist alles überlegt und sinnvoll – ich stimme zu!

Wir sprachen noch lange über die Einzelheiten und die architektonische Gestaltung. Adolf Hitler hatte sich den Baugedanken schon zu eigen gemacht und stellte fest:

Vom Oktogon aus werden sich großartige Ausblicke ergeben – über die Stadt hin zum Denkmal der Partei, aber auch in das Isartal. Und auch von der Stadt aus kann ich mir diesen Bau-Kristall in schlichter Architektur sehr gut vorstellen, – nichts darf von der Grundform ablenken. Giesler, achten Sie darauf, daß der Durchmesser des Oktogons so knapp wie möglich gehalten wird, soweit der Innenhof es zuläßt. Umso klarer wird dann die Grundform in Erscheinung treten.

Sicher wird der rationelle Baukörper außer für die Gauleitung auch noch Raum bieten für die Kreisleitung München und für die Ortsgruppenarbeit im Münchner Ost-Stadtteil. Im übrigen gelten für München dieselben Richtlinien, die ich Ihnen für Augsburg nannte: Auch in der räumlichen Gestaltung wollen wir keinen Anlaß geben, der zu einer Aufblähung des Parteikaders führen könnte.

Im weiteren Gespräch bekannte sich Adolf Hitler zu meiner Disposition, die Bauten der Partei nicht in einer geschlossenen Bauanlage zusammenzufassen. Die Standorte der Parteibauten in die Randzonen der Stadt nach Westen, Norden und Südosten zu verlegen, sei richtig, sie würden diesen Zonen städtebauliche Bedeutung geben, sie lägen alle verkehrsgünstig und nicht verkehrsbelastend. So würden diese Bauten auch, aufgeteilt über die Stadt, nach Arbeitsschluß und an Feiertagen keinen toten Eindruck machen. Nur in den Randzonen sei die Anhäufung von Verwaltungsbauten erträglich, zum Stadtkern hin müsse sich das Leben verdichten, ohne den traditionellen Maßstab zu verlieren. Die Randzonen gäben den Parteibauten auch die Möglichkeit, mit den Grünzonen zu verwachsen und mit den Wohnstätten, den Schulen, den Gemeinschaftsbauten eine Einheit zu bilden.

Nur in den jetzigen Randgebieten der Stadt sei dies alles vom Räumlichen her zu verwirklichen, wobei die besseren Möglichkeiten des Grunderwerbs auch eine wesentliche Rolle spielten. Wenn er bedenke, daß mit den Parteibauten zugleich auch dem ‚Empfang' entsprochen werde, dann sehe er in den von mir festgelegten Standorten nur Vorteile.

Das Oktogon der Gauleitung sei die berechtigte Ausnahme von der Stadtrand-Orientierung der übrigen Parteibauten. Der Standort entspreche der Gaubezeichnung ‚München-Oberbayern'. Der Bau diene, wie ich dargelegt habe, der Altstadt-Verankerung über die Isar in das Gaugebiet nach Südosten, er diene an dieser Stelle der Tradition des Ersten Aufbruches und gebe der Stadtstraße von der Autobahn her Ziel und Abschluß.

Doch eine weitere Ausnahme bildet der Standort der Parteikanzlei. Giesler,

Adolf Hitler überprüft mit seinem Architekten an den Modellen alle Einzelheiten.
(Hochhaus Kraft-durch-Freude-Hotel am Bahnhofsplatz).

*Konstruktionsmodelle
des Hauptbahnhofes.*

Am Modell der „Großen Straße". Die neue Oper nach den Entwürfen Adolf Hitlers in der Gestaltung durch Prof. Brinkmann. – Der letzte Blick im Atelier galt stets dem Denkmal der Partei.

Besprechungen am Modell und an den Plänen. Oben: Schaub, Hitler, Giesler, Morell und Wünsche.
Unten: Schaub, Hitler, M. Bormann und Giesler.

– angenommen, die Entscheidung für die Planung und den Baubeginn der Parteikanzlei wäre noch nicht vollzogen, alles wäre noch offen – welchen Standort würden Sie vorschlagen?

– Denselben! Und zwar aus nüchternem Denken und aus dem Gefühl für den baulichen Zusammenhang dessen, was sich entwickeln soll; es beginnt mit dem ‚Braunen Haus‘, es folgt der ‚Führerbau‘ und nun die Parteikanzlei, – das gehört zusammen! Diese Anordnung dient zugleich der Pinakothek, sie wird mit ihren geplanten Flügelbauten in die städtebauliche Konzeption einbezogen. Für mich ist das Ganze die sinnvolle Weiterführung der Baugedanken Ludwigs I.

Giesler, sagte Adolf Hitler, Sie sehen das richtig!

Eine Frage von Bormann führte zu einer Unterhaltung über die Neugestaltungsmaßnahmen im Süden von München, innerhalb des Autobahn-Ringes. Ich schlug vor, die ‚Olympia-Straße‘ von Garmisch und die geplante Autobahn von Lindau durch eine Parklandschaft zu führen, ohne hier besondere bauliche Akzente zu setzen. Am südlichen Stadtrand wollte ich Wohngebiete ausweisen, die sich an Großhadern, Neuried, Fürstenried und Solln zu geschlossenen Siedlungsräumen verdichten sollten. Sie sollten jedoch nicht zu einem Siedlungsbrei ausfließen, sondern durch Grünanlagen getrennt werden. Die neuen und alten Stadtrand-Säume im Südgebiet der Stadt sollten sorgfältig geplant beziehungsweise auf mögliche Verbesserungen hin überprüft werden.

Hierbei konnte sich die Zusammenarbeit der Münchner Architekten und Landschaftsgestalter mit der Dienststelle bewähren. Sie waren bereit, ihr Können, ihre Erfahrung und ihre Arbeitskraft einzusetzen, um der Umgestaltung eine breite Basis zu geben. Die besten von ihnen sollten völlig unbürokratisch als ‚Vertrauensarchitekten‘ zwischen den städtischen Planungsämtern und der Baugenehmigungsbehörde tätig sein, um die gemeinsam angestrebte vernünftige Neugestaltung zu erreichen.

Adolf Hitler regte an, in diesen Grünflächen Spiel- und Sport-Plätze vorzusehen. Kleine Pavillons sollten an den Erschließungsstraßen errichtet werden, damit würde eine Verbindung der Wohngebiete mit den in die Grünflächen eingestreuten Sport- und Erholungs-Anlagen hergestellt. Auch kleine Wetterschutz-Pavillons, in der Art des Monopteros, würden in die Parklandschaft passen. Anstelle von Mauerwerk, Pfeilern und Säulen sollten industriell gefertigte Stahlrohre den Pavillonbauten die erwünschte Leichtigkeit geben, in Übereinstimmung mit dem Park-Charakter dieser Flächen. Adolf Hitler sagte dann:

Was ich mir für München vorgestellt habe, nimmt in Ihrer Planung langsam Gestalt an, – die Breite der Neugestaltung auf allen Gebieten des Städtebaus wird sichtbar! Richtig ist auch, daß Sie darauf bestehen, daß der Autobahn-Ring den Stadtraum nach Südosten und Süden nicht einengt. Ich bin überzeugt, die Fahrt nach München über diese Straßen zum Starnberger See und aus der Voralpen-Landschaft zurück mit dem Empfang durch eine kultivierte Wohn- und Parklandschaft wird ein besonderes Erlebnis!

Giesler, durch den Erlaß, der Sie für München einsetzte, sind Sie ermächtigt, Ihre Befugnisse auch über den Stadtkreis München hinaus auszuüben. Nehmen Sie sich des Starnberger Sees an, sehen Sie in ihm den Münchner Bade-See und das Nah-Erholungsgebiet mit günstiger Verkehrsanbindung. Ich möchte, daß das See-Ufer frei wird! Zug um Zug soll das verwirklicht werden, keineswegs abrupt, doch sinnvoll auf das zunächst Erreichbare: Soweit das See-Ufer im Staatsbesitz ist, sollte man damit den Anfang machen. Werden Vollmachten notwendig – Bormann, ordnen Sie das mit Lammers, er mag die Abstimmung mit den zuständigen Behörden treffen, damit Giesler sich durchsetzen kann*.

Ich nahm mir einen Keks aus der Schale. Adolf Hitler schaute mich an und sagte:

Aha! Giesler will Zeit haben zum Überlegen!

– Mein Führer, – das mit dem Starnberger See ist eine zusätzliche und nicht einfache Aufgabe. Es besteht da doch schon eine Behörde: ‚Staatliche Verwaltung Schlösser, Gärten und Seen‘. Darin ist der Architekt Professor Esterer tätig, den ich sehr schätze. Ich möchte ihn als Berater zur Seite wissen und ihn, als Kenner der dortigen Verhältnisse, mit der Aufgabe ‚Freimachung der Ufer‘ betrauen.

– Als Berater, – ja, – es steht ihm frei, aus seiner Sicht Vorschläge zu machen. Aber delegieren können Sie die Aufgabe und Ihre Befugnisse nicht, das würde nur zu Verwirrungen führen.

Bormann zog einen Papierschnippel aus der Seitentasche, machte einen Krakel darauf und schob ihn in die andere Tasche. Ich kannte diese Eigenart schon, das war für ihn wie ein Knoten im Taschentuch und eine Gesprächsnotiz zugleich. Aber die folgende Bemerkung Bormanns überraschte mich:

Der Professor wollte noch weitere Erläuterungen über die allseitig geformten Fassaden der Parteibauten geben, entlang der Ost-West-Achse, und über das ‚Geleit‘. Das steht noch aus, die Standortfragen der übrigen Parteibauten kamen dazwischen, sie hatten Vorrang im vorausgegangenen Gespräch.

Das war typisch für Bormann. Nicht nur, wie aufmerksam er einem Gespräch folgte, hier zeigte sich vielmehr auch seine Qualität als Sekretär des Führers. Als mich Adolf Hitler dann durch eine Handbewegung aufforderte, hatte ich Mühe, den Gedankengang wieder aufzugreifen, der vor Stunden unterbrochen worden war.

Ich begann die Erläuterungen wieder mit dem Empfang der beiden Autobahnen von Stuttgart und Lindau und der Pasinger Stadtstraße durch das Forum der SA. Dann schilderte ich das klare, übersichtliche ‚Geleit‘ durch die Reihung der Parteibauten entlang der Ost-West-Achse zum neuen Hauptbahnhof, zur Großen Straße und weiter zum Stadtkern. Ich sprach von dem eindrucksvollen Wechsel aus dem freien Raum über eine neue Parklandschaft zum vielseitig gestalteten Architektur-Straßenraum ohne Baum-Reihung, doch mit Süd-Arkaden im ganzen Bereich der Ost-West-Achse; daraus ergab sich auch ein Gegensatz zur Großen Straße mit den doppelten Baum-Alleen auf den 20 Meter breiten Bürgersteigen.

In offener Bauweise sollten durch seitlich angeordnete großzügige Grünflächen die Parteibauten voneinander getrennt werden. In der weiten, perspektivischen Sicht der großen Verkehrs-Achse würden sie doch eine Einheit bilden. Ich hielt die baumbestandenen seitlichen Abstandsflächen für die Voraussetzung einer angestrebten individuellen Gestaltung der einzelnen Bauwerke und der freien Entfaltung des persönlichen Stils der beauftragten Architekten.

Die Nutztiefe des Geländes an beiden Seiten der Ost-West-Achse würde Bauanlagen mit geräumigen Innenhöfen ermöglichen, und damit war die Abwendung der Arbeitsräume von Verkehrslärm-Zonen möglich. Aus der Verkehrslage der Baublöcke ergab sich die Forderung allseitig gültiger Fassaden von Gebäuden, ohne Rückseite, ohne Hinterhöfe.

In besonderem Maße galt dies für die Gebäudegruppen, die sowohl dem ‚Geleit' der Ost-West-Achse, wie auch, wennzwar mit räumlichem Abstand, dem ‚Geleit' der Gleisstränge zum und vom Hauptbahnhof dienen würden. Ich hatte beim Verkehrsministerium durchgesetzt, daß die Böschungen des abgesenkten Gleisbetts weich verzogen und mit Gehölzen bepflanzt wurden. So würde sich eine noble Einfahrt der Züge auf drei Kilometer Länge zum neuen Hauptbahnhof ergeben; ein geordnetes ‚Geleit' für den Massenverkehr zwischen dem Nymphenburger Park im Norden und den Baumpflanzungen vor den Fassaden der Parteibauten im Süden. In dieser Fassung würde die Technik der Gleise, der Stellwerke, die Masten und Signale, wie ein stählernes Filigran wirken, bis zum überraschenden Empfang durch die weite Bahnhofshalle.

Ich wurde nicht unterbrochen, so sagte ich abschließend:

Einen Vergleich möchte ich anfügen. Selbst der Besitzer eines bescheidenen Hauses fühlt sich dem Begriff ‚Geleit' verpflichtet. Blumen und Stauden neben einem Plattenweg geleiten zum Eingang.

Eine abstruse Vorstellung wäre nun, der Besitzer führte seinen Besucher, statt durch die doch stets besonders geformte Eingangstüre, an der Klärgrube, am Komposthaufen, an übrig gebliebenen Hohlblock-Steinen, am Mülleimer vorbei zum Kohlenkeller und dann durch die Waschküche in den Wohnteil.

Verrückt, würde man sagen. Aber die tausendfache Ballung der Häuser, die Stadt selbst, führt die Besucher auf diesen seltsamen Wegen in ihre ‚Stadtkultur'! Und das Beschämende ist: Keiner denkt sich was dabei – man hat sich daran gewöhnt.

Je weiter weg vom Stadtkern und je näher zu den Gleisen, umso billiger – wegen Lärm und Ruß – ist das Grundstück oder die Miete. Also ran an die Schiene, ran an die Ausfall-Straße mit Schrott-, Kohlen- und Baustoff-Lagern, mit billigen Arbeitsstätten und Reklamen. Dazu kommt das ganze vergammelte Zeug, was die Stadt ausgespieen hat.

In München ist das noch erträglich, aber bei der Einfahrt in die Reichshauptstadt, – das ist schon schlimm! Da steht man am Fenster – unausgeschlafen von
der Nachtfahrt schaut man in das ‚Geleit‘ der Häuser-Hinterseiten, auf geteer-
te Brandmauern im Wechsel mit Häuserschluchten, alles im Getöse der durch-
fahrenden Züge. Man sieht unwürdige Wohnstätten, mit Fenstern von Schlaf-
räumen und Küchen; schmale Fenster, dahinter sind die Lokuse – kein Zweifel;
denn da hängen zum Empfang die Klobürsten, Putzlappen und sonst so allerlei
an der Luft. Da graut es einem nicht nur selbst, da graut es sogar dem Morgen.
Welch ein Schicksal, dort wohnen zu müssen! Auch in Paris ist das nicht anders, eher noch schlimmer!

Belustigt und dann wieder ernst hatte mir Adolf Hitler zugehört: Ja, das ist
wohl eines der bedrückendsten städtebaulichen Gesichter aus dem 19. Jahrhundert. Doch weil wir das erkennen, ist es an uns, das zu ändern!

Dies blieb nun verbindliche Weisung. Natürlich muß eine Stadt preis- oder
mietgünstige Arbeitsflächen anbieten und mietgünstige Wohnstätten schaffen.
Eine Stadt kann auch nicht verzichten auf Lagerplätze und Mülldeponien an
Straßen und Schienen.

Aber es kann alles in eine neue Ordnung gefügt werden. Den Beweis dafür
erbrachte unsere Industrie- und Ordnungs-Planung für München, eine ausgezeichnete Leistung meiner damaligen Mitarbeiter.

Wir hatten uns bemüht, an die abendländische Bautradition anzuknüpfen
und so in die Zukunft zu planen. Unbeachtet verblieb alle Planung beim Wiederaufbau, wenn überhaupt, in den Archiven. Vielleicht fürchtete man, etwas
aus der Gedankenwelt Adolf Hitlers könnte im Stadtraum verwirklicht werden.

Geschwindigkeiten. Das ergibt einen Zusammenklang, eine Übereinstimmung, ein neues Raum-Zeit-Gefühl. Die Autobahnen sind eine klare Formung unseres Jahrhunderts, sie sind folgerichtig konzipiert aus der technischen Forderung, – wer vermag das zu leugnen?

Genauso werde es dereinst empfunden werden, wenn die Neugestaltung der Städte dem entspreche, was wir uns vorstellten: Die neue Ordnung im Stadtorganismus, die Verkehrsanlagen, so auch der Münchner Hauptbahnhof in völliger Übereinstimmung mit der Technik moderner Züge, so die großen Straßenachsen mit ihren Parkflächen im Straßenbauwerk, die Plätze und Hallen, die humanen Wohngebiete. Und wie selbstverständlich werde der neue Maßstab dieser Gestaltung empfunden werden, wenn sich – er betone es immer wieder – ingenieurhaftes, konstruktives Denken mit künstlerischem Fühlen zur Einheit finde. Natürlich komme es entscheidend auf den Rang der Männer an, die sich leidenschaftlich mit den Aufgaben auseinandersetzten, die uns die Zeit gestellt habe:

Bei den Autobahnen ist Dr. Todt der Durchbruch zur zeitlosen und endgültigen Gestaltung gelungen. Ich wiederhole: Eine überzeugende Synthese der modernen Technik des Straßen- und Brückenbaues für das Verkehrsmittel des 20. Jahrhunderts, für das Automobil und seine Geschwindigkeit einerseits und den Landschaftsraum andererseits. Die Autobahn mit ihren Bauwerken, den Brücken, den Überbrückungen, den Durchlässen, ist zu einem gültigen Teil der Landschaft geworden. Nicht nur, daß sie sich einfügt, sie erschließt den Raum und bereichert ihn ohne Störung.

Alles ist im Fluß, eine neue Welt, die des 20. Jahrhunderts, ist im Kommen. Wir streben zur Ganzheit als Volk und Nation, und in diese Ganzheit schließen wir auch unseren Lebensraum ein, unsere Umwelt. Auch im Räumlichen muß die Ganzheit sichtbar werden, wie schon bei der Autobahn, so auch bei den künftigen Lösungen der Verkehrsprobleme, überzeugend besonders im Städtebau. Technische und künstlerische Gestaltung, Natur und Klassizität werden sich nicht mehr widersprechen.

Über den Maßstab

Im Kulturbewußtsein einer Nation, im Glauben einer Gemeinschaft, aber auch im Rang einer Persönlichkeit wurzelt der bauliche Maßstab.

Die Tektonik, die Beherrschung der Baustoffe, bestimmt die Ordnung und die Dimension.

Doch der Baugedanke, die Vorstellung, die Baustoffe und die Technik, sie alle miteinander, dienen der Idee. Gleich, was oder wer den Baugedanken auslöste, ob das Selbstbewußtsein, der Stolz einer Stadtgemeinschaft oder ob der Glaube, bewußt oder unbewußt, zu neuen Maßstäben drängte, – es entstanden, getragen durch Generationen, Dome und Münster von erstaunlichen Dimensionen. Es entstanden Bauwerke in einer kühnen Tektonik, die uns selbst nach einem Jahrhundert der modernen Technik zur Bewunderung, und Räume, die uns zur Ehrfurcht zwingen.

Diese Gemeinschaften eines Willens haben ihre Städte berühmt gemacht, ihre Namen haben einen besonderen Klang: Bamberg, Naumburg, Straßburg, Freiburg, Ulm. Ja, auch der Dom von Köln, dessen Baulast bis in das 19. Jahrhundert getragen wurde. Immer, wenn sich mir der Blick über den Rhein zum Dom, über die Donau zum Münster bietet, empfinde ich die vitale Glaubenskraft dieser Stadtgemeinschaften, die sich zu einem solchen Maßstab des Bauwerkes bekannten.

Es ist interessant und aufschlußreich, die alten Stadtansichten des ‚Merian‘ zu studieren. In welchem Größenverhältnis stehen darin die Bauten der Gemeinschaft, die Kirchen, Dome und Münster, die Rathäuser und Türme, die Bauten gemäß dem Rang einer Persönlichkeit – die Burg, das Schloß oder der Palast –, verglichen mit der Stadtgröße und ihrer Ausdehnung. Ihre Silhouette wird geformt aus horizontaler und vertikaler Fügung ihrer großen Bauwerke. Mag bei einigen Merian-Stichen die Vertikale etwas betont sein, – was ändert das? Selbst bei einer Minderung, – es bleibt die großartige harmonische Stadtgestalt.

Damals war die Stadt noch eine überschaubare Einheit; bewußt wird mir das besonders bei Ulm. Hier kann ich mir die langweiligen Vorstädte wegdenken und mich auf den Blick über die Donau zum Münster hin konzentrieren. Dabei denke ich daran, daß die Ulmer ihr Münster, mit dem Blick auf die Zukunft, so groß bauten, daß mehr als die damalige Stadtgemeinschaft im Münsterraum Platz fand. Das waren bauliche Maßstäbe, die sich das Mittelalter setzte.

Natürlich war ein solches Bauen ein Ausdruck der Frömmigkeit, aber auch des Selbstbewußtseins der Bürger in der festen Bindung ihrer Gemeinschaft, die noch nicht aufgespalten war in ihrem Denken und Fühlen. Auch das spricht aus diesem Bauwerk. Ulm dient mir als Beispiel für viele andere Städte, wie Freiburg und Straßburg.

Das Bauvolumen war meist so groß, daß Generationen damit belastet wurden, und stets wurde den Baumeistern und den Bauhütten das Äußerste an Tektonik und Materialbeherrschung abverlangt. Sie gingen an die Grenze dessen, was man mit dem Baustoff Stein gestalten konnte. Doch ich will es nicht bei den Dimensionen dieses Ulmer Münsters allgemein, mit seiner Flächenüberbauung von 8200 qm und seiner Vertikalen von 161 Metern belassen.

Ich denke an einen horizontal-vertikalen städtebaulichen Maßstab, an die Reichsstadt Augsburg. Dem Dom und dem Bischofssitz auf dem Gelände des römischen Lech-Kastells Augusta Vindelicorum entgegengesetzt, bauten die Bürger im Mittelalter ihre eigene Kirche, St. Ulrich. Zwischen diesen Bauten des Bischofs und der Bürger liegt einer der schönsten mittelalterlichen Verkehrsräume: Die Maximilian-Straße, das Rückgrat der Stadt. Für die damalige Zeit war sie seltsam weiträumig, mit großartigen Bürgerhäusern gefaßt, darunter denen der Fugger, Welser und Schaezler, viele mit Fresken und Architektur-Malerei versehen, wie sie den Bauten in der Lech- und Iller-Landschaft eigen ist.

Doch dabei blieb es nicht: Der Augsburger Bürgerstolz stellte dem Stadtbaumeister Elias Holl die Aufgabe, Bauwerke der städtischen Repräsentation zu errichten. Er baute ihnen das Rathaus – mehr ein Stadthaus – mit großzügigen Hallen und dem prachtvollen Goldenen Saal. Den Abschluß des Bauwerks nach sieben Geschossen bildete der Dreipaß mit dem goldenen Reichsadler im Mittelfeld – darüber der Giebel, er endet im Feldzeichen der Römer, dem Pinienzapfen, dem Pyr der Legionäre. Beides, Reichsadler und Pyr, bilden das Wahrzeichen der Stadt.

Neben dem Rathaus formte Elias Holl den für Augsburg charakteristischen Perlachturm. Er baute das Zeughaus mit der plastischen Fassade, die Metzg, Tore und Wassertürme. Aber noch etwas fehlte dem Straßenzug: Die Plastik und etwas Spezifisches dieses Landschaftsraumes, das Wasser. Sie fügten beides zusammen. Hervorragende Bildhauer und Erzgießer schmückten den Straßen- und Platzraum mit Brunnen, und aus dem Wildwasser des Lechs wurden die Wasserspiele versorgt.

Bedeutsam manifestiert sich nun das Bürgertum in den Maßstäben der Bauwerke, zwar nicht in einem Münster, wie in Ulm, aber wohl im schönsten Stadthaus des süddeutschen Raums und in einer prachtvollen Straße.

Wenn wir die Kulturen überschauen, so drängen Völker von gemeinsamer Anschauung, religiöse Bewegungen und große Einzelpersönlichkeiten gleichermaßen zur Manifestation im Bauwerk. Zu allen Zeiten gingen sie in den Baumaßstäben bis zu den Grenzen, die ihnen das Material, die Baustoffe und die zeitbedingten technischen Möglichkeiten setzten. Ja, oft stellt sich uns die Frage: Wie haben sie das überhaupt geschafft?

Diese Grenzen lagen bei der im Steinbau gegebenen Tektonik. Sie fand ihren einmaligen Ausdruck im griechischen Tempel, am schönsten wohl im Parthenon, dann in der Tektonik der römischen Gewölbe, im Pantheon, und schließlich in den erstaunlichen Stein-Gewölbe-Konstruktionen der Dome des Mittelalters.

Durch den Stahl und den Stahlbeton sind uns jetzt neue Möglichkeiten hoher und weiträumiger Gestaltung erschlossen. Im vergangenen Jahrhundert begannen Ingenieure durch kühne Konstruktionen die Zeichen zu setzen: Der Eiffelturm, Brücken mit großen Spannweiten, Massenverkehrs-Einrichtungen und damit neue Maßstäbe für den Raum und die Zeit, dazu ungezählte Beispiele des Bauens im industriellen Bereich durch Großanlagen, Türme und Hallen für kommerzielle Zwecke. Aber es gab für diese großartigen Ingenieurleistungen nur geringe Ansätze der nicht nur möglichen, sondern der absolut notwendigen Transformation in eine tektonische Formung.

Die Architekten lösten sich damals nur sehr zögernd – wenn überhaupt! – aus dem Eklektizismus der historisierenden Stilepoche.

Die Amerikaner, ohne traditionelle Bindung, sind uns hier voraus. In ihren Hochhäusern, ihren Wolkenkratzern, zeigt sich Ingenieurdenken und statisch ermittelte Konstruktion mit Gestaltung durch Architekten. Aber man spürt, daß diese Vertikal-Tendenz aus kommerziellem Denken veranlaßt und durch Felsengrund begünstigt ist.

Für mich ist dieser gigantische Vertikalismus zu Lasten der städtebaulich notwendigen Horizontalen eine maßstabslose Brutalität. Ich denke allgemein an Manhattan und im besonderen an die jetzt errichtete Rücksichtslosigkeit, an das Rockefeller-Center mit dem Rang, den das Großkapital beansprucht. Sie kennen die Situation: Dies hat nichts mehr mit Städtebau zu tun, nichts mehr mit dem Maßstab, – es sind Symbole der eiskalten Berechnung von Aufwand und Ertrag, dargestellt in der Auftürmung von 70 Geschossen und mehr aus Stahl, Beton und Glas. Was dies in Wirklichkeit bedeutet, erkennt man an der angrenzenden Kirche im neugotischen Stil, – sie wird in diesen Schluchten zur Katakombe. Manhattan muß eine Bedrückung sein, doch für die Amerikaner ist es der Stolz, die höchsten Nutzgebäude der Welt errichtet zu haben.

Daß auch wir in Zukunft Hochhäuser bauen, ja bauen müssen, – wir werden sie bauen und nicht errichten oder auftürmen – das ergibt sich aus verschiedenen Gründen. Aber diese Hochhäuser müssen sinnvoll einbezogen sein in die jeweilige städtebauliche Situation, und sie müssen als notwendige Vertikaltendenz, als Maßstab für die Stadtgestalt erkannt werden. Ihre Berechtigung finden sie erst dann, wenn aus ihrer Formung die Einheit von Ingenieurleistung und Architektur, also von Denken und Empfinden, zum Ausdruck kommt. Über die ermittelte Statik hinaus muß eine neue Tektonik sichtbar werden, die dem Stahl und dem Stahlbeton eigen ist.

Welche Möglichkeiten der Gestaltung und der städtebaulichen Anwendung bieten sich uns damit! Inzwischen hat sich durch die ständige Verbesserung der Materialfestigkeiten des Stahls und des Stahlbetons sowie der Berechnungsmethoden eine eigene konstruktiv-statische Tektonik entwickelt, besonders kenntlich in unseren Brückenbauwerken und Fabrikhallen. Die Bauten in Stahl und Stahlbeton sind verfeinert, sie sind elegant und grazil geworden.

Wir werden also unsere Bauwerke in der klaren Tektonik des Steines, auch in Verbindung mit der Gewölbetechnik, überall da gestalten, wo wir es für richtig halten. Aber wir werden zugleich auch mit den Baustoffen gestalten, die die Technik des 19. Jahrhunderts entwickelt hat, mit Stahl und Stahlbeton, dort, wo es dem Zweck entspricht und dem Ziel, das wir anstreben. Doch müssen wir dabei stets die Übereinstimmung von Form, Denken und Fühlen zu erreichen suchen.

Aber auch eine Rückschau ist erforderlich. Nicht nur die Erkenntnis von der Verwurzelung des ‚Maßstabs‘ der Architektur und des Städtebaus ist wichtig, vielmehr auch das Wissen um alles, was die Gestaltung beeinflußt, sie fördert oder hindert. So beispielsweise die politischen Aspekte. Da hat mir doch neulich einer darlegen wollen, daß gerade in der Demokratie das edelste Bauwerk mit dem göttlich-menschlichsten Maßstab gebaut wurde, der Parthenon! Ja, habe ich gesagt, aber nicht in der Demokratie wurzelt der Parthenon, sondern im Kulturbewußtsein der Hellenen und im Rang der Persönlichkeit des Perikles – aber auch im Rang, im einsamen Rang der Künstler, die den Parthenon gestalteten: Des Architekten Iktinos und des Bildhauers Phidias!

Man kann den Parthenon nicht der Demokratie des Stadtstaates zuordnen, weil eine zeitliche Übereinstimmung mit der Staatsform vorliegt. Die Demokratie fördert nicht die Persönlichkeit, sie schafft weder das Klima noch gibt sie den Nährboden für alles, was sich abheben will aus dem Materiellen. Auch die politische Situation aus dem 19. Jahrhundert bis heute beweist dies. Keine politische Richtung hat Einfluß gewonnen auf die Städteplaner und Architekten. ‚Nicht alles ist zu allen Zeiten möglich‘ – ich weiß nicht, wer das gesagt hat.

Architektur ist nicht nur die Sprache in Stein, sie ist der Ausdruck von Glaube und Überzeugung einer Gemeinschaft, oder sie kennzeichnet Macht, Größe und Ruhm einer Persönlichkeit, eines Herrschers, eines Papstes, eines Fürsten, – oder eines Marxisten wie Lenin.

Letztlich entscheidet aber nicht nur der Maßstab allein, sondern die Gestaltung und die Zuordnung im Raum, im Stadtorganismus. In diesem Zusammenhang muß man diese Vertikal-Giganten von Manhattan sehen. Sie sind keineswegs Bauzeichen oder Symbole der amerikanischen Demokratie, sie sind vielmehr der Ausdruck einer Gigantomachie des Materialismus und des Kapitals gegen einen echten Rang, der dem Ausdruck einer Gemeinschaft oder der Ordnung des Staates zusteht. Doch Manhattan fand nicht die Duldung allein, auch die Förderung in einer Demokratie, die damit diese Maßstabsverwirrung ermöglichte.

Aber Verwirrung im Städtebau liegt nicht nur in der Ballung der Wolkenkratzer, sondern auch im horizontalen Brei einer ausfließenden, ins Formlose auswuchernden Stadt. Auch darin liegt ein Maßstabsverlust. Wir sind, wie Nietzsche sich ausdrückt, dazu ‚gedrängt, die Rangordnung wieder herzustellen‘, und das ist nur möglich in Beachtung aller städtebaulichen Zusammenhänge. Es darf nicht zu der Vorstellung führen: Noch höher, noch mächtiger – vielmehr: Gerade so hoch als notwendig. Denn auch im Kleinen, auch im Horizontalen, können sich Rang und Maßstab behaupten.

Ich will einen Hinweis geben, der zu einem Maßstabsvergleich der Straßen führt. Daß wir die neuen Straßen unter Berücksichtigung der künftigen Verkehrsdichten bauen, ist heute selbstverständlich. Daß wir kreuzungsfreie Autobahnen schaffen, diese Notwendigkeit leuchtet jedem vernünftig Denkenden ein. Ich skizzierte diese autogerechten Straßenprofile schon damals in der Festung Landsberg.

Aber man muß sich einmal die Situation vergegenwärtigen, daß vor über siebzig Jahren – damals dachte kein Mensch an Autos – die Baudeputation von Paris dem Präfekten Haussmann ein Straßenprojekt vorlegte, das von der Place de l'Etoile aus, am Bois de Boulogne vorbei, in das offene Land führte*. Diese Straße war zunächst mit 40, dann mit 60 Meter Breite geplant. Die Deputierten nahmen dabei ihren ganzen Mut zusammen, es schien ihnen, daß diese Breite sehr gewagt war – das ist verbürgt. Haussmann strich jedoch auf dem Plan die 60-Meter-Eintragung durch und dekretierte 120 Meter Breite!

Ein Eingeborener Afrikas oder Australiens könnte aus der Sicht seiner Buschpfade eine Straße mit solcher Breite als maßlos, als unsinnig bezeichnen. Für das damalige Paris war die Entscheidung von Haussmann zwar beachtlich, für das Paris von heute aber durchaus angemessen. Zugleich wurde durch diese Straße ein neues Stadtgebiet erschlossen.

Noch viele Beispiele müßten angeführt werden, an denen wir uns orientieren können, um eine Basis zu finden für die Ordnung des Maßstabes. Sie müßte die seit dem 19. Jahrhundert nicht selten verzehnfachte Vergrößerung des Stadtvolumens und der Einwohnerzahl berücksichtigen. Das wäre die räumliche Komponente des Maßstabs in horizontaler und vertikaler Dimension, wobei von vornherein darüber Klarheit besteht, daß wir niemals – auch nicht annähernd – die Maßstäbe vergangener Jahrhunderte erreichen, ja, dies auch nicht anstreben werden.

Dieser Maßstabsvergleich ist mir immer gegenwärtig, ich brauche nur an das Ulmer Münster zu denken: Es ist geradezu unglaublich: Eine Stadtgemeinschaft von etwa 12 000 Einwohnern baut sich ihr Gotteshaus, in dem über 20 000 der Gemeinschaft Raum finden!

Nicht anders war es auf dem Gebiete der Plastik! Die Sphinx, die Kolossalstatuen der Ägypter, die Bildwerke des Phidias, die riesige Statue der Athena Promachos auf der Akropolis – nach der Überlieferung leuchtete ihre goldene Speerspitze bis zu den Schiffen in Piräus! Alle Kulturen haben sich in der Großplastik manifestiert. Doch lassen wir es mit dem statuarischen ‚Roland‘ deutscher Städte bewenden.

Anläßlich meiner Fahrt nach Rom und Florenz wurde mir wieder bewußt, in welch kümmerlichem baulichen Rahmen, mit welchen Maßstabsverzerrungen wir in Berlin, in der Reichshauptstadt, die Nation und den Staat zu repräsentieren haben. Nicht nur verglichen mit der Stadtgestalt – wie dominant erscheint hier Wien oder Prag – sondern auch in der baulichen Substanz, und hier allgemein verglichen mit den Gebäuden der Plutokratie, die sich in Manhattan in Höhen bis zu 380 Metern beherrschend darstellt.

Wir nehmen uns das Recht zu einem neuen Maßstab, der unserer Nation und

Volkseinheit entspricht. Dabei werden wir die Rangordnung wieder herstellen.

Wenn ich auch in klarer Erkenntnis der Notwendigkeit die Aufgaben stelle, letztlich bin ich auf die Künstler angewiesen, die für die Gestaltung zur Verfügung stehen.

Natürlich werden wir der Kritik ausgesetzt sein, wenn alles bekannt wird, was wir bauen wollen: Die Große Straße mit 120 Metern Breite, die Hallen der Gemeinschaft, die Bauten der Partei, die Monumente. Wir liegen damit zwar in den Größenverhältnissen und in den Maßstäben noch weit hinter den Bauwerken des Altertums, den großen Zeiten des Mittelalters und der Renaissance. Aber die Kritiker werden schreien: ‚Maßlosigkeit und Größenwahn‘. Das ertrug auch Haussmann, als er das gigantische Straßensystem für Paris mit der Neuordnung des Stadtorganismus schuf. Das ist auch geschehen, als Ludwig I. begann, den alten Münchner Stadtkern zu erweitern und ihm neue städtebauliche Akzente zu geben, indem er die Ludwigstraße, die Briennerstraße, den Königsplatz bauen ließ. Aber kann man sich heute München ohne die Bauten Ludwigs I. überhaupt vorstellen? Ich finde, sie erst geben München die Atmosphäre, und sie bedeuteten damals wie heute für die Altstadt eine harmonische Erweiterung.

Giesler, Sie haben keinen Einblick in das hämische Geschreibsel, was sich außerhalb unserer Grenzen tagaus, tagein vollzieht! Emigrierte Journalisten, die sich als Intellektuelle von Weltformat verstehen, fangen schon mit dem Geschwätz in der Presse an, ehe wir richtig angefangen haben zu bauen. Sie schreien: ‚Megalomanie‘, – ja, das muß was Furchtbares sein! Es meint Größenwahn; ein Schlagwort dieser kleinwahnsinnigen Intellektuellen, die alles und nichts verstehen.

Größenwahn also war die Ursache aller Bauten, die über den Horizont dieser Heuchler und Zersetzer geht! Maßlosigkeit der Pyramiden und Tempel, – Größenwahn liegt dem Kolosseum, den Thermenhallen und Basiliken zugrunde. Maßlos sind die Kathedralen, die Münster und Dome – auch der von Florenz und St. Peter mit der Zange des Bernini – auch das Straßensystem des Haussmann, die Champs Elysées, der Eiffelturm, – alles entspringt dem Größenwahn!

Manhattan? Für uns schon, doch nicht für diese Schreiberlinge: Nein, das ist alles berechtigt und sinnvoll und schön – nur nicht das, was wir bauen wollen, denn das ist ‚Megalomanie‘!

Klassizität

In den Gesprächen, die Adolf Hitler mit mir in den Jahren von 1940 bis 1945 über Architektur und Städtebau führte, gebrauchte er häufig den Begriff der ‚Klassizität‘. Was er darunter verstand und wo er Klassizität erkannte, das war für mich zunächst überraschend. So sagte er mir am Abend nach unserer Fahrt durch Paris in seinem Quartier Bruly le Pêche: Die Fassade von Notre-Dame hat mich in ihrer Würde und Klassizität sehr beeindruckt!

Sollte sich sein Eindruck einer Klassizität durch die geschlossene, hoheitsvolle Ruhe gebildet haben, die der Fassade von Notre-Dame zu eigen ist, trotz der stark plastischen Formung? Oder war es die horizontale Durchdringung im vertikalen Streben, ein leichtes Verhalten in romanischer Erdgebundenheit?

Einige Monate darauf sprach Adolf Hitler mit mir über das Westwerk des Straßburger Münsters; da fand er andere Worte, wie: zauberhafte, eigenwillige Auflösung in gotischen Vertikalen – traumhafte Innerlichkeit – man vergißt, daß dieses Westwerk aus Stein geformt ist – es ist völlig entmaterialisiert; und dann erwähnte er nochmals die Klassizität der Fassade von Notre-Dame und fügte hinzu: mit dem Nachklang romanischer Geschlossenheit.

Später, 1942 im Führer-Hauptquartier Winniza, in einer Nachtstunde, sprach er wieder über den Begriff ,Klassizität'. Er sagte, oft werde er darin mißverstanden; wenn er das Wort ,Klassizität' gebrauche, dann habe das nichts mit einem Stil zu tun, nichts mit klassizistischen Elementen oder Architekturformen.

Vielmehr wolle er damit die klare, disziplinierte Ordnung kennzeichnen, die im Gegensatz zu dem Ungeordneten und zur Willkür steht. Klassizität bedeute für ihn auch die Übereinstimmung von Baugedanken und Konstruktion, von künstlerischer Einfühlung und Materialgerechtigkeit, was alles dann zur Einheit der Form finde, und zwar auf allen Gebieten der Gestaltung.

Er möchte das Wort ,Mustergültigkeit' vermeiden – es profaniere. Was er meine, das sei eine Gestaltungsform, der man weder etwas zufügen noch das Geringste abnehmen könne: die zeitlose Endgültigkeit.

Brücken in Stahl

Dr. Todt legte mir 1938 den Entwurf einer Autobahn-Brücke über den Rhein vor. Ich erkannte, sagte Adolf Hitler, es war nicht nur eine ausgezeichnete Ingenieurleistung, es war mehr als nur das Ergebnis einseitiger statischer Berechnung. Der Entwurf war entstanden aus der Zusammenarbeit von Ingenieur und Architekt. Die Brücke ist inzwischen gebaut, sie besitzt die Klassizität, die wir bei allen unseren Bauwerken anstreben müssen, sie hat die zeitenüberdauernde Gültigkeit*.

Er führte den Gedanken weiter aus. In der Gestaltung dieser Brücke werde dem Baustoff Stahl die ihm zustehende Materialgerechtigkeit, und überzeugend kämen das Kräftesystem der Konstruktion und die Spannung zum Ausdruck. Die Brücke bereichere die Landschaft, und wenn man über sie fahre, glaube man zu spüren, wie der Strom an Bedeutung gewinnt.

Hier sei das Ziel gesetzt für die Gestaltung im Werkstoff Stahl. Im beider-
seitigen Bemühen der befähigten Ingenieure und Architekten liege es, daß der
Baugedanke nicht im Materiellen oder in der nüchternen Berechnung ver-
bleibe, sondern daß die Formung zu der dem Stahl eigenen Tektonik geführt
werde, zu einer klassischen technischen Endgültigkeit.

Nach einer Weile sagte er, gerade dieser Rang fehle der neugebauten Linzer
Nibelungenbrücke, obwohl er die Planung in den besten Händen geglaubt
habe. Da helfe auch kein gut gestalteter Brücken-Vorhof mit Plastiken. Die
Sichtbedeutung der Brücke selbst liege ja nicht nur auf dem genutzten, dem
befahrenen und begangenen Niveau, vielmehr erfolge die Beurteilung eines
Brücken-Bauwerks aus der Schau, die sich seitlich der Ufer, vom Stromberg zu
Tal, oder vom Strom aus ergibt.

Schon bei der ersten Besichtigung, bei meiner Einführung in die Aufgabe
Linz, habe er bemerkt, daß die Brücke nicht meinen Erwartungen entsprochen habe. Ob ich meine Ablehnung begründen wolle, – es könne in aller Of-
fenheit geschehen.

Ich glaube, es fehlt an der Bauidee, sagte ich, an der Beschwingtheit und am
Maßstab. Die Nibelungenbrücke ist ihrer Gestaltung nach keine Stadtbrücke,
wie das bei der S. Trinita-Brücke in Florenz und besonders bei der Prinzregenten-Brücke in München der Fall ist. Das sind zwei der schönsten Stadtbrücken, die ich kenne. Auch die Seine-Brücke Pont Alexandre III. in Paris,
als Stahl-Bogenbrücke, gehört dazu – allerdings könnte sie auf den Weltaus-
stellungs-Dekor verzichten. Immerhin, sie ist eine typische Stadtbrücke.

Dagegen deutet die Stahlbalken-Konstruktion über die Donau in Linz mehr
auf eine Eisenbahn- oder Autobahn-Brücke in weiter Landschaft. Seitlich gesehen, hat sie keine Verbindung mit den Baumaßstäben der Stadt. Eine flache
Bogenbrücke, die in einem rhythmischen Intervall mit weitgespanntem Mittelteil den Strom überquert, dient dem Stadtraum besser als dieser schwer lastende Stahlbalken*.

Noch dazu sind die Stahlträger in Linz so hoch, daß die Maßstäbe verwirrt
werden. Aus der seitlichen Sicht von den Ufern erkennt man die Maßstabs-
Dissonanz besonders, wenn eine Trambahn über die Brücke fährt. Wenn schon
eine Balkenbrücke, dann würde ein Fußgänger-Brückenteil, auf weit auskragenden Konsolen gelagert, dem schweren Stahlbalken eine horizontale Profi-
lierung geben. Die vertikale Dimension wäre unterteilt, das hätte, mit der
Schattierung, zu einer optischen Auflockerung geführt.

Einen kurzen Augenblick war ich versucht, meiner Kritik auch die des Salzburger Architekten Reitter hinzuzufügen, der sein Können beim Aufbau von
Schloß Klessheim unter Beweis gestellt hatte. Reitter – wir waren durch eine
gemeinsame Ausbildung zum Architekten verbunden – bat mich um Unterstützung seiner Abwehr. Entrüstet hatte er gesagt:

‚Dieselben Pontifexe, die verantwortlich sind für diese Linzer Brücke, sind

nun mit der Salzburger Brücke beauftragt. Das ist unmöglich! Als Salzburger
stelle ich mich mit meinem Partner für die Entwurfs-Bearbeitung zur Verfügung, und damit das nicht mißdeutet wird: ohne jegliche Abgeltung!‘

Doch Adolf Hitler hatte genug gehört, fast unwirsch sagte er: Für die zwei
weiteren Brücken im Stadtbereich von Linz sind Sie zuständig!

Ich versicherte, ich werde mich tunlichst an guten Beispielen orientieren,
und ehe ich ein Risiko einginge, würde ich die Brücken-Entwürfe an genauen
Modellen überprüfen und dann seine Entscheidung einholen.

Adolf Hitler schloß mit der Bemerkung, wie ich wisse, habe er, vor meiner
Beauftragung mit Linz Speer, Gall und Kreis um Entwürfe für Einzelobjekte
gebeten. In Zukunft müsse ich die Architekten bestimmen, die für Einzelbauten in Linz geeignet seien und mit denen ich später zusammenarbeiten wolle.
Er wolle keine Dissonanzen.

Ich horchte auf und sah ihn an, sein Gesicht war verschlossen. Viel später fand
ich die Erklärung, sie ergab sich aus einem interessanten Zusammenhang*.

Sprache und Bauwerk

Wir hatten über Baustoffe gesprochen und darüber, daß der Tempel auf dem
rechteckigen Grundriß des Megarons ursprünglich in Holz aufgebaut wurde,
ehe er seine gültige dorische Gestaltung in Stein fand.

Ich wage einen Vergleich, sagte Adolf Hitler. Eine Veröffentlichung in
einem amerikanischen Architektur-Magazin gibt mir den Anlaß. Es ist durchaus möglich, daß ich mich mit diesem Vergleich – mehr, ist es ein Gleichnis –
im Widerspruch zu den gesalbten Kunsthistorikern und Ästheten befinde, –
doch es ist meine Art, die Dinge zu sehen.

Wie aus den Worten, die uns vertraut sind, sich in langen Zeiträumen die
Muttersprache gebildet hat, die unserem Denken und Fühlen Ausdruck gibt,
so entwickelte sich auch das Bauwerk, die Sprache der Architektur. Sie entstand aus dem Zusammenfügen der naturgegebenen Baustoffe. Aber es ist wichtig, festzustellen, daß am Anfang die Bauidee stand und immer stehen sollte.

Man nahm das Material und formte nach der Wesensart der Menschen und
nach den Umweltbedingungen; so, um im Mittelmeerraum zu bleiben, den
Tholos und das Megaron. Es mag in den primitivsten Anfängen der Menschen,
als sie aus den Höhlen traten, nur das Material Holz, Lehm und Stein bedeutungsvoll gewesen sein, doch als sich aus den Worten der Sprache Sätze
bildeten, fügten und formten sich auch dienend die Baustoffe nach dem Baugedanken.

Neue Wortbildungen entstanden, neue Worte kamen hinzu, aus den griechischen und italischen Kultursprachen, aus den italienischen, französischen
Sprachzusammenhängen, denn Worte sind austauschbar, sie sind Materialien

Das Straßburger Münster – Herbst 1940

Das Straßburger Münster war für mich ein starkes Erlebnis! Schon von weither sichtbar, stand der Turm als Wahrzeichen über der ehemals freien Reichsstadt. Vor dem 19. Jahrhundert war dieser Turm das höchste Bauwerk Europas, – doch was will das schon bedeuten gegenüber dem Bauwerk selbst! Erst wenige Tage vorher fuhren wir an Notre-Dame vorbei, und ich hatte von der Fassade den Eindruck von Klassizität, trotz gotischer Formung.

Ganz anders empfängt das Westwerk des Münsters. Aus enger Straßenfassung blickt man auf das zauberhafte Portal mit der darüberschwebenden Rose. Das ist, bei aller Disziplin, eine eigenwillige Auflösung, wie ein Traum, in Stein dargestellte Innerlichkeit – so wird man in den Münsterraum geführt.

Noch nie hat mich ein Kirchenraum so ergriffen. Die Durchdringung und zugleich doch die Einheit des Hauptschiffes mit dem älteren Querhaus, die geheimnisvolle Vierung, dazu der Chor, – das ist ein Raumakkord von majestätischer Würde. Ich stand lange zwischen den gestrafften Pfeilern unter der achteckigen Vierungskuppel und hatte das Empfinden, der Raum ist mehr als dreidimensional. Erstaunen, Ehrfurcht und Andacht sind in ihm, als ob er erfüllt wäre mit Gesang oder dem Klang alter Instrumente! Vielleicht kam noch hinzu, daß ich, aus dem Kriegsgeschehen heraustretend, diesen feierlichen Raum erlebte.

Über die Dimension des Räumlichen hinaus spürt man seine Verbindung mit den vergangenen Zeiten: Im ottonischen Urbau liegt der Beginn, in der

Stauferzeit erstand das kraftvolle Mauerwerk. Über Hunderte von Jahren hin wurde an dem Münster gebaut. Man denkt an diese Zeiten des Reiches zurück, und daran, daß damals dieser Garten Elsaß ein Kernland des Reiches war, die alemannische Kulturlandschaft Europas.

Die protestantische Kirche ist an mich herangetreten. Sie beansprucht das Münster zurück. Aber soll sich nun am Münster auf konfessioneller Ebene das wiederholen, was sich im Elsaß über die Zeiten hin abspielte? Dieses deutsche, alemannische Kulturland, aus dem heraus auch dieses Münster entstand, kam zu Frankreich im 17. Jahrhundert, zurück zum Reich 1871, wieder zu Frankreich 1918, jetzt ist es wieder deutsch.

Im Münster, in der Vierung dieses feierlichen Raumes, faßte ich den Entschluß: Ich werde das Münster über die Konfessionen stellen. Ich werde ihm eine Bestimmung geben, die seiner Bedeutung entspricht, und ich werde damit zugleich alle ehren, die dieses Bauwerk schufen. Hier wird der unbekannte Soldat dieses Krieges seine letzte Ruhestätte erhalten.

Die Rose des Münsters

Linz

Die Beauftragung – Herbst 1940

Giesler, ich weiß, wie sehr Sie überlastet sind, – trotzdem, ich muß Ihnen eine weitere Arbeit aufbürden: Die Neugestaltung von Linz als übergeordnete Gesamtplanung. Verstehen Sie das als eine formelle Beauftragung! Sie sind damit weisungsberechtigt gegenüber allen zuständigen Behörden, Ihre Vollmachten für die Neugestaltung von München gelten sinngemäß auch für Linz. Gauleiter Eigruber ist informiert, er freut sich auf die Zusammenarbeit mit Ihnen.

Jetzt meine persönliche Bitte: Über diese städtebauliche Aufgabe hinaus möchte ich Sie für Linz als Architekt verpflichten. Ich bitte Sie, die Donauufer-Bebauung zu entwerfen und auch für verschiedene Bauwerke, an denen ich besonders und persönlich interessiert bin, möchte ich Ihre Entwürfe haben. Das ist ein persönlicher Wunsch. Linz ist meine Heimatstadt, die Stadt meiner Jugend, und in Linz möchte ich meinen Lebensabend verbringen. Diese Stadt bedeutet mir sehr viel.

Es war im zweiten Kriegsjahr, im Herbst 1940. Adolf Hitler hatte mich zum Berghof kommen lassen. In der Nacht zu einem Sonntag fuhren wir in seinem Zug nach Linz. In aller Frühe standen wir an der Donau, auf der Urfahr-Seite, und schauten auf die gegenüberliegende Linzer Altstadt.

Adolf Hitler erläuterte mir seine Gedanken: Ich möchte, daß Linz sich mit der neuen Bebauung dem Strom zuwendet! Dann besprach er die Einzelheiten; die Donaubrücken, die Hochwasserstände und die notwendige Durchfahrtslichte der Schiffahrt.

Er gab den Standort an für bestimmte Gebäudegruppen. Alles war wohlüberlegt, alles hatte seine Begründung: Geländeeigenarten waren berücksichtigt und auch die Wirkung der Bauformen im Sonnenlicht. Er führte mich am Arm zum Treidelpfad der Donau und zeigte zum Römerberg mit dem maßstabslosen Gebäude, der Schloß-Kaserne, wo ich ihm sein Haus, seinen Alterssitz bauen sollte: Von dort überschaue ich Linz und die Donau.

Er deutete auf die steil zur Altstadt und zur Donau abfallenden Felsen. Wir gingen über die Nibelungenbrücke, die noch im Bau war, zurück zur Linzer Seite. Am Brückenkopf blieb Adolf Hitler stehen:

Sehen Sie selbst, die Urfahr-Seite ist bis jetzt vernachlässigt und unbedeutend. Wie wird sich das verwandeln durch das neue Rathaus, dann das Stadthaus und den ‚Platz an der Donau‘ mit einem markanten Turm neben der großen Halle der Gemeinschaft! Von hier gesehen, werden die Gebäude plastisch im hellen Sonnenlicht stehen und Linz zur ‚Stadt an der Donau‘ machen. Hier, an dieser Stelle, werden die Plastiken der ‚Nibelungen‘ stehen, die der Brücke ihren Namen geben. Der Bildhauer Graf Plettenberg hat sie in Auftrag.

Dort unten, stromabwärts, sollte unsere geplante Bebauung mit einem Akzent enden. Dort wird sich die dritte Brücke über die Donau spannen. In Verbindung mit dem Brückenkopf der Urfahr-Seite soll ein Bismarckdenkmal errichtet werden. Dann folgt unmittelbar die freie Donaulandschaft mit den baumbestandenen Auen.

Ich sah ihn fragend an; er verstand und erläuterte, Bismarck sei für einen Linzer eine Symbolfigur, er verkörpere das Deutsche Reich, und sie hätten sich stets als Deutsche gefühlt.

Professor Kreis habe vor Jahren ein Bismarckdenkmal entworfen, einen Rundbau in kraftvoller Form, mit einem Zentralraum, ein guter Entwurf, er sei preisgekrönt, aber nicht ausgeführt worden. Dieser Rundbau müsse in seiner äußeren Gestaltung vereinfacht und damit zeitlos werden. Als Abschluß der linksseitigen Uferbebauung könne er sich diesen Rundbau sehr wohl vorstellen, als eine architektonische Interpunktion. Er stehe dort, nicht nur um an Bismarck zu erinnern, sondern als Denkmal für den Anschluß seiner Heimat an das Reich.

Adolf Hitler wandte sich um und zeigte auf die Höhe vor uns:

Schauen Sie – dort – das ist der Pöstlingberg mit der Bekrönung durch eine barocke Wallfahrtskirche. Ich möchte sie mit in die Szenerie von Stadt und Landschaft einbeziehen und ihr Bedeutung geben. Darüber sprechen wir noch.

Anschließend gingen wir durch die Innenstadt. Adolf Hitler führte uns zu den schönsten Gebäuden der Altstadt, zeigte uns das ‚Landhaus‘ mit seinen prachtvollen Toren und dem berühmten Renaissance-Arkadenhof. Er erzählte uns auch Begebenheiten aus seiner Jugendzeit: In diesem kleinen Theater erlebte ich zum erstenmal eine Oper, es war ‚Rienzi‘.

Dann fuhren wir zu den Hochöfen der Reichswerke, wir gingen durch die gigantischen Hallen der Walzstraßen. Er sagte mir, er habe den Stahl nach Linz gebracht. Mit diesem Werk sei die Zukunft der Stadt gesichert.

Auf der Rückfahrt und auf dem Berghof unterhielten wir uns über Städte am Fluß: London, Paris, Dresden und Budapest. In später Nachtstunde verabschiedete ich mich. Machen Sie aus Linz die schönste Stadt an der Donau! sagte Adolf Hitler.

Soweit der kriegsbedingte Einsatz es mir ermöglichte, arbeitete ich mit einigen Mitarbeitern an der Linzer Planung. Voll Ungeduld rief mich Adolf Hitler oft zu sich in die Hauptquartiere. Ich legte ihm dann Planungsabschnitte und Einzelentwürfe vor. Manchmal blieb ich über Wochen. Die Beschäftigung mit Städtebau und Architektur war während der Kriegsjahre die Ablenkung, die er sich gönnte.

Zwischen den militärischen Lagebesprechungen oder in den Nachtstunden vor den letzten Berichten von den Fronten arbeiteten wir gemeinsam an den Plänen für sein Linz. Nach seinen Ideen entstanden dabei die Entwürfe für das ,Stadthaus'.

Er gab Anregungen und Hinweise für den ,Turm an der Donau'. Ich entwarf für ihn den Alterssitz, in der strengen kubischen Form des österreichischen Bauernhofs, des Vierkanters. Um Stadt, Strom und Landschaft dem Blick zu erschließen, fügte ich den Gebäudeecken vorspringende, weit geöffnete Erker an, ähnlich denen des Oberen Belvedere, die Adolf Hitler auch als Innenräume bewundert hatte.

Wenn immer sich die Möglichkeit bot, besuchte er mich in meinem Münchner Atelier, um die allmählich Gestalt annehmenden Übersichtsmodelle von Linz zu sehen. Ich kam wiederholt auf den Berghof mit Teilmodellen und Plänen. Einmal begleitete ich ihn auf einer Fahrt nach Linz, zu einer Inspektion der Reichswerke und der Panzerproduktion im Nibelungenwerk. Königstiger, imponierende Panzer, wurden vorgeführt. Einen überaus gegensätzlichen Abschluß fand dieser Tag im Chorherren-Stift St. Florian. Wir verbrachten lange Zeit in der barocken Kirche des Stiftes, der Dirigent Jochum spielte Kompositionen von Bruckner auf der berühmten Orgel.

Dann entschied Adolf Hitler über noch offene städtebauliche Fragen von Linz. Er stimmte meinem Vorschlag zu, die neue Technische Hochschule in die Donauufer-Bebauung einzubeziehen, als dominierenden Abschluß der Baugruppen auf dem rechten Donauufer, auf der Linzer Seite.

In den Wochen der wilden Angriffe übermächtiger russischer Armeen in Richtung auf die Reichshauptstadt, im Februar 1945, war ich bei Adolf Hitler. Er lebte im Befehlsbunker, inmitten der Trümmer Berlins, in einer Anspannung sondergleichen, – und doch fand er in den nächtlichen Stunden Zeit für Gespräche über Planungen und Gestaltung, über alles, was ihn bewegte.

Ich konnte Adolf Hitler als sein Architekt, der ihm sehr nahestand, ein letztes Geschenk machen: Das fertige Modell der Donauufer-Bebauung seiner Heimatstadt Linz.

Der ,Turm an der Donau'

Adolf Hitler deutete auf die Donaulände der Urfahr-Seite:
Hier, nach der Biegung des Stromes, habe ich mir den ,Turm an der Donau' gedacht. Der Turmschaft freistehend, wie ein Campanile, und doch zugeordnet der großen ,Halle der Volksgemeinschaft'. Doch rücken Sie ihn energisch in den weit zur Donau geöffneten trapezförmigen Platz vor, lassen Sie die Treppenstaffelungen am Turm anlaufen und zum Sockel verdichten. So verfestigt der Turm das Ufer, bindet den Platz und verankert den Hallenbau.

Dieser Turm hat hier den richtigen Standort zwischen Stromberg und Stromtal, von der Linzer Stadtseite aus gesehen, auch in der Biegung des Stromverlaufs. Eine Steinlaube mag zwischen Turm und Hallenchor übermitteln und zur Turmtreppe führen.

Die Turmhöhe will ich beschränkt wissen. Es gibt schon einen bedeutsamen Turm an der Donau, – der vom Ulmer Münster mit 161 Metern. Bleiben Sie mit diesem Turm in der Höhe um einen Meter unter dem Münster-Turm! Ich möchte die Ulmer, die mit Recht stolz sind auf die Leistung ihrer Vorfahren im Mittelalter, nicht kränken.

Daraus ergeben sich ja für Sie die Proportionen. Der Turm sollte in seiner Erscheinung typisch sein für diese Donaulandschaft.

Der ‚Turm an der Donau‘ steht im Licht, – den Turmhelm in 160 Meter Höhe über der Stadt trifft am Morgen der erste Sonnenstrahl und der letzte am Abend, über den Römerberg hinweg, während die Dämmerung schon im Donautal liegt. Lassen Sie den Turmhelm deshalb wie in ein vergoldetes Filigran enden.

Im Turm, auf der Sockelhöhe beginnend, sehen Sie einen gewölbten Raum vor. Die Treppe zur Turmhöhe führen Sie über die Verbindungslaube, damit der Gewölberaum nicht eingeengt wird. Dieses Gewölbe wird die Grabstätte meiner Eltern*.

Adolf Hitler legte den Bleistift, mit dem er die Turmstelle gekennzeichnet hatte, zurück und sagte leise:

Ich möchte ein Glockenspiel auf dem Turm, nicht für alltäglich; – aber an bestimmten Tagen soll ein Motiv aus der Vierten, der Romantischen Sinfonie von Bruckner erklingen. Sie eignet sich für ein Glockenspiel, diese eigenartige Melodie, die mich so seltsam berührt.

Er stand auf, wobei er meinen Arm faßte: Sie verstehen mich, Giesler.

„Die Himmel rühmen des Ewigen Ehre"

Ich hatte mich mit meiner Auffassung durchgesetzt: Für die neue Technische Hochschule Linz war als Standort bislang das Hanggelände über Urfahr vorgesehen, das schon unter Berücksichtigung der Maßstäbe als reines Wohngebiet ausgewiesen werden mußte. Nunmehr sollte die Technische Hochschule den Abschluß der Donauufer-Bebauung stromabwärts auf der Linzer Seite bilden. Nach kurzem, baumbestandenem Intervall folgte nach dem Hafen dann die eindrucksvolle Silhouette der Hochöfen und Hallen der Reichswerke.

Ich besprach die Einzelheiten der Baudisposition für die neue Technische Hochschule mit Adolf Hitler. Er gestand mir zu, der neue Standort sei richtig; er verbinde die Technische Hochschule mehr mit dem Stadtorganismus, sie stände damit auch in den bedingt großen Maßstäben nicht mehr isoliert. Die

Studierenden seien jetzt Teil der Stadtgemeinschaft und schon aus dieser räumlichen Nähe enger mit den neuen Wohnsiedlungen verbunden, mit den Sportanlagen und vor allem mit dem kulturellen Leben, mit dem Theater, der Musikhalle, der Galerie und der Bibliothek. Die jungen Studenten würden mit dazu beitragen, die alten und neuen Straßenräume zu beleben, vor allem unsere geplante Laubenstraße.

Die imponierende Gebäudegruppe mit dem Auditorium erhalte durch den Strom erst ihre volle Wirkung, und hier, auf dem rückwärts anschließenden Gelände, sei auch genügend Platz für die Institute, wobei er dieser Hochschule noch ein Forschungsinstitut für Metallurgie angliedern wolle, das durch Labors eine praktische Zusammenarbeit mit den Reichswerken ermöglichen werde.

So trete eine Wechselbeziehung ein: Theorie und Forschung, Lehre und Praxis verbänden sich hier, und die Studierenden wüchsen auf diesem Gebiet in ihre späteren Aufgaben hinein. Zugleich ergebe sich die Möglichkeit, daß sich die Studierenden mit volks- und betriebswirtschaftlichen Problemen auseinandersetzten und mit der sozialen Betriebsführung vertraut machten.

Er habe sich entschlossen, den bisherigen Rahmen einer Technischen Hochschule zu erweitern und dieser neuen TH strukturell eine mehr universale Bedeutung zu geben. Forschungsinstitute für Mikro- und Makrokosmos sollten außerdem angegliedert werden. Aber es sei ja wohl sinnvoll, diese Institute räumlich vom Standort an der Donau abzutrennen. Er meinte, die Urfahr-Höhe, der Pöstlingberg, wäre dafür geeignet. Für die Öffentlichkeit müßte ein Observatorium zugänglich sein. Auch müsse ein Planetarium vorgesehen werden. Das habe er sich immer dort oben vorgestellt.

Adolf Hitler zeigte auf den Übersichtsplan mit den eingetragenen Höhenlinien:

Hier, auf der Berghöhe, steht die Wallfahrtskirche, ein Barockbau. Ich habe Sie bei unserem ersten Gespräch über die räumlich-landschaftlichen Gegebenheiten schon darauf hingewiesen.

Sobald sich das Bauprogramm übersehen läßt, sollen die beiden Institute entworfen werden, jedes für sich getrennt, jedoch in einer großzügigen Konzeption miteinander verbunden. Die Anlage muß, zu einer ruhigen, horizontalen Baugruppierung geformt, den Berg bekrönen. In diese Komposition ist die Kirche einbezogen, durch ihre Ost-West-Orientierung wird die Achse der Gebäude bestimmt. Als einzige Vertikale muß die Kirche dabei auch räumlichen Vorrang haben. Die seitlich anzuordnenden Institute, in geschlossener Formung, sind so weit zurückzusetzen, wie es die Silhouette, vom Donautal aus gesehen, erfordert.

In der Hofmitte des rechten Institutes sehen Sie den Zentralraum mit der Kuppel des Planetariums vor. Die Kirche selbst steht frei, ihr Rang bleibt durch die räumliche Anordnung gewahrt. In den Giebel-Architrav zwischen den Türmen soll eingemeißelt werden: ‚Die Himmel rühmen des Ewigen Ehre‘.

München im Überblick

Energie und Wärme – 1939/40

Der erste entscheidende Anstoß, der von dem großen, übersichtlichen Arbeits-modell der Ost-West-Achse ausging, hatte zu einer neuen Konzeption des Hauptbahnhofes geführt. Damit war die städtebauliche Gleichberechtigung von Schiene und Straße hergestellt. Daran hatte sich als zweiter bedeutsamer Schritt der Gedanke des Straßenbauwerkes angeschlossen.

Nun war noch ein dritter Anstoß von diesem städtebaulichen Modell ausge-gangen, denn die überschaubare Masse der Bauwerke führte zur Überlegung: Wie versorge ich diese neuen Bauwerke mit Wärme? Es war, so schien es mir, eine einfach zu realisierende Forderung in überschaubaren Größenordnungen.

Doch am Ende der sorgfältigen Planung stand eine faszinierende Ingenieur-aufgabe, die weit über die urbane Bedeutung hinaus einen hohen volkswirt-schaftlichen Rang hatte.

Der Ingenieur Adolf Gerke war schon seit Jahren mein Berater in heiztech-nischen Fragen. Wir standen am Modell, und ich erläuterte ihm meine Auffas-sungen und Forderungen:

Ich kann mir nur eine zentrale Fernwärmeversorgung dieser Baumassen an der Ost-West-Achse vorstellen. Zur baulichen Erschließung im städtischen Be-reich gehört die übergeordnete Versorgung mit Wasser und Strom. Und eben-so selbstverständlich ist die Entsorgung, die Ableitung des Schmutzwassers durch das Kanalsystem in die mechanischen und biologischen Kläranlagen.

Warum soll nicht auch die Wärme- und Warmwasserversorgung übergeord-net und fließend erfolgen? Ich kann mir nicht vorstellen, daß in jedem Gebäude hier – ich deutete auf das Modell – die Kamine rauchen, daß die Heizer die Kessel schüren, mit Kokstransport hin und Schlacke her, daß sich jeder sein Warmwasser und seine Heizwärme selber macht.

Planen Sie deshalb diese Versorgung nach modernen Gesichtspunkten so-wohl für den neuen Hauptbahnhof wie auch, als eine übergeordnete Dienst-leistung, zugleich für die Gebäudegruppen beiderseitig der etwa 6 000 Meter langen Straßen-Achse. Unsere Planungsabteilung kann Ihnen die Kubikmeter der zu beheizenden Baumassen zusammenstellen, auch für den Hauptbahnhof. Den Warmwasserbedarf ermitteln Sie sicher nach Erfahrungswerten.

Hier am Modell können wir auch den Standort des Fernheizwerkes fest-legen. Die Voraussetzung ist doch eine zentrale Lage zum Versorgungsgebiet mit Industriegleis-Anschluß und mit den notwendigen Abständen und der Abschirmung, die mögliche Belästigungen mindert.

Und etwas Wesentliches: Das Versorgungssystem sollte im Untergeschoß des Straßenbauwerkes in begehbaren Kanälen kontrollierbar montiert werden!

Nun ein Blick auf die Große Straße selbst: Etwa 6 000 Meter lang, mit Breiten von 90 bis 120 Meter zwischen den Bauten, – was geschieht nun bei Schneefällen von 15 bis 20 Zentimeter Höhe in einer Nacht? Ich habe das in München oft erlebt. Ein Schneeräumen soll hier nur in wirklichen Extremfällen notwendig sein. Wir können auch auf diesen Straßen dem Glatteis nicht mit Sandstreuen begegnen, das ist unmöglich!

Die Fahrstraßendecke muß also im Normal-Winter soweit über dem Gefrierpunkt liegen, daß sich weder der Schnee halten noch Glatteis bilden kann. Aber es darf kein einbetoniertes Heizsystem werden. Es muß uns was anderes einfallen, denn es müssen alle Installationen kontrollierbar und wartungsgerecht sein.

Sie kennen nun meine Vorstellungen und Forderungen. Was hier für die Ost-West-Achse gilt, das gilt sinnvoll auch für die übrigen städtebaulichen Schwerpunkte der Neugestaltung im Norden und im Südosten der Stadt. Dabei interessiert mich natürlich im besonderen die Wirtschaftlichkeit der neuen Anlagen. Diese Aufgabe muß Sie doch als Ingenieur reizen, sicher werden Sie meinen Forderungen entsprechen können.

Darin hatte ich mich nicht getäuscht. Ingenieur Gerke sagte:

Ihre Forderung nach Fernwärmeversorgung ist berechtigt, sinnvoll und einfach zu erfüllen, – es liegen genügend Erfahrungen vor. Aber ich muß Sie auf etwas hinweisen: Erstrangig ist das Problem der Versorgung mit Elektroenergie! Durch die Neugestaltung allgemein mit dem geplanten Massenverkehrs-Netz der U- und S-Bahnen, durch die Neuordnung und Entwicklung der Industrie und durch den Ausbau der großen Wohngebiete wird mehr Elektroenergie benötigt, als die Stadt anbieten beziehungsweise liefern kann.

Jedenfalls steht eindeutig fest: Die Versorgung mit Elektroenergie kann nicht aus den bestehenden Wasser- und Dampf-Kraftwerken der Stadt München erfolgen. Der Energiebedarf bedingt den zusätzlichen Bau von städtischen Kraftwerken oder den für die Stadt, und damit für den Verbraucher, teuren Fremdbezug von Strom, was letztlich doch wiederum zum Bau von Neuanlagen führt. Dabei ist zu beachten, daß die Nutzung der Wasserkraft im wesentlichen erschöpft ist, wenn man von kostspieligen Stauanlagen absieht. Die Jahreszeit-Abhängigkeit der Wasser-Kraftwerke lasse ich außer acht.

Die konventionellen, allgemein üblichen Dampf-Kraftwerke im Kondensationsverfahren entsprechen in diesem Falle nicht dem Stand der Technik, sie arbeiten – vom Brennstoff aus gesehen – unwirtschaftlich und sind deshalb volkswirtschaftlich nicht zu vertreten.

Ich schlage deshalb eine Kraft-Wärme-Kopplung vor. Das heißt, wir erzeugen Energie und Wärme in Heizkraftwerken auf der Basis Steinkohle. Dabei wird zunächst in der Kraftstufe Strom erzeugt und in der nachgeschalteten Heizstufe die anfallende Wärme genutzt. Damit haben wir beides, Elektroenergie und Wärme, und wir haben zudem volkswirtschaftlich vernünftig geplant.

Die Steinkohle ist kostbar – außer Braunkohle und geringen Mengen an Erdgas und Ölschiefer sowie der begrenzten Wasserkraft haben wir in Deutschland nichts anderes zur Energieerzeugung. Das mindeste ist nun, daß wir unsere Kohle nach besten technischen Erkenntnissen und wirtschaftlichen Möglichkeiten nutzen. Das setzt natürlich bauliche Maßnahmen voraus, die hier in München durch die Neugestaltung geschaffen werden können.

Zwar reichen unsere Kohlenvorräte noch 500 Jahre, selbst bei steigendem Energiebedarf. Doch die Kohle ist ein wichtiger Rohstoff, aus dem unsere Forscher und Chemiker für die autarke Wirtschaft immer neue Produkte zaubern. Nicht umsonst spricht man von Kohleveredlung! Ich nenne nur einige Möglichkeiten: Die Kohleverflüssigung, Buna, Düngemittel, Teerprodukte, Farben und Arzneimittel.

Die Einzelfeuerstelle, der ‚dezentrale Betrieb‘, gleich ob zur Erzeugung von Elektroenergie oder Wärme, ist doch, technisch und volkswirtschaftlich gesehen, die unterste Stufe der Entwicklung, die primitivste, aber auch heute noch zugleich die meistverbreitete Form.

– Jeder macht sich so sein Feuerchen selbst, warf ich ein.

– Ja, so ist das! Das bedingt eine Unzahl rauchender Wohnhauskamine und einen Wald von Fabrikschornsteinen. Die Folge ist, daß sich ein Rauchdunst und eine Rußwolke wie ein Nebel über die Ballungsgebiete des Wohnens und der industriellen Arbeitsstätten legt.

Meist erfolgt die Krafterzeugung ebenso punktuell wie die Erzeugung der Wärme. Das ist volkswirtschaftlich überhaupt nicht zu vertreten, wenn man bedenkt, daß etwa 40 % des Energieträgers Kohle allein für die Beheizung verbraucht, einfach so verbrannt wird!

Ein Beispiel: Ein bedeutendes Industriewerk in dieser Stadt, das von rationell denkenden Kaufleuten und von Ingenieuren und Technikern geführt wird, betreibt auf seinem Gelände allein 16 Heizkesselanlagen! Überlegen Sie einmal, wieviel Bedienungspersonal dazu benötigt wird, dann der Antransport des Energieträgers, der Abtransport der Schlacke, – welche Belastung der Schienen und Straßen.

Nun stelle man sich das erst einmal bei den Heizungsanlagen der Wohngebiete vor! Denn das ist doch klar, daß die vielen Einzelfeuerungen unmöglich so sorgfältig betrieben werden, wie das bei einer zentralen Anlage unter Aufsicht von Fachleuten selbstverständlich ist.

Das ist alles bedeutungslos gegenüber der Tatsache, daß wir uns schämen sollten, den Rohstoff Kohle so zu vergeuden! Wieder auf das Beispiel dieses technisch hochentwickelten Industriewerkes bezogen: In 16 werkseigenen Feuerungsanlagen wird die Wärme für die verschiedenen Werksabschnitte und Gebäude erzeugt, – die benötigte Elektroenergie wird dem öffentlichen Stromnetz entnommen!

In den Kraftwerken wiederum wird zur Erzeugung dieses Stromes die Kohle verbrannt und die dabei entstehende Abwärme vernichtet, weil die Voraussetzungen für ihre Nutzung fehlen. Sind wir eigentlich eine technisch hochentwickelte Industrienation? Das haben wir erst noch zu beweisen! Aber nicht nur die Erkenntnis ist wichtig. Die baulichen Voraussetzungen müssen geschaffen werden!

Ihre Forderung nach Wärme für die Bauten der Neugestaltung und meinen Vorschlag, Heizkraftwerke zu bauen, werde ich in einem Exposé darstellen. Sie können mir glauben, es wird eine vernünftige und wirtschaftliche Lösung werden, ich habe mich schon lange mit diesen Problemen befaßt.

Vorweg kann ich Ihnen jetzt schon sagen, daß die Energie- und Wärmeversorgung durch Heizkraftwerke, die ich Ihnen vorschlage, technisch gesehen den höchsten Wirkungsgrad bringt und daß die Gestehungskosten des Stromes wesentlich niedriger sein werden als in einem Kondensationskraftwerk.

Ich kenne die Kosten, die den Stadtwerken derzeit in ihrem Kondensationswerk ‚Isartal' entstehen. Sie liegen bei etwa 2.7 Reichspfennig je Kilowattstunde (RPf/kWh). Bei einem entsprechend dimensionierten Heizkraftwerk werden die Kosten etwa um 1 RPf/kWh liegen, dazu kommt die Abwärme, die wir preisgünstig nutzen werden.

Es klingt für Sie sicher unwahrscheinlich, – aber bitte bedenken Sie, daß der Wirkungsgrad eines Kondensationskraftwerkes bei etwa 25 %, der eines Heizkraftwerkes dagegen bei etwa 70 % liegt!

Im Heizkraftwerk wird die entstandene Abwärme genutzt, im Kondensationskraftwerk wird sie dagegen vernichtet. Zur Abwärme-Vernichtung sind große Kühlwasser-Mengen erforderlich, – man rechnet mit dem 50-fachen der Dampf-Menge –, die man, zum Beispiel beim Kondensationskraftwerk Isartal, der Isar entnimmt, um sie dann, aufgeheizt, wieder in den Fluß zurückzuleiten. Welche Verschwendung von kostbarer Energie!

Die Ausführungen von Gerke waren für mich überraschend, seine Vorschläge und Argumente jedoch überzeugend. Ich kannte den Ingenieur Gerke lange genug, um seinem Urteil auf wärmetechnischem Gebiet zu vertrauen. Die letzten Zweifel schwanden bei einer Besprechung technischer und baulicher Fragen, die sich aus meiner Forderung ergaben, das ‚Wärmetransportsystem' in eigenen und kontrollierbaren, möglichst sogar begehbaren Kanälen zu verlegen. Diese Kanäle mit den Hauptversorgungsleitungen sollten nach meiner Vorstellung gleichzeitig mit den Straßenbauwerken und dem U-Bahn-System gebaut werden.

Im Bereich der größten Stadtdichte sollte später, als Ergänzung des U-Bahn-

Systems, ein Unterstraßenbahn- oder Unterpflasterbahn-System gebaut werden. Das bot die Möglichkeit, die Wärmeversorgung auch auf diese Gebiete
auszudehnen, diese Wärmeverbrauchs-Ballung an das Fernwärmesystem anzu-
schließen.

Das Ergebnis unserer Besprechung war das Konzept eines innerstädtischen
Wärme-Verbund-Systems für München, das die Neugestaltungs-, die Bal-
lungs- und Industriegebiete mit Wärme und Warmwasser aus Heizkraftwerken versorgen sollte. Ich beauftragte daraufhin den Ingenieur Gerke mit der
Ausarbeitung dieses Konzeptes.

Wenn es uns gelingt, so sagte ich ihm, dieses Projekt zu realisieren, dann
sind die Auswirkungen auf städtebaulichem, volkswirtschaftlichem und sozia-
lem Gebiet noch nicht zu überschauen. Energie und Wärme, wirtschaftlich,
modern und sicher für die Zukunft, zugleich verbunden mit einer wesentlichen
Minderung der störenden Einwirkungen durch Staub, Ruß und Gase, verbunden also mit dem Geschenk der reineren Luft im Stadtraum, das entspricht den
Grundsätzen zur Neugestaltung dieser Stadt! Die Feder gehört auf Ihren Hut,
Gerke!

Er wehrte ab. Wenn wir mit den Heizkraftwerken jetzt anfingen, dann hink-
ten wir weit nach. Die Russen hätten früh damit begonnen; die UdSSR habe
als erster Staat die Bedeutung der Kopplung von Energie und Wärme erkannt
und die Konsequenzen daraus gezogen. Vor 15 Jahren* sei in Leningrad das
erste große Heizkraftwerk gebaut worden. Jetzt mache Nowikow vom technischen Rat des zuständigen Volkskommissariates Angaben über den gegenwärtigen Stand dieser Entwicklung.

Danach beständen in der Sowjetunion schon über 100 Heizkraftwerke, weitere seien im Bau, besonders in Moskau. Dabei verfüge Rußland über große
Reserven an Energieträgern. Nicht nur Steinkohle, auch Erdöl und Erdgas
seien vorhanden, und sicher auch noch nicht genutzte Wasserkraft.

Es war mir bis dahin nicht bekannt, daß die Russen schon lange Heizkraftwerke bauten und uns auf diesem Gebiet weit voraus waren. Außerdem war
ich überrascht, wie sehr sich Gerke für Energiewirtschaft interessierte, und
erfreut über seine Hinweise, die mir für einen zukunftsorientierten Städtebau,
wie ihn Adolf Hitler anstrebte, von großer Bedeutung erschienen.

Anfang 1940 legte Gerke seine Ausarbeitung vor. Sie umfaßte 3 Bände, ge-
spickt mit Zahlen, Untersuchungsergebnissen und Wirtschaftlichkeitsberechnungen, dazu eine Fülle graphischer Darstellungen und Diagramme. Er habe
sich auf das Allernotwendigste konzentriert, meinte er dazu.

Band I enthielt die eigentliche Untersuchung der Möglichkeiten einer Wärmeversorgung. Sie führte zu dem Ergebnis, daß eine optimale Lösung der gestellten Aufgabe nur durch Heizkraftwerke zu erreichen war. Dann folgte eine
volkswirtschaftliche Würdigung der Steinkohle als Energieträger, auch im
Hinblick auf die vorgeschlagenen Heizkraftwerke. In diesem Band war auch

die Fernwärmeversorgung der Großen Straße mit dem Hauptbahnhof dargestellt.

Band II war die Vorbereitung für eine zweite Ausbaustufe und behandelte die Wirtschaftlichkeit von Heizkraftwerken der Größenordnung von 400 - 800 Gcal/h – Leistung*, abgestimmt auf die Fernwärmeversorgung des bestehenden Stadtgebietes.

Band III befaßte sich bis ins Detail mit der Fernwärmeversorgung der neuen, im Rahmen der Neugestaltung geplanten ‚Südstadt' für 100 000 Bewohner.

Anhand dieser Unterlagen erläuterte mir Ingenieur Gerke das von ihm geplante Wärmeversorgungs-System der Stadt München. Für die ermittelten Baumassen der eigentlichen Neugestaltung hatte er einen Wärmebedarf von rund 1 600 Gcal/h errechnet. Er ging kurz auf den ‚dezentralen Betrieb' ein, die herkömmliche Art der Wärmeversorgung neuer Baumaßnahmen, bei der die Deckung des Wärmebedarfs durch Einzelzentralen oder Sammelheizungen erfolgt, die in den einzelnen Bauabschnitten oder Bauwerken untergebracht sind, eine Lösung, die ich jedoch für die Neugestaltung grundsätzlich abgelehnt hatte.

Dann wies er auf die überlegene Wirtschaftlichkeit des ‚zentralen Betriebes' hin:

– Bessere Ausnutzung der Kohle und damit ein höherer Wirkungsgrad;
– Zentraler Kohlebezug und Großraum-Antransport, Wegfall der Brennstofflagerung bei den Einzel-Verbrauchern;
– Unmittelbare Verarbeitung der anfallenden Rückstände und der Flugasche in Porenbeton und Schlacken-Isolierstoffe;
– Entlastung der Transport-Systeme Schiene und Straße;
– Einsparung von Arbeitskräften durch technische Rationalisierung;
– Immissionsfreie und technisch einwandfreie Verbrennung in ingenieurmäßig betriebenen Anlagen mit dem Ergebnis: Reinhaltung der Luft von Ruß, Staub und Gasen.

Durch die zentrale Wärmeversorgung sei es möglich, erklärte Gerke, dem erzeugten Hochdruckdampf eine Kraftstufe vorzuschalten und dadurch zusätzlich die benötigte Elektroenergie im Verbund, also durch Kraft-Wärme-Kopplung, im Heizkraftwerk zu gewinnen.

Die Berechnungen hätten einen zusätzlichen Energiebedarf an Kraft- und Lichtstrom für die Reichsbahn und für die Stadt von jährlich etwa 1200 Millionen Kilowattstunden (kWh) ergeben. Da weder die Stadt noch die Reichsbahn in der Lage seien, ihre Wasserkraftwerke wirtschaftlich weiter auszubauen, würden sich Heizkraftwerke als beste Lösung anbieten.

Die Wirtschaftlichkeit des Heizkraftwerkes gegenüber der eines Kraftwerkes mit Kondensationsbetrieb konnte mir Gerke durch Berechnungen nachweisen, die er durch graphische Darstellungen überschaubar machte.

Anstelle von tausenden Einzelheizungen und dezentralen Sammelheizungen

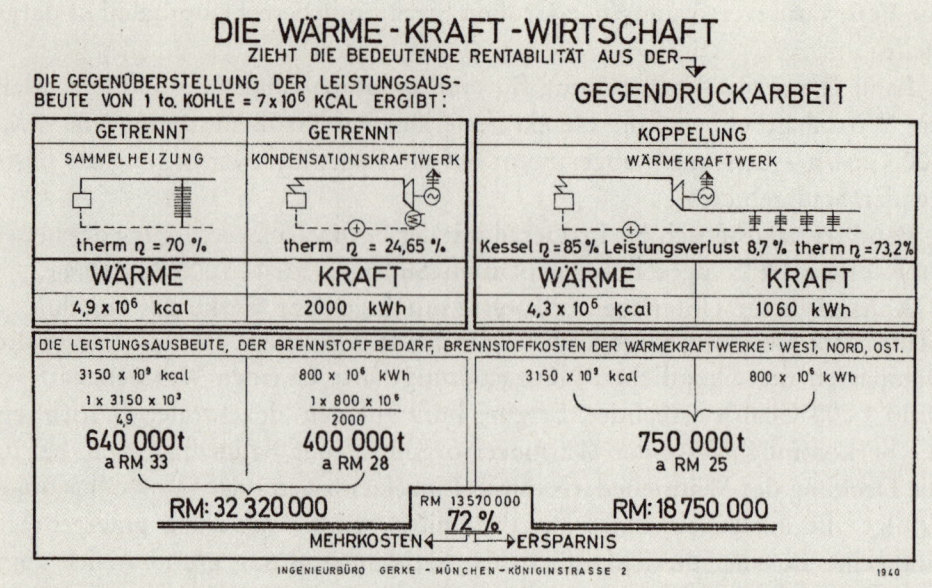

hatte Ingenieur Gerke drei Heizkraftwerke vorgeschlagen. Sie lagen zentral und doch abgeschirmt in den jeweiligen baulichen Schwerpunkten der Neugestaltung, im Westen, Norden und Osten der Stadt, in unmittelbarer Verbindung mit vorhandenen Industriegleis-Anlagen. Ihre zugeordneten Versorgungsgebiete waren in einem Stadtplan durch Kreise von je 4 Kilometern Radius gekennzeichnet. Innerhalb dieser Gebiete war nach dem damaligen Stand der Technik eine absolut sichere und wirtschaftliche Wärmeversorgung möglich. Die Kreise überschnitten sich im Stadtzentrum, hier sollten die Haupt-Fernleitungen der 3 Werke zusammentreffen, so daß ein Leistungsaustausch oder eine Leistungsübernahme möglich war. (Siehe Lageplan Seite 162).

Gerke schlug variable Ausbaustufen für die Heizkraftwerke vor. Die erste Ausbaustufe war bestimmt durch die ermittelten Baumassen der Neugestaltung und die Möglichkeit ihres Anschlusses an das Kanalsystem mit den darin verlegten Fernleitungen für den Wärmetransport. Aus wirtschaftlichen Gründen sollte der Bau dieser begehbaren Kanäle zusammen mit dem Bau der U-Bahn-Trassen und der Straßenbauwerke erfolgen.

Später, mit dem weiteren Ausbau des U-Bahn-Systems und mit dem Vortrieb des Unterpflasterbahn-Systems, wurde dann sinnvoll zugleich die Erweiterung des Kanalsystems für die Fernwärmeversorgung möglich. Diese beiden Faktoren – die anschließbaren Baumassen und die Möglichkeit ihres Anschlusses – bestimmten die Leistungsstufe der Heizkraftwerke.

Dementsprechend sollte der Ausbau dieser Heizkraftwerke mit typisierten und genormten Blockeinheiten von jeweils 100 Gcal/h Leistungsgröße bis zu den erforderlichen Endgrößen von 600 bis 800 Gcal/h erfolgen.

So konnten nicht nur alle Bauwerke der Neugestaltung, sondern nach und

RENTABILITÄT DER WÄRMEKRAFTWERKE

WÄRMEKRAFTWERK WEST 400×10^6 kcal/h
WÄRMEKRAFTWERK NORD 600×10^6 kcal/h
WÄRMEKRAFTWERK OST 600×10^6 kcal/h

GESAMTLEISTUNG 1600×10^6 kcal/h

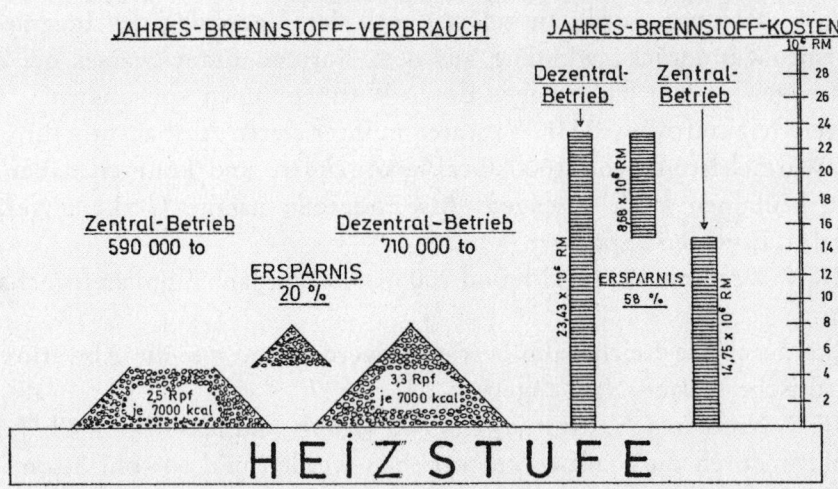

JAHRESLEISTUNG DES W.K.W. WEST (REICHSBAHNBETRIEB) = 200×10^6 kWh
JAHRESLEISTUNG DES W.K.W. NORD U. OST (STADTWERKE) = 600×10^6 kWh

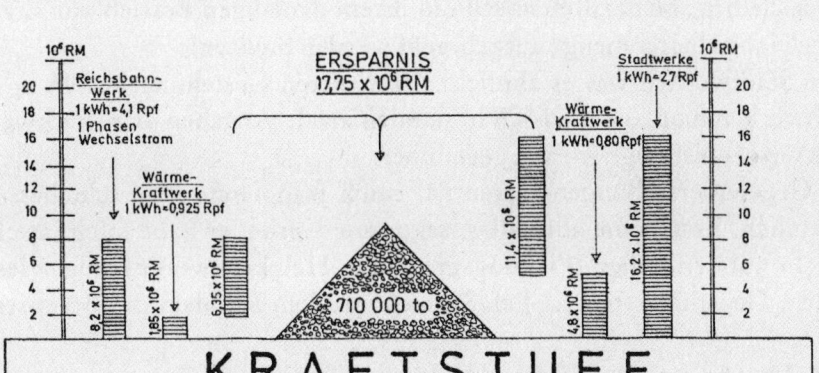

INGENIEURBÜRO GERKE -MÜNCHEN- KÖNIGINSTRASSE 2   1940

Graphische Darstellung aus der Ausarbeitung des Ingenieurs Gerke zur Wärme-versorgung Münchens durch Heizkraftwerke (1940).

nach auch etwa 75 % der bestehenden Bauten im Stadtraum an das inner-
städtische Verbundsystem der Fernwärmeversorgung angeschlossen werden.
Ein Anschluß der außerhalb der eigentlichen Versorgungsgebiete liegenden
Randgebiete der Stadt erschien unwirtschaftlich. Diese zumeist auch weniger
dicht bebauten Gebiete sollten durch preisgünstig aus den Heizkraftwerken
gezogenen Strom, auch über Nachtstrom-Speicher, wärmeversorgt werden.

Eine weitere Möglichkeit der Beheizung von Bauten in den Randgebieten des
Stadtraumes bot sich durch den möglichen Einsatz von Wärmepumpen. Diese
vorsorgliche Planung wurde ausgelöst durch den Vorschlag des Ingenieurs
Gerke, eine Wärmerückgewinnung aus dem warmen Brauchwasser bei den
thermenartigen großen Badeanlagen durch Wärmepumpen vorzusehen*.

Die drei Heizkraftwerke (HKW) waren in ihrer ersten Ausbaustufe für eine
Gesamt-Wärmeleistung von 1600 Gcal/h konzipiert und konnten dabei im
Jahr 800 Millionen kWh erzeugen. Als Endgröße nannte Gerke ungefähr
2200 Gcal/h. Es waren disponiert
- das HKW West mit 400 Gcal/h und 200 Mio. kWh/Jahr Einphasenwechsel-
  strom;
  es sollte durch die Reichsbahn betrieben werden und nur die Abwärme in
  das städtische Wärme-Netz abgeben;
- die HKW Nord und Ost mit jeweils 600 Gcal/h und 300 Mio. kWh/Jahr;
  sie sollten durch die Stadtwerke betrieben werden und sowohl Strom als
  auch Wärme in die städtischen Netze abgeben.

Ganz ohne Zahlen gehe es nicht, meinte Gerke. Als jährlichen Brennstoff-
verbrauch hatte er 750 000 to Steinkohle errechnet. Aus der graphischen Darstellung seiner Berechnungen ging hervor, daß die Brutto-Stromkosten im
HKW West 0,925 RPf/kWh betrugen. Dagegen standen 4,1 RPf/kWh als Kosten, die nach Angabe der Reichsbahn in ihrem damaligen Betrieb zur Erzeugung der gleichen Strommenge aufgebracht werden mußten!

Bei den Stadtwerken war es ähnlich: Errechneten Gestehungskosten in den
Heizkraftwerken von 0,8 RPf/kWh standen nach Angaben der Stadtwerke
2,7 RPf/kWh als bisherige Kosten gegenüber.

Diese Gegenüberstellungen waren für mich frappierend, sie schienen un-
wahrscheinlich. Es stimme aber alles, sagte mir Gerke, er habe mich ja schon
voriges Jahr auf den hohen Wirkungsgrad eines Heizkraftwerkes hingewiesen.
Eine andere Gegenüberstellung befaßte sich mit dem Problem des Brennstoff-
Transportes:
- Für das Heizkraftwerk Nord waren für den Brennstoff-Transport in einem
  Jahr 260 Kohlenzüge mit jeweils 50 Waggons erforderlich;
- um dieselbe Leistungsausbeute durch ein Kondensationskraftwerk und ein
  Stadt-Heizwerk zu erreichen, wären schon 380 Kohlenzüge erforderlich ge-
  wesen;
- für ein Kondensationskraftwerk und dezentralisierte Sammelheizungen da-

gegen 500 Kohlenzüge und zusätzlich 16 700 Straßentransporte von je 10 to innerhalb des Stadtgebietes, ganz abgesehen von dem zusätzlichen Arbeitsaufwand.

Gerke gab dann einen Überblick über die Versorgungslage und die Bedeutung der Kohle für den Staat aus wirtschaftlicher und politischer Sicht. Auch hierfür hatte er umfangreiches Material und graphische Darstellungen vorbereitet.

Als nächstes sprachen wir über bauliche Maßnahmen, die sich auf Grund seiner Ausarbeitung ergaben und die bei der Erstellung der Neugestaltungs-Planungen berücksichtigt werden mußten. Ich bat um eine vereinfachte Darstellung der Wärmeversorgung der Bauten an der Großen Straße, die man auch ohne Ingenieur-Kenntnisse erfassen und in ihrer Bedeutung verstehen könne.

Wir gingen zu dem Modell der Großen Straße. Gerke hatte sich von meiner Modell-Werkstätte die maßstabsgerecht verkleinerten Umrisse der kubischen Gebäude und Anlagen des Heizkraftwerkes anfertigen lassen und in das Modell eingefügt.

Am besten erläutere ich Ihnen einmal hier am Modell das Grundsätzliche der Wärmeversorgung, begann Gerke. Zunächst, – das Charakteristische eines Heizkraftwerkes ist die Kraft-Wärme-Kopplung; die Kraftstufe zur Erzeugung von Energie, also Strom, liegt vor der Heizstufe. Dieses HKW, das ja von der Reichsbahn betrieben werden soll, hat in seiner ersten Ausbaustufe eine Nenn-Leistung von 400 Gcal/h, es erzeugt Dampf von 125 Atmosphären Überdruck (atü) und 500° C.

Dieser Dampf wird zunächst in die Kraftstufe geleitet und erzeugt dort über Vor- und Nachschalt-Turbinen Ein-Phasen-Wechselstrom für den Bedarf der Reichsbahn, und zwar im Jahr etwa 200 Millionen kWh netto.

Ganz ohne Ingenieur-Chinesisch geht es wohl nicht?

Diese Begriffe kann man doch wohl voraussetzen, meinte Gerke. Die Stromkosten nannte ich Ihnen schon: 0,925 RPf/kWh gegenüber 4,1 RPf/kWh bisher.

Nun kommt der Dampf, nachdem er einen Teil seiner Energie in der Kraftstufe abgegeben hat, in die Heizstufe und wird dort in Wärmeaustauscher geleitet, die diesen Dampf – oder, wenn Sie es so wollen, diese Abwärme – in Heißwasser von 190° C und 12 atü umformen.

Dieses Heißwasser wird in das Fernwärmenetz gepumpt, als Transportwärme. Die Hauptleitungen liegen in den begehbaren Kanälen, hier im Straßenbauwerk, unter der Sohle des Parkgeschosses. Von ihnen gehen Verteilungsleitungen ab, sie führen zu den einzelnen Umform- und Übergabestationen für Wärmebezirke, die Einzelbauwerke wie den Hauptbahnhof, die Oper oder das KdF-Hotel und Häuserblocks umfassen.

In diesen Stationen wird diese ‚Transportwärme‘ in ‚Verbrauchswärme‘ umgeformt, also in Heizwasser und Warmwasser. Wärmespeicher zur Abdeckung der Verbrauchsspitzen sowie Warmwasser-Speicher, aus denen der jeweilige Bezirk mit Warmwasser von 60° C versorgt wird, sind hier ebenfalls angeordnet. Dazu die erforderlichen Pumpen und sonstige technische Anlagen.

Es ist zu überlegen, ob zusätzlich der Bau von Reserve-Heizzentralen vorgesehen werden soll, für den Fall, daß die Wärmelieferung vom Heizkraftwerk ausfällt. Für das Gebiet der ‚Südstadt‘ habe ich es eingeplant. Wir müssen uns darüber einmal unterhalten; zumindest sollten die baulichen Voraussetzungen vorgesehen werden.

Das nunmehr auf etwa 60° C abgekühlte ‚Wärme-Transport-Wasser‘ wird dann im Rücklauf wieder in das HKW gepumpt und dort in den Wärmeaustauschern erneut aufgeheizt. Teilweise wird das Rücklauf-Wasser noch genutzt, so zum Beispiel in Ihren geplanten ‚Thermen‘, in Freibädern und in Ihren ‚Bagger-Seen‘. Dadurch kann man dort früher und auch länger im Freien baden. Außerdem können die geplanten Groß-Gewächshäuser am Rand der Grünzonen mit dem Rücklauf-Wasser beheizt werden.

Ich fragte dazwischen: Welches Gebiet und welche Baumassen werden von diesem HKW West versorgt?

– Die Bauwerke beiderseits der Großen Straße, vom Stachus bis vor Pasing, der Hauptbahnhof mit allen zugehörigen Reichsbahn-Bauten, die Bauten am Königlichen Platz, wobei das kleine Heizwerk stillgelegt werden kann, das dort jetzt in Betrieb ist; dazu das Ausstellungsgelände an der Theresienwiese, das Sie ja noch weiter ausbauen wollen.

Ferner, in Verbindung mit dem HKW Nord, die Technische Hochschule, die Universität und alle Bauten im Bereich der U-Bahn-Trasse nach Norden.

Die bislang ermittelten Baumassen in dem genannten Gebiet liegen in der Größenordnung von etwa 52 Millionen Kubikmeter.

– Und wie hoch ist die Belastung für den Raummeter Baumasse? Oder, was mehr interessiert, was kosten Heizung und Warmwasser für eine 100 qm große Wohnung im Jahr?

– Man kann das nicht auf einen Nenner bringen, die Nutzung der Gebäude ist zu unterschiedlich. Denken Sie nur an den Hauptbahnhof, die Oper, an Restaurants, Läden, Büroräume oder an ein Hotelzimmer. Ich kann Ihnen wohl den Abgabepreis von 1 Gcal Wärme nennen, er beträgt ab Heizkraftwerk RM 7,65, dazu kommt der Wärmetransport zum Verbraucher, der diese Wärmeeinheit mit RM 2,85 belastet, gleichgültig, ob der Verbraucher neben dem HKW oder 4 Kilometer entfernt ist. Überschlägig kann ich Ihnen sagen, daß die Beheizung eines Hotelzimmers im geplanten KdF-Hotel am Hauptbahnhof im Jahr ungefähr 1,00 RM pro Quadratmeter kosten wird.

Bei der Südstadt erläutere ich Ihnen meine Berechnungen und Planungen mit genauen Zahlenangaben.

In seinem Band III hatte Gerke die Wärme- und Warmwasser-Versorgung der geplanten Südstadt ausgearbeitet, entsprechend meiner Forderung nach Schaffung räumlich großer, technisch bestens ausgestatteter und finanziell tragbarer Mietwohnungen. Die Südstadt sollte vom HKW Ost versorgt werden. Eingehend schilderte Gerke

- den Wärmetransport zur Wohnstadt;
- Lage und Aufbau der Umform- und der Reserve-Heizzentralen;
- den Wärmetransport innerhalb der Wohnstadt bis hin zur Gebäude-Installation.

Er nannte die Kosten für den Wärmetransport, die Wärmeverluste in den Haupt- und Anschlußleitungen, die Betriebskosten der einzelnen Anlagen, das benötigte Wartungspersonal. Er sprach von Anlagekosten, Abschreibung und Amortisation.

Abschließend legte Gerke ein Diagramm vor, aus dem man, gestaffelt nach der bezogenen Wärmemenge, den Wärme-Abgabepreis entnehmen konnte. Dieser Abgabepreis sank von 10,50 RM/Gcal mit zunehmendem Wärme-Bezug bis auf 8.00 RM/Gcal:

Bezogen auf den Normalwinter und bei normalem Wärmebedürfnis der Bewohner liegen die Kosten für die Beheizung einer 100 Quadratmeter großen Wohnung bei 90 – 110 RM im Jahr. Dazu kommen die Kosten für das Warmwasser. Bei einem angenommenen Bedarf von 50 Liter pro Kopf und Tag ergibt sich eine jährliche Belastung von etwa RM 17.50*.

Diese Zahlen sind die normalen Abgabepreise, unter der Annahme, daß sich die gesamte Anlage für die Fernwärmeversorgung in 12 Jahren amortisiert haben soll.

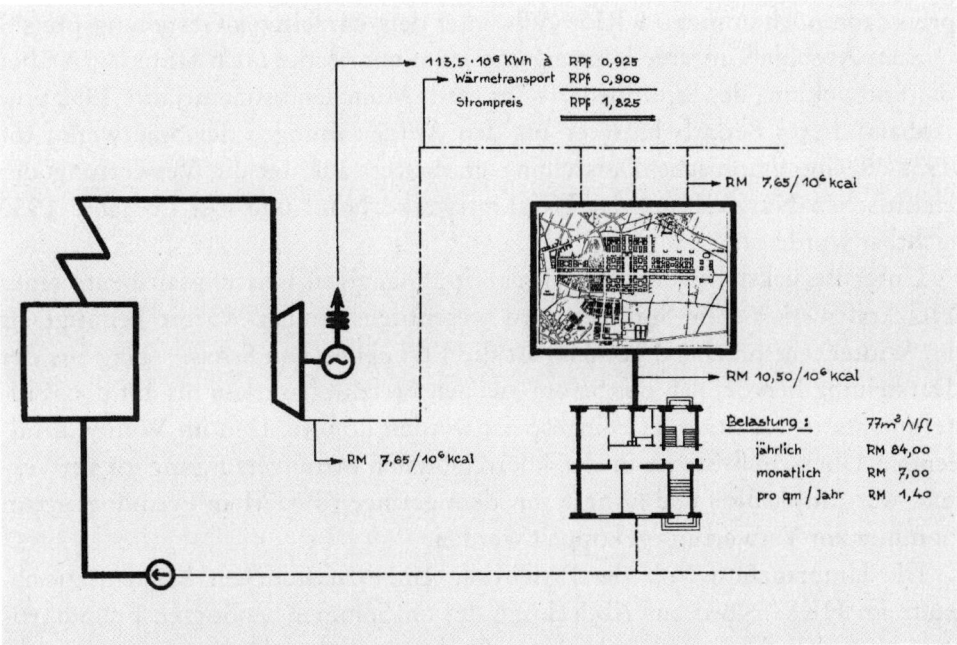

Die Lastenverteilung der Wärmekraftwirtschaft zur Versorgung der Wohnstadt Süd.

Wir müssen uns klar darüber sein, daß ein Fernwärmeversorgungs-System mit einem höheren technischen und baulichen Aufwand belastet ist als zum Beispiel das Abwasser-System der Stadt. Aber dieser Aufwand wird sich unter jedem Gesichtspunkt trotzdem lohnen!

Zu den eigentlichen Anlagekosten der Heizkraftwerke, der Heizstufen mit ihren Wärmeaustauschern und so weiter addieren sich die Kosten für Versorgungsleitungen, Umformstationen, Speicher, Pumpen. Dazu kommen die Wärmetransportkosten, die Wärmeverluste, die Stromkosten der Pumpen, die Personalkosten und was sonst noch alles.

Und noch etwas Grundsätzliches: Die Kosten der vom Heizkraftwerk abgegebenen Leistung setzen sich aus den Kosten der erzeugten Kraft und der erzeugten Wärme zusammen. Die Träger der Neugestaltung haben nun die Möglichkeit, einen vernünftigen Ausgleich zwischen Kraft und Wärme herzustellen und dabei auch soziale Gesichtspunkte bei den Kosten für die Wärmeversorgung der Wohnungen zu berücksichtigen. Man könnte z. B. den ungemein günstigen Erzeugungspreis des Stromes mit einem Zuschlag belasten und dementsprechend den Wärmepreis senken, – allgemein oder gezielt auf sozial schwächere Gruppen. Ich habe ein mögliches Beispiel durchgerechnet:

Durch den Wärmebedarf für die Warmwasserversorgung der Südstadt werden pro Kopf und Jahr im Heizkraftwerk etwa 450 kWh zum Gestehungspreis von 0.8 RPf/kWh erzeugt. Eine Belastung dieses günstigen Strompreises mit 1 RPf/kWh zu Gunsten des Warmwasser-Abnehmers ergibt für ihn eine Verbilligung des Warmwasserpreises von RM 4.50 im Jahr. Dabei liegt der Strompreis dann noch immer 0.9 RPf/kWh unter dem derzeitigen Gestehungspreis*.

Zum Abschluß unserer Besprechung legte mir Gerke noch Unterlagen über die Entwicklung des Strombedarfs der Stadt München bis zum Jahre 1950 vor. Anhand dieses Bedarfs hatte er aus den Aufzeichnungen der Stadtwerke für 1938/39 eine graphische Darstellung erarbeitet, aus der die Verwertung der elektrischen Nutzleistung der Heizkraftwerke Nord und Ost im Jahre 1950 sichtbar wurde.

Unter Berücksichtigung der jahreszeit-abhängigen Leistungsausbeute eines Heizkraftwerkes – im Sommer wird wesentlich weniger Wärme benötigt als im Winter, entsprechend geringer ist die Erzeugung von Strom – ging aus der Darstellung hervor, daß der Strom aus den Heizkraftwerken bis auf die Wintermonate in das Stadtnetz eingespeist werden konnte. Den im Winter anfallenden Überschuß-Strom in der überregionalen Stromversorgung zu verwerten, war problemlos und konnte mit dem geringen Bedarf an Fremdbezug im Sommer zur Verwertung gekoppelt werden.

Die Untersuchung, ob die Errichtung einer zusätzlichen Kondensationsstufe im HKW Nord zur Abdeckung des im Sommer benötigten Fremdstromes wirtschaftlich sein würde, hatte Gerke zu diesem Zeitpunkt noch nicht abgeschlossen.

Ich bat Gerke, die Überprüfung seiner Ausarbeitungen durch Kapazitäten an Technischen Hochschulen zu veranlassen, – ich mußte auf absolut sicherer Grundlage stehen, wenn ich Adolf Hitler über unsere Planung der Energie- und Wärmeversorgung Vortrag halten würde.

Für mich war nach dieser Besprechung mit Gerke die Entscheidung gefallen. Alle städtebaulichen Gründe und Überlegungen sprachen für die Heizkraftwerke:

- Anstelle von Zehntausenden von Feuerstätten mit ihren Abgasen, mit Staub und Ruß, sollte die ‚saubere Wärme‘ aus drei ingenieurmäßig betriebenen Heizkraftwerken treten.
- Der umfangreiche Straßentransport der Brennstoffe zu den einzelnen Feuerstätten und der Abtransport von Schlacke und Asche entfiel.
- Den Heizkraftwerken konnten Anlagen für die Verarbeitung dieser Rückstände zu Isolier- und Baustoffen angegliedert werden. In einem Versuchsbetrieb wurde die Verwendung aufbereiteter Rückstände bei der Herstellung von Isolierbeton-Platten erfolgreich erprobt. Später kam die Erprobung von Porenbeton-Platten hinzu.
- Die Heizkraftwerke konnten möglicherweise ohne besonderen Aufwand die Hauptverkehrsstraßen bei Schnee und Glatteisgefahr beheizen.
- Auch allen volkswirtschaftlichen Gesichtspunkten konnte entsprochen werden. Es war die bestmögliche Nutzung des Rohstoffes Kohle bei großer Einsparung von Arbeitskräften, – es wären sonst Bataillone von Heizern erforderlich gewesen, um die jeweiligen Einzel- oder Sammelheizungen zu betreiben.

Die eingeholten Sachverständigen-Gutachten aus Technischen Hochschulen waren positiv und bestätigten die Berechnungen des Ingenieurs Gerke.

Im Spätsommer 1940, nachdem die Wiederaufnahme der Neugestaltungs-Maßnahmen angeordnet worden war, berichtete ich Adolf Hitler über die vorgesehene Lösung der Energie- und Wärmeversorgung durch die drei Heizkraftwerke. Er war sehr interessiert, hielt diesen Vorschlag für richtig und stimmte der Durchführung zu:

Schon in der Kampfzeit hat mich das Energieproblem beschäftigt, sagte er. Wiederholt habe ich darüber mit Ingenieur Feder und Keppler gesprochen. Jetzt beschäftigt es mich natürlich im besonderen Maße, denn Energie bestimmt nicht nur den Lebensstandard eines Volkes, sie bestimmt seine Existenz! Es ist ein europäisches Problem, und es kann letztlich auch nur im gesamteuropäischen Rahmen gelöst werden. Die Kohle ist der europäische Rohstoff von größter volkwirtschaftlicher Bedeutung, andere Staaten und Regionen sind mit Öl gesegnet.

Da wir trotz unserer großen Vorräte sorgsam mit der Kohle umgehen müssen, habe ich vor allem die Nutzung der Wasserkräfte angeordnet, – so auch in Norwegen. Dr. Todt habe ich gebeten, sich ernstlich mit der Möglichkeit der

Nutzung der Gezeiten an der Atlantikküste zu befassen. Aber der Transport der elektrischen Energie hat seine räumliche Begrenzung.

Ich erteilte nun dem Ingenieur Gerke den Auftrag zur Planung der Heizkraftwerke für München in Zusammenarbeit mit dem Referat ‚Industrie-Planung' meiner Dienststelle.

Aber nicht nur für die Großstadt München sollten Heizkraftwerke geplant werden. Wir kamen zu dem Entschluß, die Kraft-Wärme-Kopplung auch für eine Mittelstadt – Weimar – und eine Kleinstadt – Sonthofen, in Verbindung mit der Ordensburg – zu konzipieren*.

Mit dem Bau des Heizkraftwerkes Nord in München wurde noch während des Krieges zur Energie- und Wärmeversorgung kriegswichtiger Industriebetriebe begonnen. Doch nichts wurde vollendet. Nach 1945 verfiel unsere Planung dem Spott der Philister, die aus dem Vorgestern kamen.

Das ist der Idiot, der für München eine U-Bahn geplant hat! So schmähte mich nach dem Zusammenbruch ein rechtskundiger Stadtdirektor aus München vor den Amerikanern, die mich zu ‚life with hard labor' verurteilt hatten. Weder kannte er Sinn und Bedeutung unserer Planungen, noch hätte er sie begriffen: Die Straßenbauwerke mit den Parkgeschossen; die Verknüpfung des Individualverkehrs mit den Massenverkehrsmitteln der U- und S-Bahn und der Unterpflasterbahnen, durch die in der Innenstadt sinnvolle, vernünftige und weiträumige Fußgängerzonen möglich wurden; die Gleichstellung von Schiene und Straße durch den Entwurf des neuen Hauptbahnhofs, der die Durchführung der Großen Straße als Ost-West-Achse zu den Autobahnen ermöglichte; den Autobahn-Ring zur Verkehrs-Entlastung des Stadtgebietes. Und was wußte er schon über Sinn und Bedeutung des geplanten Verbundsystems von Energie und Wärme?

Am Ende des 20. Jahrhunderts werden sich unsere Ideen zwingend durchgesetzt haben, zu spät für manche damals noch mögliche Lösung. Der Bauherr Adolf Hitler, der diese städtebaulichen Planungen für München ausgelöst hatte, stimmte unseren Entwürfen mitten im Kriege zu.

Energie und Wärme – Rückblick

Ingenieur Gerke schrieb mir in späteren Zeiten wiederholt. Ab und zu trafen wir uns. Weder die Zeiten der Vorherrschaft des Öls noch die aufkommende Nutzung der Kernenergie konnten ihn davon abbringen, daß richtig war, was wir damals geplant hatten. Oft legte er seinen Briefen Zeitungsausschnitte bei, deren Überschriften sich wie Schlagzeilen der ‚Bildzeitung' lasen; sie sprachen von betrüblichen Tatsachen: „Münchens Giftglocke wird nur von Tokio übertroffen" – „Eine Stadt droht zu ersticken" – „Kohlenmonoxid" – „Der Staub rieselt tonnenweise auf die Dächer" – „300 Stunden weniger Sonne im Jahr"

– „Dr. Vogel sagt: ‚Lebensbedrohliche Ausmaße'" – „Wissenschaftler schlagen Alarm: ‚Dreckluft in den Großstädten'".

Gerkes Überzeugung: „Wäre die Planung, wie von Ihnen vorgesehen, durchgeführt worden, so wäre dieser Zustand nie eingetreten."

Nein, – es wurde alles verschüttet und vertan, denn nichts konnte doch gut sein, nichts durfte beachtet werden, was wir je geplant hatten! Einmal schrieb mir Gerke:

„Grundlegend kann gesagt werden, daß durch Ihre Initiative, die sich auf uns alle auswirkte, bereits voraussehend für das Jahr 2000 geplant wurde.

Betrachtet man das, was in der Nachkriegszeit auf dem Gebiete der zentralen Wärmeversorgung und der Stromversorgung für München sich getan hat, so muß man sagen, daß unsere Nachfolger planlos planen.

Anstelle der 3 Heizkraftwerke, als Fernwerke ausgelegt, sind 12 Nah-Heizwerke entstanden, die nur teilweise mit Kraft-Wärme-Kopplung ausgerüstet sind. Man hat sich anscheinend noch nicht einmal die Mühe gemacht, die Wirtschaftlichkeit eines Heizkraftwerkes nachzurechnen. Denn Tatsache ist, daß Heizkraftwerke erst ab einer Leistung von 100 Gcal bei entsprechender Wärmedichte rentabel werden."

Bei unseren Zusammenkünften in den sechziger Jahren war das Gespräch immer bald bei dem Thema der Energie- und Wärmeversorgung und der Heizkraftwerke. Öl aus Fremdbezug verdrängte mehr und mehr die Kohle. Hunderttausende von Einzelheizungen auf der Basis Öl, selbst in den massierten Ballungsgebieten, waren entstanden, mit der Belastung durch Straßentransport, durch Öltanks, Ölbrenner, Kessel, mit der Umweltbelastung durch die nicht einzudämmenden Emissionen von Ruß, schwefeligen Abgasen und Gestank und mit der möglichen Grundwasser-Verseuchung. Ölheizung war ja so bequem!

Gerke, wohin führt das alles?

– Zunächst führt das nur zur ‚Sterbenden Kohle', und das ist ein einmaliger Skandal! Die Kohle, unser volkswirtschaftlicher Reichtum, wird mit einem sinnlosen Milliardenaufwand an Steuergeldern aus der Nutzung gezogen. Weitere Milliarden werden für die Unterbringung der nun arbeitslosen Kumpel aufgewendet. Man denkt nicht mehr volkswirtschaftlich, man denkt wie ein Börsenjobber, der ungeniert mit anderer Leute Geld spekuliert. Man nennt diesen Irrsinn ‚Schrumpfen der Kohleförderung', neulich sprach doch tatsächlich einer vom ‚Gesundschrumpfen'*!

Ich schilderte Gerke aus eigenem Erleben das Schicksal einer Zeche und ihrer Bergleute im Ruhrrevier. Im Besitz eines ‚Industrie-Giganten' der Chemie, wurde diese Zeche mit Millionen-Aufwand ausgebaut; neue, große Kohlenfelder wurden erschlossen. Die Förderung lief an, mit Förderleistungen, die weit über dem Durchschnitt lagen, beste Anthrazit-Kohle, für Veredelung geeignet und auch genutzt.

Nach wenigen Monaten wurde die Förderung eingestellt, die Zeche stillgelegt, – natürlich mit entsprechendem Zuschuß durch den Bund. Der Chemie-Konzern kaufte seine Anthrazit-Kohle irgendwo ein, vielleicht in Amerika, ich weiß es nicht. Millionenwerte vergammelten, die Zeche ersoff, die Bergleute wurden umgeschult, man brauchte sie ja nicht mehr.

Ja, das kenne ich, sagte Gerke. Das Ganze ist ein Irrsinn, ein planloses Planen, und immer tiefer geraten wir in die Abhängigkeit. Eines Jahres ist es soweit, wir werden es erleben, dann kommt zu der Rohstoff- und Energie-Abhängigkeit des übervölkerten Industriestaates die monetäre und die politische Erpressung! Unsere Energie-Wirtschaft steckt in einer Krise, und in wenigen Jahren wird diese fahrlässig ausgelöste Krise zur Katastrophe, wenn die Renaissance der Kohle nicht kommt.

Bald darauf schickte mir Gerke einen langen Brief, in dem er sich mit dem Energie-Problem auseinandersetzte. Daraus war gut zu erkennen, wie sehr er sich als verantwortungsbewußter Ingenieur durch die Maßnahmen der ,Verantwortlichen' herausgefordert fühlte. Er schrieb:

„Die Kohleproduktion wurde mit staatlicher Subvention um 40 Millionen Tonnen reduziert. Dies bedeutet einen Substanzverlust von 4 Milliarden Tonnen deutscher Kohle. 30 heutige Jahresförderungen werden einfach abgeschrieben, die Steinkohleförderung einer ganzen Generation wird geopfert. Somit wird, bei rund DM 70,-- /to auf rund 280 Milliarden DM verzichtet!

Hier wurde weit mehr an Energie aufgegeben, als alle Erdgasvorkommen Europas bedeuten. 60 000 Kumpels wurden ,verpflanzt'. Mit einem Kostenaufwand, staatlich subventioniert, von rund 3.5 Milliarden DM wurden diese Facharbeiter irgendwelchen anderen Arbeitsplätzen zugeordnet, mit denen ihrer seit Generationen gewachsenen Urindustrie nicht vergleichbar.

Der ,Strukturwandel' zerstört einen Teil des Wirtschaftskreislaufes, der organisch in 3 Generationen gewachsen ist. In den Jahren 1957-1965 investierte der Steinkohlenbergbau rund 23 Milliarden DM.

Diese Investition ist durch die Stillegung der Zechen und die Reduzierung der Steinkohleproduktion von rund 125 Mio. to im Jahr auf rund 90 Mio. um etwa 1/4 wertlos geworden. Ein Vorgang, der volkswirtschaftlich nicht zu verantworten ist.

Denn heute noch bedeutet jede Tonne verwertbarer Kohleförderung mehr als 20,– DM Aufträge an Zulieferer. Der Versuch der Umstrukturierung der Ruhrwirtschaft ist in meinen Augen nichts anderes als ein hilfloses Gewurstel.

Hunderte von Millionen DM an Steuergeldern wurden buchstäblich zum Fenster hinausgeworfen. Die kläglichen Ergebnisse der Aktionen wurden unter dem Mantel des Schweigens begraben.

Ist die Kohle denn wirklich gestorben oder nicht mehr von so großer Bedeutung, wie der Wirtschaftsexperte der FDP, Kienbaum, feststellt? Was stellen andere Staatsmänner und Energiewirtschaftler aus der übrigen Welt fest?

Präsident KENNEDY, im Februar 1961 an den Kongreß:

»Seit Beginn der Zivilisation liegt der Ursprung von Reichtum und Fortschritt aller Völker weitgehend in ihren natürlichen Hilfsquellen.

Alles, unsere Gesundheit wie unsere Sicherheit, unsere Wirtschaft wie unser Wohlstand, hängen davon ab, wie wir diese Schätze nutzen.

Versäumen wir, unsere Bodenschätze zu erhalten und zu entwickeln, werden wir in kurzer Zeit Schwierigkeiten und Not ernten.«

Staatspräsident DE GAULLE, Mai 1966, in Lille:

»Zweifellos wird die Kohle auch weiterhin ihre wichtige Rolle spielen. Die Probleme des Kohlebergbaues sind naturale Probleme, schon weil das hier in 2 Jahrhunderten angesammelte Kapital nicht verlorengehen darf.«

Wirtschaftsminister Maurice KANOVSKI, am 25. Juni 1963 in Paris:

»Die Kohle ist für uns eine absolute Notwendigkeit. Aus sozialen Gründen wie aus Gründen der nationalen Sicherheit und Unabhängigkeit bleibt unsere Kohleförderung unantastbar, wobei der Preis keine Rolle spielt. Frankreich hat seit jeher für eine Ordnung seines Energiemarktes gesorgt. Unser Wunsch ist, daß sich Europa an diesem Beispiel ausrichtet.«

E. W. PERSHON, Bergbaukongreß London, im Juli 1965:

»Die Bedeutung der Steinkohle beruht vor allem darauf, daß sie unentbehrlich für die Stahlerzeugung ist, daß Kohle und Stahl die Voraussetzung jeder weiteren Industrieausdehnung und damit jeder weiteren Erhöhung des Lebensstandardes bilden und so zwangsläufig auch militärische und politische Macht bedeuten.«

N. W. MELNIKOW, sowjetischer Energieminister, August 1963 in der Zeitschrift ‚Ugul‘:

»Die Gewinnung und Veredlung der beiden Energieträger Erdöl und Erdgas wird in der Sowjetunion mit aller Kraft vorangetrieben. Aber der wichtigste aller Energieträger wird die Kohle bleiben, schon weil sie ein unentbehrlicher Rohstoff für die Stahlerzeugung ist.«‘

Gerke schilderte mir dann seine Bemühungen, Politiker auf die Notwendigkeit energiewirtschaftlicher Überlegungen allgemeiner Art und auf die Kraft-Wärme-Kopplung der Heizkraftwerke sowie die Fernbeheizung der Städte im besonderen aufmerksam zu machen. Er wies dann noch auf großangelegte Versuche in den USA zur Kohleveredlung hin und schloß:

„Ich stelle fest, da Erdöl heute sinnlos verbrannt wird, muß Kohle morgen verflüssigt werden. Der Raubbau, den das Verbrennen von Öl bedeutet, wird den Wiederaufstieg der Kohle beschleunigen und mit Sicherheit eine Renaissance der Kohle bringen, einen ‚Sieg‘ der Kohle über das Öl!“

Jahre später ging es bei einem Gespräch um die Kernenergie: Was nun, Gerke, – wie könnten wir jetzt die Heizkraftwerke verantworten, wenn sie gebaut worden wären? Das Problem ‚Energie‘ scheint doch damit gelöst.

– Nun gerade! Wir würden sie im Zusammenhang mit den Kernkraftwerken brauchen. Zunächst, wenn wir einmal zurückschauen, bei den Heizkraftwerken hätte die Kohle die Konkurrenz des Öls nicht zu fürchten gehabt, und der konsequente Ausbau des Verbundsystems der Kraft-Wärme-Kopplung auf der Basis Steinkohle hätte uns nicht in eine derartige bedenkliche Abhängigkeit gebracht, wie wir sie jetzt leider haben. Das heißt, die ‚Gesundschrumpfung der Kohle‘ mit Milliardenaufwand wäre uns erspart geblieben. Man hätte also die Heizkraftwerke seit mehr als 30 Jahren auf der Basis Steinkohle betreiben können.

Doch weiter: Das Kernkraftwerk erzeugt Energie, – aber auch Wärme, viel Wärme! Wohin mit der Wärme? Vernichten! Mit Riesenmengen von Kühlwasser, mit dem man die Flüsse aufheizt! Vor ein paar Wochen erschien ein Artikel über ein geplantes Kernkraftwerk an der Isar, – man schlägt Alarm wegen der Gefahr der Flußverseuchung durch die Wärme aus dem Kraftwerk.

– Sie meinen also, die Abwärme aus den Kernkraftwerken könnte in das Fernheizsystem eingebracht werden. Wie weit kann man denn diese Abwärme transportieren, denn man legt ja Wert darauf, diese Kraftwerke nicht zu nahe an ein Ballungsgebiet zu bauen?

– Die Abwärmeverwertung im Zuge der Fernbeheizung der Städte wäre überhaupt kein Problem, wenn – ja wenn! – ich nehme den Fall München an – wenn das Wärmeversorgungsnetz, wie seinerzeit geplant, vorhanden wäre!

Das Wärmeversorgungsnetz war ja die Grundlage und die Voraussetzung der Heizkraftwerke, ausgelöst durch Ihre Forderung nach Fernheizung und ‚fließender Wärme‘ für den Stadtorganismus. Die Abwärme aus dem Kernkraftwerk kann ohne technische Schwierigkeiten im Heiznetz untergebracht werden, wenn eine Wärmespeicherung zwischen Kraftwerk und Fernwärmenetz geschaltet wird. Damit könnte der größte Teil der Abwärme aus dem Kernkraftwerk für die Wärmeversorgung der Großstädte genutzt werden.

Aber ich wiederhole, die Voraussetzung ist, daß ein Fernwärme-System mit den Anschlüssen der Verbraucher im massierten Ballungsraum der Städte vorhanden ist.

Mit den Milliarden, die man für die Zechen-Stillegungen und deren Folgen sinnlos vertan hat, hätte man dieses Wärmeverteilungsnetz in den Städten finanzieren sollen! Es wäre dies keine größere Tat gewesen als der Bahnbau im 19. Jahrhundert oder das Kanalsystem der Städte. Aber was immer man sich zu tun endlich entscheiden wird, – es kommt alles zu spät!

– Mich würde interessieren, wie sich die Angelegenheit mit den Heizkraftwerken in Rußland weiter entwickelt hat. Ich erinnere mich, daß Sie mir 1940 sagten, dort sei man am weitesten voran.

– Das hat sich in größten Ausmaßen weiter entwickelt! Ich werde Ihnen einige Zahlen zukommen lassen, aus denen Sie die Entwicklung sehen. Sie werden staunen!

Bald darauf schrieb mir Gerke:

„Die Sowjetunion ist auf dem Gebiet der Kraft-Wärme-Kopplung das vorbildlichste Land der Erde. Allein bis 1962 wurden Heizkraftwerke mit einer Gesamtleistung von ca. 22 000 MW geschaffen. Ihre Wärmeabgabe betrug 1962 rund 340×10^3 Tcal, das sind, um Ihnen einen Vergleich mit unserer Münchner Planung zu ermöglichen, 340 000 000 Gcal! Die Stromausbeute im Gegendruck betrug rund 110 Millionen kWh. Und das sind etwa 30 % der russischen Jahreserzeugung 1962.

Unsere drei Heizkraftwerke in München hätten in ihrer ersten Ausbaustufe gehabt: 1 600 Gcal und etwa 800 Millionen kWh.

Moskau war 1965 zu 80 % fernbeheizt. Inzwischen ist die Entwicklung weitergegangen, trotz der Kernkraftwerke! Im Jahre 1969 wurden in der Sowjetunion 689 Mrd. kWh erzeugt, davon wurden 40 %, also etwa 275 Mrd. kWh, in Heizkraftwerken produziert.

Und bei uns? Die Stromerzeugung lag 1969 bei etwa 220 Mrd. kWh, davon kamen ganze 1 % aus Heizkraftwerken! Wenn man den Wert der Einsparung, den die Russen erzielten, auf unsere Verhältnisse überträgt, dann ergibt das für dieses eine Jahr einen Betrag von etwa 75 Mio. DM, – Sie sehen, daß sich das System des Gegendruckverfahrens, wie man die Kraft-Wärme-Kopplung auch nennt, im großen Stile angewandt, für die fortschreitende Erweiterung selbst finanziert."

Dann befaßte sich Gerke erneut mit den Kernkraftwerken, vor allem mit deren anfallender Wärme und ihrer Vernichtung; denn von einer Nutzung könne man nicht sprechen, dazu fehlte die Voraussetzung, die an einem Wärmeverteilungs-Netz angeschlossenen Verbraucher. Und auch bei dem Brennstoff für die Kernkraftwerke seien wir, wie beim Öl, vom Ausland abhängig und der Gefahr einer monetären und vor allem einer politischen Erpressung ausgesetzt. Er schrieb weiter:

„Betrachten wir noch kurz die Lage der Kernenergie. Sicher ist, daß wir in Zukunft ohne die Kernenergie nicht auskommen. Uran besteht aus 2 Isotopen. Das spaltbare macht 0.7 %, das nicht spaltbare 99.3 % aus. Solange wir an diese 99.3 % der Uranenergie technisch nicht herankommen, steht fest, daß die bekannten Uranvorkommen der Welt eine Energiefreisetzung ermöglichen, die derzeit etwa 25 Jahren Weltkohlenförderung gleichkommt.

Der schnelle Brüter, an dem bei uns fieberhaft gearbeitet wird, der selbst seinen Brennstoff anreichern und etwa 30 % Uranenergie freisetzen soll, wird vor 1980 nicht Wirklichkeit werden und dann auch nur eine beschränkte Entlastung der angespannten Energielage bringen. Tatsache ist, daß die USA auf Grund neuer Forschungsergebnisse dazu übergegangen sind, die Entwicklung des schnellen Brüters zurückzustellen und derzeit zur Serienfertigung des Siedewasserreaktors übergegangen sind.

Von den rund 4 000 Milliarden kWh Welt-Stromerzeugung des Jahres 1970 stellte die Kernenergie ca. 40 Mrd. kWh brutto, netto ca. 35 Mrd. kWh, – das sind unter 1 % der Welt-Stromerzeugung. Kein Fachmann rechnet damit, daß 1975 – 1980 die Kernenergie mehr als 3 % zum Energieverbrauch der Welt beitragen kann.

Grundsätzlich ist festzustellen: Eine wirkliche Kohlekrise gibt es nicht, wohl aber eine Krise des Vertrauens und der Vernunft. Die Zechen-Stillegungen, diese sogenannte ‚Gesundschrumpfung der Kohle‘, kann man nur – sehr milde ausgedrückt – als Irrweg der Bonner Wirtschaftsminister aller Schattierungen bezeichnen, der uns schon teuer zu stehen gekommen ist, und noch teurer zu stehen kommen wird!

Es muß tief zu denken geben, wenn der Ministerpräsident Kühn von Nordrhein-Westfalen, der Ministerpräsident des Landes der Bundesrepublik mit den reichsten Kohlevorkommen Europas, bei einem Besuch in Polen (1972) den Polen finanzielle Hilfe für den weiteren Ausbau ihrer Kohleproduktion in Aussicht stellt, damit dieses Land in die Lage versetzt wird, uns mit Kohle-Strom zu beliefern.“

Bei unserem nächsten Gespräch ergab sich der Anlaß zu der Frage: Gerke, haben Sie denn nicht versucht, den Gedanken der Heizkraftwerke und die effektive, überprüfte Planung von 1939/40 den Zuständigen und Mächtigen von heute nahezubringen? Diese Ideen und Planungen mußten doch auf Verständnis stoßen, Eingang finden in städtebauliche Vorstellungen, volkswirtschaftliche Überlegungen auslösen, – ‚Energie und Wärme‘ ist doch ein Anliegen unserer Zeit, unseres Jahrhunderts!

– Natürlich habe ich das! Wo sich nur eine Gelegenheit bot, – in Form von Exposés, in Darstellungen mit allem Zahlenmaterial und Wirtschaftlichkeitsberechnungen, in Anschreiben an Parteien und deren Führungskräfte, an Abgeordnete, bei ‚Audienzen‘, die man mir gewährte.

– Na und?

– ‚Hochinteressant!‘ – ‚Man sollte einmal darüber nachdenken!‘, – zwei Aktenordner voll Schriftwechsel habe ich. ‚Wir bestätigen den Empfang Ihrer interessanten Unterlagen‘ und so weiter. Das wäre dann wohl alles, denn geschehen ist nichts, gar nichts!

In seinem nächsten Brief an mich ging Gerke noch einmal, wie es seine Art ist, auf die angesprochenen Probleme ein und ergänzte sie durch Unterlagen. Er schrieb:

„Zu Beginn der Zechen-Stillegungen Anfang 1966 habe ich mich unter anderem an Herrn Mende und seinen persönlichen Referenten, Herrn Brodesser, gewandt und ihnen Vorschläge zur Stützung der Kohleproduktion vorgelegt, einen Plan mit technischen Einzelheiten und Finanzierungsvorschlägen, wie bereits aus der Praxis heraus erarbeitet. Die Aussprache verlief erfolgversprechend, doch geschah nichts!

Aus Sorge um die Kohleproduktion habe ich mich anschließend mit Schreiben vom 24.8.1966 an Herrn Dr. F. J. Strauß gewandt, mit der Bitte, einzuschreiten und der sinnlosen Vernichtung von Volksvermögen Einhalt zu gebieten. Die Durchschrift des Schreibens füge ich Ihnen bei, sie wird Sie interessieren, weil ich darin auch unsere damalige Münchener Planung erwähne.

Dr. Strauß übertrug seinem persönlichen Referenten, Herrn Assessor Hepp, die Weiterbearbeitung. Zu Ehren von Herrn Hepp, mit dem ich das Problem in vielen Gesprächen behandelte und der leider viel zu früh verstarb, muß gesagt werden, daß er das Problem erkannt und ernstgenommen hat.

In Zusammenarbeit mit meinem Sohn Hermann, der seit mehr als 15 Jahren als Energiefachmann in den USA tätig ist und in ständiger Verbindung mit George Fumich jr., dem Director des Office of Coal Research Department, steht, habe ich 1968 eine Voruntersuchung über die Möglichkeit der Kohleveredlung auf der Basis des amerikanischen Versuchswerkes Cresap einschließlich deren Wirtschaftlichkeit erarbeitet. Es handelte sich um ein Verfahren zur Herstellung von Hydrierbenzin nach den neuesten Erkenntnissen der von den Amerikanern vorangetriebenen Forschungen. Die Voruntersuchung zeigte das gleiche Ergebnis, wie es Dr. Herbert Barking vom Vorstand der Bergwerksgesellschaft Walsum in seiner Untersuchung 1969, ein Jahr später, vortrug. ‚Sehr interessant‘, hieß es.‘‘

Inzwischen trat dann das ein, was als ‚Ölkrise‘ bezeichnet wird. Sogar die Verantwortlichen in Bonn wurden wachgerüttelt und befaßten sich mit dem Energieproblem. Vorgesehene Zechen-Stillegungen wurden abgestoppt und allenorts Vorschläge in Sachen ‚Energie‘ gemacht. Oberingenieur Gerke schrieb mir:

„Dr.-Ing. Klaus Hannes veröffentlichte jetzt ein realistisches Modell der Fernwärme für das ganze Ruhrgebiet. Es zeigt die ähnliche Größenordnung – mit rund 2 000 Gcal – und schließt mit ähnlicher Wirtschaftlichkeit ab wie unser Münchener Projekt, im Endausbau mit 2 400 Gcal.

Und Forschungsminister Matthöfer versucht sich in einem Fernwärme-Verbundsystem, einer Fernbeheizung der Bundesrepublik Deutschland von Flensburg bis Freiburg, mit Investitionskosten von rund 200 Milliarden DM, um im Jahre 2000 etwa 80 Millionen Tonnen Steinkohle-Einheiten einzusparen, – und er sollte doch im voraus wissen, daß ein solches Projekt aus finanziellen und aus wirtschaftlichen Gründen niemals zu realisieren ist!

Finanziell, da das Kapital nicht aufgebracht, wirtschaftlich, da mit niedergespannter Energie der Transport der notwendigen Energiemengen nicht durchgeführt werden kann.

80 Millionen Tonnen Steinkohle-Einheiten sind rund 56 Millionen Tonnen Öl, – und das sind etwa 40 % unseres gegenwärtigen Öl-Importes, rund 12 Milliarden DM an Devisen.

Das Notwendigste, eine 50 %ige Teilsicherung unseres Energieverbrauches durch Kohle, die für 500–700 Jahre im eigenen Lande vorhanden ist, läßt man weitgehend außer acht. Die Tatsache, daß auch in diesem Jahr 1975 vier Zechen mit einer Jahreskapazität von 4 Millionen Tonnen Steinkohle stillgelegt werden, spricht Bände!

Noch immer heißt es, Öl ist ja billiger als bei uns geförderte Kohle! Hat man diese Rechnung richtig aufgemacht? Die Kosten werden schon lange nicht mehr volkswirtschaftlich gesehen, denn sonst wäre es nicht zu dieser unsinnigen ‚Gesundschrumpfung der Kohle‘ gekommen, mit der Folge von Milliardenverlusten an Volksvermögen, der monetären Erpressung und der politischen Abhängigkeit. Man sprach früher einmal von ‚polnischer Wirtschaft‘!

Noch fehlen die Wärmezentren in den Ballungsgebieten, die Verbrauchszentren, die Fernwärme abnehmen können, wie wir sie damals, vor 35 Jahren, für München geplant haben. Werden diese Wärmezentren je Wirklichkeit? Da jagt man unmöglichen Projekten nach, um die immer größer werdenden Mengen an Abwärme unterzubringen, – bis hin zur ‚Verwertung der Abwärme von Kernkraftwerken durch Beheizung von Karpfenteichen mit Bundeszuschuß‘.

Da schaut man mit gespannter Hoffnung auf die eventuelle Öl-Gas-Lieferung aus der Nordsee, ohne daß wir Anrechte auf eine Lieferung haben, und, wenn dies möglich wird, so steht heute bereits fest, daß die Kosten je Tonne Öl bis zur deutschen Küste mindestens DM 400,-- betragen und infolgedessen das Öl beim Verbraucher wesentlich teurer als Kohle sein wird.

Das Programm muß lauten:

Forschung und Entwicklung
auf dem Gebiet des Kohlebergbaues ist mit höchstem Vorrang, ohne Rücksicht auf Kosten, in Angriff zu nehmen!

Kohleveredlung
Schaffung hochgespannter Energie, die allein wirtschaftlich über große Entfernungen transportiert werden kann!

Untertage-Vergasung, Kohlegas ohne Bergbau
ist in die höchste Dringlichkeit einzustufen. Diese Maßnahme ist keine Utopie, wie vorliegende Forschungs- und Entwicklungsbeispiele zeigen.

Mit unseren technischen Voraussetzungen ist meiner Meinung nach der Durchbruch auf diesen Gebieten zu erzielen. Der Erfolg, der für unsere Volkswirtschaft entstünde, rechtfertigt jede Kapitalanlage. Ob unsere Hoffnungen in dieser Richtung in Erfüllung gehen, ist mehr als zweifelhaft.

Lassen Sie mich zum Abschluß noch einmal auf unsere damalige Münchener Planung zurückkommen. Sie teilten mir mit, daß ein Kompetenter dazu gesagt habe, daß ‚die wirtschaftliche Lösung der Heiz-Kraft-Kopplung nur durch staatliche Maßnahmen eingeführt werden konnte‘.

Dazu kann ich nur sagen: Natürlich, – wie denn sonst? Das konnte damals nur durch ‚staatliche Maßnahmen‘ eingeführt werden, und das kann auch heute nur durch ‚staatliche Maßnahmen‘ eingeführt werden! Und was ist denn inzwischen geschehen? Haben unsere für die Energiewirtschaft zuständigen Herren in Regierung und Wirtschaft die Konsequenzen gezogen?

Man hätte mit der planmäßigen Errichtung von Heizkraftwerken auf der Basis Steinkohle und der damit verbundenen Schaffung von Fernwärmenetzen in den Ballungsgebieten der Städte und Regionen eine wesentliche Sicherung der Energie- und Wärmeversorgung erreicht, die uns nicht in diesem Maße vom Ausland abhängig gemacht hätte.

Man wäre dann in der Lage gewesen, in Ruhe an das technische Problem der Kernenergie heranzugehen, und man hätte ein Fernwärmenetz zur Verfügung gehabt, in das die Abwärme der Kernkraftwerke volkswirtschaftlich vernünftig eingespeist werden könnte.

Es wäre dann auch nicht nötig, einen drohenden Energie-Engpaß vor Augen, überhastet und in großer Zahl Kernkraftwerke zu planen und zu errichten, deren technische und vor allem deren Umwelt-Probleme mehr und mehr zu einer Beunruhigung der Bevölkerung führen*.

Nichts ist geschehen! Alles, was in den Raum gestellt wurde, waren Worte, – die Taten lassen auf sich warten!"

Vor kurzem schrieb mir Gerke erneut:

„Inzwischen ist der Forschungsminister Matthöfer von seiner utopischen Vorstellung einer Heizanlage von Flensburg bis Freiburg abgekommen*. Er strebt nun eine Deckung von etwa 30 % des Wärmebedarfs durch Fernwärmeanlagen bis 1990 an. Dadurch könne man Heizöl in der Größenordnung von etwa 15-20 Millionen Steinkohle-Einheiten im Jahr einsparen. Für dieses Programm seien Investitionen von 20-30 Milliarden DM notwendig, angesichts der steigenden Ölpreise durchaus lohnenswert.

Und als Neuestes wird von kompetenter Stelle im Ruhrgebiet erklärt, Kernenergie sei nicht billiger als Steinkohle, man rechne damit, daß sich die Kohle als Energieträger eines Tages billiger als Kernenergie verkaufen läßt. Bei den preislichen Überlegungen habe man bislang versäumt, bei der Kernenergie die Kosten der Wiederaufbereitung und der Entsorgung zu berücksichtigen!

Nun aber Schluß! Man könnte sich über das Problem ‚Energie und Wärme' und über die vertanen Möglichkeiten endlos ereifern."

Adolf Hitler über Stadtorganismus und Neugestaltung

In einer der ältesten deutschen Kulturlandschaften bin ich aufgewachsen, an der Donau, zwischen dem Alpenvorland und dem Mühlviertel. Inmitten der Vierkanthöfe der Bauern und der kultivierten Bauten der Stifte und Klöster von St. Florian, Melk und Göttweig. Deshalb habe ich mich von Jugend auf für die Architektur interessiert, und die Heimatstadt Linz mit ihren Bauten trug dazu bei.

Im aufnahmefähigen Alter kam ich nach Wien und sah die imponierenden Bauwerke dieser Stadt mit offenen Augen. Langsam erschlossen sich mir auch die städtebaulichen Zusammenhänge. Ich erkannte die Stadtform aus der römischen Gründung, die weitere Entwicklung im Mittelalter, dessen Stadteinheit auf den Stephansdom bezogen und die umgeben ist von Mauern und Wällen. Aus dem Glacis und den alten Basteien entsteht der ‚Ring‘, der schönste Straßenzug, der je auf alten Befestigungsanlagen errichtet wurde, mit Bauten, die wohl in eklektischen Stilen, aber durch eigenwillige gute Architekten gestaltet und daher nicht ins Epigonenhafte verfallen sind.

Schon im Jahrhundert vorher, nach den Türkenkriegen, hatte der Stadtadel sich Sommersitze bauen lassen. Diese weiträumigen Bauten mit Parks, Gärten, Brunnen und Plastiken entsprachen ihrer Selbstdarstellung eher als die Stadtpaläste. So entstanden die Belvedere-Anlage des Prinzen Eugen, das Sommerschloß der Schwarzenbergs und das kaiserliche Schönbrunn. Welche großartigen Leistungen der Architekten, der Fischer von Erlach, des Lukas von Hildebrandt und des Jakob Prandtauer!

Sie können verstehen, wie sehr mich diese Schöpfungen beeindruckt haben! Aber auch die Bauten am Ring, vor allem der Architekten Semper, Hansen, Schmidt, Hasenauer, van der Nüll und Siccardsburg bis zu den Bauten der nüchternen, doch gekonnten Sachlichkeit von Adolf Loos.

Der Wiener Ring stand zu Beginn meines Interesses am Städtebau, und die Bibliotheken Wiens boten mir reichliches Material: Über die Planungen des Städtebauers Camill Sitte, über die Neugestaltung von Paris unter dem Präfekten Haussmann, über die Stadtformung von Rom durch die Jahrhunderte und natürlich auch über die städtebaulichen Planungen und die Bauten von München unter dem Kronprinzen und späteren König Ludwig I.

Nachdem ich Wien kannte, war mein Ziel München, gewiß, nicht nur um die Straßen, Plätze und Bauten zu sehen, die Ludwig I. veranlaßt hatte und die aus der Enge des alten Stadtkerns in neue räumliche Maßstäbe führten. Ludwig I. hat die Stadtmauern, die Wälle, Gräben und Glacis durchbrochen, um die Stadt nach außen zu öffnen, und mit seinen Bauten begründete er – auf schon reichem Fundus – München als Stadt der Künste. Er war sich dessen bewußt; wie anders wäre sein Ausspruch von 1810 zu erklären: ‚Ich will aus München eine Stadt machen, die Teutschland so zur Ehre gereichen wird, daß keiner Teutschland kennt, wenn er nicht München gesehen hat!‘

Doch jetzt, nach hundert Jahren, ist es an uns, das Werk dieses genialen Feuerkopfes aufzunehmen; denn wiederum gilt es, die Stadt nach außen zu öffnen! Aber nicht Mauern und Wälle müssen wir durchbrechen, um Freiland zu gewinnen, sondern jetzt geht es um die Überwindung der chaotischen Unordnung, die sich wie ein beengender, würgender Ring um die Stadt gelegt hat. Es sind die Negativ-Erscheinungen einer rasanten industriellen Entwicklung des 19. Jahrhunderts. Es fehlte die vorausschauende Planung, der Stadtorganismus wucherte, dem Bevölkerungsdruck und den neuen Arbeitsstätten entsprechend. Je mehr die Arbeitsstätten des Gewerbes, der Industrie und der

Versorgungsanlagen mit ihren notwendigen Wohnbauten den Freiraum form-
los beanspruchten, um so verwirrter wurden die Zustände, um so häßlicher das
Bild, ein Spiegelbild der sozialen Aufsplitterung und des Zerfalls der Stadtgemeinschaft.

Die mit der Stadt-Entwicklung, -Formung und -Gestaltung befaßten Behörden fanden nur noch zu Teillösungen, die in Monotonie endeten. Man er-
schöpfte sich in kleinlichen Bauordnungen und den, natürlich notwendigen,
Sicherheits-Bestimmungen. Die Stadtgestalt verfiel, alles wurde dem Zufall
überlassen.

Adolf Hitler zeigte auf den Münchner Stadtplan im Süden: Ich nehme einen
Abschnitt aus einer solchen Stadtwucherung. Das hier ist der Standort eines
Krankenhauses – hier die Kinderklinik, die Frauenklinik – daneben liegt ein
Friedhof – eine Brauerei – anschließend, da, der Schlachthof – Güterbahnan-
lagen – Großmarkt – Fabriken – Schulen – Kirchen – Wohnblöcke mit engen
Hinterhöfen – Kleingewerbe – triste Kneipen an den Ecken. Alles durcheinander gewirbelt! Weil die Straßen hier so verlaufen, entstehen einige Dreiecke
und Zwickel, die nicht bebaut werden. Da wird dann eine Grünrabatte angelegt, um Naturhaftes vorzutäuschen. Das macht das Ganze nur noch trostloser.

Da und dort stehen gute Einzelleistungen wie verloren in dem Durcheinander. Hier ist es nicht besser, – er deutete nach Südwesten, dem ‚Glasscherben-
Viertel‘. Dann zeigte er auf den Münchner Straßenzug nach Norden: Oder
hier, – das ist die typische Demoralisierung einer Städtebau-Konzeption Ludwigs I.

Immer wieder führte Adolf Hitler diesen Bayernkönig an. Er wollte einen
Film über ihn und seine Zeit drehen lassen, um, wie er sagte, über Bayern hinaus diesen König zu würdigen:

Ludwig I. schuf hier mit seinen Architekten eine großzügige Platzformung,
Arkaden und Tor des Hofgartens, Residenz, Feldherrnhalle, Theatinerkirche
und Odeonsplatz, – heute das Herz Münchens. Von hier aus führte er die
Ludwigstraße nach Norden. Das war eine echte städtebauliche Lösung. Dann
folgt weiter die noch erträgliche Leopoldstraße. Aber jetzt beginnt der Straßenzug zu verkümmern, – schauen Sie sich diese Ziellosigkeit an! – statt die
Straße großzügig und weiträumig zu planen! Und dabei hatte bereits Haussmann in Paris gezeigt, was notwendig war, wie man die Straßenräume einer
Stadt nach außen öffnet!

Übrigens mußte Ludwig I. seine Gründe dafür gehabt haben, weshalb er
seine Straßen, Plätze und Bauten in die Zuständigkeit des Landes, des Ministeriums gab und sie nicht der Stadt München anvertraute. Auch wir werden
uns sichern müssen; zunächst haben Sie jedenfalls alle Vollmachten, um die
städtebauliche ‚Flurbereinigung‘ durchzusetzen und abzusichern!

Giesler, – es wird nicht einfach sein, diese Planung für die Neugestaltung
Münchens durchzuführen! Es erfordert Ihre ganze Kraft und alle Energie.

Doch hinter Ihnen steht ein Bauherr, in dem sich Autorität mit eisernem Willen verbindet. Ich habe beides und zugleich eine klare Vorstellung von dem, was hier notwendig ist. Vielleicht müssen wir uns auf das Notwendige beschränken. Zuerst gilt es, die Verkehrsstrukturen von Schiene und Straße zu ordnen und die Große Straße zu bauen.

Adolf Hitler unterbrach seine Ausführungen, er hatte – wie ich dann feststellte – eine Handbewegung von mir beachtet und auch zugleich gedeutet:

Giesler, – ich weiß, in einem Stadtorganismus ist alles miteinander verwoben. Wir gehen die Verkehrsprobleme an, und schon löst das zwangsläufig eine Industrieverlagerung aus. Und das bedingt eine sorgfältig überlegte Industrieplanung, die auch für die Zukunft Gültigkeit haben muß. Neue Wohngebiete sind die weitere Folge, die in vernünftiger Beziehung stehen zu den Arbeitsstätten und den Verkehrsmitteln. Dazu kommt der Wohnraumbedarf durch die Partei-Dienststellen, die nach München verlegt werden. Und unterschätzen Sie nicht die Anziehungskraft, die durch die Neugestaltung Münchens ausgelöst wird.

Es darf dabei nicht zu einer Zersiedlung der Stadtrand-Gebiete kommen. Grünflächen wollen bedacht sein und die Ein- und Ausfahrts-Straßen der Stadt. Eins hängt am andern, schauen Sie zu, daß alles sich zum Besten für die Stadtgestalt und die Gemeinschaft fügt.

Wir haben die Erkenntnis, und mit dem Blick auf die zukünftige Entwicklung sind wir gehalten, die Verkehrsprobleme zu lösen, sonst wird in einigen Jahrzehnten die Situation – nicht nur hier in München – katastrophal! Für die Industrieplanung, die Wohngebiete und Grünflächen setzen Sie Ihre geschmeidigsten und zähesten Mitarbeiter an. Sie alle werden es nicht einfach haben, aber was uns anspornt, das ist der Wille, Außerordentliches zu leisten.

Die Industrieplanung im Rahmen der Neugestaltung

Die Industrieplanung für München umfaßte eine möglichst weitgehende städtebauliche Ordnung der Arbeitsstätten, das heißt der industriellen, gewerblichen und handwerklichen Betriebe und der öffentlichen Versorgungswerke.

Der Weisung Adolf Hitlers entsprechend, wurde das Referat Industrieplanung gebildet. Mit der Durchführung dieser für die Neugestaltung bedeutsamen Planung beauftragte ich meine Mitarbeiter Bauassessor Dipl.-Ing. Zeibig, Regierungsbaumeister Dipl.-Ing. Wölfel und Dipl.-Ing. Geisel. Sie entsprachen den Vorstellungen Adolf Hitlers, – sie waren nicht nur geschmeidig, zäh und unermüdlich, sie waren auch ausgezeichnete Architekten und in den Verhandlungen den Unternehmern und deren Juristen voll gewachsen. Ich hätte keine bessere Auswahl treffen können*.

Die Neuordnung der Bahnanlagen im Münchner Raum bedingte zugleich eine Neuordnung der Industrieanlagen, weil ein Teil der Großbrauereien, der Speditionsbetriebe, der Baustofflager und anderer Unternehmen, die im Westen und Süden der Stadt angesiedelt waren, seinen Gleisanschluß verlor. Das veranlaßte das Referat Industrieplanung zur systematischen Fühlungnahme mit den betroffenen Firmen in Hunderten von Besprechungen. Es galt zunächst, für diese Firmen – nach der Festlegung der Räumungstermine – den neuen Standort und den Raumbedarf zu bestimmen.

Die Forderungen dieser Betriebe wurden überprüft hinsichtlich der notwendigen Gleis- und Straßen-Anschlüsse und weiter der Lage, der Bodenbeschaffenheit der neuen Standorte, der Feststellung des Energie- und Wasser-Bedarfs, der Beziehung der Betriebe zueinander und der Orientierung ihrer Belegschaften zu den Wohngebieten.

Gleichzeitig wurden auch alle Faktoren erfaßt, die als Immissionen den Stadtorganismus belasten konnten, wie Luftverschmutzung, Lärm- und Geruchsbelästigung. Daraus ergaben sich die Einteilungen und die Einordnungen in verschiedene Kategorien und damit die Ausweisung neuer Standortflächen im Wirtschaftsplan der Stadt. Die bislang gültigen Unterlagen des Stadtbauamtes waren ungenügend und durch die allgemeinen und sozialen Zielsetzungen überholt, die Raumforderungen waren gestiegen, und das Stadtgebiet hatte sich wesentlich weiter ausgedehnt. Die Industrieplanung sah sich deshalb gezwungen, einen neuen Wirtschaftsplan auszuarbeiten.

Die Vollmachten des ‚Generalbaurats‘ ermöglichten die Durchführung dieser Aufgabe. Es galt zugleich, mit dem neuen Wirtschaftsplan und der darin festgelegten Ordnung auch Verständnis dafür zu wecken, daß es keineswegs nur um repräsentative Straßenzüge und einen neuen Hauptbahnhof ging, um Staats- und Parteibauten, sondern daß die Neugestaltung auch darin gesehen wurde, die Industrieflächen, die Arbeitsstätten in vernünftige Beziehung zum Stadtorganismus zu setzen. Das Ziel war eine humane Umwelt für die Stadtgemeinschaft.

Das Münchner Stadtplanungsamt hatte in seinem inzwischen veralteten Wirtschaftsplan die Industrie-Erweiterungsflächen im Norden der Stadt vorgesehen. Die klimatischen, pedologischen und eisenbahntechnischen Gegebenheiten sprachen dafür. Aber diese Flächen im Norden erwiesen sich als völlig unzureichend und teilweise auch ungeeignet für die durch Neugestaltungsmaßnahmen erforderlich gewordene Verlagerung eines großen Teils der Münchner Industrie. Dazu kam die immense Ausweitung bestehender Spezialbetriebe durch den Vierjahresplan, die Wiederaufrüstung und Verkehrsintensivierung sowie der Zuzug oder die Neugründung von Betrieben moderner Technik.

Die Flächen im Norden waren aber auch deshalb unzureichend, weil hier die meisten Wehrmachts-Neuanlagen Münchens entstanden waren, die noch zusätzlichen Raum beanspruchten. Die Vorschrift eines Schutzabstandes von 500 Meter vom militärischen Objekt war durch höchste Anordnung für München außer Kraft gesetzt worden, sonst hätten sich hier überhaupt keine Flächen für den Industrieansatz finden lassen.

Eine weitere Einschränkung bedeutete der im Norden Münchens hohe Grundwasserstand. Auf undurchlässiger Grundschicht zieht unter der Stadt vom Gebirge her ein starker Grundwasserstrom nach Norden, der von einer durchlässigen Kies-Geröllschicht überdeckt ist. Diese Geröllschicht hat im südlichen und südöstlichen Stadtgebiet teilweise eine Mächtigkeit von 80 Metern und nimmt im Norden oft bis auf einen Meter ab. Das Katastrophen-Grundwasser, das in Perioden von etwa 50 Jahren auftritt, setzte 1940 die vorgesehenen Industrieflächen im Norden stellenweise unter Wasser.

Für Betriebe mit Tiefgründungen, vor allem für die Brauereien mit ihren umfangreichen Lagerkellern, kam daher der Norden nicht in Frage. Auf der Suche nach neuen Industrieflächen mußten die vorherrschenden Windrichtungen aus West und Südwest beachtet und vor allem bestehende und künftige Wohngebiete verschont werden. Auch galt es, die Grünflächen im Süden der Stadt nicht nur zu erhalten, sie sollten auch bestimmend in den Stadtraum hineingezogen werden, um damit die Durchströmung und Beatmung der Stadt mit frischer Luft zu sichern.

Es sollten die Fehler der Vergangenheit – so der in den neunziger Jahren erfolgte Industrieansatz auf dem Sendlinger Oberfeld – möglichst korrigiert und nicht wiederholt werden. Der Blick zur Gebirgskette durfte nicht durch rauchende Schornsteine und Industriekomplexe beeinträchtigt werden. Wichtiger jedoch war die Abzonung aller Bauwerke nach Süden, um die Isartal-Luftströmung auf breiter Fläche zu ergänzen und das Einfließen der Frischluft in den Stadtraum nicht durch Abriegelungen mit Hochbauten, die Luftwirbel verursachten, zu behindern.

Bei der Suche nach neuen Ansatzmöglichkeiten für Produktions- und Arbeitsstätten wurde unterschieden nach Flächen mit und ohne Gleisanschluß, nach Größenordnung, nach Industrie-, Gewerbe- oder Handwerker-Betrieb und nach der vom Betrieb verursachten Belästigung der Umgebung; danach klassifizierten wir störende, wenig störende und nicht störende Betriebe.

Die Auswahl von Gebieten mit Gleisanschluß war vorwiegend auf die nähere Umgebung des um München geplanten und großenteils fertiggestellten ,Güterringes' beschränkt. Dieser Güterring zweigte bei Eichenau von der Lindauer Bahnstrecke nach Norden ab, um bei Feldkirchen in die Mühldorfer Strecke einzumünden. Später sollte der Güterring auch in die Rosenheimer Strecke weitergeführt werden. Entlang dieser etwa 30 Kilometer langen Gleisanlage kamen aber nur relativ kurze Teilstücke für Industrieanschlüsse in Frage, die zudem aus betriebstechnischen Gründen nicht aus der freien Strecke, sondern nur aus den Güteranlagen der Bahnhöfe entwickelt und herausgeführt werden konnten. Das war meist nur auf einer von beiden Streckenseiten möglich; dort mußten dann auch die Industrie-Anschlußflächen liegen. Denn bei dem Güterring im Norden machte der hohe Grundwasserstand Unterführungen der Strecke unmöglich, Überwerfungen mit Gleisen hätten zu unwirtschaftlichen, technisch und gestalterisch unerwünschten Bauwerken geführt.

Die Forderung der Reichsbahn nach unbedingt schienenfreien Straßenkreuzungen, selbst innerhalb der Industrieflächen, nach gefällefreien Übergabeanlagen und Anschlüssen und nach Krümmungsradien der Anschlußgleise nicht unter 180 Meter waren verständlich. Aber auch bei Höhenunterschieden gab es technische Einschränkungen für die Planung, die nicht nur den Ansatz einzelner Firmen bei sonst günstigen Gegebenheiten, sondern auch ganze Industrieflächen zur Nutzung unmöglich machten. Und dieses ‚Unmöglich' kam schnell und oft seitens der Reichsbahn-Neubaudirektion, wurde dann allerdings auf Grund der Vollmachten, vernünftiger Argumente und nach eingehender Untersuchung bisweilen doch zurückgenommen.

Der weit um München gespannte Güterring mit dem 5 Kilometer langen Verschiebebahnhof und den von dort erschlossenen Bahnhöfen Allach, Feldmoching, Milbertshofen-Freimann, Unterföhring und Feldkirchen zog die Industrieflächen weit vom bisherigen Stadtgebiet ab. Dagegen setzten die Betriebe natürlich zum Sturm an, weil es für viele von ihnen eine wesentliche Verteuerung des innerstädtischen Verkehrs und weil es für die Betriebsangehörigen eine Verlängerung der Arbeitswege bedeutete.

Zugleich führte dies zu einer Benachteiligung gegenüber der Konkurrenz mit solchen Firmen, die an ihren bisherigen stadtnahen Plätzen verbleiben konnten. Das trat in den Jahren wirtschaftlicher Konjunktur weniger in Erscheinung, aber es wirkte sich bei dem Mangel an Arbeitskräften aus, die natürlich Arbeitsplätze in günstiger Lage zu den Wohngebieten bevorzugten.

Die Auswahl der Industrie- und Arbeitsflächen erfolgte deshalb in enger Fühlung und Abstimmung mit dem Referat ‚Wohnungsbau', das ebenso in der Wahl neuer Wohngebiete beschränkt war und alle dafür geltenden Gesichtspunkte zu beachten hatte. Auf Grund der klimatischen Verhältnisse, der landschaftlichen Gegebenheiten, der Verkehrserschließung zum Stadtkern tendierte die Auswahl günstiger Wohngebiete nach Osten, Südosten und vor allem nach Süden. Das ließ sich bei Beachtung der Komponenten Arbeit – Wohnen – Verkehr – Freizeit nicht leicht in Einklang bringen. Denn die bisher übliche Vermischung von Arbeit und Wohnen mußte vermieden werden, ebenso unerwünscht waren aber auch lange Pendelwege zu und von den Arbeitsstätten, selbst wenn diese Wege durch die Planung und die Neuordnung aller Verkehrsmittel von Schiene und Straße sowie der neuen U- und S-Bahn-Schnellverbindungen verkürzt wurden.

Nach reiflichen Überlegungen kam es zur Planung eines etwa 1 × 3 Kilometer großen Industriegebietes „Ostsüdost", das nordöstlich von Perlach vorgesehen wurde. Hier sollten „umweltfreundliche" Betriebe eingewiesen werden, Betriebe, die keine Belästigungen durch Geruch, chemische Abgase und

Lärm verursachten. Es waren hier die großen Brauereien vorgesehen, wie Pschorr, Hacker, Augustiner, Löwen und Spaten. Sie stellten – berechtigt – hohe Anforderungen an den Standort, sie benötigten tiefe, mehrgeschossige Lagerkeller in besonders geeignetem Boden und eigene Brunnen für die Entnahme großer Mengen geeigneten Wassers. Hierfür waren geologische Untersuchungen durchgeführt worden.

Auch für die am Ostbahnhof verlorengegangenen Betriebsflächen und Lagerplätze konnte hier Ersatz geboten werden. Die Gleiserschließung dieses Gebietes erfolgte aus dem Güter- und Abstellbahnhof Ost mit zwei eigenen Rangiergruppen und einem örtlichen Güterbahnhof zum Stückgut-Transport für die am Südrand des Gebietes vorgesehenen Gewerbebetriebe ohne eigenen Gleisanschluß.

In Bezug auf das „Wohnen" lag dieses Industrie- und Gewerbegebiet günstig. Etwa zwei Kilometer war die Entfernung zur großzügig geplanten und nach modernen Gesichtspunkten angelegten Wohnstadt entlang dem Zubringer zur Autobahn nach Salzburg. Außerdem waren Perlach und Trudering – selbständige Trabanten – als nahe Wohngebiete geeignet. Die U- und S-Bahnen sowie die vermittelnde Straßenbahn, auch als Unterpflasterbahn gedacht, boten schnellen Anschluß zur Stadtmitte.

Die Ausweisung dieser für die bisherigen Begriffe riesigen Industrieflächen bedeutete einen schmerzlichen Verlust für die Perlacher Bauern. Es handelte sich meist um Erbhofland mit vorwiegend leidlichen Bonitäten. Hier wie in den anderen Stadtteilen und fast bei allen Stadterweiterungen konnte die Bereitstellung der erforderlichen großen Flächen leider fast ausschließlich auf Kosten der Landwirtschaft erfolgen, die durch den Bau von Flughäfen, neuen Wehrmachtsanlagen und der Autobahn schon große Opfer in den vergangenen Jahren gebracht hatte. Es wurden damit die allgemeinen Schwierigkeiten Deutschlands beleuchtet: Eine immer größer werdende Stadtbevölkerung aus immer kleiner werdender Landwirtschaftsfläche zu ernähren, bedingt durch die Autarkiewirtschaft.

Unter anderem wurde versucht, durch Intensivierung der bäuerlichen Wirtschaft, auch durch Gartenbau, in einem geplanten Grünzug zwischen Südoststadt und Industriegebiet im Bereich von Moosach, Feldmoching und Ramersdorf-Perlach wenigstens die Gemüseversorgung der wachsenden Stadt sicherzustellen. Dazu sollte auch die Schaffung von großen Gewächshaus-Anlagen dienen, die durch die Rücklaufwärme des geplanten Fernheiz-Systems betrieben werden konnten. Auch sollten die am meisten betroffenen Bauern mit Unterstützung der Landesbauernschaft und der Landesplanung entweder in Oberbayern oder auch westlich von München und im Dachauer Moos in Land entschädigt werden; hier lagen anmoorige, minderwertige Weideflächen, die in hochwertiges Gartenbauland umgewandelt werden konnten.

Weitgehend – selbst unter Inkaufnahme großer Entfernungen – wurde auf die Belange der München nahen Landwirtschaft Rücksicht genommen, in der Form, daß bei Puchheim-Eichenau und Feldkirchen-Lohhof-Unterschleißheim Industrie-Trabanten eingeplant wurden. Hier sollten Betriebe mit großem Landbedarf bei geringer Belegschaft und unbedeutender Bebauung angesetzt werden, vor allem große Bauunternehmungen, die in allen Teilen Deutschlands ihre Baustellen hatten und an kleinen, innerstädtischen Bauvorhaben uninteressiert waren. Sie konnten hier ihre Material- und Gerätelager unterbringen. Auch moderne baustofferzeugende Betriebe wie Fertigbetonwerke und Spezialfabriken für Porenbeton erhielten so ihre Standorte zugleich bei den gegebenen Rohstoffen.

Die klare Trennung und Abgrenzung in eigenständige industrielle Gebiete und landwirtschaftlich-gärtnerische Gemeinden hätte das unerfreuliche bisherige Ausufern der Stadt entlang ihrer Ausfallstraßen vermieden.

Der gesamte Süden und Südwesten Münchens sollte von Industrieflächen frei bleiben, obwohl sich hier Möglichkeiten des Gleisanschlusses boten. Die hier dennoch errichteten Industriebetriebe und Lagerflächen waren kriegsbedingt, selbst die Vollmachten des Generalbaurats vermochten diesen Ansatz, auf Kriegsdauer befristet, nicht zu verhindern. In diesem Zusammenhang sollte eine andere Fehlansetzung erwähnt werden: Der durch die ,Zentrale Planung' unter Speer verfügte Ansatz der Messerschmitt-Bölkow-Werke in Ottobrunn.

Ursprünglich als ein Forschungsinstitut gedacht und von uns als solches in die Planung der Südoststadt mit einbezogen, entstand hier ein kriegswichtiges Großunternehmen. Vom Bahnhof Unterbiberg mußte ein eigener Gleisanschluß dafür gelegt werden, der wertvolles stadtnahes Erholungsgebiet in Anspruch nahm und abriegelte. Die Gefahr weiterer Ansätze von Industrie an falscher Stelle drohte heran; denn auf ähnliche Weise war früher entlang des Stammgleises der Isarwerke der Industrieansatz auf dem Sendlinger Oberfeld entstanden.

Auch an anderen Stellen kam es zu kriegsbedingten, städtebaulich aber falschen Ausweitungen von Industrieflächen. Im Norden der Stadt zum Beispiel wucherten die Bayrischen Motoren-Werke (BMW) mit neuen Triebwerks-Entwicklungen für Düsenjäger mit ihrem riesigen ,R-Werk' in den Allacher Forst hinein. Das alles führte zu erbitterten Kämpfen, die zur Entscheidung bis in das Hauptquartier getragen wurden. Der Krieg hatte die Priorität, die Zusicherung erhöhter Vollmachten bezog sich auf den Frieden nach einem gewonnenen Krieg.

Für diesen künftigen Frieden arbeiteten wir in einem kaum bekannten Umfang. Insgesamt etwa 2000 Hektar Industrie-Ansatzgebiet konnten für die kommende Entwicklung der Stadt München ausgewiesen werden. Der annähernde unmittelbare Bedarf war 800 – 1 000 ha. Die Gesamtzahl der erfaßten Betriebe betrug 650, von denen 510 Betriebsflächen-Bedarf anmeldeten. Durch die

Neuordnungsmaßnahmen der Reichsbahn waren 210 Betriebe, durch andere städtebauliche Maßnahmen etwa weitere 100 Betriebe betroffen. 30 Betriebe stellten Neuansetzungen in München dar. Für 215 Betriebe war ein Gleisanschluß unbedingt erforderlich; er konnte zugesichert werden, zugleich wurden die Größen des augenblicklichen wie auch des in der Weiterentwicklung benötigten Flächenbedarfs der einzelnen Betriebe berücksichtigt. 85 Betriebe, die einen Gleisanschluß für erwünscht hielten, konnten überwiegend ihren Vorstellungen entsprechend angesetzt werden.

Für viele Betriebe war der Standort wichtiger als ein Gleisanschluß. Es waren mehr als 50 % der erfaßten Betriebe, die auf Flächen ohne Gleisanschluß untergebracht wurden. Die Auswahl dieser Flächen war weniger gebunden und auch stadtnäher, doch das bedingte andererseits eine noch sorgfältigere Überprüfung, soweit es sich um Flächen in der Nähe schon bestehender oder künftiger Wohngebiete handelte. Es gelang, diese Flächen in ‚Gewerbegebieten‘ zusammenzufassen und so eine Aufsplitterung zu vermeiden, die durch Präzedenzfälle von Einzelentscheidungen möglich geworden wäre.

Die Flächen der Gewerbegebiete dienten dem Ansatz der mittleren und kleinen Betriebe mit geringer Belegschaft und auf kleineren Grundstücken, oft in gestaltetem Zusammenhang mit Wohngebieten. Es waren zum Teil Produktionsstätten im Geschoßbau für feinmechanische, elektrotechnische und pharmazeutische Unternehmen, für Lederwaren- und Textil-Betriebe, Druckereien und Verlagsanstalten. Abgesondert mußten auch kleine Lagerplätze für Baugeschäfte, Autoreparatur-Werkstätten und Tankstellen vorgesehen werden, die der Versorgung der umgebenden Wohngebiete dienten.

Nach allen Ermittlungen zeigte es sich, daß – trotz des bedeutenden Maschinen-, Motoren- und Fahrzeugbaus – die Betriebe der Feinmechanik, des Apparatebaus, des Bau- und Baunebengewerbes, der Brauereien und der Lagerbetriebe, also nicht störende Betriebe, den Hauptteil der neu anzusetzenden Unternehmen ausmachten*. Die im erarbeiteten Wirtschaftsplan ausgewiesenen etwa 2000 ha großen Industrieflächen enthielten erhebliche Reserven, selbst für weite Zukunftsentwicklungen, und doch wäre die Eigenart und die Atmosphäre von München nicht verfremdet, München wäre keine Industriestadt geworden.

Besondere Beachtung erforderten die Auto-Reparaturbetriebe, die sich oft aus früheren Schmieden oder Schlossereien entwickelt hatten und meist bei zu kleinem Raum für Park- und Abstellflächen einen unerfreulichen Anblick boten, ganz abgesehen von der Lärm- und Abgasbelästigung. Die einsetzende Motorisierung, auch in Erwartung des Volkswagens, machte modern eingerichtete Großbetriebe für Reparaturen und Wagenpflege erforderlich. Die Fabriken gingen daran, hierfür eigene oder Vertrags-Betriebe mit Ersatzteillagern, Ausstellungsräumen und Großtankstellen aufzubauen. Dabei galt es auch, aufdringliche grelle Willkür der Reklame und des Farbspektakels zu verhindern.

Eine Neuerung brachte der immer umfangreicher werdende Lkw-Verkehr, der den Städtebau allgemein und vor allem die ‚Straße‘ vor manche schwierige Probleme stellte. Hier schaltete sich Adolf Hitler ein: Wir müßten volkswirtschaftlich denken und handeln, der Lkw solle vorwiegend als Sammler und Verteiler für den möglichen Güter- und Massentransport der Schiene dienen, er solle ihn ergänzen, jedoch nicht zu Lasten des Schienentransports. Trotzdem, es wurden für München ‚Autohöfe‘ gebaut. Es waren dies große Parkplätze mit Lagerhallen, mit Reparatur- und Tankanlagen, mit Gast- und Übernachtungsstätten. Entsprechend den bereits ausgebauten Autobahnen von Stuttgart, Nürnberg und Salzburg, wurden drei dieser Autohöfe vorgesehen.

Nicht einseitig ausgerichtet war die Industrieplanung; denn daß sie in stetig enger Verbindung mit dem Referat Verkehrsplanung – Schiene und Straße – und dem Referat Wohnungsbau arbeitete, war selbstverständlich. Ebenso eng wie notwendig war die Zusammenarbeit mit der Planung der Grünflächen-Schutzzonen und Dauerkleingärten. Sie bildeten mit Erholungs-Grünzügen, Sport- und Spielflächen den abschirmenden Übergang zu den Wohngebieten.

In der Vergangenheit hatten sich die Stadtplanungsstellen, Architekten und Wohnbaugesellschaften um einen Berufsstand wenig gekümmert, die Handwerker, die auch künftig in München ihre Bedeutung behalten sollten, die sie seit Jahrhunderten gehabt hatten. Zwar fanden Bäcker, Metzger und Wurstmacher, Elektriker, Spengler und ähnliche Berufe und Handwerker auch in modernen Wohnblöcken Berücksichtigung, sofern sie Läden unterhielten. Zumeist blieb dies jedoch dem Zufall oder der Eigeninitiative überlassen.

Die Planung unter Zeibig, Wölfel und Geisel war umsichtiger, sie schalteten sich rechtzeitig bei der großzügig projektierten Südoststadt ein, mit wohlüberlegten Anlagen, für die der Begriff ‚Handwerkerhöfe‘ geprägt wurde.

Im Handwerkerhof sollten, in Wiederaufnahme alter Tradition, Werkstätten, Ausstellungs- und Verkaufsräume, Lager, Büros und die Wohnungen der Meister, ihrer Lehrlinge, der ledigen und verheirateten Gesellen mit ihren Familien Aufnahme finden. Dabei konnten sich nach Art des Handwerks und seiner Bedeutung und nach Größe des zu betreuenden Wohngebietes die mannigfaltigsten Gestaltungsformen herausbilden. Grundsätzlich waren es Anlagen mit einem umbauten Hof, entsprechend den Vierkantern ostmärkischer Bauern, ins Urbane der Stadtgemeinschaft übertragen. Oft bildeten sie, aneinandergereiht, Hofzeilen.

Gedacht war neben den bereits genannten Handwerkern auch an Schlosser, Kunstschmiede, Gürtler, Maler, Polsterer, kleine Bau- und Möbelschreinereien, Hafner, Kaminsetzer, Maurer und Zimmerleute (Scharwerker), in Friedhofsnähe an Stein-Bildhauer; dazu Läden und Handlungen, Wasch- und Bügelanstalten, kleine chemische Reinigungen und Färbereien, Druckereien. Auch die Unterbringung der Straßenmeistereien mit ihren Fahrzeugen sollte hier erfolgen.

Über 65 solcher Handwerkerhöfe waren über das Stadtgebiet verteilt. Sie
hatten eine ortsbedingte Struktur und damit eine Gestaltung, die auf die jeweilige Umgebung abgestimmt war. Für die neuen Wohngebiete der Südoststadt
wurde ein Idealplan aufgestellt. Die Handwerkerhöfe lagen hier zweigeschossig vor den Wohnzeilen, mit abschirmenden Grünstreifen, einem Ladenweg, an
den sich Werkstätten und Werkhöfe anschlossen. Im Obergeschoß, dem
Haupt-Straßenverkehr abgewandt, lagen die Wohnungen. Spiegelbildlich wiederholte sich das auf der anderen Seite längs der breiten Zufahrtstraßen zur
Autobahn. So dienten die Handwerkerhöfe nicht nur ihrem eigentlichen
Zweck, sie waren zugleich Schutzwall gegen aufkommenden Verkehrslärm für
alle dahinterliegenden Wohnzeilen.

Für die Durchführung war an einheitliche Träger wie Wohnbaugesellschaften, Reichsinnungsverband, Handwerkskammer und an die Deutsche Arbeitsfront gedacht, aber auch an die Eigeninitiative. Da diese Aufgabe das eigentliche Arbeitsgebiet der Industrieplanung überschritt, wurde das Stadtbauamt
eingeschaltet. Eine eigens dafür eingerichtete Abteilung sollte als ‚Betriebs-
stätten-Amt‘ in enger Verbindung mit dem Generalbaurat diese Aufgabe übernehmen.

Der Wirtschaftsplan im Rahmen des Generalbebauungsplanes der Neugestaltung war Ende 1942 erstellt. Er wurde Adolf Hitler vorgelegt, eingehend
besprochen und fand seine Zustimmung.

Neben dieser raumordnenden Planung wurden gleichzeitig auch die Bebauungspläne für die ausgewiesenen Teilflächen erarbeitet. Sie lagen größtenteils
schon vor, als durch den sogenannten ‚Göring-Erlaß‘ vom 13. 4. 1942 weitere
Firmenplanungen verboten wurden. Damit mußten auch die notwendigen
Feststellungsverfahren der Bebauungspläne unterbleiben. Eine Erläuterung
dieser vielseitigen Pläne ist ohne bildliche Wiedergabe kaum möglich, deshalb
sollen hier nur einige gemeinsam wiederkehrende Merkmale angeführt werden.

Das Gerippe der Industrie-Bebauungspläne bildeten die Anbindungen an das
Netz der Hauptverkehrsstraßen durch ausreichend breite, schienenfreie Erschließungsstraßen. Unter- oder Überführungen mit ihren Rampen mußten
auf das Notwendigste beschränkt bleiben, in ihrem Bereich durften keine Aus-
fahrten angeordnet werden. Unerwünscht war ein mehrmaliges Auf und Ab
einer durchgehenden Straße. Sackstraßen – die sich bei einem fingerartigen
Ineinandergreifen von Anliegerstraßen und Stammgleisen ergeben hätten –
durften keineswegs zum Prinzip werden, da auch mit einem Fahrverkehr der
Firmen untereinander gerechnet werden mußte. Wo Sackstraßen unbedenk-
lich waren, mußten ihre Enden mit ausreichenden Wendeplätzen versehen werden und eine weiterführende Verbindung wenigstens durch Fuß- und Radwege
erhalten, die jedoch ebenso frei sein mußten von schienengleichen Kreuzungen.

Die Stammgleise mußten meist auf Geländehöhe liegen, so daß die Straßen bei notwendigen Kreuzungen etwa 6 Meter eingesenkt oder angeschüttet werden mußten. Bei elektrifizierten Strecken waren 7 Meter erforderlich. Das ergab, ohne Berücksichtigung der Ausrundungen, Rampenlängen von 200 bis 233 Meter bei einem vertretbaren Gefälle von 3 %. Erlaubte der Grundwasserstand noch eine mögliche Unterführung der Straße, so kamen mit Sicherheit die Versorgungsleitungen, besonders der Abwasserkanal, in das Grundwasser. Das war unerwünscht, und dem mußte durch technisch schwierige und kostspielige Maßnahmen begegnet werden.

Hochliegende Überführungen waren bei meist nur eingleisigem Schienenplanum sowohl kostspielig wie auch gestalterisch unbefriedigend. Ein Einschneiden der Gleise in das Gelände, eine Tieferlegung des Gleisplanums war nur dort möglich, wo die Firmen aus betriebstechnischen Gründen Kelleranschlüsse wünschten. Ein Auf und Ab mit ihrem Stammgleis lehnte die Reichsbahn grundsätzlich ab. Infolge ihrer Forderung nach einem Mindest-Krümmungsradius von 180 Meter und ihrer Weigerung, mit den Lokomotiven Drehscheiben oder Schiebebühnen der Anschlußfirmen zu befahren, kamen nur längsgerichtete Anschlußgleise, parallel zum Stammgleis, in Frage, an denen dann unmittelbar die Lagerhallen und Entlade-Einrichtungen zu erstellen waren.

Um kostspielige Kreuzungsbauwerke zu vermeiden, verliefen auch die Straßen parallel zum Stammgleis. Querverbindungsstraßen waren in den größeren Industriegebieten wie ‚Südost‘ oder Feldkirchen zwar erforderlich – vor allem für den Verkehr der Firmen untereinander – sie mußten aus finanziellen Gründen und aus planerischen Gesichtspunkten aber auf ein Mindestmaß beschränkt werden. Die schon erwähnten Rampenlängen bedingten nämlich ebenso langgestreckte Grundstücke ohne Ausfahrtmöglichkeit beiderseits des Stammgleises.

Das ergab zum Beispiel für die beliebte 1-ha-Fläche nur etwa maximal 50 Meter Anschlußgleis. Bei der normalen Weichenentwicklung von 35 Meter – teils auf Bahn-, teils auf Firmen-Gelände – bedeutete dies eine Zustellmöglichkeit von nur 3 Normalwaggons. Die Firmen forderten jedoch meist möglichst große Anschlußlängen für ihre späteren Erweiterungsmöglichkeiten. Auch die anschlußtechnischen Wünsche der Reichsbahn gingen in diese Richtung. Dagegen wollte die Industrieplanung aus volkswirtschaftlichen Gründen die hohen Kosten für Straßen und Versorgungsleitungen der so entstehenden, längsgerichteten handtuchartigen Grundstücke vermeiden. Hier war zu vermitteln, übertriebene Forderungen waren zurückzuweisen, andererseits war aber auch der künftigen Entwicklung der Firmen Spielraum zu lassen.

Das gleiche galt in bezug auf die Flächengröße überhaupt. Die meisten Betriebe waren aus kleinsten Anfängen gewachsen, hatten sich mit knappstbemessenen Flächen der teuren innerstädtischen Grundstücke begnügt und sie oft weit über das zulässige Maß hinaus ausgenützt. Jetzt, in der Zeit wirtschaftlicher Konjunktur mit Geldüberhang, strebten sie Grundbesitz an, der auf dem freien Markt nicht zu haben war. Jede Firma forderte darum meist ein Vielfaches ihrer bisherigen Fläche. Hier das richtige Maß zu finden, erforderte eine genaue Abwägung; galt es doch, mit dem größtenteils der Landwirtschaft entzogenen Boden treuhänderisch-sparsam umzugehen, andererseits aber eine gesunde Entwicklung der Firmen nicht zu hindern.

Das Dreifache der bisherigen Grundstücksgröße war ein normales Erweiterungsverhältnis. Den Firmen wurde die Aufnahme von Untermietern zur einstweiligen Ausnützung erst später benötigter Flächen und eine Weitervermietung der nicht ausgelasteten Anschlußgleise untersagt. Nur damit konnte der übermäßigen Nachfrage nach diesen längsgerichteten Grundstücken begegnet werden. Diese Grundstücke konnten nur von großen Betrieben wirtschaftlich voll genutzt werden, und dieser Nutzung der wertvollen Flächen wurde Vorrang gegeben.

Dem Hauptgüterbahnhof zugeordnet wurden an seiner stadtnächsten Stelle der Großmarkt und eines der neuen Milchwerke, die bisher größenmäßig und hygienisch unzureichend waren, ferner eine Reihe von Lebensmittel-Großhandelsunternehmen, Kühlhäuser, Obst und Gemüse verarbeitende Firmen, die mit relativ kleinen Flächen auskamen und mit mehrgeschossigen Baukörpern die Randbebauung sicherten. Vor allem hier mußten die wirtschaftlichen Gesichtspunkte beachtet werden, denn die stadtnahen, teuren Grundstücke entlang kostspieliger, oft mit U-Bahn und Fernheizung auszubauender Straßen konnten nicht mit großflächigen Lagerplätzen oder eingeschossigen Betriebsgebäuden belegt werden.

Im Zuge der nach Norden in Höhe und Geschlossenheit abklingenden Bebauung sollte eines der großen Heizkraftwerke entstehen, dessen architektonische Bearbeitung dem Referat Industrieplanung übertragen wurde. Das gab den Mitarbeitern des Referats Gelegenheit, sich neben ihrer städtebaulich ordnenden Tätigkeit auch als Architekten bewähren zu können. Aus der guten Zusammenarbeit mit den Ingenieuren der Wärme- und Energiewirtschaft entstanden ausgezeichnete Planungen für diese neuartigen Werke der Energieerzeugung mit voller Wärmenutzung.

Es ging hierbei nicht nur um die Versorgung der Stadt und der Bauten der Neugestaltung, der großen Wohnbau-Vorhaben; auch der Energie- und Wärmebedarf der Industrie war zu bedenken. Die neuen Industrieflächen sollten nicht belastet werden mit einem Wald von Fabrikschornsteinen und auch nicht gekennzeichnet sein durch eine sich nebelartig ausbreitende Rauch- und Rußwolke über den Arbeits- und Wohnstätten. Die energie-, betriebs- und volkswirtschaftlichen Nachteile einer zersplitterten Kraft- und Wärmeerzeugung waren zu evident, als daß nicht auch alle Firmen den Heizkraftwerken zugestimmt hätten, deren Strom so viel billiger war, daß sie ihre Betriebe weiter elektrifizieren konnten.

Schon bei den ersten Erhebungen hatten die Fragen nach dem elektrischen Anschlußwert, nach Gas- und Wasserverbrauch und Wärmebedarf eine große Rolle gespielt für den Firmenansatz in den einzelnen Industrieflächen. Besonderes Interesse galt der Zusammenfassung der für München wichtigen Kraftwerke, der Isar-, Amper-, Bayern- und Stadt-Werke; ihre Elt-Leistung sollte über eine 100-kV-Ringleitung in das Stadtgebiet eingespeist werden. Innerhalb dieser Ringleitung sollten künftig alle Freileitungen vermieden und die schon vorhandenen nach und nach verkabelt werden.

Die Straßenprofile für die Industriegebiete waren differenziert, je nachdem, ob es sich um durchgehende Erschließungsstraßen oder Verbindungen und ob es sich um ein- oder zweiseitig bebaute Straßen handelte. Dimensionierung und Führung der Straßen waren auf eine möglichst große Verkehrsflüssigkeit und Verkehrssicherheit ausgerichtet.

Sicher zu wichtig wurde anfangs die Form der Industriebauten, ihre sichtbare Gestaltung, behandelt. Es war und ist schon nicht einfach, mit normaler Wohnbebauung ein harmonisches und nicht uniformes Straßenbild zu schaffen. Um wieviel schwerer war die Aufgabe, zweckbestimmte Bauten von Betrieben der verschiedensten Art, wenigstens entlang der Straßen, zu einer ruhigen Einheit und doch ihrer Wesensart entsprechend zu gestalten. Die erstellten Aufbaupläne, an Modellen überprüft, waren Idealvorstellungen, und es blieb ungewiß, ob sie in dieser straffen Form durchgesetzt werden konnten. Jedenfalls sollte versucht werden, ein Mindestmaß an funktionsgerechter Formung in den Industriegebieten sicherzustellen. Auch wurde angestrebt, durch straßenseitige Bebauung mit Verwaltungs- und Gefolgschaftsbauten in Verbindung mit Grünflächen die Arbeitsstätten zur Straße hin abzuschirmen.

Die Grünflächenplanung der Dienststelle sah radiale, dauerbegrünte Erholungs- und Freiflächen vor und führte sie wie Keile weit in das Stadtinnere, oft auch in Verbindung mit Wasserflächen. Es wurde nun versucht, mit Grünstreifen entlang und innerhalb der Industrieflächen Anschluß an diese Haupt-Grünzonen herzustellen. Doch diese Grünstreifen der Auflockerung und Abschirmung wären auf die Dauer nicht zu halten gewesen, wenn sie im Eigentum der Firmen waren. Sie mußten bei der Aufteilung und Vergabe der Industrieflächen auf Kosten aller dort angesetzten Betriebe ausgeraint und der städtischen Gartenverwaltung übertragen werden. Landschaftsgärtner sollten, zu Lasten der Anlieger, die Pflege übernehmen. Nur so konnte der Bestand auf die Dauer gesichert sein.

Wenn auch davon ausgegangen wurde, den Firmen freie Hand zu lassen in der Gruppierung, Bauweise und Gestaltung ihrer Betriebsanlagen, wenn auch die vom Referat erstellten Aufbaupläne, Baurichtlinien und Modelle nur Hinweise sein sollten, so wurde doch die Einschaltung des Referats Industrieplanung fast in jedem Fall erforderlich. Die Lokalbaukommission, als die zuständige Baugenehmigungsbehörde der Stadt, war gehalten, alle Baueingaben vorzulegen. Meist waren Verbesserungsvorschläge notwendig, die dann vom Referat gezeichnet wurden. Es geschah dies verantwortungsbewußt in strenger Sachlichkeit, doch ohne sich im nur Funktionellen zu erschöpfen.

Oft stellte sich heraus, daß keineswegs alle – auch namhafte – Münchner Architekten industrielle oder gewerbliche Aufgaben zu meistern verstanden und daß viele Betriebsführer erst durch die Besprechungen und die erforderlichen beratenden Hinweise erkannten, was sie brauchten und wie sie einen oft jahrelang eingespielten Produktionsvorgang durch eine zweckmäßige bauliche Anordnung wirtschaftlich verbessern konnten. Auf Wunsch wurden ‚Vertrauensarchitekten‘ genannt, die sich in der Planung industrieller und gewerblicher Anlagen unter Achtung städtebaulicher Erfordernisse bewährt hatten.

Auf die vielerlei kriegsbedingten Schwierigkeiten zur Verwirklichung der Industrieplanung soll hier nicht eingegangen werden. Ebensowenig auf die den Absichten und Vorstellungen des Referates meist zuwiderlaufenden Baumaßnahmen der Rüstungswirtschaft an städtebaulich falscher und unerwünschter Stelle, von denen viele den Krieg überdauerten. Sie können der ‚Industrieplanung des Generalbaurats‘ nicht angelastet werden. Die beiden angeführten Beispiele sprechen für sich*.

Mit der juristischen und volkswirtschaftlichen Seite der Industrieverlagerung, deren Grundlage die vorstehend charakterisierte Industrieplanung bildete, war die Rechts- und Durchführungsabteilung der Dienststelle betraut. Nach Ausweisung der Industrie- und Gewerbeflächen und nach sorgfältiger Feststellung des Bedarfszeitpunktes wurden die benötigten Flächen und Einzelgrundstücke im Reichsgesetzblatt zum ‚Bereich für die Neugestaltung‘ erklärt.

Das bot, neben anderen Rechtsfolgen, vor allem die Möglichkeit zur Enteignung gegen angemessene Entschädigung und schloß spekulative An- und Verkäufe durch Privatpersonen aus. Die Zuteilung der Flächen und die Abgabe der Grundstücke entsprechend den Aufteilungsplänen erfolgte dann durch das städtische Dezernat II an die vom Referat Industrieplanung genannten Firmen. Dabei wurden alle für Straßen, Grünflächen und Gemeinschaftsanlagen entstehenden Land- und Erschließungskosten nach der Größe der neuen Grundstücke ohne Gewinn umgelegt.

Die Firmen mußten die Grundstücke käuflich erwerben; nur an wenigen Stellen, wie im möglichen künftigen Erweiterungsgebiet von Bahnanlagen, war auch Pachtland vorgesehen. Die Stadt war nur Treuhänder, sie sollte ihren Grundbesitz nicht auf dem Wege über die ‚Bereichserklärungen‘ der Dienststelle billig und bequem erweitern können. Die Rechtsabteilung wachte streng darüber und war sehr sparsam in der Erklärung solcher ‚Bereiche‘, schon um keine Beunruhigung, besonders unter der Bauernschaft, aufkommen zu lassen.

Größte Zurückhaltung in der Möglichkeit der Einsichtnahme in die Planungen allgemein, in der Veröffentlichung und selbst in der Weitergabe an andere Behörden war geboten, um jeglicher Bodenspekulation vorzubeugen. Andererseits war es in den meisten Verhandlungen mit den Betriebsführern und deren Architekten nötig, einen gewissen Einblick in die Gesamtplanung zu geben.

Die technischen Untersuchungen, die Vorarbeiten zur Erschließung und Versorgung der Industrie- und Gewerbegebiete war die Aufgabe verschiedener städtischer Ämter, ebenso die Vermessung. Auch die Ausarbeitung der Aufbaupläne zu Teilbebauungsplänen sowie deren anschließendes Feststellungsverfahren lag bei der Stadt. Die Bauplanung der Firmen durch ihre frei gewählten Architekten erfolgte in enger Fühlungnahme mit dem Referat und wurde dann im ortsüblichen Verfahren genehmigt und überwacht. Die Vergabe und Durchführung der Bauarbeiten unterlag keiner Beeinflussung.

Die Finanzierung der Industrieverlagerungen geschah in eigener privatwirtschaftlicher Initiative der Firmen, denen aus dem ‚Neugestaltungsfonds‘ lediglich die Abfindungssumme für das bisherige Grundstück und dessen bauliche Anlagen zur Verfügung stand. Hierfür waren detaillierte Richtlinien ausgearbeitet worden. Neben Großzügigkeit den Firmen gegenüber war andererseits wieder Sparsamkeit geboten, um nicht zu große Mittel der eigentlichen Neugestaltung zu entziehen, dem auf eine städtebauliche Neuordnung gerichteten Ausbau umfangreicher Verkehrsanlagen der Schiene, des Autobahn-Ringes und der Zubringer-Straßenbauwerke, den großzügigen Wohnbauten und den kulturellen Bauten der Stadt, die ebenfalls nur mit Unterstützung von Land und Reich zu finanzieren waren. Die Partei war sich sicher, über fast zwei Jahrzehnte hinweg aus eigener Kraft die Mittel für ihre Bauten aufzubringen, Bauten, die dann für München den Beinamen ‚Hauptstadt der Bewegung‘ rechtfertigen sollten.

Bei der Dienststelle, beim Referat Industrieplanung und bei allen durch die Verlagerung betroffenen Firmen bestand Klarheit darüber, daß mit der Abfindungssumme allein die neuen Betriebe nicht erstellt werden konnten. Aber die Betriebsführer waren sich bewußt, daß sie anstelle der alten, meist bereits abgeschriebenen Anlagen nunmehr über moderne, großzügig dimensionierte Arbeitsstätten verfügen würden und ihrer Belegschaft bessere Arbeitsbedingungen bieten konnten, Gesichtspunkte, die ihnen, für die Zukunft gesehen, nur Vorteile brachten. Eine Überbrückungshilfe durch Geldinstitute mußte allerdings sichergestellt werden. Für verschiedene Firmen kam in Betracht, auf einen Wiederaufbau zu verzichten und den Erlös aus der Abfindung anderweitig zu verwenden. Auch diese Möglichkeit war gegeben.

Natürlich muß erkannt werden: Das oben geschilderte Verfahren, notwendig für die Neugestaltung eines Stadtorganismus in diesem Ausmaß, stellte einen Eingriff in die Privatwirtschaft und die Privatrechte dar. Aber es entsprach der nationalsozialistischen Auffassung, um einer geordneten, urban-humanen Stadtgestalt willen dem Allgemeinnutzen einer Gemeinschaft den Vorrang gegenüber der Nutzung des einzelnen zu geben; und keine Staatsform kommt letztlich daran vorbei.

Adolf Hitler begründet die Planung der neuen Wohngebiete

Von besonderer Bedeutung für München sind die Standorte, die Planung und die Einzelgestaltung der Wohnungen in den neuen Wohngebieten. Giesler, achten Sie darauf, daß die Standorte in vernünftiger Beziehung stehen zu den Arbeitsstätten, den Verkehrsmitteln, den Grünzonen, aber auch zum traditionellen Stadtkern! Die neuen Wohngebiete sollten sich innerhalb des Autobahn-Rings zu selbstständigen, überschaubaren Einheiten fügen, doch keineswegs isoliert, sie müssen vielmehr als Bestandteil des Stadtganzen empfunden werden.

Das sagte mir Adolf Hitler, und er gab noch weitere Hinweise. Die Gesamtform des Wohngebietes und das einzelne Bauwerk müßten sowohl unserer sozialen Gemeinschaft wie auch der Münchner Atmosphäre entsprechen. Bei der Einfügung der Wohngebiete in die Stadtform wäre zu beachten, daß sie als eine folgerichtige Stadterweiterung gedeutet würden, ohne Willkür, in völliger Übereinstimmung mit allen Komponenten, die von den frühen Ansiedlungen durch die Jahrhunderte die Stadtgestalt bestimmt hätten.

Ich wußte, was diese Hinweise bedeuteten. Schon bei den ersten Einführungen in meine Aufgabe der Neugestaltung Münchens hatte mir Adolf Hitler die Entstehung der Stadtform aus den Naturgegebenheiten, den dynastischen Zusammenhängen und dem Einfluß der bedeutenden Handelsstraße zwischen den Strömen Inn, Isar, Lech und der Donau dargestellt. Es geschah in der Form einer Unterhaltung, keineswegs dozierend, doch in überzeugender Weise, und die durchdachten Folgerungen waren mitbestimmend für die Pläne zur Neugestaltung Münchens. Auf die gleiche Weise begründete er auch den Ansatz der Wohngebiete aus dem geschichtlichen Werden von München.

Schon vor den karolingischen Zeiten, so erzählte er, lagen in der bayrischen Kulturlandschaft die Königs- und Hofgüter, die Klöster und Stifte im Umland des heutigen Münchens. Das Königsgut Oberföhring kam um das Jahr 900 durch Schenkung zum Hochstift Freising. Der alte Handelsweg, die Salzstraße von Wasserburg am Inn nach Augsburg oder Landsberg am Lech überquerte in Oberföhring die Isar. Eine Burg schützte den Übergang. Es war eine Zweifachbrücke unter Nutzung einer Schotterinsel im Flußbett. Ein Markt bildete sich, dazu kamen die Münze und der Zoll, – hochbedeutsam für den Bischof von Freising.

Doch nicht Oberföhring, heute im Münchner Stadtgebiet, auch nicht der Bischof steht zu Beginn der Stadtgründung.

Heinrich der Löwe, mit dem Herzogtum Bayern belehnt, zerstörte um die Mitte des 12. Jahrhunderts den Isarübergang, die Brücke und die Burg von Oberföhring aus dynastischen Gründen. Er wollte den Übergang und den Stützpunkt der wichtigen Handelsstraße in seinem Machtbereich wissen.

,Zu den Münichen', stromaufwärts, in seinem Herrschaftsgebiet, waren die natürlichen Voraussetzungen für den Isarübergang und den Brückenschlag gegeben. Eine Mulde, oder besser eine Senke, unterbrach das östliche Steilufer der Isar. Die Salzstraße konnte so in einer Schleife am Hang der Senke vom hohen Ufer zur Isar geführt werden. Gerade hier lag, wie bei Oberföhring, eine Insel im Wildwasser des Stroms und begünstigte den Brückenschlag.

Es ist bezeichnend, daß Belotto-Canaletto von dieser Stelle aus sein bekanntes Bild ‚München am Strom der Isar‘ malte. Heute sind aus der Schotterinsel mit den zwei Brücken die ‚Museums-Insel‘ und die Ludwigsbrücke an der Zweibrückenstraße geworden.

Diese Naturkomponenten waren von Beginn an bedeutsam für den Standort der Ansiedlung ‚Zu den Mönchen‘: Der Strom von Süd nach Nord war mit Flößen zu nutzen, die Senke am Steilufer führte die Straße zur Brücke, die sich auf der Insel im Wildwasser abstützte. Der zweite Brückenteil führte zu den flachen Schotter-Terrassen des Westufers, die, in Stufen gegliedert, die Grundflächen der heutigen Stadt bilden.

Weit genug wich damals der alte Stadtkern mit dem Isartor vom Wildwasser des Stromes auf der ersten Schotter-Terrasse zurück. Bachabzweigungen, die von der Isar nach Westen führten, dienten als Grabenschutz entlang der Mauern der ersten Ansiedlung um das ‚Petersbergl‘ der Mönche. Später wurden die Bäche in der Stadt auch dem Gewerbe zu Nutzen. Und seit den Zeiten Ludwigs I. beleben sie den ‚Englischen Garten‘, sie werden wichtige Bestandteile der Grünflächen.

Die mächtigen eiszeitlichen Schotter-Terrassen, auf denen die Stadt gebaut wurde, liegen auf wasserundurchlässigen Tertiärschichten, die wie das Strombett von Süd nach Nord abfallen. In den Schotterdecken fließt das Grundwasser. Gefiltert kam so das Nutzwasser vom Süden in die Stadt. Nach Norden fließt heute das Abwasser, durch die Schräglage der Terrassen begünstigt, in Kanälen mit natürlichem Gefälle zu den Kläranlagen, – eine für die Stadt überaus günstige Geländestruktur.

Auf der hohen Terrasse östlich der Isar liegt über der Schotterbank der Eiszeit eine starke Schicht aus Lehm und Löß, deutlich zu erkennen am Hochufer, wo das ‚Gasteig‘ hart an den Fluß tritt.

Auf Isarflößen kam aus dem Voralpenraum das Holz, kamen die Natursteine, Kalk, Tuff und Nagelfluh. Mit den Ziegeln aus dem Lehm der Hochterrasse rechts der Isar sind das die Baustoffe der Stadt. Den Sand gewann man aus dem Flußbett, nicht nur für den Mörtel; dieser Sand bildet auch die Grundlage für die Putzbauten, die sich, in Verbindung mit dem Werkstein, zu besonderer Eigenart in München entwickelten. Zusammen mit dem Ziegelbau der ‚Frauenkirche‘ werden damit dem Stadtbild farbige Akzente gesetzt.

Also, den Standort von München bestimmten die zwei Komponenten: Die dynastisch bedingte Tat Heinrichs des Löwen und die Naturgegebenheiten, die eine Einführung der bedeutsamen Handelsstraße ermöglichten. Diese Straße

selbst formte – von Tor zu Tor, von Ost nach West – die Stadtgestalt und
gab als Lebensader der Stadt wachsende Bedeutung und letztlich den Rang zur
Residenz, zur Landeshauptstadt von Bayern.

Nun gälte es, so führte Adolf Hitler weiter aus, diese Straße im heutigen
großen Stadtraum nach West und Ost weiterzuführen, zunächst mit einer energischen Öffnung nach Westen, um vordringlich die Neuordnung der Verkehrsstrukturen von Schiene und Straße zu ermöglichen.

Die ungeordnete, teilweise chaotische Stadterweiterung des 19. Jahrhunderts
habe zu würgenden Ringbebauungen geführt, obwohl – immer wieder wies
Adolf Hitler darauf hin – obwohl Ludwig I. mit seiner Straße von der Residenz nach Norden und, fünfzig Jahre später, der Präfekt Haussmann mit seinen Radialstraßen in Paris die notwendige Öffnung des wachsenden Stadtorganismus nach außen demonstriert hätten.

So sei die Salzstraße, die Lebensader der Stadt, in westlicher wie auch in
östlicher Richtung verkümmert, sobald sie den alten, organischen Stadtkern
verlassen habe. Nach dem Karlstor, im Westen, vom Stachus aus, spaltete sich
die Straße dreifach auf. Die mittlere, zugleich die schwächste der Aufspaltungen, führte zum Hauptbahnhof, der damals wie eine Barriere quergelegt wurde
und dabei die beiden äußeren Aufspaltungen, die Arnulf- und die Bayerstraße, zur Seite zwang. Durch kleinliche Baufluchten eingeengt und behindert, quälten sich diese Straßen unübersichtlich zum freien Landschaftsraum.

Jede Dorfausfahrt ist eindeutig und konsequent, sagte Adolf Hitler. Er hatte den Stadtplan vor sich und deutete auf den Bahnhofsplatz: Hier ist der Bruch
entstanden, die Schiene des 19. Jahrhunderts löst die Straße des Mittelalters
ab. Diese Straße verliert hier ihren Rang, die Gültigkeit und die Formkraft, was
alles ihr in nahezu tausend Jahren zugewachsen war. Er schaute auf: Ich weiß,
Giesler, – vor Ihrer Beauftragung hatte sich in der Planung der Reichsbahn und
des Bauamtes der Stadt dieser gravierende Bruch zwischen der Großen Straße
und dem neuen Hauptbahnhof wiederholt. Zwar hätte sich das alles zweieinhalb Kilometer weiter westlich abgespielt, aber die Dissonanz wäre geblieben.
und, wenn so gebaut, endgültig besiegelt worden.

Von Jahr zu Jahr gewinnt die Straße allgemein ihre Bedeutung zurück. Das
Automobil ist nicht mehr wegzudenken, und die weitere Entwicklung im Ver-
kehrsgefüge ist überschaubar. Bald stehen sich Straße und Schiene mit ihren
Verkehrsmitteln gleichberechtigt gegenüber, – doch nicht gegeneinander! Vielmehr müssen sie sich ergänzend miteinander verbinden. Es gilt, die Verkehrsprobleme, die sich in den Städten klar abzeichnen, rechtzeitig zu lösen.

Hier setzen unsere städtebaulichen Maßnahmen ein: Die Neuordnung der
Verkehrsstrukturen von Schiene und Straße, zunächst mit der großzügigen
Öffnung der Stadt nach Westen. Damit findet die historische Straße, der Ur-
sprung und die Lebensader der Stadt, ihre Fortsetzung und den sinnvollen
Ausklang im Stadtraum.

Primär mögen zwar die Verkehrserfordernisse stehen oder die städtebauliche Erkenntnis von der notwendigen Öffnung nach außen. Was unsere Lösung aber, über das Funktionelle hinaus, auszeichnen wird, ist ihr Erscheinungsbild, ihre bauliche Gestaltung; und in ihrer Verbindung mit Platzräumen gewinnt unsere Straße den Rang einer städtischen Repräsentation. Gerade darin sind die Pläne und Modelle für den westlichen Teil der Neugestaltung überzeugend!

Sie zeigen, wie vom Stadtkern aus, auf dem alten Gleisbett und über den neuen Hauptbahnhof hinaus, die räumliche Freiheit von Pasing gewonnen wird, mit den Anschlüssen an zwei Autobahnen. Der flüssige Automobilverkehr ist damit gesichert, und durch die sinnvolle Anordnung der Parkflächen im Straßenbauwerk wird die unmittelbare Verknüpfung des Individualverkehrs mit der U-Bahn erreicht. Dies ist das absolut Neue, eine solche Straße wurde bislang noch nicht erbaut.

Ich bin überzeugt, sie wird mit Leben erfüllt sein, sie dient nicht nur dem Verkehr auf verschiedenen Ebenen, sie erschließt auch die Bauwerke, die alle der Vielseitigkeit des Lebens entsprechen: Kulturbauten wie die Oper, die Operette, die Säle für Kammermusik, für Vorträge; Bauten für die Körperkultur, wie die Thermen, das Haus der Mode; Bauten, die der Unterhaltung dienen, wie Kinos, Gaststätten, Cafés; dazu die großen Hotelbauten; aber auch Bauten für die Arbeitswelt, wie die Presse und die Wirtschaftsgruppen, Ausstellungsräume der Industrie und des Handwerks, und schließlich die Geschäfte aller Art.

Dann, nach dem neuen Hauptbahnhof, öffnet sich die Große Straße überraschend aufs neue; man gewinnt einen unerwarteten Eindruck des Straßenraumes. In offener Bauweise, nun mit dem Grünzug verwoben, der schon den Landschaftsraum ankündigt, demonstrieren die Gebäude der Partei-Gliederungen. Sie geben den Münchner Architekten und Ihren Mitarbeitern die Möglichkeit einer differenzierten Gestaltung der einzelnen Bauwerke in diszipliniertem Rahmen.

Ich stelle fest: Die Zuordnung aller geplanten Bauwerke zur großen Westachse ist durch Zweck und Art begründet. Sie ist vernunftbedingt, weil sie dem Wesen dieser Großen Straße entspricht. Wohnbauten hier im unmittelbaren Bereich der West-Achse anzusetzen, die ja primär den Verkehrsstrukturen zu dienen hat, wäre diskrepant!

Doch ist gerade die Ausweisung der Wohngebiete, die Planung und Gestaltung der Wohnbauten die wichtigste Aufgabe, der wir nun vordringlich verpflichtet sind. Wenn Sie sich dieser Aufgabe in Ihrer Art – als Nationalsozialist – zuwenden, dann bin ich sicher, daß sich das Wohngebiet im Ganzen zur Stadt und zur Gemeinschaft fügt, wie auch jede Einzelheit des Hauses oder der Wohnung einer Familie dient.

Geben Sie der Architektur der Wohnbauten den Ausdruck unserer Zeit, aber sie soll zugleich gegründet sein auf der Tradition, die den Bauten dieser Stadt eigentümlich ist! Die Atmosphäre Münchens muß spürbar werden und damit das Gefühl des Geborgenseins auch im Baulichen.

Planen Sie die Wohngebiete so, daß sie dem Leben dienen. Denken Sie daran, daß jede zu große Verdichtung abträglich ist, daß jede unmäßige Häufung zur Last wird.

Richtlinien und Weisungen für die Südstadt

Das Hauptinteresse Adolf Hitlers galt nun der Planung des Wohngebietes im Osten von München, im Bereich der neuen Zubringerachse nach Süden, zur Autobahn Salzburg – Wien mit den Abzweigungen nach Innsbruck und Berchtesgaden. Es bot sich der Durchbruch von den bisherigen Ringbebauungen zur strahlenförmigen Stadterweiterung an, entlang dieser radialen Zubringerachse.

Adolf Hilter sah das neue Wohngebiet nicht in der Form einer Bandstadt-Bebauung, auch nicht in einer oft begründeten Zweckisolierung. Er sah das Wohngebiet im Zusammenhang mit der Stadtstruktur der Neugestaltung, in Verbindung mit den geplanten Verkehrsflüssen der U- und S-Bahnen, den Arbeitsplätzen der neuorientierten Industrieflächen, und er sah die Wohneinheiten in der Verbindung mit den Grünzonen. Der große Autobahn-Zubringer sollte zugleich Rückgrat und Haupterschließungsstraße des südöstlichen Wohngebietes sein.

Der verkehrspolitischen Bedeutung dieser Straße mußte auch ihr Aussehen entsprechen: Die Wohnbauten, die beidseitig in Intervallen und Rhythmen den Straßenraum bestimmten, dienten dem Empfang zur Stadt hin, oder, in der Umkehrung, dem Geleit aus der Stadt zum offenen Landschaftsraum.

Die Weisung war: Anders als die Mietskasernen der ,Gründerzeit' mit ihren Hinterhöfen, anders auch als die Wohnburgen in Wien, Symbole des austro-marxistischen Klassenkampfes, keine monotone Anhäufung von Wohngeschossen in Hochhausformen amerikanischer Großstadtprägung einerseits, aber auch keinerlei planlose Stadtrand-Auswucherung durch Flachbauten der Bemittelten anderseits; sie würden den Stadtraum mit verschwenderischem Flächenbedarf belasten. Aber auch ein Durcheinander von willkürlichen Vertikalen inmitten horizontal gelagerter Wohnbereiche sollte vermieden werden.

Ein gebautes Bekenntnis zur Gemeinschaft sollte sich in der Gesamtform und doch in vielfachen Variationen der Wohnbauten und der Wohnungsgrundrisse ausdrücken. Allen sozialen Schichten, auch allen Wohnbedürfnissen der Kinderreichen, sollte entsprochen werden: Von den Zweiraum- bis zu den Sechsraum-Wohneinheiten. Hauptsächlich würden es Vierraum-Wohnungen sein, um familiengerechte Wohnformen zu bieten, vielseitig für alle Bevölkerungsschichten. Die geeignete Hausform konnte gefunden werden, beginnend

bei den Grünflächen im vereinzelten, differenzierten Einzelhaus über zweigeschossige Reihenhäuser zum mehrgeschossigen Zeilenbau, der sich zu den
Massenverkehrs-Flüssen hin orientiert.

Adolf Hitler wollte eine bauliche Darstellung des nationalen Sozialismus:
Nicht jedem das Gleiche, sondern jedem das Seine, doch ohne Qualitätsver-
lust, aus Achtung vor dem Wert des einzelnen und der Familie. Die Planung
wurde so auch zu einer politischen Aufgabe, bedeutsamer und verantwor-
tungsvoller als die Gestaltung eines Parteiforums.

Adolf Hitler sagte mir: Wir haben die Erkenntnis, daß nicht alles zu allen
Zeiten möglich ist, deshalb wollen wir uns den schwierigen Aufgaben zuwenden. Ohne Zweifel gehört dazu auch die Planung und der Bau einer Wohnstadt
in dem vorgesehenen, weil notwendigen Ausmaß. Es muß in der architektonischen Gestalt der Wohnstadt das Zeichen unserer Gemeinschaft gesetzt werden. Das ist gewiß eine Herausforderung für die Architekten.

Zwar möchte ich Eigenarten in den Entwürfen sehen, aber keine Exaltiert-
heiten. Alles muß unserer Zeit, dem Denken, Fühlen, unserer Wesensart entsprechen. Was hier geplant und gebaut wird, sollte sich der Münchner Atmosphäre einfügen, die hier üblichen Lebensgewohnheiten beachten und die klimatischen Gegebenheiten berücksichtigen. Dann wird das neue Wohngebiet
im Stadtgefüge Bestand haben.

Auch an den Einfluß müsse ich denken, den die Gesamtform der Bauanlagen, neben der der Wohnungen selbst, auf alle ausübe, die darin leben sollten.
Man müsse die Baugesinnung spüren; neben handwerklicher Wertarbeit solle
auch die moderne Technik im ganzen Wohngebiet und in den Wohnungen ihre
sorgfältig überlegte Anwendung finden.

In der Vielfalt der Grundriß-Typen mochte Adolf Hitler auch nicht die
Wohnküche vermissen, sie gehöre in verschiedener Verbindung und Anord-
nung mit dem zugehörigen Wohnteil zu den Gewohnheiten eines einfachen
Haushaltes.

Überwiegend sollte die Vierraum-Wohnung angestrebt werden in verschiedenen Varianten, gleich ob im zweigeschossigen Einfamilien-Reihenhaus oder
auch im mehrgeschossigen Zeilenbau. Es sei die familiengerechte Wohneinheit,
die zwei Kinderschlafräume ermögliche, aber auch die Nutzung dieser Räume
als Arbeits- oder Gastzimmer:

Nochmals, Giesler, planen Sie die Wohngebiete so, daß sie dem Leben der
Familie dienen und es als Leben in der Gemeinschaft fördern.

Struktur und Bauten der Wohnstadt

In 10 Kilometer Länge erstreckte sich die große Zubringer-Achse vom Gasteig,
dem Steilufer der Isar, bis zum Autobahn-Ring in seiner festgelegten erweiter-

ten Trasse. Die Neuorientierung dieser Zubringer-Achse ergab sich auch aus der Planung des Ostbahnhofes. Die straffe, übersichtliche Straßenführung, ohne Ablenkung durch grellfarbige Tankstellen und aufdringliche Werbung, entsprach dem Wunsch nach einem gesicherten Fahrverhalten, dem jede Störung erspart bleiben sollte. Die großzügigen Straßen-Querschnitte waren durch das künftig zu erwartende Verkehrsaufkommen bedingt.

Der bisherige Autobahn-Zubringer sollte das neue Industriegebiet erschließen und dessen direkte Verbindung mit dem Autobahn-Ring herstellen, wobei die anschließenden Straßensysteme den Lastentransport über den Ring hinaus in den freien Landschaftsraum nach Ost und Süd ermöglichten. So konnte eine zu starke Verdichtung und ein Verkehrsknoten am Beginn der Autobahn nach Salzburg vermieden werden.

Am Gau-Oktogongebäude, das den Bürgerbräukeller umschloß, begann die neue radiale Ausfahrtstraße nach Südsüdosten. Mit einem kurzen Durchbruch im Altbestand der Wohnbebauung wurde gleichzeitig der Standort des neuen Ostbahnhofes allseitig erschlossen. Und diese Neuordnung verhalf dem Ostbahnhof aus seiner bisherigen Abseitigkeit heraus zu städtebaulichem Rang, er wurde zu einem dominierenden Bestandteil der Südstadt. Eine überzeugende Klarheit aller Verkehrsabläufe von Schiene und Straße wurde damit erreicht, und dadurch ergab sich auch im Osten von München die volle Übereinstimmung moderner Verkehrstechnik mit der baulichen Form: Die transparenten Stahlfassaden des Bahngebäudes bereicherten den Straßen-Platzraum.

Beginnend mit dem ‚Platz am Ostbahnhof', erhielt die Ausfallstraße ihr breitgelagertes Querprofil mit Baumreihen. Sie wurde beidseitig durch Sekundärstraßen in der Gesamtlänge bis zum Autobahn-Ring begleitet. Diese zunächst zwei-, dann dreispurigen Parallelstraßen waren für die Erschließung des Wohngebietes sowie der Bauanlagen und Sportflächen der Hitler-Jugend erforderlich. Das Straßensystem sicherte alle notwendigen Verbindungen aus den Verkehrsflüssen von Quer- und Ringstraßen, Erschließungs- und Ausfallstraße.

Vor dem Autobahn-Ring änderte sich das breitgelagerte Stadtstraßenprofil. Die Nebenspuren der Sekundärstraßen vermittelten vom und zum Kleeblatt des Ringes. Die Stadtstraße verband sich mit der Autobahn, und stadtauswärts, nach der Kreuzung, spannte sich nun ein Torgebäude als Stadtmarkierung und Ziel, als Stadtabschluß und Empfang zugleich.

Doch mehr als nur visuelle Bedeutung und Stadtabgrenzung hatte dieses Tor: Gemäß der Planung diente es vielseitigen Aufgaben, so der Straßenmeisterei, der Verkehrspolizei, einer Unfallstation, Lotsen-, Informations- und Telefondiensten, Tankstellen mit der Möglichkeit der Fahrzeug-Überprüfung und schließlich als Standort für Rast- und Erfrischungsstätten.

Von Beginn an überbrückte die große Ausfall-Achse alle querliegenden Ver-

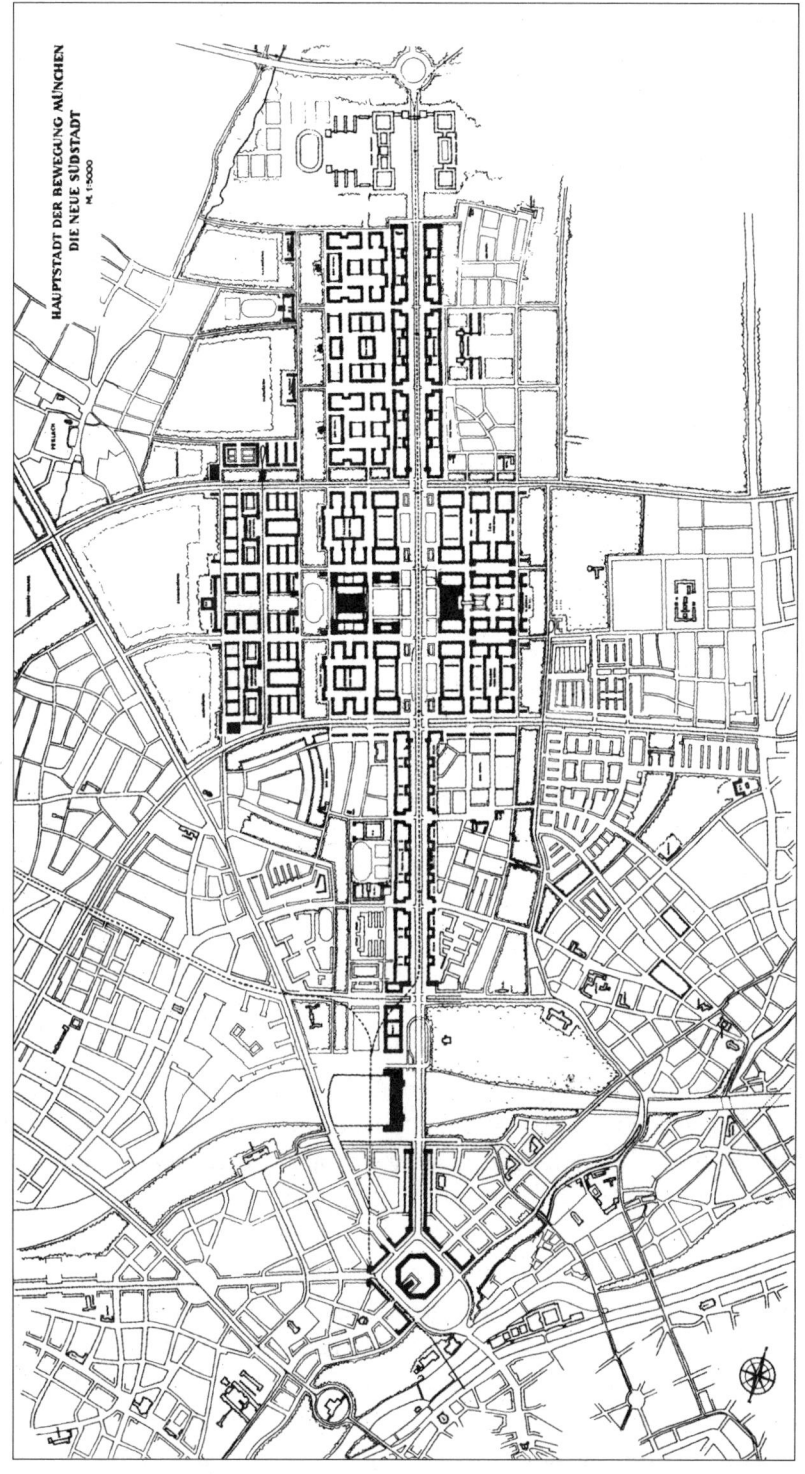

*Die radiale Ausfallstraße zur Autobahn nach Salzburg mit dem Kern
der geplanten Wohnstadt Süd.*

kehrsadern. Sie unterwarf sich die zum Ostbahnhof aufgefächerten und tiefer-
gelegten Gleisanlagen, sodann, im weiteren Verlauf, die Quer- und Ringstraßen, die sich mit Ein- und Ablaufspuren den Sekundärstraßen und der Hauptachse verbanden. Damit wurden beidseitig die Flächen in der Breite und Tiefe
des Wohngebietes erschlossen, und die Voraussetzung für ein Straßenbauwerk
mit Parkflächen war gegeben, ähnlich dem der ‚Großen Straße‘ im Westen der
Stadt.

Als sich Adolf Hitler Ende August 1944 in einer Abendstunde nochmals mit
den Problemen der verkehrsgerechten Stadt befaßte, ordnete er auch für diese
Achse das Straßenbauwerk an.

Das Straßensystem mit der Hauptachse und den Querstraßen hatte die Form
eines doppelten Lothringer Kreuzes. Damit war die Struktur der Südstadt in
zwei Dimensionen bestimmt. Aus der Bandstadt-Bebauung entlang einer
Hauptverkehrsader entwickelte sich – sobald Freiflächen es möglich machten –
ein tiefgegliedertes Wohnstadt-Raumgefüge bis in die seitlichen Grünzüge
hinein.

Die dritte Dimension, die die kubische Form der Wohnbauten bestimmte,
ergab sich aus der Arbeit am Plastilinmodell. Die verschiedenen Varianten
der Modelle dienten auch der Überprüfung der rhythmischen Intervalle, der
Bauhöhen, der Verdichtungen und Baufluchten der einzelnen ‚Südstadt-Quar-
tiere‘, die mit Namen benannt wurden wie Hochland, Alpenland, Chiemgau,
Wallgau, Salzach, Inn. Jedes Quartier bestand aus drei- bis viertausend Wohneinheiten.

Die Planung der ‚Südstadt München‘ insgesamt und in allen Einzelheiten
der Bauteile gründete sich auf dem Friedens-Standard unter Einbeziehung und
Berücksichtigung der politischen, sozialen, städtebaulich-gestalterischen und
technischen Komponenten. Diese Grundlagen hatten auch in den ersten Jahren des Krieges Geltung, in der Zuversicht eines baldigen Friedens. Dann fand
die Planung in der erreichbaren Form ihren Abschluß. Sie war nach den Weisungen und dem Wohnungsprogramm Adolf Hitlers erfolgt unter Einbeziehung aller Erkenntnisse und nach den Erfahrungen und Auswertungen vieler
vorbildlicher Wohnbauten; darunter war auch die ‚Borstei‘-Wohnanlage in
München.

Jedoch wurden sporadisch Ergänzungen der Planung nach neuerlichen Hinweisen Adolf Hitlers in den weiteren Kriegsjahren vorgenommen, so unter
anderem seine Anregung zur Einplanung von Ladengalerien als zeitentsprechende, moderne Weiterentwicklung der berühmten ‚Lauben‘ von Meran und
Bozen. Dazu kamen neue Erkenntnisse aus den Erfahrungen des Bombenkrie-
ges, die 1943/44 zum Bau eines Versuchshauses führten.

Eine kleine Planungsgruppe befaßte sich mit den Wohngebieten und den
Wohnbauten im einzelnen. Zwei, drei befähigte Mitarbeiter der Dienststelle
betrieben die Planung in stetiger Verbindung mit den anderen Planungsrefe-

raten: Verkehr – Straßen und Erschließung – Industrie- und Arbeitsstätten – Grünflächen, Schulen und Kindergärten, Sport- und Spielanlagen. Das Ziel war die Klärung aller Planungsgrundlagen. Daraus folgten Besprechungen mit dem Reichsheimstätten-Amt, der Akademie für Städtebau, der Grundrißforschung für den Wohnungsbau; die festgelegten Baunormen wurden ermittelt. Verhandlungen mit dem Kultusministerium, den Schulbehörden, den Sozialämtern fanden statt, mit der Deutschen Arbeitsfront, mit den Gesundheitsbehörden, der Ärztekammer, mit Hygienikern. Hausfrauenverbände wurden gehört, die Parteiämter Volksgesundheit und Volkswohlfahrt wurden befragt, das Rote Kreuz, die Polizei zur Anordnung ihrer Reviere. Weiter wurden Verhandlungen geführt mit dem Reichsnährstand und den Bauernführern wegen des erforderlichen Flächenaustausches landwirtschaftlicher Nutzflächen.

Nach all diesen umfangreichen Vorarbeiten wurden nun zwei freiberufliche Vertrauensarchitekten von Rang mit großer Erfahrung im Wohnungsbau eingeschaltet. Die beratenden Ingenieure als freiberufliche Mitarbeiter der Dienststelle wurden eingesetzt, sie brachten Klarheit in die Auswahl des Baumaterials, der Baukonstruktionen, der vorsorglichen Luftschutzmaßnahmen. Sie erarbeiteten die technischen Richtlinien und die Detailpläne der Wohntechnik für Küchen und Bäder, der Nutzwasserversorgung und der Abwasserentsorgung mit dem Ziel, weitgehend vorgefertigte Installationszellen zu verwenden.

Und dann, das war des Ingenieurs Gerke besonderes Anliegen, die Wärme- und Energieversorgung der Südstadt aus dem geplanten Heizkraftwerk München-Ost, eine der wichtigsten Komponenten der Wohnstadt.

Bauingenieure der Dienststelle befaßten sich mit der künftigen Organisation der Großbaustelle Südstadt, mit der Baustellen-Einrichtung, dem Bauablauf im Taktverfahren, den Transportfragen. Sie überlegten die Zusammenfassung der Groß-, Mittel- und Klein-Unternehmen der Bauwirtschaft zu Arbeitsgemeinschaften mit Aufgaben-Zuweisung entsprechend dem jeweiligen Leistungsvermögen, erörterten gegenseitige Baumaschinen-Hilfe und die zweckmäßigste Baumaterial-Bevorratung.

Die zukünftige Mitarbeit der Münchner Architekten wurde eingeplant. Es sollten Architektengruppen gebildet werden, jeweils mit einem Vertrauensarchitekten als Sprecher. Nach Abschluß der übergeordneten Gesamtplanung sollten diese Gruppen verantwortlich für einen Abschnitt oder ein ‚Quartier‘ der Wohnstadt Süd in Planung und Durchführung sein.

Die Planungsgruppe der Dienststelle selbst und meines Privatbüros bestand aus etwa zehn Architekten und Ingenieuren. Sie traten mit einer Spontaneität an ihre Aufgabe heran, als ginge es um olympisches Gold; es war die Einmaligkeit, eine Stadt zu bauen, Wohngebiete zu planen für letztlich hunderttausend Bewohner.

Viele Hindernisse galt es zu überwinden, über viele Fragen und auch über manche Zweifel, die aufkamen, galt es umsichtig zu entscheiden. Das geschah meist nach gemeinsamen Diskussionen, die wöchentlich stattfanden, wobei oft ein Mitarbeiter als advocatus diaboli auftrat, der die Frage und den Zweifel zu vertreten hatte.

Eine grundsätzliche Frage stand zu Beginn: Konnte die bedeutende Verkehrsachse, der Vermittler zwischen Stadt und Autobahn, durch massierten Geschoßbau eingefaßt werden? Das widersprach dem städtebaulichen Postulat: ‚Wohnbauten sind von Straßen mit Durchgangsverkehr fernzuhalten‘. Und gerade an dieser Hauptverkehrsachse sollte nun eine Verdichtung durch vier-, fünf- und teilweise sogar sechsgeschossige Zeilenbauten erfolgen, um dem Straßenraum eine architektonische Fassung zu geben. Doch die intensive Bauweise auf beiden Seiten des Straßenraumes war auch im wirtschaftlichen Denken begründet. Denn nicht nur auf das Straßensystem bezog sich die Verkehrs-Erschließung der Wohnstadt Süd, vielmehr auf die Anlagen der U- und S-Bahnen, die unter der Stadt-Radialstraße vorgesehen waren und die ergänzt wurden durch Straßenbahnen und Omnibusse in den Quer- und Ringstraßen.

Diese günstige Verkehrsverbindung zum Stadtkern und auch zum Umland setzte eine große Besiedlungsdichte voraus, um eine gesicherte, wirtschaftliche Nutzung der Massenverkehrs-Anlagen möglich zu machen.

Mit den mehrgeschossigen Wohnzeilen wurde der Straßenraum über die Fassung hinaus in Intervalle unterteilt, die einzelnen Quartiere traten in Erscheinung, und die Gesamtform wurde geprägt. An den Arbeitsmodellen konnte die Übereinstimmung der Proportionen festgestellt werden. Auch die Beziehungen zwischen dem Straßenraum, der Bebauung und den sichtbaren Maßstäben, die der Verkehrsfluß setzte, traten klar in Erscheinung. Raum und Zeitablauf der Bewegung waren in Übereinstimmung wie bei den Autobahnen.

Doch die präzise Frage blieb: Wie konnten die Wohneinheiten in den Zeilen, die den Straßenraum bestimmten, vom Verkehrslärm abgeschirmt werden? Nur darum ging es, denn die weiteren, in der Tiefe des Raumgefüges zu erstellenden Bauten lagen im Schutz der Geschoßbauten entlang dieser Straßenfronten. Dazu kam die Abstufung der Bauhöhen um jeweils ein Geschoß. Damit ergab sich ein dachartiges Gefälle in der Abzonung des Raumgefüges nach Osten wie nach Westen bis zum zweigeschossigen Reihen- oder Einzelhaus entlang der abschließenden Grünzonen.

Der Verlauf der Stadt-Radialstraße in fast nordsüdlicher Richtung war günstig für die Orientierung der Grundrisse und der Raumeinteilungen in den Geschoßbauten. Die Schlafräume der Wohneinheiten konnten lärmabgewandt zu den weiten, ruhigen und bepflanzten Höfen, die Wohnräume, Küchen und Nebenräume jeweils zur Straßenseite angeordnet werden. Durch sorgsam geplante bauphysikalische Maßnahmen wurde ein Höchstmaß an Lärmdämmung erreicht, durch isolierte ‚Kölner‘ Vertikallüftungen sollten die Wohnungen aller Geschosse kontinuierlich von den Höfen aus mit Frischluft versorgt werden.

Der Straßenraum mit dem weiten Querprofil von 80 Metern ermöglichte außerdem Baumreihen. Sie trennten optisch den Verkehrsraum von den Gebäudefronten der Wohneinheiten, doch waren diese Baumreihen in der Lärmdämmung kaum wirksam und völlig wirkungslos im Winter.

Da bot das Referat Industrieplanung der Dienststelle die von ihr entwickelten idealen Handwerkerhöfe an, als Wallbauten gegen den Verkehrslärm. Es lag in der Grundriß-Disposition dieser Höfe, daß ihre dem Straßenraum zugewandten Fronten immun gegen den Lärm waren. Sie wurden im Mittelteil der Wohnstadt eingeplant, und das führte mit zur großen, platzartigen Ausweitung des Straßenraumes auf eineinhalb Kilometer Länge. So begann sich eine betonte Stadtmitte zu bilden. Die Verkehrsstraße verlief in diesem Teil nunmehr abgeschirmt wie in einer Mulde, die von den Handwerkerhöfen und deren Verbindungsbauten gebildet wurde.

Diese Verbindungsbauten dienten zugleich als Verkehrszugänge und boten Raum für die Rolltreppen, Fußgängertreppen und Aufzüge zum U- und S-Bahn-Geschoß und zu den Pkw-Parkflächen im Untergeschoß. Immer mehr gewannen die Höfe an Bedeutung, sie eigneten sich auch in differenzierten Formen für Stadt- und Postämter, für Polizeireviere, für Gaststätten, Cafés und Versorgungsläden. Somit konnten die Wohnbauten freigehalten werden von zweckabweichenden und oft störenden Einbauten und Unstimmigkeiten.

Die Nutzungsvielfalt der Höfe war überzeugend, und von Adolf Hitler kam darauf die Anregung, eingeschossige ‚Galerie-Trakte‘ entlang der übrigen Straßenfronten vorzusehen. Er wies darauf hin, daß diese Galerien räumlich auf dem 80-Meter-Gesamtprofil zwischen der Hauptverkehrsachse und den seitlichen Erschließungsstraßen durchaus möglich seien, ohne die notwendigen Abstandsflächen einzuengen.

Welche Vorteile waren damit verbunden? Zur Verkehrsachse hin schirmten nun die Galerien gegen den Verkehrslärm ab und vermittelten zugleich den Maßstab zur Straßenbebauung. Gleichzeitig ermöglichten sie einen Laubengang entlang den vielseitigen Nutzräumen. Er konnte Versorgungsläden aufnehmen, Blumen- und Zeitschriftenstände, Kleinwerkstätten wie Schneidereien, Chemische Reinigung, Schuhmacherei und ähnliches; auch für kleine Ausstellungsräume bot sich Platz in diesen Galerien. Zwischen ihnen und den Hauszeilen entstand damit eine ruhige, mehr dem Fußgänger vorbehaltene Zone, die wechselreich gestaltet werden konnte.

Auch den Ingenieuren erleichterten diese Galerie-Trakte und die Handwerkerhöfe entlang der Hauptverkehrsachse die Arbeit: Die Unterkellerung bot ihnen den Raum für das durchlaufende und kontrollierbare Verteilungssystem der Gesamtversorgung aller Bauten.

Ein vorläufiger Planungsabschluß für die Wohnbauten der Südstadt war erreicht mit dem Ergebnis unzähliger Grundrisse, Treppenhausanordnungen, Schnitte und Fassaden vielseitiger Wohnbauten mit Wohneinheiten aller

Größen. Jeder Haus- und jeder Wohnungs-Typ war sorgfältig durchgearbeitet, berechnet und gezeichnet worden. Jeder Entwurf hatte sich vor seiner Endbearbeitung in einer kritischen Überprüfung vor allen Beteiligten zu behaupten; das erfolgte unter der Replik: Vorteile und Nachteile. Nun waren die Grundlagen geschaffen für die spätere Bearbeitung durch freiberufliche Münchner Architekten.

Mit der gleichen Intensität hatten die Ingenieure die ihnen zugewiesene Planung zu einem meist überzeugenden Abschluß gebracht. Sie hatten zum Beispiel Holz für die Dachstühle völlig ausgeschaltet. Schon um dem Brandschutz zu entsprechen, bestand der sonst übliche Holzbinder aus Stahlbeton-Fertigteilen, die Pfetten und Sparren waren ersetzt durch armierte Leichtbeton-Platten, die jedoch jede Art von Dacheindeckung oder Dachhaut ermöglichten.

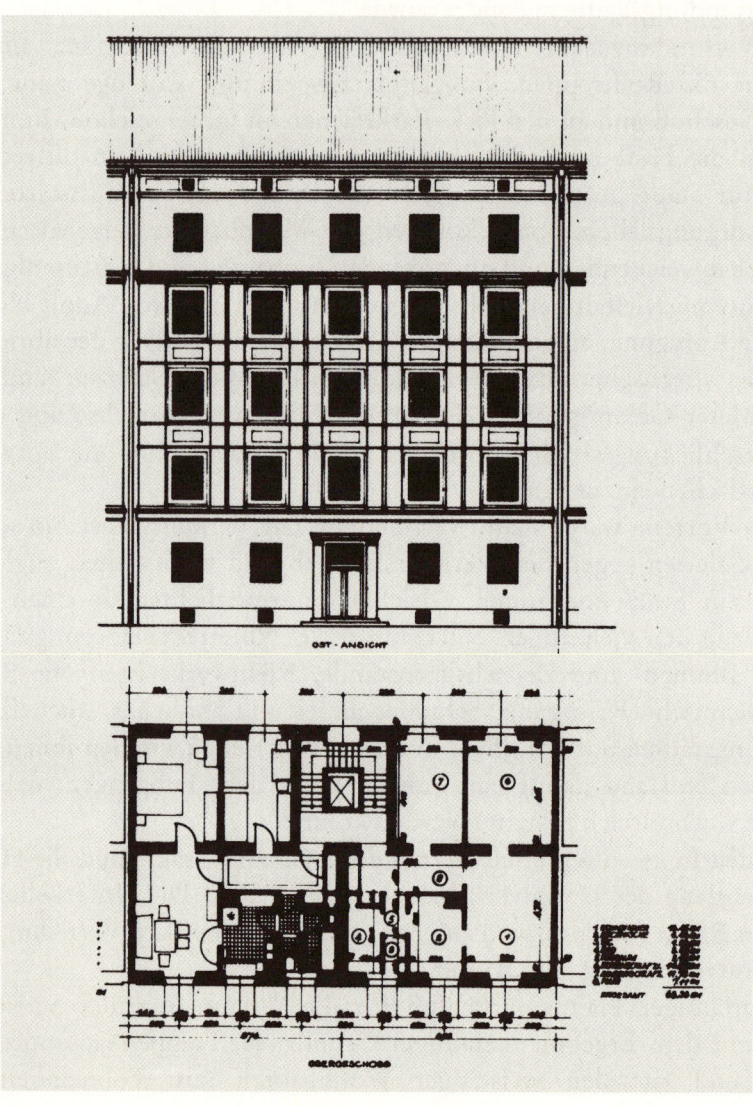

Große Beachtung fand die Entwicklung wohngerechter Fußbodenbeläge hinsichtlich leichter Pflege, Schall- und Wärmedämmung.

Massive Treppen in Treppenhäusern verschiedener Art mit Natur- oder Kunststein-Stufen und Platten, Kamine und Entlüftungsbatterien sollten vorgefertigt werden. Installations-Zellen und Schächte mit geschlossenen fabrikgefer-

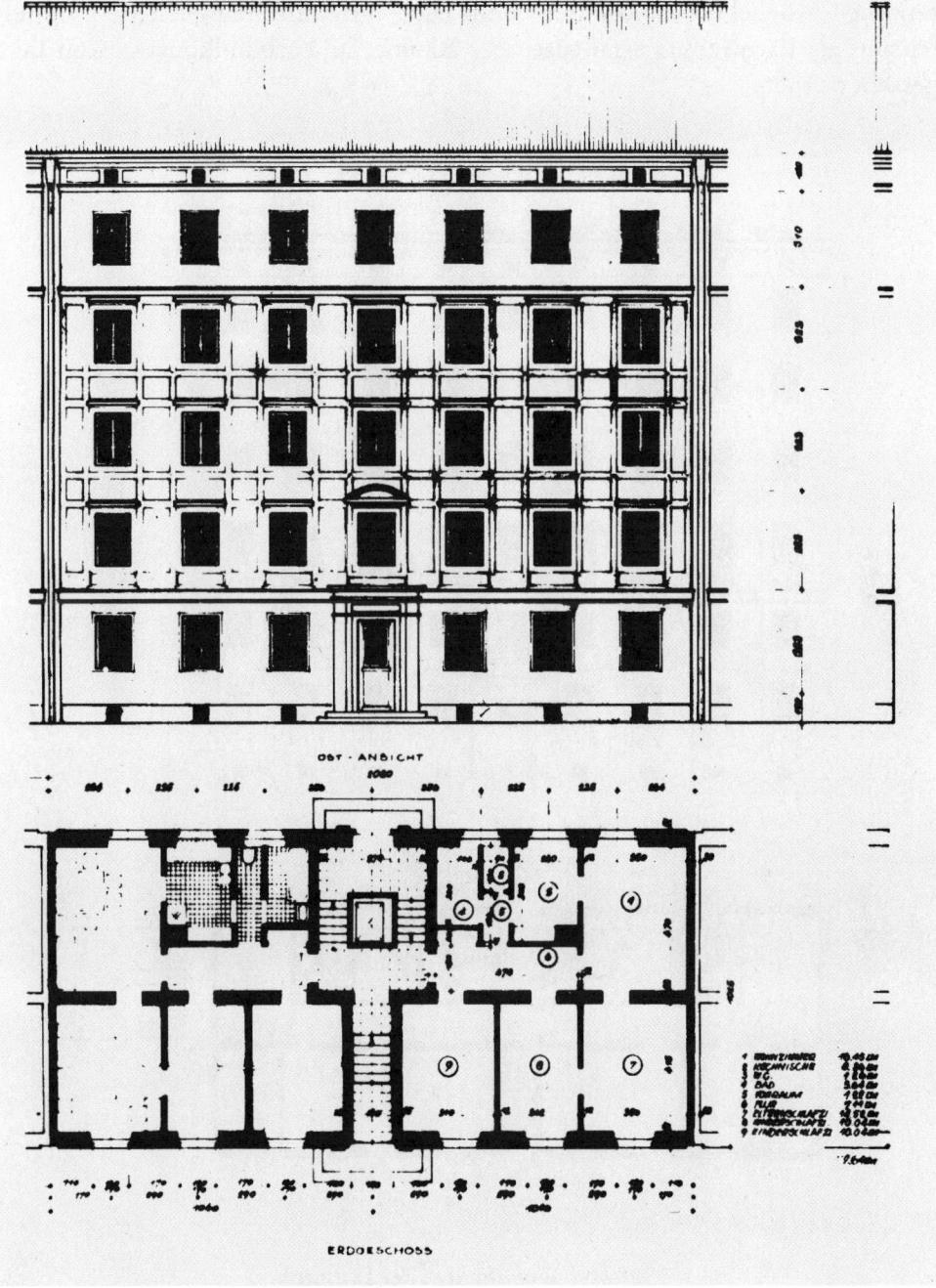

tigten Küchen, Bad und WC-Einheiten, unterteilt in Geschoßhöhen, sollten die Montage erleichtern. Sorgfältig wurden alle Normungsmöglichkeiten überprüft und eingeplant, etwa bei Fenstern und Türen.

Als Werkstoff für die Fenster war Aluminium vorgesehen, die kriegsbedingte Produktionsausweitung der Aluminiumhütten und der verarbeitenden Betriebe bot die Verwendung dieses Materials an. Abgesehen von den gestalterischen Möglichkeiten konnten damit auch verhältnismäßig leichte Doppelfenster, als Lärmschutz straßenseitiger Räume, in Verbundkonstruktion hergestellt werden.

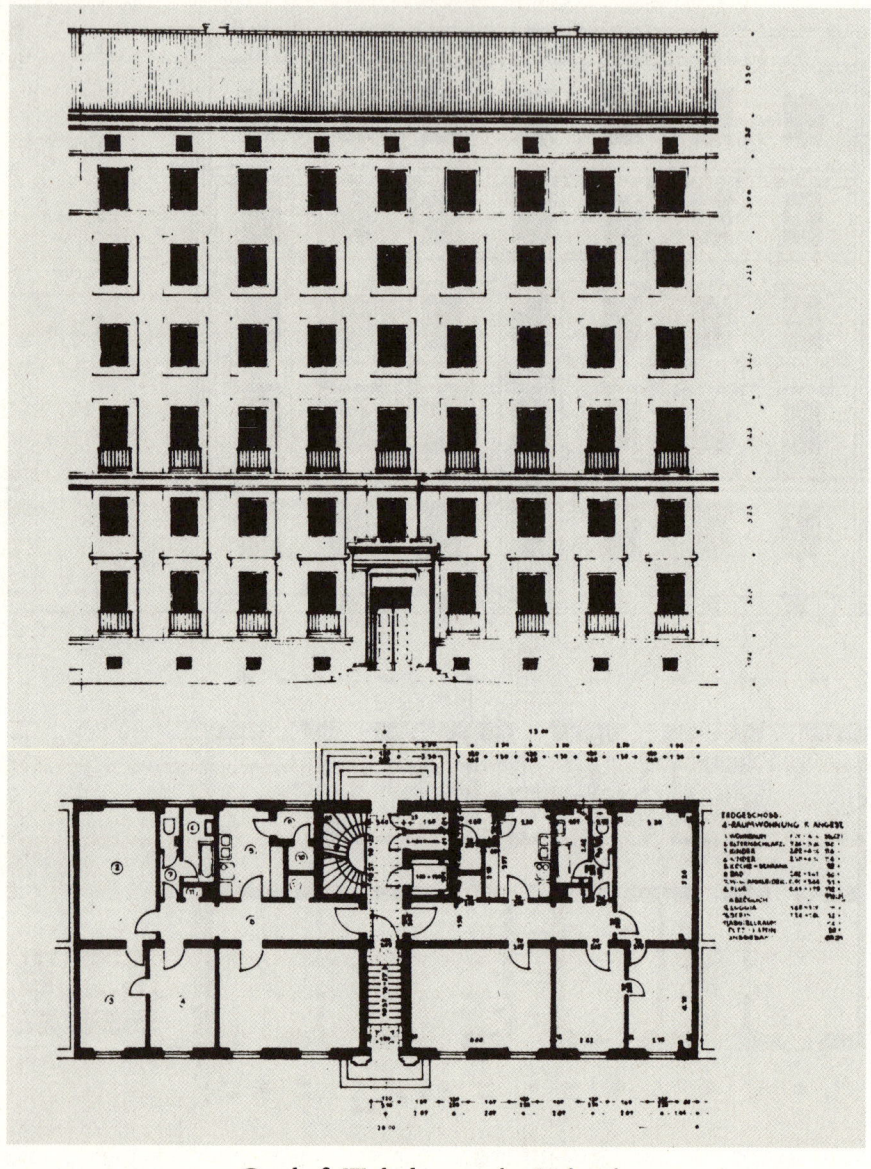

Geschoß-Wohnbauten der Südstadt.

Das war ein Teil der Technisierung. Bei den Geschoßbauten mit drei Stockwerken war der Raum für einen Aufzug im Treppenhaus vorgesehen, mit dem vierten Geschoß wurde sowohl der Aufzug als auch eine Müll-Abwurfanlage fest eingeplant. Der belüftete Mülltonnenraum befand sich auf der Ebene des Straßenraumes. Zentrale Anlagen mit Waschautomaten, Trockenräumen, Mangel- und Bügelmaschinen waren für die Geschoßbauten zur Arbeitsentlastung der Hausfrauen vorgesehen. Jede Anlage erhielt einen übersichtlichen Aufenthaltsraum für Kinder. Diese zentralen Anlagen waren so angeordnet, daß sich keine Störung der Wohneinheiten ergab.

Die von den Ingenieuren geplanten Luftschutzmaßnahmen hielten sich im Rahmen des Üblichen: Luftschutzräume im Keller, verstärkte Stahlbetonwände und Decken über die Trümmersicherung hinaus. Das war bei der angestrebten aufgelockerten Bebauung bei den zwei- und dreigeschossigen Wohnbauten nach allen bis dahin vorliegenden Erkenntnissen richtig. Problematisch wurde die geeignete Form des Luftschutzes bei der Verdichtung der Wohneinheiten in den mehrgeschossigen Zeilenbauten. Denn fast unzumutbar war der Weg zum Schutzraum über das Treppenhaus durch fünf, sechs Geschosse; dem konnte auch der Aufzug nicht entsprechen. Unbefriedigend war auch die Massierung im Keller. Und der Raumbedarf verlangte zwangsläufig ein weiteres Kellergeschoß, einen Tiefkeller.

Doch es blieb ein Unbehagen. Erst die Erfahrungen aus dem verstärkten Bombenkrieg der folgenden Jahre führten zu einer eigenartigen Lösung, Schutzräume in den mehrgeschossigen Zeilenbauten zu schaffen.

An den Verkehrsverdichtungen wurden Schutzbunker vorgesehen und in die Architekturgestaltung mit einbezogen, als eine moderne Form ehemaliger Burg- und Stadt-Wehr- und Schutz-Türme.

Die einheitliche Versorgung der Südstadt mit Wärme, Warmwasser und Energie aus dem Heizkraftwerk Ost ergab ein hohes Maß an Wirtschaftlichkeit, mit der Folge einer Haushaltsentlastung und einer Arbeitserleichterung für die Hausfrauen. Noch höher jedoch war der Fortfall unzähliger, Rauch, Abgase und Ruß erzeugender Einzelheizungen und Feuerstätten im Bereich der Südstadt zu bewerten.

Auch die Mitarbeit der ‚Grünflächenplanung‘ der Dienststelle hatte sich bewährt. Die Grünflächen-Zonen oder -Keile waren durch Gärten und Pflanzungen, durch grüne Sportflächen, Liege- und Spielwiesen mit dem Gefüge der Wohnbauten verbunden. Baumpflanzungen, Rasen und Blumen konnten sich in den weiträumigen Höfen behaupten. Durch Gittertore öffneten sich die Gartenhöfe zu den Straßen, sie ermöglichten die Gartenpflege und die Durchlüftung.

In den Höfen waren Pavillons vorgesehen, sie sollten Treffpunkte sein, für die Alten zur Unterhaltung oder zur Ruhe, abgesetzt davon Sandkästen, Planschbecken und Spielplätze für die Kleinen. Zum Erschließungsweg, der den Hof mittig von Tor zu Tor unterteilte, hatten die Pavillons Abstellräume für Gartengerät, Gartenmobiliar und Fahrräder.

Ich glaube, hier wurde an alles gedacht, sagte Adolf Hitler, und nach einer Weile: Doch nur mit Wohnungen kann man keine Stadt bauen ...!

Damit begannen die kritischen Überlegungen über die Form des städtebaulichen Mittelpunktes der Südstadt. Den Besprechungen lagen die Initiativ-Planungen meiner Mitarbeiter zu Grunde. Als Architekten der Planungsgemeinschaft Südstadt hatten sie die Einordnung der Wohnstadtmitte in die Gesamtstruktur überzeugend vollzogen. Jetzt ging es um die Ordnung des Kerngebietes selbst, um das Baugefüge, die Zusammenfassung der übergeordneten Bauten der Gemeinschaft, der Verwaltung und der öffentlichen Einrichtungen. Es ging auch um die Maßstäbe, denn dieses Kerngefüge mußte sich aus der Vielzahl der Wohnbauten herausheben und sich doch mit den Wohnquartieren verbinden.

Vorausgegangen waren zahlreiche Ermittlungen und Überlegungen, was notwendig war für die Südstadt und was also im Stadtkern gestaltet werden mußte. Bei der Planung dieses Kerngebietes hatte ich meinen Mitarbeitern volle Entwurfsfreiheit gegeben. Sie sollten bei der späteren Verwirklichung als selbständige Architekten mit diesen Bauten beauftragt werden. Mein Beitrag beschränkte sich auf einige Hinweise. Da ich mit Aufgaben überlastet war, bot es sich an, die jungen Kräfte möglichst selbständig arbeiten zu lassen. So entstanden verschiedene Entwürfe, die auch in Arbeitsmodellen ihre Darstellung fanden.

Adolf Hitler wurden mit den Planzeichnungen auch die Übersichtsmodelle der gesamten Wohnstadt Süd vorgelegt. Darin war die Struktur der Stadtmitte auch in den Konturen eindeutig geprägt: Vom Grünzug im Osten zur Grünfläche im Westen verband sich dieses Bautengefüge rechtwinklig mit dem zentralen Straßen-Platzraum.

Die ‚Stadtmitte‘ begann bei dem östlichen Grünzug mit den Bauten für die Jugend, ihre Erziehung und Bildung in Schulen, zentral darin das Gymnasium. Sporthallen und Grünflächen übermitteln zum Stadion. Seitlich davon durchziehen Gärten und Grünflächen die Wohnquartiere.

Dem Stadion folgte die Halle, sie sollte allen Zwecken entsprechen. Sie war zweiseitig umgeben von den Geschäftsregionen, die kleine Höfe bildeten oder ruhige Plätze umschlossen, die geeignet waren für Verwaltungen und Institute, mit Raumfolgen für Spezialberufe, für Ärzte, für Anwälte, für Verleger, für Büchereien. Anschließend folgte dann der offene Platz zwischen Halle und Straßen-Platzraum der Achse.

Neben den Handwerker-Höfen, – hier sollten sie dem Versorgungsmarkt dienen, – waren als Platzwände Hotels, Gaststätten und Cafés sowie Geschäftshäuser vorgesehen. Davor waren Terrassen mit Brunnen gedacht. Das alles wurde in der Westrichtung geführt und verband sich nun mit dem in

Nord-Süd-Richtung verlaufenden großen Straßen-Platzraum der Achse. Den Handwerker- und Markthöfen lehnten sich transparente Pavillonbauten an, mit Schutzdächern für die Zugänge zu den U- und S-Bahnen. Sie vermittelten auch zu den Untergeschoß-Parkflächen.

Im Westteil der Stadtmitte waren die Thermen geplant, – nein, keine Badeanstalt, es war schon mehr. Zwar konnte die geplante Anlage in bewußter Schlichtheit und auch im Umfang nicht im Vergleich stehen zu den römischen Thermen des Trajan, des Caracalla oder des Diokletian. Doch verdiente die geplante Anlage in der Stadtmitte schon die besondere Bezeichnung wegen des Warmwassers, das ganzjährig durch die Restnutzung der Energie – und damit kostenlos – aus dem Heizkraftwerk Ost zur Verfügung stand. Dem Thermenbau mit großem Hallenschwimmbad und großem Freibad waren Räume für Gymnastik und Körperpflege angeschlossen. Es folgte eine baumbestandene Grünfläche, dann leitete eine Medizin-Bäder-Gruppe über zu einem Teilklinikum. Den Abschluß bildete das geplante Krankenhaus Südstadt, zur großen westlichen Grünfläche hin orientiert.

Im Modell war die dargestellte Ordnung des Baugefüges noch fexibel, soweit die Maßstäbe dies zuließen, und damit offen für Kritik oder Anregung.

Adolf Hitlers Stellungnahme, seine Gedanken und Anregungen waren interessant. Er hatte die Problematik der Stadt aus einer Epoche und ihrer zeitbedingten Gestalt erkannt:

Es ist schon eine besondere Aufgabe, einem zusammengefaßten Wohngebiet Struktur und Ausdruck zu geben. Wenn aber die Anzahl der Wohnbauten weit über dem bisher Üblichen das Ausmaß einer Wohnstadt erreicht, dann gilt es, auch diesem Maßstab und Rang zu entsprechen. Denn nur aus der Anhäufung von Wohnbauten entsteht keine Stadt! – so wiederholte er sich und gab die Begründung:

Eine Ballung von Nur-Wohneinheiten könne langweilig und sogar zur tristen Monotonie werden. Allein durch die bauliche Darstellung aller sozialen und kulturellen Erfordernisse und der Institutionen, die im Leben einer großen Gemeinschaft selbstverständlich wären, allein dadurch könne das Wohngebiet Südstadt Struktur, Form, Rang und den Ausdruck der Einheit erhalten. Dabei sei zu beachten, daß diese Einheit bei aller Eigenständigkeit doch als Teil der Gesamtstadt München empfunden würde, damit sich ihre Bewohner so als zugehörig dem durch Jahrhunderte gewachsenen Stadtkern fühlten.

Diese Stadtmitten oder -kerne, die uns berührten – wie in Augsburg oder Salzburg –, hätten sich meist in langen Zeiträumen geformt, über Generationen hinweg. So auch in München. Mit den historischen Stilen widerspiegele sich in ihnen auch der politische Zeitenablauf und das Schicksal. Dagegen würde die Mitte der Wohnstadt Süd ohne historischen Bezug im Aufbau und in der Form als Merkmal unserer Zeit zu bestehen haben und Anerkennung finden müssen.

Darin läge die Schwierigkeit: Die Formung einer Stadtmitte als Ausdruck einer Generation! Eine ‚Stadtkrone' könne dabei nicht entstehen, das setze eine Vertikaltendenz voraus, für die hier kein Anlaß bestünde. Und doch müsse der Südstadtkern zu einer urbanen Form finden, die schließlich dem Charakter der Stadt und der Physiognomie des Wohngebietes entspreche.

Dann sagte Adolf Hitler noch etwas sehr Eigenartiges: Man stelle sich vor, es würden Zeitgenossen des Brückenschlages über die Isar ‚zu den Mönchen' durch die Altstadtmitte geführt, von Tor zu Tor. Es wäre für sie eine traumhafte Unwirklichlichkeit, Utopia. Und doch ist es Wirklichkeit, wenn auch von ihnen durch Jahrhunderte getrennt und entfernt.

Ich weiß, darin verstehen Sie mich, was ich damit sagen will: Dichter, Philosophen und die Künstler, Musiker, Maler, Architekten, tragen oft traumhafte Unwirklichkeit und Vorstellungen in sich, die sich manifestieren, wenn die Umwelt es ermöglicht.

Nicht auf Philosophen und Künstler ist die Schöpferkraft beschränkt. Die Fähigkeit, über ihre Generation hinweg in ein Neuland vorzustoßen, ist vielen geistvollen Menschen zu eigen, den Naturwissenschaftlern wie den Ingenieuren und Technikern und im besondren Forschungsdrang auch den Ärzten! Etwas von diesem ‚Noch nicht dasein' sollte bei den Entwürfen mitschwingen, sonst bliebe ja alles beim alten! Doch sollten Wünsche und Visionen nicht zu Überspanntheiten führen.

Der Schirmherr

Ich war zum Vortrag bei Adolf Hitler: Ich mache mir Sorgen über die mögliche Organisation der Bauträger und über den Aufbau der Finanzierung für die Südstadt. Ich muß gestehen, daß ich davon sehr wenig verstehe. Diese Frage belastet mich außerordentlich. Sollte die organisatorische Form die eines Zweckverbandes sein, eine Gemeinschaft der Bauträger mit der Federführung dessen, der das Vertrauen aller Beteiligten hat?

In Weimar hat sich das unter der straffen Führung von Gauleiter Sauckel bewährt. Doch wo beginnt man hier mit den Bauträgern? Sind das auch Baugenossenschaften? Die bringen nichts ein und vergrößern nur den Apparat. Bei den Banken? Ich glaube, bei der Stadt müßte man beginnen, – aber die schreien, wenns ums Geld geht, das habe ich erlebt beim Bauabschluß der Ludwigsbrücke!

Es müßte schon eine starke Persönlichkeit sein, die alle Bauträger, Stadt, Partei und Staat zusammenfaßt, die Finanzierung aufbaut und autoritär die Federführung übernimmt.

Giesler, – die Sorgen werde ich Ihnen abnehmen, sagte Adolf Hitler, und einige Tage später hatte ich schon die erste Besprechung mit dem Reichsschatzmeister der NSDAP, Xaver Schwarz, nun in seiner Eigenschaft als Schirmherr für das große Bauvorhaben ‚Südstadt München'.

Mich überraschte die Initiative des Reichsschatzmeisters und sein waches Interesse an der Planung der Wohnstadt. Seinem Wesen – und das prägte sich auch seinem Amt auf – entsprach eher eine herbe Zurückhaltung. Zu Recht vermutete ich einen suggestiven Hinweis Adolf Hitlers, dem sich selbst eine solche Persönlichkeit nicht entziehen konnte, die über das ‚Große Geld‘ der Partei wachte.

Es war so. Adolf Hitler sagte mir kurz darauf, es habe ihm daran gelegen, den Reichsschatzmeister für das Projekt zu gewinnen, bei ihm sei es in der finanziellen Förderung und der sorgfältigen Verwaltung in den besten Händen:

Aber ungeschoren kommen Sie nicht davon! Er wird Sie bitten, ihm beratend und als Architekt planend für seine Geburtsstadt Günzburg beizustehen.

Sie werden gut mit ihm zusammenarbeiten, Sie gewinnen an ihm einen väterlichen Freund.

Dieses ‚Sie werden gut mit ihm zusammenarbeiten‘ war typisch für Adolf Hitler, es war Bitte und Erwartung zugleich. Nach der Sachbesprechung mit ihm in meinem Atelier erfuhr ich noch etwas über den Ablauf des Gespräches, das zur Übernahme der Schirmherrschaft durch den Reichsschatzmeister geführt hatte.

Danach hatte ‚man‘ sich über das Mäzenatentum unterhalten, über den Florentiner Mediceer Lorenzo il Magnifico, den Förderer der Künstler und der Humanisten, über den Durchbruch zur Renaissance. Dann war ‚man‘ auf das Mäzenatentum im sozialen Bereich zu sprechen gekommen, und als einen der ersten Repräsentanten dieser Art hatte Adolf Hitler den Augsburger Fugger Jakob den Reichen erwähnt, der das soziale Wohnquartier in Augsburg bauen ließ, die ‚Fuggerei‘, eine Stiftung, die noch heute Bestand und Gültigkeit hat.

Jakob Fugger – der Reiche – hatte sich damit ein Denkmal gesetzt, bei aller Vergänglichkeit des Geldes, über die Jahrhunderte hinweg. Das war um 1520, hundert Jahre bevor Elias Holl das Augsburger Rathaus baute, so hatte Adolf Hitler dem Reichsschatzmeister erzählt: Und beides gehört zu Augsburg, dieser Wohnbau und das Rathaus und natürlich der Dom, die Kirchen, die herrliche Straße mit den Brunnen, die königlichen Kaufleute und die große Tradition.

Der Reichsschatzmeister sei sehr beeindruckt gewesen, berichtete mir Adolf Hitler, er habe ihn nicht um die Annahme der Würde und Bürde des Schirmherrn zu bitten brauchen, er habe sich dazu verpflichtet gefühlt und gesagt: Wir können im Rahmen der Neugestaltung nicht nur Parteibauten in München errichten, – die Wohnungen gehören auch dazu.

Diese Sorge war ich los. Der Schirmherr war die starke Persönlichkeit mit Autorität, er war – und das betraf alle Institutionen und Banken, alle Bauträger, wie Stadt und Staat, Partei und Deutsche Arbeitsfront – der Garant für die Absicherung und die Durchführung der geplanten ‚Südstadt München‘. Im November 1940 hat der Reichsschatzmeister Adolf Hitler versichert, daß über die Finanzierung der Südstadt Klarheit bestehe*. Abschließend soll er gesagt haben: Was fehlt, ist der Friede.

Wir ahnten damals nicht, wie weit entfernt der Friede war. Im Winter 1941/1942 standen wir Architekten und Ingenieure der Dienststelle im OT-Einsatz im Baltikum und anschließend im Gebiet der Heeresgruppe Rußland-Nord. Wir waren mit dem Bau und der Instandsetzung von Bahnen, Straßen und Brücken befaßt und allem, was zur Sicherung des Nachschubs der Front diente.

Doch die Gedanken an die Südstadt bewegten uns, ob in Riga, Reval, Narva oder Pleskau.

In einem kleinen Baubetrieb bei Reval sah ich einen neuen Baustoff: Porenbeton. Es war eine schwedische Entwicklung; Zementschlempe, mit feinstkörnigem Sand vermischt, wurde durch Aluminiumpulver, das wie Hefe wirkte, aufgeschäumt, um dann, vor dem Erstarren, mit Drahtschnitt in großformatige Steine oder Platten aufgeteilt zu werden. Dampfgehärtet war das Material porös, durch unzählige kleinste Luftbläschen leicht wie Holz, mit festem Gefüge und mit außerordentlicher Wärmedämmung. Man konnte die Masse mit Baustahlgewebe armieren, bei Plattenlängen von Geschoßhöhe und bis über 4 Meter hinaus.

Das war ein wichtiger Baustoff für die Südstadt. In Platten geformt, konnte das Material die Pfetten und Sparren der Dachstühle ersetzen bei gleichzeitiger Wärmedämmung. Dazu kamen vielseitige Verwendungsmöglichkeiten in Steinformaten und als Wandplatten.

Ich beauftragte einen versierten Bauunternehmer mit den Lizenzverhandlungen in Schweden. In der Nähe von München ordnete ich die erste Produktionsstätte für diesen Porenbeton an, versorgte den Betrieb mit Arbeitskräften, mit Kontingenten für Zement, Eisen und Stahl, besorgte Aluminiumpulver, veranlaßte dann die Material-Prüfung und den Probebau von Wohneinheiten. Aus kleinen Anfängen entstand dann nach dem Kriege ein bedeutsames Werk, doch anders als in meinen Vorstellungen.

Denn ich sah damals die Porenbeton-Produktion in unmittelbarer Verbindung mit den Heizkraftwerken. Die dort anfallende Asche und feinstkörnige Schlackenteile sollten als Rohstoff unmittelbar am Werk verarbeitet werden. Die Dampfhärtung war gegeben, der Leistungsring von Energie- und Wärmeerzeugung bis zur Nutzung der Rückstände wäre geschlossen gewesen.

Schutz und Keller in der Wohnung

Noch immer beschäftigten mich die problematischen Luftschutz-Maßnahmen für die Wohneinheiten in den mehrgeschossigen Zeilen-Bauten der geplanten Südstadt. Von Monat zu Monat hatte sich der Bombenterror gegen

Zivilisten, Frauen und Kinder verstärkt. In allen Großstädten wurde die Erfahrung gemacht, daß die weiten Wege aus den oberen Geschossen über die Treppenhäuser zu den Luftschutzkellern bei dem Heulen der Sirenen physische und auch psychische Belastungen schufen, vor allem bei den kinderreichen Familien, bei Behinderten und älteren Leuten. Auf längere Zeiten der Bedrohung hin war für alle Bewohner dieser Bauten der Luftschutz in Kellerräumen unzureichend, und die langen Wege dorthin waren unzumutbar. Diese Erkenntnis mußte bei der Planung von Neubauten berücksichtigt werden.

Bei Beginn der Südstadt-Planung 1939 entsprachen die vorgesehenen Luftschutzbauten den gültigen Bestimmungen; die Regel war der trümmersichere Schutzraum im Keller oder der allgemeine Luftschutz-Bunker. Das mochte auch in den ersten Kriegsjahren noch als ausreichend angesehen werden. Aber später steigerten sich die nächtlichen Angriffe alliierter Bombengeschwader bis zu der Katastrophe von Köln und dem Terror von Hamburg. Diese Entwicklung zeichnete sich schon zu Beginn des Jahres 1942 ab, doch selbst dann war die bestialische Entartung, das grauenvolle Inferno von Dresden nicht vorauszuahnen.

Ich hatte in den ersten Kriegsjahren ausreichend Gelegenheit, bombardierte Städte und deren Luftbildaufnahmen zu sehen. Mir fiel auf, daß Kamine aller Art und Treppenhaus-Gemäuer vielfach widerstanden hatten, sie ragten aus den Trümmern. Also ein in sich geschlossenes Rund, Quadrat oder Rechteck im Mauerwerk hatte dem Explosiv-Druck und Sog standgehalten.

Es gab Photographien, die erkennen ließen, daß die Bombe die Wandung getroffen hatte und abgeglitten war, um seitlich zu detonieren, ohne das Mauerwerksgefüge zum Einsturz zu bringen; es kam natürlich auf die Wandstärke und die Explosivkraft der Bombe an.

Mich brachte das auf den Gedanken, kleine Luftschutztürme durch die Geschosse der Zeilenbauten zu führen. Hinzu kam die Erinnerung an die mittelalterlichen Wehr- und Schutztürme von Bologna, Florenz und San Gimignano.

Ich skizzierte den Turm mittig zweier Wohneinheiten, die Dehnfuge zwischen den beiden Brandmauern des Wohnblocks konnte um den eingeschobenen Schutzturm verspringen. So bot ein Stahlbeton-Turm, ohne statische Belastung der Wohngebäude, in jedem Geschoß zwei Schutzräume für die angrenzenden beiden Wohneinheiten. Die Abtrennung der beiden Räume konnte mit den Wandungen der Lüftungsbatterien durch alle Geschosse erfolgen. Innerhalb des Turmes sollte eine kleine Wendeltreppe, die vom Dachboden bis zum Keller führte, die Verbindungsmöglichkeit der Schutzsuchenden untereinander bieten.

Vom Flur oder von einem Nebenraum der Wohneinheit konnte der Schutzraum durch eine abgewinkelte Luftschutz-Schleuse erreicht werden. Er bot auch die verschlußsichere Schirmung von Wertgegenständen, Dokumenten und Gerät. Ausreichender Raum war gegeben für Kinderliegen übereinander und für Sitzbänke. Der besondere Vorteil des Turmes lag darin, daß er den unmittelbaren Schutz innerhalb der Wohnung bot und daß jedes Geschoß, vom Dachboden bis zum Keller, auf Brandbomben und Brandsätze überwacht werden konnte.

Zunächst ergab sich im Turm für jedes Geschoß der unterteilte Schutzraum für zwei Wohnungen. Doch in den mehrgeschossigen Zeilen-Bauten waren jedem Treppenhaus zwei Wohneinheiten zugeordnet. In Notzeiten mußte es möglich sein, dem Treppenhaus-Nachbarn auch im selben Turm Schutz zu bieten. Es war wohl zumutbar, dem Geschoß-Nachbarn den Zugang zum Schutzraum über den Wohnungsflur zu gewähren.

Die Planung sah nun vor: Je eine große, Fünf- oder Sechsraum-Wohneinheit grenzt unmittelbar an den Schutzraum, und eine kleinere, etwa Drei- oder Vierraum-Wohneinheit im selben Haus erreicht den Schutzraum über den Flur des Nachbarn. So konnte ein Turm, der durch fünf Wohngeschosse ging, zwanzig Wohneinheiten Schutz bieten. Jedes zweite Treppenhaus wurde übersprungen. Das war nun auch im Bauaufwand vertretbar.

Mit Luftschutzexperten, Sachverständigen und Ingenieuren wurde die Einzelkonstruktion, die Wandstärke und Armierung, die Ausführung der Schleusen und die Lüftung, besprochen und bestimmt. Es bestand Klarheit darüber, daß der absolute Schutz gegen die ständig weiter entwickelte und erhöhte Explosivkraft der Bomben nicht möglich war. Die zunächst geforderten Wandstärken von einem Meter wurden auf 60 Zentimeter reduziert.

In der Planung der Grundriß-Systeme der Zeilen-Bauten standen die Türme mit etwa 50 Zentimeter vor den Baufluchten, dadurch traten sie in den Fassaden als plastische Risalite bestimmend in Erscheinung. Sie unterbrachen die Horizontal-Tendenz der Wohnzeilen und schufen rhythmische Intervalle. Auf einem Modell zeichnete sich markant die Spannung und Verfestigung der Architekturfronten ab. Die bedeutende Straßen-Achse würde ihre angemessene Fassung erhalten.

Im Führer-Hauptquartier in Winniza gab ich Adolf Hitler einen Bericht über die von mir geplanten Schutztürme. Mit Grundriß- und Schnitt-Skizzen, mit Architekturzeichnungen erläuterte ich die Vorteile, die in der vertikalen Anordnung der Schutzräume lagen. Ich betonte auch den Nutzungsvorteil: Die Schutzräume konnten im Frieden als großzügige Vorratskammern von den angrenzenden Wohnungen genutzt werden, besser noch als die Kellerräume. Denn als Schutzräume waren sie mit kontinuierlicher Belüftung versehen, und die dicken Mauern, wozu sich noch das Trennmauerwerk der Hausblöcke addierte, würden den Schutz- und Vorratsraum kühl halten. Die eigentlichen Kellerräume konnten großzügiger unterteilt werden, und es würde noch Platz für Bastel- und Werkräume verbleiben.

Adolf Hitler stimmte zu: Schutz und Keller in der Wohnung, das ist einmalig. Lassen Sie ein Versuchshaus bauen. So geschah es – und das Versuchshaus mit dem Schutzturm hat sich noch in den Bombenangriffen bewähren können.

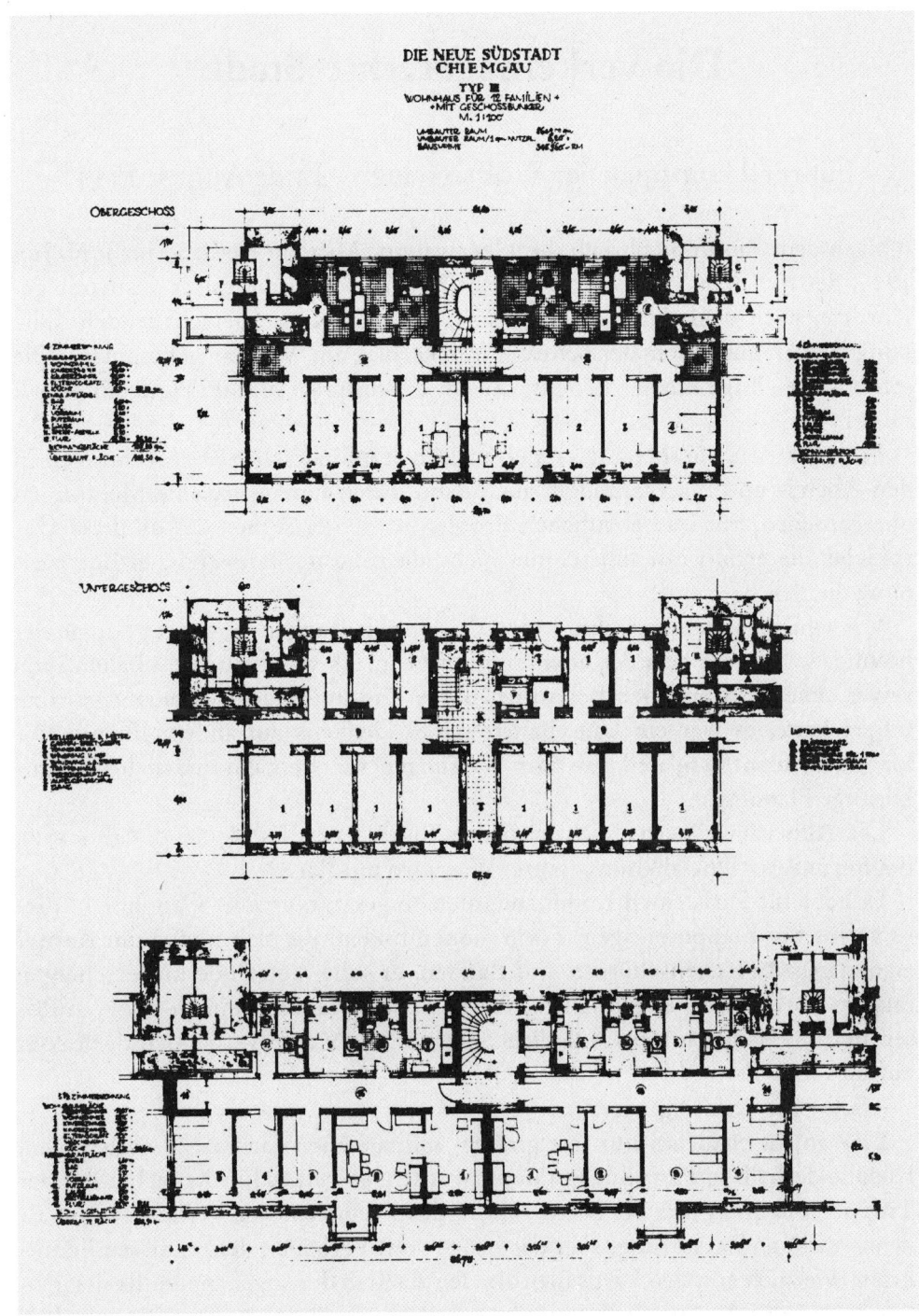

Luftschutzraum und ‚Keller' in der Wohnung bei mehrgeschossigen Bauten.

Die verkehrsgerechte Stadt

Führer-Hauptquartier Wolfsschanze – Ende August 1944*

Nach dem Zusammenbruch der Heersgruppe Mitte in Rußland im Juni/Juli 1944, der mit dem Verlust von nahezu 25 Divisionen die ganze Ostfront gefährdete, nach dem Attentat und seinen noch nicht zu überschauenden Wirkungen war nun noch der schwere Rückschlag im Westen gekommen. Die schlimmsten Tage meines Lebens, die ich durchstehen mußte, sagte mir Adolf Hitler.

In dieser Zeit nun befaßte er sich zwischen militärischen Besprechungen in den Abend- und Nachtstunden, auch dann durch hereingereichte Meldungen unterbrochen, mit städtebaulichen Problemen. Ich erkannte, daß all diese Gespräche, die er mit mir führte, ihm nicht allein zu der notwendigen Entspannung dienten.

Mir schien es vielmehr, ihm boten die Unterhaltungen eine Art geistige Erholung, so seltsam sich das auch anhören mag. Es war kein ‚Abschalten‘ von seiner außergewöhnlichen Belastung, die er Tag und Nacht, tagaus, tagein zu tragen hatte, es war ein Umschalten seines Denkens auf andere Ebenen. Er formte Erkenntnisse und gab mir Weisungen für weit vorausschauende zukünftige Planungen.

Die Alliierten näherten sich in diesen Tagen Paris. Es lag nahe, daß ich zu Beginn unserer Unterhaltung fragte: Was wird mit Paris?

Er habe für Paris einen Kommandanten eingesetzt, er solle Ordnung in diese verfluchte Etappe bringen, Formationen bilden, die sich noch zum Kampf eignen gegen Heckenschützen und Banden, er solle Aufstände niederschlagen und im übrigen alle Dienststellen, die in dieser Situation unnütz seien, auflösen und die dadurch freiwerdenden Soldaten den Kampfverbänden der Front zuführen.

– Soll Paris verteidigt werden?

Eine solche Stadt sei nur mit großem militärischen Einsatz zu verteidigen. Es solle deshalb in Paris nur gekämpft werden, soweit es für die Sicherheit der Truppe notwendig werde. Dazu gehöre das Freihalten der Verkehrswege. Er denke nicht an Zerstörung, aber das hänge vom Verhalten der regulären Feindkräfte wie auch von den Partisanen ab, den Banden der sogenannten Resistance, soweit sie durch Aufstände zu einer Bedrohung unserer Truppen würden. Sonst solle Paris geschont werden.

Weder von Adolf Hitler noch von irgend jemandem im Führerhauptquartier habe ich je gehört, Paris müsse brennen! Adolf Hitler schloß das Thema ab: Keine Lagebesprechung, Giesler, ich wünsche städtebauliche Fragen mit Ihnen zu besprechen und zu klären. Wir setzten uns.

Giesler, Sie haben zu Beginn Ihrer Planung der von mir angeordneten großen Ost-West-Achse, die vom alten zum neuen Hauptbahnhof führt, überzeugend dargelegt, daß Sie diesen Straßenraum als ein Straßenbauwerk betrachten.

Das heißt, Sie wollen diese bedeutende Straße völlig kreuzungsfrei halten. Die Querstraßen und die innerstädtischen Ringstraßen wollen Sie unterführen und dabei diesem Querverkehr doch die Möglichkeit geben, in die jeweilige Fahrtrichtung der Großen Achse einzufließen. Sie verbinden also diese beiden verschiedenen Straßenebenen mit Auf- und Abfahrts-Rampen.

Ja, das war doch damals eine Ihrer Forderungen, sagte ich, keine Kreuzung der Großen Straße!

Aber was Sie aus dieser notwendigen Forderung dann gemacht haben, das ist neu. Sie nutzen den Raum zwischen den Quer- und den Ringstraßen unter der Großen Achse als durchgehende Parkflächen, und diese Parkflächen können sowohl von der Großen Achse als auch von den Quer- und Ringstraßen erreicht werden. Damit entsteht ein Straßenbauwerk in zwei Ebenen, und darunter liegt die U-Bahn-Trasse, als dritte Verkehrsebene. So ist nicht nur ein ungehinderter Verkehrsfluß erreicht, vielmehr ist gleichzeitig damit das Parkproblem gelöst. Das hat mich damals sehr beeindruckt, und ich möchte mich nochmals eingehend mit Ihnen darüber unterhalten.

Es waren Ihre Ideen, die zum Straßenbauwerk führten, wandte ich ein; denn als ich das Forum Augsburg plante, sagten Sie mir, man könne im Stadtraum einen großen Freiplatz nur dann verantworten, wenn man diese Fläche in zwei oder drei Ebenen nutze: einmal als städtebaulich frei gestalteten Raum, als Platzraum; aber darunter müsse sich diese Fläche für die notwendigen Park- und Abstellplätze, für Räume aller Art verdoppeln, und heute wäre ein weiteres Geschoß auch als Luftschutz-Anlage erwünscht. Diese Ihre Überlegungen für den Augsburger Platz mußten dann auch sinngemäß für den großen Straßenraum der neuen Ost-West-Achse in München gelten.

Daß die Trasse der U-Bahn bei diesem Straßenbauwerk in die dritte Ebene kam, war nur konsequent. Das Längsprofil wäre sonst, bedingt durch die Quer- und Ringstraßen, in einer Wellenform verlaufen und hätte die Anordnung der Haltestellen, die ja auch tunlichst im Bereich dieser Quer- und Ringstraßen liegen müssen, sehr erschwert.

Im geplanten zweigeschossigen Straßenbauwerk ist weiterhin genügend Platz für alle Kanäle der Be- und Entwässerung, für die Versorgung der Bauten mit Wärme und Warm-Brauchwasser, für die notwendigen Pumpen und Wärmeaustauscher, ferner für Strom- und Telefonkabel, für die Trafo-Stationen.

Die Kabelstränge, Rohrleitungen und Kanäle sind damit wartungsgerecht untergebracht, so daß man nicht, wie bislang üblich, immer wieder die Straßen aufreißen muß.

Vorteilhaft wird es auch sein, daß die Bauten an der Ost-West-Achse von den Quer- und Ringstraßen aus, also im Untergeschoß, unter den fast 20 Meter breiten Bürgersteigen mit dem Straßenbauwerk in Verbindung stehen. Entlang den Gebäudefronten der Achse sind diese Verbindungsstraßen zweispurig angeordnet, benutzbar für alle Arten von Fahrzeugen, einschließlich Möbeltransporter.

Damit ist die Versorgung der Kaufhäuser, der Geschäfts- und Bürogebäude, der Hotels und Restaurants, der Läden und was es sonst sein mag, ohne Störung des eigentlichen Straßenraumes und der Bürgersteige möglich. Dazu kommt noch, auf jeder Versorgungsstraßen-Seite, also im Untergeschoß, ein zusätzlicher Parkstreifen von etwa 10 Meter Tiefe zwischen den Baum-Beton-Kästen, zum Abstellen gebäudeeigener Fahrzeuge.

Ein Adjutant unterbrach uns, er meldete, daß die militärische Abend-Lage beginnen könne. Adolf Hitler sagte zu mir:

Diese Lagebesprechung wird mich heute einige Stunden beanspruchen. Zeichnen Sie bitte inzwischen das Straßenprofil auf, als Querschnitt durch das Straßenbauwerk zwischen den Gebäudefronten, mit den Versorgungsstraßen und den Erschließungsrampen sowie mit der dritten Ebene der U-Bahn-Trasse so, daß sich mir jede Einzelheit einprägt.

Ich hatte Zeit genug für diese Zeichnung. Außer dem gewünschten Querschnitt skizzierte ich einen Grundriß-Ausschnitt der Großen Straße, entsprechend den ursprünglichen Skizzen von Adolf Hitler. Dazu zeichnete ich einen Teil-Längsschnitt mit der Durchführung einer Quer- oder Ringstraße, mit den Auffahrtsrampen und mit den Einmündungsspuren in die Versorgungsstraßen entlang den Gebäudegruppen sowie die Erschließung der großen allgemeinen Parkflächen unter dem eigentlichen Straßenraum.

Nach Mitternacht kam Adolf Hitler von der Lagebesprechung zurück. Die von ihm gewünschten Skizzen hatte ich im Maßstab 1:200 gezeichnet. Dazu legte ich den Übersichtsplan von München mit allen Eintragungen der Neugestaltung. Darauf waren die großen Straßen-Achsen ersichtlich, die Bahnanlagen mit dem neuen Hauptbahnhof und der Autobahn-Ring. Er befaßte sich erst gründlich mit den Skizzen für das Straßenbauwerk. Dann zeigte er auf den Übersichtsplan:

Um 2 500 Meter wird der neue Hauptbahnhof nach Westen verlegt. Wieviele Parkplätze ergeben sich in diesem Bereich Ihres Straßenbauwerks?

– In diesem Abschnitt hat das Straßenbauwerk zwischen den Gebäudefronten nach Ihrer Festlegung eine Breite von 120 Metern, abgesehen von den Ausweitungen durch die Platzräume am Denkmal der Partei, an der neuen Oper und am neuen Hauptbahnhof. Also im Untergeschoß des eigentlichen Straßenraumes ergeben sich Einstellmöglichkeiten für etwa 6 000 Personenwagen, unter Berücksichtigung des Raumbedarfs der Quer- und Ringstraßen und bei großzügiger Bemessung der Zufahrtsbreiten und der Einstellradien im Parkbereich.

Zu diesen 6 000 Einstellplätzen unter dem Fahr-Straßenraum kommen noch die Parkstreifen an den zweispurigen Versorgungsstraßen unter den Bürgersteigen, entlang den beiden Gebäudefronten. Sie sind so angeordnet, daß die Kellergeschoß-Fronten für das Aus- und Einladen frei bleiben. Hier ergeben sich noch etwa 1 000 Einstellplätze, sie sollen für die Wagen des Personals und der jeweiligen Betriebe reserviert bleiben.

Ebenso bleibt das Untergeschoß des Opernplatzes für die Besucher der Oper, für die Gäste des Opernhotels und der an diesem Platz vorgesehenen Restaurants und Cafés reserviert. Hier bietet sich auch die Möglichkeit an, mit einem weiteren Parkgeschoß nach unten zu gehen, weil der Opernplatz, ähnlich dem Augsburger Platz, höher liegt als die Straßenkrone der Ost-West-Achse.

– Haben Sie die Entlüftung der Parkflächen bedacht?

– Ja, darüber haben mich meine Ingenieure beraten: Ein Kanalsystem wird im Boden des Untergeschosses vorgesehen, mit Ventilatoren zu Nachbrennkammern mit Filteranlagen und Anschluß an Kaminabzüge in den Gebäudegruppen. Auch die Flak-Türme will ich für die Entlüftung nutzen, das ist möglich, und damit haben sie auch eine dauernde sinnvolle Verwendung.

Adolf Hitler wehrte ab: Die damals von mir angeordneten zentralen Flak-Türme waren für den Schutz des neuen Hauptbahnhofes gedacht, zugleich auch als Schutzräume. Aber sie haben inzwischen durch die erlebten wahllosen Flächenbombardierungen ihren Sinn verloren, – obwohl der Flak- und Schutzturm im Berliner Zoo sich bewährt hat. Wir werden die Flak-Türme, wenn überhaupt, an die Peripherie der Stadt legen, dann aber als markante Stadttore an den Kreuzungen von Autobahn mit Autobahn-Ring. Aber das ist noch keine Festlegung, – mir geht es jetzt um anderes.

Sie haben von der Möglichkeit einer Beheizung der Straßendecke gesprochen, die bei Schneefall oder Glatteisgefahr eingeschaltet werden soll. Über das System bestand noch Unklarheit. Sind Ihre Ingenieure in dieser Planung weitergekommen?

– Wir haben mehrere Möglichkeiten durchdacht und durchgerechnet, dabei haben sich zwei Systeme herauskristallisiert, die noch gegeneinander abgewogen werden müssen. Ich neige zum Vorschlag eines beheizbaren Kammerraumes unter der Betonplatte der Fahrbahn.

– Also eine ‚Zwei-Schalen-Decke‘?

– Ja. In Höhe der Längs-Unterzüge wird eine abnehmbare, isolierende Leichtdecke eingehangen. Zwischen ihr und der Fahrbahn-Betonplatte entsteht ein Warmluftraum, der bei Schneefall Wärmestöße aus dem Heizkraftwerk West erhält. Damit bleibt die Straße schneefrei, auch Glatteis kann sich nicht bilden. Das ist für die große Ost-West-Achse unerläßlich, denn die mechanische und manuelle Beseitigung der in München oft über Nacht anfallenden Schneemassen ist doch nicht denkbar, ebensowenig ein Sandstreuen bei Glatteis. Seit meiner Studienzeit in München habe ich oft erlebt, wie ‚Schneemänner‘ tagelang die Schneemassen von den Straßen schaufelten und in die Kanalschächte kippten, um nur einigermaßen wenigstens die Hauptstraßen freizubekommen.

– Sie haben recht, das ist für die Straßen der neuen Größenordnung nicht möglich. – Inzwischen war Tee in den Nebenraum gebracht worden.

– Eine Erfrischung, Giesler! Nehmen Sie den Übersichtsplan und den zugehörigen Maßstab mit, wir unterhalten uns weiter. Ich will Ihnen meine Überlegungen über die anzustrebende Lösung der Verkehrsprobleme, die da auf uns zukommen werden, darstellen.

Wenn wir davon ausgehen, daß der alte Stadtkern in seinen Straßen und Plätzen den damaligen Verkehrs- und Versorgungsbedürfnissen entsprach, dann haben wir eine Grundlage für unsere Überlegungen.

Damals, als Ludwig I. mit seinen Bauten begann, waren es 70 000 bis 80 000 Stadtbewohner, – mehr waren es nicht! Heute haben sich die Stadt und die Einwohnerzahl verzehnfacht, also 800 000. Dazu kommt das Auto; gleichgültig ob es fährt oder parkt, es beansprucht den Straßenraum. Und wenn sich dieser Autoverkehr nach dem Kriege verfünffacht, wenn nicht gar verzehnfacht, dann wird die Verkehrsbedrückung von außen für den Stadtkern unterträglich und führt zur Katastrophe. Aber das betrifft dann nicht nur den Stadtkern, es betrifft den ganzen Stadtorganismus.

Je mehr sich eine Stadt zum Kern hin verdichtet, umso enger werden meist die Straßen, deren Baufluchten seit Jahrzehnten, im Kern seit Jahrhunderten bestehen. Gebaut wurde damals nach dem Maßstab der Menschen und nach ihren Bedürfnissen und nicht nach dem Maßstab, den heute das Individualverkehrsmittel Auto voraussetzt.

Soweit sich das Auto im Stadtkern vermeiden läßt – Ausnahmen bleiben zugelassen –, bietet sich an dessen Stelle das Massenverkehrsmittel an, die U-Bahn sowie die unter den Straßenraum verlegte Straßenbahn mit völlig neuem Wagenprofil. Damit sind die Straßen im engeren Stadtraum entlastet, die Straßen entsprechen wieder dem Maßstab des Menschen, wie seit Hunderten von Jahren.

Wie kann man dem Verkehrsdruck, den die zunehmende Motorisierung zwangsläufig mit sich bringen wird, begegnen? Nun, ich will nochmals von vorne anfangen: Ich sagte ‚Verkehrsbedrückung von außen‘, – und von außen beginne ich nun.

Bislang führen drei Autobahnen nach München, im Endausbau der Neugestaltung werden es sechs Autobahn-Zufahrten oder Straßen mit Autobahn-

Querprofil sein. Denn notwendig ist die Autobahn von Südwest, die den Verkehrsstrom von Lindau und von der Alpenstraße aufnimmt und die nach Ihrer Planung bei Pasing mit der Autobahn West in die verlängerte Ost-West-Achse mündet. Dazu kommt der Ausbau der Olympiastraße von Garmisch und später eine Autobahn Ost, etwa aus Richtung Mühldorf. Alle diese autogerechten Straßen erhalten seitliche Erschließungsstraßen als Ein- und Auslaufspuren für den Nah- und Ortsverkehr.

Aber ich bleibe zunächst bei den schon bestehenden drei Autobahnen von Westen, Norden und Südosten. Sobald sie den Autobahn-Ring durchstoßen, werden sie Stadt-Schnellstraßen, sie erhalten aber zusätzlich die seitlichen Erschließungspuren für die Nebenstraßen und den kleinen Stadtverkehr.

Übereinstimmend mit diesen drei Autobahn-Stadt-Schnellstraßen ist aber zugleich – und das ist wichtig! – der Verlauf der U-Bahn-Trassen. Also unter dem Auto, unter dem Individualverkehrsmittel, liegt der Massenverkehr, die Schiene, die U-Bahn. Wenn nun zwischen diesen beiden Verkehrsebenen ein Parkgeschoß eingeplant wird, wie Sie es bei der neuen Ost-West-Achse vorgesehen haben, dann gewinnen wir nicht nur die Parkflächen, sondern wir haben zugleich den nahtlosen Übergang vom Individualverkehr des Autos zum stadtgerechten Massenverkehr der U-Bahn und dem weiteren Anschluß an die Unterpflaster-Straßenbahn.

Das Auto, von außen kommend, von den Autobahnen, dem Autobahn-Ring aber auch von den Quer- und innerstädtischen Ringstraßen, kann parken, und durch die Anordnung der U-Bahn-Stationen ist der längste Weg vom geparkten Auto bis zur Haltestelle 200 bis 250 Meter. Ich finde, das ist durchaus zumutbar. Wir schaffen also eine weitere Ebene für den ,ruhenden Verkehr', einen Puffer und Übergang zwischen Individualverkehr und Massenverkehr.

Das bedeutet doch, sagte ich, die Ausweitung des Straßenbauwerks auf alle Autobahn-Stadt-Schnellstraßen.

– Ja. Addieren Sie einmal die möglichen Ausbaulängen, und ermitteln Sie in etwa die Anzahl der Einstellplätze!

Ich ging zurück zum Arbeitstisch, maß auf dem Übersichtsplan die Längen der möglichen Straßenbauwerke und ermittelte überschlägig die Parkflächen. Bormann erschien, brachte Berichte und unterhielt sich leise mit Adolf Hitler. Schaub kam mit Meldungen über Feindeinflüge und Bombenangriffe. Dann konnte ich meine Zahlen anbringen:

24 Kilometer insgesamt, wenn man den Teil der Olympiastraße von Maxhof-Forstenried über Schloß Fürstenried bis Sendling ausbaut. Aus all den gewonnenen Untergeschoß-Flächen zusammen ergeben sich damit etwa 60 000 Einstellplätze – mindestens!

Adolf Hitler hierauf: Das entspricht der zukünftigen Entwicklung der Motorisierung, wie ich sie sehe, wobei die im weiteren noch geplanten zusätzlichen Stadt-Schnellstraßen unberücksichtigt sind.

Der Autobahn-Ring entlastet die Stadt von jeglichem Nur-Durchgangsverkehr und ermöglicht die schnellste Verbindung der Autobahnen untereinander. Für den Verkehrsfluß von allen Seiten in die Stadt hinein vermitteln die ‚Straßenbauwerke' auf mindestens 24 Kilometer Länge die unmittelbare Übergangsmöglichkeit vom parkenden Auto zur U-Bahn, vom Individualverkehr zum Massenverkehr. So können vorerst 60 000 Autos geparkt werden, und diese geparkten Autos versperren nicht die Straßen. Die Gebäudegruppen entlang der großen Straßen-Achse haben keine Parksorgen.

Es entfällt die Belästigung, die Verfremdung der Straßen und Plätze, die nicht nach dem Maßstab der Automobile gebaut wurden. Das Stadtinnere bleibt überschaubar, der Lärm und die Auspuffgase werden gemindert, ebenso sinkt die Unfall-Quote.

Wegen der Abgase und der Lärmbelästigung ist eine Hochstraße für den Autoverkehr in der Stadt genauso unsinnig wie das Hochlegen des Schienenverkehrs. Das alles geht zu Lasten humaner Verhältnisse und der Urbanität des Stadtorganismus. An erster Stelle müssen Straßen und Plätze im Stadtkern dem Fußgänger gehören!

Wir haben geplant, bemerkte ich, einige Straßenräume als Fußgängerzonen auszubilden, so die Neuhauser- und die Kaufinger-Straße, die Residenzstraße und den Marienplatz, – ausgenommen natürlich Zulieferwagen zu gewissen Tageszeiten. Wollen Sie diese Fußgängerbereiche für den ganzen alten Stadtkern?

– Ja und nein, – entlasten will ich den Stadtkern soweit als irgend möglich. Natürlich kann die Altstadt nicht auf Auto-Taxis verzichten, sie können in den Altstadtkern fahren. Das gilt selbstverständlich auch für Wagen der Feuerwehr, der Polizei, für Ärzte, Krankenwagen, für Körperbehinderte, ebenso für die Reichspost und für städtische Wagen mit Dienstleistungen, – kurz, Ausnahmen muß man zulassen. Die Wagen werden aber alle mit einem besonderen Kennzeichen versehen, und die Fahrer müssen entsprechende Ausweise haben. Die Zulieferung, die Warenversorgung ist in zeitlich begrenztem Umfang ebenfalls möglich zu machen.

Auch einige Plätze müssen freigegeben werden, wie der Max-Josef-Platz vor dem Nationaltheater beispielsweise und der Viktualienmarkt; man sollte beide Plätze ebenfalls mit zumindest einem Untergeschoß versehen. Die Auto-Verkehrseinschränkung für den Stadtkern ist erträglich, der Wert der Altstadtbauten wird dadurch nicht gemindert, – im Gegenteil!

Natürlich muß sich der Altstadtkern, wo es notwendig wird, regenerieren. Vor allem müssen die Hinterhöfe durchlichtet werden, aber alles muß mit gebührender Sorgfalt geschehen, damit der alte Stadtkern seine Eigenart behält.

Ich will es auch bei dem bislang geplanten Massenverkehrsmittel, dem U-Bahn-Kreuz und dem U-Bahn-Ring, nicht belassen. Die Nord-Süd-Trasse der U-Bahn tangiert die Altstadt westlich, die Ost-West-Trasse folgt dem Verlauf der alten Salzstraße, der München seine Entstehung verdankt.

Sie haben mir einmal von der kleinen Unterstraßenbahn in Budapest berichtet, die im rechten Winkel von der Donau einige Kilometer in das Zentrum des neuen Stadtteils hineinführt. Sie besteht demnach aus einigen zusammengekuppelten Wagen mit Elektroantrieb im vordersten und im letzten Wagen. An den Endstationen wechselt der Fahrer seinen Platz und fährt dieselbe Strecke wieder zurück. Durch die ungehinderte Trasse ist sie schneller als eine zweispurige Straßenbahn, außerdem versperrt sie nicht den Straßenraum, sie ist geräuschlos und wetterunempfindlich. Natürlich ist das eine primitive Form einer Unterstraßenbahn. Aber auch daraus kann man lernen!

Man sollte Unterstraßenbahnen mit nicht zu großem Profil entwickeln und bauen, meist sogar nur einspurig, als Ring oder Schlaufe. Die Trassierung richtet sich nach den zu erschließenden Stadtteilen, sinnvoll natürlich nach dem ausbaufähigen Straßenraum.

Wichtig scheint mir, daß diese Unterstraßenbahnen möglichst sowohl die Nord-Süd-Trasse als auch die Ost-West-Trasse der U-Bahn vor allem im Stadtkern tangieren. Damit werden sie nicht nur Erschließungsbahnen, sondern Zuliefer- und Verbindungsbahnen. Wir müssen ja immer daran denken, die Strecken des Haupt-U-Bahn-Kreuzes dienen ja nicht nur dem eigentlichen Stadtverkehr, sie verbinden München – außerhalb der Stadt als S-Bahnen – mit den Vororten, den Seen und dem Gebirge.

Nun zeichnete Adolf Hitler auf einem Block das Verkehrssystem Münchens: Zuerst das Oval des Autobahn-Ringes, dann die Doppeltrasse des S- und U-Bahn-Kreuzes, zugleich damit die Stadt-Schnellstraßen als Fortsetzung der Autobahnen im Stadtbereich. Er markierte die beiden neuen Bahnhöfe, den Hauptbahnhof und den Bahnhof ‚Ost‘. Eine leicht geschrägte Wellenlinie deutete den Verlauf der Isar an. Nun zeichnete er einen Kreis, der beide Bahnhöfe berührte, den weiten, innerstädtischen U-Bahn-Verkehrsring. Er schraffierte dann den Altstadtkern, und nun skizzierte er verschiedene Systeme von Unterstraßenbahn-Trassen in Form von diagonal verlaufenden Rauten und offenen Doppelschlingen und sagte dazu:

Auch die einfache ‚Budapester Gerade‘ ist möglich. Was ich hier skizziere, ist nur eine sinnbildliche Darstellung. In der Planung hat der Stadtorganismus das Primat. Die Trassierung berücksichtigt den Straßenverlauf, damit tunlichst in offener Bauweise und nur ausnahmsweise, bei Unterfahrungen, im Stollensystem gebaut wird.

Haben Sie sich Gedanken über die technische Seite der Bauausführung dieser Straßenbauwerke gemacht? Durch die Ausweitung dieses Systems ist das ja bedeutungsvoll, – kurz gefaßt, bitte!

– Wir, meine Ingenieure und ich, haben uns den Bauablauf überlegt. Die Grundlage bildete die Bodenforschung, die durch Bohrungen ermittelte, daß wir überwiegend auf Kiesbänke treffen. Bei der geplanten offenen Bauweise – im Stadtkern natürlich Stollenvortrieb – wird der Kiesaushub gewaschen, durch Siebeinrichtungen unterteilt, wo erforderlich durch Brecherwerke zerkleinert, dann über Betonwerke verarbeitet und zu den Baustellen gefördert und gepumpt.

Die Bankette und Fundamente des Straßenbauwerks werden vorweg eingebracht. Dann folgen zwei verschiedene Systeme von Schal-Elementen, jedes etwa 30 Meter lang, aus Stahl. Diese Elemente laufen als Gleitschalung horizontal auf Schienen. Sie werden hydraulisch in der Vertikalen gerichtet. Nach dem Anziehen des Betons wird das Schal-Element etwas abgesenkt und um eine Länge auf den Schienen weitergeschoben, gerichtet, und der nächste Abschnitt wird betoniert.

Das erste System ist für das U-Bahn-Profil, das zweite für den Parkraum und die Straßendecke. Die Systeme fahren im Takt hintereinander. Die Stützen und Unterzüge werden vorgefertigt. Der restliche Kiesaushub wird bei den Bauten verwendet, für die Fundamente, die Kellergeschosse und die Decken.

– Gut! Ihre Ingenieure sollen prüfen, inwieweit der Aufbruch der Straßen zum Bau der Unterstraßenbahnen zugleich auch für die allgemeine Versorgung genutzt werden kann, für Energie und Wärme aus den projektierten Heizkraftwerken.

Die Lösung der Verkehrsprobleme für kommende Zeiten ist vordringlich nicht nur für München! Wir können heute schon voraussehen, daß der Individualverkehr, das Auto, in einem jetzt noch nicht geahnten Ausmaß den Straßenraum beansprucht. Diese Entwicklung zeichnet sich ab.

Trotz möglicher Umleitung durch den Autobahn-Ring wird der Straßenraum überbeansprucht, es muß eine zweite Ebene für den Schienen-Massenverkehr gebaut werden. Der Autoverkehr wird dadurch auf ein vernünftiges Maß zurückgeführt, sonst erstickt die Altstadt an den Autos und ihren Auspuffgasen! Bauen wir also die verkehrsgerechte Stadt und schaffen wir damit die Grundlage für einen gesunden Stadtorganismus und zugleich auch die Voraussetzung für eine Neugestaltung, die der Atmosphäre von München entspricht!

Behutsam werden wir alles achten, was zur Eigenart dieser Stadt gehört, und das Gesicht dieser Stadt bewahren, das über Jahrhunderte durch Bürger und Könige geprägt wurde.

Das Denkmal der Partei in München

Führer-Hauptquartier Wolfsschanze – Spätherbst 1944

Die Eingangspforte zum Cour d'honneur des Schlosses von Schönbrunn in Wien wird von zwei Pylonen gefaßt. Sie stehen auf einem in den Proportionen zu mächtigen Unterbau. Die schlanken Pylonen enden wie Obeliske und tragen als krönenden Abschluß bronzene Adler mit ausgebreiteten Schwingen, die Fänge um symbolisch zu deutende Kugeln geschlagen. Die plastischen Nischen im Unterbau der Pylonen dienten früher den kaiserlichen Wachen als Wetterschutz. Wie zartes Filigran, stark kontrastierend zum massigen Unterbau, wirkt das verbindende, das ornamentale, beschwingte Gitterwerk der Tore.

Im Frühjahr 1938 war ich nach Wien gefahren, um die Bauten kennenzulernen, die organisch wohlgeordnet um den alten Kern der ehemaligen Kaiserstadt errichtet waren. Damit wollte ich dieses Wien sehen, das dem jungen Hitler städtebauliche Erkenntnisse und Maßstäbe vermittelt, Impulse und eigene Ideen in ihm ausgelöst hatte. Diese Impulse aus den Stadterlebnissen ‚Wien' und sicherlich auch ‚München' hatten ihn zu völlig neuen, modernen Vorstellungen städtebaulicher Gestaltung geführt. Das zeigte sich in seinen Skizzen und Zeichnungen, die in der Landsberger Festungshaft und später entstanden sind.

Mich interessierte in Wien nicht so sehr die ‚gotische Altstadt', sondern der großzügige ‚Ring', der auf dem Freiraum der geschleiften Glacis, Wälle und Basteien angelegt worden ist. Die prunkhaften Bauten entlang dieser Ringstraße waren zwar eklektisch, zeitentsprechend dem 19. Jahrhundert; doch von guten Architekten gestaltet, entsprachen sie der Würde dieser kaiserlichen Stadt. Imponierend und sicher von großem Einfluß auf den jungen Hitler waren indessen vor allem die meisterhaften Bauwerke der großen Barockarchitekten, der Fischer von Erlach und von Hildebrandt, besonders das herrliche, so harmonisch wirkende Belvedere des Prinzen Eugen von Savoyen, in dessen Person sich, in der Auffassung Adolf Hitlers, nicht nur das Reich, vielmehr Europa repräsentierte.

Ich stand auch vor dem Tor zum Ehrenhof des Kaiserlichen Schlosses Schönbrunn, einem Bauwerk des Fischer von Erlach. Ein kritischer Blick galt den Proportionen der Eingangs-Pylonen mit den schweren, wuchtigen Sockeln, ehe ich mich dem Schloß zuwandte. Ich ahnte damals nicht, wie sehr ich mich jahrelang mit einem Entwurf würde befassen müssen, dem Entwurf eines gewaltigen Pylons, oder mehr einer riesigen Säule mit rechteckigem Querschnitt, bekrönt mit einem Adler. Es sollte das ‚Denkmal der Partei‘ in München werden. Von Adolf Hitler war die Entwurfsskizze, sicher eine Reminiszenz der Tor-Pylone von Schönbrunn, Speer hatte danach ein Gipsmodell fertigen lassen, und ich plagte mich seit meiner Beauftragung mit der Neugestaltung Münchens kritisch damit herum.

Im Führer-Hauptquartier Wolfsschanze hatte ich im Spätherbst 1944 nochmals die Möglichkeit, meine Auffassung zu vertreten. Die Unterhaltung beim nächtlichen Tee begann mit den Weimarer Bauten:

Giesler, wir sprachen vor einigen Monaten über die Straßenbauwerke für München mit den Parkflächen, dann über die geplanten drei Nutzebenen des Platzes von Augsburg. Wir sollten auch dem Forumsplatz von Weimar Parkebenen geben. Ich hätte sie gleich vorsehen sollen. Befestigen müssen wir den Platzraum doch, weil er aufgeschüttet wird und keinen unmittelbaren tragenden Grund hat. Sehen Sie darin Schwierigkeiten?

Ich hielt die Parkebenen unter dem Platz im Endausbau noch für möglich. Die Straßen entlang der Außenseiten der Gebäudegruppen, die nach meinem Entwurf den Platz seitlich faßten, fielen in ost-westlicher Richtung stark ab. Am Hallenkopf lag das Straßenniveau um etwa vier Meter tiefer. Wir konnten somit die Parkflächen unter dem Forumsplatz von drei Seiten her erschließen, ohne den Platz-Freiraum zu beanspruchen. Auch die Belüftung, die Zuluftkanäle und die Abzugschächte waren leicht unterzubringen. Wie es der ursprünglichen Forderung Adolf Hitlers entsprach, sollte der Platzraum selbst völlig frei von Fahrzeugen und auch von Rampeneinschnitten für die Zufahrten bleiben.

Ich sollte das nun veranlassen, sobald wir wieder mit den Bauten würden beginnen können. Ich müsse mir einmal vorstellen, was das für einen Auto-Spuk rings um das Forum geben müßte, wenn wir keine Parkgeschosse hätten, vor allem, wenn in der großen Halle eine Veranstaltung stattfände. Auch für den täglichen, normalen Ablauf seien die Parkflächen für die Gebäudegruppen unerläßlich. – Wie weit eigentlich Breker mit der Plastik ‚Prometheus‘ sei.

Ich berichtete, ich hätte die Plastik in halbnatürlicher Größe in seinem Atelier in Jäckelsbruch gesehen. Ich sei sehr beeindruckt. Sie werde in Bronze und in voller Größe eine zeitenüberdauernde Wirkung haben. Auch der vorgesehene Standort sei eigenwillig: asymmetrisch vor der Halle, im Hintergrund die notwendige geschlossene Steinfläche; der monolithische Sockel der Plastik verbinde sich mit der dreifachen Stufen-Horizontale, die zum Halleneingang führe.

Bormann solle dafür sorgen, daß ihm Photoaufnahmen von der jetzigen Ausarbeitung des Prometheus vorgelegt würden. Er möchte gerne einen Eindruck von der Plastik gewinnen. Durch den von mir festgelegten Standort – diagonal zu dem Turm und zu dem Brunnen – wirke diese Plastik als Kontrapunkt. Dieser Prometheus werde für Weimar das in plastische Formen übersetzte Gedicht von Goethe.

Ich habe angeordnet, daß Ihrem Weimarer Malerfreund Gugg für die Ausstellung im Haus der Deutschen Kunst ein ganzer Saal zur Verfügung steht. Damit kommen seine Landschaften, besonders die mit den großartigen Bauten des Stauferkaisers, ihrem hohen Rang gemäß zur Geltung.

Ich interessiere mich für seine Bilder, und ich freue mich besonders auf die apulische Landschaft mit dem Castel del Monte, von der Sie mir erzählt haben, – schon die Skizzen zu diesem Bild waren überzeugend. Es ist mir eine Genugtuung, dem Maler Gugg die Goethe-Medaille zu verleihen!

Was haben Sie bei Breker noch an weiteren Plastiken und Arbeiten gesehen?

Breker habe mir in dem großen Atelier an der Oder seine Arbeiten für Berlin gezeigt: Die Pferde-Quadriga für den Brunnen auf dem Runden Platz, auch Teilstücke der großen Reliefs für den Bogen, alles in halbnatürlicher Größe, aber schon fertig ausgearbeitet für die Übertragung der Modelle zum Bronzeguß oder zur Übersetzung der Reliefs in Granit.

Was ich gesehen habe, sei außerordentlich beeindruckend, schon allein die Arbeitsleistung! Breker arbeite schnell und sicher, zugleich aber wie ein Besessener! Natürlich, denn er sehe in dieser Aufgabe sein Lebenswerk, das ihn restlos beanspruche.

Er habe mir offen gesagt, außer dem Prometheus für Weimar sei es ihm unmöglich, weitere Arbeiten für mich oder meine Bauten zu übernehmen, weder für München noch für Linz. Seine Arbeitskraft, auch die seiner Mitarbeiter, soweit sie ihm beistehen könnten, sei auf Dauer überbeansprucht.

Ich hätte ihn gefragt, ob er denn nicht wenigstens den Entwurf für den Fries des Denkmals in München übernehmen könne. Auch das habe er abgelehnt: ‚Unmöglich, ich bin für Berlin verpflichtet, ich kann keine weiteren Aufträge übernehmen!'

Und was bleibe mir dann noch, auch Thorak sei ausgelastet, er sei auch nicht der richtige Mann für diesen Fries. Münchner Bildhauer wie Bleeker und Wackerle, – beide hätten ihren hohen künstlerischen Rang bewiesen, allein schon wenn ich an den Rossebändiger und an den großartigen Neptunbrunnen dächte, aber diese Aufgabe übersteige ihre Kräfte – schon ihr Alter setze hier Grenzen.

Auch den Talenten unter dem Nachwuchs traute ich eine solche Arbeit noch nicht zu. Den Wiener Ullmann habe sich Speer schon ---. Adolf Hitler unterbrach mich:

Ja, ich weiß, Sie sind gegen den Fries, aber ich finde, daß die Gesamtproportionen doch in Ordnung sind, das zeigt sich im Modell. Ich schwieg dazu.

Nun gut, Giesler, begründen Sie mir offen und in allen Einzelheiten Ihre Auffassung über das Denkmal der Partei.

– Es fällt mir nicht leicht, denn ich muß mich doch darüber hinwegsetzen, daß es Ihr Entwurf ist, der hier realisiert werden soll, und es ist mir auch nicht entgangen, daß in meinem Atelier stets Ihr abschließender Blick dem Denkmalmodell gilt. Aber nach meiner Auffassung ist die Darstellung der Partei nur in strenger Architektur möglich. Wie wäre Ihre Idee, Ihre Weltanschauung und Ihre Willenskraft anders auszudrücken! Deshalb finde ich Ihren Entwurf der Säule mit dem krönenden statuarischen Adler als einmalig, – streng, klar, einprägsam.

Aber dieser großartige Säulenpylon würde durch einen zu mächtigen Sockel, erst recht durch einen plastischen Fries, beeinträchtigt.

Nur die vertikale Tektonik der Architektur entspricht Ihrem damaligen Entschluß. Und auch der Darstellung Ihrer Ziele. Der Adler sollte die einzige Plastik sein. Ich glaube, jede plastische Darstellung auf dem Sockel ist überflüssig und wirkt barock.

Und außerdem: Wer vermag ein solches Riesen-Relief überhaupt zu meistern? Dem Fries könnte letztlich doch die Erhabenheit fehlen, – er wird zu einem Ornament, das erzählen will, – aber was? Wir sind nicht mehr so naiv, um Götter oder Halbgötter mit Titanen und Ungeheuern kämpfen zu lassen, wie das noch auf dem Fries des Pergamon-Altars möglich war. Und für die Darstellung einer Prozession aus den Auserwählten der Partei als Thema für den Fries – da müßten wir einen Phidias haben.

Adolf Hitler lachte. Ich faßte zusammen, ich sei der Meinung, sein damaliger Entschluß lasse sich nur in reiner Architektur ausdrücken. Je strenger und schlichter, um so besser. Das Denkmal stehe damit außerhalb der Zeiten und einer möglichen Kritik.

Ich glaube, solche Gedanken hätten auch den Entwürfen von Professor Troost zugrunde gelegen, aus diesen Vorstellungen habe er den Führerbau und die ‚Ewige Wache‘ geschaffen.

Das heißt, sagte Adolf Hitler, Ja zur Säule, Nein zu dem Sockel mit dem plastischen Fries.

Ja, das sei meine Meinung. Denn der horizontal gelagerte massige Säulensockel wirke, aus den Straßenräumen gesehen, wie eine Barriere. Man werde den seitlichen Ablauf erst erkennen, wenn man schon zu nahe für den umfassenden Blick sei. Der verfügbare Platzraum sei für das Denkmal in dieser Größenordnung, mit dem mächtigen Sockel, zu klein.

Der transparente Eiffelturm habe das Marsfeld, der Obelisk von Washington die Weite bis zum Potomac-Fluß für sich. Klenze habe einst für München ein Denkmal entworfen, das nicht ausgeführt wurde, die ‚Verfassungs-Säule‘: Eine riesige dorische Säule auf einem strengen, dreistufigen Stylobat. Die Säule sollte eine schwere, quadratische Platte tragen, darauf folgte ein zylindrischer, keineswegs überzeugender Abschluß; der Anlaß zu diesem Denkmal habe wohl nichts anderes gestattet. Aber was mir an diesem Entwurf gefalle, das sei die harte, strenge, dreistufige Basis. Diese Basis könnte auch Gilly gezeichnet haben.

Meine Darlegungen bewiesen ihm, sagte Adolf Hitler, daß ich mich nicht nur gedanklich mit dem Denkmal befaßt habe: Wie ich Sie kenne, können Sie mir auch einen Gegenentwurf vorlegen – oder?

Seine Idee, die rechteckige, sich verjüngende und kannelierte Säule mit dem stilisierten Adler als Abschluß, sei, wie wir Architekten uns ausdrückten, ein großer Wurf. Ich hätte mich deshalb auch nur mit dem Sockel dieser Säule befaßt. Der erste Anlaß sei gewesen, daß mir kein Bildhauer für den Gigantenfries zur Verfügung gestanden habe.

Dann aber sei ich einmal im Übersichtsmodell mit einem kleinen Spiegelteleskop durch die Straßen zum Denkmalsplatz ‚gegangen‘.

Von der großen Achse und vom Stachus her sei das einfach gewesen, aber es habe sich schon gezeigt, daß der massige Sockel wie eine Barriere die Straßenräume abschließe. Von den Seitenstraßen her, der Goethestraße, vor allem aber von der Luisenstraße, die geprägt sei von der Größenordnung des Königlichen Platzes, würden die Maßstäbe des Denkmalsockels dissonant. Modellaufnahmen aus dieser Sicht bestätigten meine Befürchtung:

Sie, mein Führer, gaben dem Säulenpylon bewußt den rechteckigen Querschnitt. Die breiten Flächen richteten Sie zu den großen Straßenräumen der neuen Achse und zum später offenen Stachus, die schmalen Flächen zu den kleinräumigen Seitenstraßen.

Nein, einen Gegenentwurf machte ich bislang nicht. Wohl aber habe ich skizziert, auf Grund der Modellaufnahmen, weil ich mir selbst nur so Klarheit verschaffen konnte. Ich versuchte, die Säule auf einen zweistufigen, monolithischen Block zu setzen, der in seinem tektonischen Maßstab und in seinen überschaubaren Proportionen die Säule sowohl aufstreben läßt als auch zu tragen und zu verankern vermag.

Um diesen monolithischen Block skizzierte ich dann eine dritte Stufe: Einen Pfeilerumgang, mit einfachem Gebälk, Architrav und Gesims. Damit wollte ich den Block auflockern, die Basis verbreitern und einen ablesbaren Maßstab zur Platzbebauung herstellen. Aber ich suchte auch bewußt eine Anknüpfung. Denn dieser Pfeilerumgang, mit strengem, kassettiertem Deckenabschluß, ist letztlich nichts anderes als die Pfeilerreihung der ‚Ewigen Wache‘ von Troost. Statt der Vertiefung für die Sarkophage wächst nun beim Denkmal der Monolith, und damit die Basis, aus der die Säule emporschießt.

Ob ich eine solche Skizze hier bei meinen Unterlagen hätte.

Nein, ich hätte keine Unterlagen zur Hand, aber ich könnte ihm morgen eine Skizze vorlegen. Jetzt sei ich zu unsicher, um mit der notwendigen Konzentration zu zeichnen.

Ob ich bei meinen Erwägungen eigentlich daran gedacht hätte, daß genügend Raum zur Verfügung stehen müsse für den Eingang, für die Aufzüge und

Treppen zur obersten Plattform der Säule und daß vor allem ein würdiger Raum für die Fahne* notwendig sei.

Ja, das hätte ich alles beachtet. Die Fahne stehe in dem Monolith, vom Pfeilerumgang sichtbar. Die Front dieses Pfeilerumgangs gliedere sich in sieben Felder, im Mittelpunkt stehe symbolhaft die Fahne, geschützt durch starkes Verbundglas, daneben seien in den Stein eingemeißelte Nischen für die Ehrenwache. Aus dieser ‚Fahnenachse‘ strebe die Säule mit dem Adler als Hoheitszeichen.

Adolf Hitler schaute mich ernst und prüfend an. Ich fragte, ob ich ihm noch weitere eigensinnige Überlegungen vortragen dürfe. Er forderte mich mit einer Handbewegung dazu auf.

Nun, daß die Basis des Denkmals, der Monolith mit dem Pfeilerumgang, aus Urgestein, Granit oder Porphyr, aus geschliffenem Porphyr, sein müsse, sei selbstverständlich. Man würde ihm sonst nicht die Kraft zutrauen, die Last der Säule zu tragen und zu verankern. Aber was die Säule selbst betreffe --- Adolf Hitler unterbrach mich:

Jetzt werden Ihre Vorstellungen revolutionär, aber sprechen Sie weiter!

Meine Überlegungen gingen zurück auf ein Gespräch, seine Deutungen des Eiffelturms am Abend nach der Fahrt durch Paris. Er habe damals von neuen Maßstäben gesprochen, die durch neue Baustoffe ermöglicht werden, von Eisen, von Stahl und Beton, vom Beginn eines neuen Zeitalters, des Zeitalters der Technik.

Ich sah Spannung in Adolf Hitlers Gesicht und fuhr fort: Der erste Anstoß kam von einem meiner Mitarbeiter, einem Ingenieur, der meinte: Stahlbeton, das ist technisch, statisch richtig und auch zeitgemäß. Ich sagte dazu, das mag wohl sein, aber das Material hat für das Denkmal nicht die zeitenüberdauernde Gültigkeit, ihm fehlt die absolut notwendige Beständigkeit, und es ist nicht nobel, die Schüttmasse wird dem Denkmals-Anspruch nicht gerecht.

Aber trotzdem, es sprach sehr viel dafür, schon allein wenn ich an die technischen Vorteile dachte, an die Fahrstuhlschächte, an das Treppenhaus. Wie konnte die Haut des Stahlbetons veredelt werden? Das war meine nächste Überlegung. Im Inneren war das durchaus möglich, mit Stein oder Bronze-Inkrustierung.

Aber außen? Die Griechen duldeten bei ihren Tempelbauten noch nicht einmal den Mörtel, er war für sie amorph*. Die Römer, ich denke an das Pantheon und vor allem an das Kolosseum und die Thermen, mauerten die Schalungen mit Ziegel, verspannten mit gemauerten Bögen und betonierten mit einem Gemisch von Ziegelbrocken und hydraulischem Kalk. Ich fragte mich: Ist Stahlbeton denn amorph?

Die Stahlbewehrung der Säule könnte sich im Laufe der Zeit zersetzen, warf Adolf Hitler ein.

Ich glaube, dieser Gefahr könnte man begegnen durch die Qualität des Stahls, die Güte des Betons, durch Verdichtung und durch Überdeckung des Stahls mit mindestens drei Zentimeter Beton: Haarrisse, durch die von außen Wasser eindringen könnte? Nun, dagegen schützt eine metallische Haut.

– Sie dachten an Metall als Außenhaut?

– Ja. Zuerst dachte ich an Bronze-Elemente. Die Kannelierung der Säule macht es möglich, diese Elemente in sich zu verklammern und als ‚verlorene Schalung‘ einzusetzen und sie so mit dem Stahlbeton zu verbinden.

Ich sah mir den Münchner Obelisken auf dem Karolinen-Platz an, der aus Bronze-Tafeln zusammengesetzt ist. Aber auf die Säule bezogen, schien es mir, es würde selbst mit einer aufhellenden Patina der Gesamteindruck der mächtigen Säule zu schwer und zu dunkel sein.

Es könnten Zeiten kommen, unterbrach mich Adolf Hitler, da reißt man die Bronze vom Stahlbetonkern, wie man beim Kolosseum in Rom die Steine aufmeißelte, der Bronzeanker wegen.

– Ja, den Gedanken an Bronze habe ich aufgegeben. Ich unterhielt mich mit einem Metallurgen, und dann kam ich auf ‚Silberstahl‘ statt Bronze, also nichtrostende, silbrige Stahlplatten in beliebiger Stärke. Der Metallurge nannte mir die Legierung, ich habe die Bezeichnung vergessen.

Adolf Hitler kannte diese Legierung und nannte sie mir.

– Man kann diese Stahlplatten kalt verformen, derart, daß sie sich auf den Stegen zwischen den Kannelierungen überplatten und beim Betonieren durch Anker fest mit dem Stahlbetonkern verbinden. Die Breite einer solchen Silberstahlplatte würde einer Kannelierung entsprechen, die Höhe richtet sich nach möglichen Dehnungen durch Sonneneinwirkung und nach dem Schwinden des Betonkerns. Aber nicht nur die Horizontalfugen auf den Stegen, auch die Vertikalfugen müßten bei durchlaufender Fläche überplattet angeordnet werden.

Ich kann es mir sehr wohl vorstellen: Auf dem strengen, knappen Sockel-Monolith mit dem Pfeilerumgang steht diese silbrig schimmernde Säule, die in den Kannelierungen noch das Licht auffängt, ohne Schwere, fast unwirklich; und als Abschluß trägt sie den vergoldeten Adler mit den horizontal, leicht nach rückwärts gebreiteten Schwingen. Ein würdiges Denkmal, aus Baustoffen unserer technischen Zeit.

Adolf Hitler saß schweigend, mit geschlossenen Augen, in seinem Sessel. Er öffnete die Augen, sah mich eine kurze Zeit lang an und sagte dann: Ich hatte mir bisher das Denkmal immer in Granit vorgestellt.

Ich überlegte: Vielleicht sei ich schon zu sehr mit der Vorstellung vertraut, – ich sähe diese Säule aus hellem Stahl, schwerelos, fast transparent, aufgelöst durch die silbrig schimmernden kantigen Kannelierungen.

Und der Sockel, – ich hätte in Südtirol einen rauchgrauen, teilweise in ein zartes Grau-Rot getönten Stein mit riesigen Blöcken und Platten gesehen. Man habe mir gesagt, es sei eine Porphyrart, ich hätte Porphyr bislang nur in einem dunklen Rot gekannt.

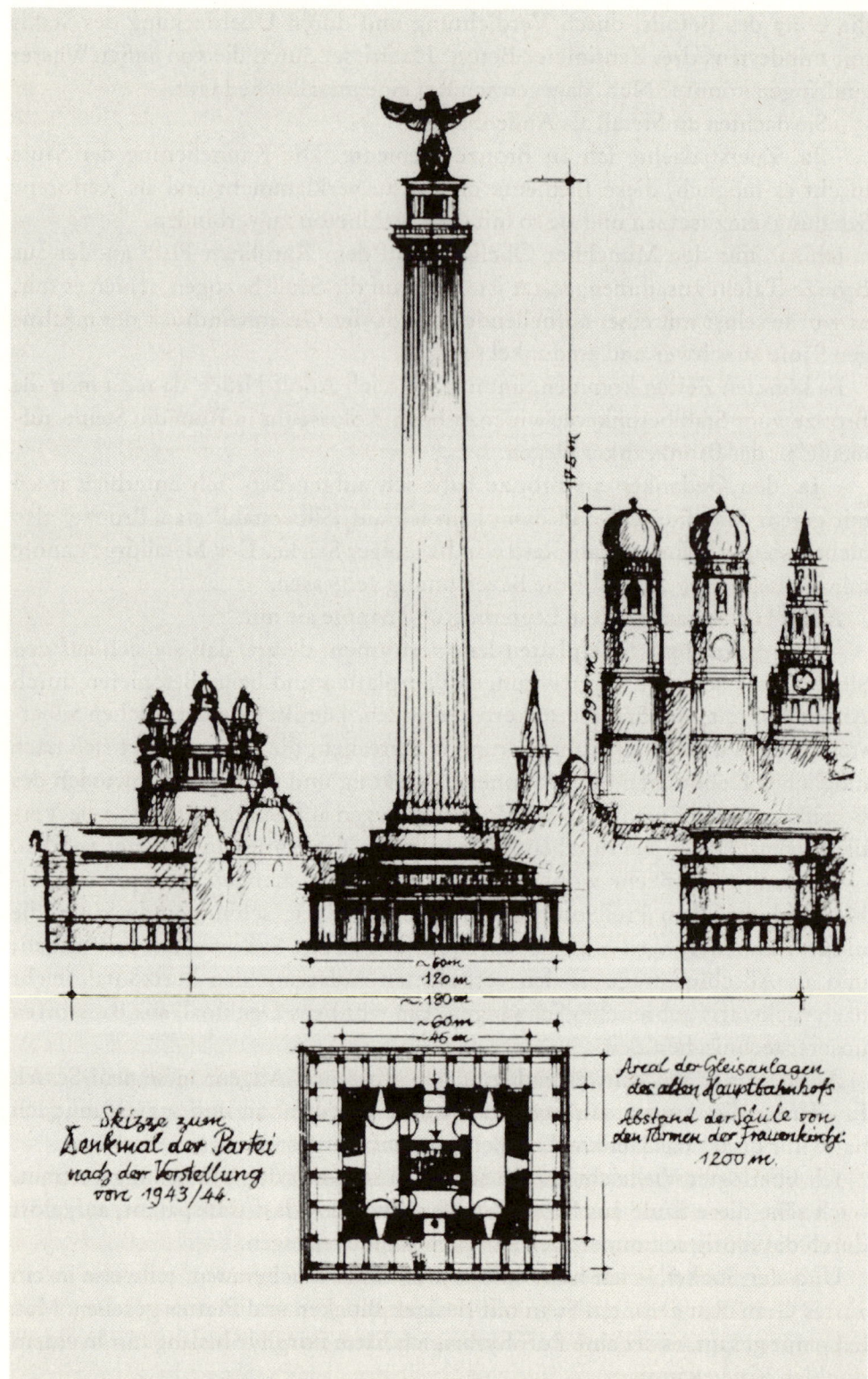

~175 m

99.50 m

~60m
120 m
~180 m
~60m
~45 m

Areal der Gleisanlagen
des alten Hauptbahnhofs

Abstand der Säule von
den Türmen der Frauenkirche:
1200 m.

Skizze zum
Denkmal der Partei
nach der Vorstellung
von 1943/44.

Genau dieser Südtiroler Stein würde zu dem Silberstahl passen. Den Granit habe Speer und, wie ich es überschaute, beherrsche er die verfügbaren Granitvorkommen restlos. Deshalb, wenn das Denkmal in Granit errichtet werden solle, dürfe ich darum bitten, daß sich Speer zu gegebener Zeit des Denkmals annähme und es als seinen Beitrag für die Neugestaltung Münchens betrachten möchte.

Adolf Hitler sah mich überrascht an und sagte dann trocken: Schließlich habe ich dabei wohl auch noch mitzureden! Ich gebe zu, Ihre Auffassung über das Denkmal ist interessant, ich werde über Ihre Argumente nachdenken. Legen Sie mir morgen eine Skizze vor.

Am nächsten Abend legte ich Adolf Hitler meine Skizze vor und gab dazu eine kurze Erläuterung. Abschließend zitierte ich aus der Gedankenwelt des jungen Architekten Friedrich Gilly. Er erläuterte seinen Entwurf von 1797 für das Denkmal Friedrichs des Großen mit einem Bekenntnis zur Schlichtheit:

„Jeder verschwendete Reichtum ist ein Überfluß. Nicht korinthisch, nicht reiche Pracht, vielmehr einfache Schönheit und Würde, feste, unzerstörbare Masse, ein ehrenvolles Monument. Groß auch im Maßstab und damit ehrerbietige Größe*.“

Adolf Hitler entschied sich für meinen Vorschlag.

Hatte ich ihn wirklich überzeugt, oder wurde seine Zustimmung dadurch beeinflußt, daß sein Interesse in dieser Zeit fast ausschließlich den Entwürfen der baulichen Gestaltung seiner Heimatstadt Linz an der Donau galt?

Doch war es keineswegs eine leicht errungene Zustimmung. Ohne Zweifel hatten ihn meine Darlegungen beeindruckt: Ein einsamer Entschluß, eine visionäre Sicht, eine von Willenskraft getragene Idee kann nur in reiner Architektur dargestellt werden!

*   *

*

In den Städten ist der Grundriß
ein Abbild der Schicksale eines Volkes;
nur die in der Silhouette aufragenden
Türme und Kuppeln reden
von der Logik im Weltbild ihrer Erbauer,
den letzten Ursachen und Wirkungen in ihrem All.

Oswald Spengler
Der Untergang des Abendlandes: Makrokosmos

Dissonanzen
Ein notwendiger Exkurs

Professor Paul Bonatz

Professor Bonatz hatte 1934 durch sein Basler Interview mit der keineswegs fundierten Kritik an den geplanten Bauten am Königlichen Platz in München einen Protest der Partei ausgelöst. Besonders kam der Widerhall von der Gauleitung aus Stuttgart, die Vergangenes ausgrub, so, Bonatz hätte nach dem Weltkrieg führend dem ‚Arbeiter- und Soldatenrat‘ angehört. Es schien, als habe sich Bonatz damit für alle anstehenden Bauten des Staates und der Partei selbst ins Abseits gestellt.

Ich kannte Prof. Bonatz seit Jahren. Daraus erklärt sich, daß der Stellvertreter des Führers, Rudolf Heß, informiert durch seinen Kulturreferenten Schulte-Strathaus, mich bat, mitzuhelfen, diese Dissonanzen abzuklären. Ich wurde beauftragt, bei der Gauleitung Württemberg zu vermitteln und mich für Bonatz einzusetzen.

Ich war dazu gerne bereit, denn als ich 1931 für ihn tätig war, gab er mir Kenntnis von einem anonymen Schreiben. Er wurde darin aufgefordert, mir – als aktivem Nationalsozialisten – keine Aufträge mehr zu geben. Bonatz legte damals das Schreiben mit einem Achselzucken beiseite. Ich habe ihm das hoch angerechnet.

Vor der Besprechung mit der Gauleitung unterhielt ich mich mit Prof. Bonatz. Er versicherte mir, daß sein Basler Interview von den Journalisten falsch interpretiert und wissentlich entstellt worden sei. Seine Bemerkungen über die geplanten Bauten in München hätten nicht das Maß einer – unter Architekten üblichen – Auffassungs-Divergenz überschritten. Eine Kritik an Prof. Troost habe ihm schon aus Gründen der Kollegialität ferngelegen. Bonatz vermutete hinter dem Basler Interview eine, wie er sich ausdrückte, ‚gezielte Journalisten-Tratsche‘, weil er mit dem Bau des Basler Museums in eine schwyzer Domäne eingebrochen sei.

Mein Einsatz bei der Gauleitung für Bonatz war erfolgreich. Als freier Mitarbeiter bearbeitete er nun für Dr. Todt wesentliche Brückenbauwerke der Autobahnen und wurde mit großen Aufgaben im Rahmen der Neugestaltung deutscher Städte betraut.

Zum Richtfest der „Burg Sonthofen" lud ich Professor Bonatz ein; ich wollte damit einigen Mitarbeitern, die Bonatz-Schüler waren, eine Freude machen. Bonatz kam und war begeistert von der Urwüchsigkeit des Bauwerks und von

dung mit dem Führerhauptquartier von Nutzen; ich gewann dadurch noch die Zeit, selbst am Peipus-See auch an der Planung für Linz zu arbeiten.

Mit neuen Plänen fuhr ich ins Hauptquartier, um bei günstiger Gelegenheit Adolf Hitler zu überzeugen, daß ich wegen Arbeitsüberlastung nicht nach Ankara könne.

Er versuchte mich umzustimmen: Sie können den Aufenthalt in Ankara auf einige Tage beschränken – betrachten Sie das Ganze als Ausspannung und Ablenkung. Die notwendige Zwischenlandung gibt Ihnen die Möglichkeit, die Akropolis, den Parthenon zu sehen! Nein? – wer soll denn an Ihrer Stelle die Ausstellung eröffnen?

– Mein Führer, ich schlage Professor Bonatz vor. Er hat viele Bekannte in der Türkei, viele seiner ehemaligen Schüler sind dort in einflußreichen Stellungen.

– Bonatz? – Ich habe ein ungutes Gefühl.

Dann, nach einer kurzen Pause: Meinetwegen ja, – obwohl ich lieber Sie dort gewußt hätte.

Ehe Bonatz dann mit der Ausstellungs-Equipe nach Ankara abreiste, hatten wir noch ein Gespräch in meinem Haus in München, in dem er öfter, neben Alwin Seifert und dem vielseitigen Emil Preetorius, zu Gast war.

Das Gespräch brachte eine Überraschung, denn ohne gegebenen Anlaß sprach Bonatz über die Baugestaltung am Königlichen Platz. Er meinte, der von Professor Troost gebauten Ostseite des Platzes läge eine feminine Tendenz zu Grunde: Führerbau links – dasselbe rechts, Ehrentempel links, Ehrentempel rechts, Unentschiedenheit hin und her statt männliche Einmaligkeit!

Ich sagte ihm: Wenn Sie das als feminine Tendenz empfinden, – na ja – für mich zeugt dieser Platz von der noblen Gesinnung seines Gestalters.

Die Bauten von Troost am Königlichen Platz* sind voller Kraft und Strenge, energisch, und zugleich verharren sie in tektonischer Ruhe und Zurückhaltung. Sie sind keine Epigonen der Palaisbauten von Klenze, sie haben genug Eigenwilligkeit, um Zeugen unseres 20. Jahrhunderts zu sein. Ihre ruhende Horizontale läßt erst den Obelisken von Klenze als Vertikalkraft zur vollen Geltung kommen.

Die Bauten sind soweit seitlich versetzt, daß sie die notwendige, vorher nicht vorhandene Verfestigung des Platzes sicherstellen, ohne sich selbst beherrschend zu geben. Die transparenten Ehrentempel vermitteln allseitig den Maßstab. Vom Platz aus führen sie den Blick in die Brienner-Straße zum Obelisken und weiter in das München der alten Tradition, dabei sind sie aber gleichzeitig Zeugen für das Geschehen der letzten Jahrzehnte.

Mir scheint, so sagte ich zu Bonatz, Sie kennen weder die Zusammenhänge, noch wissen Sie um den Sinn der baulichen Anordnung, Sie haben sicher auch nie den Aufmarsch zu einer Kundgebung auf dem Königlichen Platz erlebt ...

Bonatz machte eine abweisende Handbewegung.

... Natürlich nicht, fuhr ich fort, denn sonst wüßten Sie um die „männliche Einmaligkeit", die Sie vermissen. Aus der Stadt, vorbei an der Feldherrnhalle und am Obelisken, marschieren die Kolonnen mit ihren Standarten zwischen den Ehrentempeln mit den toten Zeugen des ersten Aufbruchs. Darin symbolisiert sich der Weg der Partei, – den können Sie nicht mit einer „Einmaligkeit" verbauen! Der Blick zum Obelisken, zur Stadt, muß frei bleiben, denn von dort strömt das Lebendige in den Platzraum. Die Klenze-Propyläen erst bilden den Abschluß.

Damit wollte ich das Thema wechseln, denn ich sah keine Möglichkeit einer Verständigung. Doch Bonatz sprach nun von den Sarkophagen, die in den Ehrentempeln zur Schau gestellt würden. Aber an dem ist es doch nicht, sagte ich zu ihm. Sie sind vom Straßen- und Platzraum aus nicht zu sehen, – man muß die Stufen hinaufsteigen, den durch die Pfeiler gebildeten Raum betreten, und erst dann hat man den Blick auf die tieferliegenden Sarkophage. Worin unterscheidet sich das, fragte ich ihn, von den Grabstätten und Sarkophagen im römischen Pantheon, in den Kreuzgängen von Pisa, in Santa Croce, im Dom von Florenz? Und über den Totenkult zu sprechen, das erübrigt sich, – er ist doch allen Kulturen, Gemeinschaften und Religionen eigen, und die christliche Kirche machte aus ihren Bekennern nicht nur Zeugen, vielmehr Märtyrer, ja sogar Heilige! Damit war dieses Thema beendet.

Als ich mir die eben gehörte Bonatz-Kritik über die Bauten am Königlichen Platz zusammenfügte, ergab sich eine seltsame Übereinstimmung mit seinem Basler Interview, dessen Inhalt Bonatz damals entrüstet als gezielte Journalisten-Tratsche zurückgewiesen hatte. Welche Veranlassung stand hinter dieser offensichtlichen Herausforderung kurz vor seiner Abfahrt nach Ankara?

Aber Bonatz war noch nicht am Ende, er hatte noch etwas zum Draufsetzen: Jetzt ging es gegen mich und den neuen Münchner Hauptbahnhof. Auf Weisung von Adolf Hitler sollte auch die von ihm 1942 konzipierte „Europa-Spur" die Breitspur-Bahn, soweit es die Personenzüge betraf, in den neuen Hauptbahnhof eingeführt werden. Die geforderten zwei Breitspur-Gleise für die Personenzüge schienen eine Erweiterung des Bahnhofs-Polygons um 20 Meter erforderlich zu machen. Ich wollte an dem Bauwerk nichts mehr ändern und vertrat die Auffassung, daß auf zwei oder drei Normalspuren verzichtet werden könnte. Speer schloß sich meiner Auffassung an, selbst wenn er andere Gründe dafür haben mochte*. Sollte die Reichsbahn sich später unserer Auffassung nicht anschließen und auf der Vergrößerung des Kuppel-Durchmessers um 20 Meter bestehen, so war die Entscheidung Adolf Hitlers maßgebend, die man jetzt, im Jahre 1943, nicht erwarten konnte.

Es war mir deshalb unverständlich, warum Bonatz nun anfing, gegen die Breitspur zu polemisieren. Ich sagte ihm, seine Argumente überzeugten mich nicht; genau betrachtet, bedeuteten sie nachträglichen und sinnlosen Widerstand gegen die technische Entwicklung von der Postkutsche zum Schienenfahrzeug. Er müßte dann auch die Entwicklung beim Auto mit der folgerichtigen Steigerung der Landstraße zur Autobahn verurteilen. Ich jedenfalls möchte diese Entwicklung von der Normalspur von 1435 Millimeter der englischen Postkutsche zur Breitspur von 3600 Millimeter als vernünftig bezeichnen, sie böte die Möglichkeit eines europäischen Güteraustausches, sie käme gleichzeitig dem Personenverkehr zugute und würde zum Gleichgewicht zwischen Schiene und Straße führen.

Bonatz verzog seinen Mund; er sprach immer aus einem Mundwinkel, eine besondere Eigenart, durch die eine oft durchscheinende Ironie verstärkt wurde, die manchmal sarkastische Schärfe annahm; an sich schätzte ich sie bei ihm, auch wenn sie sich gegen mich richtete. Weshalb lehnen Sie dann meinen technisch klaren Vorschlag für den Standort und die Gestaltung des neuen Hauptbahnhofes ab, sagte er, die ‚Lösung der Vernunft‘, den Bahnhof weit draußen, Ost-West gerichtet, neben den Gleisen angeordnet?

Herr Bonatz, – das will ich Ihnen offen und derb sagen! Einmal, weil das städtebaulich überhaupt nicht zu vertreten ist; weiter, weil das Ihr Stuttgarter Bahnhof in München wäre, nur statt als Kopfbahnhof jetzt als Seitenbahnhof. Und außerdem, weil mir vor Langeweile die Füße einschlafen, wenn ich mir diese ‚Lösung der Vernunft‘ länger anschauen muß, – und noch dazu, nachdem ich damals nicht nur den Führer mit meinem Entwurf überzeugte – der hatte das mit einem Blick erkannt! – vielmehr auch das Verkehrsministerium und die Reichsbahn-Ingenieure. Und schließlich, weil nach dreieinhalb Jahren intensiver Arbeit aller Beteiligten nunmehr feststeht, daß aus dieser Gemeinschaftsplanung ein technisches Meisterwerk entstehen wird, das dem modernen Verkehr entspricht.

Mißklang stand am Abschluß dieses Abends. Einen Augenblick lang war ich versucht, den Diplomaten Walther Hewel im Führerhauptquartier anzurufen: Ich übernehme doch die Aufgabe in Ankara. Oder sollte ich mich unmittelbar an Bormann wenden? Was hätte sich daraus entwickelt! Ich unterließ es, ich konnte mir eine charakterliche Niedertracht von Bonatz nicht vorstellen. Er verabschiedete sich und bedankte sich nochmals, daß ich ihm die Reise nach Ankara ermöglicht hatte.

Bonatz fuhr also mit der Ausstellungs-Equipe nach Ankara. Sechs Tage, so wurde mir berichtet, dauerte die Fahrt durch den Balkan bis zum Bosporus. Im Sonderwagen, der jeweils Militärzügen angehängt wurde, suchte Bonatz den dritten Mann. Er fand ihn zum Dauerskat, wozu er sich, das ist verbürgt, eine Zipfelmütze aufsetzte.

Nun saß ich also in meiner Zelle in Landsberg – es war im Jahre 1952 – und las kurz in seinem Buch, mir auf wenige Stunden ausgeliehen, und mußte feststellen, daß seine Darstellung zur banalen Unwahrheit umschlug:

»Qualvoller wurde mir die Arbeit an der Unvernunft des Münchner Rundbahnhofs, der Stahlkuppel von 280 Meter Durchmesser. Zuerst hatte mich das

Ingenieur-Architektur-Problem gereizt, etwas nur aus Stahl, Glas und Kupfer zu formen. Aber die Freude am Formspiel konnte auf die Dauer die Einsicht in den Grundfehler nicht verdrängen. So zeichnete ich mit meiner Mannschaft eine „Lösung der Vernunft". Seitenlage in Ost-Westrichtung als Durchgangsbahnhof, weit draußen. Diese aber durfte nicht vorgezeigt werden, bei Androhung eines Wutanfalls.

Welches Bombenziel, der große Zirkus von 400 Metern, mit Ringbauten! Gar nicht zu verfehlen! Welcher Sport und Anreiz für feindliche Flieger!

Als uns 1942 und 1943 der Ernst der Bombardierung allmählich deutlicher ins Bewußtsein gebracht wurde, erfand der hohe Herr acht Flaktürme, die flankierend beim Eingang zu den vier Straßen des Straßenkreuzes aufgestellt werden sollten, 100 Meter vom Objekt entfernt! Welch hübsches Feuerwerk konnte das geben, wenn diese acht Türme zu gleicher Zeit schossen – es war eigentlich noch naiver als beim Admiral, es war wie Bleisoldaten- und Festungsspielen.

Das war aber immer noch nicht das Schlimmste: Nun erfand der „Führer" die Großbahn. Sie sollte vier Meter Spurweite haben, zweigeschossige Wagen, je 40 Meter lang und 6.80 Meter hoch, 6 Meter breit, in jedem Wagen sechshundert Leute, und der Zug sollte mit 200 Kilometer Stundengeschwindigkeit fahren. Drei Stunden nach Abfahrt von Berlin kann er viertausend Berliner in München ausspeien und umgekehrt, und das mehrmals am Tage. Welcher Fortschritt! Wenn ein Eisenbahner sagte, das ginge nicht, wurde er als Defaitist hinausgeworfen.

Diesen kompletten Irrsinn sollten wir nun in die Mittelachse des Kuppelbahnhofs einbauen. Vier Gleise mit Bahnsteigen und Gepäck brauchten nochmals 70 Meter. Gut! meinte ich, dann müssen wir eben den Kuppeldurchmesser von 280 auf 350 Meter vergrößern, wenn schon – denn schon, nur keine Feigheit in dieser großen Zeit. Ich hoffte, daß die Seifenblase endlich platzte. – Aber da wurden doch manche feig, und da blieb die Planung an einem toten Punkt stehen.

Wenn ich einen Einzelgrund für mein Auswandern in die Fremde angeben sollte, dann wäre es wohl die Flucht vor diesem Wahnsinn*.«

Wie ich mich erinnere, war damals Bonatz mit seiner ‚Mannschaft' und den Ingenieuren und Statikern von Klönne, Krupp und Jucho mit Begeisterung an der Arbeit für den ‚unvernünftigen' Münchner ‚Rundbahnhof'.

Es war ja auch reizvoll, dieses transparente Architektur-Ingenieur-Gebilde, dem modernen Denken gemäß, aus Stahl, Aluminium, Glas und Mosaik zu gestalten, ein Monument der Technik zu errichten. Ganz anders als bei dem Stuttgarter Bahnhof, aus Travertin-Gestein und Holzgebälk, was eher den Pferden eines Gottfried von Bouillon entsprach als Dorpmüllers Lokomotiven und den Strömen des Massenverkehrs.

Zunächst: Nicht 280 Meter Durchmesser hatte die Stahlkuppel, sondern

245 Meter, – aber kommt es denn auf diese 35 Meter mehr oder weniger an? Ich meine schon. Wir Architekten, die Ingenieure und Statiker erst recht, nehmen es ernst mit den Spannweiten der Tragwerke und der Kuppelproportionen. Kupfer als Werkstoff, wie Bonatz schreibt, gab es nicht bei diesem Bauwerk.

Was Bonatz als ‚Lösung der Vernunft‘ bezeichnet, das war weder städtebaulich vernünftig noch ‚weit draußen‘ gerechtfertigt. Man zwängt den Hauptbahnhof einer Großstadt nicht ‚weit draußen‘ in ein Wohnsiedlungs- und Eigenheim-Gebiet zwischen zweigeschossige Häuser. Und verkehrstechnisch, unter Beachtung von sieben Fahrtrichtungen mit dichter Zugfolge sowie der S- und U-Bahn-Strecken, war die ‚Lösung der Vernunft‘ unzumutbar.

Wie wäre es, wenn der alte Münchner Hauptbahnhof nur durch eine Seitenlage erschlossen wäre, zum Beispiel an der Arnulfstraße: Es beginnt bei den Gleissträngen des Starnberger Bahnhofs, erst dann folgen die Gleisstränge des eigentlichen Hauptbahnhofes für die Fernzüge und schließlich noch die Gleise des Holzkirchner Bahnhofs! Schon bei Gleis 16 – in Düsseldorf bedeutet das die Fahrt nach Köln – setzt es sportlich trainierte Reisende voraus.

Der für München geplante Polygon-Bahnhof hatte nicht nur vier Zugänge, er war ein allseitiger Bahnhof, er hatte damit auch die kürzesten Wege zu den Bahnsteigen und verband die Vorteile eines Kopfbahnhofs mit den betriebstechnischen Vorteilen eines Durchgangsbahnhofs. Für mich – und nicht nur für mich allein – war die von Bonatz vorgeschlagene ‚Lösung der Vernunft‘ in jeder Hinsicht unvernünftig. Was unvernünftig ist, das sollte man auch nicht noch vorzeigen, es wäre schade um die Zeit, die damit verplempert wird.

Bombenziel? Natürlich, darin stimmten wir überein: Wir wollten weder Krieg noch Bomben, – doch was soll's? Welcher Bahnhof von Bedeutung blieb verschont? Selbst das Holzgebinde der Stuttgarter Bahnhofsbescheidenheit ging in Flammen auf.

Nicht der ‚hohe Herr‘ erfand acht Flaktürme, sondern ich hielt diese Abschluß- und Schutzräume für notwendig. Sie sollten auch nicht aufgestellt, vielmehr gebaut werden. Dabei hatten sie so vielen Zwecken zu dienen, daß sie noch nicht einmal – wie beim Stuttgarter Bahnhofsturm – einem Café Raum boten. Es waren reine Zweckbauten. Damals – es war Ende 1939 – dachte ich, auf den Plattformen der Türme könnten leichte Flakgeschütze den Nahschutz des Bahnhofs übernehmen. Ich hätte diese Frage wohl besser mit dem altgedienten Arbeiter- und Soldatenrat Bonatz besprechen sollen, dann wäre mir die ablehnende Handbewegung Adolf Hitlers erspart geblieben, denn er hielt diese ‚Flakwehr‘ für bedeutungslos*.

„Nun erfand der ‚Führer‘ die Großbahn“, schreibt Bonatz spottend, und im weiteren zeigt sich: er ist kein Polemiker, kein Streiter um der Sache willen, er verliert Tinte. Die 200-Kilometer-Geschwindigkeit der Züge? Ausgerechnet in der Gegend von Stuttgart will 35 Jahre später die Bundesbahn eine neue Strecke bauen, die diese Geschwindigkeit ermöglicht!

Die Breitspur-Bahn in Ost-West- und Nord-Süd-Richtung sollte dem europäischen Güter- und Personenverkehr dienen und in vorausschauend gedachter Verbindung mit dem Normalspur-System und der Binnen- und Seeschiffsfracht einen Betrieb mit Großbehältern ermöglichen, heute Container-Verkehr genannt, um damit die Straße zu entlasten und durch die Geschwindigkeit der Züge auch den Luftraum. So war die Idee der Breitspur-Bahn zu verstehen und nicht, wie Bonatz aus dem Mundwinkel spottet: „Drei Stunden nach Abfahrt von Berlin kann er" (der Zug) „viertausend Berliner in München ausspeien und umgekehrt."

Ich habe mir die Frage gestellt: Wer soll – nach Bonatz – der Eisenbahner gewesen sein, der da sagte, das ginge nicht, und der dann als Defaitist hinausgeworfen wurde? Ich weiß von keinem. Oder meint Bonatz den Staatssekretär Kleinmann vom Verkehrsministerium, der auf Vorschlag von Speer 1942 durch Ganzenmüller ersetzt wurde? Aber das hatte nun nichts mit dem Münchner Hauptbahnhof oder der Breitspur-Bahn zu tun.

Was nun den ‚Irrsinn' angeht, den Bonatz und seine ‚Mannschaft' in die Mittelachse des Münchner Kuppelbahnhofs einbauen sollte: Nicht vier Gleise mit Bahnsteigen und Gepäckbahnsteigen forderte das Verkehrsministerium, sondern zwei Gleise an einem Bahnsteig. Dafür wurden keine 70 Meter gebraucht, wie Bonatz schreibt, sondern um 20 Meter sollte die Kuppel-Spannweite vergrößert werden. Selbst wenn das Verkehrsministerium auf der Forderung dieser zusätzlichen 20 Meter bestanden hätte, wäre darüber noch eine Entscheidung Adolf Hitlers notwendig gewesen, die, nach meiner Überzeugung, für uns ausgefallen wäre.

Während der ganzen Planungszeit des Bahnhofs wurde niemals von 280 oder gar 350 Meter Durchmesser auch nur gesprochen. Das zu schreiben blieb Bonatz vorbehalten, als er aus der Türkei zurückkam. Welche Erbärmlichkeit, den Kuppeldurchmesser um über 100 Meter zu verfälschen, – wie unwürdig ist diese Darstellung für einen Architekten von Ruf*! Zu Beginn des Jahres 1943 wurde die Planung der Neugestaltung Münchens eingestellt.

An einem Abend im August 1944 im Führerhauptquartier Wolfsschanze unterbrach ein Adjutant unsere gemeinsame Arbeit an den Plänen von Linz und überreichte dem Führer einen Stoß neuer Meldungen und Nachrichten. Adolf Hilter las sie im Stehen. Auf einmal schaute er mich an, reichte mir das Blatt, das er gerade gelesen hatte und sagte ohne jede Betonung: Giesler, – da haben Sie Ihren Bonatz. Ich las: Bonatz hatte die türkische Regierung um Asyl gebeten, er wollte in Ankara bleiben. Dann hatte er bei den feindlichen Botschaften seinen Antrittsbesuch gemacht!

Es war wohl zum Besten für meine Familie, für die ich nach den langen Jahren der Gefangenschaft zu sorgen hatte, daß mir Bonatz nicht mehr begegnete.

Unvergessen bleibt mir der Blick und die ruhige Bemerkung Adolf Hitlers: Giesler, – da haben Sie Ihren Bonatz.

Professor Alwin Seifert

Ich möchte Ihnen nicht dreinreden, sagte mir Reichsleiter Bormann. Aber mit Seifert werden Sie – wie ich selbst – noch Ihre Erfahrungen machen. Das war im Januar 1939. Ich hatte den Landschaftsgestalter und Architekten Alwin Seifert als Freien Mitarbeiter für die Dienststelle verpflichtet. Er sollte als Berater für die Planung der Grünflächen bei der Neugestaltung von München tätig sein.

Bormann kannte Seifert aus einer gemeinsamen Arbeit, der Garten- und Landschaftsgestaltung in Pullach und auf dem Obersalzberg; da mochte Seiferts Überschwang an der nüchternen Beharrlichkeit des Gutsverwalters Bormann gescheitert sein. Später erfuhr ich, es lag viel mehr hinter diesem ‚Erfahrungen machen*‘.

Ich hatte mit Seifert im Allgäu und in Thüringen zusammengearbeitet. Nun sollte er für die Dienststelle in München der Treuhänder der Landschaft sein und das wache Gewissen für alle Umwelt-Verpflichtungen. Er sollte die Interessen der Landschaft vertreten gegenüber städtischen Belangen. Seine Eigenarten mußte man in Kauf nehmen. Meine Mitarbeiter und ich wußten, was er als Landschaftsgestalter und Anwalt wert war, er selbst wußte es aber noch viel besser. Zuweilen schlug seine Ironie und sein Sarkasmus in Überheblichkeit um und wurde kränkend oder gar bösartig, – dann war er „wirklich ein unausstehbarer Mensch", wie er von sich selber schreibt.

Oft verbrachte er den Samstagnachmittag in meinem Wohnhaus oder in dem schönen Garten, den er mir angelegt hatte. Wir planten dann die Fortsetzung des Werkes von Sckell, nach hundert Jahren: Die Erweiterung des Englischen Gartens nach Norden. Wir planten gemeinsam die Grünflächen in München, im Münchner Raum, das Freihalten des Isartals und des Isarfeldes im Süden der Stadt. Es sollte frei bleiben von Industrie und von Hochbauten, um den Frischluftstrom für den Stadtkern nicht zu behindern. Wir sprachen von Blumen, Gärten, von Landschaftspflege und landschaftsgerechtem Bauen, vom Wesen des Lebendigen. Alwin Seifert war ein guter Erzähler mit oft überraschenden Ideen. Phantasievoll schilderte er die Zusammenhänge von Boden und Pflanzengemeinschaft, den alpenländischen Raum und seine Baukultur.

Und doch war alles nie ohne eine gewisse Selbstbezogenheit. Mit überschwänglichem Lob bedachte er Persönlichkeiten, Politiker, Künstler, Architekten und ihr Wirken, um sie dann bei nächster Unterhaltung und Gelegenheit mit bissigen Bemerkungen und raschem, oft völlig unbegründetem Urteil abzutun.

Begeistert sprach er immer wieder über die Krautgärten im KZ Dachau, als sei es seine eigene Domäne. Unter seiner Anweisung, so erzählte er, werde dort Kompostierung und biologische Düngung betrieben, auf großen Flächen sei dort eine neue Gartenkultur der Nutzpflanzen aller Art, der Würz- und Heilkräuter entstanden.

Aber kaum ein solcher Nachmittag in reicher Themenfülle endete ohne den Versuch einer stadtbezogenen Kannegießerei: So war Alwin Seifert zäh bemüht, den Münchner Stadtbaurat durch einen Vertrauten seines Herzens zu ersetzen. Dem begegnete ich stets mit beharrlicher Abwehr, aber doch mit einem freundlichen Lächeln.

Mehr und mehr fiel mir auf: Gegebenheiten und Tatsachen konnten noch so fest gefügt sein, Alwin Seifert bog sie unbekümmert zurecht, wie es ihm gerade behagte. Es fehlte ihm auch nie an guten Bauernsprüchen und am weisen Ratschlag: Sie müssen noch lernen, über Ihren eigenen Schatten zu springen, konnte er mir als dem Jüngeren recht bedeutungsvoll sagen; er selbst vermochte es schon seit langem, wie er kundtat.

Einmal gab er mir Kenntnis von einem Brief, den er an eine von uns allen geachtete Persönlichkeit gerichtet hatte, der er außerdem jede Förderung und allen Rückhalt verdankte. Der Brief war eine einzige Bösartigkeit. Herr Seifert, das können Sie nicht machen, ich finde diesen Brief unglaublich, das können Sie diesem Mann nicht antun. Ich weiß nicht, ob er dennoch den Brief abgesandt hat, jedenfalls sah ich Seifert nun in einem anderen Licht.

Zwei Jahre später erhielt ich selbst von ihm ein derartiges Schreiben. Danach war zwischen uns eine Verständigung und eine weitere Zusammenarbeit nicht mehr möglich.

Nach dem Krieg hat Alwin Seifert in seinem Buch „Ein Leben für die Landschaft" auf seine Art und dabei überaus primitiv und mit dem Prügel die Dissonanz zwischen uns markiert*. Ich könnte mich darüber hinwegsetzen, wäre die Schmähung nicht mit dem Namen Alwin Seifert versehen. Das zwingt mich, den Ablauf aus meiner Sicht darzustellen.

Kurz nach Stalingrad, Anfang Februar 1943, sprach mein Bruder als Gauleiter in München auf einer großen Studentenversammlung im Deutschen Museum. Aus verschiedenen Gründen war das veranlaßt: Universitäts- und Hochschul-Lehrkörper und die Studentenschaften hatten auf Mißstände hingewiesen. Es mögen sich schon die ersten Aktivitäten von Widerstandsgruppen der ‚Weißen Rose' abgezeichnet haben. Ferner hatte sich die Studentenschaft darüber beschwert, daß junge Studentinnen, statt Kriegsdienst zu leisten, selbst die Plätze der Versehrten und Rekonvaleszenten für sich beanspruchten.

Das bezog sich auch auf die Mediziner-Lehrgänge, deren Teilnehmer dafür frontbeurlaubt waren. Aber es gab noch anderes mehr.

Ich habe sowohl Einsicht in die Zuschriften und Berichte gehabt, die meinem Bruder zugegangen waren, als auch die Veranstaltung im Deutschen Museum erlebt. Ich konnte mir deshalb ein Urteil bilden. Nicht mein Bruder hatte die Studentinnen beleidigt, vielmehr fühlten sich einige von diesen ‚Töchtern aus guten und beziehungsreichen Häusern‘ beleidigt, weil die Wahrheit gesagt wurde.

Es mögen unter den tausend ein knappes Dutzend auf der Galerie gewesen sein, die Anstoß nahmen und den Saal verlassen wollten. Lassen Sie doch die Gänse schnattern und laufen, sagte mein Bruder dem SS-Obergruppenführer von Eberstein, dessen Polizei-Organe die Namen derer notierten, die sich betroffen gefühlt hatten und empört taten.

In der Nacht vom 7. zum 8. Februar fuhr ich nach Berlin, um an dem Gedenken an Dr. Todt teilzunehmen, der im Jahre vorher tödlich abgestürzt war. Im Zug traf ich Alwin Seifert. Mit vielen anderen standen wir im Gang zu kurzem Gespräch. Seifert war beflissen, mit lauter Stimme seine Sympathie kundzutun für die Mädel, die sich bei der Studentenversammlung im Deutschen Museum als Mannsbilder gezeigt hätten. Ihn freute sein Wortspiel, er wiederholte es in Abwandlungen.

Natürlich, gab ich ihm zurück, das entspricht Ihrer Art, ‚immer dafür, wo was dagegen ist, und immer dagegen, wo was dafür ist‘. Darauf Seifert: Ihr werdet noch allerlei erleben in der nächsten Zeit – das war nur der Anfang – ich weiß Bescheid!

Ich machte ihn ruhig, leise, aber nachdrücklich darauf aufmerksam, daß wir interessierte Zuhörer hatten, und, wenn er wirklich glaubte, etwas Fundiertes zu wissen, dann solle er das den Leuten mitteilen, die dafür zuständig seien.

Am 17. Februar erfolgte der sinnlose Aufruhr der ‚Weißen Rose‘ der Geschwister Scholl, verbunden mit dem Abwurf von Flugblättern, darin der Aufruf zu Widerstand und Sabotage. Die Träger dieses Aufruhrs verurteilte der Volksgerichtshof am 27. Februar nach den Kriegsgesetzen zum Tode*.

Wenig später erhielt ich eine Vorladung zur Vernehmung durch die Gestapo. Die können zu mir kommen, wenn sie etwas von mir wollen, war meine Reaktion, und ich teilte das meinem Bruder mit, der durchaus informiert war. Doch er hatte die Auffassung, ich möge diese Institution genauso respektieren, wie ich meine Dienststelle respektiert sehen wollte. So betrat ich zum erstenmal das Wittelsbacher Palais – nicht als Architekt, sondern um von der Gestapo verhört zu werden.

Man hielt mir vor, es wäre meine Pflicht gewesen, unmittelbar über das Gespräch zu berichten, das ich mit Professor Seifert am Abend des 7. Feburar im Gang des Wagens Nr. XY geführt hätte. Es gab eine harte, doch sachlich verlaufende Auseinandersetzung, denn ich fühlte mich keineswegs verpflichtet, jedes Geschwätz und jede dumme Redensart wichtigtuend der Geheimen Staatspolizei mitzuteilen. Im übrigen seien sie ja, nach dem, was mir vorgehalten würde, eingehend informiert. Die Bemerkungen Seiferts erhielten natürlich jetzt, nach dem Aufruhr der ‚Weißen Rose‘, eine überbewertete Bedeutung.

Ich sprach für Seifert und charakterisierte ihn als einen großen Landschaftsgestalter, aber auch als einen ebenso großen Schwätzer, doch durchaus harmlos. Damit erreichte ich, daß Alwin Seifert von weiteren Nachforschungen verschont wurde. Wenige Tage später erhielt ich von ihm den Brief, den ich mir an den Spiegel stecken konnte. Darin beschuldigte er mich, ich hätte ihn wegen seiner Äußerungen im Zuge der Gestapo gemeldet. Und in seinem Buch wird dies von ihm als Tatsache dargestellt.

Es stellt sich die Frage: Was stimmt denn nun eigentlich von all dem, was Seifert über die Brüder Giesler geschrieben hat? Er hat sich nicht für Professor Vorhölzer eingesetzt, der auf meine Veranlassung aus der Türkei zurückkam und Vertrauensarchitekt der Dienststelle wurde. Seifert stand auch nicht im „Dienste der Stadt München“, vielmehr war er freier Mitarbeiter der Dienststelle Generalbaurat.

Ich habe bei der nächtlichen Bahnfahrt nach Berlin weder ‚getobt‘, noch habe ich Seifert je bei der Gestapo gemeldet, das entspricht nicht meiner Art. Vielmehr habe ich ihn dort in Schutz genommen und ihn auch später noch – nach seinem bösartig-unverschämten Brief – gegen Bormann und die Parteikanzlei abgeschirmt. Keinerlei Schritte unternahm mein Bruder gegen ihn, auch nicht in seiner Eigenschaft als Kultusminister.

Und da ihm nun bei der Gestapo angedeutet wird, so schreibt Alwin Seifert, daß er mit seiner Verhaftung rechnen müßte, und er wußte, daß nur noch Frechheit helfen konnte, meldete er sich als Gast bei dem SS-Obergruppenführer Pohl an, dem Verwaltungschef der KZ’s. Aber die Verhaftung ließ auf sich warten, und so befaßte er sich weiter mit der Landschaftspflege und hielt, wie er ebenfalls zu berichten weiß, anderthalb Jahre später, im September 1944, einen Vortrag in der Schweiz. Reich beschenkt kehrte er zurück, um das vivere pericolosamente fortzusetzen.

Doch fand sich niemand in der Diktatur, der ihn verhaften wollte. Erst die Sendboten der christlichen und demokratischen Toleranz, die Amerikaner, sperrten ihn ein – warum, weshalb, ich weiß es nicht. Sie kannten seine ‚Frechheit‘ doch noch gar nicht!

Aber mit oder ohne Frechheit, Seifert brauchte Pohl nicht zu bemühen, um sich als Gast im KZ Dachau anzumelden! Denn seit Jahr und Tag war er in ‚Himmlers Kräutergärtlein‘ tätig, begeistert und mit großem Erfolg, wie er mir wiederholt versicherte und wie auch Pater Augustin später bezeugte.

Nach dem Zusammenbruch habe ich mich oft gefragt: Wie sind all diese Verzerrungen und Verdrehungen zu erklären? Denn darin stehen Seifert,

Bonatz und Speer, auf die sich mein ,notwendiger Exkurs' beschränkt, nicht allein. Die Schmähsucht hat alle Arten von Intelligenzlern befallen. Selbst eine hochgeachtete Persönlichkeit wie Professor Dr. Georg Lill, weiland Leiter des Bayerischen Landesamtes für Denkmalpflege, wird von der Seuche erfaßt; denn Dehlinger beruft sich auf ihn mit der Behauptung, „einer von den jungen Architekten Hermann Gieslers" habe im Jahre 1938 wissen wollen, „ob der wertvollere Teil des Herzoglichen Palais in der Ludwigstraße zuerst oder zuletzt abgerissen werden sollte*".

Im Januar 1939 begann ich meine Tätigkeit in München mit dem Aufbau der Dienststelle Generalbaurat und mit dem Einholen aller notwendigen Informationen und den Ortsbesichtigungen. Dabei blickten wir dann in die Baugrube des abgerissenen ehemaligen Herzoglichen Palais an der Ludwigstraße.

Wie konnte das geschehen? Etwas verlegen wurde mir von der Bayerischen Staats-Hochbauverwaltung die Auskunft gegeben: Hier sollte das neue Reichsbankgebäude errichtet werden. So, und dafür wurde das schöne Palais geopfert!

Für den Schutz dieses Palais waren zuständig der Ministerialrat Professor Gablonsky als Leiter der Staats-Hochbauverwaltung und besonders Professor Dr. Georg Lill als Leiter des Bayerischen Landesamtes für Denkmalpflege. Statt nun seinen Finger auf das Denkmalschutz-Register zu legen und dann auf sich zu zeigen, deutet er auf mich und unterstellt einem „von den jungen Architekten Hermann Gieslers" eine Albernheit. Nur hoffte er offenbar, die Wahrscheinlichkeit seiner Auskunft dadurch zu vergrößern, daß er die Jahre durcheinanderbrachte: Er ließ den Abbruch des Palais im Jahre 1938 zu – ich begann meine Tätigkeit im Januar 1939.

Der Blick in die Baugrube des ehemaligen Herzoglichen Palais und die mir gewissermaßen zum Trost übergebene Mappe mit den sorgfältig photographierten Einzelheiten des Palais – vor dem Abbruch –, hatten mir genügt: Ich beauftragte meinen Mitarbeiter Dr.-Ing. von Freyhold, von nun an wirkungsvoll für den Denkmalschutz in dem mir anvertrauten Gebiet zu sorgen. Vielleicht hat er dabei das Landesamt tatsächlich einmal nicht gefragt; aber das war ja auch angebracht, wie das Beispiel zeigt.

Herr Speer oder Mister Reeps

Die Umstülpung

In einer Wochenzeitung war zu lesen, daß Herr Speer einer Einladung der BBC folgte, als Star für eine Dokumentarsendung. Auf Wunsch der englischen Gastgeber drehte er seinen mit dem Makel des ‚Kriegsverbrechers' belasteten Namen um. Als Mr. Reeps kam er nach London – und wurde festgenommen. Zwar verließ er schon am nächsten Tag die Zelle, aber man bewilligte ihm nur einen kurz befristeten Aufenthalt*.

Ein belangloser Vorgang, doch bezeichnend, daß die bis ins letzte vollzogene Wandlung Speers nun auch noch zur Umstülpung seines Namens führte. Ausgerechnet eine englische Zeitung, der Daily Mirror, bezeichnete das SpeerReeps-Verhalten als eine „eigenartige Mischung aus Demut und Impertinenz".

Damit ist aber nur eine Basis umrissen, von der aus Verhalten, Schrift und Wort jenes pragmatischen Büßers zu deuten sind, der bestrebt ist, auch auf diesem Gebiet auf einsamer Höhe zu stehen.

Speer im „Playboy"

Im Sommer 1971 brachte mir mein Sohn eine seltsame Zeitschrift aus Amerika: Playboy, Juni 1971, darin das große Interview „Albert Speer – Hitlers engster Vertrauter und ‚second-in-command'". Dieses Interview in der reißerisch aufgemachten Zeitschrift ist umrahmt von anrüchigen und entsprechend illustrierten Witzen sowie mit vielen nackten ‚girls', die sich brüsten. Die Anworten, die der große Ethiker und Titan der Bußfertigkeit dem geschickt fragenden Interviewer Eric Norden für den millionenfach gelesenen Playboy gab, sind einmalig, und weit darüber hinaus enthalten sie so üble Passagen, daß sie selbst in der von Speer bevorzugten Dimension unglaubhaft werden.

Die Frage stellt sich: Hat das Speer wirklich so gesagt? Allem Anschein nach ja, denn er hat sich von diesem Playboy-Norden-Interview nicht distanziert.

Meines Wissens wurde das Interview bisher in Deutschland nicht veröffentlicht. Deshalb befasse ich mich mit einigen gravierenden Ausschnitten, um den Standort des gewandelten Speer und seine teilweise zynische Tendenz zu kennzeichnen. Zunächst begründet die Zeitschrift Playboy Anlaß und Sinn des Interviews:

Um die Ursprünge und die Umrisse der Speer-Legende zu erkennen und um die Kompliziertheit und die inneren Widersprüche von Speers Charakter zu untersuchen, schickte Playboy Eric Norden, um den 66jährigen Ex-Reichsminister in seiner freundlichen, aus Holz gebauten Villa, die 3 Meilen von der malerischen Universitätsstadt Heidelberg entfernt auf einem Hügel liegt, zu interviewen. Norden schreibt darüber:

Speer begrüßte mich liebenswürdig und führte mich in den kostbar möblierten Wohnraum seines geräumigen Hauses. Er ist immer noch stattlich, in einer distinguierten, wie ein Direktor wirkenden Weise. Seine buschigen schwarzen Augenbrauen erinnerten mich an den jüngeren Mann, den ich auf Fotos gesehen hatte, wie er mit seinem Freund und Patron Adolf Hitler durch das besetzte Paris schlenderte. Als wir mit Scotch und Sodas neben einem prasselnden Feuer saßen, begann draußen dünn der Schnee zu fallen und sein 3 Jahre alter Bernhardiner Bello schnarchte zufrieden zu Füßen seiner Herrin, die uns gehäufte Platten mit Selbstgebackenem und nahrhaften deutschen Torten anbot.

Die Atmosphäre war so entspannt und ‚gemütlich‘, daß ich für einen Augenblick vergaß, daß ich mit dem Mann sprach, der während des Zweiten Weltkrieges neben Adolf Hitler an zweiter Stelle im Dritten Reich gestanden hatte, dem Mann, dessen organisatorische Talente und Energien unermeßlich zum Tod und zum Leiden von Millionen beigetragen hatten. Er erschien mir wie irgendein Deutscher der oberen Mittel-Klasse, der sich freute, dem Arbeitszimmer entronnen zu sein und nun den Landherrn spielte.

. . . Sechs Wochen lang habe ich diesen Mann studiert, über seinem Buch und den veröffentlichten Interviews gebrütet, wie auch über den zahlreichen Besprechungen und den polemischen Artikeln in der amerikanischen und europäischen Presse. Aber als ich mich nun vorbeugte, um das Tonbandgerät einzuschalten, da fühlte ich mich dem wirklichen Menschen hinter der bekannten ‚Fassade‘ nicht näher als vorher. Während meiner Forschungsarbeit über Speer wurde ich frustriert von einer gewissen unbestimmten Undurchsichtigkeit, eine Speer betreffende Unwirklichkeit. Und als wir uns zu unterhalten begannen, da hatte ich mit denselben Zweifeln zu tun, die ich bei der Lektüre seines Buches und bei dem Studium seiner veröffentlichen Erklärungen empfunden hatte: So aufrichtig er auch an der Oberfläche erschien, es schien mir, als sei zwischen ihm und der Wahrheit ein Schleier gezogen.

Ich vermutete, wie auch einige der Rezensenten, daß die Litanei seiner Selbstbeschuldigung in sich selbst ein Ausweichen vor der letzten Verantwortung darstellte. Nunmehr, als ich mit dem Interview begann – das sich über fast 10 Tage hinweg mit unbarmherzigen Frage-und Antwort-Sitzungen erstreckte und das damit endete, daß sowohl Speer als auch ich am Rande der

Erschöpfung waren – blieb diese Unsicherheit bestehen, verstärkt zunächst durch seine eigentümlich gleichgültige Art. Als meine Fragen bis spät in die Nacht hinein gestellt wurden und beim Frühstück am nächsten Morgen fortgesetzt wurden, fing ich an zu erkennen, daß das, was mich am meisten über Speer beunruhigte, seine Ruhe war, die Art, in welcher er sich selbst der schrecklichen Verbrechen bezichtigen konnte, in demselben Tonfall, mit dem er mir ein Stück ‚Apfeltorte‘ anbot.

Aber als ich Speer zuhörte, wie er die Schrecken und die Triumphe des Dritten Reiches aufzählte, in deutsch und in dem fließenden Englisch, das er in Spandau lernte, als ich das geduldige Interesse sah, mit dem er im Verlauf unserer ermüdenden Sitzungen versuchte, sich selbst und seine Zeit auszudrücken und zu erklären – da erkannte ich, daß dieses Interview und alle seine anderen Konfrontationen mit der Presse und der Öffentlichkeit einen Teil der Last darstellte, die er trug, einen Teil seiner Buße, Stationen auf dem Weg zu einer Erlösung, die er selbst als unerreichbar erkannte.“

Dann beginnt der Interviewer mit Fragen. Sie bieten Speer die Möglichkeit, erneut seine zweifelhaften ‚mea culpa‘, seine dramatischen Reuebekenntnisse, seine Verzerrungen und, wie Norden schreibt, „die Litanei seiner Selbstbeschuldigung“ vor Millionen amerikanischer Leser auszubreiten.

Das ist nicht mein Fall, ich wende mich den Fragen und Antworten zu, die ich glaube beurteilen zu können: den Städtebau- und Architekturplanungen Adolf Hitlers, der Unterhaltung Norden-Speer über die Neugestaltung von Berlin. Meine Söhne übersetzten und lasen vor:

„Alles, was mich in jenen Tagen beschäftigte“, so sagt Speer, „war mein Ehrgeiz, mich als Hitlers Architekt auszuzeichnen.“

„Ihr Ehrgeiz schien proportional zu wachsen mit den Verbrechen, die Ihre Wohltäter verübten“, meinte Norden dazu.

„Ja, das nehme ich an“, antwortete Speer und fuhr fort: „Ich denke, Hitler hatte von Anfang an vor, mich mit Aufgaben zu betrauen, von deren Ausführung er seit seiner Jugendzeit geträumt hatte.“

Nun fragte Norden, wann Hitler diese Pläne erstmals zur Sprache gebracht hätte.

„Im Sommer 1936 rief er mich . . . und gab mir unerwartet die größte Aufgabe meiner Karriere: Zusammen würden wir Berlin neu gestalten, als würdige Hauptstadt des Dritten Reiches. Die Pläne für sein neues Berlin waren wahrlich verblüffend, und ihre Durchführung durch mich konnten mich, davon war ich überzeugt, zu einem der berühmtesten Architekten der Geschichte machen. Hitler stellte sich eine gigantische neue Hauptstadt vor, umbenannt in Germania, die zugleich der Sitz seines Reiches und ein Denkmal sein sollte, das für immer die Erinnerung an ihn wachhielt. Das Herz der bestehenden City sollte eingeebnet und durch einen drei Meilen langen Boulevard, die ‚Prachtstraße‘, ersetzt werden.“

Hier unterbrach ich und sagte: Diese Darstellung Speers ist völlig verzerrt und auch sachlich falsch. Schaut auf das Photo des Übersichtsmodells der Berliner Neugestaltung, – Speer hat es, schwankend zwischen Stolz und gespieltem Sarkasmus, seinen ‚Erinnerungen‘ beigefügt.

Schaut und begreift, was Adolf Hitler anstrebte: Keineswegs eine gigantische neue Reichshauptstadt, – er wollte vielmehr neue bauliche Maßstäbe setzen und dem gestaltlosen Zentrum Berlins Halt und Ordnung geben. Dabei greift er einen Baugedanken des frühen 19. Jahrunderts auf: Schinkel plante damals, mit einer Nord-Süd-Erschließung den einzigen repräsentativen Ost-West-Straßenzug des Großen Kurfürsten ‚Unter den Linden‘ zu ergänzen, um der preußischen Hauptstadt eine städtebaulich geformte Erweiterung zu bieten.

Im Verlauf des Jahrhunderts verfiel der Gedanke einer großen Baugestaltung. Er endete westlich des Brandenburger Tores mit dem Wallot’schen Reichstagsgebäude auf dem Königsplatz, und Schinkels Nord-Süd-Straßenzug verkümmerte zur Siegesallee Wilhelms II. Unter Adolf Hitler lebte der Baugedanke dieses Straßenzuges wieder auf; es steht fest, daß er sich seit dem Jahr 1925 mit Überlegungen und Teilplanungen für diese Straßenachse befaßt hat. Er verbindet die Vorstellungen Schinkels mit den großzügigen Verkehrsplanungen, die der Architekt Mächler nach dem Ersten Weltkrieg ausgearbeitet hat.

Es ist auch nicht so, wie Speer sagt, daß das Herz der City eingeebnet werden sollte. Der Freiraum für diese städtebauliche Neuordnung entstand hauptsächlich durch die Auflassung der riesigen Bahnanlagen, die zu den Anhalter und Potsdamer Kopfbahnhöfen führten und die durch den geplanten Durchgangsbahnhof Süd ersetzt und überflüssig gemacht werden sollten. Lest weiter, – die Tendenz Speers wird schon jetzt sichtbar.

„Die Prachtallee, zweimal so breit und dreimal so lang wie die Champs Elysées, erstreckte sich vom Brandenburger Tor zum entscheidenden Mittelpunkt des ganzen Komplexes, der ‚Kuppelhalle‘ . . .“

Halt, unterbrach ich, das stimmt nicht, – aber vielleicht hat der Playboy Norden hier eine Verwirrung hineingebracht. Nicht vom Brandenburger Tor sollte sich die ‚Prachtallee‘ erstrecken, sondern vom geplanten Südbahnhof nach Norden zum Platz vor dem Reichstagsgebäude. Sie führte also westlich am Brandenburger Tor vorbei. Als eine große Verkehrsachse sollte sie im Süden am Autobahn-Ring beginnen, die Ost-West-Achse kreuzen und den Anschluß an den Autobahn-Ring im Norden herstellen.

Und der Vergleich der ‚Prachtstraße‘ mit den Champs Elysées ist Willkür. Schon die anschließende heutige Avenue Foch, noch in den Zeiten der Pferdefuhrwerke konzipiert, hat die doppelte Breite der Champs Elysées*!

Meine Söhne übersetzten weiter: „. . . zum entscheidenden Mittelpunkt des ganzen Komplexes, der ‚Kuppelhalle‘, einer gigantischen, gewölbten Versammlungshalle, die viermal die Größe des Capitol-Gebäudes in Washington hatte und 180 000 Personen Platz bot.“

Na, na, sagte ich, wenn er ohne Abzüge für die Zugänge mit vier Personen auf den Quadratmeter rechnet, mag das wohl knapp hinkommen, ich kenne seine Kuppelhalle und ihre Abmessungen. Aber weiter im Text.

„Auf dem Weg zur Versammlungshalle sollte ein riesiger Triumphbogen mit 400 Fuß (120 Meter) Höhe stehen, der den Arc de Triomphe in Paris verkümmern ließ, umgeben von einem gewaltigen Stadion für 400 000 Personen ..."

Einwand. Sicher wurde hier Speer falsch verstanden, der Playboy verwechselte den Standort. Denn dieses Riesenstadion sollte doch in Nürnberg gebaut werden – oder wollte Speer dasselbe auch noch einmal in Berlin errichten?

Diese Größenordnung stammt von Speer, der sich ja rühmt, die Maßstäbe Adolf Hitlers übertroffen zu haben, die er jetzt als Megalomanie bezeichnet. Und wenn schon, – der Circus Maximus der Römer am Fuß des Palatin bot – nach Gregorovius – 385 000 Plätze. Doch weiter.

„Eine massige Soldaten-Halle, die das Oberkommando der Wehrmacht aufnehmen sollte ..." Unsinn, das waren zwei verschiedene Gebäudegruppen.

„... neue Hauptquartiere für das Auswärtige Amt, die Partei und die Luftwaffe, ein neues Parlamentsgebäude für seinen Jasager-Reichstag ..." Welch ein Wirrwarr der Darstellung – dabei hat Speer noch das Gebäude für Göring vergessen, mit dem Säulensalat des Reichsmarschallamts-Treppenhauses, – hier, schaut euch das mal an! Ich deutete auf das Modell-Photo dieses Treppenhauses in Speers ‚Erinnerungen‘. Und ich höre noch Adolf Hitlers Stimme, als er sagte, das Reichstagsgebäude solle erhalten bleiben – da steht es ja auch im Übersichtsmodell, deutlich erkennbar, fuhr ich fort.

Nun schildert Speer den projektierten „gewaltigen (cyclopischen) befestigten ‚Führerpalast‘". Ich ließ mir das ein paarmal vorlesen, so unwahrscheinlich schien es mir:

„Einen Führerpalast mit 22 000 000 Quadratfuß Grundfläche mit weiten Empfangshallen, ausgedehnten Gärten und einem Speisesaal für mehrere tausend Personen."

Kein Zweifel besteht an der Unwahrheit dieser Grundflächengröße, auch kein Umrechenfehler von Quadratfuß in Quadratmeter, wie ich zunächst annahm, denn nach dieser seltsamen Behauptung steigert sich Speer zu folgendem Wertvergleich:

„Neben Hitlers (von Speer, nicht von Hitler!) projektiertem Palast-Komplex wäre sogar das größte derartige Bauwerk in der Geschichte, Neros berühmtes ‚Goldenes Haus‘ mit seinen 11 000 000 Quadratfuß Grundfläche in die Unbedeutendheit geschrumpft."

Nein, sagte ich zu meinen Söhnen, hier handelt es sich nicht um einen Irrtum, nicht um ein Mißverständnis oder um einen Hörfehler des Playboy-Interviewers Norden, sondern um eine törichte, manipulierte Darstellung Speers. Hier gibt er eine faustdicke Unwahrheit zum besten, die ein Blinder

Daß der ‚Führerpalast‘ Neros berühmtes ‚Goldenes Haus‘ um das Doppelte übertreffen sollte, – allein schon diese Vorstellung und die dann folgende aufgeblähte Disposition entsprechen der Speer'schen Gigantomanie und nicht einer Forderung Hitlers. Die Wohn- und Repräsentationsbedürfnisse Adolf Hitlers, die er für sich beanspruchte, waren mir genau bekannt, da er mich mit den Entwürfen für sein Haus – zuerst für München und dann, endgültig, für Linz – beauftragt hatte. Maßvoll, ja bescheiden waren seine persönlichen Ansprüche. Anders jedoch, wenn er an die bauliche Repräsentation der Nation dachte, darunter rechnet auch der ‚Führerpalast‘: Meine Nachfolger werden ihn brauchen.

Und dann folgte wieder eine Einschränkung: Bei den nächtlichen Gesprächen mit mir in den jeweiligen Hauptquartieren bis 1945 betonte er immer wieder die Notwendigkeit, viele der bisherigen Planungen sorgfältig zu überprüfen, um zu einer klaren Gebärde der Architektur zu kommen. Er stellte die Forderung nach einer modernen Tektonik, die auch dem Bauen in Stahl und Stahlbeton gerecht würde. Strenge Einfachheit sei anzustreben, um angesichts der Opfer des Krieges auch im Bauwerk in Würde zu bestehen. Diesen sinnvollen Forderungen Adolf Hitlers entsprachen meine Grundsätze bei der Arbeit als sein Architekt.

Dem Triumphbogen und der großen Kuppelhalle in Berlin liegen Entwurfsskizzen und Maßstabs-Festlegungen Adolf Hitlers aus dem Jahre 1925 zugrunde. Über die Größenordnungen dieser Bauwerke hat er öfter mit mir gesprochen. So in Winniza, in Erinnerung an die Fahrt durch Paris Ende Juni 1940, ausgehend von den Eindrücken, die er damals von den Champs Elysées, dem Etoile und dem Arc de Triomphe gewonnen hatte.

Damals rekapitulierte Adolf Hitler: Wir sind im Dunst des frühen Sommermorgens vom großen Place de la Concorde die Champs Elysées heraufgefahren. Der Blick zum Arc de Triomphe war einheitlich gefaßt durch die begrünten Baumreihen der Straße, – und selbst in dieser, den Straßenraum begrenzenden Fassung schien mir der ‚Triumphbogen‘ zu klein. Sicher erst recht, wenn im Winter die entlaubten Bäume den Blick freigeben bis zur Straßenraum-Bebauung. Der Etoile ist für die heutige Zeit der Automobile als Ziel und als Verkehrsplatz zur Umlenkung für zwölf Boulevards und Straßen zu klein, er wird von ihnen aufgespalten und zerlegt. Und wiederum könnte der Etoile durch Hinzunahme der baumbestandenen Vorgärten nicht größer sein, es ginge sonst zu Lasten des Maßstabes des Arc de Triomphe.

In Berlin wird sich der Triumphbogen über ein Straßenkreuz wölben, seine Dimensionen, seine kubischen Massen entsprechen den Proportionen des Platzes und den weiten Straßenräumen. Doch vorrangig sehe ich im Großen Bogen immer den Baugedanken: Das Denkmal der Soldaten, die ihr Leben im Kampf für Deutschland gaben, und er ist das Sinnbild aller Kämpfe der Nation um ihren Bestand.

Aus diesem Empfinden heraus skizzierte ich damals diesen Bogen und darin die Gloriole unter dem hohen, wuchtigen und schwerlastigen Gewölbe. Diese Gloriole dient sowohl als Kontrast zur Masse als auch zur Übermittlung des Maßstabs.

Die Kuppelhalle entspricht mit ihrem Durchmesser von 250 Metern der Darstellungskraft der Partei, aber auch dem Leistungsstand der Technik des 20. Jahrhunderts.

Für einen Superintendenten wäre sie natürlich zu groß. Die Vorstellung, wie die protestantische Kirche in einem Gebäude zu repräsentieren sei, haben sie im Berliner Dom mit den numerierten Sitzen gezeigt.

Während Speer bei der Ausarbeitung des triumphalen ‚Großen Bogens‘ zum Modell (er übergab dieses Modell 1939 zum 50. Geburtstag Adolf Hitlers) sich an die Skizze von Adolf Hitler aus dem Jahre 1925 gehalten habe, so erläuterte ich weiter, machte er sich bei der Planung der ‚Großen Halle‘, der Kuppelhalle, und deren Darstellung im Modell völlig frei von der frühen Zeichnung seines Auftraggebers, – sehr zum Nachteil für die Gestaltung dieses Baugedankens.

Was ich meinen Söhnen damit erklärte, läßt sich leicht nachprüfen. In der hitlerschen Zeichnung hat der Hallengigant Gelassenheit und Würde. Der in der Basis quadratische monolithische Koloß ist im Aufriß im Verhältnis des Goldenen Schnittes gelagert und trägt mühelos die flache Kuppel. Der groß- zügig gestaffelte Tambour wächst eindeutig aus dem Steinkoloß, er löst ihn auf, kontrastiert, vermittelt und läßt die flachschalige Kuppel schweben. Selbst in der Skizzierung spürt man in der Kuppelform, in den Spannweiten der Rippen den Werkstoff Stahl. Das gibt dem Giganten die Maßstäbe und die Tektonik des 20. Jahrhunderts.

Sogar der Portikus der Eingangs-Vorhalle in der Überdimension der Maß- stäbe einer klassischen Ordnung vermag die Einheit des Bauwerks nicht zu stören. Sicher handelt es sich bei diesem Portikus um eine Reminiszenz, die sich mit der traumhaften Skizzierung verband: Die Vorhalle des römischen Pantheons!

Die Formung der ‚Großen Halle‘ im Ganzen ist auf dieser Skizze vertraut, man denkt an die Baumeister Gilly und Schinkel. Wohl wäre das Bauwerk ein Gigant, aber keineswegs fremd in Berlin*.

Die Maßstäbe und die Größenordnung der Halle nach der Skizze Adolf Hitlers sind abhängig von der Dimension der Vorhalle, die in der Form etwa der des römischen Pantheons entspricht. Der Atem dieser Vorhalle durchzieht alle Proportionen, die Höhen der Säulen bestimmen also die Ausmaße des monolithischen Kubus und damit das System der Fassade.

Anders bei Speer. Der Steinbau-Kubus ist verflacht und muß durch Pfeiler- türme gehalten werden. Die breit gelagerte Auflösung der Wandfläche durch die Vorhalle scheint den Unterbau zu schwächen. Der Tambour löst sich völ- lig vom tragenden Steinbau und addiert sich zur Kuppel, deren parabolisch mit Bedacht zu einem ethischen Prinzip aufbauen will, um dann vulgär triumphierend zu sagen: Endlich konnte ich es ihm heimzahlen. Ja, er will es auch Adolf Hitler heimzahlen. Aber nicht den Mann beschreibt er, sondern er bewegt sich in dem Schatten, den dieser Mann warf.

Zwei bezeichnende Aussagen Speers entnehme ich noch dem Playboy-Interview:

Frage: „Gab es viele Nahkämpfe unter Hitlers Umgebung?" Speer: „Hitlers Kreis war wie ein byzantinischer Hof, brodelnd von Intrigen, Eifersucht und Verrat. Das Dritte Reich war weniger ein monolithischer Staat als ein Netz sich gegenseitig bekämpfender Bürokratien und Satrapen Hitlers, die ihre eigenen, selbständigen Interessensphären absteckten und diese dann skrupellos ausdehnten – oft zum Schaden des nationalen Interesses".

Da trifft sicher einiges auf Speer zu, er verstand es meisterhaft, seine Interessensphären abzustecken und auszudehnen!

Frage: „Waren Hitlers Höflinge ebenso korrupt wie ehrgeizig?" Speer: „Die meisten von ihnen hätten Ihren amerikanischen Zeitgenossen Al Capone wie einen gütigen Philantropen aussehen lassen*. Von dem Augenblick an, an dem sie die Macht übernahmen und ihre Hände in die Staatskasse bekamen, füllten sie ihre eigenen Taschen, häuften persönliche Reichtümer an, profitierten von Regierungsaufträgen, bauten große Paläste und Landvillen mit öffentlichen Mitteln, erlaubten sich einen verschwenderischen Lebensstil, der eher zu den Borgias als zu angeblichen Revolutionären paßte. Die Fäulnis durchdrang alles; wie ein Fisch verfaulte die Nazi-Regierung vom Kopf an."

Als mir das übersetzt wurde, hatte ich genug und dachte: Das wirklich Anständige in diesem Playboy-Magazin sind die anrüchigen Witze und die nackerten Girls. Ich schaute meine Söhne an, die mich sowohl belustigt wie auch besorgt bei der Lesung und Lektüre beobachtet hatten. Ich blätterte zurück zur ersten Seite des Interviews und deutete auf die drei Photos von Speer, die als Sousporte ‚unterschwellig' der Einleitung dienen – in Auswahl und Mimik entsprechen sie seiner Aussage – und sagte: „Sehet, welch ein Mensch! Nein – welch ein Säulenheiliger!"

Der Flug nach Posen

„Gerade habe ich den Unwillen von Dönitz erregt, als ich im Garten erzählte, wie Hitler Ende 1939 sein viermotoriges Flugzeug nach Posen sandte, um Weihnachtsgänse abzuholen. Hitlers Pilot Baur rechtfertigte das damit, daß das fast unbenutzte Flugzeug gelegentlich aufsteigen müsse. Die Gänse waren für Pakete bestimmt, die Hitler an seine Bekannten schicken ließ. Eine merkwürdige Mischung von Mittelstandsfürsorge und Potentatentum; für Dönitz aber eine Unkorrektheit. Er erregte sich, fand aber schließlich den Ausweg, mir die Geschichte nicht zu glauben"*.

Der Großadmiral tat gut daran, und er hatte darin völlig recht! Wenn schon Speer den Flug nach Posen zum Anlaß nimmt, um Adolf Hitler „Mittelstandsfürsorge" oder „Potentatentum" mit dem Einsatz des viermotorigen Flugzeuges zu unterstellen, dann fühle ich mich verpflichtet, den Flug nach Posen so zu schildern, wie ich ihn erlebte, und der Wahrheit entsprechend!

Am Abend vor dem Flug hatten wir in der Reichskanzlei eine Unterhaltung über Städtebau und Architektur. Zum Abschluß sprach Adolf Hitler über Theaterbauten, über Architekten und Bauherren, darunter Wilhelm II., der als Mäzen auch das Theater in Posen gefördert hatte: Es würde mich sehr interessieren, in welchem Zustand die Stadt Posen und das Theater ist, – Kapitän Baur kann euch beide nach Posen fliegen. Am Abend erwarte ich euren Bericht. Adolf Hitler sagte dies zu Speer und mir.

Am nächsten Morgen waren Flugkapitän Baur mit dem Zweitpilot Beetz, ein Wehrmachtsadjutant, Speer und ich in der Maschine, und – siehe da – als weiterer Fluggast auch Kannenberg, der Hausintendant der Reichskanzlei. Gleich kam uns der ‚Verdacht' und auch die Frage auf: Herr Kannenberg will wohl hamstern? Doch nur ein sanftes Lächeln war die Antwort.

Ich hatte Kannenberg, den rundlichen Mann mit dem breiten, gepolsterten Gesicht eines Gourmet, in recht vielseitiger Art erlebt: Als überaus geschickten Gastronom, mit flinken Knopfaugen, als Spaßmacher, Schauspieler, Alleinunterhalter, – gutmütig scheinbar, wie die Wohlbeleibten meist, denn böse war er nicht – aber –! Unter betonter Höflichkeit verbarg sich manche Abneigung, – zu den persönlichen Adjutanten Brückner und Schaub bis hin zu den jeweiligen gewandten und aufmerksamen Adjutanten aus der Leibstandarte. Das war wohl auch begründet in der vielseitigen Beanspruchung aller in den Tagesabläufen der Reichskanzlei.

Wir machten es uns in der Führerkabine bequem, dabei achtete ich nicht darauf, was Speer mit Flugkapitän Baur absprach, ehe der Flug begann. Wir flogen sehr hoch, bei klarer Sicht, als Speer aufstand und so ganz nebenbei sagte: Jetzt übernehme ich mal den Steuerknüppel und mache den Piloten. Er verschwand im Cockpit. Dafür erschien Baur in der Kabine: Speer will fliegen – na, er soll mal zeigen, was er kann!

Er zeigte es – oder besser, der Zweitpilot zeigte seine Künste und was das Flugzeug hergab. Bis dahin hatte Kannenberg nur die Augenbrauen hochgezogen und mit ängstlichen Knopfaugen den Kapitän angeschaut, – jetzt fing er an zu schreien, denn schaukelnd, drehend und mit Vollgas stürzte die Maschine nach unten. Kannenberg hob es von seinem Sitz nach oben, er schwebte, und hilflos wurstelten seine Arme und Beine umher, als gehörten sie ihm gar nicht. Aus dem Sturzflug zog die Maschine jäh nach oben zu einem halben Looping, ehe sie wieder über einen Flügel abkippte. Kannenberg knallte auf den Boden und jammerte. Baur hing an den Haltegriffen: Der Speer kann nicht! hörte ich ihn noch, dann hangelte er sich zurück ins Cockpit.

Mit den Füßen hielt ich mich unter dem Sessel verankert, in den Händen die Gurte, die ich nicht mehr anlegen konnte. Ich wußte nun, was getrieben wurde, und die Groteske zwang zum Lachen, – aber das verging mir rasch, ich biß die Zähne zusammen, damit mir der Magen nicht --- doch nun, in Schräglage kam Kannenberg auf mich zu, dann flog er zur anderen Seite – welch ein Wirrwarr!

Endlich lag die Maschine wieder ruhig, und ich kümmerte mich mit dem Adjutanten um Kannenberg. Wir legten ihn zurecht und schnallten ihm den Gurt an. Er war blass, mit blauen Lippen. Dann erschien Speer, mit einem Grinsen wie der Primaner Pfeiffer von Rühmann, – ich deutete auf Kannenberg, und das Grinsen verschwand. Es war gut, daß wir bald in Posen landeten, Kannenberg japste, er kam auf eine Tragbahre und wurde in Decken gehüllt, ein Arzt versorgte ihn.

Wenn Kannenberg mitgeflogen war, um zu hamstern, oder als Späher nach Weihnachtsgänsen, oder um dieserhalb Beziehungen anzuknüpfen – ich halte das für durchaus möglich, doch mehr nicht –, dann war das alles in der Luft geblieben, denn er war restlos fertig! Aber ich kann mir auch nicht vorstellen, daß, wie Speer schreibt, mit der Führermaschine Gänse geholt werden sollten. Interessierte Augen waren ringsum, Aufsehen gab es schon genug durch die Maschine allein, ganz abgesehen nun von Kannenberg auf der Tragbahre. Die Feststellung hätte gerade noch gefehlt: Da schau, – in das Flugzeug vom Führer laden sie Gänse ein!

Speer und ich fuhren vom Flughafen in die Stadt, um unserer Aufgabe zu entsprechen, einen Eindruck von Posen zu gewinnen und das Theater eingehend zu besichtigen. Wir waren wohl an die fünf Stunden unterwegs. Aha! – dann könnten doch während dieser Zeit die Weihnachtsgänse in den Frachtraum der Maschine gepackt worden sein?

Ich schrieb an den Flugkapitän Hans Baur: „Du mußt doch genau wissen, ob mit der von Dir geflogenen Führermaschine ein Gänsetransport von Posen betrieben wurde." Umgehend antwortete er:

„Kann mich natürlich noch an den Flug erinnern, Euch beide nach Posen geflogen zu haben, auch an die Geschichte mit Kannenberg, der damals fertig war. Jedoch von Gänsen für den Führer abholen, das hat sich dieses ... von den Fingern gesogen, das ist eine Erfindung von Speer. Daß Kannenberg vielleicht nach Gänsen Ausschau halten wollte, lag ja in Kannenbergs Interesse, was nicht einmal sicher ist. Mir ist davon nichts bekannt. Der Führer hatte daran schon gar kein Interesse, wie wir ihn nun einmal kannten. Dieses ist nun wieder einmal ein Machwerk, was zu Speer paßt, um dem Führer und uns eins auszuwischen."

Nur soweit möchte ich den Brief von Flugkapitän Hans Baur über den Flug nach Posen zitieren.

Am späten Abend – ich hatte meine Eindrücke von Posen und dem verkommenen Theater geschildert – sagte Adolf Hitler zu mir: Nun berichten Sie mir auch noch über den Flug selbst. Ich bin informiert, aber ich möchte auch Sie hören. Frau Kannenberg hat sich bei mir beklagt, ihr Mann ist in keinem guten gesundheitlichen Zustand. Also, wie hat sich das abgespielt?

Ich habe das nun auf meine Art erzählt, und ich bemerkte, daß er ein leichtes Schmunzeln nicht ganz verbergen konnte. Als ich dann in meinem Bericht Kannenberg auf der Tragbahre hatte, in Decken gehüllt und arztversorgt, wurde Adolf Hitler ernst. Er sagte: Der Spaß hätte bös enden können – ich muß euch energisch zurechtweisen, das bin ich Frau Kannenberg schuldig, der mein Hauswesen hier untersteht. In Zukunft bitte ich das zu beachten!

Abschließend sollte hier eindeutig gesagt sein: Einen anderen „Flug nach Posen" mit der „Viermotorigen" Hitlers gab es nicht!

Oft hatte Speer einen Heidelberger Jux und Schabernack im Kopf! Das fing an mit einer „besonders guten Havanna", die er anbot, – sie explodierte beim Rauchen; es ging über zum „in den April schicken", dann weiter mit gelegentlichen „freundlichen Hinweisen". Das mag alles noch angehen, aber manchmal gab es ein Ende mit bösen Unterstellungen, die schon an Heimtücke grenzten. Dazu gehört auch der Gänsetransport aus Posen, mit der viermotorigen Führermaschine, mit dem er den Unwillen des Großadmirals erregte. Es ist dies ein Teil von Speers „Gedankenreichtum und Aufrichtigkeit", die dazu beigetragen hat, Zuckmayer den Atem zu verschlagen*! Was Speer selbst anging: Er war von arroganter Empfindlichkeit.

Der zwiespältige Speer

In seinen ‚Spandauer Tagebüchern' schreibt Speer:

„Zur Zeit beschäftige ich mich fast nur noch mit der italienischen Renaissance. Es fällt mir immer noch schwer, über allgemeine Wendungen hinweg den Unterschied zu begreifen zwischen der Antike, der Renaissance, dem europäischen Klassizismus und meinen eigenen Bestrebungen*."

Diesem seltsamen Bekenntnis folgt eine polemische Betrachtung über das Stilempfinden Adolf Hitlers; sie ist völlig konträr zu den Eindrücken, die ich aus den Anregungen, Gesprächen, Entscheidungen und Zielen Adolf Hitlers gewinnen konnte! Speer kommt zu dem Ergebnis:

„Aber seine (Hitlers) Welt waren Bogengänge, Kuppeln, Geschwungenes, Repräsentation, nie ohne ein Element von Eleganz, kurz: das Barocke*".

Und dies, nachdem er vorher schreibt:

„Ich weiß nicht mehr, warum Hitler bei dieser Fahrt den Umweg über Kloster Banz nahm. Die Mönche werden über den unerwarteten Besuch nicht wenig erstaunt gewesen sein. Hitler war von dem barocken Gepräge nicht beeindruckt, es entsprach nicht seiner architektonischen Welt. Die Monumentalität der ganzen Anlage jedoch fand seine uneingeschränkte Bewunderung*."

Drei Stadtbesichtigungen Adolf Hitlers – Paris, Augsburg und Linz – dienen Speer in seinen Schriften bevorzugt, um die ‚architektonische Welt Hitlers' darzustellen, um sie zugleich mit hämischen Bemerkungen und willkürlichen Unterstellungen herabzusetzen, ohne ein Gefühl dafür, wie sehr die Selbsterniedrigung durch solche Urteile auch seine Glaubwürdigkeit beeinträchtigen muß.

Ungenau, auch in der Verwirrung der Daten, beschreibt er so die Fahrt Adolf Hitlers durch Paris mit zwei seiner Architekten, denen er große Aufgaben anvertraut hatte, und mit dem Bildhauer, den er schätzte. Diese Stadtbesichtigung konnte auch von einem Speer nicht auf niedrigerem Niveau geschildert werden als mit der abschließenden Bemerkung:

„Endpunkt unserer Fahrt war die romantische, süßliche Nachahmung frühmittelalterlichen Kuppelkirchen, die Kirche ‚Sacré Coeur' auf dem Montmartre, eine selbst für Hitlers Geschmack überraschende Wahl*."

Sacré Coeur, die wohl in die malerische Welt Utrillos paßt, nun in ‚Hitlers architektonische Welt' zu setzen, ist nicht nur eine Unterstellung, es ist eine gezielte Niedertracht. Denn Speer wußte genau: Nicht Sacré Coeur bildete den Abschluß der Fahrt durch Paris, vielmehr wollte Adolf Hitler vom Montmartre aus den Überblick haben über die Stadtmaßstäbe, die Zäsuren und Intervalle.

Dieselbe Mißhelligkeit spricht auch aus Speers Ansichten über Hitler und die geplanten Augsburger Bauten. Er widmet dieser Darstellung einen breiten Raum. Dabei findet er die Möglichkeit, auch den, wie er schreibt, intriganten Bormann in seine Schilderung einzubeziehen, und, in der weiteren Folge, mich mit dazu. Da ist zu lesen:

„In Hermann Giesler fand Hitler einen Architekten, der seine Intentionen aufs genaueste erfaßte und verwirklichte. Der erste Entwurf für das Forum (Augsburg) glich allerdings allzu sehr dem geplanten Weimarer Projekt, das auch von Giesler stammte. Als Hitler das monierte, gab Giesler dem Turm eine barocke Bekrönung, und Hitler war begeistert*."

So einfach war das also! Meine Entwürfe für das Augsburger Forum ergaben nie auch nur den geringsten Vergleich mit dem im Bau befindlichen Weimarer Forum, sie entsprachen jedoch anfangs noch nicht der von Adolf Hitler angestrebten typischen Eigenart der Augsburger Stadtform, die er auch für den neuen Teil der Augsburger Stadtgestalt herausgearbeitet haben wollte, – die zeitentsprechende Form, aus der Bautradition entwickelt. Und der Augsburger Turm erfuhr nach meinem ersten Entwurf keinerlei Veränderung. Speer schreibt weiter: „Finanziert wurde das Projekt durch eine Zurückstellung aller Wohnbauten." Das Projekt wurde überhaupt nicht finanziert und auch nicht gebaut*.

Auch Speers Schilderung der Linzer Stadtbesichtigungen bedarf einer Erläuterung. Speer verknetet dabei den Ablauf zweier Linz-Besuche Adolf Hitlers, der vom Spätherbst 1940 und vom Frühjahr 1943, zur Einheit. Und wieder wertet er ab und manipuliert. Dabei muß ihm doch bewußt sein, daß er nicht unbekümmert fabulieren kann: Stand er zur rechten, stand ich zur linken Seite Adolf Hitlers oder umgekehrt! Aus der Brückenbesichtigung mit den Bildwerken „Siegfried und Kriemhild" formt er eine Tirade.

Mir gab Adolf Hitler den Hinweis, bei der Beurteilung dieser Bildwerke sei zu beachten, daß in ihnen nicht freie Plastiken, sondern dekorative Sinnbilder zu sehen seien, die im Dienst der Brücke stehen würden, um ihrem Namen zu entsprechen. Vielleicht, so fügte er hinzu, könnten die Standflächen der Bildwerke, statt mit Reliefs, mit Mosaiken versehen werden, um ihre dekorative Bedeutung stärker zu betonen.

Sodann beginnt Speer mit dem Nonsens der Grabstätte Adolf Hitlers „hoch über der Stadt im obersten Turmgeschoß", wie er in präraffaelischer Anwandlung vermeint, und er fügt hinzu: „Ich glaube, es war an jenem Nachmittag, daß Hitler unter dem Eindruck seiner eigenen Begeisterung erstmals erklärte, daß sein Sarkophag dereinst im neuen Wahrzeichen von Linz, dem höchsten Turm Österreichs, aufgestellt werden sollte*." Adolf Hitler hat nie dergleichen gesagt, denn seitdem ich von ihm mit der Gestaltung von Linz beauftragt war, seit Herbst 1940, galt seine Weisung: Die Grabstätte meiner Eltern sehen Sie in einer kleinen Krypta im unteren Turmgeschoß vor.

Immerhin, die Speer'sche Hitler-Grabstätte im Turm veranlaßte Joachim Fest zu dem Versuch der Dokumentation: „Seine Grabstätte hatte er in einer gewaltigen Krypta im Glockenturm des geplanten Riesenbaues über dem Donauufer bei Linz gesehen*."

Und in den Anmerkungen dazu steht: „Pers. Mitteilung Speers. Einer der anderen Vorzugsarchitekten Hitlers, Hermann Giesler, hat gelegentlich zwar bestritten, daß Hitler im Glockenturm des geplanten Baues über dem Donauufer bei Linz bestattet sein wollte; nur Hitlers Mutter hätte dort beigesetzt werden sollen. Speer erinnert sich jedoch definitiv an Äußerungen Hitlers, wonach dieser in Linz an eben dieser Stelle bestattet sein wollte*."

Diese „gewaltige Krypta im Glockenturm" war in meiner Planung ein Oktogon-Raum mit einem Durchmesser von vier Metern und mit etwa fünf Meter Höhe, einschließlich Gewölbe. Und dieser Gewölberaum sollte die Grabstätte der Eltern Adolf Hitlers werden.

Es ist also nichts an dem, selbst wenn Fest sich auf den Fabulanten Speer bezieht. Aber ist das nun so wichtig? Was die Grabstätte selbst angeht, nicht eben besonders; wohl aber der Zusammenhang, in dem Adolf Hitler seine Grabstätte gesehen hat, in ihrer Verbindung mit der Halle der Partei in München. Dieser faszinierende Zusammenhang war die Grundlage meiner Entwürfe und Modellversuche seit dem Herbst 1940 und das Thema manchen Gespräches, auch nach dieser Stadtbesichtigung vom Frühjahr 1943.

Speer schildert dann die Besichtigung der Linzer Stahlwerke, heute unter dem Namen VOEST ein Werk von internationaler Bedeutung, und in einigen Sätzen vermittelt er wieder einiges aus der ‚architektonischen Welt Hitlers':

„Als wir die große Stahlhalle verließen, äußerte Hitler wieder einmal Verständnis für die moderne Architektur aus Stahl und Glas: ‚Sehen Sie sich diese Front von über dreihundert Metern an. Wie schön sind die Proportionen! Hier liegen eben andere Voraussetzungen vor als bei einem Parteiforum. Dort ist unser dorischer Stil Ausdruck der neuen Ordnung, hier dagegen ist die technische Lösung das Angemessene. Aber wenn einer dieser angeblich modernen Architekten mir daherkommt und Wohnsiedlungen oder Rathäuser im Fabrikstil errichten will, dann sage ich: der hat gar nichts begriffen. Das ist nicht modern, das ist geschmacklos und verstößt überdies gegen die ewigen Gesetze der Baukunst. Zum Arbeitsplatz gehören Licht, Luft und Zweckmäßigkeit, von einem Rathaus verlange ich Würde und von einem Wohnhaus Geborgenheit, die mich für die Härte des Lebenskampfes wappnet. Stellen Sie sich doch mal vor, Speer, ein Weihnachtsbaum vor einer Glaswand! Unmöglich! Wie überall, müssen wir auch hier die Vielfältigkeit des Lebens berücksichtigen*!'"

Speer hat in dieser Kurzfassung beschrieben, was Adolf Hitler über die Wesens-Vielfältigkeit gesagt hat und über die daraus zu folgernde Differenzierung bei der Gestaltung der Bauten. Doch hölzern und gestückelt lesen sich im Bericht Speers die Hinweise Adolf Hitlers, sie haben die Farbigkeit und Valeurs verloren, die doch gerade seine Darlegungen auszeichneten.

Seine Gedanken über das notwendige ‚Geborgensein' im Wohnhaus, über die Gestaltung einer Wohnsiedlung, über das Rationale einer Glaswand, die bedingt ist durch die harte, nüchterne Welt der Arbeit, im Vergleich zu der Gefühlswelt – er nennt dabei auch den Zauber eines Weihnachtsbaumes – all das steht in der Darstellung Speers fast ohne Zusammenhang.

Dabei entsprachen die Hinweise Adolf Hitlers dem Ablauf im jeweils örtlichen Bereich der Besichtigungen. Er unterhielt sich mit mir, dem mit Linz Beauftragten, im Zug über die Verkehrsfragen, den modernen, technischen Bahnhof, die Einfügung der Breitspur-Bahn. Dann, im Stadtbereich, über den Anschluß der Stadterschließungen an die Autobahn, die Fortsetzung der durch ihre Bürgerhäuser und Straßenfronten barocker Kirchen bekannten Linzer Landstraße zur neuen Laubenstraße mit der Unterpflaster-Straßenbahn. Wir standen an der Donau: Giesler wird dem Fluß die Fassung geben, dann wird man zu recht sagen können: ‚Linz an der Donau'. Er nannte die Bauten, die einst in dieser schönen Stadtlandschaft errichtet würden.

Was Adolf Hitler sagte, nahm ich in mich auf, und ich stand völlig in der Faszination seiner Schilderung. Speer hingegen empfindet es anders, er schreibt: „Und obwohl Hitler mit ernstem, fast feierlichem Ausdruck seine Pläne entwickelte, hatte ich nicht eigentlich das Gefühl, daß da ein Erwachsener redete. Es kam mir eine kleine Sekunde lang so vor, als sei dies alles eine grandiose Spielerei mit Bauklötzchen*."

Aber weshalb drängelte sich Speer so sehr dazu, mit diesen Bauklötzchen zu spielen, weshalb konnte er es nie verwinden, daß nicht er, sondern ausgerechnet ich mit Linz beauftragt wurde, obwohl ich das nie angestrebt hatte?

Durch das alte Linz ging die Fahrt zu den Wohnsiedlungen und Bauten für die Arbeiter der neuen Werksanlagen. Adolf Hitler ließ sich die verschiedenen Grundriß-Typen der Wohnungen zeigen, erkundigte sich nach den haus-technischen Einrichtungen und unterhielt sich mit den Bauarbeitern und Polieren.

Die leicht ansteigenden Hänge hier im Westen und Norden der Stadt sind bevorzugt als Wohngebiete auszuweisen. Achten Sie dabei auf eine gute Verkehrsanbindung zum Stadtkern und auch auf das Einbeziehen von Grünflächen.

Das war ein weiterer Hinweis für mich, ehe er aus seiner architektonischen Welt in die technische Welt von Linz überwechselte, hin zu den Hochöfen, den Stahlgießereien und Walzstraßen, und dann weiter zu den Hallen des Nibelungenwerks mit der Panzerfertigung, wo ihn Panzeroffiziere und Waffeningenieure erwarteten. Zwischen den waffentechnischen Besprechungen wandte sich Adolf Hitler an mich, seinen Architekten: Sorgen Sie dafür, daß die geplante granitene Brücke am östlichen Stadtrand von Linz den höchsten Belastungen standhält, dabei zeigte er auf die Panzerkolosse.

Es ist notwendig, das Credo Speers umzustoßen, das da lautet: „Ich stellte die Gesamtplanung neben die Repräsentationsbauten; Hitler nicht. Seine Leidenschaft für Bauten der Ewigkeit ließ ihn völlig desinteressiert an Verkehrsstrukturen, Wohngebieten und Grünflächen: die soziale Dimension war ihm gleichgültig*.“

Adolf Hitler befaßte sich schon in der Landsberger Festung mit den Verkehrsproblemen und zeichnete die Profile der Autobahnen. Angeregt durch das Stadterlebnis Wien und München und durch das Studium der Stadtpläne von Bedeutung, vor allem von Paris, entstanden seine eigenen städtebaulichen Vorstellungen, sie waren kraftvoll und modern. Mit der Förderung der Motorisierung ordnete er zugleich das deutsche Straßensystem und befaßte sich eingehend mit den Parkproblemen des ruhenden Verkehrs.

Er beauftragte Dr. Todt mit der Planung und dem Bau der Autobahnen, er schuf das Amt ‚Generalinspektor für das deutsche Straßenwesen‘, ein einmaliger Vorgang in der Geschichte der Staaten. Aber neben dem Individualverkehr sah er die große Bedeutung der Massenverkehrsmittel: In den Städten die Unterpflaster-Straßenbahnen, die U- und S-Bahnen; zu den Städten die Neutrassierung kreuzungsfreier Normalbahnen, verbunden mit der Zielsetzung erhöhter Geschwindigkeiten, um, wie er sagte, später, bei steigendem Individualverkehr, eine Städte-Schnellverbindung zu ermöglichen und damit die Straßen zu entlasten.

Die Krönung des schienengebundenen Verkehrs sah er in der europäischen Breitspur-Bahn. Er forderte Lösungen des Bahn-Frachtbetriebes, die man

Bauten der Partei an der Ost-West-Achse in München.
Oben: Blick auf das DAF-Gebäude, vorne Ausstellungshallen.
Unten: Der „Empfang" im Westen durch das Forum der SA.

Die Bauten der Partei an der Ost-West-Achse werden besprochen.
(Hitler, M. Bormann, Giesler)

Adolf Hitler in Linz: „Giesler wird dem Fluß die Fassung geben, dann wird man zu Recht sagen können ‚Linz an der Donau‘!" (Giesler, Speer, Hitler, Prof. Roderich Fick)

*Giesler: „Was Adolf Hitler sagte, nahm ich in mich auf!" Speer hingegen empfindet das
— wie er 30 Jahre später schreibt — „als sei dies alles eine grandiose Spielerei mit Bauklötzchen".*

heute mit dem Begriff des Container-Verkehrs bezeichnet. Sein Interesse an Flugtechnik und Flugverkehr ist jedem Zeitgenossen bekannt und unbestreitbar.

Adolf Hitler nahm besonderen Anteil an der Planung von Wohngebieten, wie ich es besonders an der Münchner Südstadt erlebte. Dabei erwartete er eingehende Informationen über die Grünflächenplanungen. Adolf Hitler war der Begründer einer neuen sozialen Dimension auch im Wohnungsbau. Die oft stundenlangen Gespräche, später nächtlich im Hauptquartier, wenn er auf die Frontmeldungen wartete, führten zu Richtlinien für familiengerechte Wohneinheiten, bis in jedes Detail.

Diese Wohneinheiten sah er – noch viel mehr als Speer oder wir Architekten allgemein, die verantwortlichen Städtebauer eingeschlossen – im Zusammenhang und im Zusammenklang der Ganzheit unter Beachtung des Arbeitsplatzes, des Verkehrs, der Versorgung, der Sozialanlagen, der Schulen und Grünflächen, der Sport- und Badeanlagen und natürlich auch der Gemeinschaftsbauten, die diese Wohngemeinschaften repräsentieren würden.

All das war Speer bekannt, und trotzdem wagt er seine abwegigen Behauptungen um der erstrebt-erwünschten Tendenz willen! Bei näherer Betrachtung erweist sich dieses Speer-Credo als eine Collage, eine aus Unterstellung, Unwahrheit, Verdrehung und Bösartigkeit geleimte Schmähe, die sich gegen ihn selbst richtet.

Zurück zu jenem ‚Linzer Tag‘. Aus der Welt der Waffentechnik, kampfstarker Panzer und ihrer militärischen Beurteilung, über die Speer in seinen ‚Spandauer Tagebüchern‘ einige fast höhnische Sätze findet, fuhren wir in die Stille des Stiftes von St. Florian und damit in eine weitere Welt, die Adolf Hitler zu eigen war. Es gab Besprechungen über die Sicherung von Kulturgut, dann hörten wir ein Orgelkonzert mit Werken von Bruckner in der Kirche des Stiftes.

Als Abschluß der Linzer Besichtigungsfahrt notiert Speer in seinen ‚Spandauer Tagebüchern‘: „Als wir wieder zum Sonderzug zurückkehrten, wurde er (Hitler) nach diesen Architekturphantasien, Musikträumen und Schlachtenvisionen hart in die Wirklichkeit gestoßen. Ein Adjutant meldete den bisher schwersten Angriff auf Paris. Er war bei vollem Tageslicht unter starkem Jagdschutz durchgeführt worden, die deutsche Luftabwehr hatte kaum etwas ausrichten können[*].“

Als Adolf Hitler diese Meldung las, saß ich ihm im Sonderzug gegenüber, ich bemerkte an ihm keinerlei Regung – warum auch; er hatte sich im Feldzug gegen Frankreich ritterlich verhalten und Paris geschont. Sollte die auf vielen Kriegsschauplätzen gebundene deutsche Luftabwehr mehr tun, als sie kräftemäßig vermochte, und Paris vor dessen ‚Freunden‘ schützen? Nach der kaltherzigen Vernichtung der französischen Flotteneinheiten im Hafen von Oran durch ihre englischen Waffenbrüder wäre anzunehmen, daß die Bombardierung von Paris Charles de Gaulle mehr bewegt hätte als Adolf Hitler, doch kaum wohl mehr als Speer, denn sonst würde er mit dieser Nachricht nicht aufschlußreich den ‚Linzer Tag‘ beschlossen haben.

Aber der Tag war noch nicht abgeschlossen. Als wir zum Berghof kamen, erwartete Adolf Hitler die militärische ‚Lage‘ und forderte von ihm Aufmerksamkeit und Entscheidungen bis in die späten Stunden. Derweilen ich müde und abgespannt ausruhen konnte, dachte ich darüber nach, wie vielgestaltig die Welt war, der Adolf Hitler Tag um Tag entsprechen mußte.

Die Widersprüche in den Äußerungen Speers sind Auswüchse einer Methode, die ihre Beweggründe selbst bloßstellt. Da schreibt Speer über seine Entwürfe:

„Der von mir konzipierte Führerpalast war eine Abwandlung pompejanischer Ideen zweigeschossiger Säulenhallen mit empirehaften Zugaben aus Gold und Bronze; gleichzeitig entwarf ich für Göring ein Reichsmarschallamt, bei dem mir der Aufbau des florentinischen Palazzo Pitti vorschwebte, mit ausschweifenden barocken Treppenanlagen im Inneren. ...

Aber, wenn ich es heute überdenke, diese Absicht gelang mir nicht: Eintönigkeit und Leere blieben trotz mancher guter Details vorherrschend. Ungewollte Leere des Ausdrucks. Nichts hätte Hitlers und mein Berlin mit der Strenge und Schmucklosigkeit jenes preußischen Klassizismus zu tun gehabt, der nur aus den Proportionen lebte. Wenn ich es bedenke: er hat mich weit von meinen Anfängen und Idealen weggebracht*.“

Obwohl das insgesamt zur Stellungnahme reizt, beschränke ich mich auf den letzten Satz, den ich nicht aus seinem Zusammenhang lösen mochte und den ich in Vergleich bringe zu einer anderen Stelle in seinen ‚Spandauer Tagebüchern‘. Denn wenig später schreibt Speer, nach einer Wertung der Architekten Gropius, Mies van der Rohe und Tessenow: „Hitler hat mich nicht von mir selbst abgebracht*.“ Denn er sah in Hitler: „. . . vor allem anderen den Bewahrer der Welt des neunzehnten Jahrhunderts gegen jene beunruhigende großstädtische Welt, die ich als unser aller Zukunft fürchtete. So gesehen muß ich auf Hitler geradezu gewartet haben. Darüber hat er dann – und dies rechtfertigt ihn noch mehr – mir eine Kraft vermittelt, die mich über die Grenzen meiner Möglichkeiten weit hinaustrug. Also wäre das Gegenteil richtig: durch ihn erst habe ich eine gesteigerte Identität gefunden*.“

Welche Zwiespältigkeit zeigt sich hier in These und Antithese, und wie sehr verkennt Speer das Wesen Adolf Hitlers, wie sehr mißdeutet er diese geschichtliche Erscheinung. Denn Adolf Hitler glaubte die Nation aus den Verkrampfungen, Verkrustungen und Rudimenten des vergangenen neunzehnten Jahrhunderts zu lösen und zu einer neuen Form zu führen.

Zwiespältig und verwirrend sind auch die Reaktionen Speers auf seine Verurteilung in Nürnberg. Da schreibt er in seinen ‚Spandauer Tagebüchern‘:

„Noch gegen Ende des Krieges hielt ich den Gedanken für absurd, daß ich als Rüstungsminister zu den Angeklagten der von den Alliierten angekündigten

Prozesse gehören könnte! Damals ließ ich mir in den vielen beschäftigungs-
losen Stunden Stöße von Akten bringen: Führerprotokolle, Briefe oder Be-
schlüsse der Zentralen Planung, die ich in bunter Reihenfolge, meist auf dem
Bett liegend, durchblätterte, um Stellen ausfindig zu machen, die belastend
wirken könnten. Es war wohl wiederum meine perspektivische Blindheit, die
mich hinderte, die Elemente meiner Schuld aus diesen Papierbergen heraus-
zulesen; andernfalls sah ich das Interesse meines Landes als einer kriegführen-
den Nation, und dieses Interesse sprach mich – allen Traditionen zufolge –
frei*." Und weiter heißt es dann:

„Im Gegenteil ordnete ich beruhigt an, daß meine Akten an sicherem Ort
verwahrt werden sollten, und ließ sie, einige Wochen später, kurz vor meiner
Gefangennahme, den Amerikanern als Studienmaterial übergeben. Im Prozeß
verwendete dann die Anklage Teile daraus, um mich des Verbrechens gegen
die Menschlichkeit zu überführen*." Dazu schreibt der englische Historiker
Geoffrey Barraclough:

„In Dr. Milwards Buch* gibt es eine amüsante, sardonische Passage, in der
er beschreibt, wie Speer 1945 im Aufnahme-Center für wichtige Gefangene
auftauchte, ‚mit einer zum Bersten vollen Aktentasche mit Dokumenten'. Er
hätte ‚eine erstaunliche Geschichte zu erzählen, – wem solle er sie erzählen?'"

„Jene von uns", so schreibt Barraclough weiter, „die damals mit solchen Dingen zu tun hatten, wissen nur zu gut, daß er sie allen und jedermann erzählte.
Speers Vernehmungen strömten aus der Vervielfältigungsmaschine, wurden
gierig und unkritisch hinuntergeschlungen und bildeten für einige Zeit eine
Haupt-‚Quelle' für die Geschichte des Kriegs-Deutschlands. Speer brannte
offensichtlich darauf, daß seine Version zu Protokoll genommen wurde*."

„Bei zumindest 60 verschiedenen Gelegenheiten zwischen Januar und Mai
1945, erzählte Speer seinen Vernehmern, habe er Handlungen des Hochverrats
verübt, er habe sogar Pläne gemacht, die sich, natürlich, als technisch undurch-
führbar erwiesen, Hitler in seinem Bunker zu ermorden."

„Dies waren die Geschichten, die 1946 Speers Kopf retteten, und mit denen
er nun wieder herumstolzierte", schrieb Barraclough in gehässiger Form.

In seinen ‚Spandauer Tagebüchern' schildert Speer, wie der Gerichtspsycho-
loge Dr. Gilbert ihn nach der Urteilsverkündung in seiner Zelle aufsucht und
von ihm wissen wollte, wie er den Richterspruch hinnähme'. Speer antwortet:

„Zwanzig Jahre! Nun, sie hätten mir, wie die Dinge liegen, keine leichtere
Strafe geben können. Ich kann mich nicht beklagen. Ich will es auch nicht*."

Doch eine Seite weiter beginnt er mit seinem Schicksal zu hadern: „Hätte ich
nicht eine geringere Strafe verdient, wenn Schacht und Papen freikamen?
Gerade habe ich Gilbert das Gegenteil versichert. Ich beneide sie! Lügen, Ver-
schleierungen und unaufrichtige Aussagen haben sich also doch ausgezahlt."
Und er fährt, mit einem Hinweis auf Hitler, fort:

„Ich habe ihm nicht in den Sattel geholfen, habe ihm nicht die Aufrüstung finanziert. Meine Träume galten immer nur den Bauten, ich wollte keine Macht, sondern ein zweiter Schinkel werden!"

Allmächtiger! Das ist nicht wenig! Speer schreibt zwar viel über Gilly, Schinkel, vom dorischen und preußischen Stil, aber seine Entwürfe zum ,Reichsmarschallamtstreppenhaus' und für die Fassade des ,Führerpalastes' widerlegen ihn. Doch weiter:

„Weshalb habe ich nur so hartnäckig auf meiner Schuld bestanden. Manchmal habe ich den Verdacht, es könnte Eitelkeit und Großtuerei gewesen sein. Natürlich weiß ich vor mir selber, daß ich schuldig wurde. Aber hätte ich mich damit vor dem Gericht so aufspielen sollen? In dieser Welt besteht man besser mit Wendigkeit und Schläue. Andererseits: Kann mir die Gerissenheit Papens ein Vorbild sein? Wenn ich ihn beneide, so verachte ich ihn doch auch. Aber: Ich war vierzig Jahre, als ich verhaftet wurde. Ich werde einundsechzig sein, wenn ich das Gefängnis hinter mir habe*."

Was Wendigkeit, Schläue und Gerissenheit angeht, so ist hier die Bescheidenheit Speers geradezu rührend, – für den, der ihn nicht kennt. An ihm gemessen war Papen ein Waisenknabe.

Zwar rettete Speer seinen Kopf, aber er handelte sich zwanzig erbarmungslose Jahre Zuchthaus ein. Zwanzig Jahre Zuchthaus, – ich zweifle, ob ich das durchgestanden hätte. Und sicher hat auch Speer nicht an den Vollzug dieser 20 Jahre geglaubt – die letzten Jahre ausgenommen – denn es gab im Ablauf der Zeiten Ereignisse wie die Berlin-Blockade und Korea, die eine Wandlung erhoffen ließen.

Ohne Zweifel, Speer hat nicht mit der boshaften Unerbittlichkeit derer gerechnet, die verantwortlich, bewußt und hart hinter Urteil und Vollzug standen und – bei Gott – auch heute noch stehen. Speer rechnete mit dem Erfolg der Bemühungen seiner Tochter Hilde und der zugesagten proforma-Unterstützung durch Konrad Adenauer, Charles de Gaulle, Heinrich Lübke, Willy Brandt, Carlo Schmidt, Herbert Wehner und des Lenin-Ordensträgers Niemöller. Er hoffte! Selbst wenn er in seinem Tagebuch des ,vierzehnten Jahres' schreibt: „Abends hoffnungsvoller Bericht Hildes. Aber es sind ihre Hoffnungen. Nicht meine*." Es waren doch auch seine Hoffnungen.

Der Zwist

„Mächtig und zugleich ohne Interesse an Macht", so beurteilt der amerikanische Historiker Professor Eugene Davidson als Rezensent auf der Umschlagklappe des Buches ,Erinnerungen' den Autor Albert Speer.

Speer hingegen schreibt in bescheidener Zurückhaltung in seinen ,Erinnerungen': „Zunächst versuchte ich durch einen Erlaß Hitlers alle Bauplanungen des Reiches unter meine Verfügungsgewalt zu bekommen; als diese Absicht aber an Bormann scheiterte . . .*"

Es war im Spätherbst 1940 und kurz nach meiner überraschenden Beauftragung mit den Planungen für Linz an der Donau. Das Gespräch wurde wie unter Freunden geführt: Giesler, sagte Speer, wärest du einverstanden, wenn ich mein Arbeitsgebiet und damit meine Zuständigkeit ausdehne? Ich möchte mich künftig mehr als bisher um die Gaustädte kümmern, bei denen städtebauliche Maßnahmen anstehen oder zu erwarten und die meistens auch zugleich mit der Errichtung von Parteibauten verbunden sind. Ich halte meinen Einsatz für notwendig, um Fehlplanungen zu vermeiden. Und sicher werden durch meine Einschaltung dem Führer die jeweiligen Entscheidungen erleichtert.

Natürlich war ich einverstanden – und einige Monate später wird mir Speer dies in einem anmaßenden Brief vorhalten:

„Ich hatte Dich nun bei unserer vorletzten Besprechung am Obersalzberg gefragt, ob Du meinen Ideen über eine Ausweitung meines Aufgabengebietes, denen ich nur ungern folgen könne, zustimmen würdest. Da hast dies damals freudig und bestimmt bejaht." Und er folgert: „Es war Deine Zustimmung mit meine wichtigste Voraussetzung, um weitere Schritte zu unternehmen."

Wohin? Richtig, so war das, und daran hatte sich nichts geändert, denn die Aktivität Speers konnte mich vor jeder weiteren Beanspruchung abschirmen. Mit den Planungen für Weimar, Augsburg und München war ich überlastet, und ich sah mich gezwungen, viele Ausarbeitungen, die ich gerne bis ins letzte Detail in meiner Hand behalten hätte, mehr an Mitarbeiter zu delegieren.

Nun war die Aufgabe „Neugestaltung Linz" hinzugekommen. Es war ein Auftrag, der mir nicht als Weisung, sondern in der Form einer persönlichen Bitte angetragen wurde: Ich weiß, wie sehr Sie belastet sind, aber Sie können mir das nicht abschlagen, Sie müssen meiner Bitte entsprechen, – bedenken Sie, es ist meine Heimatstadt! Das sagte mir Adolf Hitler.

Um dieser einmaligen Aufgabe gerecht zu werden, einer Stadt am Fluß Gestalt zu geben, sah ich mich gezwungen, noch mehr zu delegieren und jede mögliche Entlastung um der Planung willen zu nutzen.

Auf dieser Linie lag auch die Vereinbarung – nach einem Vorschlag von Speer – die Kontingente für die ‚Neugestaltung München', hauptsächlich Eisen und Stahl, durch Speer beim Reich unmittelbar vertreten und durch seine Dienststelle „Generalbauinspektor" verwalten zu lassen.

Mancher persönliche Einsatz und manche Fahrt nach Berlin konnte mir und meinen Mitarbeitern dadurch erspart bleiben. Unabhängig von der Friedensaufgabe ‚Neugestaltung München' selbst war diese Form der Kontingent-Trägerschaft seit Kriegsbeginn gegeben, da durch die Initiative Speers von Berlin aus ein Luftwaffen-Bauprogramm zentral geleitet wurde. Dem hatte ich im Gebiet Bayern und Donaugaue zu entsprechen, die Kontingente für diese industriellen Bauten zur Fertigung von Waffen, Munition, Motoren, bis zum Flugzeug, wurden mir von Speer zugeteilt.

Nach der Fahrt durch Paris, ein Vierteljahr vorher, am 25. Juni 1940, dem Tag des Waffenstillstands, hatte ich im Hauptquartier Bruly de Pêche nach den Gesprächen mit Adolf Hitler die Weisung erhalten, mit den Bauarbeiten der ,Neugestaltung München' zu beginnen. Im gleichzeitigen Erlaß wurden die Dienststellen des Reiches aufgefordert, mir jedwede Unterstützung zu gewähren.

Zu Beginn der Arbeiten standen die Bauten der Reichsbahn im Münchner Großraum. Dieser Einsatz löste eine Reihe von weiteren Baumaßnahmen aus, die auch im Terminablauf ineinandergriffen und sich gegenseitig ergänzten. Alles war sorgfältig vorbereitet und mit den Realitäten der notwendigen Arbeitskräfte, des Materials, der Baumaschinen und der Kontingente Eisen und Stahl abgestimmt.

Nach einer Anlaufzeit der Bauvorbereitungen kamen die ersten Anforderungen der kontingentierten Baustoffe Eisen und Stahl. Sie wurden geprüft, der Dienststelle Speers zugeleitet und um Freigabe gebeten. Mag sein, daß die Zuweisung bei einigen Anforderungen erfolgte, wenn auch zögernd. Dann aber hörten die Kontingent-Zuteilungen auf, und alle Bemühungen, die durch den Druck von den Baustellen her sich stetig steigerten, blieben erfolglos.

Auch alle unmittelbaren Verhandlungen meiner Mitarbeiter, die in Berlin geführt wurden, waren ergebnislos und sogar dissonant. Ich schaltete mich ein und hatte eine Besprechung mit Dr. Todt. Er war für mich der allein Zuständige für die Kontingente des Bausektors. Die Besprechung machte klar, daß ich mich der unmittelbaren Anforderung der Kontingente und des von mir selbst zu vertretenden Anspruchs begeben hatte, – ich war damit in die Abhängigkeit von Speer und seiner Kontingent-Verwaltung geraten.

Und nicht nur das: Alle Bautermine, Dispositionen und Abläufe der Neugestaltungsmaßnahmen wurden in dieser Bindung imponderabel. Das Ansehen der Dienststelle unter meiner Führung stand auf dem Spiel. Die Klagen, die von der Reichsbahn-Neubaudirektion und ihren Baustellen an ihr Ministerium und an mich getragen wurden, nahmen verdichtete Formen an, teilweise kam es zum Stillstand der Arbeiten.

Ich führte ein neuerliches offenes Gespräch mit Dr. Todt; hinsichtlich der Zuweisung der dringend benötigten Kontingente blieb ich ohne Erfolg. Ich erklärte daraufhin, nur eine neutrale, objektive Kontingentierung mit den Zuweisungen, die der Führer nach den jeweiligen Dringlichkeiten und Prioritäten bestimmen würde, könnte in Zukunft ein Desaster wie jetzt in München verhindern. Nur er, Dr. Todt, von allen anerkannt, böte die Gewähr für eine einwandfreie Verwaltung aller Kontingente des Bausektors, nicht aber Speer, dessen Dienststelle, bewußt oder unbewußt, den eigenen Interessen bevorzugt entsprechen würde. Doch im weiteren Verlauf des Gespräches zeichnete sich ab, unverkennbar, daß schon Festlegungen über die Kontingent-Trägerschaft bestanden.

Dann passierte das mit den Werksteinen, gleich welcher Art, ob Muschelkalksteinen, ob Marmor oder den römischen Travertinen vor Tivoli, von den Graniten erst gar nicht zu reden. Sie waren vertraglich in der Hand von Speer. Wohin ich mich auch bei der Suche nach beständigem Werkstein wandte, – ich stand vor der Abblockung ‚Lieferverträge Speer‘. Ich konnte nur auf wenige, leistungsschwache Betriebe ausweichen, bis hin zum toskanischen Travertin.

Langsam bleibet uns nur noch der Beton, denn Kies habet mir bei uns grad gnug, meinte der Leiter meiner Baustellen, aber dann fehlts uns an Zement und Baueisen.

Als ich an dem Aktenschwanz der Mappe mit den gesammelten Einzelheiten zog, darin auch die Berichte meiner Mitarbeiter über ironische Abfertigungen, wurde eine Taktik erkennbar. Ich konnte davon ausgehen, daß sie Teil einer Strategie war, die ich aber in ihrer Gesamtanlage keineswegs überschaute.

Noch war ich weit davon entfernt, das Speer'sche Kontingent-Scharmützel, das über seine Dienststelle lief, unmittelbar in die von ihm geplante Ausdehnung seines Arbeitsgebietes und der gewünschten erweiterten Zuständigkeit einzubeziehen.

Und ebensowenig dachte ich daran, daß Speer, wenn er sich, mehr als bisher, um die Gaustädte und deren Bauten der Partei kümmern würde, seine Zuständigkeit dann auch auf die mir anvertrauten Parteibauten in Weimar, Augsburg, München und Linz ausdehnen könnte. Diese Erkenntnisse kamen erst später, nachdem der Zwist in aller Schärfe ausgebrochen war.

Der ‚edle Wettstreit‘ zwischen den Städten der Neugestaltung, den Adolf Hitler erwartete, hatte schon im Materiellen seine Basis verloren. Und aus der von mir erhofften Erleichterung, die meinen Planungsaufgaben dienen sollte, war eine neue Belastung entstanden, mit Verdruß, Ärger und Sorgen.

Da dachte ich an die Worte von Adolf Hitler auf dem Montmartre, am Abschluß unserer Fahrt durch Paris: Was euch auch behindern mag, legt alles auf die breiten Schultern Bormanns, er wird euch beistehen.

Dazu bot sich mir jederzeit die Gelegenheit durch meine Baustellen auf dem Obersalzberg. Also legte ich Bormann meine Kontingent-Sorgen auf seine breiten Atlas-Schultern, dazu die fehlenden Tonnagen an Eisen und Stahl, um den Zusammenbruch der Reichsbahn-Baustellen in München abzuwenden.

Ohne Zweifel, Bormann nahm es nicht auf die leichte Schulter. Er sorgte für rasche Hilfe und versprach eine baldige grundsätzliche Klärung durch Führer-Entscheidung nach weiteren Informationsgesprächen mit Dr. Todt und Speer. Er forderte von mir eine Aktennotiz über die durch labile Kontingent-Zuweisung entstandene Situation auf meinen Baustellen.

Es wurde eine umfangreiche Aktennotiz, ich verwies darin auf den untrennbaren Zusammenhang von Planung, Baudisposition und Terminen in ihrer

Abhängigkeit von den Kontingenten aller Baustoffe bis zu den Arbeitskräften. Ich sah die bestehende Dissonanz allein auf die derzeitige Willkür der Kontingent-Zuweisungen begrenzt und forderte deshalb die Verwaltung und Zuteilung der Baukontingente in die Hände von Dr. Todt.

Bormann sah dies offensichtlich in einem größeren Zusammenhang. Jedenfalls bat er mich um strikte Zurückhaltung. Ich vermutete zunächst eine Verschleierung und war indigniert, daß ich nicht über alle Vorgänge informiert wurde. Doch bald mußte ich erkennen, daß Bormann bestrebt war, einen offenen Zwist zu verhindern. Durch die Briefhysterie Speers brach er dennoch aus.

Speers Zielsetzung gegen Ende des Jahres 1940 wird durch seinen Entwurf zu einem ,Führer-Erlaß' kenntlich. Dieser Erlaß sollte ihm die ,Verfügungsgewalt' über alle Bauplanungen des Reiches in geradezu ,megalomanischen' Dimensionen sichern. Es bleibt unverständlich, daß sich sein Machtstreben unbeherrscht gegen seine sonst so kühle, pragmatische Denkweise durchgesetzt hatte. Schon in in ihren ersten Ansätzen mußte diese Überspanntheit scheitern. So geschah es, und empfindlich getroffen zieht Speer den Erlaß zurück. Er hatte erkannt, daß er nie die Zustimmung Adolf Hitlers zu seinem Erlaß gefunden hätte, und doch gab er Bormann die Schuld und – er prügelte auf mich. Er verband das mit einer meisterhaften Ranküne, die ihn noch dazu in die beste und zweckentsprechende Situation brachte, und mich in die schlechteste. Hier zeigte sich der wahre Speer in bewundernswerter Form. Es lohnt sich, dies aufzuzeichnen*.

Am 26. November 1940 schreibt Speer an Bormann. Er begründet den von ihm angestrebten ,Führer-Erlaß' und fügt einen Entwurf bei, der die Grundlage bilden soll für diesen Erlaß: „Organisationsplan für einen Beauftragten des Führers für Baukunst und Städtebau der NSDAP." Darin heißt es, „der Beauftragte ist sachlich dem Führer unmittelbar unterstellt" und „sein Aufgabenbereich geht in städtebaulichen Fragen über die Aufgaben der Partei hinaus".

Speer an Bormann: „Ich habe auch jetzt keinerlei Ehrgeiz, diese Aufgabe zu übernehmen", und er fügt nach einem Hinweis auf seine bisherigen Aufgaben und Tätigkeiten hinzu: „Bereits jetzt erfordert der Auftrag zur Neugestaltung der Reichshauptstadt zusammen mit der Beratung der verschiedensten Bauvorhaben der Gauleiter reichlich die Hälfte meiner Arbeitskraft."

Das veranlaßte mich vor einiger Zeit bei einem offenen Gespräch den wohl besten Kenner des Wesens Speers zu fragen, wozu Speer denn die andere Hälfte verwendet habe. Ob er darüber sinniert habe, wie er mir ans Schienbein treten oder ein Bein stellen könnte? Der lachte: Nicht nur Ihnen! Es war seine Methode, den jeweiligen Kontrahenten dazu zu bringen, sich selbst eine Grube zu graben. Dem Hineingefallenen half er dann stets hilfreich auf die Beine und konnte ärgerlich werden, wenn er sah, daß allzu Diensteifrige auf das Opfer losschlugen*. Ein Cesare Borgia des 20. Jahrhunderts, nur so böse war er nicht wie der Papstsohn. Und aufs Gift kam er erst 1945.

Doch nun wieder zu Speers Brief an Bormann: Der Führer solle entscheiden, ob er, Speer, die „zentrale Verantwortung" für die Gestaltung der Bauten der NSDAP übernehmen müsse – dann wäre es allerdings sein Wunsch, daß zur Festigung seiner Stellung der Führer selbst in einem Erlaß seine Befugnisse und besonders die seiner Mitarbeiter feststelle. Ein seltsames, merkwürdiges ‚Wenn und Aber' zeichnet den Abschluß des Briefes aus:

„Wenn der Führer sich dagegen meinem persönlichen Wunsch anschließen sollte und von meiner Beauftragung absehen würde, bitte ich Sie, gleichzeitig vorzuschlagen, daß die Gauleiter in erster Linie die Verantwortung für die künstlerische Gestaltung der Parteibauten übertragen bekommen, da mir eine zentrale Erfassung dieser Aufgabe durch Nichtfachleute (etwa in der Reichsorganisationsleitung) gefährlich erscheint."

Fürwahr eine Verdächtigung; zumindest war das ein durch nichts begründeter Hinweis. Und gerade als Speer dies niederschrieb oder diktierte, mußte ihm doch klar sein, wie diskrepant Adolf Hitler eine „zentrale Verantwortung", eine „zentrale Lenkung" für alle künstlerische Gestaltung empfand, was sich allein schon in der fast föderalistischen Gliederung des Reiches durch traditionell gewachsene und landschaftsverbundene Gaue darstellte.

In der „Chronik des Generalbauinspektors für die Reichshauptstadt" vom Jahre 1941 wird treffend über die Zurücknahme des Erlasses durch Speer, die Auffassung Adolf Hitlers und über einen weiteren Brief Speers an Bormann berichtet, darin sich der Zwist abzeichnet:

„Über eine Besprechung mit dem Führer gab Herr Speer folgende Niederschrift: ‚Am 17. Januar d. J. habe ich dem Führer folgendes vorgetragen: Während meiner Krankheit seien mir Zweifel über die Zweckmäßigkeit einer Festlegung meiner allgemeinen Aufgaben gekommen. Ich hielte es für falsch, wenn ich mich allgemeiner baulicher Fragen und der Bauten der Partei im einzelnen zu sehr annähme. Ich wies darauf hin, daß diese Arbeiten mich leider auch bisher außerordentlich belastet hätten.

Es sei daher nach meiner Ansicht für die mir übertragenen künstlerischen Arbeiten besser, wenn ich mich von diesen Aufgaben weitgehend zurückziehen könne. Ich könnte mich dann ausschließlich mit meinem eigentlichen Lebenswerk, der Errichtung der Berliner und Nürnberger Bauten, befassen.

Der Führer hat meiner Ansicht eindeutig und freudig zugestimmt. Er fand, daß es schade wäre, wenn ich mich zu sehr in diesen allgemeinen Dingen verlieren würde. Er glaube allerdings, daß ich es nicht vermeiden könne, ab und zu einmal einen Rat zu geben. Er stellte aber auf meine Bitte fest, daß es allerdings mir überlassen sei, wann und wie weitgehend ich einen Rat erteilen könne. Er entsprach weiter meiner Bitte, daß bei allen ihm von anderer Seite gezeigten Plänen, auch wenn sich der Bearbeiter auf mich berufen sollte, die Verantwortung immer restlos bei diesem liege.'

Dieser Entschluß hat folgende Vorgeschichte.

Seit langem hatte es sich als notwendig erwiesen, daß alle städtebaulichen Planungen und Bauten der Partei von einem Manne betreut und dem Führer gegenüber vertreten würden. Reichsleiter Bormann, von dem die Initiative ausging, hatte Herrn Speer um Annahme dieses Amtes gebeten. In Zusammenarbeit mit dem Reichsleiter und der Reichskanzlei hatte Herr Speer einen Führer-Erlaß aufgesetzt und durchberaten.

Bevor der Reichsleiter dem Führer vortrug, hatte er ohne Wissen Speers die Stellungnahme Dr. Todts und Gieslers erbeten. Während Dr. Todt grundsätzlich zustimmte, lehnte Giesler den Erlaß in grundsätzlichen Punkten ab, ohne sich vorher, wie es bisher üblich gewesen war, in alter freundschaftlicher Weise mit Herrn Speer zu besprechen.

Da auch Reichsleiter Bormann in wesentlichen Punkten der Auffassung Gieslers zuneigte, konnte eine Einigung nicht erzielt werden.

Am 20. Januar teilte Herr Speer dem Reichsleiter Bormann als Leiter der Parteikanzlei seinen Entschluß mit, daß er

1. seinen Antrag auf eine Verfügung über einen ‚Beauftragten für Städtebau und Baukunst in der NSDAP' zurückziehe,
2. auf die weitere Behandlung eines Erlasses über einen ‚Beauftragten für Städtebau' verzichte,
3. in Zukunft die Bezeichnung ‚Beauftragter für Bauwesen in der NSDAP' nicht mehr führen werde, da sie seinen Aufgaben, wie sie von jetzt ab festlägen, nicht entspreche.

Die Auslösung dieses Entschlusses, der ihn schon lange beschäftigte, begründete Herr Speer mit der ablehnenden Stellungnahme von Professor Giesler zu den genannten Erlassen.

Er kündigte weiter die Abgabe derjenigen Arbeitsgebiete für die nächsten Wochen an, zu denen er nicht vom Führer selbst verpflichtet sei oder an denen er persönlich keine Freude empfinde."

Das Schreiben an Reichsleiter Bormann schließt:

‚Ich verfüge über freie Arbeitszeit durch diese Maßnahmen und werde den Führer bitten, mir die zusätzliche Bearbeitung einer Stadt zu übergeben. Sie werden zugeben, daß ich mit dem Bau einer neuen Stadt, wie etwa Drontheim, dem Führer mehr Freude bereite und der Nachwelt ein sichtbares Zeichen meiner Arbeit hinterlasse . . .'

Zugleich teilte Herr Speer Herrn Reichsminister Dr. Lammers mit, daß er seinen Antrag auf die Behandlung des Erlasses über den ‚Beauftragten für Städtebau' zurückziehe. Er setze dabei allerdings voraus, daß die Arbeitsgebiete Städtebau und allgemeines Baurecht beim Reichsarbeitsminister verblieben und nicht, wie vom Reichswohnungsbaukommissar beabsichtigt, in dessen Weisungsbefugnisse fallen würden.

Am 23. Januar gab Herr Speer folgende Notiz:

‚Der Führer hat auf meine Bitte entschieden, daß die Planung der bei Drontheim neu zu errichtenden Stadt mit etwa 250 000 Einwohnern von mir als Generalbauinspektor entworfen und durchgeführt wird. Er hat dazu von sich aus bemerkt, daß es auch richtig sei, wenn die gesamte Bauleitung, von meiner Berliner Dienststelle durchgeführt, in meiner Hand bleibe.'

Reichsminister Dr. Todt, der seinerzeit wie Professor Giesler vom Reichsleiter Bormann zur Stellungnahme zu den Erlaßentwürfen aufgefordert worden war, die sich für Herrn Speer durch die Besprechung beim Führer am 17. Januar erledigt hatten, gab in einem Schreiben an Herrn Speer vom 24. Januar zum ‚Fall Giesler‘ abschließend seinem Wunsche Ausdruck, daß das ‚gute Verhältnis der auf aufrichtiger Achtung und Kameradschaft aufgebauten Zusammenarbeit‘ zwischen Speer und ihm wie bisher erhalten bleibe.

Am darauffolgenden Wochenende trafen sich Herr Speer und Dr. Todt am Hintersee zu einer Aussprache*.“

Soweit die „Chronik“. Und soweit es mich angeht, da ist manches doch sehr einseitig gesehen: In der Verantwortung für meine Baustellen, für den Einsatz der Arbeitskräfte habe ich mich berechtigt gegen die Abdrosselung der zugesagten Kontingente gewandt. Ja, ich habe mir sogar erlaubt, mit Dr. Todt und Bormann darüber zu sprechen.

Mein Standpunkt war: Speer mochte sich ausdehnen, jedoch nicht zu Lasten der mir anvertrauten Bauten und meiner städtebaulichen Aufgaben. Wenn er damals glaubte, er könne mir das Fell über die Ohren ziehen, dann hatte er sich getäuscht. Mein Widerstand richtete sich gegen seine einseitige und willkürliche Beherrschung der Kontingente.

Vor mir liegt dieser Entwurf Speers zum erstrebten Führer-Erlaß, er gehört, wie vieles, zu meinen Unterlagen:

Bei ‚Amt VI‘ steht da „Hauptabteilung Genehmigung und Kontingentierung“, unter Ziffer b wird lapidar festgestellt: „Kontingentierungs-Zuweisung für alle Neugestaltungsstädte, da nach Rücksprache mit Dr. Todt diese Kontingente bei mir geführt werden!“

Aber da steht noch viel mehr, – denn wenn schon Verfügungsgewalt, dann aber gründlich!

Unter II – Amt für Städtebau, mit vier Untertiteln, werden vorläufig 45 Reichs- bzw. Gaustädte erfaßt, dazu mit der neuen Stadt Drontheim noch sechs weitere Stadtaufbauten in Norwegen.

Unter Amt III – Baugestaltung, mit sieben Untertiteln bzw. Sondergebieten, gab es die „Künstlerische Gestaltung der Gau- und Kreisforen“, die „Künstlerische Gestaltung der Gemeinschaftsanlagen der Ortsgruppen“, die „Gestaltung der Bauten der Gliederungen und angeschlossenen Verbände der NSDAP (DAF, NSV usw.)“.

Das hätte die Unterwerfung bedeutet für meine Planungsaufträge, und dann hätte ich genauso widersprechen müssen wie bei der schon praktizierten Kontingentierungs-Herrschaft.

Speers Brief vom 20. Januar 1941 an Bormann ist in der „Chronik" nicht vollständig wiedergegeben, es fehlen die Passagen, in denen mich Speer angreift:

„Ich (Speer) hätte allerdings nie gedacht, daß Parteigenosse Giesler sich in dieser Schärfe gegen meine Erlasse wenden würde und damit meinen endgültigen Entschluß auslöste.

Ein Freund, der mir zudem zu Dank verpflichtet sein könnte, dürfte nicht so handeln, denn:

1. Sah er die Erlasse noch vor Ihnen in Berlin, ohne etwas dazu zu bemerken . . ."

Was soll das? Speer hatte doch meine Zustimmung zu dem, was er mir erklärt hatte, als Freund würde er mir doch gesagt haben, daß sich sein Zielstreben geändert hätte und nunmehr auf ,Verfügungsgewalt' ausgerichtet war. Wenn er mir damals die Erlasse gezeigt hatte, dann war das „Kleingedruckte auf der Rückseite" noch nicht formuliert und zur Bedingung der Vorderseite gemacht worden. Zu jener Zeit hielt ich Speer noch für einen durch unsere gemeinsame große Aufgabe verbundenen Freund.

Unter Ziffer 4 meines Sündenregisters wird dann aufgeführt, ich hätte nicht versuchen dürfen, den Parteigenossen Dr. Todt in einem für Speer „negativen Sinne zu beeinflussen".

„Sie müssen verstehen", so klagte er Bormann sein Leid, „daß in mir viel zusammenbrach, als ich mein unbegrenztes Vertrauen in Parteigenosse Gieslers Freundschaft verloren sah.

Nachdem auch Ihre (Bormanns) Bedenken nicht sehr von denen Professor Gieslers entfernt waren, habe ich mich noch während unserer Besprechung entschlossen, nun dieses Aufgabengebiet endgültig zu verlassen.

Ich konnte bald danach dem Führer meinen Standpunkt allgemein mitteilen und war glücklich, daß er meine Bedenken verstand und billigte. Ich bin heute gewiß, daß er schon immer gegen meine Betätigung auf allen diesen Gebieten eingestellt war, da er sich offensichtlich über meinen Entschluß freute."

Speers Schlußsatz im Brief an Bormann lautet:

„Ich weiß, daß ich nach der schwierigen Abwicklungsarbeit der nächsten Wochen über meinen Entschluß, der mir schwer genug fiel, außerordentlich glücklich sein werde."

Speer sah nun in mir den treulosen, undankbaren Freund, der sich mit Schärfe gegen seine Erlasse gewandt hatte, und er schrieb mir einen beleidigenden Brief.

Nun wurde ich zornig, auf jeden und alles, auf den Amokläufer nach Macht und Geltung, ich wurde zornig auf Bormann und auf mich selbst, weil ich nicht schon früher gehandelt hatte, wie es meiner Art entsprach. Ich tat es jetzt, ich bat um meine Ablösung.

Wie Speer in seinem Zorn alles hinwarf, was ihm die Partei an Aufgaben anvertraut hatte, so auch ich. In einem Gespräch mit Bormann sagte ich spontan: Statt Unterstützung bei den nicht gerade einfachen Aufgaben bekomme ich Prügel und Anfeindung – macht doch den Kram ohne mich – ich habe mich ja nicht nach München und Linz gedrängt – ich gehe zu den Soldaten!

Das war sehr unschön von mir, und ich dachte später oft daran zurück.

Der grimme Hagen mit dem westfälischen Dickkopf, sagte Bormann. Der Führer hat entschieden: ‚Giesler hat seinen Aufgaben zu entsprechen!‘

Wenn es uns – Speer und Giesler – überhaupt möglich war, Adolf Hitler mit unseren Albernheiten Verdruß zu machen, dann geschah das in der angespanntesten Zeit, – der Entscheidung um ‚Barbarossa‘. Dr. Todt und Bormann wurden gebeten, zwischen Speer und mir zu vermitteln, doch die Zerstrittenen beharrten trotzig auf ihren Standpunkten. Sie gingen sich aus dem Weg, und wenn sie sich doch begegneten, sahen sie aneinander vorbei.

Etwas von dem Vertrauen, das er in seinen ehemaligen ‚Freund‘ gesetzt hatte, mußte noch verblieben sein. Denn wenn ich mich an alles erinnere, konnte Speer seine mehr als offene Kampfansage zur Münchner Neugestaltung nicht vergessen haben, die mit seinem ‚Giesler in München – das wird nunmehr toleriert‘, nur zeitlich eingeschränkt war.

Die tiefe Enttäuschung über den Verzicht auf den Erlaß führte bei der „Bruderschaft vom Speere“ im „Klosterhof der Selbstbeschränkung“ zu einer Karikatur: Speer ruht nach mißhelligen Mühen auf der wolkenumhüllten Säule. Während der Bruder Stephan, der Städteplaner, die Kantate Miserere ‚Nur Berlin‘ anstimmt, gießt Schelkes, der Bruder Grünflächenplaner, die Tulpen Berlin und Nürnberg und das noch kleine Tülpchen Drontheim. Im Vordergrund lagert der Chronist Wolters, die personifizierte Kontinuität, voller Verständnis für alle Vorgänge, ausgezeichnet mit dem selten anzutreffenden ‚semper idem‘. Die Konfratres und Bekenner Hettlage und Brugmann haben sich schon zur Meditation in ihre Südost-Südwest-Vorzugszellen zurückgezogen.

Das war wohl das Ende des angestrebten Erlasses Hitlers, mit dem Speer alle Bauplanungen des Reiches unter seine Verfügungsgewalt bekommen wollte, – doch der Kampf um die Kontingente, um Baueisen und Stahl, ging weiter, wie auch um die Werksteine.

In der Chronik für 1941 ist unter dem 18. April vermerkt:

„. . . Nach gemeinsamem Abendessen sah sich der Reichsmarschall von elf Uhr abends bis zwei Uhr morgens die Pläne des Reichsmarschallamtes an, die ihn außerordentlich beeindruckten.

. . . Weiterhin unterzeichnete er (Göring) folgendes Schreiben an Dr. Todt:

‚Für die vom Führer dem Generalbauinspektor für die Reichshauptstadt angeordneten Bauten der Neugestaltung (Sofort-Programm des Generalbauinspektors) sind die in meinem Erlaß vom 18. 2. 1941 angeordneten Einschränkungen des Arbeitseinsatzes nicht zur Anwendung zu bringen. Ich bitte, die Durchführungsmaßnahmen mit Professor Speer festzulegen.‘“

DAS KLOSTER ZUR SELBSTBESCHRÄNKUNG
ODER DAS GOTTSELIGE LEBEN DER BRUDERSCHAFT „VOM SPEERE"

Dann vermerkt die Chronik:

„Der Reichsmarschall sagte die von Herrn Speer erbetenen Baueisenmengen von monatlich 7000 t für das Notprogramm verbindlich zu*.“

Nun zu den Werksteinen; nach der Chronik des Jahres 1941 datiert der „Stein-Erlaß“ unter dem 22. Juni. Danach erhielt die Generalbauleitung Speers vom Reichswirtschaftsminister die Mitteilung, daß die ‚Auftragsmeldepflicht für Steinbrüche‘ in Kraft getreten sei: Die Bearbeitung der Frage liegt beim GB-Bau in den Händen von Prof. Brugmann. Es ist damit die Möglichkeit der Einflußnahme bei allen Steinvergebungen durch den GB-Bau beziehungsweise den Generalbauinspektor gegeben“ heißt es lapidar*. Professor Brugmann war ein Mitarbeiter Speers.

Fürwahr, die Chronik ist aufschlußreich und eine Fundgrube. Danach macht Alfred Rosenberg Speer am 24. November 1941 das Angebot, den Städtebau in den Ostgebieten zu übernehmen. Etwa ähnlich ist es auch in Speers ‚Erinnerungen‘ vermerkt.

Doch Speer lehnt das Angebot Rosenbergs schließlich Ende Januar 1942 ab: „Weil ich fürchtete“, so schreibt er in seinen ‚Erinnerungen‘, „daß eine zentrale Behörde für Stadtplanungen eine Uniformierung der Städte im Gefolge haben müsse*.“

Dieses Bekenntnis erhält erst Bedeutung, wenn man es mit dem Entwurf zum erstrebten ‚Erlaß Hitlers‘ vergleicht und mit dem Brief, den er an Bormann schrieb.

Die Chronik von 1941 kann nichts über Speers Entscheidung vom Januar 1942 vermerken. Aber immerhin, Speer muß ernsthaft erwogen haben, diese Beauftragung anzunehmen, denn in der Chronik 1941 steht:

„Acht Tage später (nach dem 24. November 1941) hatte Herr Speer eine Besprechung mit Dr. Todt, in der er ihm mitteilte, daß Gauleiter Meyer ihn vor einigen Tagen wegen einer Übernahme der Städteplanung im Osten aufgesucht habe. Für den Fall einer Beauftragung durch den Führer müsse zwischen ihnen, Speer und Todt, Einigkeit darüber herrschen, daß die Arbeitsverteilung so vorgenommen würde, daß bei der Behörde Todt die gesamte Bauausführung liege, während er selber die Bauplanung übernehme. Es habe keinen Zweck, in diesem Fall zwei Behörden mit der Baudurchführung nebeneinander zu betrauen. Er teilte Dr. Todt weiter mit, daß Schultze-Fielitz und er sich in dieser Frage durchaus einig seien. Im übrigen wolle er unter dem Begriff „Städteplanung“ nicht nur die generelle Planung, sondern auch die Einzelplanung der Gebäude erfassen, so daß die künstlerische Einheit der Städte gewährleistet werde. Dr. Todt war mit dieser unter Umständen vorgesehenen Arbeitsteilung einverstanden*.“

Noch eine Merkwürdigkeit ganz besonderer Art verzeichnet die Chronik:

„Am Abend des 19. April (1941) fuhr Herr Speer zurück in das Führerhauptquartier, wo er dem Führer in Anwesenheit der persönlichen Begleitung um zwölf Uhr nachts zum Geburtstag gratulierte. Am nächsten Morgen übergab A. (Albert) Bormann eine Urkunde mit folgendem Wortlaut:

‚Mein Führer!

An Ihrem 52. Geburtstage bitten die unterzeichneten Künstler der Berliner Neugestaltung Sie, mein Führer, im edlen Wettstreit mitwirken zu dürfen am Neuaufbau der Stadt Linz an der Donau.

Speer	Distel	Schmidt	Dierksmeier
Breker	Hetzelt	Kreis	Hentrich
Kaspar	Stich	Thorak	Tamms
Brugmann	Klaje	Ortner	Pinnau
			Dustmann*‘“.

Als ich das nach langen Jahren las, war ich betroffen: Das also war der Grund für die Bemerkung von Adolf Hitler im Führer-Hauptquartier Winniza 1942, als er mir sagte: In Zukunft bestimmen Sie die Architekten, mit denen Sie in Linz zusammenarbeiten wollen*. Die anderen in seiner ständigen Umgebung, die um diese merkwürdige Geburtstagsadresse wußten, hatten sich wohl nichts dabei gedacht? Bei Bormann kann ich verstehen, daß er nicht in das Feuer blasen wollte, er war vielmehr die ganze Zeit bemüht, den Zwist zwischen Speer und mir abzubauen.

Doch so war es damals, – Speer scheute keine Mühe, wenn es galt, dem Führer Freude zu machen. Oder war es grenzenloser und verletzter Ehrgeiz, der ihn anspornte, nun als Manager, Trainer und Akteur zugleich mit seiner Nationalmannschaft der Architekten, Bildhauer und Maler, die er allesamt für Berlin fest verpflichtet hatte*, auf das Planum der Linzer Neugestaltung zu laufen. Warum wohl – um mich, den Einsamen, dem Adolf Hitler die Planung seiner Heimatstadt und seines Alterssitzes anvertraut hatte, ‚im edlen Wettstreit‘ zu vertreiben?

Vor der von Adolf Hitler getroffenen Entscheidung über meinen Planungsauftrag für Linz, die Speer mit einem mir damals unverständlichen verschlossenen Gesichtsausdruck miterlebte, wäre das Speer'sche Sonderangebot nur seltsam gewesen. Gleichviel, diese Offerte als Geburtstagspräsent zu überreichen, das empfinde ich auch heute noch als überaus geschmacklos.

Dabei überschreitet Speer mit der Linzer Einmischung die Abgrenzung, die er sich selbst nach dem Gespräch mit Adolf Hitler am 19. Januar 1941 gesetzt hatte und von der er Bormann in seinem Brief vom 20. Januar 1941 Kenntnis gab:

„Dem Führer bin ich lediglich verantwortlich für alle Berliner und meine Nürnberger Bauten. Nur diese Arbeiten können in ferner Zukunft mein Lebenswerk darstellen. Sie sind meine größte Freude, – aber auch gleichzeitig für mich verpflichtend, meine Kraft hierfür zusammenzuhalten und nicht auf andere Aufgaben ablenken zu lassen.“

Besprechungen am Arbeitsmodell der Donauufer-Bebauung: Alle zeigen auf das Hochhaus.
Überlegungen – (Unten von links: Eigruber, Hitler, Giesler, Ganzenmüller und Fick)

An der Planung für Linz: Immer ist Bormann dabei; oft auch der Linzer Gauleiter Eigruber.

Die Baugedanken Adolf Hitlers erhalten Form und Gestalt.

Das Übersichtsmodell der Donauufer-Bebauung: Blick stromaufwärts. Rechts die Urfahrseite. Abschluß oben Mitte: Der geplante Alterssitz Hitlers.

Speer wußte, in Linz entsprach ich einer persönlichen Bitte Adolf Hitlers. Denn sonst hätte ich mich gegen diese Beauftragung gesträubt, wie ich schon vorher aus freiem Entschluß nicht gewillt war, das umkämpfte Neugestaltungs-Spannungsfeld München zu betreten. Speer hätte das beachten müssen.

Zum Jahreswechsel 1941/42 schrieb Bormann an Speer und erwähnt dabei seinen „Herzenswunsch für das Jahr 1942": Die Versöhnung. Speer antwortet mit einem aufschlußreichen Brief vom 2. Januar 1942, der von Bormann damals als erstes Anzeichen eines möglichen Ausgleiches gewertet wurde. Ihr müßt euch wieder vertragen, ich werde alles daransetzen, das hörte ich in jener Zeit oft von Bormann. Natürlich, denn Adolf Hitler hatte ihn ja beauftragt, zwischen Speer und mir zu vermitteln.

Für mich hatte der Inhalt des Speer-Briefes eine andere Bedeutung. Nach einem Werturteil darin folgt:

„Wenn ich auch anstrebe, daß meine Bauten von niemandem in ihrer künstlerischen Qualität übertroffen werden dürfen und können und annehme, daß es auch niemals der Fall sein wird (dies ist ja schließlich das Lebensziel!) – so bin ich mir darüber klar, daß auch Professor Giesler von seinen Bauten dasselbe glaubt; denn er würde sich selbst aufgeben, wenn er nicht auf das gleiche hinstreben, sondern von seinen Werken etwas anderes annehmen würde."

Was sollte ich zu einer solchen Auffassung des Architektenberufes sagen? Sie erschien mir schon damals als überspannt und sie ist es auch heute noch. Wer aber Speer kennt, weiß, daß sie seiner Wesensart entspricht*.

Weiter war dem Brief zu entnehmen, daß Speer bereit war, mit mir zunächst wieder in ein Verhältnis zu kommen, „wie es unter Kollegen üblich ist".

„Ich möchte Parteigenosse Professor Giesler einen solchen Schritt dadurch erleichtern, daß ich meine damalige Auffassung, daß er ‚mit Absicht und hinter meinem Rücken' gegen mich Stellung genommen hat, um mir Abbruch zu tun, zurückziehe. Die Vorwürfe, die ich Giesler damals zu machen hatte, muß ich zunächst aufrechterhalten, da sie nicht widerlegt wurden. Mich interessiert im übrigen deren Widerlegung auch in der Zukunft nicht."

Am Morgen des 8. Februar 1942 beendete der Flugzeugabsturz auf tragische Weise das Leben Dr. Todts. Speer wurde der Nachfolger von Reichsminister Dr. Todt in allen seinen Ämtern.

Bormann kündigte mir bald darauf an, daß Speer nun den Ausgleich mit mir vollziehen werde: Er wird Ihnen vorschlagen, den ganzen Gram und Kram zu vergessen, und Sie werden dem bereitwilligst zustimmen, – das bitte ich mir aus!

Am 24. Februar bat mich Speer zu einer Aussprache in das Wohnhaus Dr. Todts: Wir sind gehalten, den Zwist zu beenden, wir entsprechen damit einem Wunsche von Dr. Todt.

Über die Ursachen, die den Zwist ausgelöst hatten, wurde nicht mehr gesprochen, es wurde somit nichts widerlegt und nichts aufgeklärt, wir hatten wohl beide keine Lust dazu. Die Freundschaft war pragmatisch, sie endete von meiner Seite mit Speers Aussage vor dem IMT in Nürnberg, endgültig bei seinen Äußerungen am Tage seiner Freiheit, dem 30. September 1966. Und diese ‚Freundschaft‘ wurde begraben unter dem Wust seiner törichten Entstellungen und den Beweisen seiner erfolgreich vollzogenen Reeducation in seinen Aussagen, Interviews und Büchern.

Vor mir liegen die Notizen über seinen Brief an Bormann vom 2. Januar 1942, der da endet mit: „Daher mein einziger Neujahrswunsch für Sie: Viel Freude und wenig Enttäuschungen dem Führer im Jahre 1942 durch Ihre verantwortungsvolle Tätigkeit zu bereiten! In Freundschaft und mit herzlichsten Grüßen, Heil Hitler! Ihr Albert Speer.“

Und da liegt vor mir das Playboy-Interview mit der Frage:

„Was für ein Mann war Bormann?“ Dazu Speer:

„Er war der gröbste und brutalste und unbarmherzigste Angehörige der Nazi-Hierarchie – und glauben Sie mir, dazu gehörte etwas. Persönlich war er gewalttätig und primitiv, ohne irgendwelche Kultur oder Feinheit. Von Natur aus war er ein Handlanger, aber er war auch ein brutaler Kerl und behandelte seine Untergebenen wie Tiere, mit sadistischer Verachtung für ihre Gefühle. Er lag entweder zu Ihren Füßen oder er war an Ihrer Kehle, der übelste Typ eines Bauern mit der übelsten Art von Bauern-Schläue. Er wußte, wie man die Leute hereinlegen konnte, damit sie glaubten, er sei ein unbedeutender und vertrauenswürdiger Helfer des ‚Führers‘, während er die ganze Zeit schlau sein eigenes Reich aufbaute.“

Sehr diskrepant zu diesem vulgären Zerrbild, das Speer von Bormann zeichnet, stehen seine Floskeln, mit denen er seine Briefe an Bormann abschloß: „Und bitte ich Sie herzlichst, mir Ihre freundschaftliche Unterstützung auch weiterhin zu geben“ und „In Freundschaft und mit herzlichsten Grüßen“.

Ich unterhielt mich darüber mit meinem Freund Franz Alfred Six, als er mir den Playboy mit dem Speer-Interview zurückgab. Ich will mich kurz fassen, sagte er. Was sich Speer mit dieser manischen Aussage geleistet hat, zeugt von verächtlicher Denkweise. Der Interviewer manipulierte daraus dann dieses üble Machwerk.

Und dann fügte er hinzu: Ich bin ein armer Mann, krank und ohne Hoffnung, was meinen Lebensabend betrifft, – aber nicht um eine Million möchte ich in Speers Haut stecken.

Vor einigen Jahren hatte ich ein Gespräch mit einem vertrauten ehemaligen Mitarbeiter aus den Zeiten von Weimar und München. Natürlich sprachen wir auch über Speer und seine ‚Erinnerungen‘. Ich hatte mich schon verabschiedet, er begleitete mich zur Tür, da sagte er: Herr Giesler, Sie müssen doch zugeben, daß Speer Ihnen weit überlegen war! – Aber natürlich war er das, sagte ich, und wie!

Bei der Heimreise im Zug hatte ich Zeit, darüber nachzudenken, weshalb und worin mir Speer so weit überlegen war. Er war klug, – als sich ihm die Frage stellte, ob Architekt oder Mathematiker, wählte er den Architektenberuf, denn darin konnte er auch Mathematiker sein.

Und mathematisch-berechnendes Denken war die Grundlage aller seiner Handhabungen. Es ging ihm darum, die Aufsicht zu haben um der Direktion willen. Eine ungewöhnliche organisatorische Begabung war ihm eigen, sie verband sich mit der Unbekümmertheit, Amtsträger zu behandeln, zu handhaben, und mit Ämtern umzugehen.

Er sah das Bauen in allen seinen Funktionen, in allen Nebenerscheinungen, auch vom Material her, von den Baukräften, den Kontingenten, dem Baueisen und den Steinen, – seine Agenten sicherten ihm europaweit das alleinige Verfügungsrecht.

Transport – natürlich, das war wichtig, Transportkolonnen, Regimenter gar, und Transportflotten, Schiffe, Lastkähne. Er verfügte über einen Nachrichtendienst, über Presse, Propaganda und Film.

All das konnte er delegieren, vieles hätte er dem freien Unternehmer zuweisen können, doch alles wollte er selbst handhaben, selbst bemächtigen. Dazu gehörte Zeit und Arbeitskraft. Speer hatte beides, denn Berlin, die Reichshauptstadt, und die Bauten in Nürnberg beanspruchten, wie er Bormann mitteilte, nur die Hälfte davon.

Auch darin war mir Speer überlegen, – denn ob Weimar oder München oder Linz, jede Aufgabe forderte zu ihrer Zeit meine volle Arbeitskraft auch über alle Erholungsstunden hinweg.

Doch das Wichtigste wäre beinahe übersehen: Speer verfügte auch über ein bedeutendes Architekturbüro mit hervorragenden Städtebauern, Architekten, Bauingenieuren und Grünflächenplanern; freie Bildhauer und Maler standen ihm zur Verfügung.

Speer war ein Architektur-Manager – ich war nur Architekt. Speer war mächtig – doch, wie Davidson zu berichten weiß: „. . . zugleich ohne Interesse an Macht!“

Der Säulenheilige

Im Jahr 113 wurde dem Kaiser und Feldherrn Trajan durch den Römischen Senat eine gigantische Säule errichtet. Auf dem Kapitell der Säule stand das eherne, vergoldete Standbild des Geehrten.

Der Kunsthistoriker Bruhns schreibt: „An Riesiges gewöhnt und bestrebt, sich selbst zu übertreffen, hat Rom diese neue Form der Triumphverewigung erdacht, die dann die Menschheit von ihrer Ausdruckskraft nicht weniger überzeugt hat als die ältere Gattung der Ehrenbögen, die nun an Rang ein wenig zurücktrat. Denn wie die Kolossalsäule den Begriff ‚Höhe‘ zur reinsten

Anschauung bringt, so eignete sie sich auch ganz besonders zur Huldigung an die Höchsten. Antoninus Pius und Marc Aurel erhielten ähnliche Säulen in Rom, Arcadius seine in der neuen Hauptstadt Konstantinopel; als aber Europa sich im Zeitalter Napoleons römischer Größe besonders nahe fühlte, schenkte es dem neuen Imperator die Vendôme-Säule zu Paris – und seinem Überwinder, Alexander von Rußland, eine zweite in St. Petersburg*.‟

Das aufkommende Christentum stürzte die Standbilder antiker Größe und huldigte nun auf den mächtigen Säulen seinen Bekennern. Nach dem endgültigen Verfall der antiken Würde, im vierten und fünften Jahrhundert, beanspruchten asketische christliche Einsiedler den Standort auf den Kapitellen römischer Säulen, Gott zum Wohlgefallen. Der Bekannteste darunter war Symion Stylites von Aleppo. Styliten oder Säulenheilige nannte man diese Asketen und Bußfertigen, die dennoch bestrebt waren, durch Selbsterhöhung ihren Rang zu steigern.

Sich selbst zu erhöhen, – wer wollte dem Säulenheiligen, der zwischen Erde und Himmel stand, das verwehren? War er nicht auch durch seinen hohen Standort, von dem er alles überschauen konnte, prädestiniert, über das Böse zu urteilen und, wenn es denn so sein mußte, auch mal das Gute zu erwähnen? Alles, was aus dieser einsamen, doch triumphalen Höhe dann auf die Irdischen herabkam, war bedeutsam, selbst Schmähungen und Schelte, wenn auch manches erst ,post festum' die Aufmerksamen erreichte.

In den ,Spandauer Tagebüchern' von Speer sah ich einige Karikaturen, die sein Mitarbeiter Hans Stephan gezeichnet hatte. Sie entstanden in den Zeiten der Hochblüte zur Planung der Berliner Neugestaltung. Dazu schreibt Speer: „Wir ironisierten die eigene Gigantomanie*!‟

Da kam mir die Erinnerung an Stephans ironischste Karikatur. Sie schien zwiespältig auf den ersten Blick und war doch eindeutig bei näherer Betrachtung: Eine riesige Säule stößt durch die Schwaden von Myrrhen und Weihrauch oder gar durch Wolken in gigantische Höhe. Opferrauch umhüllt auch das Standbild in römischer Toga auf dem Kapitell – ein Speer wird sichtbar, der den Höchstgestellten damit kennzeichnet.

Zunächst ließ das an eine antike cäsarische Ehrung denken. Doch auf dem Stylobat des dreistufigen Unterbaues der Säule sitzt im Kapuzinergewand der Chronist, eifrig bemüht, alle Gedanken des Höchstgestellten, alle Bekenntnisse und Ansichten, aber auch alle Schmähungen sorglich zu notieren, um sie der interessierten Um- und Nachwelt zu übermitteln*.

Zeitentsprechend war diese Karikatur; und doch, mit dem Mönch am Fuß der Säule war sie zugleich, wie sich nunmehr herausstellte, zukunftsgerichtet. Stephan hatte sowohl die imperatorische Gegenwart dargestellt und doch, mit visionärem Gespür, hingewiesen auf das, „Was da kommen wird‟. Der Mönch auf dem Stylobat läßt keine andere Deutung zu. Ahnte Stephan je, wie zutreffend sich seine Darstellung dereinst erweisen würde: Speer als Säulenheiliger?

Doch immerhin, um einige Säulentrommeln stellte er ihn höher als den Büßer, Asketen und Zänker Symion Stylites von Aleppo. Denn Stephan hatte als Architekt ein Gefühl für Rang und entsprechenden Maßstab.

Nach dem Erscheinen der Speer-Bücher bin ich vielen begegnet, die glaubten, seine seltsame Wandlung, seine schizoide Gedankenwelt, seine Entstellungen und seine Schmähsucht, dazu die peinliche Bußfertigkeit seien das Ergebnis der 20 Jahre ‚Gefängnisfolter durch Isolation‘, wie man das nach Sartre zu bezeichnen pflegt. Ich habe dem widersprochen: Das ist zuviel an Umwelteinfluß, – es mag sein, daß durch die Haft die Konturen verschärft wurden. Bei Speer ist dieses ‚Umdrehen‘ reiner Opportunismus, kalt und sorgsam berechnet, wie es seiner genetisch bedingten Wesensart entspricht, die er schon vor der Gefängniszeit demonstrierte.

Nach der grotesken Komödie vor dem Nürnberger Militär-Tribunal, als Speer den Bären Tabun an die Gerichtsschranke zu binden versuchte – „Ich hatte die Absicht, mit Giftgas Hitler umzubringen, jedoch . . .*“ – wurde er von Kranzbühler angesprochen, dem Verteidiger des Großadmirals Dönitz. Er stellte Speer die Frage, ob es nicht sicherer und wirksamer gewesen wäre, wenn er Hitler erschossen hätte, als eine Giftgas-Operation auszuführen, bei der eine unbekannte Zahl von Sekretärinnen, Fahrern usw. in Mitleidenschaft gezogen worden wäre, ohne mit Sicherheit Hitler selbst zu erreichen. Speers Antwort war: „Ich konnte nicht schießen!“

Dazu bemerkt der Anwalt: „Mir hat das zur Charakteristik dieser Persönlichkeit ausgereicht, und seine beiden Bücher haben meine damalige Meinung nur bekräftigt*.“

Erlebnis und Stellungnahme des integeren Anwalts und ehemaligen Flottenrichters dienen zur Klärung: Hätte er die Karikatur von Stephan gekannt, dann wäre er zu einer anderen Beurteilung gekommen, – von einem Säulenheiligen erwartet man nicht, daß er schießen kann. Gift dagegen könnte man sich schon eher bei einem Styliten denken. Aber wiederum nicht bei Speer, dem ‚Zweitmächtigsten des Reiches‘; dem mangelte es nicht nur an einer Leiter, um die ersonnene Tat am Luftschacht des Befehlsbunkers der Reichskanzlei zu vollziehen.

Man mag im ‚innersten Kreis‘ der Speer-Gesellen lyrisch Pläne gelispelt haben in völliger Verkennung der Situation. Nur so erklärt sich mir auch der Zuruf seines Mitarbeiters aus der ‚Zentralen Planung‘ im Winter 1946, in der Gefangenschaft, von Cage zu Cage: Speer passiert nichts – er wird der deutsche Aufbau-Minister! Ohne Zweifel sollte das bereitwillige Schuldbekenntnis, verbunden mit der Attentats-Absichts-Erklärung die Grundlage von Speers Verteidigung bilden. Doch es wurde nur zu einem Propaganda-Geschrei des ersten Reeducators, den die Amerikaner auf das deutsche Volk ansetzten. Es wurde zu einem Erfolg des Gauners „Dr. Gaston Oulman“.

Beginnend mit dem verzweifelten Charivari seiner Aussagen vor dem Militär-Tribunal, steigert sich Speer als Gefangener in Sprüchen und Kassibern, und dann, nach zwanzig Jahren, als freier Mann in seinen Büchern und Interviews zu hemmungslosen Schmähungen, die selbst vor den Opfern der Sieger-Justiz nicht Halt machen.

Um sich vor seinen Kindern zu rechtfertigen, damit sie sich seiner nicht schämen müssen, und um durch seine, wie er vermeint, aufrichtige Haltung dem deutschen Volk „noch einmal zu helfen*", glaubt er den Gefallenen des Krieges, den Kämpfern für Europa den Sinn ihres Opfers nehmen zu müssen. Für die Hinterbliebenen ist es sicherlich tröstlich, nunmehr von Speer zu hören, daß ihre Männer, ihre Söhne und Brüder sich opferten, daß ihre Frauen und Kinder zerbombt wurden für ein falsches Ideal und für einen „ganzen Wahnsinn". Damit hat Speer, wie er schreibt, „seinem eigenen Volk am besten gedient*".

Da ist weiter die Infamie vor dem Nürnberger Tribunal: Speer verbündete sich mit dem amerikanischen Hauptankläger Jackson! Wenn jemals daran ein Zweifel bestand – nach dreißig Jahren wird der Vorgang nun von Speer selbst in arroganter Form bestätigt: „Als Jackson das Kreuzverhör begann, lächelte er freundlich." Im übrigen, so fährt Speer fort, „hätte ich mit jedem zusammengearbeitet, der meine Linie unterstützte, die Deutschen wieder zur Vernunft kommen zu lassen*".

Da versuchte er in seinen ‚Erinnerungen', in den ‚Spandauer Tagebüchern' und in seinen schmähenden Interviews den Ablauf der Geschichte und Ereignisse zu manipulieren. Er will Anteil haben an der Verwirrung des deutschen Volkes, obwohl er sich dadurch dem Verdacht eines Mangels an Geschichtsbewußtsein und Wahrhaftigkeit aussetzt.

Und in einen schizoiden Zustand versetzt ihn der Pferdeapfel, der sich auf dem Bett der Spandauer Gefängniszelle gefunden hat. Speer assoziiert ihn mit dem Reichsapfel der kaiserlichen Insignien der Macht und Würde. Sodann verbindet sich der Roßapfel mit der Vorstellung des Adlers, der in seinen Fängen die Weltkugel hält*.

Er entdeckt die „tief verbrecherischen Züge im Gesicht Hitlers", und er glaubt annehmen zu müssen, daß ein Teil des Erfolges Adolf Hitlers auf der Dreistigkeit beruhte, mit der er vorgab, ein großer Mann zu sein*. Es mag der Ausführungen genug sein.

Wer erinnert sich nicht? Speer galt damals als der Vertraute; es schien, als sei er der Johannes, der dem Herzen Hitlers nahe stand. Natürlich sprach für Speer seine Klugheit, seine außerordentliche organisatorische Begabung, die unbekümmerte Art, sich in Szene zu setzen, sein Ehrgeiz und Streben nach Anerkennung und Macht – ja, er fühlte sich schon als der Berufene. So war es kein Wunder, daß ihn Stephan zur Huldigung auf das mit Akanthusblättern geschmückte Kapitell der Hohen Säule stellte.

Aber gegen das Ende zu setzte der Zweifel ein, und dann vollzogen die christlichen Soldaten den Sturz des Hochgestellten. Nach seiner Verurteilung lag ein grausamer Weg durch Jahrzehnte vor ihm, er hat ihn streng konturiert, um sich wieder die Geltung zu verschaffen, wie es seinem Wesen entspricht.

Diesen Weg hat er mit Willenskraft und Zähigkeit begonnen und durchlaufen. Ohne Zweifel, es ist anzunehmen, er glaubt an sich und an seine seltsame Mission. Auf seine Art, unter merkwürdigen Zeichen, hat er erneut sein Ziel erreicht. So steht er nun wieder auf einer hohen Säule, völlig gewandelt, als Baal Teschuwa, wie ihn sein Freund, der Rabbiner Geis, bezeichnete, – als Sohn der Buße*.

Und als solcher hat er seine ‚Erinnerungen' geschrieben, die der amerikanische Historiker Professor Eugene Davidson als „unvergleichliches historisches Zeugnis" und als ein „absolut unbezahlbares Dokument" lobte. Bei der Lektüre der dann folgenden ‚Spandauer Tagebücher' verschlägt es dem Schriftsteller Zuckmayer sogar den Atem und fast das Wort!

Speer leitet seine ‚Erinnerungen' mit einem Aphorismus des Theologen Karl Barth ein. Passender wäre es wohl gewesen, mit der Karikatur von Stephan zu beginnen, da wäre man dann vorbereitet auf die Bekenntnisse des Gewandelten, auf die Ansichten eines Säulenheiligen!

Führer-
Hauptquartiere

Hermann Giesler habe ich seit dem Jahre 1937 bis Kriegsende bei Gesprächen mit Adolf Hitler erlebt. Hitler hatte
ihn in seine städtebaulichen Gedanken und Pläne eingeweiht
und ihn mit den Planungen für München und seine Heimatstadt Linz beauftragt.

Gieslers Wesen war von innerer Bescheidenheit geprägt,
wie man sie nur bei Menschen findet, bei denen das fach-
liche Können mit hohen charakterlichen Eigenschaften verbunden ist. Dabei scheute er sich nicht, seine eigenen Ansichten zu vertreten. Die Art, wie er dies tat, fand auch bei Hitler
Anerkennung.

Hitler betonte immer wieder, wie gerne er sich mit Giesler
unterhalte, wie ihn diese Gespräche von seinen Sorgen ab-
lenkten und dadurch erfrischten.

Adolf Hitler faßte im Laufe des Krieges immer mehr Ver-
trauen zu Giesler. So ist es zu erklären, daß er auch über
Themen mit ihm sprach, die ihn stark beschäftigten. Seine
Gedanken darüber hat er Giesler anvertraut.

Nicolaus von Below
Oberst und Adjutant der Luftwaffe
beim Obersten Befehlshaber der Deutschen Wehrmacht
von 1936 bis 1. Mai 1945
Detmold 1974

mus, der uns bedroht, unseren nationalen Sozialismus entgegensetzen, den Klassenkampf und die Arbeitslosigkeit überwinden und durch neue Zielsetzung den Lebenswillen des Volkes wecken.

Dem gegenüber steht der offen ausgesprochene Vernichtungswille. Die Deutschenhasser, die jüdisch versippte Clique, das Weltjudentum in Ganzheit schicken ihre Propagandisten voraus. Durch die Presse, über die sie gebieten oder die ihnen hörig ist, erklärten sie uns den Krieg mit dem Ziel der Vernichtung schon am ersten Tage unserer Machtübernahme!

Muß ich Sie daran erinnern, daß uns die internationale jüdische Förderation durch ihren Präsidenten Samuel Untermayr schon 1933 den Krieg erklärt hat? Das wurde durch die ‚New York Times‘ in der Welt verbreitet: Der Krieg, der nunmehr beschlossen sei, würde bis zur Vernichtung Deutschlands geführt – Samuel taufte ihn einen heiligen Krieg! Aber das ist bei weitem nicht die einzige Kampfansage – diese Verlautbarungen gehen von England über Amerika bis Australien.

Daß ich dagegen den Frieden will, hat der jüdische Schriftsteller Emil Ludwig Cohn erkannt. Er schreibt: ‚Hitler will nicht den Krieg, aber er wird dazu gezwungen werden, und zwar bald. Das letzte Wort liegt wie 1914 bei England‘. Das hört sich in Verbindung mit dem Namen Cohn wie Geschwätz an – kann man so etwas ernst nehmen? Und doch – !

Ich weiß, was Sie jetzt denken und mir entgegenhalten wollen: Die Ostmark ist mit dem Reich vereint, die Lösung der Sudetenkrise folgte mit der Unterschrift Englands, für die Korridorfrage mit Danzig findet sich sicherlich eine Verständigungsbereitschaft – ich zweifle daran! Sie sehen noch Chamberlain mit dem Friedenssymbol des Regenschirms hutschwenkend aus dem Flugzeug kommen, auch Frankreichs Daladier, beide begeistert empfangen und umgeben von spontanen Bekundungen der Freude über die Erhaltung des Friedens.

Ich sehe es anders! Natürlich ist diese Freude über die Erhaltung des Friedens echt – genau wie bei uns, denn wir wollen ja auch den Frieden. Aber täuschen wir uns nicht, ich habe in den Verhandlungen mit Chamberlain nie den Eindruck gehabt, das ist ehrlich. Glauben Sie mir, die Unterzeichnung des Münchner Abkommens bedeutet keineswegs Anerkennung und Zustimmung, daß Deutsche zu Deutschen gehören. De facto erklärt sich die Unterschrift der Engländer nur aus ihrer derzeitigen militärischen Schwäche.

Sie wollen Zeit gewinnen, ganz einfach Zeit gewinnen, sie sind noch nicht bereit, sowohl in ihrer Aufrüstung als auch in der – nach bekannter Art – angestrebten Einkreisung.

Ich stimme völlig mit Ribbentrop in der Prognose überein: England rüstet zum Krieg auf allen Ebenen, wirtschaftlich, politisch und militärisch. England will den Krieg, nicht das Volk natürlich, es sind andere Kräfte, die das betreiben und eines Tages auslösen werden, – ich kenne sie*!

Dabei geht es England und den Kräften, die dahinter stehen, nicht nur um die Beseitigung der nationalsozialistischen Regierung, sowenig es ihnen damals nur um die Beseitigung der Hohenzollern ging – der Beweis dafür ist das Versailler Diktat.

Jetzt haben sie erkannt, daß der Nationalsozialismus befähigt ist, alle Kräfte die dem deutschen Volke eigen sind, voll zu entfalten, und deshalb wollen sie uns vernichten.

Es ist eine Verschwörung gegen ein nationales und soziales Deutschland! Nicht nur, daß ihr egozentrisches Denken ein einiges Europa verhindert, sie dulden auch nicht, daß ich die Deutschen zu einem Volk und Reich zusammenschließe, was für jede Nation von Ehre eine Selbstverständlichkeit ist. Dabei gründet sich unser Reich und unser Lebensraum – wenn auch mit Zeiten der Schwäche – auf eine über tausendjährige Geschichte, und das Volk lebt unter diesem geschichtlichen Anspruch, bewußt oder unbewußt.

Ich kann diesen Konflikt, dessen Konturen sich für mich ganz klar abzeichnen, nur vermeiden, indem ich mich unterwerfe und damit auf die Lebensrechte des deutschen Volkes verzichte. Aber selbst das würde die Auseinandersetzung nur hinausschieben!

Denken Sie daran, die Machtgruppen, die sich zusammengefunden haben, wollen den Krieg! Sie anerkennen nicht das Lebensrecht der Deutschen. Sie schüren weiter, sie werden keine Ruhe geben. Je mehr sie Zeit haben, umso schlimmer für uns. Denn die Zeit ist gegen uns!

Ermessen Sie, wir wir heute dastehen könnten, wenn uns der Durchbruch zur Macht 1923 vergönnt gewesen wäre. Zehn Jahre! Die Zeit ist verloren. Sie wäre so notwendig gewesen zur Festigung des Volkes zur Nation, zur sozialgerechten Einheit! Diese Zeit fehlt, um eine nationalsozialistische Auslese auf allen, auch auf militärischen Gebieten heranwachsen zu lassen – mit dem Glauben an Deutschland und der klaren Erkenntnis von der Notwendigkeit unserer Politik.

Wir fragten uns mit Recht: wenn er schon so überzeugt sei, daß der Krieg uns aufgezwungen werde, unausweichlich, weshalb dann noch Architektur, Städtebau, Umweltgestaltung? Nun, das entspreche seiner Wesensart: er müsse einerseits mit dem Schlimmsten rechnen und alles daransetzen, ihm zu begegnen, und doch den anderen Teil seiner eigentlichen Aufgabe nicht außer acht lassen, Ziele, die er sich gesetzt habe: die Formung der Umwelt, die uns Nationalsozialisten gemäß sei. Daß er dabei Imponderabilien einbeziehe, wie es sich im Geschichtsablauf des öfteren abzeichne, auch das liege seiner Handlungsweise zugrunde, zu bauen und zu gestalten und nicht nur zu rüsten. Wir sollten darin seine wenn auch geringe Hoffnung sehen, eine sehr vage Hoffnung auf den vernünftigen Selbsterhaltungswillen derer, die kämpfen sollten, die ihr Leben einsetzen müßten.

Denn die Machtgruppen, die zum Krieg schüren, die ihn entfesseln wollen, sobald sie ihre Netze gesponnen haben, sobald sie sich gerüstet glauben – die kämpfen nicht! Sie wollen uns den Krieg aufzwingen! Sie selbst haben sich eingenebelt, sie stehen im Dunkeln, wenn auch anders als Brecht in seiner Dreigroschenoper tönt, doch die Melodie stimmt: Haß und Drohung!

Adolf Hitler wandte sich ab, trank einen Schluck Wasser, dann sprach er weiter. Seine dunkle Stimme hatte, obwohl immer noch ruhig und leise, einen metallischen Klang:

Was ich anstreben muß, das ist, die Einkreisung Deutschlands zu verhindern oder zu durchbrechen, gleichgültig in welcher Richtung. Vor allem dürfen wir uns nicht von den Rohstoffen abschnüren lassen. Zugleich müssen wir ihnen die Möglichkeit nehmen, uns auszuhungern wie damals im Weltkrieg und noch Jahre darüber hinaus. Das ist unerläßlich für unsere Selbstbehauptung. Auch darf ich ihnen nicht die Zeit lassen, die sie für ihre militärische Rüstung brauchen, um uns zu vernichten. Und ich werde ihnen auch nicht den riesigen Flugzeugträger lassen, nahezu im Herzen Deutschlands, Brückenkopf und Stützpunkt zur Bombardierung von Deutschland, wie sie geschrieben haben*, und deshalb von großer militärischer Bedeutung. Dieses Produkt der Siegermächte von 1918, das sich – absolut zu ihren Diensten – die Tschecho-Slowakei nennt.

Wenn dieser Kampf nun notwendig wird – ich fürchte ihn nicht!

Aber im Inneren des Reiches werde ich dann dafür sorgen, daß sich nicht das wiederholt, was sich im Jahre 1917/18 abgespielt hat: die Zermürbung und Zersetzung der deutschen kämpferischen Kraft. Der Kampf, der uns aufgezwungen wird, ist unser Schicksal. Es geht um die Existenz – um Leben oder Tod!

Wenn nun der deutsche Soldat sein Leben einsetzt, habe ich ihm den Rücken freizuhalten gegen jeden Versuch, seinen Kampf zu behindern.

Erbarmungslos werde ich durchgreifen, und ich fühle mich dazu berechtigt!

Mich überlief ein Schauer, und ich dachte an die Drohung Friedrichs II., eingemeißelt dem Tor von Capua, der Eingangspforte zu seinem Reich:

Auf des Cäsars Geheiß bin ich des Königreichs Wächter!
Stürzen werd ich in Schmach, die ich veränderlich weiß.
Sicher schreite hindurch, wer fehllos zu leben gewillt ist,
Aber der Untreue fürcht' Bann und im Kerker den Tod*.

Immer geht es um den Raum

Gespräch in der Reichskanzlei am Tage der Rückführung von Memel, dem 22. März 1939*.

Noch wurde mit der litauischen Regierung verhandelt. Es war später Nachmittag, die Unterzeichnung des Abkommens zur Rückführung von Memel und Memelland konnte noch am Abend erwartet werden.

Immer in den Stunden, die einer Entscheidung vorausgingen, wurde bei Adolf Hitler die Unruhe sichtbar, sie trieb ihn meist zum raschen Hin- und Hergehen, verbunden mit temperamentvollen Darlegungen. Oft waren es Themen, die nicht mit der Situation in Zusammenhang standen, ich hatte dann den Eindruck, daß er Abstand gewinnen wollte.

So sprach er an diesem Spätnachmittag von Mussolinis Gepflogenheit der ‚Wachablösung‘. Er hielt nichts davon. Er sagte, um die vielseitigen Aufgaben zu bewältigen und um zu vernünftigen Lösungen zu kommen, die Bestand hätten, setze er Männer ein, denen er vertraue. Natürlich müsse er davon überzeugt sein, daß sie die Voraussetzungen für eine erfolgreiche Arbeit mitbrächten. Aber er müsse ihnen zunächst die Zeit lassen, sich einzuarbeiten, und abwarten, damit sie sicher würden in der Durchsetzung, auch die Zeit müßten sie haben, die dem Umfang ihrer Aufgabe entspreche. Stärkung und Rückhalt müsse er ihnen geben. Ablösung, ja, wenn sie versagten oder das Vertrauen mißbrauchten:

Gefolgsmänner will ich – wie finde ich sie, jetzt und in naher Zukunft? Magnetische Kraft wäre nötig, damit ich, was Eisen ist, an mich ziehe!

Übrigens, ob ich seine Heimat kenne? In etwa, erwiderte ich, aus den Studienfahrten seien mir die Inn-Landschaft und ihre Bauwerke, die kleinen Städte, wie Wasserburg, Burghausen, bis nach Innsbruck bekannt.

Nein, er meine die Donau-Landschaft – Linz, Melk, die Wachau, Krems, die großartigen Stifte, dafür sollte ich mir einmal Zeit nehmen. – Braunau am Inn, zwar sei er dort geboren, aber eigentliche Heimat sei ihm Linz:

Braunau – hören Sie eine kleine Anekdote: der Reichspräsident, Feldmarschall v. Hindenburg, war in der ersten Zeit meiner Kanzlerschaft sehr zurückhaltend. Langsam gewann ich sein Vertrauen. Mit der Zeit wurde er mir sehr verbunden, – mehr, ich glaube, ich gehe nicht zu weit, wenn ich sage, er wurde mir ein väterlicher Freund.

Ich habe ihn in seiner geradlinigen Art und Lauterkeit sehr geschätzt. Eines Tages fiel die Bemerkung: ‚Ich kenne übrigens Ihren Geburtsort Braunau, als junger Leutnant kam ich damals 1866 durch diese Ortschaft‘. Ich sagte ihm, das sei mir völlig neu, dann stellte es sich heraus, er meinte Braunau in Böhmen. Ich hatte Mühe, ihm zu erklären, mein Geburtsort sei das oberösterreichische Braunau am Inn. Ich habe ihn mit einer Atlaskarte überzeugt.

Er war sehr interessiert, warum wohl? Nun, er sagte: ‚So war das also mit dem »böhmischen Gefreiten«, bis in alle Kleinigkeiten hat man mich angelogen!‘

Adolf Hitler ahmte dabei die tiefe Stimme nach, die dem Feldmarschall eigen war. Er fuhr fort, für ihn sei das der Anlaß zu dem ethnologischen Hinweis gewesen, daß schon vor den Zeiten Karls des Großen seine Heimat zum deutschen Siedlungsraum gehört habe.

Nach kurzem Schweigen unterhielt sich Adolf Hitler mit mir über frühe und geschichtliche Ethnographie, über Völkerwanderungen und deren Anlaß und Auswirkungen. Der naturgegebene Trieb des Überlebens, meinte er, zwinge zum Kampf um das Dasein, und die Voraussetzung, diesen Daseinskampf auf Dauer zu bestehen, sei der Raum.

Auch eine moderne hochtechnisierte Gemeinschaft oder ein Industriestaat könnten wohl existieren, aber ohne zugeordneten Raum nicht dauerhaft bestehen, sie erwürgten sich selbst. Der Raum sei entweder gegeben oder er werde durch Landnahme erkämpft, stets müsse er auch durch Kampf behauptet werden; das sei ein Naturgesetz*!

Demnach sei der Weltfrieden eine irreale Vorstellung. Zwar würde die Menschheit aufatmen, wenn sie die Gewißheit hätte, frei zu sein von jeder Bedrohung und vom Krieg verschont zu bleiben. Sicherheit und Kontinuität der menschlichen Entwicklung, – nun, die Menschheitsgeschichte lehre es uns anders.

Der Weltfrieden, wie auch der Frieden im einzelnen, sei eine verlockende Utopie. Viele hätten im Völkerbund eine zukunftsträchtige, realisierbare Möglichkeit gesehen. Aber es sei ja schon eine Platitüde, wenn man sage, das Leben sei Kampf; denn schicksalhaft verwoben ständen darin der Einzelne, die Gemeinschaft und das Volk.

Wenn wir von Staatsgebilden wie der Schweiz absähen, einem landschaftspolitischen Naturschutzgebiet, oder von dem Roulette-Tisch Monaco – wie nun wäre der Frieden in der Welt zu erhalten? Durch den Völkerbund mit geheuchelten Verheißungen oder durch Vernunft und Gerechtigkeit? Das hätten wir doch zur Genüge erfahren müssen. Durch eine pazifistische Einstellung? Man weiche dem Kampf aus und sei nicht gewillt, Widerstand zu leisten, auch wenn es um den Lebensraum geht? Für eine Gemeinschaft, ein Volk, sei das gleichbedeutend mit Selbstaufgabe, Assimilierung oder Zerfall: Man wird die Beute derjenigen, die nicht verzichten, die aus vitaler Urwüchsigkeit handeln und, wenn notwendig, zum Kampf entschlossen sind. Die Bereitschaft zum grundsätzlichen Nachgeben endet letztlich in der Aufgabe der Substanz und in der Unterwerfung.

Ihn ärgere es schon, wenn er die alte Volksweisheit höre: ‚Der Klügere gibt nach'. Das sei natürlich sehr einfach, man gehe den Schwierigkeiten aus dem Wege, man gebe dem Dummen recht und auch dem Kurzsichtigen. Nein – der Klügere habe nicht nachzugeben, er habe sich durchzusetzen, dazu sei er verpflichtet. Aber diese Verpflichtung bedeute nicht Überspitzung, nicht Starrsinn, nicht Rechthaberei, sondern nüchternes, vernünftiges Abwägen aller Möglichkeiten, Überzeugen und nur wenn nötig: Härte!

Er zitierte die ersten drei Punkte unseres Parteiprogramms, das er am 24. Februar 1920 verkündet hatte:

Zusammenschluß aller Deutschen auf Grund des Selbstbestimmungsrechtes der Völker zu einem Großdeutschland, Gleichberechtigung des deutschen

Volkes gegenüber den anderen Nationen, Aufhebung der Friedensverträge von Versailles und St. Germain,

und drittens: wir fordern Land und Boden (Kolonien) zur Ernährung unseres Volkes und Ansiedlung unseres Bevölkerungs-Überschusses*.

Das seien nicht nur die ersten drei Programmziele, sie seien zugleich die Wichtigsten, und sie zu verwirklichen, habe er sich als Lebensaufgabe gestellt!

Es seien verlockende Verheißungen des Friedens, der Gerechtigkeit, der Selbstbestimmung gewesen, verkündet vom amerikanischen Präsidenten, weltfremde Illusionen eines kranken Gehirns, aber gerade recht zur Zersetzung des Wehrwillens. Deutschland habe nicht mehr gekämpft, und gefolgt sei das Diktat von Versailles; es sei ja nicht um die Ausschaltung der Hohenzollern gegangen, der Junker, nicht um die neue Staatsform, die Demokratie, sondern einfach um die Vernichtung der deutschen Substanz. Statt der feierlich verkündeten Selbstbestimmung, die man mit Füßen getreten habe, sei Willkür über uns gekommen. Selten sei wohl ein Volk derartig vergewaltigt worden: Aushungerung, Raub und Aufspaltung des deutschen Raumes, verbunden mit der Zerschlagung der Reste der deutschen Wehrmacht. Ohne Schutz hätten die deutschen Grenzen offengestanden, hätten sich nicht Freikorps gebildet gegen Landraub und bolschewistische Anarchie:

Man bürdete Deutschland die Schuld am Kriege auf, Haß, Gemeinheit und Vernichtungswille waren die Grundlage des Diktates von Versailles, und demgemäß wurden wir auch behandelt – schlimmer als sie es je gegen ihre Kolonialvölker gewagt hatten! Brutaler war nur noch die Landnahme der Amerikaner.

Elsaß, das alte deutschsprachige Kulturland, ging dem Reich verloren, das Saargebiet wurde Frankreich zugeordnet, nach Abstimmung mit über 90 % für Deutschland ist es 1935 dem Reich zurückgegliedert. Südtirol wurde von Österreich, besser gesagt von der Ostmark, abgetrennt und steht nun unter italienischer Herrschaft. Der Vielvölkerstaat Österreich war über lange Dauer als Ordnungs- und Stabilitätsmacht, wenn auch fragwürdig, doch existent. Bei Kriegsende zerfiel er. In St. Germain fand dieser Zerfall seine diktatorische Festlegung.

Aber gleichzeitig schufen die ,Sieger' willkürliche Gebilde und seltsame Zerstückelungen. Wiederum entstand ein Vielvölkerstaat aus Sudentendeutschen, den Slowaken, aus Ungarn und Polen, von Tschechen unterjocht.

Ostpreußen wurde abgeschnitten und vom Reichsgebiet durch den ,polnischen Korridor' getrennt, der fast ganz Westpreußen beansprucht, den von Deutschen kultivierten Siedlungsraum, Danzig, die alte deutsche Hansestadt, nunmehr ,freie Stadt' mit polnischem Anspruch, die Kolonien natürlich und all die vielen anderen Kleinigkeiten, wie auch Memel – auf den Vollzug der Rückgliederung warten wir heute!

Adolf Hitler sprach dann darüber, mit welcher Aussichtslosigkeit er 1920 den Kampf begann. Nur ein unbändiger Glaube an Deutschland und ein nicht zu beugender Wille, der Appell an die Idealisten, hätten zur Macht geführt. Damit wären die Voraussetzungen gegeben, an Stelle der Zerrissenheit eine neue Ordnung zu setzen, aus der Ausweglosigkeit des Volkes den Lebenswillen zu stärken, durch Idealismus und Mut ein neues Kraftfeld zu schaffen: die deutsche Nation! Nun sei es ihm auch möglich, den Kampf gegen das Schanddiktat von Versailles zu führen.

Dann erst habe er damit beginnen können, das Parteiprogramm von 1920 in die Tat umzusetzen. Allein überzeugt durch das nationalsozialistische Deutschland, hätten im Saarland über 90 % für den Anschluß an das Reich gestimmt. Die Ostmark sei gefolgt – wer wolle bezweifeln, daß dies ein wahrhaftiger Volksentscheid gewesen sei. Aber es gebe auch bedrohliche Aspekte. Der Beginn einer neuen Einkreisung sei erkennbar geworden. Vor nunmehr drei Jahren habe Frankreich mit Sowjetrußland einen Militärpakt geschlossen. Seine Warnungen, von Diplomaten vorgetragen, seien erfolglos geblieben, er habe sich gezwungen gesehen, die Wehrhoheit bis an die Grenzen des Reiches auszudehnen. Mit der Aufhebung der Entmilitarisierung sei eine weitere Demütigung des Diktates erloschen.

Zugleich mit dem Anschluß der Ostmark an das Reich habe die Unruhe im Willkürstaat Tschechoslowakei begonnen. Für Frankreich, Sowjetrußland und auch für England sei die Tschechei ein überaus wichtiger strategischer Stützpunkt gewesen, und sie hätten sich keineswegs gescheut, in aller Öffentlichkeit zu erklären, daß von diesem Willkürgebilde aus Deutschland am leichtesten mit Bomben zerstört werden könnte.

Den unterjochten Sudetendeutschen sei 20 Jahre lang die gebotene Autonomie vorenthalten worden, nunmehr sei, auch vom Reich her gesehen, nur die Selbstbestimmung geblieben. Hart und verbissen, mit unlauteren Mitteln, habe England das Selbstbestimmungsrecht der Sudetendeutschen zu unterlaufen versucht. Die Engländer hätten nicht die Volksabstimmung gewollt. Sie wußten genau, mit der Abtretung des Sudetenlandes würde der Zerfall der Tschechoslowakei beginnen, denn auch die slowakischen, ungarischen und polnischen Minderheiten würden sich aus diesem Willkürgebilde lösen. Aus dem als Staat nicht mehr lebensfähigen Rest sei nun das Protektorat Böhmen/Mähren geworden. England, Frankreich und die Sowjets hätten ihren Flugzeugträger verloren.

Die unter dem deutschen Protektorat lebenden Tschechen könnten gewiß sein, sie sollten von uns besser behandelt werden, als ihr gehässiger Benesch die Volksdeutschen habe behandeln lassen. Sie erhielten volle Autonomie, ihre Sprache, das Recht der Eigenständigkeit werde nicht angetastet, es sei denn, sie versuchten Unruhe oder gar Aufstand, dann sehe er sich gezwungen, Machtmittel einzusetzen. Loyalität aber werde bei ihm Großzügigkeit finden.

Bei allen Verhandlungen, die er bislang geführt habe, um das Versailler Diktat zu überwinden, habe er feststellen müssen: Die Engländer und Franzosen haben unser Parteiprogramm sorgfältiger gelesen als unsere Parteigenossen. Schon im ersten Satz – ‚Zusammenschluß aller Deutschen auf Grund des Selbstbestimmungsrechtes der Völker zu einem Großdeutschland' – hätten die Engländer eine gefährliche Durchkreuzung ihrer Festlandpolitik, die Franzosen eine Bedrohung gesehen.

Auch für die Italiener sei dieser Programmpunkt in Hinsicht auf Südtirol, ja schon beim Anschluß der Ostmark, diskrepant gewesen.

England lasse mit sich reden, wenn es sich um das Selbstbestimmungsrecht für Aschantis handele, nicht aber, wenn es um deutschen Rechtsanspruch gehe: Deutsche zu Deutschland, das könnte zur Stärkung Deutschlands führen, und das widerspreche den englischen Grundsätzen der Europapolitik des 19. Jahrhunderts. Das widerspreche aber auch den Grundsätzen der französischen Politik seit Richelieu. Er habe jeden Starrsinn vermieden, vielmehr habe das nüchterne Abwägen nach der Rückgliederung des Saargebietes den endgültigen Verzicht auf das Elsaß geboten, wenn dadurch der Frieden zwischen Deutschland und Frankreich gesichert blieb! Klar und ohne Vorbehalte habe er diesen Verzicht ausgesprochen und in seiner Rede 1938 in Weimar vor Tausenden begründet. Er halte das für richtig, obwohl es sich um ein altes deutschsprachiges Kulturland handele.

Schmerzlich sei der Verzicht auf die schönste Landschaft Europas – auf Südtirol. Er erwarte allerdings Schutz und Anerkennung der berechtigten Autonomie für die vom Reich abgetrennten Volksdeutschen.

Territoriale Dissonanzen hingegen beständen zwischen Deutschland und England allenfalls nur hinsichtlich der ehemaligen deutschen Kolonien, die nunmehr in englischem Besitz seien. Doch gerade darin seien die Briten entgegenkommend, sie hätten ihm ein geradezu groteskes Angebot gemacht, er wolle noch darauf zurückkommen. Was zwischen Deutschland und England stehe, sei die unglaubliche Blindheit, mit der die englischen Politiker eine politische Doktrin verfechten, die inzwischen zu einem Dogma entartet sei: stets die stärkste Macht in Europa zu bekämpfen, aus machtpolitischen Gründen, die natürlich auch weltwirtschaftlich bedeutsam seien. Die Engländer seien nicht fähig, anders zu denken, und sie erkennten nicht, daß sich die Verhältnisse seit dem Weltkrieg verändert hätten, daß sich in Europa ein Koloß bildete, auf einem riesigen asiatischen Sockel gegründet: Sowjetrußland. Dieser Machtblock, der Jahr um Jahr an Stärke gewinne, erhebe mit seiner gefährlichen kommunistischen Ideologie Weltmachtanspruch. England verkenne: nicht Deutschland, sondern Sowjetrußland werde die stärkste Macht in Europa, und wie schon in der Vergangenheit sei die deutsche Nation das einzige Bollwerk gegen den Osten.

Der Marschall Pilsudski habe das erkannt. Wollte er den polnischen Staat erhalten, dann war dies auf Dauer nur möglich durch die Abstützung auf ein starkes Deutschland. Mit dem Marschall Pilsudski hätte er eine Verständigung in der Korridor-Danzig-Frage auf vernünftige Weise erzielt, ohne daß sich den Westmächten die Möglichkeit einer Einmischung geboten hätte. Natürlich sei es für Polen wichtig, einen Zugang zur Ostsee und einen eigenen Hafen zu haben, und er verkenne diese Notwendigkeit keineswegs, selbst wenn dieser Zugang über das deutsch-besiedelte ehemalige Westpreußen führe. Übrigens finde er, daß die Bezeichnung ‚Korridor' eine unglaubliche Verniedlichung darstelle.

Andererseits hätten wir doch wohl den Anspruch auf eine unmittelbare exterritoriale Verbindung mit Ostpreußen, sowohl Straße als auch Schiene. Um keinerlei Differenzen aufkommen zu lassen, habe der Außenminister, auf seine Weisung, der polnischen Regierung einen großzügigen Vorschlag zugehen lassen, vernünftig und überaus maßvoll von unserer Seite. Er habe sich sogar bereiterklärt, die polnischen Grenzen des Korridors zu garantieren und den deutsch-polnischen Vertrag auf 10 Jahre oder noch weitere Zeit hin zu verlängern, wobei ihm bewußt sei, was er dem deutschen Volk und einer bestimmten Seite damit zumute.

Über Danzig könne nicht geredet werden. Nach dem Willen der 96 % Deutschen in dieser Stadt müsse sie politisch wieder dem Reich angegliedert werden, doch ohne Benachteiligung der polnischen Interessen auf wirtschaftlichem Gebiet. Er wisse nicht, was er noch mehr tun könne. Umsomehr berühre ihn die Härte, mit der man seinen Bemühungen der friedlichen Regelung begegne. Er spüre den Widerstand nicht nur bei der polnischen Regierung. Die Engländer, die Franzosen ermunterten die Polen geradezu zur Unvernunft, sie wollten jede friedliche Lösung verhindern, sie reizten und pokerten, wobei er das Gefühl habe, sie könnten in seine Karten schauen. Seltsam sei das Ganze.

Er habe sich deshalb entschlossen, die deutsch-polnische Korridor-Danzig-Regelung ruhen zu lassen, solange, bis die Möglichkeit zur vernünftigen Verhandlung gegeben sei. Die politischen Ereignisse und die damit verbundenen territorialen Veränderungen hätten sich im vergangenen Jahr überstürzt, eine Beruhigung werde vorteilhaft sein. Nach längerem Nachdenken sagte Adolf Hitler: Es sei denn, man zwingt mich – gegen meinen Willen – zur Härte!

Hier möchte ich einschalten, was ich etwa einen Monat später erlebte. Adolf Hitler hatte mich, zugleich mit Speer, Breker und Thorak, zu seinem 50. Geburtstag eingeladen. Vor Beginn der militärischen Parade auf der Ost-West-Achse wurden Abordnungen des Reiches empfangen. Den Abschluß bildete eine Gruppe aus Danzig. In froher Erwartung betraten sie den großen Empfangsraum – ungewöhnlich, die Türen wurden hinter ihnen geschlossen. Nach einiger Zeit kamen sie zurück, mit ernsten und bedrückten Mienen. Ich dachte daran, was mir Adolf Hitler gesagt hatte: Ich habe mich entschlossen, die Korridor-Danzig-Regelung ruhen zu lassen. Das muß er auch mit den Danzigern besprochen und sie zur Geduld ermahnt haben.

Noch immer wartete Adolf Hitler auf den Vertragsabschluß mit Litauen über Memel, den ihm Ribbentrop telefonisch melden sollte: Ja, Giesler, immer geht es um den Raum – ich denke an den dritten Punkt unseres Parteiprogramms: Land und Boden brauchen wir zur Ernährung unseres Volkes und zur Ansiedlung unseres Bevölkerungs-Überschusses.

Kolonien habe er seinerzeit in Klammern angeführt, denn über Wert und Unwert der Kolonien habe er seine eigene Auffassung. Durch das Versailler Diktat seien uns die Kolonien mit lügenhaften Begründungen und Verdrehungen weggenommen worden. Bestimmt seien die Deutschen als Kolonisatoren gleichwertig gewesen, wenn nicht besser als die Engländer, die Franzosen, Belgier, Holländer und Portugiesen.

Es bestehe also kein Grund, auf die Rückgabe der ehemals deutschen Kolonien zu verzichten. Unser Anspruch wäre durchaus berechtigt. England habe vor einem Jahr einen Vorschlag zur Regelung unserer noch nicht gestellten Kolonialansprüche gemacht. Dieses Angebot sei nahezu perfide und hätte uns neuen Schwierigkeiten ausgesetzt – er wolle darüber nicht weiter sprechen*!

Für ihn sei die Kolonialfrage nicht vordringlich, deshalb habe er sich nicht auf eine Verhandlung eingelassen. Ihm gehe es um die Deutschen in den Willkürgebilden.

Er wolle auch keine deutschen Kolonien mehr – jedenfalls nicht in dem Sinne, was man noch unter diesem Begriff verstehe: kolonialen Besitz! Wir sollten froh sein, daß wir frei seien von diesen überlebten Vorstellungen. Der Gewinn sei nur scheinbar, er würde unsere Kräfte aufzehren und entfremden. In einem Ernstfalle würden wir diese Übersee-Gebiete verlieren, wir könnten sie nicht verteidigen.

Aber auch die Entwicklung der Kolonialfrage laufe neue Wege, sicher noch schneller, als im Rückblick auf die Vergangenheit schon heute erkennbar sei. Ich brauche nur daran zu denken, daß einst große Gebiete der heutigen USA zuerst Kolonien von England und Frankreich, in Mittel- und Südamerika von Spanien gewesen seien. Inzwischen hätten sich daraus selbständige Staaten gebildet. Genauso werde die Entwicklung allgemein, besonders in Afrika, verlaufen:

Grundsätzlich bin ich der Überzeugung, ein Volk, auch die einzelnen, dürfen nicht ihre Verbindung mit der Umwelt verlieren, in die sie hineingeboren wurden. Man spottet im Ausland, aber auch bei unseren, der Scholle entfremdeten Intelligenzlern, über die Kurz-Formulierung: ‚Blut und Boden'. Und doch findet sich in der geschichtlichen Rückschau, ja, besonders in der Antike, für diesen Zusammenhang die Bestätigung. Nur in Verbindung mit der Umwelt erwächst für ein Volk der Lebenswille und die Kraft zu einer bodenständigen Kultur in vielseitiger und feinster Differenzierung. Außerdem glaube ich, daß die Verwurzelung der Deutschen mit ihrem artgemäßen Lebensraum, mit dem Boden, besonders eigentümlich, sogar notwendig ist. Ich denke an die mythologische Gestalt des Antäus, der immer wieder die Kraft fand, wenn er den

Boden berührte. Das deutsche Volk ist räumlich kontinental bedingt, und seine Ausbreitung darf den Zusammenhang mit seiner ursprünglichen ‚Heimat‘ – das Wort benutze ich überlegt! – nicht verlieren.

So sei zum Beispiel jeder Deutsche, der nach Amerika auswandere, für sein Mutterland verloren, er werde Amerikaner, er verliere seine Bindung an die Heimat und, in unserem Sinne gesehen, er entarte, weil er zu sehr mit dem fremden Boden verwurzele.

Er sei überzeugt, jede territoriale Ausdehnung in Form überseeischer Gebiete bringe nur bedingten materiellen Nutzen und einen Erfolg auch nur auf begrenzte Zeit. Aber zugleich bringe sie in den kolonisierten Gebieten für die dort lebenden Stämme, Völker oder Rassen eine bewußt empfundene, wenn auch zunächst geduldete Unterdrückung. Meist sei mit der Kolonisierung zugleich die christliche Missionstätigkeit verbunden, die ihrem rassebedingten Denken nicht entspreche. Statt Zutrauen und Entwicklung entstehe Auflehnung, und Haß sei das Ergebnis!

Adolf Hitler sprach weiterhin über die Landnahme von den praktisch menschenleeren oder dünnbesiedelten Gebieten und Kontinenten, wie dem Gebiet der heutigen USA, von Kanada und Australien. Er skizzierte die brutale Verdrängung oder Vernichtung der in der Entwicklung weit unterlegenen Urbewohner. Die so entstandenen Staaten, Willkürgebilde, die es möglicherweise zu materieller Bedeutung und Macht brächten, seien ohne Tradition und hätten keine Formung erreicht; auf ihrem Boden sei keine Kultur gewachsen. Seltsam, daß zuerst die Deutschstämmigen mit dem neuen Boden zu verwurzeln und sich stärker als andere mit ihm zu identifizieren suchten. Er schloß Betrachtungen an über den Unterschied zwischen Farm und Bauernhof. Wichtig scheint mir, was er weiter über das Kolonialproblem sagte:

Wenn ich überhaupt einen Anspruch auf die ehemaligen Kolonien geltend mache und diesen Anspruch durchsetze, dann nur, um demonstrativ darzustellen, wie ich, wie wir Nationalsozialisten, die, so sagt man, im Rassedenken überheblich und mit Zäunen umgeben sind, das schwelende Problem der Kolonien angehen würden.

Unsere ehemaligen Kolonien würde ich als uns zugeordnete Gebiete und Länder des wirtschaftlichen Austausches sehen. Wir bieten ihnen unsere Hilfe an, damit sie sich zu der Selbständigkeit entwickeln können, die ihrer Eigenart und ihrem Eigenleben entspricht. Wir geben ihnen die Möglichkeit, sich zu souveränen Gebilden oder Staaten zu entwickeln und binden sie zugleich an uns in beiderseitigem Interesse. Unser Interesse liegt in der Ausweitung der uns aufgezwungenen Autarkie.

Natürlich versprach sich Adolf Hitler von diesem Austausch für Deutschland wichtige Rohstoffe wie Kupfer, Pflanzenöl, und er wollte, wie er besonders betonte, auf Kaffee, Tee, Kakao, Früchte, kurz, auf Genußmittel für die deutschen Haushalte nicht verzichten.

Wenn wir ihnen klarmachten, daß wir uns zu unserer Art und Rasse bekennen und sie in ihrer Art und Rasse anerkennen würden, dann, glaube er, könnten wir ihr Ansehen gewinnen, sie würden unsere Freunde, weil wir sie achteten, und damit würden sie zu uns halten. Adolf Hitler blieb stehen und sagte:

Wichtig ist, daß nicht nur wir ihr Eigenleben anerkennen, sondern daß vielmehr auch ihre eigenstaatliche Form allgemein anerkannt wird, damit sie nicht als ‚deutscher Kolonialbesitz‘ betrachtet und in einem Ernstfall nicht in Verwicklungen einbezogen werden.

Ein Adjutant bat Adolf Hitler an das Telefon im alten Bismarck-Wohnraum. Glücklich und entspannt kam er zurück: Memel und das Memelland, das geraubte Gebiet, mit 160 000 deutschen Menschen, gehört nunmehr wieder zum Reich.

Hindernisse zum Frieden

Der 8. November 1939

Nach einem gemeinsamen, mehr als schlichten Mittagessen in der ‚Osteria Bavaria‘, einer für München typischen kleinen und bescheidenen Gaststätte, fuhr ich mit Adolf Hitler am Nachmittag zu meinem Planungsraum und Atelier in der Prinzregentenstraße, einem Querflügel des Nationalmuseums.

Im großen Raum waren die städtebaulichen Modelle und Pläne übersichtlich für die Besprechung geordnet. Wie immer hörte sich Adolf Hitler mit wacher Teilnahme meine Erläuterungen an. Er stellte Fragen, verglich die Planungen mit den plastischen Erscheinungen der Modelle, er gab Anregungen, traf Entscheidungen, meist intuitiv, worauf dann eine kurze Begründung folgte.

Manches Mal gab er mir eine Ermunterung, ein kleines Lob, wie: Giesler, Sie sind fleißig oder: Damit haben Sie meinen Vorstellungen genau entsprochen.

So war es auch an diesem Nachmittag. Zwischen 5 und 6 Uhr schrillte eines der Telephone auf meinem Arbeitstisch – es war die Direktleitung von Berlin, ohne Vermittlung der Zentrale. Ein SS-Adjutant hob den Hörer ab. Er zog die Augenbrauen hoch: Für Sie, mein Führer, dringend!

Adolf Hitler übernahm den Hörer, dann sagte er: Ja – Göring – ja --- was?, gespannte Konzentration – eine leichte Röte überzog sein Gesicht.

Das ist doch unglaublich – sofort alles anhalten – ich bin morgen früh in Berlin, sehr zeitig – bereiten Sie alles zur Besprechung vor – nein, ich fliege nicht, das ist mir in dieser Situation zu unsicher. Sie erhalten Nachricht.

Er legte den Hörer auf, wandte sich zu uns: Ich will morgen so früh als möglich in Berlin sein – ausgeruht. Darauf an die Adjutanten: Erkunden Sie sofort die möglichen Abfahrts- und Ankunftszeiten für unseren Sonderzug, wir fahren früher, es soll nicht nach, sondern vor den fahrplanmäßig gebundenen Berlinzügen gefahren werden – mit gutem zeitlichen Abstand.

Darauf Martin Bormann: Und Ihre traditionelle Rede im Bürgerbräu? – Wird vorverlegt, der Terminverlauf richtet sich nach der Abfahrtszeit des Zuges – ich muß ausgeruht nach Berlin kommen – Schaub, ab wann ist denn üblicherweise die alte Gemeinschaft im Bürgerbräu versammelt?

Die sind jetzt scho’ alle beinander, meinte Julius Schaub, die unterhalten sich und warten auf Sie, mein Führer, das ist so der Brauch.

Adolf Hitler ging wieder mit mir zu den Modellen und Plänen, wir besprachen und zeichneten Einzelheiten, bis die Abfahrtszeit seines Zuges festgelegt war. Ich hätte noch einige Fragen an Sie, mein Führer. – Giesler, Sie begleiten mich, auch zum Zug, wir können uns dann bis zur Abfahrt unterhalten.

Auf der Fahrt zu seiner Wohnung am Prinzregentenplatz war er still – in seinem Wohnraum sagte er leise zu mir:

Meine Pläne sind durchkreuzt, es gibt anscheinend eine durchlässige Stelle im hohen Militärbereich oder gar – woran ich gar nicht zu denken wage – offenen Verrat!

Er begann mit seiner Rede im Bürgerbräu früher und beendete sie auch früher als bislang üblich. Am Sonderzug sagte mir Adolf Hitler: Giesler, für alle von mir noch zu treffenden Entscheidungen habe ich vorerst keine Zeit, ich werde sehr angespannt sein. Kommen Sie übernächste Woche mit Ihren Plänen nach Berlin. Der Zug begann seine Fahrt.

Als ich aus dem Nordausgang des Bahnhofs kam, fuhren Wagen des Sicherheitsdienstes vor, mit offenem Licht. Ein mir bekannter Sturmführer lief auf mich zu. Sie kommen zu spät, sagte ich, der Führerzug ist abgefahren. Er wandte sich um, zu einem anderen SS-Ofizier: Benachrichtigen Sie sofort die Bahnhofskommandantur, der Zug muß in Augsburg angehalten werden, zur Meldung an den Führer – dann zu mir: Eine Bombe im Bürgerbräu ist detoniert – hinter dem Rednerpult – Tote und viele Verletzte – ein Attentat, es galt dem Führer!

Das war am Mittwochabend, am 8. November 1939, und damit bekam ich erstmals Einblick in die seltsame Schicksalsverwobenheit von Verrat und Attentat, mit dem Ziel der Vernichtung Adolf Hitlers. Einige Zeit später sagte er zu mir, er sei davon überzeugt, dieses Attentat sei nicht das Werk eines fanatischen Einzelgängers, vielmehr stehe dahinter eine englisch-jüdische Clique*.

Ungeduld im Kriege – Reichskanzlei, Januar 1940

Ich war mit Städtebauplänen in der Reichskanzlei. Nach dem Mittagessen in dem großen, durch Professor Ludwig Troost gestalteten Speiseraum, der wohl alle durch seine schlichte, strenge und zugleich moderne Klassizität beeindruckte, ging Adolf Hitler mit mir in dem anschließenden Wintergarten auf und ab. Ich berichtete ihm über den Stand der Münchner Planung.

Er versicherte mir, ich könne kaum ermessen, wie er die Zeit herbeisehne, in der er sich mehr diesen Aufgaben zuwenden könne. Er wolle erleben, wie sich die deutsche Umwelt nach unserer national-sozialistischen Zielsetzung gestalte, wie unsere Städte ihre verkehrsgerechte, moderne Form fänden, ohne ihre Ursprünglichkeit und ihre Eigenart zu verlieren.

Das habe er sich als Aufgabe gesetzt: die nationale Einheit und, nach Überwindung des heimtückischen Versailler Diktates, den sozialen Aufbau, verbunden mit der Umweltgestaltung – genau wie es sich in dem Namen unserer Partei ausdrücke.

Stattdessen müsse er Krieg führen, der nicht den Interessen Deutschlands, genausowenig den Interessen Europas diene. Er müsse sich mit seinen Generalen herumärgern und verschwende die kostbare Zeit, um der vagen Hoffnung willen, sie zu überzeugen, was strategisch und taktisch in unserer Lage notwendig sei. Mit nur wenigen Ausnahmen dächten sie in Vorstellungen, die längst überholt seien. Die führende Generalität, die an der Spitze des Heeres und teilweise die an der Spitze der Wehrmacht, denke in den Dimensionen der Vergangenheit. Wenn er sie vor sich habe, ihre Argumente höre, in ihre Gesichter, in ihre Augen sehe, sei er sich nicht sicher, ob sie die Führungsqualität hätten, die notwendig sei, um die Härte dieser Zeit nicht nur zu begreifen, sondern auch durchzustehen!

Unfähigkeit trete zu Tage, wo sie nicht zu erwarten sei, es grenze da und dort fast an Sabotage. Er fürchte sogar eine schwatzende Durchlässigkeit – doch den Gedanken an gezielten Verrat lasse er bei sich nicht aufkommen, – unmöglich scheine ihm das, bei der ethischen Verpflichtung des Offizierkorps, seiner absoluten Bindung durch Tradition und Eid. Alles in ihm sträube sich gegen die Vorstellung, ein Offizier könne sich nicht mehr daran gebunden fühlen – obwohl, nun, er müsse wachsam sein! Adolf Hitler blieb stehen:

Sie erinnern sich an die Begebenheit in Ihrem Atelier am 8. November, als ich telephonisch Kenntnis erhielt von einem seltsamen Vorgang, der mich zur Aufgabe aller festgelegten militärischen Termine zwang?

So schlimm das Ganze gewesen sei und als Zeitverlust bleiben werde, es habe für ihn zwei bedeutungsvolle Aspekte von schicksalhafter Verquickung gehabt: Ich entging dem Attentat, und ich gewann die Freiheit, eine der Vergangenheit zugehörige strategische Planung umzustoßen und sie durch eine neue Angriffs-Konzeption zu ersetzen, von der ich mir einen durchschlagenden Erfolg verspreche – im wahren Sinne des Wortes! Wir setzten das Aufundabgehen in dem großen Raum fort. Nach wie vor sei er davon überzeugt, dieser Bombenleger habe im Auftrag gehandelt. Es folgte ein längeres Schweigen, dann sprach Adolf Hitler weiter:

Nun beunruhigt mich ein neuer Vorfall. Da fliegt nun vor einigen Tagen, es war am 10. Januar, der Ia-Offizier einer Fliegerdivision mit den Operationsplänen und Aufmarschbefehlen noch bei Nacht und Nebel aus dem Raum Münster nach Süden zu rückwärtigen Kommandostellen. Und das trotz Flugverbot unter Mißachtung der Befehle! Der Pilot verfranst sich und landet in Belgien, – Notlandung, so wurde mir berichtet. Ich kann mir einfach nicht vorstellen, daß so etwas möglich ist. Nun – ob unverantwortlicher Leichtsinn, ob Befehlsmißachtung oder Verrat, – was der Offizier in der Mappe hatte, ist aller Wahrscheinlichkeit nach in Belgien, und damit haben die Engländer und Franzosen davon Kenntnis. Ich konnte feststellen lassen, welche Unterlagen dem Gegner nunmehr zur gefälligen Einsicht vorliegen.

Es sind Angriffsbefehle, bezogen auf den Luftwaffen-Nordabschnitt, nach dem Schlieffenplan, – und dieser neue alte Schlieffenplan ist das Erzeugnis der höchsten militärischen Intelligenz des deutschen Generalstabs. Diese großen Strategen waren bislang immer noch daran, ‚den rechten Flügel stark‘ zu machen. Diese strategischen Pläne auch eines Schlieffen gehören der Vergangenheit an – von den ewig Gestrigen wie Sauerkraut aufgewärmt – nur, sie werden dadurch für die heutige Zeit nicht besser.

Natürlich kenne der Gegner diese Pläne, seit 1914 mindestens, und seitdem, davon sei er überzeugt, sei ihm von irgendeiner bestunterrichteten Seite wohl mitgeteilt worden, daß sich daran nichts geändert habe. Adolf Hitler hielt inne, dann sagte er sarkastisch: soweit es den deutschen Generalstab angeht!

Nunmehr habe es der Gegner nochmals original-schriftlich in einigen Einzelheiten überreicht bekommen, die den neuen alten Schlieffenplan bestätigen. Er werde sich das zu Nutze machen. Hoffentlich vermute der Gegner in der Übergabe der Operationspläne durch den Ia keine Absicht, es gebe manchmal absonderliche Denkvorgänge. Aber sonst solle ihm das Ganze gerade recht sein, denn er habe längst eine andere Konzeption für den Frankreichfeldzug, wenn uns dieser sinnlose Kampf nicht noch im letzten Augenblick erspart bleibe.

Aber diese Hoffnung habe er aufgegeben: hinter England und Frankreich ständen die Kräfte, die den Krieg wollten. Er fühle sich gewappnet, habe alles sorgfältig überlegt und bis in jede Einzelheit durchdacht: Ich bin sehr zuversichtlich!

Die Einladung nach Paris

Im Winter 1940, einige Zeit nach dem Gespräch über die seltsame Begebenheit vom 10. Januar, war ich einige Tage Gast bei Adolf Hitler in der Reichskanzlei. Ein Abend wurde mir bedeutungsvoll. Wir saßen im kleinsten Kreis um das Kaminfeuer des großen Wohnraumes aus Bismarcks Zeiten.

Besprechungen über die Städtebau-Maßnahmen in München waren vorausgegangen, dadurch wurde auch das Thema der weiteren Unterhaltungen bestimmt. Adolf Hitler sprach über das Stadterlebnis Rom und Florenz, er erzählte dabei, völlig entspannt, was er während seines Aufenthaltes im Mai 1938 dort alles gesehen und erlebt hatte.

Er schilderte die großen Eindrücke und die kleinen Banalitäten, die nebenher liefen, so die imponierenden hohen Räume des Quirinals, die er als Gast des Königs bewohnte. Durch ihre Maßstäbe vermittelten sie Haltung und Größe. Aber als er dann schlafen wollte, sei er in Verlegenheit geraten, weil er nicht wußte, wie und wo die Beleuchtung ausgeschaltet werden konnte, da die Schalter versteckt angebracht waren:

Die Situation erinnerte mich an eine Anekdote aus dem kleinen, meisterhaft illustrierten Buch des Malers Gulbransson*. Er war seinerzeit aus seiner nordischen Heimat nach München berufen worden, und er schildert dann, wie er in Berlin übernachtete. Nach viel Mühe war es ihm endlich gelungen, die Gasbeleuchtung seines Hotel-Zimmers auszublasen. Adolf Hitler lachte. Aber noch viel mehr Mühe hatten am nächsten Morgen die Hotelbediensteten und der Arzt, um ihm wieder das Leben einzublasen!

Nun, bei mir bestand ja diese Gefahr nicht, aber es war ein riesiger Kronleuchter. Ordonnanz und Diener lösten das Problem.

Dann beschrieb Adolf Hitler eine Stadtrundfahrt in offener Karosse, neben ihm der König –: oder sollte ich richtiger sagen, ‚neben dem Kaiser und König‘? Wir fuhren am päpstlichen Hoheitsgebiet vorbei, mit dem Blick zum Vatikan. Dann sah ich von weitem den Petersplatz mit dem großartigen Schwung der Säulenfassung des Bernini, mit dem Brunnen, dem Obelisken, die Fassade des Doms und dahinter, fast verschimmernd, die Kuppel des Michelangelo! Und während ich noch gebannt schaue, da stößt mich ihre oder seine Majestät mit dem Ellenbogen in die Seite, kichert hell glucksend und weist verstohlen auf die niederen und hohen geistlichen Würdenträger hin. Sie zogen mit seitlichem Schwung ihre mittelalterlichen Hüte und verbeugten sich tief.

Und immer wiederholte sich das – ich wollte die Platz- und Straßenräume, die Bauten in mich aufnehmen, aber dann kam wieder der Ellenbogen, begleitet von dem hohen Gekicher. Sicher hatte er sein Vergnügen daran, daß diese Ehrerbietungen mich zwangsläufig einschlossen. Ich war froh, als diese Fahrt endete, denn langsam fiel es mir schwer, na ja, Sie können sich ja vorstellen, wie mir zumute war. Sah ich rechtzeitig einen dieser Seelenhirten, von dem ich annehmen konnte, daß er den Ellenbogen und das Kichern der Majestät auslösen würde, dann versuchte ich es mit der Ablenkung und zeigte auf die andere Seite zu einem Bauwerk hin, aber auch dabei hatte ich einmal Pech – dort stand auch einer!

Wir lachten, eine Frage kam auf. Nein, sagte Adolf Hitler, er stand keineswegs ‚unterm Kreuz‘, ich hatte eher den Eindruck, daß er sehr frei dachte. Anders dagegen die Königin. Bei einem großen Empfang genoß ich die Ehre, sie zu führen. Es fand ein Konzert statt, mit mir bekannten Künstlern, (er nannte die Sängerin, ich habe ihren Namen vergessen) ... und Gigli. Großartig der Saal und die Blumendekoration. Also ich führe Ihre Majestät, sie war sehr hoheitsvoll – aber sehr tief dekolletiert; ob nun mir zur Ehre oder zum Tort hatte sie ein Kruzifix umhängen – nein, kein Kreuz nur, vielmehr einen Christus am goldenen Kreuz. Es blieb mir nicht erspart, festzustellen, der Christus hing in schlechter Gesellschaft.

Adolf Hitler blieb ernst und nachdenklich, ich dagegen hatte Mühe, nicht zu lachen und biß die Zähne zusammen. Dann erzählte er weiter:

Aber völlig aus dem Rahmen bin ich gefallen, würdelos war mein Benehmen, denn nach dem Konzert – es hatte hohen Rang – stand ich auf und bedankte mich bei den Künstlern. So was tut man einfach nicht, man läßt sich unterhalten oder amüsieren, aber man hält Abstand. Diesen Fauxpas verzieh mir Ihre Majestät nicht, sie ließ es mich, den Plebejer, sehr deutlich merken.

Als ich nach Deutschland zurückkam, ordnete ich an: die Pensionen der ehemaligen SPD-Minister wie Severing u.s.w. werden erhöht, denn sie haben mich letztlich vor Schrecklichem bewahrt. Wenn ich an den Duce denke --- !

Erst in Florenz sei der Duce aufgelebt, habe er seine Persönlichkeit wiedergewonnen. Rom habe im Zeichen der Majestäten gestanden, der Aristokratie, des Militärs und des Hofes, Florenz im Zeichen seiner selbst und natürlich auch der Partei. Welch eine Stadt! – herb und streng und doch blumenhaft in einer eigenwillig geformten Umgebung voller naturhaftem Charme!

Und damit waren wir wieder bei dem Thema, das ihn am meisten faszinierte. Jetzt wurden Vergleiche gezogen, das Grundsätzliche, aus dem eine Stadtformung entsteht – die Stadt am Fluß, die Stadt zum Wasser orientiert wie Venedig oder am Meer wie Neapel. Adolf Hitler schmunzelte:

Da erlebte ich auch eine kleine Groteske – das fing schon gut an: Festabend in der Oper von Neapel, und mein guter Linge suchte verzweifelt in den Koffern meinen Frack, und was dazu gehörte – die Zeit verging, ich wurde nervös, na endlich, wenn auch verspätet.

Es war eine glanzvolle Aufführung der ‚Aida‘, mit prächtigen Stimmen. Plötzlich, gegen Ende, fällt aus dem Schnürboden ein mächtiger Balken auf die Bühne. Krach und Schreckensrufe unterbrechen das Duett. Doch, bald gefaßt, ging die Oper nach diesem ‚Höhepunkt‘ dem Ende zu. Großer Beifall. Da höre ich doch hinter mir zwei vom Begleitkommando, ich will die Namen nicht nennen: ‚Allen Respekt, ja, sowas können die – haarscharf gezielt und genau daneben – ja, und auch der Aufschrei ganz echt, ganz natürlich! Und wie die auseinander sind! – Junge, im Theatralischen, da sind die uns über!‘ Die hatten doch weiß Gott geglaubt, das war von der Regie so eingeplant und gehört dazu.

Nun konnte ich lachen. Aber dann wurde weiter über Architektur gesprochen. Ich fragte, welche Bauten in Rom ihn nun besonders beeindruckt hätten. – Natürlich die großartigen Bauten des antiken Roms, die allein schon durch ihre Maßstäbe imponierten: das Kolosseum, die Thermen des Caracalla, die auch als Ruinen bewundernswert sind. Aber ergriffen gewesen sei er vom Pantheon --- !

Nach kurzem Schweigen setzten wir das Gespräch fort. Adolf Hitler sprach von der bewußt zum Fluß hin orientierten Stadt, Budapest, als der schönsten Stadt an der Donau. Ich konnte nicht ahnen, daß er mich, trotz meiner vielen Aufgaben, noch im selben Jahr mit der Gestaltung einer ‚Stadt am Fluß‘, mit seiner Heimatstadt Linz an der Donau, beauftragen würde.

Meist sei das Wasser der Anlaß zur Stadtgründung, von Urzeiten an; das Meer mit der Schiffahrt, der Strom, der Fluß mit der Furt oder mit dem Zwang, sich diesen Fluß durch einen Brückenbau zu unterwerfen. Meisterhaft darin seien die Römer gewesen, vorbildlich bis in die heutige Zeit seien ihre steingewölbten Brücken, ihre Holzkonstruktionen über Ströme hinweg, und – Umkehrung des Brückengedankens – mit ihren Aquädukten hätten sie das Wasser in ihre Stadt gelenkt. Auch aus notwendigen Fortifikationen hätten sich Städte entwickelt. Er führte einige Beispiele an und sprach dann über Prag mit dem Hradschin und der Karlsbrücke über die Moldau.

Aus Ursache und Zielsetzung wachse die Eigenart der Städte, präge sich ihre Physiognomie und ihre Atmosphäre. Bei diesen Städten mit Tradition spüre man, wie sehr sie mit dem Ablauf der Geschichte verwoben seien. Da und dort werde der Wille von Persönlichkeiten sichtbar, die ihre Formung veranlaßten, Künstler beauftragten, die mit der ihnen eigenen Besessenheit am Werke waren. Aber wie viele künstlerische Begabungen, welche Talente seien vergangen, weil man ihnen keine Möglichkeit gab, sich zu entfalten!

Dann unterhielten wir uns über die Eigentümlichkeit einiger Städte, die er genau kannte. Schon der Klang ihrer Namen bezaubere ihn: Rom, Florenz, auch Paris. Eingehend habe er sich mit diesem Stadtorganismus befaßt, schon in seiner Jugend, in der Wiener Zeit, habe er über die städtebauliche Entwicklung von Paris alles gelesen, was ihm die Bibliotheken bieten konnten, von der römischen Gründung der Stadt, der Ile de France, bis zum Paris des Präfekten Haussmann. In seiner Münchner Zeit vor dem Weltkrieg habe er das fortgesetzt. Er bewunderte die Kontinuität dieser städtebaulichen Gestaltung. Das sei typisch für die Franzosen. Völlig unabhängig von den Regierungsformen sei ihnen Paris die Grundidee geblieben. Was die Könige begonnen hätten, führte die Republik weiter, der Konsul habe es aufgegriffen und der Kaiser vollendet. Er erinnerte sich hier an berühmte Raum- und Platzfolgen, ihre Verbindung durch bedeutende Straßenachsen: Louvre – Tuilerien – Place de la Concorde – Champs Elysées mit dem Arc de Triomphe, dem Etoile und den strahlenförmig abschwingenden Straßen:

Aber mir scheint, das für Paris Besondere ist die Zeitverbundenheit seiner geschichts- und wesensbedingten Tradition. Eine Persönlichkeit war es, die diese Modernisierung zuletzt erzwang und durchsetzte, ich möchte bewußt nicht sagen, es sei eine Neugestaltung gewesen – nein, eine Neugestaltung in unserem Sinne war es nicht, dafür fehlte die weltanschauliche Voraussetzung. Aber bedeutungsvoll scheint mir, daß Napoleon III. den Präfekten Haussmann mit der großzügigen Planung und der Durchführung beauftragte und nicht Stadtorgane. Genau so handelte vordem Ludwig I. in München, und er nahm die von ihm veranlaßten Straßen, Platzräume und Bauten in staatlichen Schutz. Stadtorgane unterliegen zu leicht dem kleinbürgerlichen, eigennützigen Denken und verhindern damit großzügige Planungen und ihre Durchführung.

Das habe auch Napoleon III. erkannt, er habe den Präfekten eingesetzt, der die Durchbrüche in dem verworrenen Stadtorganismus erzwang zu modernen Straßensystemen, zu Avenuen und Boulevards; manches mag auch militärtechnisch bedingt gewesen sein. Aber ohne diese Straßen wäre Paris erstickt.

Man bedenke, daß Haussmann in der damaligen Zeit Straßen mit 120 Meter Breite und darüber dekretierte – ja, zur Zeit der Pferdedroschken, wer habe damals an das Verkehrsmittel Automobil denken können! Natürlich habe der Altstadtkern bei diesen Stadt-Durchlichtungen Schaden genommen, was sicherlich zu bedauern sei. Wir wollten deshalb bei unseren Neugestaltungen andere Wege gehen. Aber im Endergebnis sei es für Paris als Weltstadt richtig gewesen. Später, aber noch rechtzeitig, sei in dieser Stadt, für die damalige Zeit vorbildlich, ein Massenverkehrssystem gebaut worden, die Metro!

Nun, aus den Lageplänen und den Darstellungen der Einzelbauten kenne er Paris genau, aber was bedeute das schon, er kenne nicht die Wirkung der Straßenräume und Bauten in den Zusammenhängen. Natürlich habe er sich in das geschichtsbezogene Wesen dieser Stadt hineingelesen, aber er habe doch keine Vorstellung von ihrer Atmosphäre, ihrer Farbigkeit und von der Wirkung der Maßstäbe im einzelnen:

So ging es mir damals ja auch mit dem Erlebnis Rom und Florenz. Wie sehr war ich überrascht über den Zusammenhang der Plätze, Straßen und Bauten im Stadtraum!

Als Soldat 1914 hoffte ich Paris zu sehen, als Politiker nach dem verlorenen Krieg war das für mich unmöglich – aber nun werde ich dieses Erlebnis bald haben! Sie können wohl ermessen, was mir das bedeutet! Auch die Vergleiche sind mir dann möglich, sie sind unerläßlich vor der Durchführung unserer geplanten städtebaulichen Maßnahmen.

Aufgeregt fragte ich: Mein Führer, Sie wollen Paris sehen, wie ist das möglich – bedeutet das Frieden?

– Nein – ich habe den Frieden angeboten, sie sehen darin nur ein Zeichen der Schwäche. Sie wollen den Krieg, nun, sie sollen ihn haben! Sie wollen den Krieg auf Zeit, aber da die Zeit gegen uns arbeitet, ist der Angriff bei uns, denn er ist zugleich unsere einzig mögliche Verteidigung.

Es gehe eine Frage um bei den französischen Soldaten: mourir pour Danzig? Diese Frage sei, von den Poilus her gesehen, berechtigt, sogar für ganz Frankreich, aber mit England ständen sie unter dem Befehl der Mächtigen wie im vergangenen Jahr Polen, zur Unvernunft, zum Harakiri getrieben! Bei Frankreich könne noch etwas von der Zielsetzung und dem Geist des Richelieu mitwirken.

Etwas störe ihn in der Konstellation und gebe ihm Anlaß zur Besorgnis: Italien! In den letzten Tagen des politischen Ringens um eine friedliche Regelung der Korridorfrage hätten die Italiener zweifellos mit klarer, unmißverständlicher Haltung helfen können, den Ausbruch des Krieges zu verhindern, – vielleicht, so habe er damals gedacht. Außer den Mächtigen, die in England gegen uns den Vernichtungskrieg schürten, müsse es noch andere Kräfte geben, eine vielköpfige Verschwörung, die sich gegen die deutsche soziale Revolution richte:

Ich fürchte, wenn wir Paris eingenommen haben, dann werden sich die Italiener nicht mehr zurückhalten lassen, mit Karracho werden sie loslegen, denn es könnte Kriegsruhm und leichte Beute für sie geben. Und damit werden sie uns den Sieg verkleinern und den Frieden erschweren. Dabei könnten sie uns und auch sich selbst mit einer bewaffneten Neutralität, die Feindkräfte bindet, am meisten nutzen. – Ungemach jedoch, wenn sie meine Planung durchkreuzen!

Ich warte nur auf günstiges Wetter – dann ist Schluß mit dem drôle de guerre! Sechs Wochen nach Angriffsbeginn werden wir in Paris sein!

– Sie wollen durch die Maginotbefestigung? Ich habe damals in Frankreich den Stellungskampf erlebt – das scheint mir unmöglich, ich kann das noch nicht fassen!

– Giesler, Sie glauben mir nicht? Ich bin mir aber sicher. Wie Wölfe werden wir sie anfallen, mit einer Wucht, daß sie gar nicht zur Besinnung kommen. Es bleibt dabei – in sechs Wochen haben wir sie geschlagen! Ich lade Sie hiermit ein, Giesler – Sie werden mit mir Paris ansehen!

Norwegen - April 1940

Während der entscheidenden Tage des Kampfes in Norwegen, besonders um Narvik, war ich in der Reichskanzlei Gast Adolf Hitlers zum Mittag- und Abend-Essen. Nach Abschluß der abendlichen militärischen Lagebesprechungen kam Adolf Hitler in den ‚Bismarck-Wohnraum‘ zurück. Er suchte die Unterhaltung, um die Zeit bis zum Eintreffen neuer Meldungen zu überbrücken.

Er war voller Unruhe und Spannung, und manche Stunden schien er sehr besorgt.

Es sei gut, daß ich da sei, meinte er, so könne er sich mit mir über bauliche Fragen unterhalten und versuchen, sich abzulenken. Die Stunden des Abwartens seien furchtbar. Er müsse noch lernen, sich in den Phasen wichtiger Entscheidungen völlig zu beherrschen. Er nehme zu sehr teil am unmittelbaren Kampfgeschehen, fühle sich dabei in seine Soldatenzeit zurückversetzt. Er habe noch nicht den Abstand von den Ereignissen, der notwendig sei.

Die größte Sorge mache ihm der Kampf um Narvik, deswegen seine Unruhe. Die Kampfgruppe unter Dietl sei zu schwach, um sich gegen den massiven Einsatz der Feindtruppen zu behaupten, deren Kampfstärke noch durch die englische Flotte und den Nachschub unterstützt wurde.

Auf seinen Befehl ständen nun unsere Soldaten im verzweifelten Kampf gegen diese Übermacht – und wir könnten ihnen nicht beistehen! Von See her sei jede Ersatz- und Nachschub-Möglichkeit durch die englische Flotte unterbunden, über den Landweg – ausgeschlossen:

Wie lange werden sie sich halten können, – und gerade die Behauptung in Narvik ist von größter Bedeutung! Verstehen Sie, wie mir zumute ist? Ich frage mich, ist es nun an der Zeit, daß die Kampfgruppe auf schwedisches Gebiet übertritt und die Waffen niederlegt? General Jodl ist für weiteres Durchstehen des Kampfes. Ich erkenne nun, wenn ich mich in meine Soldatenzeit zurückversetze: Es ist einfacher, zu kämpfen, als den Kampf verantwortlich zu tragen. – Kommen Sie, Giesler, gehn wir auf und ab, bis neue Meldungen kommen*.

Immerzu kamen neue Meldungen: Sehr harte Kämpfe im Gebiet von Narvik – Kämpfe in den Tälern nördlich und südlich von Drontheim gegen englische und norwegische Truppen. Eine Frage beschäftigte Adolf Hitler: Wo befand sich der norwegische König, gelang es, ihn gefangenzunehmen?

Dann kam die Entscheidung, das Durchstehen des Kampfes, die Beharrlichkeit führten zum Erfolg. Der König, der sich bei seinen Truppen im Norden des Landes aufgehalten hatte, bot die Kapitulation an. Er hatte wohl erkannt, daß ein weiterer Widerstand seiner Truppen sinnlos geworden war. Die deutschen Truppen hatten sich durchgesetzt. Die Kämpfe mit dem englisch-französischen Expeditionskorps gingen weiter, aber der Erfolg dieser kühnen Norwegen-Operation war gesichert.

Nein, es gab keine Siegesfeier, wohl aber ein großes Aufatmen, Stolz auf die Leistungen der Truppen, Anerkennung der Beharrlichkeit der Generäle: Jodl in der Führung, Dietl im Kampf um Narvik. Dann aber kam für Adolf Hitler das Hinwenden zu neuer, lastender Verantwortung, dem Kampf gegen den Westen:

Giesler, nur um ein paar Stunden sind wir den Engländern zuvorgekommen! Daraus wäre eine gefährliche Bedrohung des deutschen Raumes von Norden her entstanden.

Mit Adolf Hitler in Paris

Seit Kriegsbeginn waren mir und meinen Mitarbeitern, Architekten und Ingenieuren, Rüstungsbauten in Planung und Bauleitung anvertraut. Am 23. Juni 1940 befand ich mich auf der Fahrt zur Baustelle „Wespe". Vor Wiener Neustadt hielt mich am Morgen ein Gendarmerieposten an und übermittelte mir die Weisung, zum Wiener Flughafen zu fahren. Die Kuriermaschine, eine Ju 52, für Lastentransport eingerichtet, flog zu einem Feldflugplatz im Südteil Belgiens. Ein geländegängiger Wagen brachte mich in ein kleines Dorf mit wenigen bescheidenen Häusern: Bruly de Pêche, nördlich von Sedan – Adolf Hitlers Hauptquartier. Wenig später stand ich ihm gegenüber, wollte Worte der Bewunderung und des Dankes sagen –

– Schon gut, Giesler, Sie konnten es damals ja nicht wissen, aber ich war mir sicher, sowohl in der strategischen Konzeption, den taktischen Einzelmaßnahmen und im Vertrauen auf die Kampfkraft der deutschen Wehrmacht. Daraus resultierte der sorgfältig überlegte Zeitablauf. – Natürlich erinnerte ich mich daran, daß ich Sie im Winter eingeladen hatte, mit mir Paris anzusehen, ich habe Speer und Breker ebenfalls dazu gebeten. Mit meinen Künstlern will ich Paris anschauen, wir fliegen in den frühen Morgenstunden.

In einer einfachen Baracke aßen wir an zwei langen primitiven Tischen zu Abend, gemeinsam mit dem militärischen Führungsstab und den Adjutanten. Wenn ich heute an die Abende im Quartier Bruly de Pêche zurückdenke, dann möchte ich festhalten: es gab kein triumphales Gehabe, keine lauten Stimmen, vielmehr eine ernste Würde. In den Gesichtern der Führenden, der Verantwortlichen, sah man noch die Anspannung der Wochen. Daß ich in ihrem Kreis sitzen durfte, schien mir eine unverdiente Auszeichnung. Ich war in Zivil gekommen, für die Fahrt durch Paris wurde ich mit einer Feldmütze und einem Militärmantel versehen, ich fügte mich so unauffällig ein.

Am 24. Juni um 4 Uhr morgens landete die Führermaschine noch in der Dunkelheit auf einem Pariser Flughafen. Offene Wagen standen bereit, darunter der Wagen des ,Chefs‘, wie wir unter uns Adolf Hitler nannten, mit Kempka am Steuer. In seinem Wagen hatten Speer, Breker und ich, weiterhin der SS-Adjutant und die Ordonnanz Platz für die Fahrt durch Paris. Voraus fuhr Oberst Speidel, der als ehemaliger Militärattaché Paris kannte; er war Lotse und schweigender Mentor. Mit abgeblendetem Licht waren gerade nur die Umrisse der Straßenräume zu erkennen. Wir kamen an Straßensperren vorbei, mit ,Wache raus‘ und knappen Meldungen, – man spürte, noch war die Waffenruhe nicht in Kraft.

Vor mir saß Adolf Hitler, und ich dachte zurück an den Winterabend, als er über Paris sprach und seine Zuversicht, nun bald diese Stadt zu sehen. Jetzt sollte sein Wunsch in Erfüllung gehen. Aber er kam nicht nach Paris als Oberbefehlshaber der Deutschen Wehrmacht, er kam als Bauherr deutscher Städte, die er schon in neuen Formen sah, er kam, um bauliche Maßstäbe zu vergleichen, die Eigenart, die Atmosphäre dieser Stadt zu erleben, und er war begleitet von zweien seiner Architekten und einem Bildhauer, wenngleich auch von einem kleinen militärischen Gefolge, Soldaten, die es wohl verdient hatten, mit ihm die Hauptstadt Frankreichs zu sehen.

Ich hatte den Eindruck, daß der zeitliche und örtliche Ablauf dieser Besichtigungsfahrt sorgfältig überlegt war. Das erste Ziel war die kaiserliche Oper des Architekten Garnier.

Die Fassade wolle er sich auf der Rückfahrt in hellem Tageslicht ansehen, sagte Adolf Hitler.

Die Dunkelheit wich der Dämmerung des frühen Morgens, wir gingen unmittelbar in die strahlend ausgeleuchteten Innenräume. Mochte auch ein Logenschließer vorausgehen, Adolf Hitler führte uns erklärend und auf Beson-

derheiten hinweisend durch dieses, im Ganzen gesehen, doch imponierende
Gebilde.

Es mag sein, daß der unmittelbare Wechsel aus der knappen militärischen
Sphäre des Führerhauptquartiers im kleinen kargen Dorf Bruly nun in die
leuchtende festliche Repräsentanz des vergangenen Kaiserreichs die Maßstäbe
steigerte. Ich kannte von dieser Oper bisher nur die Fassadengestaltung und
war überrascht über die klare Konzeption des Grundrisses und beeindruckt
von der Raumfolge: von den Eingangshallen über das großzügige Treppenhaus
und die Foyers und nun, in einem Übermaß an Gold, der strahlende Theater-
raum.

Wir standen in der Mittelloge, Adolf Hitler war fasziniert: Wundervolle,
einmalig schöne Proportionen – und welche Festlichkeit! Sehen Sie von dem
Prunkhaften der ‚Belle Epoque‘ als zeitbedingt ab, dann bleibt trotz architek-
tonischem Stileklektizismus, einem gewissen barocken Übermaß, doch ein
Theater von besonderer Eigenart. – Sein Hauptrang liegt bleibend in den
schönen Proportionen, wiederholte er. Hinter den linken Proszeniumslogen
möchte ich den Empfangsraum sehen, den Salon des Präsidenten.

Ein Hin und Her. Hier müßte er nach dem Grundriß Garniers sein! sagte
Hitler. Der Logenschließer war zunächst ratlos – ah! dann erinnerte er sich,
bei einer Renovierung wurde dieser Salon entfernt. Die demokratische Republik gönne ihrem Präsidenten nicht einmal einen eigenen Empfangs-Salon,
sagte Adolf Hitler dazu.

Nochmals durchschritten wir die prachtvollen Foyers, blieben bei den
Büsten französischer Koryphäen stehen, noch eine Würdigung im Umblick.
Wir gingen zurück zur Treppe mit dem eleganten Steigungsverhältnis der
Stufen, konform den auskragenden Röcken der Damen aus der Kaiserzeit.
Dann traten wir über die Freitreppe in den hellen Tag und hatten den ersten
nahen Blick auf die plastische Fassade, ehe wir zur Madeleine weiterfuhren,
von der Adolf Hitler nicht sonderlich beeindruckt schien. Nun begann die
Fahrt über die bedeutenden Platzräume und Straßen.

Auf der Place de la Concorde fuhr der Wagen langsam eine weite Schleife
um die Brunnen und den Luxor-Obelisken. Adolf Hitler stand im Wagen, er
wollte einen Gesamtüberblick bekommen. Er sah über den großen Platz, über
die Tuilerien bis zum Louvre, dann über die Seine bis zum Gebäude der
Chambre des Députés. Am Beginn der Champs Elysées ließ er halten, er
schaute zu den Platzwänden der Admiralität, in den kurzen Straßenraum der
Rue Royal mit dem Abschluß des Säulengiebels der Madeleine, die nun in diesem Raumteil zur Wirkung kam. Nochmals ging sein Blick rundum über den
Platzraum und seine bauliche Begrenzung.

Adolf Hitler ließ sich Zeit, um alles in sich aufzunehmen, dann, auf sein
kurzes Handzeichen, fuhren wir langsam die sanft ansteigenden Champs
Elysées hinauf – zum Etoile mit dem beherrschenden Arc de Triomphe. Ab-

wägende, kritische Blicke gingen zur Straßenbebauung, soweit sie, wie beim Rond Point und den einlaufenden Querstraßen, ungehindert durch die Baumreihen sichtbar wurde.

Dann galt seine konzentrierte Aufmerksamkeit dem Triumphbogen und der räumlich-baulichen Fassung des Etoile. Mit einem Blick streifte er die Reliefs links und rechts des hohen Bogens (sie verkörpern das Pathos der Marseillaise), und über die eingemeißelten Inschriften – (die Franzosen vergessen keine für sie siegreiche Schlacht). Er kannte jede Einzelheit aus Beschreibungen und Darstellung.

Adolf Hitler sagte mir später, wobei er Bewunderung und Kritik miteinander verband: Imponierend ist natürlich die verschwenderische Weite der Place de la Concorde, denn der Platz addiert sich noch die Tuileriengärten bis zum Louvre und über die tiefgebettete Seine hinweg bis zu den Gebäudegruppen der Ministerien und der Deputiertenkammer – er bekommt optisch auch die Ausweitung bis zur Madeleine, und dazu noch der sehr weiträumige Beginn der Champs Elysées. Für den menschlichen Maßstab ist das schon nahezu grenzenlos, weil die Platzwände zwar interessant, aber zu schwach sind, um im Stadtraum dieser Platzfülle den notwendigen Halt zu geben.

Sehr schön war der Blick vom Concorde, mit Brunnen und Obelisk im Vordergrund, auf das Admiralitätsgebäude, die Rue Royal mit der Madeleine als Abschluß.

Nun, ich habe viel gelernt, und mit dem, was ich sah, habe ich immer unsere Planung verglichen. Die sanfte und langgestreckte und damit hohe Steigung der Champs Elysées kommt dem Arc de Triomphe zugute, sonst wäre er für diesen bedeutenden Straßenraum im Maßstab zu klein – und mir ist er zu schmal, denn die Avenuen stürmen ja geradezu auf ihn ein!

Unsere Disposition der neuen Straßenachse vom Denkmal der Partei zum neuen Bahnhof in München sei richtig. Er selbst hatte seinerzeit dieses Straßenprofil maßstabsgerecht gezeichnet. Unsere geplante Architektur der Straßenraum-Begrenzung halte stand. Er finde, die von uns vorgesehene Unterteilung der Straße durch einen kraftvollen Mittelstreifen gebe dem Straßenraum Zielrichtung, Profil und Maßstab zugleich – das mangele etwas diesen Champs Elysées, der wohl berühmtesten Straße der Welt. Auch die Architektur entlang der Straße sei zwar individuell gestaltet, aber keineswegs überzeugend.

Und der Etoile? fragte ich. Nun, man könne die zehn, zwölf Straßen oder breiten Avenuen, die strahlenförmig von ihm ausgehen, einen Stern nennen – aber auch umgekehrt: diese zwölf stürmten auf ihn ein und zerrissen die räumliche Fassung in bürgerliche Zuschnitte. Solange der Kranz von Bäumen im Laub stände, möchte das angehen, sonst wirkten die keilförmigen Bauten zwischen den Straßen zu schwach. Hat die nicht ein Kölner Architekt gebaut? – Ja, ich glaube Hittorf, oder so ähnlich*.

Doch zurück zur Fahrt durch Paris. Wir fuhren vom Etoile weiter zum

Besuch in Paris am 23. Juni 1940:
Albert Speer, Adolf Hitler und Arno Breker vor dem Eiffelturm

Mit einer größeren Gruppe auf der Esplanade du Trocadéro:
Oben v.l.n.r.: SS-Gruppenführer Wolff, Hermann Giesler, dahinter Generalfeldmarschall
Wilhelm Keitel, SA-Gruppenführer Wilhelm Brückner, Albert Speer, Adolf Hitler,
dahinter Martin Bormann, Arno Breker, Reichspressechef Otto Dietrich.

Trocadero. Von der großen Terrasse des Palais de Chaillot schauten wir über die Seine auf den Giganten des 19. Jahrhunderts, auf den Eiffelturm. Dahinter lag das weite Marsfeld mit dem Abschluß der École Militaire. Auch hierüber gab es später eine interessante Unterhaltung, die ich hier verkürzt wiedergebe.

Adolf Hitler sagte mir, er sehe im Eiffelturm nicht nur den Beginn neuer baulicher Maßstäbe, vielmehr auch den Ansatz zu einer neuen ingenieurhaften Tektonik. Dieser Turm sei nicht nur ein Synonym für Paris und die damalige Zeit der Weltausstellung, sondern er stehe, wenn auch noch nicht in klassischer Form, zu Beginn der neuen Welt; er meine die der Technik, mit völlig veränderter Zielsetzung und mit bisher nicht gekannten Größenordnungen. Was folge, seien weitgespannte Brücken und Bauwerke mit großen vertikalen Dimensionen, die als statische Gebilde nun entstehen könnten durch exakte Ingenieur-Berechnungen. Aber nur in der Zusammenwirkung von Ingenieuren und Künstlern, Architekten, sehe er die Möglichkeit, diese Gebilde schöpferisch zu gestalten; denn nur so werde die Klassizität erreicht, die wir anstreben müßten, unter Beachtung einer Tektonik, die den neuen Baustoffen, Stahl und Stahlbeton, entspreche, ja, die ihnen zu eigen sei.

Ich habe oft darüber nachgedacht und hatte späterhin öfter die Gelegenheit, in Unterhaltungen mit Adolf Hitler seine Gedanken über diese ‚Welt der Technik‘ kennenzulernen, wie sie seinen Vorstellungen entsprach und die er klar formulierte*.

Auf der weiteren Fahrt über die Seine zur École Militaire hielten wir am Standbild eines französischen Generals des Weltkrieges 1914/18, mit einer Inschrift, die beleidigend für den deutschen Soldaten war und absolut geschmacklos dazu. Zorn flammte auf; zur militärischen Begleitung im anderen Wagen gewandt, der neben uns hielt, sagte Adolf Hitler: Veranlassen Sie, das wird gesprengt!

Ich glaube, zu Ehren des damaligen Generalobersten Keitel, der die Fahrt mitmachte, wurde dann der Cour d'honneur der École Militaire besichtigt. Dann kam, jedenfalls für mich, der Höhepunkt dieser Fahrt.

Im Invaliden-Dom, am Rund der Krypta, stand Adolf Hitler lange und ernst, mit gesenktem Kopf, und schaute unverwandt auf den Sarkophag Napoleons hinab. Ich stand an seiner linken Seite, es war kein Zufall, er selbst hatte mich neben sich gezogen. Leise sagte er zu mir: Sie werden meine Grabstätte bauen, Giesler, wir sprechen später darüber.

Still und nachdenklich verließ er den Dom, wir blieben alle einige Schritte hinter ihm zurück. Als wir durch das Tor traten, wandte sich Adolf Hitler um: Bormann, ich will, daß der Herzog von Reichstadt nach Paris überführt wird.

Nach der Weiterfahrt gab es einen kleinen Aufenthalt in einem schönen, in den Maßstäben überschaubaren Stadtpalais, der künftigen deutschen Botschaft. Adolf Hitler gab kurze Anweisungen zur sorgfältigen Renovierung unter Zuziehung französischer Denkmalspfleger.

Vom Pantheon auf der Höhe des Quartier Latin war Adolf Hitler sehr enttäuscht, er ging vor, bis unter die Kuppel, abrupt verließ er dann das Gebäude; als er im Freien war, schüttelte er den Kopf und atmete auf:

Bei Gott, es verdient diesen Namen nicht, denkt man an das römische Pantheon, das in der Klassizität des Innenraumes mit der einmalig schönen Lichtführung aus dem großen, offenen Gewölbeauge Würde mit Feierlichkeit verbindet. Dagegen ist dieser Raum hier – er deutete zurück – düster, mehr als düster und bedrückend dumpf. Dabei ist doch jetzt heller Sommertag.

Wir gingen zum Wagen zurück, einige Frauen waren zu sehen, sie riefen: c'est lui – das ist er.

An der Sorbonne und Cluny vorbei, über die Seine zur Ile de la Cité – in langsamer Fahrt, doch ohne zu halten, sahen wir Notre Dame. Dabei gab es zwischen Adolf Hitler und Breker ein kurzes Hin und Her über Namen und Zweckbestimmung eines Gebäudes. Adolf Hitler zeigte vor uns auf auf ein Gebäude mit einer Kuppel; das sei doch das sogenannte Tribunal der Handelskammer. Breker verneinte, und da er viele Jahre in Paris verbracht hatte, war er sich sicher, aber als wir dann näherkamen, zeigte es sich, daß Adolf Hitler das Gebäude schon von weitem an Form und Lagesituation richtig erkannt hatte. Am Giebel stand ‚Tribunal de Commerce'.

Über die Pont d'Arcole des zweiten Seinearmes fuhren wir zum Platz vor dem Hotel de Ville, zur Rue de Rivoli und weiter zur Place des Vosges. Diese Platzgestaltung hatte Königin Maria de Medici veranlaßt, aus Florentiner Vorstellung. Doch nunmehr, wegen des dichten Baumbestandes, war diese ursprüngliche Raumidee nicht mehr erkennbar. So wie sich die Place des Vosges darbot, machte sie keinen Eindruck auf Adolf Hitler. Nach einem kurzen Blick auf das noch Erkennbare fuhren wir weiter. Wieder die Rue de Rivoli:

Kilometerlange einheitliche Fassade, das sei richtig und wirkungsvoll, weil das Gegenüber, der Louvre und die anschließenden Tuileriengärten, diese geschlossene, ruhige und einheitliche Front erforderten. Um so mehr überraschte dann die Unterbrechung, der kleine Platzraum mit dem Denkmal der Jeanne d'Arc – das war der Eindruck, den Adolf Hitler hatte.

Wir bogen ab, durchfuhren die Rue Castiglione zur Place Vendôme mit der berühmten Säule im großartig gestalteten Raum, dann die Rue de la Paix, zur Place de l'Opéra mit freiem Blick auf die plastische, wenn auch theatralische Fassade der kaiserlichen Oper, nunmehr im hellen Licht. Adolf Hitler bewunderte diesen städtebaulichen Zusammenhang.

Gewiß, sagte er mir später, sehr dekorativ, teils überreich natürlich, dem Ausdruck und Stilempfinden der damaligen Zeit entsprechend. Wir werden in unseren Planungen der Architektur strenger, herber, eine Klassizität anstreben, die mit einfacheren Formen unserer Wesensart entspricht. Was ich in Paris gesehen habe, zwingt mich zum Vergleich mit den Leistungen der gleichzeitigen deutschen Architekten: Gilly, Schinkel, Klenze, Hansen, dazu Semper, Siccardsburg mit der Wiener Oper – ich habe den Eindruck, sie halten stand. Ganz abgesehen von den großartigen Leistungen und Schöpfungen der Barockarchitekten wie Lukas Hildebrandt, der Fischer von Erlach, des Balthasar Neumann, Prandtauers und anderer.

Was den Deutschen fehle, sei die Kontinuität, das Beharren in der baulichen Zielsetzung; aber noch im Mittelalter, in den Stadtorganismen mit ihren Domen und Münstern, bis zu den Barockbauten der Fürsten sei es auch im deutschsprachigen Raum erkennbar.

Abschließend kam zu unserer Überraschung die Fahrt zum Montmartre, – nicht wegen Sacré Coeur. Adolf Hitler warf kaum einen Blick hin. Nein, er wollte von der hochgelegenen Terrasse vor der Kirche den Teil von Paris überschauen, dessen Straßenräume und Plätze er gerade durchfahren hatte. Der Blick aus dem Flugzeug beim Abflug sei ihm zu sehr nur zweidimensional, zu sehr Lageplan, und den kenne er so gut, daß er ihn aufzeichnen könnte. Er wolle vielmehr einen Eindruck von der plastischen Wirkung der Bauwerke im Stadtraum gewinnen, wolle sehen, wie sich ihre Rangordnung im Häuserwust der bürgerlichen Alltäglichkeit durchsetze, wie bestimmend und ordnend diese imponierenden Bauten seien, wie sie sich in dem ihnen gesetzten Maßstab behaupteten: Notre Dame und der Triumphbogen, die großen Plätze, die großen Straßenachsen, die Haussmann-Avenuen.

Adolf Hitler meinte dann, soweit er den Ballungsraum Paris von hier überschauen könne, setzten sich die Monumente und die Plätze nur schwach ab gegen die Monotonie der Wohn- und Zweckbauten. Behaupten könne sich gerade noch der große Zusammenhang vom Louvre bis zum Etoile, die Ile de France mit Notre Dame, der Flußlauf der Seine bis zum Eiffelturm; und eigentlich nur dieser Turm, der für eine Ausstellung gedacht und gebaut wurde, behaupte sich trotz seiner, von hier aus gesehen, filigranhaften Transparenz. Und er meine, der Turm werde allein, in der bewußt angestrebten vertikalen Tendenz, in seinem für die damalige Zeit unglaublichen Maßstab, dieser Stadt gerecht. Natürlich bringe er etwas symbolhaft Neues in diese Stadt mit so viel geschichtlicher Tradition von den Römern über das sehr ausgeprägte Zeitalter der Könige, der Revolution, bis zum Kaiserreich; die Bauten der Republik nach Napoleon III. seien belanglos und nicht gravierend im Stadtgefüge, ausgenommen der Eiffelturm.

Adolf Hitler wandte sich zu uns, zu Speer, Breker und mir: Für Sie beginnt jetzt eine harte Zeit der Arbeit und der Anspannung, die Formung der Städte und Monumente, die Ihnen anvertraut sind. Soweit ich es vermag, soweit ich Zeit dafür finde, will ich Ihnen die Arbeit erleichtern! Bormann, helfen Sie mir dabei, betreuen Sie meine Künstler, und halten Sie alles von ihnen ab, was ihre Arbeit behindern könnte.

Und dann wieder zu uns: Legen Sie alles auf die breiten Schultern von Bormann, er wird Ihnen beistehen!

Ich ahnte nicht, wie schnell eine für unglaublich gehaltene Behinderung für mich eintreten könnte, mit der dann nicht nur Bormann und Dr. Todt, sondern auch Adolf Hitler selbst befaßt wurden und deren Nachwirkungen sich über die Jahre hinzogen.

Ein Photo hielt diese Künstlerfreundschaft fest, aber bald mußte ich erkennen, daß sie in den besten Zeiten allenfalls eine Arbeitskameradschaft war und eine Menge Eigennutz enthielt, trotz aller Bemühungen von Bormann und Dr. Todt.

Wir fuhren zum Flughafen, die Besichtigungsfahrt durch Paris war beendet. Die Maschine kreiste bald über dem Zentrum von Paris. Gebannt schaute Adolf Hitler nach unten: Ein Erlebnis! Im gestalteten Kern ist diese Stadt großartig!

Aber die Straßen und Plätze seien wie ausgestorben gewesen, warf ich ein, und erst mit den Menschen und dem Verkehr sei Paris mit Leben erfüllt, erst dann hätten diese Straßen und Plätze ihre Berechtigung – so sah ich es 1937 während der Weltausstellung. – Ja, er könne es sich vorstellen.

Am frühen Nachmittag kehrten wir in die kleinen Verhältnisse des Dorfes Bruly de Pêche zurück. Nachrichten wurden Adolf Hitler übergeben, er las sie stehend im Freien. Darunter war ein Telegramm des ehemaligen Kaisers Wilhelm II.: „Welche Wendung durch Gottes Fügung."

Etwas Neues ist ihm nicht eingefallen, meinte Adolf Hitler, das sei genau die Formulierung seines Großvaters im Telegramm an die Kaiserin. – Aber Wilhelm II. vergesse den gläubigen Einsatz für Deutschland, die Beharrlichkeit, die unerschütterliche Zuversicht, die Mühen um den Aufbau der Partei und des Staates und vor allem die Opfer, die notwendig wurden, um diese Gottesfügung zu ermöglichen.

Am Abend ging Adolf Hitler mit mir vor seiner Unterkunft, einem kleinen Bauernhaus, auf und ab. Wir unterhielten uns über jede Einzelheit der Fahrt durch Paris. Ich habe schon einige seiner Eindrücke und Beurteilungen vorweggenommen:

Die Place Vendôme, mit ihrer Säule, eine Reminiszenz der römischen Trajans- und Marc-Aurel-Säule, – auch Fischer von Erlach hat sie in die Komposition seiner eigenwilligen Karlskirche in Wien einbezogen –, und eben diese Säule gibt dem Straßenraum den Anlaß, sich zum Platz zu weiten, – mit kraftvoll plastischen und einheitlichen Fassaden.

Ich wußte sofort, auf was sich diese Bemerkung bezog. Adolf Hitler bekräftigte damit seine Auffassung über die Formung des Platzes ‚Säule der Partei' in München, mit dem Beginn der ‚Großen Straße', das heißt, mit dem Übergang von der ‚Neugestaltung' zum Altbestand.

Inzwischen hatte er mir auch erklärt, weshalb wir nicht, abbiegend von der Rue de Rivoli, über die Avenue de l'Opera zur Oper gefahren seien. Wir hätten dann in achsialer Fahrt einen Kilometer lang die Oper vor Augen gehabt, des-

halb habe er erst später abbiegen lassen. Aber auf dieser Weiterfahrt habe er
einen Eindruck der Spannungen von der einheitlichen Fassade der Rue
de Rivoli zum Louvre hin und zu den Tuileriengärten gewonnen. Dazu sei
nun das Erlebnis des Vendôme-Platzes gekommen. Durch die Rue de la Paix
werde sein großer Maßstab dann zurückgeführt und verkleinert, umso wirkungsvoller und überraschend trete nun die Oper mit ihrer sehr dekorativen
Fassade in Erscheinung, die unverkennbar ihre Zeit und ihre Zweckbestimmung zum Ausdruck bringe.

Ähnlich wie in Rom seien in dieser Stadt die geschichtlichen Zeiten ablesbar,
jede Epoche habe sich in Bauwerken manifestiert, wobei die Reste der römischen Gründung sicher nur für Archäologen und Historiker erkennbar seien.
Aber das Mittelalter zeichne sich kraftvoll ab: Notre Dame, ein Monument
nicht nur seiner Zeit, sondern auch ihrer mächtigsten Institution, der Kirche.
Die Zeiten der weltlichen Macht, der Könige und des Adels, wir seien heute
morgen daran vorbeigefahren, am Louvre und den Palais. Die Revolution, – sie
habe zunächst abgerissen – das Zeichen verhaßter Macht, die Bastille. Für das
Kaiserreich, für Napoleon I., stehe der Triumphbogen symbolhaft, für Napoleon III. das Werk Haussmanns und – seltsam, die Oper!

Dann nichts mehr? – doch, nach seiner Auffassung etwas Entscheidendes –
ein genialer Ingenieur konstruiert einen gigantischen Turm, ob er schön
sei – gleichgültig, er widerspiegele die Zeit. Der Anlaß sei bedeutend gewesen,
einmal die Weltausstellung, zum anderen, er stehe für die Revolution –
100 Jahre nach 1789 –, dieser Turm deute auf eine neue Zeit, die Zeit der
industriellen Entwicklung. Er sei ein Monument der Technik, er habe seine
eigenen Gesetze, eine bislang ungewohnte Tektonik durch den Baustoff Stahl,
und damit habe ein neuer Maßstab Geltung. Was dem Turm fehle, sei die
Klassizität, wie sie im Baustoff Stein einmalig in der dorischen Säule geformt
worden sei. – Wir würden uns noch öfter über dieses Phänomen unterhalten.

Ich war fasziniert von dieser kurzen Analyse und der Deutung des Eiffelturms als eines Wahrzeichens nicht nur für die Stadt Paris. Aber ich vermag
nach über 30 Jahren nur den Sinngehalt wiederzugeben, nicht mehr die
Faszination, die wohl im Geschehen des Tages und in der Persönlichkeit selbst
begründet war.

Adolf Hitler schwieg eine Zeitlang, dann sagte er leise: Eigentlich habe ich
vom Invaliden-Dom nur den Sarkophag Napoleons in dem offenen Rund der
Krypta in mich aufgenommen, – es hat mich seltsam gebannt –, alles andere
war für mich bedeutungslos.

Nach einer Weile begründete er, weshalb er seine Grabstätte in München
haben wollte, weshalb ich sie bauen solle und in welchem Zusammenhang er
sich diese Grabstätte vorstellte. Das war überraschend für mich, und doch
schien mir, als Nationalsozialisten, dieser Zusammenhang sehr sinnvoll. Daß
er jetzt darüber sprach, am Tage des siegreichen Abschlusses des Frankreich-

feldzuges, war sicherlich ausgelöst durch den Anblick der Grabstätte Napoleons, aber seine Ausführungen ließen auch darauf schließen, daß er sich schon lange damit befaßt hatte.

Wir gingen schweigend den schmalen Waldweg auf und ab. Dann blieb Adolf Hitler stehen und sagte sehr eindringlich: Ich will den Frieden – und ich werde alles daransetzen, um den Frieden zu schließen. Noch ist es nicht zu spät. Dabei werde ich bis an die Grenze des Möglichen gehen, soweit es die Opfer und die Würde der deutschen Nation zulassen.

Ich weiß mir Besseres als Krieg! Allein wenn ich an den Verlust des deutschen Blutes denke – es fallen ja immer die Besten, die Tapfersten und Opferbereiten, deren Aufgabe es wäre, die Nation zu verkörpern, zu führen!

Ich habe es nicht nötig, mir durch Krieg einen Namen zu machen wie Churchill. Ich will mir einen Namen machen als Ordner des deutschen Volkes – seine Einheit und seinen Lebensraum will ich sichern, den nationalen Sozialismus durchsetzen, die Umwelt gestalten. Dazu gehört auch die Formung, die Neugestaltung der deutschen Städte nach modernen Erkenntnissen. Ich möchte, daß die Menschen sich darin glücklich fühlen, auch sollen sie mit Recht stolz werden auf ihre Stadt, ihren Lebensraum und auf ihre Nation.

Nach einer Weile fuhr er fort, der Friede solle in Münster geschlossen werden, dafür habe er seine Gründe – es hätte den Rang einer geschichtlichen Zäsur!

Wenn ich nun nach München zurückkäme, müsse ich die notwendigen Maßnahmen für den intensiven Baueinsatz zur Neugestaltung treffen, dazu eine vorausschauende Planung auf allen Gebieten der städtebaulichen Entwicklung. Ich werde, wie auch Speer, von ihm einen Erlaß bekommen, in dem er den sofortigen Baubeginn anordne. Das gelte natürlich besonders für den neuen Hauptbahnhof und den Autobahn-Ring – sie seien die Voraussetzung für den weiteren Ausbau der Stadt.

An Dr. Todt gehe die Weisung, die notwendigen Kontingente an Stahl dafür bereitzustellen. Dann wiederholte er nochmals: Ich will den Frieden! und wechselte das Thema.

Damals, am 8. November, sei er besorgt gewesen wegen eines seltsamen Vorganges – ich hätte es ja unmittelbar miterlebt. Er habe sich damals gefragt, ob es nur leichtsinniges Gerede und damit Durchlässigkeit an hoher militärischer Stelle sei oder Verrat. Nunmehr habe er die Gewißheit – es sei Verrat gewesen. Und dieser Verrat habe sich wiederholt: der Termin für ‚Weserübung‘ zur Sicherung unserer Nordflanke sei mit Tag und Stunde den Regierungen von Dänemark und Norwegen übermittelt worden – nein, hören Sie zu – verraten wurde auch der Angriffstermin des Frankreichfeldzuges vom 10. Mai! Ich war bestürzt, wollte fragen . . . – Keine Fragen, sprechen Sie nicht darüber!

Das spät angesetzte Abendessen führte uns alle in der Gemeinschaftsbaracke zusammen. Der 24. Juni ging zu Ende, der Waffenstillstand begann. Aus der Nacht kamen aus verschiedener Entfernung die Trompetensignale ‚Das Ganze halt‘. Die Fenster waren geöffnet. Adolf Hitler stand allein, von uns abgewandt, die Hände zusammengefügt. Er blickte in die Dunkelheit. Als er – lange nach den Signalen – sich uns wieder zukehrte, hatte er Tränen in den Augen.

Still verabschiedete er sich, mit einer typischen, lockeren Bewegung. Wie zu einem Gruß der Freundschaft hob er den abgewinkelten Arm, die Hand nach oben geöffnet*.

Kriegsgespräche

Politische Kriegsziele – Wolfsschanze – Winter 1941/42

Reichsminister Dr. Todt hatte mich gebeten, im Baltikum und im Bereich der Heeresgruppe Nord im Rahmen der Organisation Todt kriegswichtige Bauten durchzuführen. Alle mir zur Verfügung stehenden Mitarbeiter – Architekten und Ingenieure – und die Arbeitskräfte der Baufirmen mit ihrem Gerät waren ab Dezember 1941 in diesem Gebiet tätig, um durch Bahn-Bauten, Lok-Auftau-Schuppen, Abstell- und Überhol-Gleise den Nachschub der Truppe zu unterstützen.

Für einige Tage kam ich zu Besprechungen in das Führerhauptquartier Wolfsschanze. Nach den Fachgesprächen mit den zuständigen Offizieren des Heeres-Transportchefs suchte ich die Adjutantur auf, zur Meldung beim Führer. Die Generale Schmundt und Scherff informierten mich über die Lage an der Front. Beide betonten, wie ernst die Situation der vergangenen Wochen gewesen sei.

Mit Urgewalt hatte der Winter die hart kämpfende Truppe überfallen. Bei klirrender Kälte versagten die Motoren der Panzer und der Transportfahrzeuge, die Geschütze froren fest, die MG und die automatischen Waffen versagten. Bei eisigen Stürmen und Schnee, ohne Winterausrüstung, ohne Unterkünfte und mit mangelhafter Versorgung kämpften die deutschen Soldaten zäh und verbissen nunmehr gegen den Ansturm massierter winterharter Divisionen, frischer Einheiten der Roten Armee aus den fernöstlichen Gebieten und Sibirien.

Die Front wankte, russische Durchbrüche erschütterten Truppe und Führung. General Schmundt sagte zu mir, der Führer hätte vor einer schweren Entscheidung gestanden. Der bisher von der Truppe mit Selbstbewußtsein überlegen geführte Angriff wandelte sich in eine verzweifelte, opfervolle Verteidigung, die an alle Soldaten die härtesten Anforderungen stellte. Viele kommandierende Generäle seien für den Rückzug auf eine wesentlich verkürzte Frontlinie gewesen. Der Führer habe den harten Entschluß gefaßt, das Heer müsse stehenbleiben, kämpfen und dürfe nur da schrittweise zurückweichen, wo nicht mehr Widerstand geleistet werden könne. Doch das Gefüge der Front müsse halten und werde halten.

Der Führer habe nicht die Nerven verloren, seine kraftvolle Art habe sich auf die Truppe übertragen. Der Soldat habe ihn verstanden und erkannt, daß dieser Entschluß richtig und der Befehl notwendig war, – er stand und kämpfte! Das sei die Rettung des Ostheeres gewesen, – denn ein Rückzug wäre in eine Flucht umgeschlagen und hätte zu einem Chaos und in die Vernichtung geführt.

Heute wüßten wir, es hätten uns nicht nur die Wochen gefehlt, die der unvorhergesehene Balkan-Feldzug beanspruchte, sondern auch im Osten die Divisionen, die im Norden, Westen und Süden ständen.

Weshalb war die Winterausrüstung nicht rechtzeitig bei der Truppe? Ich weiß nicht, ob es stimmt, ich hörte, daß die Waffen-SS und die Luftwaffe ausgerüstet waren, fragte ich General Schmundt.

– Es ist bitter, aber ich will mich dazu nicht äußern, – obwohl ich darüber vieles zu sagen hätte. Jedenfalls kam der Winter ungewöhnlich früh und hart, aber es fehlte nicht nur die Winterausrüstung, es fehlte allgemein am Nachschub, auch an Munition. Es fehlten schlagkräftige Divisionen, als der Russe frische sibirische Verbände an die Front warf.

Ich spürte die Zurückhaltung und ein Ausweichen. Später erst erhielt ich Kenntnis von den Zusammenhängen*.

Ich hatte Gelegenheit, mich mit General Jodl zu unterhalten. Er sagte zu mir: Ich habe den Führer bewundert, als er mir seine Strategie des West-Feldzuges darlegte, – aber noch mehr bewunderte ich ihn in den vergangenen Wochen, als er mit unvorstellbarer Energie und Willenskraft, mit seinem Glauben und seiner suggestiven Kraft die wankende Ostfront hielt und eine Katastrophe verhinderte. Er ist eine Führerpersönlichkeit von außergewöhnlicher Größe!

Als ich mich bei Adolf Hitler meldete, sagte ich, es sei mir eine Genugtuung, daß ich mich nun ganz den kriegsbedingten Aufgaben im Baltikum und im Bereich der Heeresgruppe Nord widmen könne. Diese Aufgaben würden mir entsprechen, da ich schon im Weltkrieg als Pionier an der Front gestanden hätte. Aber ich kam damit nicht recht an.

Dr. Todt habe ihn über den Einsatz meiner Baugruppe unterrichtet, das habe seine Zustimmung. Meine Architekten und Ingenieure müßten alle verfügbaren Arbeitskräfte im baltischen Raum für die dringend notwendigen Bahn-, Brücken-, Straßen- und Hafen-Bauten einsetzen, damit den Nachschub sichern und die Truppe entlasten. Zugleich blieben dadurch meine Mitarbeiter, – soweit sie nicht als Soldaten bei der Truppe ständen –, doch immerhin als Einheit zusammen für die zukünftigen Friedensaufgaben:

Von Ihnen selbst erwarte ich, daß Sie die städtebaulichen Planungen wie auch die Einzelplanung für München und Linz trotzdem weiterführen. Soweit Sie dazu Mitarbeiter benötigen, stehen Ihnen ja die geschlossen eingesetzten Fachkräfte Ihrer Baugruppe zur Verfügung. Sie können also nach Bedarf jeweils den einen oder anderen Mitarbeiter heranziehen.

Sie haben die Leitung dieses Einsatzes Ihrer Baugruppe im Rahmen der OT.

Sie schalten sich ein, wenn Schwierigkeiten auftreten, wenn Verhandlungen mit höheren militärischen Stellen erforderlich werden, wenn Entscheidungen getroffen werden müssen. Sie werden jetzt öfter und länger in meinem Quartier sein, was mir absolut entspricht. Es stehen Ihnen die Kuriermaschinen zur Verfügung, und Sie können Ihre Einsatzleiter von hier aus jederzeit telefonisch erreichen.

Gewiß, dieser Einsatz bedeutet für Sie eine zusätzliche Belastung. Aber, Giesler, nehmen Sie mir nicht die Möglichkeit, mich auf einige Stunden hin und wieder mit den Aufgaben zu befassen, die ich für so wichtig halte und die mir am Herzen liegen. Nehmen Sie mir nicht die einzige Freude, die mir verblieben ist: Die Beschäftigung mit den Friedensaufgaben der Zukunft!

In Unterhaltungen nach den militärischen Abend-Lagen sprach Adolf Hitler über europäische Schicksalsfragen. Für mich war es besonders interessant zu erleben, mit welcher Überzeugung er seine visionäre Sicht darlegte. Die Überwindung der nationalen Erstarrung hielt er für unerläßlich, denn nur in einem Zusammenschluß sei die lebendige Zukunft Europas gewährleistet. Allein schon die Bedrohung aus dem Osten mit der Gefahr einer bolschewistisch-asiatischen Nivellierung, die eine Vernichtung aller Grundlagen der abendländischen Kultur bedeuten würde, zwinge zur Einheit. Aber bislang denke jede Nation nur an sich selbst und nicht im europäischen Zusammenhang: Das muß unser Ziel sein, die germanische soziale Revolution, mit der wir den Marxismus überwinden!

Zwangsläufig würde das zu einem Bund der germanischen Staaten führen, – nicht zu eng gefaßt, und doch wiederum mit kluger Begrenzung, denn England zum Beispiel sei nicht europäisch orientiert, sondern weltorientiert: Das haben wir ja erleben müssen!

Auch die Mittelmeer-Staaten würden außerhalb dieses anzustrebenden germanischen Staatenbundes stehen und sich trotzdem diesem neuen Europa-Block zugehörig fühlen.

Schon jetzt bildeten sich Freiwilligenverbände, die diesen europäischen, germanischen Bund erhoffen lassen:

Wenn ich es anders ausdrücke, – die Hakenkreuzfahne steht jetzt noch über uns als nationales Zeichen, sie wird dereinst ein germanisches Symbol und Deutschland wie ein magnetisches Kraftfeld. Dieses Kraftfeld wird alle anziehen und für sich gewinnen, die diese Ausstrahlung empfinden. Die Überzeugung muß und wird aufkommen: wir gehören zusammen, trotz unserer nationalen Bindung und der Trennung über Jahrhunderte, – nichts hindert uns, Dänen zu bleiben, Holländer, Wallonen, Flamen oder Norweger.

Eine Parallele sei der Vorgang, der unter Bismarck eine geschichtliche Tatsache wurde, als aus den getrennten Staaten wie Preußen, Bayern, Württemberg sich die Einheit des Reiches bildete.

Immer entständen aus Kämpfen und Kriegen kraftvolle geschichtliche Neuordnungen oder – diese Gefahr müßten wir stets vor Augen haben – chaotische Unordnungen, Zersplitterungen, Aufspaltungen des Volkskörpers, Entartungen von Nationen, Erstarrung, Verlust oder Niedergang.

So durch den Dreißigjährigen Krieg mit dem Frieden von Münster und Osnabrück, – aber auch im Siebenjährigen Krieg, der durch die Standhaftigkeit des großen Königs die militärische und geistig-sittliche Führungsrolle Preußens begründet habe. Der ‚Befreiungskrieg‘ sei gegen die Hegemonie Frankreichs unter Napoleon gerichtet gewesen, mit der Folge einer reaktionären Erstarrung der Nationen. Die Kriege von 1866 und 1870/71 wiederum hätten zur Einheit des Reiches geführt. Auch an den Weltkrieg müßten wir denken, der nach opfervollem Kampf durch die Diktate von Versailles und St. Germain Deutschland und Österreich in das Chaos gestürzt habe.

Wir müßten uns deshalb stets bewußt sein, was dieser Krieg bedeute. Er werde nicht nur um Bestand und Lebensraum Deutschlands geführt, vielmehr verteidigten wir das Abendland gegen den Bolschewismus, der sich gemäß der Prophetie Lenins mit Hilfe Asiens über Europa ausbreiten solle.

Auf eine Frage antwortete Adolf Hitler, nein, er denke nicht an Moskau; dieser Raum werde ausgeklammert. Was er für notwendig erachte, sei der Flankenschutz Europas durch die Ostsee und das Schwarze Meer. Dazwischen werde etwas entstehen müssen wie der Limes des römischen Imperiums, der europäische Ostwall mit Befestigungen, in dessen Schutz die neuen europäischen Ansiedlungen* liegen sollten. Er sehe diesen Ostwall zugleich in Verbindung mit einem Niemandsland, besetzt von deutsch-germanischen Truppenverbänden. Es werde ein zusammenhängendes riesiges Truppenübungsgelände sein, das alle Anlagen im bisherigen germanischen Lebensraum überflüssig mache; sie würden dann zurückgeführt in Kultur- und Waldlandschaften. Aber vor allen kulturellen Leistungen stehe zuvor der Kampf um unseren Bestand.

Sorgen – Führer-Hauptquartier Winniza, Spätsommer/Herbst 1942

Martin Bormann rief mich aus dem Führer-Hauptquartier Winniza an und trug mir auf, sofort ins Hauptquartier zu kommen: Parteigenosse Giesler, Sie werden hier dringend benötigt, kommen Sie mit allen Linzer Plänen, und richten Sie sich auf einige Wochen ein, – Beeilung, bitte!

Wenig später kam ein Anruf von Feldmarschall Keitel mit dem Wunsch, doch baldmöglichst mit meinen Architektur-Plänen ins Führer-Hauptquartier zu kommen. Dann schaltete sich ein Adjutant ein, der mir sagte, mit welcher Kuriermaschine ich von Berlin aus fliegen könnte.

Schon bei der Anrede von Bormann merkte ich auf, erst recht aber bei dem ungewöhnlichen Wunsch Feldmarschall Keitels.

Als ich mich dann bei Adolf Hitler in Winniza meldete, fand ich ihn verändert. Nach schwerwiegenden Dissonanzen mit seinen Generalen hatte er sich im bisher üblichen persönlichen Umgang von ihnen abgewandt. Er nahm nicht mehr, was bisher üblich war, an dem gemeinsamen Mittag- und Abendessen teil. Nach den ‚Lagebesprechungen‘ zog er sich zurück. Über seine Beweggründe sprach er vorerst nicht mir mir. Auch Bormann schwieg sich aus, er sagte nur, Adolf Hitler habe den Wunsch geäußert, mit mir über die Linzer Planung zu sprechen, soweit seine militärische Beanspruchung es zulasse. Nur die Beschäftigung mit städtebaulichen Fragen und mit Architektur-Planungen könne ihn entspannen.

Seltsam, – Feldmarschall Keitel war in Sorge um den Chef auf denselben Gedanken gekommen, Giesler könnte mit seinen Planungen zur Entspannung beitragen.

Während meines Aufenthaltes im FHQu Winniza war ich meist der einzige Gast Adolf Hitlers, wir nahmen zusammen die Mahlzeiten ein, und ich verbrachte bei ihm die langen Abende und Nächte mit ernsten Unterhaltungen, nicht nur über architektonische Planungen. Oft zeichneten wir gemeinsam und besprachen bauliche Details, bis in die ersten Morgenstunden. Adolf Hitler legte sich erst schlafen, wenn er Kenntnis der letzten Meldungen von den Fronten hatte, er wollte auch noch über die Wirkungen nächtlicher Luftangriffe informiert werden.

Erschöpft von der Anspannung vielseitiger Unterhaltungen suchte ich dann mein Lager in der Blockhütte auf, wobei ich im Vorübergehen meist feststellte, daß Bormann immer noch tätig war. Einmal trafen wir uns vor meiner Blockhütte: Lieber Professor, ruhen Sie sich nun aus, sicher haben Sie jetzt erkannt, wie notwendig Sie hier sind!

Zur Zeit der militärischen ‚Mittagslage‘ ging ich öfter mit dem mir befreundeten Karl Brandt, dem Chirurgen und Begleitarzt Adolf Hitlers, außerhalb des Sperrkreises durch die leuchtenden Sonnenblumenfelder der Ukraine. Wir tauschten Grüße mit der urwüchsigen Bevölkerung.

Darin hätten sich Reste der Ostgoten erhalten, sagte Karl Brandt, der Chef meine das auch, und die blühend kräftigen Gestalten der Frauen und Mädchen führe er auf die bäuerliche Arbeit zurück und die naturhafte Ernährung. – Übrigens, – hast du auch festgestellt, daß sich das Gesicht vom Chef geändert hat? Kinn und Mundpartie sind härter geworden, die Stirn ist ausgeprägter, stärker modelliert, besonders über den Augen. Sorgen und Willenskraft zeichnen sich stärker ab. Hat er schon mit dir über seine Sorgen gesprochen? Ich bin gespannt, was er dir sagen wird.

Während des Abendessens sprach ich über meine Eindrücke, die ich beim Spaziergang von ‚Land und Leuten‘ gewonnen hatte. Ich nutzte das Gespräch mit Karl Brandt und seinen Hinweis auf die ukrainische Bevölkerung.

Ja, soweit er sich ein Urteil bilden könne, bestätige es ihm den Volkstumswert, es seien zum Teil prächtige Menschen. Ihm sei das bei den Frauen und Mädchen aufgefallen, bei den Kindern allgemein, sie sähen nicht nur gesund aus, sie seien auch vital. Einfach und sauber, an harte Feldarbeit gewöhnt, sie knabberten keine Süßigkeiten, woher auch? sondern Sonnenblumenkerne. Da und dort glaube man, in ihren Gesichtszügen etwas zu finden, was an die Ostgoten erinnern könnte. Gewiß, das sei ein intuitives Wahrnehmen und nicht zu begründen. Aber zugleich widerspiegele sich in ihren meist breit-flächigen Gesichtern die Weite des Raumes und die Verbundenheit mit dem Boden. Immerhin, zum großen Reich der Ostgoten habe einmal das Gebiet der heutigen Ukraine gehört, er werde sich um Aufschlüsse und Erkenntnisse bemühen.

Nach der militärischen ‚Abendlage‘ waren wir wieder mit der Planung der Donauufer-Bebauung von Linz befaßt. Adolf Hitler sprach zunächst über seine Vorstellungen vom Linzer Stadthaus. Den Standort hatte er auf der Urfahrseite festgelegt, stromaufwärts von der Nibelungenbrücke.

Die Repräsentation der Stadt Linz solle nicht Aufgabe des Gauleiters von Oberdonau, sondern des Bürgermeisters sein, wie in Hamburg oder Bremen. Deshalb planten wir nun das Stadthaus. Es solle der Stolz der Bürger von Linz werden.

Unglaublich phantasievoll, in allen Einzelheiten durchdacht, entwickelte er seine Ideen. Aus allem ging hervor, daß er fundierte Kenntnisse von baulichen Anlagen hatte, denen eine ähnliche Aufgabe zugeordnet war; er ging weit zu-rück in die Vergangenheit und kennzeichnete die Besonderheiten der Gebäude.

Vom römischen Kapitol, dem Senatorenpalast, sprach er, ebenso wie vom Palazzo Venezia, dem Quirinal, dem Dogenpalast in Venedig. Darauf bezog sich eine Seite seiner Darlegungen, dann verwies er auf die Kaiserpfalzen, die Bauten des Staufers in Apulien, den Rempter der Marienburg erwähnte er und die flandrischen Stadthäuser, er sprach über den Kölner Gürzenich, natürlich auch über das Rathaus des Elias Holl in Augsburg, – das ist auch ein Stadthaus, ohne Akten und Schreiber, meinte er.

Und dann bezeichnete Adolf Hitler – gewissermaßen abschließend – das Stockholmer Stadthaus des Architekten Ragnar Östberg als eine großartige Leistung, ein aus der Tradition und der Eigenart der Lage mit baumeister-lichem Können geformtes Werk. Er rühmte besonders den Turm und die so-genannte ‚Blaue Halle‘.

Als wir nach dem Abend-Tee wieder allein waren, gab er mir eine erschüt-ternde Darstellung seiner Situation:

Giesler, ich will mit Ihnen über meine Sorgen sprechen, – es bleibt vertrau-lich. Ich lebe und arbeite unter der bedrückenden Gewißheit, daß ich von Verrat umgeben bin! Wem kann ich noch absolut vertrauen, und wie kann ich Entschlüsse fassen, Befehle geben, wie kann ich überzeugend führen, wenn durch Täuschungen, Falschmeldungen und offensichtlichen Verrat Mißtrauen aufkommt und durch berechtigte Vorsicht Unsicherheit entsteht, wenn schon von Anfang an bei mir das Mißtrauen steht?

Ich schaute ihn sprachlos an, in meinem Gesicht zeigte sich wohl mein Erschrecken.

Doch, es ist so, es beginnt mit Falschmeldungen, und es geht bis zur eindeutigen Sabotage. Klar formulierte Befehle werden nicht ausgeführt oder scheitern am Eigensinn und führen zum Unsinn. Da und dort kann ich zugreifen und die Verantwortlichen ermitteln, die dann mit allen möglichen, teils unwürdigen Ausflüchten kommen, wie: ‚aber die Lage bedingte doch –, ich habe es anders aufgefaßt –, vorne an der Front hat alles ein anderes Gesicht –.'

Fahre ich sie an, wenn sie nicht nach meinen Befehlen handeln, wenn sie mich falsch oder unvollständig unterrichten, Ausflüchte machen, dann schlagen sie gekränkt die Hacken zusammen: ‚Ich bitte um meinen Abschied!' Einfach so –! ‚Ich behalte mir vor, Ihnen zu sagen, wann ich auf Sie verzichten werde – der Soldat an der Front kann auch nicht sagen, es paßt mir nicht, ich gehe nach Hause!' ist meine Antwort.

Vor dem Rußlandfeldzug habe ich die strategischen Möglichkeiten genauso sorgfältig durchdacht, auch in der taktischen Durchführung, wie seinerzeit den Angriff nach Westen. Natürlich ergab sich nach Osten hin eine größere Imponderabilität, schon allein, weil wir mangelhaft über die Stärke und die Kampfkraft der Russen unterrichtet waren. Es ist jetzt müßig, darüber nachzusinnen. Aber nach dem furchtbaren, verzweifelten Kampf im Winter, hart an der Katastrophe vorbei, habe ich mit größter Sorgfalt alle Offensiv-Stöße überlegt und jede Einzelheit überprüft.

Trotzdem geht alles schief, oder soll ich sagen, – es geht nicht mit rechten Dingen zu! Dabei handelt es sich nicht nur um Eigenmächtigkeiten und Abweichungen von Befehlen. In diesem ausgedehnten Kampfraum können sie notwendig werden, wenn es die Lage erfordert. Aber Eigenmächtigkeiten müssen zum Erfolg führen. Der General, der meine Befehle mißachtet, muß das haben, was der Große Friedrich mit ‚Fortune' bezeichnete.

An einer Kleinigkeit brach seine Verbitterung auf: Statt die Straße freizukämpfen, wie ich es befohlen hatte, um in den Süden des Kaukasus zu stoßen, besteigen sie den Elbrus, um dort eine Fahne zu setzen!

Nun, ich kannte den ‚Elbrus-Bezwinger', einen enthusiastischen Bergsteiger, den Sonthofener Gebirgsjäger-Major Groth, im Zivilberuf Amtsrichter. Ich schwieg zunächst, später sagte ich, dieses bergsteigerische Unternehmen hätte eine große Propaganda-Wirkung gehabt, das ganze Allgäu sei stolz auf den Major Groth und seine Gebirgsjäger –.

Verrückte Bergsteiger allenfalls, da steht der Befehl, der genaue, ineinandergreifende Zeitplan, – stattdessen wird ein idiotischer Gletscherberg bestiegen. Suchum sollten sie nehmen und nicht den Elbrus. Jede weitere Bemerkung darüber halte ich für überflüssig.

Es fällt nicht leicht, es zu sagen: zu den Eigenmächtigkeiten und dem Verrat, den ich spüre, wenn ich ihn auch nicht fassen kann, kommt noch die Lüge, – ja, ich werde belogen! Ich sah mich deshalb gezwungen, Stenographen in die militärische Lage zu beordern, damit jedes Wort festgehalten wird, was die Berichte und Meldungen angeht und was ich an Befehlen erteile!

Ich trenne mich vom Generalstabschef Halder, – es geht einfach nicht mehr, ich muß an mich halten, wenn ich sein Gesicht sehe, darin lese ich Haß und durch keine überdurchschnittliche geistige Substanz begründete Arroganz.

Es kommt noch schlimmer! Wenn ich vorhin sagte, ‚ich fühle mich von Verrat umgeben‘, dann meine ich jetzt nicht diese Nachrichtendienstler der Feindseite, nicht die Spione aus Profession oder aus politisch motivierter Gegensätzlichkeit, ich meine auch nicht die Gauner und Landesverräter, die man aufschlüsselt, aufstöbert und fassen kann, – mit denen muß man immer rechnen.

Nein, der Verrat sitzt tiefer, er ist unfaßbar, und ich komme nicht dagegen an. Wem ist das zuzutrauen: Gleich ob es sich um Grundsatzfragen der Strategie, über die gesprochen wurde, oder ob es sich um taktische Einzelheiten handelt, die ich befohlen habe, – schon hat der Feind davon Kenntnis, wie ich dann später erfahren muß!

Wen soll ich verdächtigen? Ich wechsle meine jungen SS-Adjutanten, aber was soll das? Soll ich mein Mißtrauen auf die Teilnehmer der ‚Lage‘ ausdehnen? – ein unmöglicher Zustand! Oder sitzen die Verräter an den Nahtstellen, wo die Befehle übermittelt werden? Auf alle Fälle handelt es sich dabei um Offiziere, vielleicht sogar um Offiziere von hohem Rang!

– Aber das ist doch nicht möglich, das kann doch nicht – – –!

– Ach, Giesler, hören Sie zu, – nur ein kleines, simples Beispiel, deswegen konnte ich es wohl voll aufklären, nur ein kleines Beispiel –.

Sie kennen die Situation der Heeresgruppe Nord, es ist ja Ihr Abschnitt, in dem auch Ihre Ingenieure und Arbeitskräfte der – mein Gott, ja! – der geplanten Neugestaltung der Städte mit Pionierarbeiten befaßt sind. Nun, nachdem alles restlos schiefgelaufen ist, kann ich über diese militärische Misere offen sprechen. Über andere Vorkommnisse muß ich noch schweigen. – Also, bei der 18. Armee sollte in nordöstlicher Richtung ein Angriffs-Stoß erfolgen, um Leningrad mit Oranienbaum vom Ladogasee abzuschneiden. Das war nicht nur strategisch, nein, viel wichtiger, aus politischen Gründen bedingt. Diese nördliche Stoßrichtung hatte ich schon zu Beginn der Offensive 1941 festgelegt, sie wurde nicht eingehalten und verwirklicht, – wie ich heute glaube, aus Eigensinn, – nein, nicht wegen des ‚frühen Winters‘, doch darüber später einmal mehr!

Wem konnte ich nunmehr die Führung dieses Angriffs-Stoßes anvertrauen? Geeignet war der Generaloberst v. Manstein, der gerade so erfolgreich mit tapferen Divisionen Kertsch und Sewastopol erobert hatte.

Ich besprach mit ihm den Durchbruch östlich von Leningrad in allen Einzelheiten, sagte ihm, worauf es mir ankam: Verbindung mit der finnischen Front, Abschnürung der russischen Kräfte im Raum Leningrad und Oranienbaum von der Versorgung, zugleich dadurch die Verkürzung der Front und vor allem die Befriedung des Ostseeraumes mit der Entlastung der Nachschubwege.

Für die erfolgreiche Operation waren die Führungskräfte weder der Heeresgruppe, erst recht nicht die der 18. Armee geeignet. Manstein war dafür der richtige Mann, es verband sich mit seinem Namen und seiner Armee zudem die Gloriole von der Krim her und von Sewastopol.

Meine Sorge war von Anfang an die Absicherung der rechten Flanke, der Abschnitt vom Ilmensee nach Norden, die Wolchow-Front. Der Angriffs-Stoß mußte Erfolg haben, die Voraussetzung dafür war die Flankensicherung.

Rechtzeitig traf ich alle notwendigen Maßnahmen. In die Karten der Frontabschnitte, der Divisionen, Regimenter und Bataillone zeichnete ich die Minenfelder ein, zugleich mit der Verigelung der Stellungen, unterstützte die Abwehrkraft mit der Zuweisung von schweren Waffen, stationären Panzern und eingebauten Geschützstellungen, und ich übertrug dann alle befohlenen Maßnahmen in die mir vorliegenden vergrößerten Luftbildaufnahmen und Karten. Ich verlangte und erhielt Zwischenmeldungen und erhielt endlich die Gesamt-Vollzugsmeldung. Ich atmete auf, die Angriffsarmee Mansteins sammelte sich schon im Kampfraum. Da – am 27. August – begann die russische Offensive am Wolchow.

Teile der 18. Armee, die ich abgesichert glaubte, wurden überrannt. Der Russe setzte über 20 Divisionen ein, dazu 5 Panzerbrigaden, – das war alarmierend!

Natürlich hatte der Russe Kenntnis von den Truppenbewegungen der Angriffsarmee Mansteins, aber daß er uns zuvorkam und überraschte mit einem solch massiven Stoß, genau in den Frontabschnitt hinein, um den ich so besorgt war – seltsam! Der Russe überrannte Gaitolowo, drang vor bis fast nach Mga.

Er hatte also frühzeitig Kenntnis von unserem strategischen Plan, das heißt, ehe überhaupt unsere Truppenbewegungen begannen, gelang dem Russen eine derartige Massierung seiner Kräfte zu einem Gegenstoß. Wie konnte uns diese russische Angriffsabsicht verborgen bleiben? Und nun merken Sie auf, Giesler: Wie kamen diese russischen Divisionen über die Minenfelder, wie durchstießen sie unsere verigelten, mit Panzern und Abwehrwaffen gesicherten Stellungen? Zunächst einmal war mir das ein Rätsel.

Ich sah mich gezwungen, Manstein zu befehlen, die für die Leningrad-Operation zur Verfügung stehenden Kräfte sofort an die Wolchow-Front abwehrend und zugleich offensiv einzusetzen, um eine Katastrophe zu vermeiden, – seitdem wird dort erbittert gekämpft. Die Lage ist noch keineswegs stabilisiert.

Foto: Bundesarchiv, Bild 146-1969-146-01/Röhn/CC BY-SA 3.0 (bearbeitet)

Reichsminister Prof. Fritz Todt

Reichsminister Dr. Robert Ley

Foto: Archiv des Verlages

Gauleiter Paul Giesler, der Bruder des Autors

Reichsminister Martin Bormann

Reichsstatthalter Franz Ritter von Epp

Reichspropagandaminister Dr. Joseph Goebbels

SS-Obergruppenführer Ernst Kaltenbrunner

Rudolf Schmundt, Chefadjutant bei Hitler

Alle Kräfte, die für den Offensiv-Stoß östlich von Leningrad eingesetzt werden sollten, sind nunmehr am Wolchow gebunden. Es besteht keine Möglichkeit mehr, diese strategisch so notwendige Operation durchzuführen.

Ob Verrat oder nicht, lassen wir das offen. Aber jetzt zu den Tatsachen, die ich ermitteln konnte: Wie kamen die russischen Divisionen durch die Sperr-Riegel, über die ausgedehnten Minenfelder, wie überwanden sie Panzer und Abwehrwaffen? So unglaublich es klingt, – es waren keine da, sie bestanden nur in den Meldungen der 18. Armee und der Heeresgruppe! Ich forschte nach und erhielt verlogene Ausflüchte! Es blieb mir nichts anderes übrig, ich befahl die unmittelbar an den Kämpfen beteiligten Offiziere der Wolchow-Front zu mir, soweit ich sie erreichen konnte, die Regiments-, Bataillons- und Kompanieführer. Ich befrug sie eingehend, unterhielt mich mit ihnen, legte die Karten vor, mit den Eintragungen der Minenfelder, der Sperr-Riegel undsoweiter. Alle befragten Offiziere sagten das gleiche: Die Minenfelder, Sperr-Riegel und Panzer waren nur auf dem Papier, meine Anordnungen und Befehle waren nicht vollzogen worden, die Vollzugsmeldungen waren Lüge! Giesler, das ist kein Einzelfall! – nur für heute mag's genug sein!

Am nächsten Morgen sprach ich darüber mit dem Chef der Wehrmachts-Adjutantur, General Schmundt. Er bestätigte mir diesen Vorgang; an Hand einer Generalstabskarte erläuterte er mir die Situation an der Wolchow-Front*.

General Zeitzler wurde neuer Chef des Generalstabes, ein temperamentvoller Soldat. Die Adjutanten charakterisierten ihn treffend als den ‚Kugelblitz‘. Die offene Wesensart des neuen Generalstabschefs stand im Gegensatz zu der verschlossenen, abweisenden Haltung des Generals Halder*.

An einem Spätnachmittag gönnte sich Adolf Hitler wieder eine Entspannungsstunde. Wir zeichneten gemeinsam auf dem Kartentisch an den Linzer Plänen. Dabei wollte ich einige Details klären; es betraf seinen Alterssitz auf dem Felsplateau über der Donau. Er meinte, meine Idee, aus dem kubischen oberösterreichischen Bauernhof, dem Vierkanter, sein Haus zu entwickeln, gefalle ihm, dazu die vier vorspringenden Erker, die ihm den Blick böten auf Stadt und Landschaft, vor allem zur Donau hin und damit zur neuen Uferbebauung. Die angestrebte geschlossene Form habe etwas von der Gestaltungskraft und der Klarheit des kostbaren Castel del Monte Friedrichs II.: – übrigens, Giesler, denken Sie an das Bild, das der Weimarer Maler, – wie heißt er noch, Gugg? – für mich in Auftrag hat, Castel del Monte, die Krone Apuliens, – erkundigen Sie sich, wie weit das Bild gediehen ist.

Er sah es dann auf der letzten Kunstausstellung in München und war begeistert. Wir besprachen noch weitere Details seines Hauses: Also der Grundriß ist in etwa klar und ausgeprägt, was meine Räume angeht, die große Halle mit der Terrasse, seitlich gefaßt durch die Erker. Der richtige Raum für eine Artus-Runde, wie ich sie gerne erleben möchte. Sie gehören als mein Architekt mit dazu.

Ich versuchte, seine Auffassungen über weitere Einzelheiten zu hören, über den Wirtschaftsteil, den Garten, den schützenden Laubengang zum Tee-Pavillon.

Nein, sagte Adolf Hitler, das ist Angelegenheit von Fräulein Braun, alle diese Fragen besprechen Sie erst mit ihr, sie wird Hausherrin sein. Denn wenn ich meinen Nachfolger eingesetzt habe und zurücktrete, werde ich Fräulein Braun heiraten.

Bald darauf wurden wir unterbrochen, die Ordonnanz meldete den Chirurgen Professor Dr. Sauerbruch. Adolf Hitler gab ein Handzeichen und bat mich zu bleiben, – so wurde ich Zeuge des Gesprächs. Zunächst eine freundliche Begrüßung, dann:

Ich danke Ihnen sehr, lieber Professor, daß Sie meiner Bitte entsprechen. Sie sind als weltberühmter und allseitig anerkannter Arzt und Chirurg zugleich der beste Repräsentant und Botschafter der Nation. Deshalb kommt Ihrer Aufgabe, die Sie übernehmen wollen, eine besondere Bedeutung zu. Was ich zu Ihrer Unterstützung beitragen kann, wird geschehen. Mein Pilot, mein Flugzeug stehen Ihnen zur Verfügung. Selbstverständlich ist, daß Ihre Assistenzärzte, der Anästhesiearzt und die Operationsschwestern Sie begleiten. Es soll alles geschehen, was Ihren Einsatz unterstützen kann. Den Botschafter in Ankara habe ich diesbezüglich verständigen lassen. Wenn Sie glauben, Ihren Ärzten und Schwestern damit eine Freude zu machen, dann unterbrechen Sie in Athen den Rückflug, die Akropolis muß doch alle Jünger des Äskulap interessieren. Ich wünsche Ihnen zu Ihrem intuitiven Erkennen die glückliche Hand und damit allen Erfolg.

Adolf Hitler verabschiedete ihn und wandte sich wieder unserer Arbeit zu. Er gab mir eine kurze Erklärung: Es handelt sich um eine hohe türkische Persönlichkeit, bedeutungsvoll in unserer angespannten Situation.

Abends, zur Zeit der militärischen Lage, war ich zu einem Umtrunk eingeladen. Mittelpunkt war Professor Dr. Sauerbruch, umgeben von den obersten militärischen Medizinmännern. Die Stimmung unter den Jüngern des Äskulap war eine sehr gehobene, so würde sich ‚Jozef Filser‘ ausgedrückt haben, – nun ja, sie wurden auch betreut von Julius Schaub, mit listigem Geschau.

Sauerbruch bramarbasierte, ich kann es wirklich nicht anders bezeichnen, mit schon müdegelaufenem Mund und hohem Alkoholpegel über seine bevorstehende türkische Mission: Und wie mich der Führer behandelt hat, staunenswerte Persönlichkeit, seine Maschine kriege ich, und alles, was ich für nötig halte, er sagte es mir – er weiß genau, was ich ihm wert bin!

Tränen kamen ihm, – nein, es war Steinhäger, der ihm aus den Augen lief. Er wischte, dann sagte er: Wer ist denn der da, da, den hab ich doch schonmal gesehen! Dabei zeigte er auf mich. Ja freilich hatte er das, am Spätnachmittag erst, trotzdem war ich erstaunt über seine Fähigkeit des ‚intuitiven Erkennens‘.

Er war so in Stimmung, daß er uns kostenlos den Blinddarm genommen hätte. Ich dachte an meine Abendmission und verzog mich.

Genau 10 Jahre später, im Herbst 1952, las ich im War Crimes Prison Landsberg Sauerbruchs Buch ‚Das war mein Leben‘ – seine Erinnerungen. Zuerst durch eine Illustrierte, dann als Buch (Auflage damals 170 000 Exemplare) servierte der Herr Geheimrat Beschreibungen seiner profunden chirurgischen Kunst und ernsthafter medizinischer Wissenschaft in einer Garnierung von geschwätzigen Unwahrheiten.

Er schildert jenen Besuch im Führer-Hauptquartier Winniza, was er da alles so erleben mußte bei der Besprechung mit Adolf Hitler. Nun, ich hatte diese Begegnung und Unterhaltung damals aufmerksam und interessiert miterlebt, schon allein weil der Name ‚Sauerbruch‘ ein Begriff war.

Nach Sauerbruch lag das Führer-Hauptquartier Winniza „30 Meter unter der Erde“. Aber er war doch erst am Abend betrunken, bis dahin mußte das FHQu auch für ihn aus Holzhäusern, Blockhütten und Baracken bestanden haben!

Ein General „zischte“ ihn an, er weiß nicht recht, wer es war; das kann nur der höfliche, liebenswürdige General Schmundt gewesen sein, der Chefadjutant der Wehrmacht.

„Schnallen Sie gefälligst Ihr Koppel ab, niemand darf mit einer Waffe zum Führer kommen!“ – aber Herr Geheimrat, das wurde doch erst durch das Attentat vom 20. Juli 1944 ausgelöst!

„16 Generäle“ konnten nicht empfangen werden, weil der Herr Geheimrat zu spät kam, – die militärische Lage war längst vorbei, wir planten und zeichneten schon über eine Stunde, als der Herr Geheimrat gemeldet wurde.

Als Sauerbruch das große, elegant möblierte Zimmer betrat, „schoß“ ihm – mit Gebell und gefletschten Zähnen – ein riesengroßer Hund „an die Brust“, die Schnauze an seinem Hals, – das war die Schäferhündin Blondi, die ruhig auf ihrer Decke lag, die Schnauze zwischen den Pfoten, und nur ab und zu die Ohren spitzte. Und alle Räume Hitlers in Winniza waren spartanisch eingerichtet.

Aber mittlerweile hatte der Hundekenner Sauerbruch Blondi zur Raison gebracht, ja, der Hund „lächelte“ ihn „freundlich“ an, wie er schreibt, – da „trat Hitler ein“. Ich sah das anders: die Ordonnanz öffnete die Tür und Sauerbruch trat herein.

„Der Auftritt, der nun folgte, war die schrecklichste Szene, die ich je erlebt habe“, – schreibt der Herr Geheimrat. Ich stand im selben Raum und erlebte die höfliche und freundliche Begrüßung.

„In seinen Augen funkelte die Wut, er ballte beide Fäuste, stürzte auf mich zu“ (Hitler natürlich, nicht Blondi), und schrie: „Was haben Sie mit meinem Hund gemacht?“ – Nichts hatten sie miteinander, der Herr Geheimrat und der Hund.

„Da erhob Hitler ein wildes Wutgeschrei. ‚Ich lasse den Hund erschießen!'"
– dann im „schrillen Diskant", der „das ganze unterirdische Gewölbe" (des
Holzhauses!) durchdringen mußte: „Ich schenke Ihnen diesen Köter!" und
„Ich werde Sie verhaften lassen!" – und so geht es weiter in des Herrn Geheim-
rats Schilderung.

Der Herr Geheimrat notiert: „Ich war einigermaßen fassungslos", – nun, ich
war es auch, als ich das alles las*!

Beim Rundgang im Gefängnishof von Landsberg fragte ich den Internisten
und Forscher Professor Dr. Beiglböck, einen kultivierten, humorvollen Wiener: Was halten Sie von dem Sauerbruch?

Ein grandioser Aufschneider, meinte er doppeldeutig, mit einem feinen
Lächeln.

Dann sprach ich die Spitze der Militär-Ärzte an, den Generaloberstarzt
Professor Dr. Handloser. Natürlich hatte er Sauerbruchs Erinnerungen gele-
sen. Seine Gegenfrage war: Welshalb fragen Sie mich nach der Sauerbruch-
Schilderung von Winniza?

Nun, ich war doch die meiste Zeit dabei, vom Anfang bis fast zum trunke-
nen Ende, zuerst beim Chef und seinem Hund im Gewölbe, „30 Meter unter
der Erdoberfläche", und dann beim Umtrunk oder Symposion, wie ihr Medi-
zinmänner das nennt!

– Ach, Sie waren das, ich hab mich schon die Jahre hier in Landsberg gefragt,
woher ich Sie kenne.

– Nun, lieber Dr. Handloser, dann war Ihnen Sauerbruch im ‚intuitiven
Erkennen' überlegen, denn diese Frage stellte sich ihm damals bereits nach
einigen Stunden.

– Da wären wir also wieder ‚beim Hund', meinte Dr. Handloser. Ich glaube,
die medizinischen, chirurgischen Abschnitte des Buches sind von Sauerbruch,
alles andere stammt von seinem Interviewer, und der schreibt in der zeitbedingten Form.

– Ich sehe das etwas anders: es mag wohl so ein Schmierfink darangewesen
sein, aber niemals hätte der alleine eine solche Detail-Phantastica zu Papier
gebracht, ohne von dem Herrn Geheimrat Sauerbruch autorisiert zu sein. Ich
dachte, ein Arzt stände unter dem Gebot der Wahrhaftigkeit und fühlte sich
wenigstens dem Paracelsus verpflichtet.

Dr. Handloser, ein asketischer Mann von guter Haltung und Toleranz,
meinte abschließend: Schauen Sie doch über den sicherlich von anderer Seite
eingefügten Quatsch hinweg, denn Sauerbruch war ein großer Arzt und ein
phantastischer Kerl*.

Nun, ich zweifelte weder an seinem chirurgischen Können noch an seinem
phantasiereichen Bestreben, seinem Buch zeitgemäßes Kolorit zu geben.
Mag die ‚Sauerbruch-Audienz in Winniza' für vieles stehen, sie ist sympto-
matisch.

Feldzüge

Adolf Hitler, der die Westoffensive plante*

Es war ein großes Kartenwerk, in Leder gebunden: „Der Frankreich-Feldzug in seinem zeitlichen Ablauf". Eines Tages lag es auf dem Arbeitstisch Adolf Hitlers. Wie mir die Wehrmachts-Adjutantur sagte, war dieses Werk als militärgeschichtliche Dokumentation erstellt und das erste Exemplar nunmehr Adolf Hitler in Winniza übergeben worden.

Als Präambel zur Betrachtung des Geschehens, das die Welt überrascht hatte, erläuterte mir Adolf Hitler, schon vor Abschluß des Polen-Feldzuges habe er vom Chef des Generalstabes die Vorlage der strategischen Dispositionen für ein offensives Vorgehen im Westen verlangt: Denn erstens, ich traute dem Frieden nicht, – zweitens, ein Angriff im Westen mußte in allen Einzelheiten durchdacht und vorbereitet werden, – und letztlich, – die Zeit, der wichtigste Faktor. Dauernd standen und stehen wir im Zeitdruck; die Zeit, sie steht als mächtige Verbündete beim Feind, unerbittlicher als der vergangene Winter mit vorzeitigem Schnee, Eis und klirrender Kälte. Nachdenklich fügte er hinzu: Von Jugend auf, wie in einer Vorahnung, mochte ich weder Schnee noch Eis.

Daß mir der Chef des Generalstabs Ende September 1939 den aufgewärmten Schlieffen-Plan vorlegte, habe ich Ihnen schon lange vor dem Frankreich-Feldzug erzählt, nicht aber, wie das im einzelnen erfolgte, – ich meine die Arroganz des Vortrags für ein hohles Nichts, für Wiederholungen der Gedankengänge des ehrenwerten Generals Schlieffen, die aber schon im operativen Ansatz dem 19. Jahrhundert zugeordnet waren und wobei die den modernen Waffen, den Panzern, der Luftwaffe eigenen Möglichkeiten gar nicht beachtet wurden*! Adolf Hitler schwieg in der Rückerinnerung. Nach einer Weile:

Ich sah den Chef des Generalstabs an und kam zu der Überzeugung, jedes weitere Wort oder gar eine kritische Analyse führt zu nichts, geht ins Leere, er kann überhaupt nicht in allen Dimensionen denken – aber er ist überzeugt, eine einmalige militärische Kapazität zu sein. Dabei fehlen ihm Ideen, Phantasie, Vorstellungsvermögen, Wagemut und vor allem die Ausstrahlung, die den führenden Soldaten kennzeichnen.

Aber wieviel Zeit blieb noch, diese ‚Strategie nach Schlieffen‘ und diese mit Akribie zusammengetragenen taktischen Einzelplanungen nun durch grundsätzlich neue Offensivgedanken zu verändern? Es konnte sich in kurzer Zeit nur darum handeln, die Kräfte im Raum vor Luxemburg durch Panzerverbände und motorisierte Divisionen zu verstärken und damit diesem Angriffsabschnitt mehr die Bedeutung eines Angriffsstoßes in Richtung Neufchâteau und Sedan zu geben. Für mehr reichte die Zeit nicht.

Ich befahl den Angriff für Mitte November 39. Dann kam dieser mysteriöse Verrat des geplanten Angriffstermins. Die Aufdeckung wurde mir in Ihrem Atelier am 8. November mitgeteilt, ich nahm den Angriffsbefehl sofort zurück. Es war nicht einfach, wir verloren Zeit. Aber andererseits, das Attentat gegen mich mißlang, und der Entschluß, den Angriffstermin aufzugeben, erhielt seine nachträgliche Bestätigung durch die überaus ungünstige Wetterlage.

Der Verräter ist bislang nicht ermittelt worden, er sitzt an hoher militärischer Stelle, getarnt, – bislang sind alle Angriffstermine verraten worden! – Welcher Haß gegen mich und den Nationalsozialismus steht hinter diesem widerlichen, feigen Verrat – bedenkenlos werden deutsche Soldaten geopfert.

Eine Entscheidung im Westen war 1939 nicht mehr möglich. Wir verloren Zeit, wertvolle Zeit, aber ich nutzte diese Zeit, um mich eingehend mit der Strategie des Frankreich-Feldzuges zu befassen und die sich daraus ergebenden taktischen Einzelheiten sorgfältig zu überlegen.

Adolf Hitler ging mit mir zu dem Kartenwerk und schlug den Band auf. Da war zuerst eine Übersichtskarte, das Gebiet vom Mittelmeer bis zur Nordsee, mit der Eintragung der militärischen Kräfte vom September 1939:

Ich befaßte mich nun selbst mit den strategischen Möglichkeiten, allein und völlig zurückhaltend. Meine Idee war: Wenn ich da so tue, als ob ich nach Schlieffen angreifen würde und sie damit gründlich täuschte – mit einer Handbewegung umriß er ein Gebiet – und hier den energischen Stoß ansetze, hier, wo sie ihn gar nicht erwarten würden – sein Zeigefinger legte sich fest auf Sedan –, was ist dann die Folge? Langsam verdichteten sich meine Vorstellungen, ich konnte den Ablauf dieses Überraschungsangriffs übersehen, alles nahm Gestalt an. Aber immer noch war ich zurückhaltend, sprach mit niemandem über meine Überlegungen.

Ich forderte alle Unterlagen an und prüfte sie eingehend. Ich befaßte mich mit der Maginot-Befestigung, soweit sie uns bekannt und in den Generalstabs-Karten eingetragen war. Dann ließ ich mir Reliefkarten vorlegen, Luftbilder, aber nicht sehr einseitig, nicht nur auf die Abschnitte meines geplanten Angriffs-Stoßes bezogen. Ich befaßte mich weiterhin mit dem gesamten Straßensystem, seinem Durchschleusvolumen, und prüfte die Möglichkeiten der getarnten Bereitstellungen.

Langsam wurde ich sicher, und nun verpflichtete ich meine Wehrmachts-Adjutanten zur absoluten Geheimhaltung, damit sie mir helfend zur Seite stehen konnten. Langsam gewann ich die Überzeugung, die zum notwendigen ‚Sich-sicher-fühlen‘ unerläßlich ist: So und nicht anders!

Im Dezember 1939 war der Angriffsplan nunmehr aus der Idee in reale Plan-Wirklichkeit ausgeformt. Eine große Strategie setzt nicht nur geistiges Niveau voraus, sie hat auch eigene Gesetze, und sie ist wie Städtebau und Architektur, – fast bin ich versucht, zu sagen, sie ist ein Kunstwerk!

Soll diese Strategie zu einem vollen Erfolg führen, soll sie durchgesetzt werden, dann nur durch das logische Ineinandergreifen aller taktischen Einzelmaßnahmen, die wiederum für sich sinnvoll durchdacht und sorgfältig geplant sind. Sie müssen sich der großen strategischen Idee völlig einfügen und unterordnen, sie sind Fundament und Aufbau zugleich. Natürlich müssen Sicherheits-Vorkehrungen eingeplant werden, um allen nur möglichen Imponderabilien begegnen zu können. Erforderlich ist ferner ein schlagartiges, überraschendes Zupacken, um das große Ziel zu erreichen.

Ich mußte mich nun mit den Einzelheiten und der jeweiligen geeigneten Angriffstaktik befassen; ich nahm mir dafür Zeit und betrieb es gründlich. Von den Karten gingen wir über zu Überlegungen und Versuchen am Sandkasten. Noch immer hielt ich den Kreis der Eingeweihten klein, und nach meinen späteren Erkenntnissen war meine Vorsicht absolut berechtigt. Anfang Januar 40 war diese Strategie durch alle taktischen Einzelplanungen fundiert.

Nun zog ich Keitel und Jodl ins Vertrauen, – nein, ich gewann sie keineswegs sofort für meinen Plan, sie waren ablehnend und brachten Einwände vor, wie: Ob es nicht doch richtiger sei, die Maginot-Befestigung nördlich zu umgehen. ‚Das ist es ja gerade, was die Gegner erwarten, worauf sie sich vorbereiten!‘ sagte ich ihnen. Meine Angriffspläne waren ihnen zu kühn, zu gewagt. Natürlich war es ein Wagnis, denn nicht nur der Front-Stoß war gefährdet, auch seine Flanken von Süden, Westen und selbst von Osten her, wenn die nachströmenden Divisionen nicht rechtzeitig den durchstoßenen Raum sicherten. Man hat es mir nicht leicht gemacht, mich durchzusetzen.

Der Sperr-Riegel des Maginot? Nun, da war ich mir sicher. Die tschechischen Sperr-Forts, damals gegen uns gerichtet und von französischen Ingenieuren nach Art der Maginot-Bunker gebaut, habe ich mir nicht nur genau angesehen, sie waren mir geeignete Objekte, an denen ich Schießversuche durchführen ließ. Das Ergebnis entsprach meinen Erwartungen: Die Bunker wurden im Direktbeschuß mit 8.8 Spezialgranaten glatt durchschlagen. Auch durch Stuka-Einsätze würde ich sie ausschalten oder niederhalten.

Etwa Mitte Februar* meldeten sich wie üblich die neuernannten Kommandierenden Generale, darunter Manstein. Auf ihn hatte mich Schmundt aufmerksam gemacht mit dem Hinweis, er hat bezüglich der Strategie des West-Feldzuges fast dieselben Auffassungen. Ich gab Manstein nach seiner Meldung die Gelegenheit, seine Gedanken zur West-Offensive darzulegen. Ja, es war so, wie Schmundt mir gesagt hatte.

Manstein war der einzige General, der zu demselben operativen Ansatz gefunden hatte, meine Auffassung fand dadurch eine Bestätigung. Trotzdem schwieg ich, – je weniger davon wissen, um so überraschender wird der Stoß. Es wäre auch nicht richtig gewesen, ihm zu sagen, wie weit über die eigentliche strategische Konzeption hinaus schon die taktischen Einzelheiten erarbeitet waren"*.

Adolf Hitler hatte Karte um Karte durch die Monate des ‚drôle de guerre' bis zum Mai 1940 umgeblättert, während er sprach. Nun war die Bereitstellung zum Angriff an den Eintragungen auf der Karte erkennbar:

Ich will mich jetzt nicht mit allen taktischen Einzelheiten befassen, wie das rasche Nehmen der Übergänge, der Brücken, der Sperren. Soweit sie nahe an der Grenze lagen, setzte ich dafür Stoßtrupps ein, teilweise auch auf Rädern, damit sie schnell und lautlos feindliche Stellungen überrumpelten. Bedeutungsvoll war die Überwindung des kampfstarken, modernen Sperr-Forts Eben Emael. Es konnte auch nur, ohne schwere Verluste, durch einen überraschenden Handstreich genommen werden und nur im Zusammenwirken des Angriffs aus der Luft und frontal. Lastensegler sollten lautlos auf dem Fort landen und die Pionier-Stoßtrupps absetzen. Flugzeuge mit Fallschirmjägern, Lastensegler mit Stoßtruppen wurden eingesetzt, wie es taktische Erwägungen erforderten. Flughäfen wurden soweit als möglich auf diese Art hinter den feindlichen Stellungen erobert.

Glauben Sie mir, Giesler, diese taktischen Angriffe habe ich alle am Modell besprochen und mit den Offizieren und Unteroffizieren der Flieger, Pioniere, Fallschirmjäger und Infanteristen einexerziert, – und wir hatten damit vollen Erfolg!

Adolf Hitler schlug die nächste Karte auf; sie zeigte den Angriff am Morgen des 10. Mai mit den eingetragenen Zielen des ersten Angrifftages; es folgte eine Reihe von Karten mit den einzelnen Abschnitten der Divisionen, darauf die zweite Karten-Serie mit den Eintragungen der Erfolge der einzelnen Panzer- und Kampfverbände.

Sichtbar wurde dann, im größeren Maßstab gezeichnet, das harte Kampfgeschehen um Sedan. Das war der energische Stoß, den die Gegner nicht erwartet hatten –, darauf der Durchbruch und das Vordringen der Panzer, in den Flanken von den nachdrängenden Divisionen gesichert. Nun folgte Karte auf Karte, oft zwei für einen Tag, zur graphischen Berichterstattung der Kampferfolge beim Panzer-Stoß entlang der Ostseite der Somme nach Abbéville:

Meine größte Sorge war die Sicherung der Flanken; Gegenangriffe von Süden und Südwesten, energisch geführt, hätten sich zu einer bedrohlichen Situation auswachsen können. Zugleich mußte sinnvoll der „Schlieffen-Angriff" ernsthaft geführt werden, um die Hauptkräfte des Gegners, die motorisierten Verbände, in den belgischen Raum zu ziehen. Die Täuschung gelang, die Masse der Feindkräfte lief in diese Kampfräume hinein, wie ich es mir vorgestellt hatte, und wurde abgeriegelt. Auch der Frontalansturm unserer Divisionen hatte allen Erfolg und zwang Holland und Belgien zur Aufgabe. Die Operation, später ‚Sichelschnitt' genannt, wurde zum entscheidenden Erfolg. Aber die völlige Niederlage der Westalliierten war noch nicht erkämpft.

Zwar waren die Gegner im Nordabschnitt entscheidend geschlagen. Von unseren rasch vordringenden Truppen von Osten und Süden her zusammengepreßt, nach Westen hin abgeschnitten, stand ihnen nur noch die See als Fluchtweg offen. Die Masse dieser vor allem englischen Streitkräfte ballte sich um Dünkirchen, in der flandrischen Ebene, die ich aus dem Weltkrieg gut in Erinnerung hatte. Oh, ich weiß, nicht nur aus dem Kreis des so klugen Generalstabs wird meine Entscheidung ‚Dünkirchen‘ als großer Fehler hingestellt! – Diese Allesbesserwisser und die mit dem so christlichen Gemüt meinen, das sei meine größte Dummheit gewesen, die geschlagenen Engländer bei Dünkirchen nicht restlos vernichtet zu haben. Verschiedene Überlegungen hielten mich davon ab, sie zu vernichten.

Zunächst die militärischen Gründe. Das flandrische Niederungsgebiet beschränkt im Wesentlichen den Einsatz der Panzer auf die Straßenräume. Damit waren langwierige Kämpfe mit eigenen Verlusten und möglicherweise hohem Ausfall von Panzern zu erwarten. Für die weiter notwendigen Operationen nach Westen und Süden, in das eigentliche Frankreich hinein, konnte ich jedoch auf keinen Panzer verzichten. Vor allem aber, wir durften uns kräftemäßig nicht verzetteln und Zeit verlieren. Der Feind war geschockt, nun mußte alles Schlag auf Schlag erfolgen.

Auch meine engste militärische Umgebung war nach Anhörung von Rundstedt dieser Auffassung; es galt vordringlich, ohne Verzögerung den weiteren Angriff nach Westen und nach Süden vorzutragen, ehe es dem Gegner gelang, eine starke Verteidigung an der Somme und Aisne aufzubauen*. Unser folgender Ansturm traf dort schon auf harten Widerstand. Es mußte auch damit gerechnet werden, daß die Engländer weitere Truppenkontingente über den Kanal mit Artillerieunterstützung durch ihre Kriegsschiffe einsetzen würden, – sie konnten doch Frankreich nicht so im Stich lassen wie die Polen! Sie taten es!

Wir mußten nach Westen angreifen, sehr schnell mußten Paris und Nordfrankreich genommen werden, um den Engländern die Landung neuer Truppenkontingente unmöglich zu machen. Wir mußten nach Süden offensiv werden, mit einem Durchstoß hinter den französischen Festungswerken, wir mußten die endgültige Entscheidung erzwingen und damit den Frankreich-Feldzug schnell beenden; denn es gab noch einen anderen Grund, militärpolitischer Art. Ich blieb nicht einseitig orientiert: Längst horchte ich besorgt nach Osten!

Und bestand jetzt nicht doch eine, wenn auch geringe, vage Möglichkeit zum Frieden, die ich mir durch eiskalte Vernichtung der englischen Dünkirchen-Armee verbaut hätte?

Adolf Hitler rechnete, wie sich nun ergab, wie schon oft in den Jahren zuvor mit der Vernunft, er dachte nicht nur als Deutscher, er dachte als Europäer. Er dachte in Wahrheit im Sinne einer höheren Menschlichkeit, die er in ethnisch begründeten Gemeinschaften verwirklicht sehen wollte.

Daß er die Friedensmöglichkeit höher eingeschätzt hatte, dafür gab es in meinen Augen einen Beweis: Am 24. Juni 1940 ordnete er im Hauptquartier Bruly de Pêche die Friedensaufgaben an, und mit seinem Erlaß vom 25. Juni gab er Speer und mir die Vollmachten zum Beginn der Neugestaltung deutscher Städte.

Später wurde ich noch einmal an den ‚Fehler von Dünkirchen‘ erinnert. Wenn ich mich recht erinnere, war es im August 1943, nach den furchtbaren Luftangriffen auf Hamburg. Adolf Hitler gab im Nebenraum Anweisungen an einen Adjutanten. Auf einem Wandtisch lag ein Stoß Photographien, ich nahm sie in die Hand. Es waren grauenvolle Zeugnisse der Wirkungen des Bomben- und Phosphor-Hagels auf Frauen und Kinder bei diesen entsetzlichen Terrorangriffen auf Hamburg mit über vierzigtausend zivilen Todesopfern.

Als Adolf Hitler in den Arbeitsraum zurückkam, sah er die Photographien in meiner Hand – mit leisem aber eindringlichem Ton sagte er:

Lassen Sie das, Giesler, schauen Sie diese Bilder nicht weiter an! Und, nach einer Weile: Ich habe umdenken müssen, es entsprach nicht meiner Wesensart, auf den zu treten, der am Boden liegt. Ich habe mich geirrt, Großmut wird nicht anerkannt. Sie vergelten meine Schonung damals in Dünkirchen mit Bomben und Phosphor auf die Frauen und Kinder, deren Männer und Väter für Europa kämpfen. Was sich dort zeigt, das ist brutaler Vernichtungswille – er deutete dabei auf die Photographien –, immer wieder ist man versucht, es nicht zu glauben, nunmehr kenne ich kein Erbarmen!

Diese Äußerungen waren für mich der Beweis, daß für seine damalige Entscheidung außer militärischen und politischen Gründen auch ethische Vorstellungen im Kriege Geltung hatten.

Doch zurück zum Herbst 1942 in Winniza. Erregt und nachdenklich kam ich in später Nacht oder früher Morgenstunde in meine Unterkunft. Ich fand keinen Schlaf. Nach den Darlegungen Adolf Hitlers hatte ich nun die Erklärung für sein Mißtrauen und sein abweisendes Verhalten der Generalität gegenüber. Das war nicht allgemein so, denn im Gegensatz dazu stand seine hohe Achtung des Frontoffiziers und der Troupiers, die sich voll einsetzten und von denen er sagte, sie wüßten, um was es ging.

Ich ahnte auch, weshalb er mir an Hand des dokumentarischen Kartenwerkes seine strategischen und taktischen Dispositionen und den Ablauf des Frankreich-Feldzuges so eingehend erläutert hatte. Das war nicht damit begründet, daß ihm nun das erste Exemplar dieser graphischen Dokumentation auf dem Tisch lag, das war nicht nur die Darstellung seines sorgfältig geplanten Feldzuges. Ohne Zweifel wollte er rückschauend sich selbst bestätigen. Seine strategische Idee, seine taktischen Dispositionen waren richtig gewesen und hatten zu einem überraschend schnellen Erfolg geführt. Seine Erläuterungen waren keineswegs überheblich. Immer stand die Leistung, die Tapferkeit und der Opfermut der Soldaten und ihrer Troupiers an erster Stelle des Geschehens*:

Denn nur mit diesen Soldaten und ihren Offizieren habe ich eine solche Planung und kühne Durchsetzung wagen können, sagte er mir. Und dann folgte die Bemerkung: Genau so überlegt war meine Strategie des Rußland-Feldzuges.

Schweigend saß er eine Zeitlang da, dann fuhr er fort: Als ich nach den Gesprächen mit Molotow erkannte, daß es keine andere Möglichkeit gab, hatte ich zu wählen zwischen Kampf oder Selbstaufgabe, verbunden mit Verrat an Europa, – ich entschied mich für den Kampf, – es war der schwerste Entschluß meines Lebens!

Ich fragte mich, weshalb Adolf Hitler mir seine Sorgen und Gedanken offenbarte. Abgesehen davon, daß seine Einsamkeit ihn zu einer Aussprache drängte, sah er in mir nicht nur den Nationalsozialisten und Gefolgsmann, dem er sich anvertrauen konnte, es kam wohl hinzu, daß ich ihm auch als sein Architekt verbunden war.

Dabei erkannte er, daß ich seine Zielsetzung verstand – mehr noch, er fühlte, daß ich in ihm den ‚weit Vorausgeworfenen' sah, der schon für die nächsten Generationen dachte, plante und kämpfte. Die gemeinsame Arbeit an städtebaulichen Konzeptionen und ihren architektonischen Einzelheiten schuf ein Vertrautsein. Er anerkannte und achtete mich. In diesen Stunden gemeinsamen Planens sah er sich dem Frieden verbunden und seiner eigentlichen Aufgabe gegenüber, der sozialen Formung der deutschen Menschen und ihrer Umwelt. Er fand die Antwort auf die Herausforderung der Zeit, der Technik und der neuen Gesellschaftsordnung. In diesen Stunden lebte er auf; doch ich war ihm mehr als nur sein Architekt.

Wie immer fand ich mich zum Mittagessen ein. Adolf Hitler war nachdenklich, die Unterhaltung beschränkte sich auf meine Eindrücke von der Donauufer-Bebauung von Budapest. Gleich am ersten Tag des gemeinsamen Mittags- und Abendtisches hatte ich darum gebeten, daß mir das gleiche Essen serviert wurde. Ich könne mir das Kasino-Essen bestellen, es störe ihn nicht im geringsten.

– Nein, das ist jetzt keine Mache, ich möchte wirklich Ihre Diätküche kennenlernen, und dazu ist es auch am Tisch für die Ordonnanz einfacher.

Also löffelte ich die ‚eingebrannte Griessuppen', gabelte Kartoffelpamps, mit Gemüse umlegt. An diesem Mittag gab es als Abschluß Milchreis, dazu in einem Schälchen geriebene Schokolade. Ich streute davon über den Milchreis. Adolf Hitler bemängelte, das sei zu wenig, es sei doch ein seltener Genuß, und er streute mir fast alles aus dem Schälchen über den Reis; er dürfe davon nicht zu viel, meinte er dabei, ich sähe es ja an seiner kleinen Reisportion. Es war überhaupt erstaunlich, mit wie wenig Nahrung er auskam.

Nach Tisch sagte er: Giesler, Sie sind nicht nur abgearbeitet, Sie haben auch zuwenig Schlaf gehabt, ich sehe es Ihnen an. Sie werden jetzt spazierengehen, natürlich in Begleitung – mit Professor Brandt – und anschließend gehen

Sie in die Sauna, dann werden Sie schlafen können. Ich selbst bin völlig durch militärische Besprechungen und Terminarbeit beansprucht, jede Planungsarbeit fällt heute aus. Ich erwarte Sie zum Tee, spätabends, nach der Lage.

Mit Karl Brandt, den ich sehr schätzte, unterhielt ich mich beim Spaziergang über die große Einsamkeit Adolf Hitlers und seine Überbelastung: Wenn ich schon nach den Stunden meiner kleinen Berufsarbeit hier und nach den Unterhaltungen mit ihm so geschlaucht bin, und ich denke an seine dauernde Beanspruchung ---.

Nein, unterbrach mich Karl Brandt, das mußt du anders sehen, Giesler. Daß dich die nächtlichen Unterhaltungen mit dem Chef schlauchen, ist klar, aber für ihn bedeutet das völlige Entspannung, er gewinnt dadurch Abstand und Entschlußkraft. Deshalb bist du jetzt hier so wichtig!

Ich nahm am Abendessen in der Kasinobaracke teil und nutzte die Gelegenheit zu einem Gespräch mit Feldmarschall Keitel in Anwesenheit von General Jodl, – natürlich über den Frankreich-Feldzug. Ich wollte seine Beurteilung hören.

Ja, wenn ich daran zurückdenke, das gibt mir Zuversicht. Selten, daß er darüber spricht – war wohl veranlaßt durch das Kartenwerk. Aber was er Ihnen an Hand dieses Dokumentes dargelegt hat, – ich kann nur hinzufügen, es war seine Idee, sein Werk in allen Einzelheiten, er allein war der Feldherr des Frankreich-Feldzuges, sagte Feldmarschall Keitel und fuhr fort: Als er mir damals, im Januar 1940, seine Auffassung über die Westoffensive darlegte, ausgearbeitet bis in die taktischen Einzelheiten, war ich erschrocken über die Kühnheit, obwohl ich diese geniale Strategie anerkennen mußte. Jodl nickte zustimmend und meinte: Wir waren ganz schön perplex, als er uns das auf den Tisch legte, komplett in allen Einzelheiten!

Erst gewann er General Jodl für seine Angriffslösung, während ich mich noch immer nicht damit abfinden konnte, fuhr Feldmarschall Keitel fort. Ich fragte mich: Würde es gelingen, die Alliierten so zu täuschen, daß sie mit der motorisierten Armee und den Panzerverbänden in den belgisch-holländischen Raum vorstießen, um den ‚Schlieffen-Flügel' abzufangen? Würden sie den Durchbruch bei Sedan nur als einen taktischen, raumbegrenzten Angriff werten? Könnten überhaupt die Flanken gesichert werden für den Panzerstoß bis zur Küste? Ich hätte von mir aus nicht den Mut gehabt zu einer solch kühnen Operation!

Ja, sagte mir General Schmundt später, auch Manstein hatte die gleichen Gedanken. Er war mit seinen Ideen beim Chef des Generalstabs auf Unverständnis und Ablehnung gestoßen. Ich erfuhr davon im Januar und veranlaßte, daß er seine Gedanken dem Führer vortrug. Das war möglich, als er sich nach seiner Ernennung zum Kommandierenden General beim Führer meldete – das war etwa Mitte Februar 1940.

Zu dieser Zeit hatte aber der Führer über die strategische Operation hinaus schon alle taktischen Einzelheiten geplant und festgelegt – bis zu den Stoß-Trupps, die er für Eben-Emael brauchte. Mit einer Beharrlichkeit ohnegleichen hat er seine strategische Idee und alle taktischen Maßnahmen durchgesetzt. Als Manstein dem Führer seine Vorstellungen über einen offensiven Feldzug vortrug, hat er damit den Führer in seinen Absichten nur noch bestätigen können.

Feldmarschall Keitel und General Jodl wurden in Nürnberg gehängt, General Schmundt wurde ein Opfer des Attentats vom 20. Juli 1944. Aber in seinen nachgelassenen Niederschriften bestätigt der Feldmarschall, was ich in Winniza von ihm hörte: Die kühne, geniale Strategie der Westoffensive ist ausschließlich und uneingeschränkt das Werk Adolf Hitlers, er allein war der Feldherr des Frankreich-Feldzuges.

Seelöwe

Weshalb ich nicht den Befehl gab, England anzugreifen? Dafür hatte ich verschiedene Gründe!

Es war bei unserem nächtlichen Tee in Winniza. Was Adolf Hitler trank, war mir meist nicht klar. Einmal sagte er, Kamillentee mit Honig schmecke sehr gut, manchmal war es Pfefferminztee oder Hagebuttentee, auch Tee aus einem Blütengemisch. Und ganz köstlich sei der gekochte Apfel, der ihm im Glas serviert wurde. Ich erhielt schwarzen Tee, dazu Haferflocken-Plätzchen, von denen er sich ab und zu eins nahm.

Gewiß, er habe die Vorbereitungen zum Angriff treffen lassen, auch dafür habe er seine Gründe gehabt. ‚Operation Seelöwe‘ – das klang vielversprechend, aber er sei sich keineswegs sicher gewesen. Die Übungen der Verbände für diesen Angriff seien angelaufen, Schiffe zusammengezogen, die Angriffspläne erarbeitet worden:

Aber ich wollte den Frieden! War es nicht möglich, daß die Angriffs-Vorbereitungen, durch feindliche Aufklärung wohl erkannt und sicher auch nachrichtlich eifrig zusammengetragen, über den Vatikan, über die Schweiz, über Schweden und Portugal nach England vermittelt, zur Friedensbereitschaft beitragen konnten?

Aber bald erkannte ich: der Haß war stärker, lieber wollten sie ‚Blut, Schweiß und Tränen‘! Die Mächtigen im Dunkeln – unfaßbar – waren davon nicht berührt, es war nicht ihr Blut und ihr Leid, es war die Befriedigung ihres Hasses, verbunden mit Gewinn und Macht, – Churchill war nur der Befehlsempfänger.

Der Angriff nach dem Westen habe nie seiner Zielsetzung entsprochen, er habe ihn vermeiden wollen, und wenig sinnvoll sei ihm deshalb der Angriff auf England erschienen. Welche Opfer wären mit einem solchen Angriff über den Kanal, über die See verbunden gewesen! Es ging auf den Herbst zu, mit unruhigem Wasser, die meisten Transportschiffe seien nicht seetüchtig gewesen.

Eine zunächst nur leise Beklommenheit, dann eine Bedrohung habe er aufkommen sehen: die sehr rege diplomatische Aktivität des Gegners war zu erkennen. Ihr Ziel – ein neuerlicher Versuch der Einkreisung. Er werde das aber zunächst einmal beiseite lassen.

Also angenommen, wir griffen England an, unter großen Opfern führte der Angriff zum Erfolg. Aber was nun? Die englische Regierung, das Königshaus, die Flotte hätten wir nicht, die wichen nach Kanada aus, und damit ginge der Krieg im Westen weiter, aber nicht zu unserem Vorteil und auf alle Fälle mit enormer Bindung der deutschen Kräfte. Denn die Besetzung Englands ergäbe keineswegs eine Entlastung in Norwegen und Frankreich.

Und womit sollten wir die Insel ernähren, wenn es schon für uns mit Einschränkungen eben ausreiche? Wenn wir nun vor und in England bluteten, um dann festzuliegen, würde der Russe den Balkan überrollen – so, wie er das mit dem Baltikum gemacht habe, mit Estland, Lettland und Litauen. Erst nur ein ‚Interessengebiet‘, dann militärische Besetzung und als Abschluß Bolschewisierung und damit letztlich militärische und wirtschaftliche Stärkung.

Aber nicht nur das, der Russe könnte uns die Versorgung abschneiden, uns auf dem Balkan wichtige Rohstoffe sperren, vor allem Öl. Nun habe er uns in der Hand, er diktiere. Wir könnten noch froh sein, wenn er uns nicht auch noch sofort angreife. Das komme darauf an, wie sehr der Angriff auf England an unseren Kräften zehren würde. Das seien damals seine Überlegungen gewesen. Weshalb England nicht zum Frieden bereit war? Churchill habe nur ein Wort gesagt: Rußland!

Schon lange vorher – der Frankreich-Feldzug habe kaum seinen Abschluß gefunden, – da sei ihm klar geworden, Rußland werde – je nach der Kriegslage und der politischen Weltsituation – sich entweder im bolschewistischen Sinne des Anspruchs auf Weltrevolution oder im nationalrussischen Sinne des Expansionsdranges verhalten, – nach Westen, nach Europa hin. Beides komme letztlich auf dasselbe hinaus. Es sei ein Problem von größter Bedeutung, nicht nur für Europa, vielmehr für die Welt. Wie eine drohende Wolke vor einem Unwetter stehe dies am Horizont.

Gewiß, der Russe sei noch nicht ganz bereit gewesen, aber die Bedrohung habe sich schon abgezeichnet. Der Aufmarsch gegen uns habe begonnen, in der Diplomatie zuerst, dann sei bald darauf die militärische Vorbereitung gefolgt. Nun habe er gewußt, es werde nicht mehr lang dauern und die Erpressung werde einsetzen. Was Molotow ihm dargelegt habe, das habe er längst vorausgesehen!

Natürlich wäre es Stalin lieber gewesen, wir hätten England angegriffen, uns geschwächt und verbissen, ganz gemäß den Prophezeiungen Lenins. Nein, –

die Vernunft – nicht nur, sondern auch das europäische Denken habe gegen einen Angriff auf England gesprochen.

Immer bedrohlicher seien die Zeichen geworden: Gefahr vom Osten; und hier lag nicht nur die deutsche, vielmehr auch die europäische Entscheidung. Churchill und Roosevelt, die sichtbaren Figuren aus dem Kriegstreiben im Dunkeln hätten auf die Karte Rußland gesetzt. Ihnen mit einem Angriff zuvorzukommen, sei für uns die einzige Möglichkeit gewesen; erstens die russische, bolschewistische Gefahr abzuwenden, zweitens Ernährung und Rohstoffe zu sichern, und drittens, dem Westen nicht nur die Karte Rußland aus den Händen zu schlagen, sondern ihnen klar zu machen, daß mit der deutschen Absicherung von Ernährung und Rohstoffen eine Weiterführung des Kampfes sinnlos werde.

Gewiß, Einzeloperationen im Westen, wie Gibraltar, wären möglich gewesen und hätten sich bedeutungsvoll auswirken können. Aber nur isoliert, nur für sich allein, ohne Spanien in den Krieg zu ziehen; allein, das sei ihm abgeschlagen worden. Er hatte mit mir über seine Enttäuschung gesprochen, nachdem er mit Franco verhandelt hatte. Natürlich wollte er von der Landseite aus Gibraltar angreifen. Aber es war keineswegs seine Absicht, Spanien in den Krieg einzubeziehen: Mit Spanien? – keineswegs, wir hätten genug unter der Last der Italiener. Sie zögen uns auf Kriegsschauplätze, die weder in unserem militärischen, schon gar nicht in unserem politischen Interesse lägen. Das sei die eine Seite der Medaille, die andere, wir müßten ihnen helfen; wir könnten nicht zulassen, daß sie auf ihren ohne Not gewählten Kriegsschauplätzen auch noch geschlagen würden.

Er denke hier besonders an den geradezu unsinnigen Angriff auf Griechenland, den er nicht mehr habe verhindern können. Er hatte es mir erzählt, daß er bei seinem Besuch in Florenz vor vollendeten Tatsachen stand, also Kriegsausweitung, darauf Unruhe im Balkan, und die Folge: Jugoslawien. Im Ganzen gesehen Verlust, Bindung der Kräfte, und – wir verloren Zeit, unwiederbringliche Zeit, über zwei Monate Zeit – sie habe gefehlt, um im ersten Ansturm die Ziele zu erreichen, die er sich gesetzt hatte, die Voraussetzung waren für die Entscheidung. Diese verlorene Zeit gewann der Russe. Mit dem Aufmarsch und der Bereitstellung von 175 Divisionen habe er unsere Grenze bedroht.

Eine Neutralität Italiens, jedoch mobilisiert und bereit zum Eingreifen, – damit hätte Italien uns helfen und sich selbst nützen können. Aber er hätte mir ja schon 1940 prophezeit, wenn wir Paris genommen hätten, würden wir die Italiener nicht mehr zurückhalten können, sie wollten dabei sein; dabei minderten sie uns den Sieg und die Möglichkeit des Friedens*.

Wenn sie schon hätten kämpfen wollen: Malta hätten sie nehmen sollen! Nachdenkliche Stille, – dann sagte Adolf Hitler mit leiser Stimme:

Ja, nun stand ich vor der schwersten Entscheidung meines Lebens. Was würde sein, wenn ich das Tor nach dem Osten aufstieß? Wieder schwieg Adolf

Hitler eine Zeitlang, dann: Genug für heute, Giesler, ich sehe Sie morgen zum Mittagessen.

Allein für mich, hatte ich Zeit zum Nachdenken und Nachsinnen. Damals, am 26. oder 27. Oktober 1940, war ich mittags in die Osteria Bavaria gebeten worden.

Adolf Hitler war nach den Besprechungen mit Franco und Pétain am Vormittag nach München gekommen und wollte sich anschließend mit Mussolini in Florenz treffen.

Der Wirt Deutelmoser von der Osteria fühlte sich immer hochgeehrt, wenn Adolf Hitler in dies kleine, bescheidene Lokal zum Mittagessen kam. Es war dann stets Aufregung in der Küche, was mich jedesmal belustigte. Aber Deutelmoser war die Ruhe selbst, wenn er so behutsam, als seien es große Kostbarkeiten, die Kartoffelsuppe und den Möhrensalat servierte. Ich saß nach dem Essen mit Adolf Hitler allein am Tisch, er erzählte mir von seiner Reise und sprach über Franco und Pétain:

Ganz Soldat, ehrenhaft und würdevoll, er entsprach durchaus dem Bild, das ich mir von einem französischen Marschall gemacht hatte, aber er ist schon zu alt, um in die Zukunft zu planen. Ja, und nun Franco – mag sein, daß meine Enttäuschung die Beurteilung beeinflußt. Meine Besprechung blieb ohne Ergebnis. Franco ist keine Persönlichkeit, er ist absolutes Mittelmaß. Ohne die Jesuiten, die ihn nach meiner Meinung nicht nur beraten, sondern auch lenken, wäre er bedeutungslos. Sicher ist er schlau, auf seine Art, aber das sind Händler ja auch.

Er glaube, wenn er 1936 schon Francos politische Ziele und ihn selbst erkannt hätte, dann wären seine Sympathien mehr auf der Seite derer gewesen, die sich gegen dieses Feudalsystem und den Klerus richteten. Aber diese Revolutionäre seien angeführt worden von Kommunisten, und wo die einmal Fuß faßten, da gebe es kein Zurück mehr*! Einen Sozialismus, der Spanien gemäß wäre, ja; einen spanischen kommunistischen Staat, als Satellit der Sowjets, nein, den zu verhindern sei eine europäische Aufgabe gewesen, darin habe er mit dem Duce übereingestimmt. Also hätten wir helfend eingreifen müssen. Es sei dann an Franco gewesen, mit den Falangisten in ein soziales Neuland vorzustoßen.

Adolf Hitler schaute in den Raum und begegnete den Blicken der Gäste mit einem Lächeln und einer grüßenden Gebärde.

Was wird mich in Florenz erwarten, – ich habe ein ungutes Gefühl! sagte er dann, wieder zu mir gewandt, mit völlig verändertem Gesicht.

Dann, dazu aufgefordert, gab ich ihm einen kurzen Bericht über den Stand der Münchner Planungen und die von mir veranlaßten Maßnahmen zum Bau des Autobahn-Ringes und der neuen Bahnanlagen. Ich fragte, ob es auch seiner Auffassung entspreche, wenn ich vorerst alle Bauten der Partei und ihre Planbearbeitung zurückstellte.

Absolut, meinte er, Vorrang haben Baumaßnahmen, die der städtebaulichen Ordnung und der Gemeinschaft dienen.

Sicher war es das Wort ‚Partei‘, das seine Gedanken umlenkte.

Er mache sich große Sorgen um Rudolf Heß. Er wisse, daß er mit mir darüber sprechen könne: Sein schon fast okkultistisches Versponnensein, sein Sichkrankfühlen und was er dagegen unternehme. Er habe gewiß nichts gegen Homöopathen und Heilpraktiker, aber alles gegen die, denen er sich anvertraue, und dann noch von einem zum andern. Sollte er doch das Zutrauen zu einem Arzt von Rang aufbringen. Er sei wirklich besorgt; das sei bei ihm nicht nur begründet durch die Stellung und die Aufgaben, die Heß habe, sondern einfach, weil er ihn aufrichtig gern habe. Daß er ihn so schätze, daß er sich ihm so verbunden fühle, nun, er sei der ‚Treue‘ seit dem Beginn des nationalsozialistischen Kampfes.

Adolf Hitler stand auf, gab ein Handzeichen hin zum Tisch des Begleitkommandos, er verabschiedete sich, – um den neuen Enttäuschungen und Sorgen entgegenzufahren, denn als er in Florenz ankam, teilte ihm Mussolini mit, er habe den Befehl gegeben, Griechenland anzugreifen! Das war nun die zweite Ausweitung des Krieges und der Kriegsschauplätze, völlig unerwünscht und unnütz, idiotisch, nannte es einmal Adolf Hitler in einem Gespräch mit mir, einen Rückfall um zwei Jahrtausende, und der Ursprung habe wohl mehr in einem historisch begründeten Mythos gelegen, eine Erinnerung an das römische Imperium, so etwa drückte er sich aus:

Jedenfalls führte die Unruhe auf dem Balkan, geschickt geschürt durch die Engländer, zu dem Abfall Jugoslawiens und damit zum Balkan-Feldzug, der Verluste brachte, Divisionen und Flugzeuge band, die für den Schlag gegen Rußland notwendig waren, und der vor allem Zeit kostete, kostbare Zeit!

‚Die schwerste Entscheidung meines Lebens‘, hatte mir Adolf Hitler am Ende unseres nächtlichen Gespräches in seinem Arbeitsraum im Hauptquartier Winniza gesagt. Eine Erinnerung kam mir bildhaft vor Augen: Es war an einem Nachmittag auf dem Berghof, etwa im Februar 1941. Nach einer Besprechung mit Mitarbeitern meiner ‚Bauleitung Obersalzberg‘ fand ich mich zu dem üblichen Spaziergang zum Tee-Pavillon im großen Wohnraum des Berghofs ein.

Die militärischen Besprechungen waren gerade beendet. Am Marmortisch vor dem großen Fenster stand Adolf Hitler mit einigen Generalen und gab Weisungen an Adjutanten.

Dr. Todt, der an den Besprechungen mit Adolf Hitler teilgenommen hatte, stand neben mir, rückwärts im großen Raum. Er deutete auf die Szene vor uns und sagte leise:

Sie wissen um die Entscheidung – Rußland. Es wird hart werden, wer weiß, was uns hinter dem Eisernen Vorhang erwartet, – bedrohlich ist schon, was uns bis jetzt bekannt ist! Aber sehen Sie, – da steht der Führer, gesammelt und ruhig, und im Hintergrund liegt der Untersberg. Sie kennen die Sage, – seit einem Jahrtausend verbindet sich mit diesem Berg die Hoffnung der Deutschen. – Ist das nicht seltsam?!

Ja, es war ein eigenartiges Bild, ernst und einprägsam. Ich sah Adolf Hitler im Profil, ihm zugewandt einige Generale und SS-Offiziere mit ernsten, gestrafften Gesichtern. Im Hintergrund ging der Blick durch das große Fenster über die tiefverschneite Berchtesgadener Landschaft. Der Untersberg selbst lag hoch über den düsteren Wäldern, nun leuchtend weiß mit roten Felsschroffen im letzten Sonnenlicht des Tages.

Am Abend saßen wir um das Kaminfeuer. Adolf Hitler war schweigsam, in sich verschlossen. Wir übrigen unterhielten uns leise. Um Mitternacht richtete Adolf Hitler eine Frage und Bitte an Bormann. Dann drangen – völlig überraschend für mich – die wuchtigen, schicksalhaften Klänge aus ‚Les Préludes‘ von Liszt in den großen Raum, der nur durch die flackernden Flammen des Kaminfeuers erhellt war.

Barbarossa
Die geplante Strategie des Rußland-Feldzuges in der Darstellung von Adolf Hitler

Sorgsamer noch als den West-Feldzug plante ich den Präventiv-Schlag gegen Rußland. Allzu offen wurde die Bedrohung aus dem Osten. Nach dem Frankreich-Feldzug hatte ich im Reichstag erklärt, es gäbe keinen Grund, den sinnlosen Krieg zwischen uns und England weiterzuführen. Eine rüde Ablehnung dieser Friedensgeste war die Antwort. England wollte den Krieg fortsetzen, es war Churchill ernst mit dem ‚Germany must perish‘!

Viele sorgenvolle nächtliche Stunden verbrachte ich in der Folge über dem Kartenwerk Osteuropas und sann auch in der Rückschau nach über das typische englische Verhalten im konfliktreichen europäischen Raum. Immer hatte sich England, seinen Vorteil suchend, in die kontinentalen Auseinandersetzungen eingemischt, sie provoziert, geschürt oder durch Mittelsmänner ausgelöst. Und immer war England bemüht, einen Festlandsdegen für sich kämpfen zu lassen, um seine eigenen Kräfte zu schonen.

Frankreich war nun ausgeschaltet, jetzt würde England, das sich der Unterstützung durch Roosevelts Amerika sicher war, mit allen Mitteln versuchen, Rußland für sich kämpfen zu lassen.

Gewiß, – auch ich hatte mir im August 1939 den Vertrag mit Stalin, sein Stillhalten und die ‚pragmatische Freundschaft‘ vieles kosten lassen, um einer geglaubten Kriegseinschränkung willen oder um bei einer Ausweitung des Konfliktes nicht mit dem Rücken gegen sowjetische Bajonette zu stehen.

Aus zugestandenen Interessengebieten machte Stalin die brutale Besetzung der baltischen Staaten, die Abtretung von Bessarabien, und durch einen Krieg der Täuschungen zwang er Finnland in die Knie.

Nach der militärischen Besetzung des Baltikums, Bessarabiens und der Bukowina war die Zielsetzung Stalins klar zu erkennen, Herr über den Nordosten Europas und des Balkans zu werden. Er wollte den freien Zugang zum Mittelmeer und damit die wichtige Ausgangsposition gegen Europa.

Stalin sah die Möglichkeit dazu in den Zeiten, da wir im Westen gebunden waren; er hatte die Konstellation England-Amerika vor Augen, – er hat sich entschieden und seine Vorbereitungen zum Überfall auf Deutschland getroffen, das allein ihn daran hindern konnte, beide Ziele zu realisieren. Die Drohung wurde sichtbar, der sowjetische Aufmarsch begann.

Dem militärischen sowjetischen Aufmarsch an unserer Ostgrenze würde bald die politische Erpressung folgen, – davon war ich überzeugt. Ebenso war mir klar, das großrussische Raumziel richtete sich durch den bolschewistischen Anspruch noch verstärkt nach Westen, nachdem es im Osten durch den Pazifik die natürliche Begrenzung hatte, – ja schon einmal selbst diese Begrenzung übersprungen hatte.

Stalin würde bald auf der Seite zu finden sein, die ihm die größten Vorteile bot. Noch dazu waren dann diese Vorteile für Stalin mit der Ausschaltung der einzigen Macht verbunden, die dem Vordringen des Bolschewismus in weitere europäische Gebiete Widerstand leisten würde: Das nationalsozialistische Deutschland.

Die Bedrohung sah ich nicht nur in der Bereitstellung der russischen Armeen an unserer Ostgrenze, denen damals nur ein Schleier von wenigen Divisionen gegenüberstand. Vielmehr war es die Sorge, in der Kriegsführung und der Rüstung von Rohstoffen abhängig zu sein, deren Zufuhr die Russen jederzeit sperren konnten, so das rumänische Öl, aber auch Erze, Bauxit, Molybdän, Mangan, Chrom, auch Nickel aus Finnland.

Erneut verhandelte ich mit Rußland, es war ein aufrichtiges Bemühen. Doch Molotow übermittelte mir arrogant die Forderungen Stalins: Freie Hand für Rußland in Rumänien, Bulgarien und Finnland, dazu die Ostseezugänge und die Dardanellen. Das bedeutete die Preisgabe Europas. Mir blieb nur noch die Abwehr durch einen Präventivschlag, es ging nicht nur um Deutschland, sondern um den Bestand Europas. Der Entschluß fiel mir nicht leicht.

Abgesehen von allem anderen, bedeutete dies den Aufschub der Verwirklichung des sozialen Teiles der Aufgaben, die ich mir gestellt hatte und die den gesicherten Frieden zur Voraussetzung haben; zu diesen Aufgaben, das wissen Sie, gehört die Neugestaltung der deutschen Städte.

Als ich mit den Vorbereitungen beginnen ließ, setzte wieder dieser unheimliche Verrat ein, den wir schon bei dem Feldzug gegen Polen, bei dem Unternehmen „Weserübung", beim Frankreich-Feldzug erleben mußten. Trotzdem kam es zu großen Anfangserfolgen durch den Elan und die einmalige Kampfkraft der deutschen Soldaten, durch die strategische Planung und durch die überragende taktische Führung.

Aber nach den stürmischen Erfolgen trat die Abnutzung zu Tage, an Mensch und Material. Die Überwindung der weiten Räume, die hart erkämpft werden mußten, führte zur Ermattung. Man mußte Atem holen – allein schon das Nachschub-Problem zwang dazu –, ehe die kriegsentscheidenden Schläge nach meinen strategischen Vorstellungen erfolgen konnten.

Doch der Eigensinn und das einspurige Denken meiner Generalität durchkreuzte die strategische Planung. In dem für die Entscheidung der Barbarossa-Operation so wichtigen Monat August war ich durch Erkrankung so geschwächt, daß ich gegen meine Generale nicht die notwendige Beharrung und Standfestigkeit aufbrachte, meine Planung durchzusetzen.

Zweimal vermeinte ich, dem Sieg nahe zu sein – ich habe mich getäuscht, und ich wurde getäuscht!

Wir saßen am Arbeitstisch auf Hockern und zeichneten Einzelheiten des Linzer Stadthauses. Aber bald war Adolf Hitler wieder mit seinen Gedanken beim Kriegsgeschehen:

Ich habe mit Ihnen schon über strategische Planungen gesprochen, weil ich weiß, daß Sie als Architekt mit Begabung für den vielseitigen Städtebau die Bedeutung und den Umfang einer komplexen Planung würdigen können.

Ein nüchternes, mathematisches Denken geht voraus, aber nicht nur in den vielseitigen militärischen Dimensionen. Vielmehr gehören dazu die räumlichen Bedingungen, die Einschätzung der Zeitabläufe, die Transportwege zur Sicherung der Versorgung. Und gerade im weiten russischen Raum galt es, die Basen der Rohstoffe und der Ernährung zu beachten sowie die Ballungsgebiete der Rüstungsindustrien. All das bestimmt den Grundriß der strategischen Planung, und zugleich ergeben sich daraus die Rangordnungen der militärischen Angriffsziele, und das wiederum setzt Vorstellungsvermögen, Intuition, Phantasie und Kühnheit voraus.

Wohl kann man die eigenen Kräfte einschätzen, ihre Kampfkraft und Kampferfahrung, die erprobte taktische Führung, die Waffenwirkung im Einsatz.

Die Bewertung des Gegners? Die Einschätzung der Feindkräfte? Ein völliges Versagen der ‚Aufklärung' durch unseren Generalstab und die Nachrichtendienste, von den Agenten angefangen bis zum Militärattaché der Botschaft, ein Nichts an realer Aufklärung! Unsere Militärexperten waren der russischen Täuschung bei der Besetzung Polens, bei dem Winterkrieg gegen Finnland erlegen.

Nichts wußten wir über den Kampfwert der Divisionen. Wir wußten, was uns gegenüberlag, aber nichts darüber, was uns in der Tiefe des russischen Raumes erwartete. Erst im Kampf zeigten sich die T 34 und die Massen der Panzer, denen die auftreffenden Granaten unserer Pak lediglich ein Pochen an der Stahlpanzerung bedeutete! Nur die 8.8 cm Flak-Granaten vermochten die starke Panzerung der 52 und 100 to Panzer zu durchschlagen.

Hinter dem eisernen Vorhang hatte sich mit undurchdringlicher Tarnung eine Militär- und Rüstungsmacht sondergleichen aufgebaut. Im Kampf um Aufklärung waren und blieben wir hoffnungslos unterlegen.

Ich erinnerte mich an einen Hinweis im Dezember 1941. Da hatte mir Adolf Hitler gesagt: Giesler, wir sind gerade noch davongekommen und der Vernichtung durch den Bolschewismus entgangen, – Stalin war fast bereit, über uns herzufallen! Er erläuterte mir jetzt im Zusammenhang den von ihm geplanten Rußlandfeldzug und seine Erfahrungen nach dem Angriff:

Zu der völligen Unterschätzung des Gegners, den Falschmeldungen über seine Reserven und seine Rüstungsstärke, zu seinen Täuschungen und Verwirrungen addierte sich ein unbegreiflicher Verrat. Der Präventivschlag war für den Gegner wirklich keine Überraschung; er wurde ihm, auf Tag und Stunde genau, rechtzeitig mitgeteilt. Damit nicht genug: Jede Einzelheit, jede Angriffsplanung wurde von deutschen Verrätern dem Feind übermittelt!

Mit dem Verrat des X-Tages hatte ich gerechnet. Die Überraschung konnte nur, wie beim Frankreich-Feldzug, im strategischen Ablauf unseres Angriffes liegen. Diese Strategie war sorgfältig überlegt. Aus Gründen der Geheimhaltung und damit einer gesicherten Überraschung hatte ich nur den kleinsten Kreis in meine Pläne eingewiesen. Die Befehle zum Ablauf der strategisch-taktischen Operationen sollten sich aus der Kampflage ergeben, sie waren abhängig von den Faktoren ‚Raum‘, ‚Zeit‘, ‚Wetter‘ und vor allem von den gegnerischen Kräften.

Nun zum strategischen Aufbau. In drei Heeresgruppen gliederten sich die Armeen: Nord, Mitte und Süd. Der Schwerpunkt lag bei der Heeresgruppe Mitte, mit der Stoßrichtung auf Moskau. Darin lag eine beabsichtigte Täuschung, denn es ging mir gar nicht um Moskau. Vielmehr sollten sich die gegnerischen Kräfte unserem Angriffsstoß stellen, sie sollten sich binden und nicht ausweichen. Dann sollten sie in Kesselschlachten vernichtet werden.

Adolf Hitler skizzierte auf einem Zeichenblock zwischen angedeuteter Ostsee und Schwarzem Meer die Pfeile der Angriffsrichtungen der Heeresgruppen. Davor setzte er drei Punkte, die er mit einem kleinen Kreis umgab. Leningrad - Moskau - Rostow, sagte er dazu. Den Pfeil der Heeresgruppe Mitte verstärkte er rechts und links mit je zwei weiteren Pfeillinien. Große Kreise zwischen diesen fünf Linien deuteten die Einkesselung der gegnerischen Armeen an. Einen dicken Querstrich zog er vor den Pfeilspitzen der Heeresgruppe Mitte und dem Kennzeichen für Moskau:

Hier sollte der Angriffsstoß anhalten und die Panzerkräfte mit den schnellen Verbänden sollten abbiegen, zu den Heeresgruppen Nord und Süd. Die Rangordnung bestimmte den Ablauf der nun notwendigen Operationen.

Nicht Moskau war für mich das Ziel, vielmehr galt es, Leningrad zu umfassen, die Verbindung mit den Finnen am Ladogasee herzustellen, Leningrad als ein Rüstungszentrum auszuschalten und der russischen Flotte die Basis Kronstadt zu entziehen. Die Befriedung der Ostsee zur Sicherung des Nachschubs war von großer Bedeutung.

Noch wichtiger war der Stoß zur Heeresgruppe Süd. Sicher mußte das Ausfächern der Panzerkräfte und der schnellen Verbände in räumlichen Abständen, also zweimal erfolgen. Hier galt es, die Ernte der fruchtbaren Ukraine, den Weizen, das Öl aus den riesigen Sonnenblumenfeldern für die Truppe und die Volksernährung zu gewinnen.

Der zweite Nord-Süd-Stoß aus der Heeresgruppe Mitte heraus galt den Rohstoffen, der Kohle, dem Eisenerz, dem Chrom und Mangan und den bedeutenden Kraftwerken in dem Raum um Dnjepr und Donez bis Rostow und zum Schwarzen Meer. Dort lagen, unmittelbar bei den Rohstoffen, die Industriezentren, die Ballungsgebiete der russischen Rüstung und der Wirtschaftskraft.

Zugleich konnte die Ausgangsbasis gewonnen werden für den Stoß zum kaukasischen Öl. Aber zugleich auch wurde damit der Raum gewonnen, der die kriegswichtige Ölversorgung aus dem rumänischen Gebiet um Ploesti gegen Überraschungsangriffe absichern würde.

Überaus bedeutsam wären die politischen Aspekte gewesen, nach einer so überraschend geführten erfolgreichen Strategie des Feldzuges!

Während Adolf Hitler sprach, deutete er mit dem Bleistift auf die Eintragungen seiner strategischen Planung und ergänzte die Skizze mit energischen Linien. Flüchtig schraffierte er die Begrenzungen durch die Ostsee im Norden und das Schwarze Meer im Süden, er zog Kreise um die Rohstoff-, Industrie- und Rüstungsgebiete, umfuhr noch einmal die Einkesselungen russischer Armeen.

Dann durchbrachen die Pfeilspitzen der Heeresgruppe Mitte die kräftig gezeichnete ‚Haltelinie‘ vor Moskau, aus den Kraftfeldern aller Heeresgruppen zeichnete er bogenförmige Linien, die Moskau allseitig umschlossen:

Das sollte, falls Kraft, Zeit und Raum es ermöglichten, der Abschluß sein. Denn nur in einer großräumig angelegten, umfassenden Zangenbewegung lag die Möglichkeit, Moskau zu nehmen und zugleich die russischen Massen entscheidend zu zerschlagen*!

Strategisch und taktisch sah ich in diesen Flanken- und Umfassungsstößen die einzige Möglichkeit, die russischen Massen-Verbände zu zerschlagen und damit einen verlustreichen Frontal-Aufprall zu vermeiden, dem wir weder in der Zahl unserer Divisionen noch, wie es sich dann in den Angriffsstößen herausstellte, im Material gegenüber den Panzern und den schweren Waffen des Feindes gewachsen waren. Es galt also, bewegliche Schwerpunkte zu bilden, um mit der kämpferischen Kraft unserer Soldaten und der taktischen Führungsüberlegenheit die russischen Massierungen zu überwinden und die starren Fronten aufzureißen.

Die Generale hatten mir berichtet, die Panzerdivisionen und schnellen Verbände seien völlig erschöpft, die Panzer müßten überholt werden, sie seien nicht einsatzfähig. Man nannte mir die dafür benötigten Wochen. So wollten sie die von mir geplanten Flankenstöße nach Norden, nach Leningrad und Süden, zur Ukraine und zum Donez, blockieren.

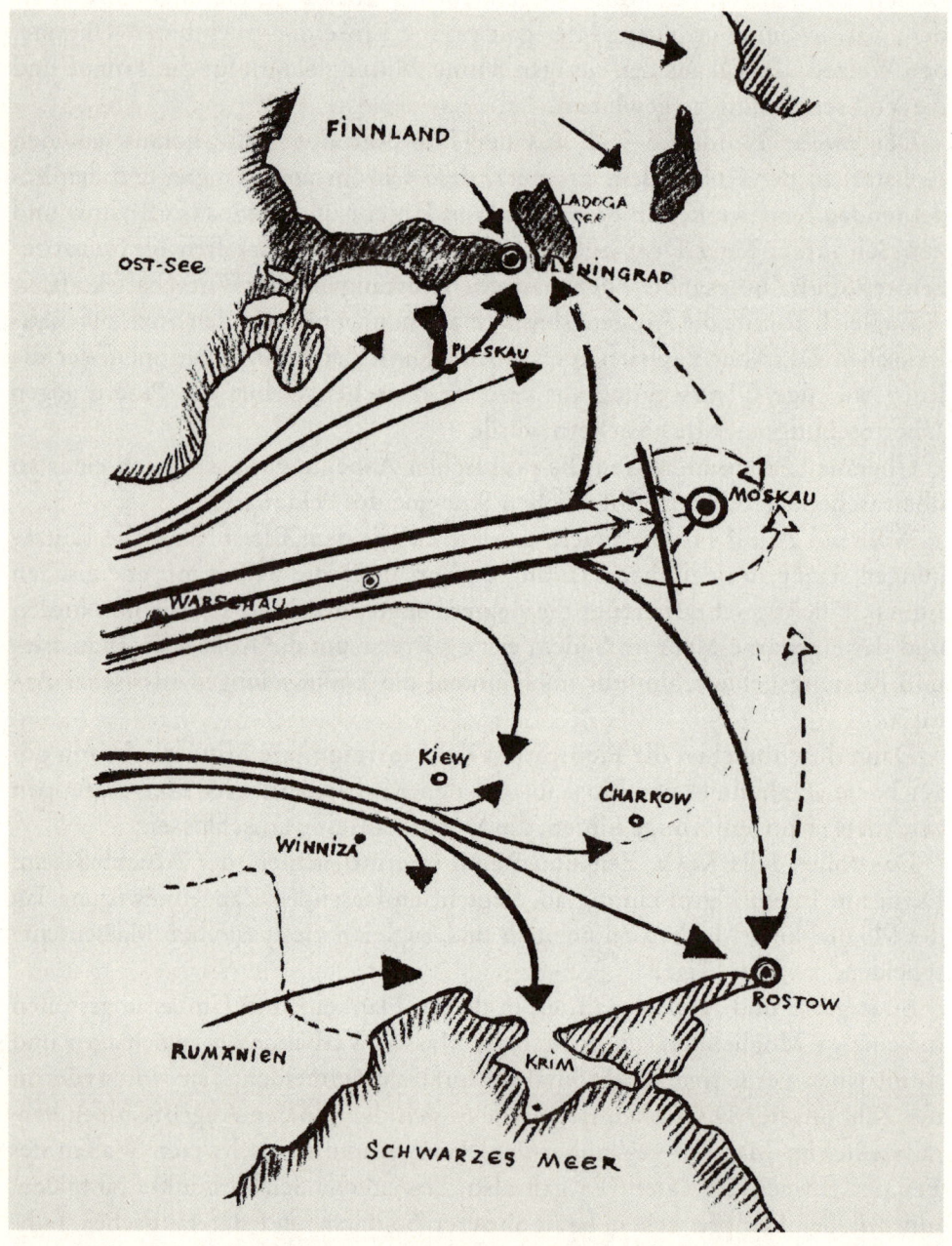

Von Adolf Hitler während eines Gespräches angefertigte Skizze seiner Strategie des Rußlandfeldzuges. (Von Giesler aus der Erinnerung gezeichnet)

Ich war krank und ohne Willenskraft, geschwächt kam ich gegen den Eigensinn und die Eigenwilligkeit nicht an. ‚Wir Generale‘, so dachten sie einhellig, ‚können die militärische Situation wohl besser überschauen‘!

Eine hohe militärische Persönlichkeit hat mir früher einmal den Hinweis gegeben, daß, vom Heeres-General aufwärts, nach oben der Gehorsam abnimmt und der Befehl einer subjektiven Kritik unterliegt. Ich habe das inzwischen sehr oft erleben müssen!

Immer wieder mußte ich feststellen, daß meine Herren Generale die politischen Zielsetzungen, die geopolitischen und kriegswirtschaftlichen Dimensionen bei ihren Überlegungen völlig außer acht ließen. Meist hatten sie nur einen rein militärischen Blickwinkel, – und der war im Rußland-Feldzug traumatisch auf Moskau gerichtet.

Später erfuhr ich, sie unterstellten mir die auf Napoleon bezogene Reflexion einer ‚Moskau-Scheu‘. Dabei verkannte ich keineswegs die militärische und hochpolitische Bedeutung einer Einnahme von Moskau, – aber die Voraussetzungen dafür lagen zunächst in den erfolgreichen Angriffen nach Nord und Süd, den strategischen Pfeilern. Dann mochte Moskau der Schlußstein sein des riesenhaften russischen Gewölbes.

Die Zeit, die für die bewegliche Kampfführung günstig war, zerrann, – die kostbare Zeit, – immer war es die Zeit und ein Zuviel an Raum in diesem Krieg!

Einen der Flanken- und Umfassungsstöße nach Süden konnte ich nach meiner Gesundung Ende September noch durchsetzen. Ich habe diese Operation meinen Generalen buchstäblich abringen müssen, – ja sogar mit harten Befehlen erzwingen müssen. Das Ergebnis war: Vier russische Armeen wurden zerschlagen, es gab über 650 000 Gefangene. Selbst dieser Erfolg überzeugte meine Generale nicht von der einzig möglichen Strategie im russischen Raum.

Gegen meine innere Überzeugung setzten sie den Frontalangriff auf Moskau an, es ging mir nicht um Moskau, aber das konnten oder wollten sie nicht begreifen. Und für die Durchsetzung der großen Strategie war es zu spät.

Der Angriff auf Moskau stieß auf eine sich immer mehr versteifende starke russische Verteidigung und, das Ziel vor Augen, prallten unsere, durch monatelangen harten Kampf ermüdeten und geschwächten Divisionen gegen sibirische Verbände und immer neue Kräfte, die aus der Weite des Raumes frisch herangeführt wurden.

Der Frontalangriff auf Moskau erstarrte, wie ich es vorausgesehen hatte, an der Masse der russischen Kräfte. Und bald darauf erstarrte die Front im Schnee und in der eisigen Kälte. Die rechtzeitig angeforderte Winterausrüstung für die Soldaten des Heeres erreichte nicht die Front.

Meine Generale waren nun für den Rückzug, – gleichbedeutend mit dem napoleonischen Ende, der Katastrophe!

Die Bombe

Der 20. Juli und der August 1944
im Führer-Hauptquartier Wolfsschanze

Am Spätnachmittag des 20. Juli rief mich mein Bruder* an: Schließ deine Dienststelle – aus allen Mitarbeitern mit militärischer Ausbildung bilde eine Wachtruppe – falls erforderlich werde ich sie mit Waffen versorgen, die übrigen laß nach Hause gehen – Telefon besetzt halten.

Du selbst fährst sofort nach den notwendigen Anordnungen in meine Befehlsstelle, – und laß dich unterwegs unter keinen Umständen anhalten, auch nicht von Militärstreifen. Hast du eine Waffe zur Hand? Nein? – nun, dann ist es besser, ich schicke dir einen Wagen mit Begleitung und laß dich abholen. Dein Platz ist jetzt in meinem Befehlsstand.

– Was ist denn los?

– Attentat auf den Führer, das Militär ist alarmiert, Berlin hat ‚Walküre‘ ausgelöst, eine noch unklare Situation.

Seinen Befehlsstand und das Vorfeld dazu hatte mein Bruder als erfahrener Kompanie-Führer abgesichert. Voller Spannung erwarteten wir weitere Nachrichten über Fernschreiber aus dem Führer-Hauptquartier, auf die Telefonate des Verbindungsoffiziers zum Wehrkreis, auf die Austauschmeldungen der Parteikanzlei, der SS und der Gaue untereinander. Wir atmeten auf, als wir endlich am späten Abend die Stimme des Führers hörten.

In München und im ganzen Wehrkreis VII war alles ruhig; soweit wir das in dieser Nacht übersehen konnten, blieb es dabei.

Etwa eine Woche später suchte mich Speer auf. Da er unter Zeitdruck stand, stieg ich in seinen Wagen, als er in Richtung Stuttgart weiterfuhr. Es ging um die Förderung der kriegswichtigen Bauten in meinem Gebiet, um Arbeitskräfte und um Stahl-Kontingente.

Dann sprachen wir über den 20. Juli, seine Motive und seine Auswirkungen. Speer war inzwischen im FHQu gewesen und berichtete kurz über seine Eindrücke und über das nun sichtbar gewordene Ausmaß der Verschwörung. Besorgt sagte Speer:

Der Führer war und ist auch noch jetzt nach dem Attentat und seinen militärischen und politischen Folgen sehr beansprucht. Aber ich glaube, nun ist es doch an der Zeit, daß du dich im Hauptquartier einfindest. Der Führer muß Abstand gewinnen von dem Attentat und den ganzen Enttäuschungen. Giesler, du bist der einzige, der ihn, und wenn auch nur auf einige Stunden am

Tage, ablenken könnte. Trag ihm städtebauliche Probleme vor, Linz und die Donauufer-Bebauung, das würde ihn auch jetzt interessieren und aus dem dauernden Grübeln herausführen.

Nach einigen Tagen kam der Telefonanruf aus dem Führer-Hauptquartier. Bormann war kurz: Bitte kommen Sie sobald als möglich, der Führer erwartet Sie. Bringen Sie von Ihren Planungen mit, was ihn interessieren könnte, und natürlich alles, was sich auf Linz bezieht!

Voller Erregung, Adolf Hitler zu sehen und mit ihm zu sprechen, kam ich ins Führer-Hauptquartier Wolfsschanze. Aber was er mir dann in den folgenden Wochen anvertraute und erzählte, was mir auf seine Weisung hin mitgeteilt wurde, was ich an Dokumenten und Protokollen las und was ich dabei unmittelbar erlebte, hat mich tief erschüttert. Ich hätte all das, was ich erfuhr, für unmöglich gehalten, – ich empfand alles als unwirklich, wie einen Lemuren-Spuk.

Adolf Hitler traf ich vor seinem Bunker im Gespräch mit Adjutanten, als ich nach der nun eingeführten Kontrolle den Sperrkreis I betrat, um mich zu melden. Aber dazu kam ich nicht, denn Adolf Hitler ging mir einige Schritte entgegen: Ich habe Sie erwartet und freue mich, Sie zu sehen. Er gab mir die Hand, schonte dabei den rechten Arm, der abgewinkelt in einer Binde lag, offensichtlich schmerzte ihn auch das rechte Bein. Die der Explosion zugewandte Gesichtshälfte war noch leicht geschwollen. Er hatte Watte in den Ohren. Aber mich erstaunte seine Haltung, denn ich hatte mir seinen Zustand schlimmer vorgestellt.

Beim Tee, zu dem er mich gleich einlud, erwähnte er nur flüchtig das Attentat, er sprach kurz über seine Verletzungen. Linge mußte mir seinen Rock und die zerrissene Hose zeigen, sie war der Länge nach wie eine Landsknechtshose vielfach geschlitzt.

Man hat Sie durchsucht, Giesler – haben Sie Verständnis dafür, es ist eine zeitweilige Anordnung, veranlaßt durch das Attentat, – für Sie kommt das in Zukunft nicht mehr in Betracht, meinte er. Ich widersprach: Nach allem, was sich hier ereignet hat, halte ich eine Überprüfung für selbstverständlich, – es wäre doch durchaus möglich, daß man mir etwas in die Mappe – – –

Nein, sagte Adolf Hitler, überprüfen Sie das selbst, ehe Sie zu den Kontrollen gehen.

Er mußte wohl entsprechende Anweisung gegeben haben; jede Überprüfung bei mir unterblieb*, sowohl im Spätherbst als auch im Januar/Februar 1945 im Befehlsbunker der Reichskanzlei. Ich durchprüfte jedoch vorher immer meine Mappe und die Planrollen.

Am ersten Abend unterhielten wir uns über städtebauliche Fragen, über Linz und München. Im ganzen war es eine für mich unerwartete, seltsame Unterhaltung in diesen Tagen der turbulenten militärischen und politischen Situation. Adolf Hitler wirkte zunächst abgespannt, wurde dann aber im Verlauf unserer Unterhaltung zusehends lebhaft und aufgeschlossen.

Bormann bat mich am nächsten Morgen zu sich. Er gab mir Hinweise: Bitte stellen Sie dem Führer keine Fragen über den 20. Juli und das, was damit zusammenhängt, es sei denn, er spricht von sich aus darüber. Versuchen Sie vielmehr alles, um ihn abzulenken, – sprechen Sie mit ihm über Ihre Planungen, vorwiegend Linz, das interessiert ihn am meisten. Andererseits halte ich es aber für richtig, daß Sie genau über alle Vorgänge des 20. Juli unterrichtet sind. Ich werde dafür sorgen, daß Sie über jede Einzelheit und alle Zusammenhänge informiert werden. Nach einer kurzen Pause:

Ein Vorgang jedoch unterliegt der absoluten Geheimhaltung, der Führer wird entscheiden, ob Sie darüber Kenntnis erhalten. Aber ich bitte Sie dringend, sprechen Sie den Führer in dieser Sache nicht an!

Im übrigen könnte ich alle Unterlagen, Dokumente und Vernehmungsprotokolle bei ihm einsehen, sie würden ihm täglich durch Kaltenbrunner zugeleitet. Damit erhielte ich einen Überblick über das ganze Gespinst der Verräterclique und über den erfaßten Personenkreis. So würde mir die Zurückhaltung ermöglicht, die er in meinen Unterhaltungen mit dem Führer für notwendig erachte.

Erst später wurde mir klar, was Bormann damit gemeint hatte. Von nun an war ich in den Vormittagsstunden und in der Zeit der militärischen Lagebesprechungen überwiegend in Bormanns Arbeitsraum. Aus einem Tresor entnahm er jeweils die Meldungen, Vernehmungsprotokolle, Personenverzeichnisse und Nachforschungen, zum Teil heute bekannt als ‚Kaltenbrunner-Berichte‘. Aber diese Dokumente erfassen nur einen – wenn auch bedeutungsvollen – Teil aus dem Verratsgestrüpp, von dem ich damals Kenntnis erhielt.

Ich setzte mich dann in eine Ecke seines Arbeitsraumes und las die nüchternen Protokolle, aus denen hervorging, wie aus dem Hoch- und Landesverrat, schon in den Vorkriegs-Zeiten beginnend, in stetiger Verschärfung der Verrat in vollendetster Form wucherte, der Verrat vor allem der kämpfenden Front, der Hunderttausenden von Soldaten den Tod brachte.

Die mir seit 1939 oft dissonant scheinenden Äußerungen Adolf Hitlers: Ich habe das Gefühl, von Verrat umgeben zu sein –, seine früheren Andeutungen, so am 8. November 1939, Mitte Januar 1940, dann während der ‚Weserübung‘, am Ende der Kampfhandlungen in Frankreich, dazu noch seine teils depressiven, teils aufbäumend zornigen Reaktionen, wie ich sie 1942 in Winniza, 1943 in der Wolfsschanze erlebt hatte – nun, in diesen Berichten und Protokollen waren die Bestätigungen für seinen Verdacht, und weit mehr als das: Bisher unerklärliche Begebenheiten wurden durchsichtig und ließen sich endlich deuten, schlimmer als je geahnt!

Ich begann meine Lektüre mit den Aufrufen an die Wehrmacht und das deutsche Volk. Goerdeler an die Wehrmacht: „. . . Ein weiteres noch droht Euch um den Erfolg Eurer Siege zu bringen, die Ihr unter Führung geschulter

und erfahrener Männer erfochten habt: Das ‚Feldherrngenie‘ Hitlers, das er
in wahnwitziger Verblendung sich selbst angemaßt hat und das ihm von
Speichelleckern aufs widerlichste angehimmelt worden ist. Wer einen Stiefel
besohlen will, muß es gelernt haben*. . .“

Ein anderer Aufruf war noch besser: „Der Führer ist tot! Eine gewissenlose
Clique frontfremder Parteiführer hat es unter Ausnutzung der Lage versucht,
der schwerringenden Front in den Rücken zu fallen und die Macht zu eigennützigen Zwecken an sich zu reißen*. . .“

Damit wollte sich v. Witzleben an das deutsche Volk und die Wehrmacht
wenden, um sich selbst als neuen Oberbefehlshaber der Wehrmacht vorzustel-
len. Ich kannte ihn, – ehemals, in der noch frischen Gloriole der gekreuzten
Marschallstäbe. Vor dem Volksgerichtshof war er gefilmt worden, als er leug-
nete, je Kenntnis vom Attentat und dem militärischen Putsch gehabt zu haben,
was ihm dann sofort widerlegt wurde. Auf die Frage: ‚Wie stellten Sie sich
denn das eigentlich vor, wie sollte das weitergehen, wenn das Attentat geglückt
wäre?‘ antwortete er: ‚Ich bin Militär, ich verstehe nichts von politischen und
zivilistischen Dingen.‘ Er wirkte im zweiten Teil dieses Satzes absolut überzeugend!

Die nächsten Dokumente waren Photokopien: eine Art Organisationsplan
der Putsch-Regierung und die Ministerliste des als Reichskanzler gekürten
Goerdeler. Auf beiden Dokumenten stand ‚Speer‘ als Minister, wenn auch mit
einem Fragezeichen versehen. Überrascht sprang ich auf, ging zu Bormann:
Was heißt das, – das ist doch nicht möglich?

Bormann schaute auf: Parteigenosse Giesler, in dieser Sache ist alles möglich! Er stand langsam auf, ging zu seinem Tresor, entnahm ihm eine umfangreiche Akte, klappte sie auf und zeigte mir das oberste Blatt, – da stand der
Name ‚Speer‘. Nur dies, – zu Ihrer persönlichen Information, sagte er und
legte die Akte in den Tresor zurück. Sie werden über alles schweigen, sagte er,
während er sich wieder an seinen Schreibtisch setzte. – Für heute reicht’s mir,
ich kann nicht weiterlesen!

Meine Gedanken gingen zurück zu einem Gespräch mit dem schlesischen
Gauleiter Hanke. Das war im März 1944; eine mir anvertraute kriegsbedingte
Baustelle in Niederschlesien brachte mich öfters mit ihm zusammen. Ich
schätzte ihn als charaktervollen Mann mit klugen, aufmerksamen Augen im
gut geprägten Kopf. Hanke hatte sich in der Kampfzeit in Berlin und dann als
Soldat im Fronteinsatz bewährt, seine klaren Formulierungen entsprachen der
langjährigen Tätigkeit als Staatssekretär von Dr. Goebbels.

An einem Abend in Salzbrunn bat mich Hanke, ihn nach dem Kriege bei
den anstehenden städtebaulichen und verkehrsplanerischen Problemen von
Breslau, der Gauhauptstadt, zu beraten.

Nanu, sagte ich zu ihm, Sie sind doch eng mit Speer befreundet; wenn ich,
einmal von meiner Arbeitsüberlastung abgesehen, Ihrem Wunsche entspräche,

dann wäre das ein Affront gegen Speer, den ich mir nicht leisten will. Speer hat es bis jetzt noch nicht verwinden können, daß ich mit München und dann auch noch mit Linz beauftragt wurde. Im übrigen liegt ja meine Beauftragung als Architekt, abgesehen von Weimar, meist im süddeutschen Raum des Reiches.

Aber Sie beraten ja auch den Oberbürgermeister Freyberg in Leipzig, also――

Ja, entgegnete ich ihm, aber das geschehe nur auf Weisung des Führers, die ausgelöst worden sei durch das Problem der Messe im Zusammenhang mit der geplanten Breitspur der Bahnanlagen.

Das ganze sei für ihn ein Grund mehr, mit dem Führer zu sprechen. Er möchte als Berater für Breslau mich und nicht Speer, – dafür gebe es verschiedene Gründe. Einen davon wolle er mir anvertrauen: Er habe sehr klare Vorstellungen über die Ziele Speers, und dazu habe er Einblicke in sein Ministerium. Das mache ihn überaus besorgt, das könne nicht gut gehen, – der Führer müsse davon Kenntnis haben. Sein besonderes Mißtrauen richte sich dazu noch gegen zwei enge Mitarbeiter von Speer.

Hanke nannte die Namen, ich kannte beide, sie hatten hohe Ehrenränge, der eine in der SA, der andere in der SS.

Ob ich wisse, daß Speer die Nachfolge des Führers anstrebe?

Ja, ich hätte davon gehört, aber ich hielte das für Tratsch, für falsche und überhebliche Einschätzung der Persönlichkeit Speers seitens seiner Umgebung. Hier sei der Wunsch der Vater des Gedankens.

Nein, widersprach Hanke, es sei mehr dran, er wolle mich nicht mit all dem Kram belasten, aber der Führer müsse davon wissen, doch er komme nicht zum Vortrag; Bormann schirme den Führer völlig ab und isoliere ihn von allen, auch das mache ihn besorgt. Ich könnte ―――

Die Abschirmung durch Bormann geschieht auf Weisung des Führers, unterbrach ich ihn, und in mir sieht Adolf Hitler nur seinen Architekten, er würde es sich energisch verbitten, wenn ich mich in Dinge einmischte, die mich nichts angehen, ich bitte um Ihr Verständnis.

– Sie haben recht, ich muß selbst alles versuchen, um mit dem Führer zu sprechen.

Die Erinnerung an das Gespräch mit Hanke, seine Kritik an Speer und den zwei Mitarbeitern seines Ministeriums machte mich nachdenklich. Aber wie war das Verhalten von Speer nach dem Attentat vom 20. Juli zu deuten, als er sich mir gegenüber so sehr besorgt um Adolf Hitler äußerte, als er mich bat, mit Plänen für Linz ins Führer-Hauptquartier zu fahren? Auch kleine, an sich unwichtige Begebenheiten vor dem Attentat fand ich nun etwas seltsam.

Ende Juni 1944 beispielsweise hatte Speer die Wehrwirtschaftsführer, die Industriellen der Rüstungsindustrie und die Baubevollmächtigten zu einer Tagung nach Linz berufen, wobei er zu äußersten Anstrengungen aufrief, um die Rüstungsleistungen noch zu steigern. Diese ‚Linzer Tagung‘ fand anschließend durch eine Rede Adolf Hitlers im Platterhof auf dem Obersalzberg ihren Abschluß.

Den Abend verbrachten Speer und ich als Gäste Adolf Hitlers auf dem Berghof. Nach dem Abendessen sagte mir Speer eindringlich: Giesler, finde bitte unbedingt die Gelegenheit, und erzähle dem Führer von dem Verlauf der Tagung, und daß ich sie mit der Aufführung der 4. Bruckner-Symphonie im Festsaal des Stiftes von St. Florian beendet habe. Speer wußte, wie sehr Adolf Hitler diese Symphonie schätzte. Am späten Abend sagte er: Mein Führer, ich schlage vor, Giesler sollte Ihnen einige lustige Anekdoten erzählen*.

Bei Speer war alles pragmatische Berechnung*, – selbst als ‚Freund‘ blieb er mir fremd und rätselhaft. Und nun stand sein Name, wenn auch mit einem Fragezeichen, auf der Ministerliste der Verschwörer.

Am Abend sprach Adolf Hitler mit mir über seinen Nachfolger. War es ein Zufall, oder war der Anlaß dazu ein Hinweis von Bormann, ausgelöst durch meine Reaktion am Vormittag? Adolf Hitler sagte:

Nach diesem furchtbaren Krieg hat nur der das Recht, vor die Nation zu treten, der als Soldat sein Leben einsetzte und seine Tapferkeit und Opferbereitschaft unter Beweis stellte. Daß er Führungsqualitäten haben muß und Ausstrahlung, ist selbstverständlich, er muß auch klug sein und logisch denken, ja, aber vor allem, er muß Charakter haben. Nur ein tapferer Soldat dieses Krieges hat das Recht, die Nation zu führen!

Dann schwieg er eine lange Zeit. Am nächsten Vormittag saß ich wieder in der Ecke von Bormanns Arbeitsraum und las weiter – Meldungen, Berichte, Dokumente. Kein Wort fiel mehr über Speer, und dabei blieb es.

Aber ich las nicht nur, ich verfolgte die Vorgänge an Bormanns Schreibtisch, ich beobachtete ihn und seine Arbeitsweise. Dabei gewann ich neue Einblicke in die Wesensart dieses von vielen gefürchteten und gehaßten mächtigen Mannes, der ‚grauen Partei-Eminenz‘. Für mich wurde er gerade in diesem Zeitabschnitt durchschaubarer und verständlicher als in den Jahren zuvor. Ich will ihn aus meiner Sicht schildern.

Da saß der so verteufelte Mann, oft hemdsärmelig in der Zeit der Hochsommerhitze. Mit wacher Regsamkeit und mit immensem Fleiß arbeitete er Stöße von Akten durch, diktierte und telefonierte er ohne Unterlaß. Er hatte das Standvermögen eines Kampfstieres. Ich glaube, Adolf Hitler sah ihn treffend, als er mir einmal sagte: Bormann ist wie seine Unterschrift, und die sieht aus wie der ‚Hohe Göll*‘. Ich war damals oft zugegen, wenn Bormann Vortrag hielt, und ich meine, er tat das sachlich und konzentriert, mit allem ‚Für und Wider‘, meist in wichtigen Angelegenheiten. Es ging manchmal um Personen oder Vorkommnisse, die mir bekannt waren, da konnte ich erkennen, wie klar und korrekt vorgetragen wurde. Dann traf Adolf Hitler seine Entscheidung und begründete sie. Diese Unterrichtung des Führers auf allen Gebieten des Staates, der Partei und des gesamten zivilen Sektors dauerte manchmal stun-

denlang. Ich zeichnete inzwischen und hörte trotzdem gespannt zu. Ein
Adjutant erschien und meldete die ‚Lage‘, oder es trat eine Unterbrechung
durch festgelegte Termine ein: Giesler, wir machen später weiter – Bormann,
sorgen Sie dafür, daß Giesler eine Erfrischung bekommt.

Wenig später saß ich wieder in meiner Ecke, vor einer Erfrischung, las die
Berichte oder beobachtete still die Arbeitsweise Bormanns. Er diktierte zwei,
oft drei Sekretärinnen nacheinander. Aber seltsam und erstaunlich zugleich, –
Bormann diktierte den Vorgang dem Sinn nach, jedoch die Entscheidung Adolf
Hitlers und die Begründung aus dem Gedächtnis Wort für Wort und in der
Satzfolge genau wie Adolf Hitler es gesprochen hatte. Dazwischen formte er,
knapp gefaßt, die sich daraus ergebenden Briefe und Anweisungen. Telefonate
kamen störend dazwischen, neue Fernschreib-Bänder wurden ihm vorgelegt,
er diktierte weiter, wo er aufgehört hatte. Wieder ein Anruf, Bormann sah
mich an: Die ‚Lage‘ ist beendet, der Führer erwartet Sie, – und wandte sich
wieder seiner Arbeit zu.

Wer hätte das durchgehalten, Tag um Tag, immer bis tief in die Nächte und
über die Jahre hin! Bormann war wirklich wie der ‚Hohe Göll‘, und wie dieser
Göll hat er im hellen Licht auch Schatten geworfen. Natürlich hat er Schatten
geworfen. Manchmal hatte ich mit ihm regelrechten Krach, oder er mit mir.
Zweimal schritt Adolf Hitler ein: Giesler, vertragen Sie sich bitte mit Bormann. Einmal war es auf dem Berghof, im Frühjahr 1944, da sagte er mir:

Giesler, wenn Sie jetzt wegen Bormann voller Zorn vorzeitig von hier weg-
fahren wollen, – aber Sie sind doch über diese Zeit Gast von Frau Bormann,
und Sie sind auch mein Gast, – nein, das können Sie uns nicht antun! Übrigens,
lassen Sie sich sagen, in dieser Sache handelt Bormann absolut richtig, – er hätte
Ihnen natürlich besser einige Worte der Aufklärung geben sollen, was ich hiermit tue ... Na, sehen Sie!

Giesler, ich brauche Bormann und seine Arbeitskraft, er entlastet mich, er
ist standfest, unerschütterlich, und er setzt sich durch, – ich kann mich auf
ihn verlassen!

Im nachhinein fand ich dann selbst immer, daß Bormann berechtigt mich
hart angegangen war oder daß er nach einer Weisung von Adolf Hitler
handelte.

Bormann hatte seine Augen überall, darin zeigte sich der ehemalige Guts-
verwalter. Ich habe ihn einmal bei einem seiner Inspektionsgänge über den
kleinen Gutshof begleitet, der den Obersalzberg versorgte. Er überprüfte alles,
bis in die Champignon-Keller, nichts entging seinen Blicken. Dann stiegen wir
in die Forsten über dem Berghof-Gelände. Dort zeigte er mir seine Tierwelt
im Freigehege, ein Uhu war dabei, Eichhörnchen; was sonst noch dort herum-
sprang, ist mir entfallen. Bienenvölker hatte er für die Zeit der Fichtenblüten-
Tracht zum Hohen Göll bringen lassen. Er begeisterte sich an der großartigen
Straße, die ihm diesen Berg erschloß:

Diese Trasse bis hoch oben durch die Felsschroffen hat Dr. Todt persönlich erkundet und abgesteckt, es ist die schönste und kühnste Straße weithin. Ich habe Dr. Todt sehr verehrt und denke noch oft an ihn, sagte er.

Auf dem Rückweg suchte er, von der Straße abbiegend, im Gelände umher: Wie mir das hier gefalle. Ich meinte, man habe einen wundervollen Blick von hier, ringsum, es sei sehr schön hier oben.

Ja, dabei eine gute Lage, sagte Bormann, Verbindung mit der Straße, die auch im Winter vom Schnee geräumt wird, Quellwasser ist ganz nahe. Hier werden Sie nach dem Krieg angesiedelt, damit Sie jederzeit für den Führer präsent sind.

Im Weitergehen pfiff er vor sich hin: ,a la mi presente al vostra signori' – das alte Landsknechtslied.

In den schweren Tagen im August 1944, als die Untreue und der Verrat ausgebreitet wurden, sagte mir Bormann, und es war ihm sehr ernst:

Ich habe eine Aufgabe und ein Ziel, das ist, als Nationalsozialist dem Führer treu zu dienen. Mein ganzer Ehrgeiz ist nur, dies so gut zu tun, wie ich es vermag. Die Autorität, die ich dazu brauche, gibt mir der Führer. Ich setze sie ein, aber sie dient ausschließlich nur dieser meiner Aufgabe. Sie zweifeln sicher nicht daran, daß ich mich dem Führer völlig verpflichtet habe. Ich will nichts anderes, als ihm einen Teil seiner schweren Belastung abnehmen, und das ist nicht leicht! – Ich glaubte ihm!

Doch zurück zu den Ereignissen. Ich saß wieder still in der Ecke von Bormanns Arbeitsraum und las die Berichte der Vernehmungen, die sich immer mehr verdichteten*. Eingeprägt hat sich mir zum Beispiel eine Besonderheit aus der Vernehmung von Theodor Strünck, der den Admiral Canaris als schamlos bezeichnet, weil Canaris ihn aufgefordert habe, in seinen Aussagen alles auf Oster und Dohnanyi zu schieben.

In den Abendstunden wurden die ersten Filme von den Verhandlungen vor dem Volksgerichtshof gezeigt. Meist war es um die Zeit der militärischen Besprechungen, ich konnte nichts versäumen und sah mir diese Filme zunächst an*.

Einige der Angeklagten kannte ich persönlich, von den übrigen hatten sich mir durch die Vernehmungsprotokolle Eindrücke geformt, die sich im Film nun bildhaft ergänzten. – Hoepner, v. Witzleben, Stieff, – wie sehr unterschieden sich von ihnen die jungen Offiziere wie Klausing und Bernardis! Mit Haltung bekannten sie sich zu ihrem Tun, um sich aber doch zu distanzieren: Ja, – wenn sie geahnt hätten, welche Erbärmlichkeit an ihrer Komplottspitze herrschte!

Ich sah die Gegenüberstellung des Majors v. Leonrod mit seinem Beichtvater, dem Kaplan Wehrle, und hörte dazu die erschütternde Auseinandersetzung, – ich tastete mich zur Tür und mied die weiteren Filme.

An einem Abend, aus irgendeinem Anlaß, sprach Adolf Hitler über den

20. Juli. Ich sagte ihm, ich hätte einige Filme von den Verhandlungen vor dem Volksgerichtshof gesehen und sei erschüttert. Darauf Adolf Hitler:

Ich will nichts davon sehen, es genügt mir, daß ich die Berichte lesen muß. Durch das Attentat hat nicht nur der Hochverrat, sondern auch der widerliche Landesverrat seine Tarnung verloren und ist für mich offen zu Tage getreten. Schon lange ahnte ich den Verrat, in Winniza fühlte ich ihn unmittelbar, – oft vermeinte ich physisch die Belauerung zu spüren. Aber weit mehr und über das hinaus, was bekanntgegeben wird, erfahre ich jetzt. Nach nüchternen Überlegungen halte ich es für richtig, zu schweigen – im Interesse der kämpfenden Front und um der Einheit des Volkes willen.

Diese reaktionäre Clique betrieb seit 1938, wenn nicht schon früher, meinen Sturz durch Revolte oder Attentat. Aber mir offen mit der Waffe entgegenzutreten, das entsprach nicht ihrer Wesensart. Wie müssen sie mich und den Nationalsozialismus gehaßt haben, daß sie hemmungslos und erbärmlich sogar die kämpfende Truppe verrieten! Das ganze Ausmaß dieses schändlichen Treibens wird jetzt sichtbar, – es ist so widerlich! – Rattenhuber und Högl werden Ihnen einiges davon erzählen, doch es bleibt vertraulich. Ich habe alle, die etwas darüber wissen, zum Schweigen verpflichtet, das gilt dann auch für Sie!

Die Erzählung

Führer-Hauptquartier Wolfsschanze – August 1944

> „For Brutus is an honourable man;
> So are they all, all honourable men, –"

Der Leiter des Sicherheitskommandos, SS-Brigadeführer Rattenhuber, und der Kriminalrat Högl suchten mich auf. Rattenhuber sagte, sie kämen auf Weisung des Führers, um mir Kenntnis zu geben von Vorgängen, die mit dem 20. Juli zusammenhingen oder die nach dem Attentat aufgedeckt worden seien. Was sie mir mitzuteilen hätten, sei streng vertraulich.

Högl meinte, es wäre besser, wir gingen ins Freie. So spazierten wir also auf dem kurzen Waldweg zwischen dem Bormann'schen Holzbau und der Kasinobaracke hin und her.

Die beiden waren sehr ungleich, Rattenhuber in Uniform, groß und wuchtig, Högl, meist in Zivil, klein und gedrungen, ernsthaft und mit aufmerksamen Augen. Rattenhuber erzählt:

Zunächst zum Attentat, – also, der Stauffenberg wartet, im Wagen stehend, im Sperrkreis II auf die Explosion. Als der Sprengstoff detonierte, fuhr Stauffenberg sofort mit seinem Adjutanten zum Feldflughafen. Unterwegs warfen sie ein Paket mit Sprengstoff, das sie seltsamerweise nicht zusätzlich in die Mappe gepackt hatten, seitlich vom Waldweg in die Büsche.

Sprengstoff und Zünder waren vom Engländer, sagte Högl, und mit Sicherheit hatten die auch genaue Kenntnis vom geplanten Attentat, – die Herrschaften hatten schon lange Kontakt miteinander. Der Stauffenberg ist durch die Vorverlegung der ‚Lage‘ überrascht worden und fand keine Zeit mehr, die Mappe mit dem zweiten Sprengstoffpaket vollzustopfen, sonst hätt's alle erwischt!

Rattenhuber meinte: Die sind in ihren Vorbereitungen zeitlich gestört worden, da laß ich mich nicht von abbringen, – die gingen auf's Ganze, ohne Rücksicht hat der Stauffenberg seinen Mitverschworenen*, den Oberst Brandt, dabei in die Luft gesprengt.

Der Haeften hat den Stauffenberg durch ein Scheingespräch aus der ‚Lage‘ geholt, das war alles sorgfältig abgestimmt. Die Mappe mit dem Sprengstoff hatte Stauffenberg vor sich auf den Besprechungstisch auf die ‚Lage-Karten‘ gelegt, nun steht er auf, stützt sich dabei auf seine Mappe und drückt damit den Zünder herunter. Eine knappe Verbeugung zum Führer, mit der er, sich entschuldigend, ein Telefongespräch andeutet, dann verschwindet er.

Die ‚Lage‘ geht weiter, es wird ein Ort, eine Kampfstellung genannt, – ausgerechnet da liegt die Sprengstoffmappe drauf! Der General Schmundt stellt die Mappe auf den Boden, dann wird sie an den Tischsockel geschoben.

Soweit bekannt, sagte ich.

Ja, nun wird's aber interessant. Die beiden sind nun mittlerweile aus dem Sperrkreis I heraus, zum bereitgestellten Wagen. Neben dem Auto steht der Fellgiebel, – Sie kennen ihn doch? – der General und Chef vom Nachrichtenwesen. Die schauen nun alle gespannt zur ‚Lagebaracke‘ rüber.

Woher wißt ihr das? unterbrach ich ihn.

Der Oberstleutnant Sander stand dabei und hat das miterlebt. Jetzt passiert's, und der Stauffenberg mit dem Haeften fahren los zum Flughafen. Sicher waren die überzeugt, daß sie den Führer und alle in der ‚Lage‘ in die Luft gesprengt hätten. Den Eindruck mußte man haben: die sind alle hin!

Sie können sich ja vorstellen, was hier nun los war: Sicherheitsdienst, Begleitkommando, Ärzte, Sanitäter, Offiziere, Ordonnanzen, OT-Arbeitskräfte von der Bunker-Baustelle, alles durcheinander. Mit dem geht nun der Fellgiebel in den Sperrkreis I und beobachtet die Rettungsarbeiten.

Als er nun sah, daß der Führer lebt und, nur leicht verletzt, durch den Feldmarschall Keitel gestützt, aus der zerstörten ‚Lage-Baracke‘ kam, – da geht er doch auf den Führer zu und gratuliert ihm zu seiner Rettung! Dabei hat er doch – weiß Gott – gesagt: ‚Das kommt davon, wenn man sich mit dem Hauptquartier so nahe hinter die Front begibt.‘ Dabei stand er stramm, ‚Hosen in denselben‘, umgeschnallt, mit Pistole, berichtete Rattenhuber. Högl fuhr fort:

Die Vernehmungen haben dann ergeben, daß gerade Fellgiebel in der Clique die Auffassung vertreten hat, die sogenannte ‚Initialzündung‘ für den Umsturz könne nur durch ein Attentat auf den Führer ausgelöst werden, ein erfolgreiches Attentat natürlich. Das hat nun nicht geklappt. Jetzt mußte Fellgiebel doch wissen, daß seine Beteiligung an der ganzen Sache nicht verborgen bleiben konnte, er war doch nun dran, ohne Zweifel. Weshalb zieht er jetzt nicht die Pistole und schießt? Keiner hätte ihn daran hindern können, weil wir ja alle nicht mit so was gerechnet haben. Aber für eine wirkliche Tat waren die zu feig, die waren nur für Heimtücke zu haben.

Ja, unterbrach ich, das ist mir alles schon bekannt, und zwar aus den Vernehmungsberichten, die ich gelesen habe. Aber der Führer hat mir angedeutet, daß hinter der Affäre Fellgiebel und Nachrichtenwesen noch viel mehr steckt, nicht nur das Wissen und die Beteiligung am Attentat und Walküre-Putsch, er sagte mir, es sei ihm zu widerlich, darüber zu sprechen, ich sollte mir das von Ihnen erzählen lassen.

Das werden wir auch, wartens nur. Also der Führer hat, noch benommen durch die Explosion, gefragt, ‚Was tut der Fellgiebel hier?‘ Dabei ist ihm der erste Verdacht gekommen. Aber zunächst fällt es einem natürlich schwer, eine solch gemeine Hinterhältigkeit überhaupt für möglich zu halten, – das waren ja doch für uns ‚heilige Kühe‘.

Für mich nicht mehr, meinte Rattenhuber, seitdem der Seydlitz mit seinem Komitee für die Russen gegen die deutsche Front arbeitet.

Na ja, sagte Högl. Jedenfalls, zuerst ist der Verdacht nach allen Seiten hin und her gegangen, bis dann endgültig feststand, daß eine Militärclique den feigen Anschlag geplant hatte, den der Stauffenberg dann durchführte. Und innerhalb dieser Clique hatte Fellgiebel die Aufgabe, hier das gesamte Nachrichtensystem zu blockieren oder zu lähmen. Mit den Hauptvermittlungen ist ihm das auch gelungen, aber aus irgendwelchen Gründen oder aus Unkenntnis sind einige Leitungen nicht abgeschaltet worden. So konnten Dr. Goebbels und der Major Remer mit dem Führer telefonieren, und damit fiel der Putsch in Berlin in sich selbst zusammen. Seltsam ist, daß Fellgiebel nichts unternommen hat, um die Clique in der Bendlerstraße in Berlin zu alarmieren, nachdem das Attentat, was den Führer anging, fehlgeschlagen war, – so versuchten die weiter den Putsch, und alles ging ins Leere.

Ach, sagte Rattenhuber, vielleicht versuchte sich der Fellgiebel durch Zurückhaltung zu tarnen, genau so, wie in den weiteren Tagen sein Vertreter und Nachfolger, der Herr General Thiele. Alles in allem, die Verschwörung von ‚Oben‘ mußte allein schon deshalb scheitern, weil sie nicht mit den anständigen Offizieren und Soldaten gerechnet haben, die da nicht mitmachten, die zu ihrem Eid und dem Eidträger standen. Die hatten ja noch nicht einmal eine Kompanie hinter sich, und von der ganzen Clique hatte nicht einer den Mut, gegen den Führer die Pistole zu ziehen. Zuerst wußten wir nur, daß Fellgiebel zum engsten Kreis der Verschwörer gehörte und sich bei den Beratungen der Clique für die Beseitigung des Führers als Voraussetzung für das Gelingen des Walküre-Putsches eingesetzt hatte. Er wurde von uns verhaftet.

Aber dann ereignete sich etwas Eigenartiges: Ein Wachtmeister der Nachrichtentruppe im Führerhauptquartier kam und machte Meldung von einer ungewöhnlichen Doppelschaltung, Parallel- oder Brückenschaltung, – Nachrichten, Meldungen oder die Durchgabe von Befehlen, operativen Weisungen und taktischen Einzelheiten, ‚Nur durch Offizier-Telefonate‘, konnten durch Betätigung dieser Schaltung an dritter Stelle mitgehört werden!

Der Wachtmeister war vom Fach und verstand was von dem technischen Nachrichtenkram, er war aufmerksam geworden, aber das offene Mißtrauen kam ihm erst nach der Verhaftung von Fellgiebel.

Es stellte sich nun heraus, daß von der Nachrichtenzentrale des Führer-Hauptquartiers durch irgendeine Kupplung eine Direktverbindung in die Schweiz ging; durch eine Schaltverbindung, die sehr wahrscheinlich in oder bei Berlin war, konnten dort die Meldungen und Befehle mitgehört werden!

Die Verratsmeldungen gingen über Draht in die Schweiz, fügte Högl hinzu, und nicht durch Funk, das steht jetzt absolut fest. Wir glauben, am anderen Ende der Strippe war der schweizer Geheimdienst, und einige von denen müssen Verbindung haben mit den Sowjet-Spionagegruppen, – und die funkten dann verschlüsselt an den Feind. So ist das jahrelang betrieben worden.

Von den sowjetischen Funkzentralen in der ‚neutralen Schweiz‘, die von den verschiedenen Spionagegruppen gefüttert wurden, wußten wir schon die ganze Zeit. Die waren durch Peilungen genau geortet. Sie konnten dort nur existieren mit Wissen und Duldung einer Gruppe von Verantwortlichen des schweizer Geheimdienstes, die sich damit bewußt oder unbewußt in den Dienst der Bolschewisten stellten. Schellenberg hatte sich schon in Verhandlungen bemüht, das Spionagegeschäft in der Schweiz zu unterbinden.

– Und was habt ihr nun hier getan?

Zuerst mal nichts, sagte Rattenhuber, wir haben nicht gleich den ganzen Laden umgestülpt. Der Führer hat gesagt, das war der Fellgiebel nicht allein, er mag davon gewußt haben; und er gab die Weisung: Geheimhaltung und dauernde Überwachung dieser Schaltungen. Das hat sich dann ausgezahlt, das hat so allerhand nach sich gezogen!

Na, und jetzt fangen wir mit dem Fall Nummer 2 an. Fellgiebel war also zunächst nur als Teilnehmer an der Verschwörung und als Mitwisser des Attentats verhaftet. Noch hatten wir keine Meldung über den technischen Ablauf des schon immer vermuteten Dauerverrats der kämpfenden Front. Auf Vorschlag von Feldmarschall Keitel wird der General Thiele als bisheriger Vertreter von Fellgiebel nunmehr sein Nachfolger. Als neuer Chef des ihm anvertrauten Nachrichtenwesens meldet er sich beim Führer, so mit Schwurhand und Treuegelöbnis.

Inzwischen passiert das mit der Meldung von dem Wachtmeister der Nachrichtentruppe. Unter Geheimhaltung setzt die Überwachung ein, und es dauert gar nicht lange, dann steht fest: Der Herr General Thiele flötet mit in dieser makabren Kapelle, er weiß von der Geheimschaltung, – Parallelschaltung nennen es die Techniker.

Weil einer den andern mit hereinzieht, wird gleichzeitig seine Mitgliedschaft bei der Verschwörer-Clique offenkundig. Und nun purzelt es weiter im Nachrichtenwesen: Der Chef des Stabes beim Fellgiebel, ein Oberst Hahn, und der Chef der Amtsgruppe Nachrichten beim Befehlshaber des Ersatzheeres, ein Oberst Hassel. Alle werden verhaftet. Beim Thiele besorgen wir das, der Högl und ich, in aller Höflichkeit und mit der gebührenden Achtung, auf die ein General Anspruch hat. Dabei ist dem Herrn General dann noch was sehr Peinliches passiert.

Rattenhuber erzählte es, aber es paßt nicht in meine Niederschrift.

So, Professor, nun wundern Sie sich mal darüber, warum dem Führer das so widerlich ist und weshalb er Ihnen das nicht selbst erzählt hat, – ihn hat dieser Verrat der kämpfenden Front mehr mitgenommen als das Attentat. Neulich hat er uns gesagt, er habe seit langem damit gerechnet, daß aus diesem reaktionären Klüngel einmal auf ihn geschossen werde, aber eine solche Hinterhältigkeit hätte er keinem Offizier zugetraut, erst recht nicht den gemeinen Verrat am Soldaten, der täglich sein Leben für Deutschland einsetzt!

Wie konnten die ihr Spiel denn so lange treiben, sagte ich, weshalb kam man ihnen nicht längst auf die Schliche? Mir gegenüber hat der Chef seit 1939 andeutungsweise von Verrat gesprochen, nach der Kapitulation Frankreichs sagte er mir, er habe nunmehr Gewißheit, daß der Verrat von einer hohen militärischen Stelle ausginge, und in Einzelheiten war ihm das schon in Winniza bekannt. Ich entsinne mich noch genau an seine Worte: ‚Soll ich mein Mißtrauen auf die Teilnehmer der Lage ausdehnen, oder sitzen die Verräter an den Nahtstellen?‘ Damit meinte er doch sicherlich damals schon die Nachrichten-Zentralen.

Rattenhuber sagte darauf:

Das ist es ja, was uns so bedrückt, denn wir fühlten uns nicht nur für die Sicherheit des Führers verantwortlich. Aber auch darin waren uns Grenzen gesetzt: Bis zum 20. Juli konnte doch jeder mit der Waffe zum Führer, ja sogar mit einer geballten Ladung, wie es der Stauffenberg mit seiner Mappe getan hat, – er brauchte nur bekannt sein oder einen Passierschein für den Sperrkreis I haben! Allein der Gedanke, ein Offizier oder gar ein General könnte Verrat begehen oder ein Attentat auf den Führer, das war doch bislang – wie sagt man da – na, Sakrileg! Das ist die große Erschütterung für uns alle.

– Was soll nun werden?

– Zunächst mal großes Stillschweigen, es ist nicht auszudenken, was wird, wenn die Front und die Heimat davon erfahren. Nur der Führer bestimmt, wer von dieser Verrats-Schweinerei Kenntnis erhält.

Aber in den Nachrichtenladen ist jetzt allerhand Bewegung gekommen. Dabei hatte der Fellgiebel vor dem Attentat mit Versetzungen von Offizieren begonnen, – das waren die, denen er nicht traute, ordentliche Soldaten, die zu ihrem Eid standen und bei der Schweinerei, die die Herrschaften veranstalten wollten, nicht mitgemacht hätten – genau wie auch viele in der Bendlerstraße, auch in der Nachrichtenzentrale, die rechtzeitig abstoppten, – sonst hätte die Walküren-Verwirrung noch größeres Ausmaß gehabt.

Natürlich ist jetzt Vorsicht geboten. Guderian hat einen neuen Chef für das Nachrichtenwesen vorgeschlagen, der meldet sich heute beim Führer*.

Gegen Abend, nach dem Gespräch mit Rattenhuber und Högl, traf ich beim Teehaus wie schon öfter in der vergangenen Woche den Generalobersten Guderian und bei ihm zu meiner Überraschung den General Praun. Guderian, – ich mochte ihn sehr in seiner temperamentvollen Art und soldatischen Ausstrahlung, – war sichtlich überaus angespannt. Wir führten eine kurze höfliche Unterhaltung, ich spürte, daß seine Gedanken weitab mit militärischen Problemen befaßt waren.

Eingehender unterhielt ich mich anschließend mit General Praun. Er war der Bruder meines Mitarbeiters Dr. Theo Praun, den ich hoch geschätzt hatte; zuerst war er Leiter der Rechtsabteilung meiner Dienststelle ‚Generalbaurat München‘ gewesen, dann Oberstfrontführer der OT-Einsatzgruppe Rußland-Nord und Baltikum, die mir Dr. Todt gegen Ende des Jahres 1941 anvertraut hatte. Im Januar 1944 war Dr. Praun zusammen mit dem Frontführer Bärkessel von Partisanen auf der Fahrt zu einer OT-Einheit im Gebiet der 16. Armee ermordet worden. Der Mord wurde im russischen Rundfunk rühmend erwähnt. Bei der Beisetzung meiner Mitarbeiter lernte ich General Praun kennen. Er führte damals eine Division, zuvor war er im Frankreich-Feldzug aufgrund seiner technischen Kenntnisse Nachrichten-Kommandeur bei Guderian gewesen und nun auf dessen Vorschlag vom Führer als neuer Chef des Nachrichtenwesens eingesetzt worden.

Im Verlauf unseres Gespräches fragte ich General Praun nach seinem Eindruck, er antwortete zögernd und sehr zurückhaltend. Ich tastete mit vorsichtigen Fragen, um zu ermitteln, wie weit ihn der Führer über das Verratsgeschehen unterrichtet hatte. General Praun sagte, die Besprechung sei kurz gewesen, der Führer habe nur knapp auf die ‚unglaublichen Zustände‘ innerhalb des Nachrichtenwesens hingewiesen, er, General Praun, sollte das in Ordnung bringen!

Ich gewann den Eindruck, als sei schon der erste Schleier über das makabre Verratsgeschehen gefallen. General Praun hat sich dann ernsthaft bemüht, den Gerüchten über die Verratsaffären, soweit sie durchgesickert waren, nachzugehen. Ich weiß, daß er sich mit Kriminalrat Högl unterhielt, der ihn auf die Untersuchungsgruppe unter Kaltenbrunner verwies, er mag noch mehr herumgefragt haben, jedoch wurde ihm jede weitere Auskunft über Fellgiebel, Thiele, Hahn und Hassel vorenthalten*.

Seltsam, aber für mich durchaus erklärlich, war das Verhalten von Kriminalrat Högl, der ihn an Kaltenbrunner verwies, von Kaltenbrunner selbst, der ihm den vernünftigen Vorschlag machte, Fellgiebel durch Stabsoffiziere befragen zu lassen, und letztlich des Gestapo-Chefs Müller, der jede Auskunft über Fellgiebel, Thiele, Hahn und Hassel ablehnte. Daß die überfallartigen Prüfungen mit der Suche nach Parallelschaltungen, die dort schon längst beseitigt worden waren, ergebnislos blieben, wundert mich nicht*.

Aber es gab den Verrat, er war permanent und von einem unglaublichen Ausmaß. In den bei deutschen Offensiven überrannten russischen Gefechtsständen fanden deutsche Soldaten die eigenen Operations- und Angriffspläne! Die meisten der strategisch und taktisch verantwortungsvoll und sorgfältig geplanten deutschen Operationen, die mit kämpferischem und opfervollem Elan vorgetragen wurden, zerschellten an den nur durch Verrat möglichen Gegenmaßnahmen des Feindes. Das für erfolgreiche Angriffe wesentliche Moment der Überraschung wurde nicht mehr erreicht.

Der Verrat durch die ‚Rote Kapelle‘ sinkt bei Beurteilung dieses großen Verratsgeschehens zur Belanglosigkeit zurück, obwohl der Chef der deutschen Abwehr, nämlich Admiral Canaris, damals noch in seiner Vertrauensstellung, vor dem Reichskriegsgericht erklärt hat, daß der Verrat der ‚Roten Kapelle‘ mit Sicherheit eine Viertelmillion Opfer gefordert habe!

Doch was war dieser alarmierende, dennoch kümmerliche Verrat gegen den nicht faßbaren, erst durch das Attentat bruchstückweise sichtbar gewordenen Verrat auf hoher militärischer Ebene unmittelbar aus den Hauptquartieren! Er fluktuierte zwischen Hoch- und Landesverrat*. Haß, Geltungssucht, Charaktermangel und vorgestrige reaktionäre Gesinnung waren die Veranlassung zu einer geradezu unglaublichen Konspiration mit dem Gegner, dessen Ziel es wiederum war, Deutschland zu vernichten. Natürlich deuteten die Konspirateure ihren Verrat als notwendig und im Interesse der höheren Menschheitsziele. Als Opfergabe brachten sie sich nicht selbst, sondern den deutschen Soldaten, der mit seinem Leben zahlte*.

Es konnte daher keine Revolution von ‚Oben‘ geben, es gab dafür keine Voraussetzung, es war nichts da, keine Substanz, kein Programm, das Anspruch darauf hätte, ernst genommen zu werden, kein zündender Gedanke, keine ernsthafte Überlegung, wie es denn nach einem geglückten Putsch weitergehen sollte. – Und es gab noch nicht einmal eine Persönlichkeit.

Bürgerkrieg wäre dem Gelingen des Attentats und dem Generalputsch gefolgt und Haß über die Generationen hinweg. An der Unerbittlichkeit der Feinde hätte sich nichts geändert.

Schreckliches ist geschehen, vieles mag verdämmern, vieles kann verschüttet werden. Vieles wird man nicht verwinden, darunter auch den Verrat. Man kann versuchen, ihn als unwesentlich abzutun, ihn zu verdecken, ja sogar zu glorifizieren, – es wird nichts helfen, denn Verrat schreit über Jahrhunderte hinweg.

Der letzte Ring

Führer-Hauptquartier Wolfsschanze – August 1944

Noch immer kamen die hart-nüchternen ‚Kaltenbrunner-Berichte' über die Vernehmungen und Geständnisse der Verschwörer. Ich war mit dem Lesen dieser Berichte und Dokumente in Rückstand. Über geraume Zeit war ich in meinen freien Stunden mit Planskizzen befaßt, teils als Unterlagen für neue Besprechungen, teils veranlaßt durch die Gedanken und Anregungen Adolf Hitlers, die er in unseren nächtlichen Gesprächen darlegte. Außerdem mußte ich Abstand gewinnen, und ich brauchte Zeit, um damit fertig zu werden, was mir Rattenhuber und Högl erzählt hatten.

Als ich mich an einem Vormittag wieder bei Bormann einfand, gab er mir den Bericht über die Vernehmung und das Geständnis des Generalmajors Stieff. Daraus konnte man den Eindruck gewinnen, daß die Verschwörer, statt den ihnen anvertrauten Aufgaben zu dienen, sich fast ausschließlich mit Sinnieren, Ansätzen und Versuchen befaßt hatten, ihren Obersten Befehlshaber umzubringen – und zwar auf eine für sie selbst möglichst gefahrlose Art. Sie mußten ja erhalten bleiben.

Stauffenberg, so Stieff, dachte allerdings vorübergehend daran, daß immerhin sein Adjutant, der Oberleutnant von Haeften, einen Anschlag auf den Führer mit der Schußwaffe durchführen sollte. Die Möglichkeit dazu biete sich bei einer ‚Führerlage' oder bei einer Waffenvorführung. Dann aber meinte ‚man', das sei zu unsicher.

Nachdem ‚man' solange gezögert hatte, wollte Stieff selbst – so behauptete er – die Durchführung des Attentates übernehmen. Die Gelegenheit dazu war eine Waffenvorführung nahe dem Schloß Kleßheim bei Salzburg, einem Bau von Fischer von Erlach, an dessen Ausbau zum Gästehaus des Reiches ich Anteil gehabt hatte.

Es war geplant, nach den schweren Waffen die neue Kampfuniform der Sturmeinheiten mit Rückengepäck, Sturmgewehr und Handgranaten dem Führer vorzuführen. Dafür waren drei Feldwebel und Unteroffiziere mit hohen Auszeichnungen und der goldenen Nahkampfspange ausgesucht worden. Die Absicht des Generalmajors Stieff war nun, in dem Sturmgepäck englischen Sprengstoff mit Zeitzünder einzubauen, was sicherlich die Möglichkeit bot, sich selbst in gebührendem Abstand von der Detonation zu halten.

Nach der eigentlichen Waffenvorführung sagte Adolf Hitler wegen Zeitüberschreitung und eines angesetzten Lagetermins die Vorführung der neuen Kampfausrüstung ab. Wir fuhren zum Berghof zurück.

Mir war bei der Vorführung allerdings ein kleiner General aufgefallen, der sich, wichtig und aufgeregt, vom übrigen militärischen Stab abhob. Wer ist denn der Kleine da? hatte ich den SS-Adjutanten gefragt. Das ist Generalmajor Stieff. Daran erinnerte ich mich, als ich weiter las: „. . . Wahres Entsetzen hat in der gesamten Bevölkerung ebenso wie in Kreisen der Wehrmacht, vor allem bei den Mannschaften und Unterführern, die Tatsache ausgelöst, daß die Verräter planten, die Bombe drei frontbewährten Soldaten in den Tornister zu legen, die zur Besichtigung einer neuen Uniform dem Führer vorgestellt werden sollten*. . .“

Ich schaute zu Bormann hin und sagte: Wenn das stimmt, was der Stieff da ausgesagt hat, dann ist er ja eine besondere Zierde in der Verschwörer-Clique!

Halten Sie von Stauffenberg mehr, der das Attentat begeht ohne Rücksicht auf seine Kameraden und seinen Mitverschworenen Brandt, den er dabei in die Luft sprengt? Für mich rundet sich das Bild: Als er in Berlin-Rangsdorf landete und den in der Bendlerstraße tatbereit Harrenden den, wie er meinte, geglückten Vollzug des Attentats meldete, da sagte er doch: ‚Hier spricht General Stauffenberg!‘ – sieh da, er hatte sich selbst zum General befördert. Übrigens, erinnern Sie sich noch an den Bericht der Ordonnanz über das sonderbare Verhalten des Stauffenberg auf dem Berghof, am 11. Juli?

Die ‚Lage‘ war im großen Wohnraum noch nicht beendet, Stauffenberg wurde nicht mehr benötigt und hatte sich abgemeldet, – es ist ja noch nicht lange her. Wir beide unterhielten uns im rückwärtigen Teil der Halle zum kleinen Wohnzimmer hin, als die Ordonnanz erschien und meldete:

‚Ich kontrollierte gerade den Speiseraum, um mich zu überzeugen, ob für das Mittagessen alles in Ordnung ist, da steht in der Mitte, hinter dem Sitz des Führers, der Oberst mit dem einen Arm. Ich sagte ihm, der Raum ist privat, darf ich Sie bitten? Er unterbrach mich, – Entschuldigung, ich wollte mir das nur mal ansehen!‘

Ja, sagte ich zu Bormann, ich erinnere mich, der ‚Oberst mit dem einen Arm‘ hatte noch zur Ordonnanz gesagt: ‚Sehr gediegen hier, sehr schön, besonders mit dem Erker‘, ehe die Ordonnanz die Türe aufmachte und ihn aus dem Speiseraum bat.

Bormann: Ich habe dann die Ordonnanz noch vergattert; ich erfuhr, der Oberst war mit einer Mappe ausgerüstet, was meinen Sie, was er wohl drin hatte?

Möhrensalat und Pudding, – um etwas zum Mittagessen beizusteuern? war meine unpassende Bemerkung. Bormann verzog sein Gesicht:

Heute wissen wir das, – bei dem breiten und langen Tisch mit dem weit herunterhängenden Tischtuch hätte keiner die Mappe sehen können. In diesen Tagen waren Sie der Ehrengast bei Tisch, dem Führer gegenüber – Sie können sich gelegentlich bei dem Scharführer bedanken!

Ich entgegnete: Mir scheinen diese wiederholten Attentatsversuche, die im Nichts enden, schicksalhaft zu sein. Ich denke an das Attentat im Bürgerbräu, mit einer Bombe im Flugzeug soll es auch schon einmal versucht worden sein, jetzt lese ich hier von der Gemeinheit von Kleßheim, nun die Erinnerung an

die Affäre auf dem Berghof, dann aber der 20. Juli, – und auf seltsame Weise
übersteht der Führer mit nur leichten Verletzungen! Gibt es noch mehr derartige Anschläge, von denen ich nichts weiß?

Das mit der nur leichten Verletzung ist die eine Seite der Medaille der Atten-
tatswirkung, erwiderte Bormann, die andere Seite ist viel tiefer geprägt, glauben Sie mir! Was Ihre Frage angeht: Ja, es gab noch mehr Attentatsversuche,
die jetzt erst bekannt werden. Unterhalten Sie sich darüber einmal mit ‚den
beiden', ich habe keine Zeit.

Zunächst las ich weiter; es waren die Vernehmungsprotokolle von Admiral
Canaris und seinem Protegé Oster, alles war undurchsichtig und seltsam ver-
schleiert*. In der düsteren, deprimierenden Lektüre dieser Vernehmungs-
berichte gab es für mich eine Erheiterung: Die Photokopie eines Briefes an
Generalmajor Oster von dessen Sohn Achim, Ia eines Korps in Oberschlesien.
Der Inhalt hat sich mir eingeprägt, er lautete etwa: Hier seien die Verhältnisse
sehr erfreulich. Kommandierender General sei Reiter und Grandseigneur des
ancien régime, ein wirklicher General, kein Volkssoldat. Ich hätte mir diesen
General gerne einmal angesehen.

In späteren Jahren, als ‚Kriegsverbrecher' in Landsberg, konnte ich bei den
Rundgängen im Gefängnishof die seltsame Auffassung hören, Oster habe mit
seinem Verrat der deutschen Angriffstermine, der unzähligen Soldaten den Tod
brachte, – nein, das sei doch überhaupt kein Verrat gewesen, Oster habe doch
lediglich die Ausdehnung des Krieges nach Norden und Westen verhindern
wollen. Er wollte damit nur dem Überfall auf Dänemark und Norwegen, auf
Belgien und Holland – alles neutrale Staaten! – begegnen. Die Regierungen
dieser Staaten wurden nur deshalb von Oster so rechtzeitig gewarnt, damit sie
vor Gott und der Welt gegen die Überfallsabsicht Hitlers protestieren konnten. Das könnte dann Hitler aufhalten und zur friedlichen Beilegung aller
Konflikte zwingen.

Das waren gar seltsame Deutungen und Beschönigungen des offensichtlichen Hoch- und Landesverrats. Einer dieser Propheten, die meinten, den
Verrat als Kavaliersdelikt bewerten zu können, und die es für richtig hielten,
‚im Sinne höherer Menschheitsziele' deutsche Soldaten zu opfern und die
Nation in ihrem Bestand zu gefährden, war der Diplomat und ehemalige
Staatssekretär im Auswärtigen Amt v. Weizsäcker. Er vertrat diese Auffassung sicher, um sein eigenes Verhalten zu rechtfertigen. Ich begegnete ihm
im Landsberger WCP mit offener Verachtung.

Zu den von diesem Geschwätz Beeinflußten sagte ich, eine friedliche Beilegung aller Konflikte hätten gerade diese Neupropagandisten erfolgreich verhindert, denn Adolf Hitler habe den Krieg nicht gewollt, und zu dem Krieg
nach dem Osten sei er durch West und Ost gezwungen worden. Ich sagte
ihnen, Adolf Hitler hätte lieber gebaut, soziale Arbeit geleistet und eine vorbildliche Neugestaltung der Städte geschaffen, verbunden mit einer vernünfti-

gen Raumordnung. Viele dieser geistig Armen ließen sich sogar einreden, die von Adolf Hitler gebauten Autobahnen seien nichts anderes als die Megalomanie der Straßen!

Ich begegnete diesem geistigen Wirrwarr mit einem Zitat, das Napoleon I. zugeschrieben wird, in Wirklichkeit aber von Josef Görres aus dem Rheinischen Merkur von 1814 stammt: ‚Es gibt kein leichtgläubigeres Volk als die Deutschen ... untereinander haben sie sich gewürgt, und sie meinten, damit ihre Pflicht zu tun. Törichter ist kein anderes Volk auf der Erde. Keine Lüge kann grob genug ersonnen werden, die Deutschen glauben sie. Um eine Parole, die man ihnen gab, verfolgen sie ihre Landsleute mit größerer Erbitterung als ihre wirklichen Feinde*.‘

Mein Bericht kehrt zurück zum Führer-Hauptquartier Wolfsschanze, August 1944, zu den turbulentesten Wochen, die ich je erlebte. Mir standen die Ereignisse belastend vor Augen, ich fühlte den Untergang, ich vermeinte, das Reich müsse nun zusammenstürzen. Die Fronten wankten, die Bedrohung rückte von allen Seiten heran. Dazu kam die Bedrückung über den immer mehr zutage tretenden Umfang des betriebenen Verrates.

Das Attentat am 20. Juli war wie ein Stein, der, in ruhiges Wasser geworfen, zunächst sprudelnden Aufruhr auslöst, um den sich nun Ring um Ring bildet, durch die Vernehmungen und die Geständnisse und dann die wichtig sich gebärdende Aussagebesessenheit des Goerdeler, der nunmehr den Verrat unter die Verräter brachte. Doch nun, – derweilen noch im Zentrum die Blasen aufstiegen und platzten, bildete sich ein letzter Ring, ehe die Zähigkeit des Wassers sich behauptete. Aber gerade dieser Ring, für viele nicht mehr sichtbar, brachte die große Erschütterung für Adolf Hitler: Es betraf die Front selbst!

Seit Jahren hatte er sich gefragt: Weshalb mißlingt uns alles? Über jede militärische Operation ist mit unseren Kommandeuren zugleich auch der Gegner informiert!

Schon in Winniza 1942 hatte er mir gesagt, es gehe nicht mit rechten Dingen zu, er vermute Verrat auf hoher Ebene. Nach der Katastrophe von Stalingrad arbeiteten kommunistische Emigranten und Deserteure offen mit einem Teil der Offiziere zusammen, die in russische Gefangenschaft geraten waren. Der Zusammenbruch der Heeresgruppe Mitte durch den Ansturm der Russen im Juli 1944, der den Verlust von 25 Divisionen brachte, hatte Adolf Hitler hart getroffen. Er vermutete auch hierbei Verrat, wie schon in dem Mißlingen der Offensiv-Operation ‚Zitadelle‘ im vorausgegangenen Jahr.

Dann brachten Untersuchungen, die durch das Attentat ausgelöst wurden, die Aufhellungen, die den Verdacht Adolf Hitlers bestätigten. Der Generalstabsoffizier der Heeresgruppe Mitte, General von Tresckow, erschoß sich, der Major im Generalstab Kuhn desertierte zum Russen.

Eine weitere Aufhellung erfolgte durch die Aussage Leuschners, des ehemaligen hessischen Innenministers, der von den Verschwörern als Vizekanzler unter Goerdeler vorgesehen war. Im Führer-Hauptquartier Wolfsschanze wurde dieser Aussage Leuschners zunächst keine Bedeutung beigemessen. Leuschner aber machte seine Aussage nach seiner Verurteilung, so daß an dem Wahrheitsgehalt angesichts des Todes kaum zu zweifeln war*.

Durch diese Aussage wurden die Verratskonturen, die zur Vernichtung der Heeresgruppe Mitte beitrugen, deutlicher. Zugleich damit schillerte der ehemalige Chef des Generalstabes, Ludwig Beck, in einem seltsamen Licht. General Beck nahm sich in Kenntnis des mißglückten Attentats und der zusammengebrochenen Revolte bereits am Abend des 20. Juli in der Bendlerstraße das Leben; so steht die Aussage von Leuschner für sich.

Um das Maß von Verrat und Untreue voll zu machen, erhielt Adolf Hitler in den Tagen vom 15. bis 18. August Kenntnis von dem Versuch einer Konspiration der militärischen Führung im Westen mit den Alliierten.

Alarmierend war der Vertrauensbruch und der Selbstmordversuch des Militärbefehlshabers in Frankreich, General v. Stülpnagel. Der Oberbefehlshaber West, Generalfeldmarschall v. Kluge, wurde abgelöst und zur Berichterstattung ins Hauptquartier befohlen. Unterwegs, auf der Fahrt zum Flugplatz, nahm er Gift.

Völlig diskrepant waren einerseits die inzwischen bekannt gewordenen Bestrebungen des Feldmarschalls, ohne Wissen des Führers einen Waffenstillstand mit den Alliierten zu schließen und die dafür notwendigen Verhandlungen zu betreiben, – obwohl er wissen mußte, daß dies den Zusammenbruch aller Fronten zur Folge haben würde –, und andererseits die Tatsache, daß er kurz vor seinem Freitod einen Brief an den Führer richtete, in dem er ihm seine Treue versicherte*.

An einem dieser Abende in der Wolfsschanze sprach Adolf Hitler über dieses Verratsgeschehen mit mir. Er sagte:

Das waren die schlimmsten Tage meines Lebens! Wie leicht und einfach wäre es für mich, das Leben zu beenden – was ist denn mein Leben – zu allen Enttäuschungen doch nur Kampf und Sorgen und drückende Verantwortung.

Aber das Schicksal und die Vorsehung haben mir diese Aufgaben und Lasten zugeteilt, – und spricht nicht gerade das letzte Attentat dafür, nun erst recht standhaft zu sein, gläubig und zuversichtlich diesen Kampf fortzusetzen? Doch wenn dieser Kampf sinnvoll sein soll, muß es gelingen, die Träger des Verrats auszurotten, – denn alle Mühen, alle Tapferkeit sind vergebens gegen den Verrat in den eigenen Reihen.

Wie heimtückisch und erbärmlich ist dieser Verrat, – ich habe ihn gespürt, die ganzen Jahre, und immer sträubte sich alles in mir, deutschen Offizieren, Generalen das zuzutrauen, sie damit in Verbindung zu bringen! Es war mir unvorstellbar: Verrat im Kriege, Verrat am Volk und am kämpfenden Soldaten!

Ich glaubte, alle gewinnen zu können, da es um den Bestand Deutschlands ging, – ja sogar um Europa! Ich bin angetreten, um den Marxismus zu überwinden, um an seine Stelle den Sozialismus der Gemeinschaft der Nation zu setzen. Ich habe den Arbeiter gewonnen, aber ich habe die Reaktionäre unterschätzt, sie waren da, – in der Reichswehr, in der Industrie, in der Wirtschaft und in der Geldmacht, sie waren da als gescheiterte Politiker und tätig als Diplomaten.

Ich habe ihren auf nichts gegründeten Ehrgeiz, ihr Geltungsbedürfnis bei geistiger Armut unterschätzt, – das alles habe ich unterschätzt!

Ich habe versäumt, diese Fossilien vergangener Zeiten aufzuräumen. Ich habe über die Not, den Aufbau, die Gestaltung, über den Krieg und seine Belastung und Herausforderung vergessen, daß ich ein Revolutionär bin.

Daran habe ich zwar gedacht, damit konnte und mußte ich rechnen, daß einmal aus den Reihen dieser Reaktionäre auf mich geschossen würde. Aber die Möglichkeit, daß ein Generalstabsoffizier zu einem charakterlosen Verbrechen fähig wäre, das habe ich nie erwogen, – obwohl ich aufgrund meiner Erfahrungen seit 1938 mit allem hätte rechnen müssen*. Sie hatten nicht den Mut, mir offen zu widerstehen und zu schießen.

Es gilt, eine neue Aristokratie, eine Wertung und Rangordnung zu schaffen, und die wird bestimmt durch den Charakter, die Tapferkeit und die Standhaftigkeit.

Eine Sentenz Nietzsches beziehe ich auf mich: ‚Was heute beweisen kann, ob Einer Wert hat oder nicht, – daß er Stand hält!‘

Der Abend wurde beschlossen mit Besprechungen über städtebauliche Fragen. War es Ablenkung und Entspannung? War es Zuversicht? – Ich weiß es nicht: Adolf Hitler befaßte sich in dieser Nacht mit modernen Verkehrsstrukturen der Städte.

Technik und Moral der Verräter

Führer-Hauptquartier Wolfsschanze – Herbst 1944

‚Walküre‘, das war der Deckname für die Alarmbereitschaft der Truppen in den Garnisonen und Ausbildungslagern, die Zusammenfassung der Urlauber und der Soldaten der Lehrgänge, um im Reichsgebiet Notständen zu begegnen. Sie sollten Revolten der Kriegsgefangenen und der Fremdarbeiter verhindern. Unter ‚Walküre‘ war auch die Bekämpfung von Feindanlandungen an den Küsten und von Luftlandeunternehmen zu verstehen, – kurz, alle Einsätze, die zum Schutz des Reichsgebietes notwendig würden. Die Befehlsgewalt lag sinnvoll bei der Wehrmacht.

Die durch das Attentat vom 20. Juli ausgelösten Untersuchungen waren im wesentlichen abgeschlossen. Während seiner Erkrankung Ende September hatte Adolf Hitler in der Abgeschlossenheit seiner Schlafzelle Zeit zum Nachdenken gefunden. Er sagte mir:

,Walküre war gedacht für den Schutz des Reichsgebietes, – die Verschwörer benutzten ,Walküre' als Täuschung und als Handhabe für einen hinterhältigen Umsturzversuch. Aber selbst die Machtposition und die Möglichkeiten, die ,Walküre' bot, wußten sie nicht zu nutzen, – dazu reichten weder ihre Fähigkeiten noch ihre Entschlußkraft. Das Attentat, die ,Initialzündung', wie sie es nannten, mißlang. Die Verschwörer hatten keinen Brutus.

So versuchte ein Aristokrat, ein Oberst, mit Wissen und mit Billigung der Generalsclique, mich hinterhältig aus der Welt zu schaffen. Dabei muß ich feststellen, daß mich die Heuchelei, Feigheit und Heimtücke, daß mich der Eidbruch, der Hoch- und Landesverrat wirkungsvoller getroffen haben als die Explosion der Höllenmaschine mit englischem Sprengstoff, die dieser Aristokrat mir unter den Arbeitstisch gestellt hatte.

Aus sicherer Entfernung habe er die Detonation beobachtet, den Mitverschworenen und General des Nachrichtenwesens neben sich, dann sei er voller Tatendrang nach Berlin zurückgeflogen, um ,Walküre' auszulösen.

Es müsse ein Schock für diesen General gewesen sein, als er habe feststellen müssen, daß sein Opfer nur leicht verletzt war, – doch sei er schamlos genug gewesen, ihm noch zu gratulieren. Seine Mitverschworenen in Berlin zu warnen, – das sei ihm wohl zu gefährlich erschienen. Sie seien wohl bereit gewesen, Soldaten zu kommandieren, ihnen Befehle zu geben, die den Einsatz des Lebens erforderten. Aber sie selbst seien dazu nicht bereit gewesen, – sie hätten sich alle für zu wichtig gehalten.

Keiner habe den Mut gehabt, ihm offen mit der Waffe gegenüberzutreten. Statt ihren Weg in die Geschichte mit einer männlichen Tat zu beginnen, hätten sie versucht, ihren Obersten Befehlshaber durch Heimtücke zu fällen. Nur ein Selbstopfer habe ihnen die einzige Möglichkeit geboten, sich vom feigen Verbrecher abzuheben.

Womit begründen sie den Eidbruch, wer gebe ihnen das Recht zu Attentat und Umsturz in dieser Zeit höchster Anspannung und Bedrängnis, in dieser Zeit erbitterter Kämpfe an allen Fronten? Sie versuchten ihre Rechtfertigung darin, daß sie vorgäben, sie handelten im Interesse der höheren Menschheitsziele! Und die Garanten dafür sähen sie in Churchill und Roosevelt, ja sogar in Stalin! Sie sagten, um der höheren Menschheitsziele willen sei auch das Blutopfer deutscher Soldaten und ihrer Kameraden gerechtfertigt.

Nach dem Attentat habe er darauf bestanden, daß ihm rücksichtslos und ohne Beschönigung alle Ergebnisse der Untersuchungen, alle Aussagen und Bekundungen der Verschwörer vorgelegt würden. Er habe genau unterrichtet werden wollen über Personenkreis und Beweggründe, auch der Operationsplan des Umsturzes nach ,Walküre' habe ihn interessiert. Doch hierbei sei er bald ins Nichts gestoßen!

Die ersten Bekundungen der Träger eingebildeter Macht seien Lügen gewesen, – mit Lügen seien sie vor die Nation und die Wehrmacht getreten.

Nach dem, wie sie glaubten, geglückten Attentat hätten sie nicht den Mut gehabt, sich dazu zu bekennen.

Dem Herrn Fellgiebel sei es nicht gelungen, alle Telefonverbindungen auszuschalten. Er habe mit Dr. Goebbels sprechen können und mit dem Major des Berliner Wachbataillons ‚Großdeutschland‘, – der habe mit dem Spuk aufgeräumt. Der Putsch sei in sich zusammengefallen, – die Verschwörer hätten nicht eine Kompanie hinter sich gehabt.

Wer gebe ihnen das Recht zum Attentat und Umsturz? Die Front habe wie mit einer Stimme ihre Empörung ausgesprochen. Dem Frontsoldaten fehle jedes Verständnis dafür, daß Offiziere zu einer solchen Tat fähig waren. Die Folgen und Auswirkungen ständen der Front vor Augen, auch darin sei das Urteil eindeutig: Es gehe zu unseren Lasten, – nur der Feind hat den Nutzen.

Die Reaktion der Notgemeinschaft des Volkes sei die einhellige Ablehnung von Attentat und Umsturz. Besorgnis sei aufgekommen und Mißtrauen.

Weder aus der Nation noch aus der Wehrmacht hätten die Verschwörer das Recht ableiten können zu Attentat und Umsturz, – erst recht nicht zu Rebellion und gemeinem Verrat!

Aus den Untersuchungen und Bekundungen sei zu entnehmen, daß die Verschwörer nicht weiter gedacht hätten, – ein egozentrisches Verhalten habe zu einer euphorischen Beurteilung der politischen Lage geführt; etwa: erst beseitigen wir den Diktator und mit ‚Walküre‘ seine Partei, dann werden die Alliierten uns schon entgegenkommen! Und dann wieder diese verschwommenen Phrasen von den höheren Menschheitsidealen, denen man – so habe es ihr Gewissen gefordert – alle Opfer zu bringen hätte.

Aber auch sein Schrifttum habe ihnen als Legitimation für ihre Handlungen gedient. Besser, als viele seiner Parteigenossen ‚Mein Kampf‘ gelesen hätten, sei von ihnen das Buch durchstöbert. Sie fänden darin Sätze, die sie in ihre schäbige Gedankenwelt glaubten umdeuten zu können. Da er die Nation, die Volkssubstanz in den Untergang führe, gestehe er ihnen in ‚Mein Kampf‘ das Recht zu, durch Widerstand, Rebellion und Umsturz zu verhindern, daß dies geschieht. Es sei also nicht nur ihr Recht, vielmehr ihre Pflicht, ihn, den Tyrannen, zu beseitigen, – so läsen sie es in ‚Mein Kampf‘.

Jederzeit stelle er sich der Kritik des Volkes! Nicht er habe das Volk in die Not geführt, sondern der offen bekundete Vernichtungswille der Churchill, Roosevelt und Stalin und ihres großen Alliierten, des internationalen Judentums. Die Reaktion und die Verschwörerclique habe dieser Vernichtungsabsicht Vorschub geleistet, und sie seien auf dem besten Wege, die Nation durch Putsch und Attentat über die Not hinaus ins Verderben zu stürzen.

Nein, – diesen Herren spreche er das Recht ab zum Hochverrat, zur Rebellion, auch das Recht zum Attentat! Denn wo hätten sie je die Kraft gezeigt, ein Staatswesen neu zu formen, nach den zwingenden Forderungen, die durch den Krieg und das Jahrhundert gestellt würden? Die ‚höheren Menschheitsziele‘

zu realisieren, das ließen sich Churchill, Roosevelt und Stalin und einige Juden sicher gelegen sein. Es sei deshalb nicht nötig, deutsches Blut durch Heimtücke und Verrat zu opfern.

Er frage sich immer wieder, wo seien denn ihre Ideen? Was hätten sie der Nation zu bieten? Nur ihre Namen und geglaubte Redlichkeit? – beides sei durch ihr Verhalten zerfleddert!

Man könne eine Revolution, die zugleich Begeisterung, Volkskraft und Opferbereitschaft auslöse, zu einer großen Welle steigern. Auf die Dauer könne man sie nicht halten, man könne sie nicht konservieren.

Aber auch die Auslösung einer Revolution hänge ab von der sie tragenden Persönlichkeit und ihrer Autorität, von den Gedanken und Ideen, ob sie verstanden würden, einwurzelten und ob sie in Übereinstimmung seien mit dem Volksempfinden und dem Zeitgeist.

Sein Weg zum Führer der Nation sei der Beweis dieser Übereinstimmung mit dem Volksempfinden. Die Träger der Attentate, des feigen Widerstandes, des Verrates seien rudimentäre Erscheinungen einer von ihnen selbst nicht begriffenen Vergangenheit.

Es sei ihm bislang einfach unvorstellbar gewesen, daß ein deutscher Offizier – gar ein General – Verrat begehen könnte. Verrat im Kriege, zu Schaden des deutschen Volkes, zu Lasten des deutschen Soldaten, der im Kampf steht – unmöglich!

Es werde der Tag kommen, an dem er klar und unmißverständlich sagen könne, wer diesen Krieg angezettelt habe, wer ... Solange gekämpft werde, könne er nicht sprechen, – diese Erschütterung wäre zuviel für das deutsche Volk und die Front –.

Bei einem führenden Soldaten sei das Wichtigste die charakterliche Haltung. Nicht die Intelligenz stehe darüber; allein der Charakter und die Willensstärke seien entscheidend, wenn es gelte, harten Schicksalsschlägen zu widerstehen. Mut, Tapferkeit und Opferbereitschaft gehörten zu den Voraussetzungen eines führenden Soldaten. All das verlange er ja auch stetig von seinen Soldaten. So solle und müsse er auch darin Vorbild sein, – mehr noch, er müsse Kraft geben können und überzeugen!

Als er die Kapitulation des Paulus und der Generale seiner Haltung zur Kenntnis habe nehmen müssen, da habe er gesagt: Jetzt werden sie den Weg nach unten gehen, bis in die Niederung der Erbärmlichkeit, der Fahneneid ist für sie nur eine Fiktion. Charakterfestigkeit sei nicht ihre Stärke, intellektuelle Selbstgeltung schon eher, – sie würden also versuchen, beim Russen eine Rolle zu spielen und dabei ihre Haltung verlieren. Es werde nicht lange dauern, dann hörten wir sie im russischen Propaganda-Rundfunk. Sie würden also den Weg der Charakterlosigkeit gehen, Schritt für Schritt, bis zur Verleugnung des Soldatentums. Sie würden vergessen, daß sie einen Namen trügen, der verpflichtete.

Es habe einige Mitarbeiter hier gegeben, auch Generale, die das für unmöglich hielten. Er habe gesagt, – doch, früher oder später, und bis zum ‚Feldmarschall‘ hin! Daß er das noch getan habe, mit dem Paulus, das würde er sich nie verzeihen! Da führe einer eine Armee, die kämpft und stirbt, und der, dem diese Armee, diese Soldaten anvertraut seien, – gehe er heroisch mit seinen Soldaten unter? Der Sinn dieses Kampfes, das Heldentum und Opfer von vielen Zehntausenden tapferer Soldaten, Offiziere und Generale verliere seine Gültigkeit, werde niedergetreten durch den, der Vorbild sein sollte.

Er gehe den Weg nach Moskau, wir würden ihn noch im Rundfunk erleben! Er habe das gesagt und recht behalten. Daß es jedoch zu einer solchen Schweinerei wie diesem sogenannten ‚Nationalkomitee Freies Deutschland‘ unter diesem Seydlitz-Kurzbach kommen würde, – das habe er sich nicht vorstellen können!

Der fühle sich am Ende noch wie der York in Tauroggen! Seydlitz und seine Kreaturen begriffen nicht, daß es Bolschewisten seien, denen sie sich verschrieben hätten; sie begriffen einfach nicht, weil sie in ihrem Denken, in ihren Vorstellungen im 19. Jahrhundert wurzelten. Sie hätten aus allem nichts gelernt. Sie hätten nicht erkannt, daß wir einen Krieg auf Leben und Tod führten, der nicht beschränkt sei auf die Soldaten, auf das Volk, die Nation, – sie könnten sich nicht vorstellen, daß wir in einem schicksalhaften Kampf ständen, in einem revolutionären Kampf um den Bestand Europas, – einem Kampf um und für eine neue Lebensbasis, gegen den Untergang und gegen die Kräfte, die uns alle vernichten wollten.

Wenn wir noch solch schizophrene Deppen hätten, die da meinten: Wir machen das mit den Russen – wir strecken die Waffen, in allen Ehren – wir überreichen unseren Degen, – den dann der Marschall Stalin oder wer immer ehrenvoll zurückreicht, – ja, in dieser Welt lebten die doch noch! Dann schließen wir mit ihnen Frieden – so stellten sich diese Idioten das vor – und die Westorientierten dächten ähnlich.

Wäre es verwunderlich, daß die Zuversicht schwindet? Daß die Verbündeten, die Neutralen das Vertrauen verlören? Und wunderten wir uns über die Forderung nach ‚Bedingungsloser Kapitulation‘?

Was solle die Front denken, der Soldat, der mit diesen Traktaten der feigen Erbärmlichkeit zum Überlaufen, zur Sabotage, zum Verrat und zur Befehlsverweigerung aufgefordert werde? Traktate, die mit den Namen ehemaliger Kommandeure unterschrieben sind. Wir müßten die moralische Krise überwinden.

Sie wollten den Krieg beenden und die Nation der ‚Bedingungslosen Kapitulation‘ unterwerfen. Daß sie damit die Soldaten der Ostfront den Russen ausgeliefert hätten, – das kümmerte sie nicht!

Er wäre befreit gewesen von allen Mühen, Sorgen, drückender Verantwortung und schlaflosen Nächten, hätte die Heimtücke des Stauffenberg Erfolg gehabt. Doch was wäre die Folge gewesen? Chaos und Vernichtung an den Fronten! Haß und Bruderkrieg und Verzweiflung.

Sie hätten nicht begriffen: Es gehe nicht um ihn und den Nationalsozialismus, es gehe um Deutschland! Churchill habe es klar und zynisch erklärt: um die Vernichtung Deutschlands gehe es! Wo bleibe hier die politische Fundierung einer Verschwörung, die Geschichte machen wolle?

Sie hätten sich aus seltsamen Arten zusammengefunden: Reaktionäre, Liberale, Marxisten, Vertreter der Kirche, wobei sich die ‚Bekennende Kirche‘ besonders auszeichne – sie beteten sogar, Deutschland möge den Krieg verlieren. Daß er die Diplomaten nicht vergesse! Und die Herren Generäle! Er könne von seinen Generälen nicht erwarten, daß sie ihn verständen, – aber er könne von ihnen fordern, daß sie seinen Befehlen gehorchten.

Sie alle hätten nicht begriffen, daß wir in einer Zeitwende lebten und einen Schicksalskampf zu bestehen hätten. Statt sich gemäß ihrem Eid für die Nation einzusetzen, betrieben sie Destruktion, Sabotage und Zersetzung. Die Verschwörer hätten kein Recht zum Umsturz, doch allein mit dem Versuch hätten sie das Vertrauen erschüttert:

Vom ersten Kriegsjahr an habe ich den Verrat geahnt, oft sogar physisch gefühlt, – ich bin sicher, dieser Verrat setzte schon viel früher ein. Nunmehr, nach dem Attentat, liegen die Beweise des dauernden Verrates vor uns. Aber noch immer sind die Verräter nicht alle erkannt. Was haben sie uns geschadet!

Diskussionen um Dr. Morell

Führer-Hauptquartier Wolfsschanze – Spätherbst 1944

Wieder wurde ich in das Hauptquartier gebeten, um über meine Linzer Arbeiten zu berichten. Dazu bedurften eigene, wenn auch kleine Sorgen der Klärung. Ich wollte mit Bormann über den Bau des Stollensystems im Felsmassiv hinter dem Berghof auf dem Obersalzberg sprechen. Er hatte mir Anweisungen gegeben, dieses System auszuweiten und dabei Endtermine verbindlich festgelegt, die einen verstärkten Einsatz von bergbaugeschulten Kräften erforderten, über die ich nicht verfügte. Außerdem fehlte es mir auch an Baustahl für die Sicherheits-Torkretierung der Stollen und Kavernen. Die für die Bauten auf dem Obersalzberg notwendigen Kontingente hatte Speer gesperrt, womit die Dissonanzen zwischen ihm und Bormann offen zutage getreten waren.

Die Gesamtzuteilung an Arbeitskräften und Baumaterial für Bayern und die Donaugaue war knapp, die Lage äußerst angespannt. Als Baubevollmächtigter und OT-Einsatzgruppenleiter war ich für dieses Gebiet zuständig. Im Verhältnis zu den mir zugeteilten Kontingenten war das Bauvolumen zu groß, und zudem wurde es noch von Feindeinwirkung betroffen. Dazu kamen Übergriffe auf Arbeitskräfte und gebietseigenes Material durch die Sonderbauwerke des ‚Jägerstabes‘, auf die ich keinen Einfluß hatte, sie unterstanden Speer und Dorsch unmittelbar.

Es war mir unmöglich, die über Speer hinweg von Bormann angeordneten Bauten auf dem Obersalzberg mit den notwendigen Arbeitskräften und dem erforderlichen Material zu versorgen. Ich wollte nunmehr die unmittelbare Zuteilung der benötigten Kontingente, nicht zu Lasten der anderen Baumaßnahmen in meinem Gebiet.

Als ich im Hauptquartier ankam, erfuhr ich, daß Adolf Hitler erkrankt sei. Ich suchte deshalb zuerst Bormann auf, um ihn und zugleich auch mich zu informieren. Bormann sagte, es dürfte mir doch wohl bewußt sein, daß alle von ihm auf dem Obersalzberg veranlaßten Baumaßnahmen auf Weisung des Führers erfolgten. Er übermittle nur seine Anordnungen. Das wisse Herr Speer genau; sein Versuch, diese notwendigen Schutzbauten einzustellen, sei letztlich ein gezielter Affront. Denn dieses Stollensystem sei bei einer möglichen Verlegung des Hauptquartiers auf den Berg nicht nur eine Luftschutzmaßnahme für den Führer und den Befehlsstab, die Kavernen seien auch für die sichere Lagerung der Dokumente bestimmt.

Er werde diese leidige Angelegenheit klären. Es sei nur schade, daß der Führer mit solchen Bagatellen beansprucht werden müsse und daß dadurch unnütze Reibungen entständen. Übrigens, der Führer wisse, daß ich hier sei, und möchte mit mir sprechen: Gehen Sie gleich rüber zu ihm!

Adolf Hitler lag auf einem Feldbett in einer fensterlosen Zelle seines Bunkers. Am Kopfteil des Bettes stand ein niedriger Tisch, darauf ein Stapel von Berichten, Meldungen, Lagekarten, einige Bücher*, ein Telefonapparat. Darüber strahlte eine bewegliche Wandlampe, die weißgrauen Betonwände reflektierten das Licht und gaben dem kleinen Raum die Unwirklichkeit einer Grabkammer. Die Frischluft der leise surrenden Ventilation kämpfte gegen den typischen Betongeruch des Bunkers.

Adolf Hitler schaltete die Deckenbeleuchtung an, legte einen Bericht und den Bleistift beiseite, nahm die Brille ab und gab mir die Hand: ‚Tag, Giesler, nehmen Sie dort den Stuhl und setzen Sie sich zu mir. Sie sehen mich in einem jämmerlichen Zustand, aber auch das habe ich überstanden, morgen kann ich wieder aufstehen.

Zu allen Mißhelligkeiten war ich dabei auch noch dem Zank der Ärzte ausgesetzt. Morell lag unter Beschuß, man warf ihm vor, er habe mich falsch behandelt, gerade als ich erkrankte und ihn brauchte. Die Chirurgen gingen gegen ihn vor, sie stützten sich dabei auf die Beurteilungen und Argumente von Internisten, die ich nicht kenne, denn sie blieben in Deckung, – unglaublich, mir das noch anzutun!

Ich war in einem schlechten Zustand, ich hatte Bauchkrämpfe mit Schmerzen, kolikartige Zustände, und eine Art Gelbsucht kam auch noch dazu. Morell war mit seinen Nerven völlig am Ende, ich mußte ihn wieder aufrichten. Ich weiß, Sie mögen ihn nicht, aus Gründen, die ich zwar verstehe, über die ich aber hinwegsehe, – er ist ein guter Arzt, und er hilft mir!

Die Vorsehung hat mir diese Aufgabe zugewiesen, die vergeblichen Attentate – nicht nur das letzte hätte mein Leben beenden können, – daß ich am Leben geblieben bin, ist für mich ein Zeichen der Vorsehung. Ich sollte dankbar sein, daß ich diesen Kampf weiter durchstehen kann.

Persönlich, egoistisch gedacht wäre mein Tod doch nur die Befreiung von Sorgen und schlaflosen Nächten, die auch die Ursache haben in meinem schlechten Gesundheitszustand, der dauernden Nervenbeanspruchung.

Es wäre mir leicht, aus dem Leben zu scheiden. Nur der Bruchteil einer Sekunde, und ich wäre von allem erlöst!

Doch ich sehe in dem Ausgang des gemeinen Attentats eine Bestätigung meines Auftrages. An meinem unbeugsamen Willen kann kein Zweifel sein.

Aber es ist besser, Sie erzählen mir jetzt von Ihrer Arbeit! Wie weit ist das Modell von Linz gediehen? Haben Sie Pläne mit? Berichten Sie mir zunächst kurz über die Schwerpunkte Ihrer kriegswichtigen Bauten.

Ich gab einen knappen Bericht und erwähnte die Diskrepanz zwischen dem für notwendig erkannten Bauvolumen und dem Mangel an Arbeitskräften und Material.

So sei es überall, und die Termine kämen ins Rutschen, die ihm verbindlich zugesagt seien, – so auch bei den umstrittenen großen ‚Jägerbauten‘! Ich hätte recht behalten mit meiner Befürchtung, daß man die genannten Termine nicht werde einhalten können. Aber trotzdem, – nach diesem Aufwand an Arbeitskraft und Material müßten diese Bauwerke beschleunigt fertiggestellt werden, wir brauchten die bombengeschützten Arbeitsräume für die kriegswichtigste Produktion. Er denke nicht daran, die Verantwortlichen für diese Bauten, Speer und Dorsch, aus ihrer Verpflichtung zu entlassen.

Er habe einen Hinweis von Bormann bekommen: Das Stollensystem auf dem Berg. Diese Ausweiche sei notwendig. Das Vernebelungsmaterial reiche nur noch für kurze Zeit:

Mag der Berghof zerbombt werden, – umso wichtiger ist das Stollensystem, es darf nicht nur als Luftschutzmaßnahme gesehen werden. Abgesehen davon, nicht Furcht zwingt mich in den Bunker, und nicht Furcht hält mich von Frontbesuchen ab, sondern die Gewißheit, daß kein anderer die Standhaftigkeit aufbringt, die nötig ist, diesen Krieg durchzustehen, um ihn zu gewinnen.

Doch erzählen Sie mir jetzt von Linz! Ihre Zeichnungen sehe ich mir die nächsten Tage an, wenn ich wieder auf bin. Richten Sie sich darauf ein, daß Sie einige Zeit hier bleiben – es ist die einzige Ablenkung, die ich habe!

Ich erzählte ihm von den Planungen für ‚sein‘ Linz, von den gefundenen Lösungen für verschiedene Bauten, von Fragen, die mit ihm zu diskutieren waren, bis er sich wieder militärischen Dingen zuwenden mußte.

Ich ging zurück zu Bormann, um mich über die Ärzte-Dissonanz zu informieren. Ich hatte immer den Eindruck gehabt, Bormann teile meine Sympathien für Dr. Karl Brandt. Bormann sagte: Sicher habe Karl Brandt verantwortungsbewußt und im guten Glauben seine Bedenken über die Behandlung und die Medikamente von Morell vorgebracht. Aber er sei schließlich Chirurg, und er habe sich auf Meinungen ihm bekannter Internisten gestützt, vielleicht auch von ihnen die fraglichen Medikamente analysieren lassen.

Die Einmischung dieser Internisten halte er für leichtfertig, der Führer sei nicht ihr Patient, und er meine, nur eine gründliche Untersuchung dürfte die Voraussetzung sein für eine kritische Beurteilung von Morells Therapie. Eher bekomme man die Architekten unter einen Hut – und das wolle doch was heißen! – als die Mediziner. Hier träten sich die Lehrmeinungen hart gegenüber.

Aber auch ich sei voreingenommen gegen Morell! Nun, er gebe zu, er sei keine ästhetische Erscheinung, aber komme es denn darauf an? – Doch, auch! Und meine Abneigung sei begründet: Ich mußte mich mal von Morell untersuchen lassen, das wurde damals veranlaßt, als ich mit München beauftragt wurde und oft an des Führers Tafel saß.

Da kam ich also eines Morgens nüchtern mit Zubehör in Morells Praxis am Kurfürstendamm. Ein schludriger Laden mit seltsamen Patienten, die dort warteten. Über mich machte sich ein junger Arzt her, er war ungelüftet, roch nach Zigaretten und Whisky; er hatte gelbe Nikotinfinger und zapfte mir Blut ab für die Karbolmäuschen. Ich durfte ihm sogar die Zunge herausstrecken. Ein Glas voll Gipsbrei oder so was wurde mir kredenzt, dann war meine Grundausbildung soweit, daß der Maestro sich persönlich mit mir befaßte.

Er knuppelte an mir herum, klopfte, horchte und röntgte. Auf einer Liege, wehrlos ihm ausgeliefert, drückte er mir seine Fäuste in den Bauch und seine behaarten Wurstfinger unter die Rippen, und alles mit bezauberndem Lächeln – zweifellos ist er ein gutmütiger Mensch – mit Schweiß auf der Stirne und mit knarzendem Lederkorsett. Er beguckte sich alle Einzelheiten von mir, aber er fand nichts zum Wegschnippeln oder daß etwas neu besohlt werden mußte. Nach einiger Zeit kam dann eine gesalzene Rechnung.

Ich habe dem Chef schon einmal gesagt: Der Morell dünstet wie ...

Ich sagte es Bormann, aber jetzt, aus der Erinnerung geschrieben, wäre es doch etwas hart, den Vergleich zu wiederholen. Bormann verzog sein Gesicht und meinte: Sie können sich allerlei Spötteleien erlauben, auch beim Chef, aber nur, weil er weiß, daß keine Gehässigkeit dahintersteht. Wie hat sich denn der Führer dazu geäußert?

Er sagte: ‚Giesler, ich hab den Morell nicht hier zum gut Riechen, als Arzt soll er mir helfen, – und das tut er!

Aber es gibt sicherlich viele tüchtige Ärzte, sagte ich zu Bormann, weshalb nun gerade --- Bormann unterbrach mich: Er hat verschiedene Ärzte konsultiert, doch Morell hat ihm damals geholfen, und das schnell! Es stand schlimm um seinen Zustand, außer Haferflocken und gedünsteten Möhren konnte er nichts zu sich nehmen, und schließlich vertrug er auch das nicht mehr. Es war keine organische Erkrankung, der man schnell auf die Spur kommen konnte. Ich glaube, es war die dauernde Beanspruchung, vom Aufbau der Partei bis zur Gesamtverantwortung, die hatte sich, wie man so sagt, bei ihm auf den Magen geschlagen, und die Folge war ---

Bormann ließ den Satz ohne Abschluß. Dann fuhr er fort:

Nun, zweifelsohne hat Morell ihm geholfen, und das führte natürlich zu dem Vertrauen, das er nun genießt. Es war deshalb töricht und zeitlich völlig unpassend, Morells Therapie anzuzweifeln, – wobei ich mich vorsichtig ausdrücke!

Bitte, halten Sie sich da raus, trotz Ihrer Sympathie für Karl Brandt, den Sie als Ihren ‚Hellenen‘ bezeichnen. Nochmals, Giesler, ernsthaft, machen Sie uns keinen Kummer, beschränken Sie sich auf Ihr Gebiet!

Reflexionen

Das Zusammenspiel zwischen England und Sowjetrußland

Führer-Hauptquartier Wolfsschanze – Herbst 1944

Die Themen der abendlich-nächtlichen Gespräche mit Adolf Hitler im Spätherbst 1944 ergaben sich durch meine städtebaulichen Aufgaben. Mag auch die Beschäftigung mit solchen Problemen Hitler zur Entspannung gedient haben, sie boten ihm zugleich die Möglichkeit, aus ungewöhnlicher Sicht die zukünftige Gestaltung dieser Städte zu bestimmen. Seine Auffassungen, Ideen und Anregungen waren bedeutungsvoll und fanden in meinen Planungen ihren Niederschlag.

Nicht immer beschränkte sich das abendliche Gespräch auf Städtebau, Architektur und Technik. Manchmal wurden diese Themen verdrängt durch schwerwiegende militärische oder politische Ereignisse. Auch konnte eine dissonant verlaufene Lagebesprechung bei Hitler zu einer Replik führen und Reflexionen auslösen, die mich in dem, was er offen aussprach, zu seinem Vertrauten machten.

An einem Abend sprach er über den Kriegsbeginn und deutete seine Überlegungen, die ihn im August 1939 zu dem Vertrag mit Stalin bewogen hatten. Er wollte damit die drohende Einkreisung Deutschlands verhindern, und er sah in diesem Vertrag die letzte Möglichkeit, auf friedlichem Wege das Danzig- und Korridorproblem zu lösen.

Jahrelang hätte er sich bemüht, fuhr er fort, Polen für die europäische Schicksalsgemeinschaft zu gewinnen; die Vernunft sprach dafür, daß Polen sich in den Abwehrwall gegen den Bolschewismus einreihen würde. Dabei ging er davon aus, daß jede polnische Division eine Stärkung der Kampfkraft gegen einen nicht nur möglichen, sondern einen sich bereits abzeichnenden Ansturm des Bolschewismus gegen Europa bedeutete. Die Verantwortlichen von Versailles hätten es meisterhaft verstanden, einen schier unüberwindlichen Keil zwischen Deutschland und Polen zu treiben: Danzig und den Korridor! Das demokratisch gesäumte Mäntelchen der ‚Selbstbestimmung‘ hätten sie, wenn es ihnen unbequem wurde, nach Bedarf abgelegt.

Daß der polnische Staat einen freien Anschluß an die Ostsee haben müsse, sei für ihn selbstverständlich. Er habe deshalb eine Regelung in diesem Sinne angestrebt, zugleich mit Entspannung und Entgiftung der Beziehungen.

In unserem Interesse habe es keineswegs gelegen, unmittelbar an das bolschewistische Rußland anzugrenzen, – und auch darin habe er den Wert der Vereinbarung gesehen, die er damals mit dem Marschall Pilsudski abschloß. Aber Pilsudskis Mahnungen an das polnische Volk seien unter den alliierten Versprechungen und der chauvinistischen Hetze verfallen.

Bis in die Märztage 1939 habe er immer noch auf einen Ausgleich mit Polen gehofft, doch die Garantie-Erklärung Chamberlains habe alle Bemühungen um diesen Ausgleich oder gar um einen Freundschaftspakt mit Polen aussichtslos gemacht. Polen sei im Lager der Westmächte gewesen. Er habe nur noch in einem Abkommen mit Rußland die Möglichkeit gesehen, eine vollkommene Einkreisung durch die Westmächte zu verhindern.

Denn schon hätten Englands Diplomaten versucht, die Einkreisung durch den Machtfaktor Rußland zu verstärken. Er sei sich bewußt geworden, ohne Rußland waren die polnischen Probleme, die zur offenen Bedrohung ausarteten, nicht mehr zu lösen.

Trotzdem habe er erneut mit Vernunft zu einer Lösung zu kommen versucht. Sein Angebot an die polnische Regierung sei nicht nur großzügig gewesen, es sei vielmehr bis an die Grenze des für Deutschland Erträglichen gegangen. Nur er selbst habe ein derartiges Angebot, das ehrlichen Herzens dem Frieden dienen sollte, entgegen den rechtlich begründeten Interessen dem deutschen Volk zumuten können.

Aber die Polen beharrten, aufgestachelt durch die Kriegstreiber, auf dem durch Versailles geschaffenen Unrecht. Sie fühlten sich gesichert durch die unsinnige Garantie Englands und Frankreichs.

Heute sei er überzeugt: Zu diesen Kriegstreibern aus eiskalter Berechnung habe auch Stalin gehört, er habe ein verteufeltes doppeltes Spiel getrieben, – vertragliche Bindungen mit uns und zugleich ein Augenzwinkern mit den Westmächten.

Unser Vertrag mit Stalin habe die Polen nicht zu einem Einlenken, nicht zu einer friedlichen Regelung des Danzig- und Korridorproblems bewogen. Auch der wegen der dauernden Provokationen und wegen der Verfolgung der Volksdeutschen im Versailler polnischen Staatsgebiet nun unvermeidliche Krieg sei durch den Pakt nicht lokalisiert worden.

Schon zu dieser Zeit habe er das Wirksamwerden reaktionärer Strömungen gespürt, – nicht nur aus militärischen, vielmehr auch aus diplomatischen und kirchlichen Verbindungen mit dem Gegner. Aber er habe nicht geahnt, zu welcher Schurkerei dieser Abschaum aus dem Volkskörper der Deutschen fähig sei. Das Ausmaß der Niedertracht, verbunden mit der Torheit und der völligen Verkennung der Weltlage, sei erst später in Erscheinung getreten, und die Zusammenhänge seien nun erst durch das Attentat aufgedeckt.

Bis zur letzten, massiven Brüskierung, die sich die polnische Führung Ende August 1939 erlaubte, habe er sich nicht vorstellen können, daß sie es auf einen Kampf ankommen lassen würde.

Nüchterne Überlegung mußte die Polen doch zu folgenden Ergebnissen führen:

1. Zu der Feststellung, der deutsche Anspruch auf Danzig ist berechtigt, denn Danzig ist eine deutsche Stadt;

2. Die Regelung der Korridorfrage ist notwendig, der Vorschlag, eine Abstimmung durchzuführen, ist korrekt;

3. Die zur Abstimmung angebotenen Alternativen zur endgültigen und friedlichen Regelung gehen an die äußerste Grenze des für Deutschland Zumutbaren;

4. Nach dem Abschluß des deutsch-russischen Vertrages ist Polen, militärisch gesehen, in einer aussichtslosen Lage;

5. Daran ändert auch die Garantie-Erklärung Englands nichts, auch keinerlei weitergehende Zusicherung seitens Englands und Frankreichs. Denn zwischen den Machtblöcken Deutschland und Rußland würde Polen in wenigen Wochen zermalmt.

Diesen Tatsachen habe irgendetwas entgegengestanden, das die Polen zu ihrer Verhaltensweise ermunterte. Entweder eine englische Perfidie, wodurch Polen den Krieg riskierte, oder der englische Hinweis auf den zugesicherten Umsturz, auf seine Beseitigung durch die reaktionäre Clique mit anschließendem Putsch.

So erkläre sich ein vielseitiges Wunschdenken. Die Reaktionäre: ‚Wenn ihr hart bleibt, dann werden wir ihn los‘, die Engländer: ‚So werden wir mit Deutschland und den Nazis fertig, benutzen wir die Polen‘, – und die Polen: ‚Ja, wenn das so ist, – in wenigen Wochen stehen wir in Berlin‘.

Als England und Frankreich uns im September 1939 den Krieg erklärt hätten, sei es ihnen gar nicht um Polen gegangen, das Garantie-Abkommen habe ihnen nur den gesuchten Anlaß geboten:

Krieg der europäischen Nationen untereinander, – das entsprach genau der Prophetie Lenins. Den nun unausweichlichen Kampf gegen Polen nutzte Stalin, um das sowjetische westliche Vorfeld zu bereinigen. Nachdem wir Polen militärisch niedergerungen hatten, besorgte Stalin vom Osten her mühelos den Rest und liquidierte abschließend über 10 000 Offiziere und Führungskräfte im Wald von Katyn.

Furchtbar hätten ihn die Meldungen getroffen von der Brutalität der Polen gegen die Volksdeutschen im Korridor und in den Grenzgebieten, – man hatte sie, teils vor, teils nach Beginn der Kampfhandlungen, zusammengetrieben und erschlagen. Unglaublich sei, zu welchem Haßausbruch die dauernde Verhetzung geführt habe: Es gab mehr erschlagene und zu Tode gequälte Volksdeutsche als im harten Kampf gefallene deutsche Soldaten. Das hätte nunmehr seine Haltung gegenüber Polen bestimmt.

Dann sprach Adolf Hitler wieder über das deutsch-russische Abkommen. Dieser Vertrag habe uns Rückendeckung gegeben, wir hätten Zeit gewinnen können. Aber um diesen Zeitgewinn sei es auch Stalin gegangen, als er den

Pakt mit uns abschloß. England habe mit dem Garantie-Abkommen jede friedliche und vernünftige Regelung unmöglich machen und den Krieg auslösen wollen.

Auch Stalin habe den Krieg angestrebt, ohne sich allerdings sofort in ihn verwickeln zu lassen. Auf die Unruhe in Europa und die Schwächung Deutschlands, – darauf waren seine geschickten Schachzüge gerichtet: Wir sollten uns in diesen Krieg verbeißen, und Rußland wollte daraus den Nutzen ziehen.

In Übereinstimmung mit der alten zaristischen und nunmehr leninistisch-stalinistischen Zielsetzung hätten die Sowjets mit der polnischen Teilung ihr westliches Vorfeld nach Europa hin gewonnen. Als unsere Kräfte im Westen gebunden waren, annektierten sie die baltischen Staaten, besetzten Bessarabien und die Nordbukowina, – sie seien nicht zimperlich gewesen, aus Interessengebieten hätten sie Annexionen gemacht.

Nach dem Frankreich-Feldzug – sicher hatte Stalin langandauernde Kämpfe erwartet – habe er zunächst mit unserem Angriff auf England, England dagegen habe mit Rußland gerechnet. Stalin habe gelauert, bei ihm sei die Zeit gewesen, – und diese ‚Zeit‘ habe sich mit dem riesigen russisch-asiatischen Raum verbunden. Wir hätten beides nicht, – weder Zeit noch Raum! Und beides stehe in einem entscheidenden Zusammenhang!

Stalin – nein, Rußland, seit Peter dem Großen – wolle noch mehr Raum: Rußland wolle den Balkan, nur als ‚Interessengebiet‘ natürlich, wie vorher schon bei den baltischen Staaten. Rußland wolle Bulgarien als ‚Interessengebiet‘, es wolle ihm, ganz uneigennützig natürlich, Zugang zur Ägäis verschaffen, es wolle Stützpunkte an den Dardanellen.

Stalins Forderungen gingen nun von Finnland bis zur Ägäis, – als Vorfeld für die bolschewistische Weltrevolution, – oder seien das die alten russischen, imperialistischen Machtziele seit Peter dem Großen?

Hätte er dem entsprochen, was Molotow im Namen Stalins forderte, – es wäre Verrat an Europa gewesen! Es sei nunmehr um das Schicksal des Abendlandes gegangen, dessen Zerfall und Untergang von Spengler in den zwanziger Jahren prophezeit wurde.

Er habe seine Aufgabe darin gesehen, das deutsche Volk, – mehr, die ganze europäische Substanz für eine kraftvolle soziale Revolution zu gewinnen. Er habe die offen bekundete Absicht Lenins und seines Nachfolgers, Europa mit Hilfe Asiens zu bolschewisieren, zunichte machen wollen. Er wolle verhindern, daß das Abendland in unterschiedlichen Spielarten des Marxismus versinke.

Man könne den sozialen Aufbau nur im Rahmen des Gefüges einer Nation, einer Volksgemeinschaft verwirklichen und nicht mit Hilfe des internationalen, aufspaltenden und klassenkämpferischen Marxismus. Ein auf den Marxismus aufgebauter Sozialismus spalte die Nation, das heißt die Gesamtheit als den einzig möglichen Träger des sozialen Gedankens überhaupt, von Grund auf.

Wir hätten ja erlebt, wohin die Aufspaltung führte: Zu dem Parteiklüngel der Sozialdemokraten, der Unabhängigen, bis hin zu dem der Kommunisten. Aber genauso sei es mit den Irrtümern des Liberalismus. Beides könne nicht der Ausdruck unseres Jahrhunderts sein, – es wäre ein Rückfall, schlimmer als in die Zeiten der Bourbonen. Es gebe für uns und unser Jahrhundert nur die Synthese aus Nation und Sozialismus.

Adolf Hitler sprach weiter, er sagte, hinter den Forderungen Stalins, von denen ihm Molotow bei seinem Besuch in Berlin 1940 hart und kalt Kenntnis gegeben hatte, habe die immer offenkundiger werdende militärische Bedrohung an unserer Ostgrenze gestanden, an der Ostgrenze Europas. Zunächst seien es 150 russische Divisionen gewesen, denen nur ein dünner Schleier verfügbarer deutscher Kräfte gegenüberstand. Jedenfalls hätte uns Stalin mit seinen aufmarschierten Armeen jederzeit von den kriegswichtigen Rohstoffen abschneiden können. Dabei sei er in der günstigen Lage gewesen, warten und rüsten zu können und mit den Westmächten zu verhandeln.

Hätten wir uns doch noch im Kampf gegen England verbissen, so wäre sein Preis noch höher gestiegen, – der Preis, den er nicht gewillt sei zu zahlen! Anders die Alliierten! Jeder Preis, den andere Teile Europas zu bezahlen hätten, werde von der westlichen Kumpanei akzeptiert. In ihrer Blindheit kennten sie nur ein Ziel: Die Vernichtung Deutschlands, die einen in den Vorstellungen des Richelieu, die anderen nach ihrer Balance of Power, die übrigen in sinnlosem Haß.

Als unser Angriff auf England, den die Vernunft wie auch das europäische Denken verboten habe, nicht erfolgte, da habe Stalin mit dem Versuch der Zersetzung der Balkanstaaten begonnen. Er zündelte und zettelte einen Staatsstreich an, um in Rumänien chaotische Zustände zu schaffen. Die Voraussetzungen dafür seien für ihn günstig gewesen, denn Italien habe den Balkan in Unruhe gestürzt. Neue Kriegsschauplätze sollten entstehen und unsere Kräfte zersplittern.

Während er sich bemüht hätte, den Balkan für die europäische Idee zu gewinnen, ihn zumindest aber ruhig zu halten, zu neutralisieren, hätten die Italiener nun Griechenland angegriffen, ohne uns ein Wort zu sagen, – ein sinnloses Abenteuer! Als er nach den Enttäuschungen von Hendaye und Montoire nach Florenz gekommen sei, habe man ihn mit diesem Irrsinn konfrontiert.

Dabei hätten sich die Italiener nicht einmal in der Cyrenaika behaupten können! Ihr Angriff sei in Griechenland weniger durch die Ungunst der Witterung, vielmehr durch die tapfere griechische Abwehr erfolglos geblieben. Natürlich, das müsse man berücksichtigen, der italienische Angriff sei auch veranlaßt durch bewußte Brüskierung und Neutralitätsverletzungen seitens Griechenland.

Es stecke eine typisch englische Infamie dahinter, den Krieg auszuweiten und damit einen neuen Kriegsschauplatz zu schaffen, der von ihrem Inselreich ablenke. Die Engländer landeten Truppenkontingente auf Kreta, zugleich auch auf dem griechischen Festland, – es seien allein etwa 70 000 Soldaten aus ihren Eliteverbänden gewesen.

Zuerst habe er damals in dem Entschluß, Griechenland anzugreifen, nur eine Reminiszenz an das römische Imperium gesehen. Aber heute wisse er auch von den Absichten des verschlagenen Ciano. Er habe ihm nie getraut und sei überzeugt, der Duce unterlag auch in dieser verhängnisvollen Entscheidung dem Einfluß seines durchtriebenen Nepoten.

Er habe nun befürchten müssen, daß Jugoslawien, von England und auch von den Russen gedrängt, die Rolle übernehmen würde, die der Tschechei früher zugedacht war. Deshalb habe er aufgeatmet, als er im Frühjahr 1941 den Vertrag habe abschließen können, von dem er hoffte, daß er unsere Südflanke sichern würde.

Es sei anders gekommen, – wenige Tage später erfolgte der Staatsstreich in Belgrad. Hier habe sich erneut, wenn auch versteckt, das gemeinsame Vorgehen der englischen und russischen Führung gezeigt, die diesen Umsturz inszenierten. Die jugoslawische Regierung wurde gestürzt, die Streitkräfte wurden gegen Deutschland mobilisiert.

Wie es 1940 notwendig wurde, unsere Nordflanke bis zum Nordkap – auch wegen der Rohstoffe – abzusichern, so habe nun, – gegen seine Absicht –, aus denselben Gründen die Sicherung unserer Südflanke erfolgen müssen. Damit wurde für uns der Balkan zum Kriegsschauplatz.

Eine neue Front entstand, Truppen und Kräfte wurden gebunden, Verluste an Menschen und Material – wertvolle, ja entscheidende Zeit ging uns verloren, – wir sollten das bitter zu spüren bekommen!

Inzwischen habe sich eine bedrohliche Bereitstellung sowjetischer Divisionen und Armeen vor der deutschen und rumänischen Ostgrenze vollzogen. Es habe kein Zögern mehr gegeben, unser Präventivschlag traf auf die kampfbereiten Armeen der Sowjets. Unser Angriff sei für die russische Führung keine Überraschung gewesen. Vielmehr waren wir überrascht über das Aufgebot der tiefgestaffelten Armeen, über die Stärke ihrer Artillerie und ganz besonders über die unglaubliche Massierung ihrer Panzer, der robusten, kampfstarken T 34.

Mit diesem Angriff habe nicht nur der Zweifrontenkrieg, den er habe vermeiden wollen, es habe der allseitig zu führende Kampf begonnen. Er habe stets die Auffassung vertreten, daß wir uns nie in einen solchen Kampf verwickeln lassen dürften.

Drohend und abschreckend habe auch der napoleonische Rußland-Feldzug vor seinen Augen gestanden: Zweifeln Sie nicht daran, daß ich alle Phasen dieses Krieges, alle Erfahrungen, die Napoleon in Rußland machen mußte, sorgfältig durchdacht hatte!

Warum nun doch unser Angriff? Wir waren zu diesem Kampf verurteilt, dieser Kampf ist unser Schicksal. Was wir noch selbst bestimmen konnten, das war der Zeitpunkt des Angriffs. Und selbst die Wahl des für uns günstigen Augenblicks lag nicht mehr in unserer Entscheidung.

Erst recht nach der Entwicklung auf dem Balkan habe es durch die russische Bedrohung keine Hoffnung mehr gegeben, die englische Insel anzugreifen. England in Gibraltar zu treffen, sei uns verbaut worden. Suez habe nur Sinn gehabt im Zusammenhang mit Gibraltar.

Die Zeit sei gegen uns gewesen, – wir mußten versuchen, einen lang sich hinziehenden Krieg unter allen Umständen zu vermeiden. Wenn England nun seine Hoffnungen auf die Rote Armee setzte, bevor die aktive, schon zugesagte Einmischung Amerikas erfolgte und zum Tragen kam, dann sei uns nur die Möglichkeit geblieben, diese Rote Armee auszuschalten, um die Westmächte zum Frieden zu bewegen. In einem übersehbaren Zeitabschnitt mußte diese Rote Armee zerschlagen und Rußland bezwungen werden, um einen wirklichen Mehrfrontenkrieg zu vermeiden.

Ein weiterer Gesichtspunkt habe seinen Entschluß bestimmt. Es sei für Deutschlands und Europas Zukunft gleich wichtig gewesen, der bolschewistischen Gefahr zu begegnen. Wir könnten uns dabei nicht auf die Verteidigung des deutschen Raumes einlassen! Nur durch einen Präventivschlag würde es gelingen, den Kampf in den großen russischen Weiten auszutragen.

Darüber habe bei ihm kein Zweifel bestanden; es würde ein Kampf um Sein oder Nichtsein: Dieser Kampf konnte nur durchgestanden werden mit der geschlossenen Einheit der Gemeinschaft und mit dem harten, unbeugsamen Willen des ganzen deutschen Volkes. Ich wiederhole, was ich zu Beginn des Krieges gesagt habe: Wenn wir diese Gemeinschaft bilden, dann wird unser einheitlicher Wille, unsere Geschlossenheit jeder Not Herr werden.

Aber darin, in der Geschlossenheit, habe ich mich getäuscht, – denn ich habe die reaktionären Kräfte unterschätzt: Die Träger dieses Verrats erkennen nicht den Sinn und das Schicksalhafte dieses Kampfes um Deutschland und Europa.

Aufgezwungene Defensive
Führer-Hauptquartier Wolfsschanze – Spätherbst 1944

Adolf Hitler beklagte den fast vollständigen Verlust der Offensivkraft: Daß wir an allen Fronten defensiv kämpfen mußten, ergab sich aus den furchtbaren Situationen, die seit Stalingrad zwangsläufig eintraten. Zuerst schwand die Zuversicht und dann der Kampfwille der italienischen, rumänischen und ungarischen Truppenverbände, die im höchsten Maße labil und anfällig waren.

Dazu kam die Zersetzung der Front von außen durch Emigranten im Dienst der Feinde, durch Deserteure und die Hiwis im sogenannten National-Komi-

tee unter Leitung des ehemaligen Generals Seydlitz-Kurzbach, – ich will mir
weitere Namen von diesem widerlichen Pack ersparen.

Viel schlimmer und gefährlicher war aber die Zersetzung von innen und der
jetzt offenkundig gewordene Landesverrat, einer Blutvergiftung gleich.

Es habe angefangen mit Destruktionen von Diplomaten und Reaktionären
des Generalstabes. Und es sei weitergegangen mit Hinterhältigkeiten und ab-
surden Vorstellungen, die Räuberpistolen glichen, und habe bei dem übelsten,
unvorstellbaren Verrat an der kämpfenden Front und der bombenbedrohten
Heimat geendet, – und das auf hoher militärischer Ebene!

Nochmals das Wagnis einer Offensive, – die „Zitadelle" sei sorgfältig geplant
und vorbereitet gewesen, jedoch ohne Erfolg. Er habe von Anfang an ein ungutes Gefühl gehabt, obwohl ihm damals der Umfang des Verrates noch nicht
offen vor den Augen gelegen habe.

Wo unsere Angriffs-Stöße angesetzt wurden, seien wir auf massiven Widerstand getroffen, auf ausgebaute, tiefgestaffelte Verteidigungszonen, ja sogar
auf Gegenschläge, angesetzt exakt auf Nahtstellen. Das konnte nicht nur gute
Aufklärung sein, – dem Russen sei nicht nur unsere strategische, sondern auch
die taktische Planung bekannt gewesen!

Es sei bisher, seit dem Herbst 1939, wenn nicht schon früher, nicht gelungen,
auch nur eine Entscheidung geheimzuhalten! Da mit der Ausarbeitung der
Operationen bis zu den Befehlsübermittlungen nur hohe Offiziere befaßt wurden, konnte auch nur von dieser Seite aus der Verrat erfolgen. Die Vernehmungen nach dem Attentat erst brachten Licht in dieses unglaubliche Verratsge-
spinst.

Neue Waffensysteme waren entwickelt, erprobt und in die Fertigung gegeben worden. Zu jeder Zeit habe er auf forcierte Entwicklung und auf Fertigung in höchster Einstufung gedrängt. Man habe ihm Zeitversprechungen gemacht, verbindliche Termine genannt, – sie wurden nicht gehalten. Mittlerweile
sei man darin vorsichtiger geworden ...

Trotzdem, – es würden ihm Türken gebaut und Potemkinsche Dörfer errichtet, dazu komme Sabotage, die nur in einzelnen Fällen aufgeklärt werde.
Schlimmer sei der offensichtliche Verrat, – die gezielten schweren Luftangriffe
auf die Zentren der Waffenentwicklung seien dafür der Beweis.

Er denke dabei an die Flächenbombardierung eines überaus wichtigen Ent-
wicklungs-Betriebes, die Hunderten von Forschern, Ingenieuren und Fach-
kräften das Leben kostete. Dieser gezielte Angriff – er könne nur durch Verrat ausgelöst worden sein – brachte für den Einsatz des neuen Waffensystems
einen Zeitverlust von einem Jahr*!

Diese Waffe habe uns ausgerechnet in dem Zeitabschnitt vor und während
der Invasion gefehlt, – sie sei eine strategische Waffe von kriegsentscheidender
Bedeutung. Sie sollte zu Beginn des Jahres 1944 eingesetzt werden – gegen
England allgemein, vor allem aber gegen die Basis der Invasion an der engli-

schen Küste, um die bereitgestellten Kräfte schon im Ansatz zu dezimieren! Ich wußte, daß Peenemünde gemeint war und damit die Entwicklung der Raketenwaffen*.

In vielem sei er belogen worden, unvollständig informiert, – was dürfe er glauben, auf was könne er sich verlassen? Auch im Bereich des Generalquartiermeisters sei sabotiert worden, so im Nachschub der Waffen und der Munition, der Treibstoffe für Panzer und Flugzeuge.

Als es darum gegangen sei, eingekesselte Kampfverbände mit Munition und hochwertigen Nahrungsmitteln zu versorgen, da hätten die Transportmaschinen, – die auf jedem Flug der feindlichen Abwehr ausgesetzt waren, – Fischmehl hätten sie an Bord gehabt! Und unnützen Kram, der sich allenfalls für die Etappe eignete!

Wenn ihm neue Waffensysteme zur Entwicklungs-Freigabe vorgelegt oder vorgeführt würden, stelle er die Frage: Bis wann kommt es zum Tragen? Denn Waffensysteme, deren Entwicklung und Fertigung über die Zeit hinausgehe, die wir imstande sind, den Krieg zu bestehen, könnten wir uns nicht leisten, sie belasteten nur die Fertigung erprobter Waffen. Beschränkt könne eine solche Entwicklung wohl gefördert werden, wenn er erkenne, daß die Systeme von großer Bedeutung sein könnten. Aber bedauernd stelle er dann fest: Sie kommen für den kriegsentscheidenden Einsatz zu spät*!

Geniale Forscher hätten schon vor Jahren auf physikalischem Gebiet eine revolutionäre Entwicklung gemacht, die weit über unser Jahrhundert hinausgreife. Sie werde auch militärisch von größter Bedeutung sein, könnte dazu führen, die Welt zu verändern! Allein, – was solls? Es sei immer die ‚Zeit‘, und damit der unheimliche Druck, dem wir nicht ausweichen könnten und der auf allen unseren Entscheidungen liege, die wir zu treffen haben.

Wieder hätten unsere Verbände an der Ostfront in diesem Sommer im harten Defensivkampf gestanden, der durch die mit starken Kräften geführten Offensiv-Stöße der Russen zur größten Belastungsprobe geworden sei. Es sei der Zusammenbruch der Heeresgruppe Mitte gefolgt, die Invasion der Alliierten im Westen habe an Boden gewonnen, das hinterhältige Attentat, der Zusammenbruch der Westfront, – das alles könne nicht nur in militärischen Aspekten gesehen werden, vielmehr müsse man auch an die politischen Auswirkungen denken.

Wir brauchten uns nicht zu wundern, daß Zweifel aufkämen, daß Verbündete abfielen, Neutrale sich gegen uns wendeten. Könnten wir es ihnen verübeln, wenn sie Rückschlüsse ziehen, allein schon aus dem Verrat in unseren eigenen Reihen, – wenn sie schon vor uns wußten, daß unsere eigene Abwehr und Teile unseres Nachrichtenwesens im Dienste der Feinde standen?

Das defensive Verharren zehre an den Kräften der Truppe, koste uns Zeit und ermögliche dem Gegner, seine Materialüberlegenheit immer mehr zu steigern.

Es sei ein Irrtum, anzunehmen, daß offensives Vorgehen höhere Verluste erfordere als defensives Sich-zur-Wehr-setzen, – natürlich immer unter dem Gesichtspunkt der Überraschung. Auch entspreche der Angriff dem Wesen des deutschen Soldaten mehr als die Verteidigung. Deshalb müßten wir wieder offensiv werden. Aber nicht im Osten, denn selbst ein großer Erfolg werde in diesem Großraum kaum zur Kenntnis genommen.

Dagegen erfordere die Lage an der Westfront einen Offensiv-Stoß. Hier gelte es zunächst, der unmittelbaren Gefahr für das Ruhrgebiet zu begegnen. Ein erfolgreicher Angriff im Westen würde durch die Zerschlagung amerikanischer Divisionen zu einer Entspannung der Front führen.

Zugleich wäre unsere Aktivität psychologisch von großer Bedeutung, nicht nur für die kämpfende Truppe, vielmehr auch für das deutsche Volk. Dem Gegner würde, bayrisch gesagt, die Schneid genommen. Es gelte aber auch, den Raum wieder zu gewinnen, von dem aus unsere Vergeltungswaffen, die Raketen, wirkungsvoll eingesetzt werden können.

Er habe sich deshalb entschlossen, im Westen offensiv zu werden, sobald die Wetterverhältnisse für uns günstig seien, was bedeute, daß die Luftwaffe des Gegners behindert sei.

Das Ende

Der Generaloberst

Mit Generaloberst Jodl sprach ich im Herbst 1943 über ,Demjansk' und über die Katastrophe und Tragödie von Stalingrad.

Auf den Waldaihöhen um Demjansk hatten russische Armeen im Winter 1941/1942 ein deutsches Armeekorps eingeschlossen. Nur durch Transportflugzeuge im pausenlosen täglichen Einsatz konnten die sechs eingeschlossenen Divisionen, etwa 100 000 Soldaten, versorgt und kampffähig gehalten werden.

Alle russischen Angriffe schlugen sie ab und banden auf lange Zeit 5 russische Armeen an ihrer großräumigen Igelstellung. Die Soldaten im Kessel von Demjansk verhinderten damit einen entscheidenden Durchbruch der Sowjets bei der Heeresgruppe Nord.

Ich befand mich damals im Gebiet um Pleskau und Staraja-Russa und nahm besonderen Anteil an dem Geschehen. Während dieser Zeit flog mein Freund Schulte-Frohlinde aus dem Raum Pleskau mit der Ju 52 Munition und Versorgung in den Kessel und brachte Verwundete heraus. OT-Einheiten von mir bauten zusammen mit Pionieren Brücken, Knüppeldämme und Stellungen und verlegten Feldbahngleise in Richtung auf den Kessel. Es waren notwendige Vorbereitungen für den Angriff von außen, um den geplanten Ausbruch von innen zu erleichtern.

Die Hauptkampflinie auf der Landbrücke westlich des Demjansker Kessels war inzwischen stabilisiert und ausgebaut. 4 Divisionen griffen aus dem Raum Staraja-Russa an, um das eingeschlossene Armeekorps zu befreien. In beispiellosem Einsatz durchstanden die Soldaten diesen Kampf, durch Sumpf und Morast und über den Lowatfluß.

Das sei eine einmalige Leistung von Truppe und Führung gewesen, sagte Generaloberst Jodl. Es sei auch einmalig in der Kriegsgeschichte, daß ein eingekesseltes Armeekorps einen dauernden, allseitigen Abwehrkampf auf lange Zeit gegen eine große Übermacht bestanden habe. Und ebenso einmalig wie zugleich erstmalig sei es, daß ein Armeekorps über Monate hinweg allein durch Transportflugzeuge versorgt worden sei, mit allem, was es für den Kampf benötigt habe.

Ich sagte, über die kriegsgeschichtliche Darstellung hinaus werde es wohl einst zu einer Saga von Demjansk und Stalingrad kommen, auch mit dem, was an Bitterem nachfolgte, – ein neues Nibelungenepos der Soldaten. Der Generaloberst: Ich weiß, wohin das Gespräch mich führen soll – aber dafür und dazu ist für mich jetzt die Zeit nicht gegeben. Nur einige Hinweise.

Das Verhängnis ‚Stalingrad‘ sei ausgelöst worden durch den Zusammenbruch der Nordflanke, aber auch eines Teiles der Südflanke der 6. Armee. Diese Verbände hätten den Angriffsstößen russischer Elitearmeen nicht standgehalten.

Und es sei den Russen nicht nur um die Einschließung der 6. Armee in Stalingrad gegangen, – ihr strategisches Ziel sei viel weiter gesteckt gewesen, der Stoß ihrer Armeen habe sich zugleich auf Rostow gerichtet.

– Demjansk und Stalingrad haben doch eine gewisse Analogie?

– Sicher hätten sie vieles gemeinsam. Doch stehe in seiner Vorstellung die Festung Stalingrad mit doppeltem Gesicht, wie ein Januskopf, – schicksalhaft auf Räume und Zeiten des Kriegsgeschehens gerichtet. Einerseits sei es nicht allein um die Stellung an der Wolga und die eingeschlossene 6. Armee gegangen, sondern mit Stalingrad zugleich auch um das Schicksal der Heeresgruppen des Südflügels der Ostfront, um weit über eine Million Soldaten und den von ihnen behaupteten Raum.

Andererseits möge ich bedenken, daß die 6. Armee in Stalingrad sieben russische Armeen auf lange Zeit gebunden habe. Das rasche Freisetzen dieser Feindkräfte hätte mit Sicherheit eine Katastrophe für die Heeresgruppe ‚A‘ bedeutet, es hätte auch die Heeresgruppe ‚Don‘ und Teile der Heeresgruppe ‚B‘ in äußerste Gefahr gebracht. Große Teile der rumänischen, italienischen und ungarischen Armeen seien von den Russen bereits überrannt gewesen. Es habe gegolten, diese Durchbrüche abzuriegeln und die Abwehrfronten entlang des Don neu aufzubauen. Der Kampf der 6. Armee habe die Voraussetzung dafür geschaffen, für die Stabilisierung des Südflügels der Ostfront, in dem riesige Lücken klafften: Die Situation war überaus bedrohlich*!

Noch etwas verbinde sich mit Stalingrad, – die Wolga, der wichtige Wasserweg für den Transport des Baku-Öls und der amerikanischen Kriegslieferungen aus dem persischen Golf. Das sei zunächst zweitrangig angesichts der militärischen Situation des Südflügels. Aber all das gebe Stalingrad eine besondere strategische Dimension und größere räumliche Maßstäbe gegenüber dem vorausgegangenen Geschehen von Demjansk, – selbst wenn man Cholm und den Wolchow-Durchbruch hinzufüge. Aus den beiden Schwerpunkten des gigantischen Kampfes gehe jedoch eindeutig hervor: Der Russe hatte unsere Strategie des Feldzuges erkannt!

Noch einige Hinweise: Es sei schon ein Unterschied, ob 100 000 oder 250 000 Soldaten aus der Luft versorgt und kampffähig gehalten werden sollen. Die Entfernungen spielten eine Rolle, die Tiefe der feindlichen Abriegelung und damit der Einfluß, den die Abwehr durch Flak und Jäger auf die Flüge unserer langsamen Ju 52 nehmen konnten. Eine entscheidende, aber nicht zu beantwortende Frage sei gewesen, in welchem Umfang und auf welche Zeit die Versorgung als gesichert angesehen werden konnte.

An einen Entsatz Stalingrads von Westen her, entlang des Don, sei aus operativen Gründen nicht zu denken gewesen. Alle Hoffnung des Entsatzes habe sich deshalb auf die Armeegruppe Hoth gerichtet, die von Südwesten einen Korridor freikämpfen sollte. Das hätte die Entschlußfreiheit bedeutet und ein Zusammenwirken der Kräfte von innen und außen ermöglicht.

Den Ring um Stalingrad nur von innen aufzubrechen durch einen Ausbruch der schon geschwächten Truppe, mit dem Verlassen gesicherter Stellungen, dem Zurücklassen der Verwundeten, und einen Kampf zu wagen ohne Unterstützung durch schwere Waffen, – das sei nicht zu verantworten gewesen!

Operative Überlegungen und nicht ein Prestigedenken hätten die 6. Armee in Stalingrad gehalten. Die unzureichende und wetterabhängige Versorgung durch die Luftwaffe habe die Armee nicht kampffähig halten können. Um die schweren Waffen zu munitionieren, den Kessel mit Treibstoff und ausreichender Versorgung zu versehen, sei ein Korridor unerläßlich gewesen, auch für einen Ausbruch der 6. Armee mit Unterstützung von außen.

Ein isolierter Ausbruchsversuch in der deckungslosen Schnee- und Eissteppe ohne schwere Waffen, durch den tief gestaffelten Ring der russischen Armeen wäre ein Akt der Verzweiflung gewesen und hätte zur sicheren Vernichtung geführt. Er hätte das Ende der 6. Armee bedeutet, und er hätte die dort gebundenen Feindkräfte freigesetzt, bevor die Heeresgruppen des Südflügels gesichert waren.

Etwa am 9. oder 10. Januar hätten die Russen der 6. Armee zwar die Möglichkeit angeboten, zu kapitulieren. Doch Zweck und Ziel dieses Angebotes seien durchsichtig gewesen; sie wollten ihre dort gebundenen Armeen frei bekommen, um sie mit den übrigen Armeen gegen die noch nicht gesicherten Abwehrfronten der Heeresgruppen zu werfen. Hinsichtlich der Kapitulationsbedingungen hätten wir gewußt, was davon zu halten war. Im übrigen hätten wir immer noch auf eine ausreichende Versorgung und auf die Möglichkeit des Aufbrechens eines Korridors gehofft.

Das Ablösen einer großen Kampfeinheit vom Feind – vor allem im Winter – sei mit allen Risiken behaftet. Sie verliere ihre Stützpunkte, die Deckung und den Schutz der schweren Waffen. Im Festungsbereich selbst sei die Absetzbewegung einer Division von Nord nach Süd durchgeführt worden. Das Ergebnis kam einer restlosen Vernichtung gleich, denn ohne Deckung wurde sie von den sofort hart nachsetzenden Russen zerschlagen und überrannt. Es sei ein Beispiel im Maßstab einer Division für das Risiko eines Ausbruchs der 6. Armee im ganzen!

– Das war wohl die Aktion, von der man erst später erfuhr, daß sie General Seydlitz aus eigenem Entschluß veranlaßt hatte? – Seltsam. Bei Demjansk unterstanden ihm die Angriffsdivisionen, die den Kessel von außen aufbrachen.

– Ich muß an meine Arbeit, sagte der Generaloberst mit ernstem Gesicht.

Das Gespräch über ‚Demjansk-Stalingrad‘ wurde nicht zu Ende geführt.

Doch das Wesentliche hatte der Generaloberst über den unabwendbaren Ablauf des schicksalhaften Kampfes gesagt, es war von tiefem Ernst geprägt. Wann immer sich die Gelegenheit bot, suchte ich das Gespräch mit dem Generalobersten wegen der Sachlichkeit und der Prägnanz seiner Darlegung militärischer Vorgänge.

Dem tapferen Kampf und dem Opfergang der Soldaten von Stalingrad folgte das Triumphgeschrei der Alliierten. Aus Arroganz und in Verblendung fanden Triumph und Haß ihren Niederschlag in der Starrheit des ‚Unconditional Surrender‘, der Forderung nach bedingungsloser Kapitulation.

Dazu hörte ich im November 1944 einige kritische Bemerkungen des Generalobersten: Kein Soldat mit Verantwortung könne einer solchen Kapitulation entsprechen, sie sei unehrenhaft. In Kenntnis aller Bedingungen und Absichten des Feindes bleibe nur der erbitterte Widerstand. Das habe nichts mit Fanatismus zu tun, aber man könne Willkür nur mit Entschlossenheit begegnen, selbst in einer aussichtslosen Situation.

Welche militärischen Überlegungen hinter diesen Worten standen, das habe ich lange Jahre später erfahren, als ich in den Protokollen des Nürnberger Prozesses las.

Auf die Frage, warum Hitler 1944/45 nicht kapituliert habe, antwortete Generaloberst Jodl:

„Damals geraten zu kapitulieren habe ich nicht. Das war vollkommen ausgeschlossen; das hätte kein Soldat getan; das hätte auch gar keinen Wert gehabt ...

Auch nicht nach dem Scheitern der Ardennenoffensive; denn der Führer war sich über die Gesamtlage genau so klar wie wir, und er war sich wahrscheinlich sehr viel früher klar wie wir; also ihm brauchte in dieser Hinsicht nichts gesagt zu werden ...

Es sprachen im Winter 1944 viele Gründe dagegen, abgesehen davon, daß die Frage der Kapitulation oder der Aufgabe des Widerstandes überhaupt nur den Obersten Befehlshaber angeht. Es sprach vor allem dagegen, daß wir keinen Zweifel darüber hatten, daß es nur eine bedingungslose Kapitulation geben konnte; denn darüber hat uns das Ausland nicht im Zweifel gelassen. Und wenn wir noch einen Zweifel gehabt hätten, was uns bevorsteht, so ist er restlos beseitigt worden dadurch, daß wir die englische „Eclipse" erbeuteten. Die englischen Herren der Kommission werden wissen, was das ist. Es war nämlich die genaue Anweisung über das, was die Besatzungsmacht nach der Kapitulation in Deutschland zu tun hatte. Nun erfordert die bedingungslose Kapitulation ein Stehenbleiben der Fronten an der Stelle, wo sie waren und damit die Gefangennahme durch den Gegner, der ihnen gegenüberstand. Es mußte dasselbe eintreten, was im Winter 1941 bei Wjasma eingetreten ist. Es mußten Millionen von Gefangenen plötzlich im Winter auf freiem Feld kampieren. Der Tod hätte eine ungeheure Ernte eingebracht und vor allem, es wäre alles.... diese dreieinhalb Millionen ungefähr, die noch an der Ostfront standen, wären völlig dem Ostgegner in die Hände gefallen. Es war unser Bestreben, möglichst viele Menschen in den westlichen Raum zu retten. Das konnte man nur dann durchführen, wenn die beiden Fronten näher mit herangerückt waren. Das waren jedenfalls die rein militärischen Überlegungen, die wir im letzten Stadium des Krieges darüber angestellt haben. Ich glaube, daß in späteren Jahren einmal darüber noch mehr zu sagen sein wird, als ich heute sagen kann und sagen will*!"

„Wir werden den Krieg gewinnen!"

Es war spät in der Nacht, als Adolf Hitler die letzten Meldungen las. Eine davon hatte sein besonderes Interesse. Immer wieder stelle er fest, sagte er zu mir, daß moderne technische Waffen tapferen Soldaten besondere Möglichkeiten bieten, sich auszuzeichnen. Den Einsatz ihres Lebens vorausgesetzt, gäben ihnen diese Waffen einen überragenden Erfolg. Er müsse aber darauf achten, daß der Infanterist, der Panzergrenadier, der den Kampf oft unter viel härteren Bedingungen zu bestehen habe, in der Bewertung seiner hohen Leistung nicht zu kurz komme.

Seit langem bin ich mir bewußt: Nur ein Soldat von großem Format ist berechtigt, die Nation einmal zu führen, wenn ich mich nach dem durchgestandenen Krieg zurückziehe. Deshalb versuchte ich, jeden kennenzulernen, dessen soldatische Leistung und männliche Tat herausragte.

Durch die Möglichkeit, tapfere Soldaten selbst auszuzeichnen, gewann ich von vielen einen unmittelbaren Eindruck. Offen und aufmerksam stand ich jedem gegenüber, gleich welchem Wehrmachtsteil er angehörte und welchen Dienstgrad er hatte. Ich zog jeden ins Gespräch, um seinen Persönlichkeitswert zu ergründen, – immer suchte ich den hervorragenden Soldaten, der die Nation dereinst führen könnte.

Zur besonnenen Kühnheit und der Tapferkeit mußte die Ausstrahlung kommen. Dabei war kluges und logisches Denken unerläßlich, verbunden mit Interesse für moderne Technik bei kultureller Aufgeschlossenheit. Ich suchte den phantasievollen Soldaten mit Führungsqualitäten.

Gerade das sprach natürlich für einen Offizier mit spürbarer Autorität. Er mußte überzeugt sein, daß dieser Kampf nicht nur für Deutschland, sondern für Europa geführt wird. Standhaft sollte er sein, vor allem mußte er Charakter haben.

Adolf Hitler stand auf, er ging einige Schritte auf und ab und sagte dann: Ich fand ihn, – der Stukaflieger Rudel!

Ich war nicht überrascht, schon lange war Rudel durch seine Tapferkeit, seinen kämpferischen Einsatz und seinen Erfolg der Nation bekannt. Er war ein Offizier von hohem Ansehen und Vorbild seiner Soldaten.

Ich wollte ihn zu mir nehmen, sprach Adolf Hitler weiter, als mein Gehilfe sollte er an allem teilhaben, an meinen Sorgen und Hoffnungen, – und das nicht nur im militärischen Bereich; denn die humanistische Bildung Rudels ist eine günstige Voraussetzung auch für weitere Aufgaben.

Als Vertrauter sollte er mir zur Seite stehen, ich wollte ihn einführen in alle Aufgabengebiete und ihm meine Sicht vermitteln. Dabei hätte ich dann die Möglichkeit gehabt, ihn noch genauer kennenzulernen, um sicher zu sein, daß er in die Führung des Reiches hineinwächst.

Ich mußte feststellen, er hat mehr Standhaftigkeit, als ich erwarten konnte, er hat einen eisenharten Willen, und den weiß er durchzusetzen! ‚Ich gehöre an die Front! Solange gekämpft wird, ist dort mein Platz!' sagte er mir. Bislang ist es mir nicht gelungen, ihn hier an mich zu binden. Ich kann ihm ja nicht sagen, ‚als meinen Nachfolger will ich Sie zu mir nehmen'!

Er hat ein großes Geschick, sich meinem Wunsch zu entziehen. Er sagte mir doch glattweg: ‚Ich kann diese Auszeichnung nur annehmen, wenn ich wieder an die Front zurück darf'. Dabei spürte er, daß ich ihn darin verstehe, – ja, daß ich ihn bewundere und daß ich ihn nicht durch einen Befehl binden will. Hoffentlich bleibt er uns erhalten!

An einem der Abende wurde ich Zeuge eines Vorganges, der mich sehr beeindruckte. Adolf Hitler legte einen Stoß Meldungen, die er, wie üblich stehend, gelesen hatte, auf den Arbeitstisch und ging mit betonten Schritten im Raum auf und ab. Dann sagte er: Wir werden den Krieg gewinnen! Und er wiederholte es. Nach einiger Zeit hörte ich wieder: Wir werden den Krieg gewinnen, ich bin fest davon überzeugt. Es war ein Selbstgespräch, nicht an mich gerichtet.

Er läutete nach einem Adjutanten, nahm den Stoß Meldungen wieder in die Hand, wandte sich an mich: Giesler, ich erwarte Sie nach der Lage.

Ich hatte das Gefühl, Adolf Hitler stand unter großer Belastung. Vorher schon, während des Abendessens, fiel mir sein abwesend-nachdenkliches Verhalten auf. Er steht noch unter der Spannung vorausgegangener militärischer Besprechungen, dachte ich, er ist noch mit Entscheidungen befaßt. Sicher führten ihn nun die Meldungen zu diesem ‚Wir werden den Krieg gewinnen.'

Seit geraumer Zeit hatte ich eine Veränderung in seinem Wesen bemerkt, so das leichte Zittern der linken Hand – er überspielte es mit einigen Scherzworten – seine Unruhe bis zur Nervosität, er war überarbeitet. In der Nacht vorher hatte er mir einen Hinweis gegeben:

Es ist schwer für mich, den Schlaf zu finden. Schlafmittel – sicher – aber sie machen mich nur müde, den Schlaf bringen sie mir nicht – nur nach langem Wachliegen, meist erst um 5 oder 6 Uhr. Auch im Dunkel und der Stille, – an das Surren der Klimaanlage habe ich mich gewöhnt – ich komme nicht zum Einschlafen*.

Ich habe die Lagekarten der Fronten vor Augen, von den Armeen zu den

Divisionen und Regimentern – mit Besorgnis tasten meine Gedanken die Fronten ab: Hier könnte etwas geschehen, hier muß etwas geschehen.

Ich kann einfach nicht abschalten und nach der nächtlichen Lagebesprechung einem Ruhebedürfnis nachgeben. Ich warte auf weitere Meldungen, sei es von den Fronten und den Bombenangriffen oder seien es weltpolitische Nachrichten. Im nächtlichen Tee, mit Unterhaltungen über Themen, die mich interessieren, glaube ich die Entspannung zu finden – manchmal ja – aber es kommt darauf an, was der Tag mir abverlangt hat.

Bei der entspannenden Unterhaltung bin ich auch noch anspruchsvoll, – Städtebau, Architektur und Technik ist das, was mir am meisten entspricht – na – Sie wissen es ja!

Besorgnis und Zweifel überkamen auch mich, so nach Stalingrad, dann im riesigen, meist gestaltlosen Ostraum, nach dem verhängnisvollen Zusammenbruch der Heeresgruppe Mitte, nach der gescheiterten Abwehr der Invasion und auch nach dem Attentat des 20. Juli. Aber jedesmal, wenn ich dann mit Adolf Hitler sprach, verfielen die Besorgnis und der Zweifel durch die außergewöhnliche Faszination und Ausstrahlung seiner Persönlichkeit.

Es war nicht die Autorität, die Machtfülle des Staatsoberhauptes, verklammert mit der Befehlsgewalt über die Wehrmacht, was alles noch durch seine anspruchslose Bescheidenheit gesteigert wurde. Für mich war es mehr das Selbstverständliche, wie er sich im harten Kriegsgeschehen den städtebaulichen Aufgaben zuwandte, – wie etwa: Das werden wir so bauen, und es klang so wie ‚nur schade, daß wir nicht schon morgen damit beginnen können, weil uns widrige Umstände davon abhalten.‘

Das war es, daß bei mir Besorgnis und Zweifel schwanden, weil er so überzeugt war, weil er glaubte: Wir werden den Krieg gewinnen. Ich konnte mich seiner Überzeugung und Willenskraft nicht entziehen. Nochmals, es erscheint mir wichtig, zu wiederholen: Bei Planungsfragen über Städtebau verband sich bei Adolf Hitler Phantasie mit nüchternem Abwägen, ehe er Entscheidungen traf.

Alles war wohlüberlegt, – auf meinem eigenen Gebiet konnte ich mir ein Urteil darüber zutrauen –, seine pragmatische Einschätzung des Problems, es wurde klar beurteilt und begründet, und abschließend kam das zuversichtliche: So werden wir das bauen! War es auf militärischem Gebiet anders?

Ich kann mir nicht vorstellen, daß seine hohe Intelligenz, sein stets wacher Geist, die militärische Lage nicht genauso klar überschaut und beurteilt hätte. Und ich bin überzeugt, der nüchtern und realistisch denkende Generaloberst Jodl brauchte ihm im Spätherbst 1944 nicht zu sagen, daß die militärische Katastrophe unaufhaltbar von Tag zu Tag näherrückte.

Adolf Hitler hat die Situation sicher genau gesehen, besser und schärfer vielleicht als jeder andere, weil er imstande war, die ganze Breite zu erfassen, über alle Gebiete hinweg, vom Rohstoff bis zu den Waffen, von der Kampfkraft des Soldaten bis zur strategischen Planung. Ich bin auch davon überzeugt,

Für ihn galt es, an den Grundlagen für einen neuen, sozialen Aufbau zu arbeiten, die Umwelt nach den Herausforderungen der Zeit zu formen und dabei auch städtebauliche Probleme zu lösen. Mochte die Realität – die er wohl erkannte – dagegen sprechen, er war fest davon überzeugt, wenn er sagte: Wir werden trotz allem diesen Krieg gewinnen! Und diese Überzeugung war im unerschütterlichen Glauben an seine Mission begründet.

Deshalb verstand ich seinen Wunsch, das Modell der Neugestaltung seiner Heimatstadt Linz zu sehen, – die Architektur-Vision der Donauufer-Bebauung.

Endlich war das Linzer Modell fertig. In unermüdlichem Fleiß, oft bis in die Nachtstunden hinein, hatten die verbliebenen Modellbauer daran gearbeitet. Es war eine ausgezeichnete handwerkliche Leistung entstanden. Nun war das umfangreiche Modell in einem der großen, hellgetönten Kellerräume der Neuen Reichskanzlei aufgebaut.

Als ich dann Adolf Hitler in diesen Raum führte, stand er lange, wie überwältigt durch den Gesamteindruck, nur schauend. Ich hatte die Scheinwerfer in die Sonnenstrahlung des Nachmittags gestellt, – damit stand die bedeutsame Urfahr-Bebauung am Strom, gegenüber der Linzer Seite, plastisch und eindrucksvoll im Licht. Es war so, wie er mir im Herbst 1940 seine Architektur-Vision beschrieben hatte. Nun hatte er die Blickrichtung so, wie sich seine ‚Stadt an der Donau‘ von seinem geplanten Alterssitz darbieten würde.

Mit ernstem Gesicht schaute er mich an, dann ging er zu meinem Mitarbeiter, dem Modellbauer Mehringer, der noch mit den letzten Aufbauarbeiten am Modell beschäftigt war, und bedankte sich für die großartige Leistung.

Wir schalteten nun die Scheinwerfer auf die Morgenbeleuchtung um, und wieder überließ er sich völlig dem Schauen, versunken im Gesamteindruck des Modells. Er sah jetzt die Linzer Donauufer-Bebauung von der Urfahr-Seite aus.

Was mochte in ihm vorgehen, welche Gedanken bewegten ihn? Noch nie hatte ich ihn an einem Modell so ernst, so entrückt und bewegt zugleich gesehen. Ich stand abseits, noch in der Depression des Kriegsgeschehens, übermüdet, und kam bei dem Blick auf das Modell nicht von dem Gedanken los: „Architektur, die nicht gebaut wurde*".

Langsam und intensiv schauend ging Adolf Hitler nun an der Urfahr-Seite des Modells entlang zur Kopfseite, dort, wo die Donau aus der urwüchsigen Landschaft zwischen den bewaldeten Bergen unvermittelt den gestalteten Stadtraum durchfloß. Er bückte sich und schaute stromabwärts. Ich stellte die Scheinwerfer auf Mittagslicht, um ihn nicht zu blenden. Er bat um einen Stuhl.

Vorgebeugt betrachtete er, über den Strom hinweg, den horizontalen und vertikalen Rhythmus der Gebäudegruppen. Er nickte mir zu. Dann folgte die Prüfung der Intervalle, der Proportionen der gelagerten Bauten zu den dominierenden Vertikalen.

Zu meinem Bedauern wurde ich durch Fragen aus seiner Begleitung abgelenkt, bis Bormann, durch eine Handbewegung und ein ‚später‘, mir wieder die Möglichkeit gab, Adolf Hitler zu beobachten.

Er saß nun auf der Linzer Seite und schaute über den Strom zur „Großen Halle" mit dem Donauturm, darin die geplante Grabstätte seiner Eltern, nach außen kenntlich durch einen Bronce-Zenotaph. Adolf Hitler betrachtete alles aufmerksam, wach, und doch traumverloren, als hörte er vom Turm das von ihm gewünschte Glockenspiel-Motiv von Bruckner.

Man ließ uns allein, nur Bormann stand abseits, still beobachtend, typisch in seiner Haltung mit verschränkten Armen.

In den folgenden Tagen, in der weiteren Zeit meines Aufenthaltes im Befehlsbunker der Reichskanzlei, begleitete ich Adolf Hitler meist zweimal täglich zum Linzer Modell. Nachmittags, nach dem durch die militärische ‚Lage‘ oft verspäteten Mittagessen, und wieder in den Nachtstunden. Es war fast immer dasselbe: Ein langes, versunkenes, traumhaftes Schauen zu Beginn, dem dann eine Unterhaltung über Einzelheiten der im Modell dargestellten Bauten und Brücken folgte.

Oft nahmen, von ihm aufgefordert, Besucher teil, wie Dr. Goebbels oder Militärs, soweit sie, wie er meinte, aufgeschlossen seien. Er zeigte ihnen das Modell, als sei es ein verheißenes Land, in das wir Eingang finden würden.

Eines Nachmittags sagte Adolf Hitler, Dr. Ley habe geheiratet, – es würde ihn interessieren, etwas über seine Frau zu erfahren. Dann, nach kurzer Pause, zu Schaub, er solle eine Einladung von Dr. Ley an mich veranlassen, damit ich Frau Ley kennenlernen und ihm davon erzählen könne.

So war ich an einem Abend Gast im Hause Ley, zeitentsprechend auch im Luftschutzkeller. Ich übermittelte mit einigen Blumen die Grüße des Führers. Das Hauptthema der Unterhaltung war Linz und das Interesse des Führers an dem Architektur-Modell, was Dr. Ley aus verschiedenen Gründen beeindruckte.

Der Führer wisse, wie sehr er Anteil nehme an allem, womit er sich befasse und was ihn bewege. Er kenne auch sein Interesse an Architektur, sicher werde er ihm bald einmal das Linzer Modell zeigen, – schon deshalb, weil er doch für einige Bauten am Donauufer zuständig sei.

Noch in der nächtlichen Teestunde erzählte ich Adolf Hitler von dem Abend im Hause Ley. Bei Bergungsarbeiten nach einem Bombenangriff hatte Dr. Ley seine junge Frau kennengelernt. Sie war aus dem Baltikum vor den Russen geflohen. Als ich mit Dr. Ley allein sprach, sagte er mir:

Ich sah sie beim Schein der Brände, – sie schien mir wie die Wiederkehr meiner Frau, die ich verloren habe, – Giesler, Sie kannten sie, besteht nicht eine überraschende Ähnlichkeit?

Frau Ley, sagte ich abschließend, ist eine harmonische Erscheinung, aufmerksam und bescheiden. Sie hat mit klugen Augen einen guten, ruhigen Blick.

Im Invalidendom in Paris. 24. Juni 1940: „Giesler, Sie werden meine Grabstätte bauen."

Vor dem Invalidendom. Breker, Giesler, Speer.

Der Blick über die Donau. Der Auftrag Linz.

„Ein langes, versunkenes, traumhaftes Schauen…". Adolf Hitler am Linzer Modell. Februar 1945, Bunker Reichskanzlei.

Ich hatte den Eindruck, Adolf Hitler war mit meinem Bericht zufrieden. Einige Tage darauf zeigte er Dr. Ley das Linzer Modell.

Mit Bormann hatte ich eingehende Besprechungen über die Arbeiten am Stollen-Schutzsystem auf dem Obersalzberg. Der geforderte und wohl auch berechtigte Umfang dieser Anlage, die als Hauptquartier und auch für den Wehrmachtsführungsstab vorgesehen war, bedingte einen stärkeren Einsatz von Arbeitskräften und von kontingentierten Baustoffen. Speer sperrte sich, es gab Dissonanzen, die der Bedeutung dieser Baumaßnahmen in der damaligen Sicht nicht entsprachen.

Ich war der Leidtragende, wenn die dringlichen Termine nicht eingehalten werden konnten, und bat Bormann um Verständnis für meine Situation. Dabei wies ich ihn darauf hin, daß selbst die ‚Jägerbauten‘, für die ausschließlich Speer und Dorsch verantwortlich seien, trotz der unmittelbaren Reichskontingente schon einen Terminverzug von drei Monaten hätten:

Sie waren zugegen, als ich dem Führer meine Bedenken und die meines Bruders hinsichtlich der Standorte dieser Bauwerke vortrug, auch wegen des Verbrauchs an Stahl und Zement, wegen der erforderlichen Arbeitskräfte, dann aber auch die von Dorsch verbindlich genannten Termine in Zweifel zog. Ich sagte damals, diese Maßnahmen kommen zu spät. Der Führer war ärgerlich. ‚Speer und Dorsch sind mir dafür verantwortlich‘, sagte er und gab mir die Weisung: ‚Giesler, Sie werden sich in Zukunft nicht mehr damit befassen, Sie bleiben bei Ihren Aufgaben‘.

An diese Weisung habe ich mich gehalten. Jetzt, nach dem Termin-Debakel, suchen mich Mitarbeiter von Speer und von Dorsch auf, ich möchte doch bitte anordnen, daß die ‚Jägerbauwerke‘ Landsberg und Mühldorf stillgelegt werden!

Unglaublich, sagte Bormann, und was haben Sie gesagt?

– Was soll das, – ich habe diese Großbauten weder vorgeschlagen noch geplant, noch unterstehen sie mir. Zuständig für diese Bauten sind – und das wissen Sie genau – Dorsch und Speer, und eine Entscheidung über eine Stillegung kann nur der Führer treffen.

Man will Ihnen den Schwarzen Peter zuschieben, meinte Bormann, um sich aus der Terminverpflichtung herauszumogeln. Halten Sie sich da raus!

Es kamen die Tage der Jalta-Konferenz. Meldungen darüber erreichten Adolf Hitler selbst vor dem Linzer Modell, das ihm, wenn auch nur für kurze Zeit, Distanz geben sollte. Sündermann als stellvertretender Pressechef überbrachte meist die mit großen Buchstaben geschriebenen Berichte selbst und gab Erklärungen*. Der Führer diktierte Richtlinien und Weisungen für die Presse, bestimmte Termine mit dem Außenminister und mit Dr. Goebbels, wobei sich sein Blick kaum von dem Modell löste.

In den Stunden der militärischen Lage und der Besprechungen unterhielt ich mich mit den Männern des engeren Kreises um Adolf Hitler über die sich abzeichnenden Ergebnisse der Jalta-Konferenz. Anscheinend einigte man sich dort, wie zu Wilsons Zeiten, wieder auf Punkte, diesmal jedoch ohne verlogene Scheinheiligkeit, vielmehr mit offen gezeigtem brutalen Vernichtungswillen. Man hörte, Deutschland sei in Besatzungszonen aufgeteilt worden, man sei sich nur noch nicht klar, wieviele Nationalsozialisten erschossen werden sollten. Aber man redete von friedliebenden Völkern, womit immer nur die eigenen gemeint waren, schwatzte von höchsten Menschheitszielen und heiligen Verpflichtungen, von sicherem und dauerndem Frieden, von einem Leben aller Menschen und Völker frei von Angst und Not: Denn alles werde gut, friedlich und herrlich, wenn Deutschland zertrümmert sei. Ein tapferer Soldat des ersten Weltkrieges meinte spöttisch: Alsdann, – mir scheint, der Friede wird fürchterlich!

Ahnte er, was auf ihn zukam? Nach schwerer Verwundung in Berlin die Lubjanka in Moskau und 10 Jahre Sibirien!

Am nächsten Abend erlebte ich einen tief erschütterten Hitler: Dresden! Als furchtbarer Paukenschlag, der die Welt aufhorchen ließ, als Präsent für den Menschenvernichter Stalin war dieser Terrorangriff auf die Flüchtlings- und Lazarettstadt Dresden von dem großen Europäer Churchill erdacht und befohlen.

Nach den Meldungen waren weit über eine Million Menschen in der Stadt, darunter über eine halbe Million Flüchtlinge aus dem schlesischen Raum. Im nächtlichen Angriff unzähliger alliierter Bomber, die in Wellen anflogen, lag die Stadt hilflos, ohne Flakschutz, im Hagel der Spreng- und Brandbomben. Dann kam die letzte Welle der Bomber und überschüttete die gequälten Menschen, die das Inferno überstanden hatten, mit Phosphor*.

Mit versteinertem Gesicht hörte Adolf Hitler die Meldungen, stehend las er die Berichte, er beugte sich über den Tisch, die Hände mit den Papieren aufgestemmt und zu Fäusten geballt. Er blieb verschlossen. Erst spät in der Nacht, als der zweite Angriff, nun auf die Randgebiete der brennenden Stadt Dresden erfolgte, sprach er:

Dieser erneute Angriff gilt denen, die aus der Hölle noch flüchten konnten, – dem bedrückenden Tag folgt die Nacht der Erkenntnis: Es droht die erbarmungslose Vernichtung!

Was nach den Terrorangriffen auf Hamburg, auf Köln, Berlin – und wo überall noch – möglich war, die Opfer zu ermitteln, – für Dresden wird das unmöglich sein. Wir wissen nicht, wieviele Flüchtlinge sich in der Stadt befanden. Die Schätzungen über die Anzahl der Opfer gehen auf Hunderttausende auseinander.

Über alles konnte man noch zu Europa finden, über Dresden wohl kaum mehr. Wie nach dem Terrorangriff auf Hamburg denke ich auch jetzt wieder an die Situation von 1940 zurück. Die geschlagenen englisch-französischen Verbände waren in der flandrischen Ebene um Dünkirchen eingekesselt. Damals handelte ich abwägend, in Sachlichkeit und Verantwortung, als Soldat und als Politiker. Soll ich zugeben, daß in die Abwägung vielleicht auch ein ethischer Gedanke verflochten war? Denn es fällt nicht leicht, die Vernichtung von Hunderttausenden zu befehlen.

Meine Entscheidung wird mir heute als Fehler, als Dummheit oder Schwäche ausgelegt. Natürlich, – nach den Jahren der Entartung des Waffenganges zu den Aktionen grausamer Vernichtung, – heute, nach Dresden, würde ich anders handeln!

Ich habe mich in den für uns glücklichen wie auch in den schweren, unglücklichen Kämpfen der Kriegsjahre um Vernunft bemüht. Ich habe mich um das mögliche Ausmaß an Menschlichkeit bemüht, soweit dies in der Härte des Krieges zu verantworten war. Ich führte auch keinen Vernichtungskrieg gegen Städte und Kulturleistungen. Weder bei der Eroberung des Raumes noch bei der Räumung, – ob Rom, Florenz oder Paris. Man soll doch nicht so tun, als sei die Erhaltung von Paris ein Verdienst der Résistance oder gar der alliierten Streitkräfte! Wenn ich eine Verteidigung des Stadtgebietes für sinnvoll gehalten hätte, dann wäre dies geschehen. Und wenn ich die Zerstörung dieser Stadt Paris gewollt hätte, – ein Frontkommandeur mit seiner Division hätte genügt!

Dieser Terrorangriff auf Dresden ist militärisch durch nichts zu begründen, – hier geht es um Mord und um die Vernichtung einer kulturell bedeutsamen Stadt.

Darauf bezieht sich auch ein Ausspruch von Dr. Goebbels in jenen Tagen:

Das ist das Wüten eines Herostraten, das Werk eines Wahnsinnigen, der in der Erkenntnis, daß ihm die Fähigkeiten fehlen, einen Tempel zu errichten, der Welt beweisen will, daß er ihn wenigstens anzuzünden vermag[*].

Mir war dieser Ausspruch zu einseitig auf die kunsthistorische Stadt Dresden bezogen. Meine Gedanken, mein Herz waren bei den Opfern. Diese Menschen waren vor den Greueln des Krieges, der Vergewaltigung und dem Totschlag asiatischer Bolschewisten geflohen und fanden den erbarmungslosen Tod durch die Spreng- und Brandbomben und den Phosphor des Winston Churchill.

In Aachen fanden sich später – nach Umwertung aller Werte – geschichtslose Wichtigtuer, die Churchill als großen Europäer feierten und ihm den ‚Karlspreis‘ umhängten.

Während meines weiteren Aufenthaltes in der Reichskanzlei führte Adolf Hitler wieder Offiziere und Männer, die er schätzte, zu dem Linzer Modell und erläuterte seine Stadtplanung. Alle waren beeindruckt, und sei es auch nur, weil sie den Führer auf einem Gebiet erlebten, das ihnen bisher verschlossen war.

Ich sah meine Aufgabe als erfüllt an, und auch meine Besprechungen mit Bormann und den zuständigen militärischen Stellen des OKW über das Stollen-Schutzsystem des Berghofes und der zugehörigen Anlagen des Ausweich-Hauptquartiers auf dem Obersalzberg waren abgeschlossen. Beim Spätnach-mittag-Tee meldete ich Adolf Hitler meine Abreise an.

Nein, entschied er, er bitte mich, noch zu bleiben, er habe noch vieles mit mir zu besprechen. Ob ich wisse, daß Oberst Rudel beinamputiert im Zoo-Bunker liege.

Ja, Oberst von Below habe es mir gesagt.

– Suchen Sie ihn morgen auf, grüßen Sie ihn von mir, und unterhalten Sie sich mit ihm! Lernen Sie ihn einmal persönlich kennen, und berichten Sie mir!

Oberst Rudel lag im Lazarett des mächtigen Schutzbunkers am Zoo. Er war von Fliegerkameraden und jungen Damen umgeben. Ich übermittelte die Grü-ße des Führers und gratulierte ihm nachträglich zur höchsten Tapferkeitsaus-zeichnung. Dann war ich nur Zuhörer der lebhaften Unterhaltung, an der sich Rudel aufmerksam beteiligte, bis der Arzt erschien und die Besuchszeit als beendet erklärte. Nach dem Abschiedsgetümmel konnte ich mich mit ihm noch kurz in Ruhe unterhalten und ihm einige Fragen stellen:

Was soll ich dem Führer berichten – wie fühlen Sie sich, – nach der Unter-haltung zu schließen: frisch und zuversichtlich?

– Zuversichtlich, ja! Und doch mit Besorgnis, – ich hoffe, bald wieder flie-gen zu können!

– Mit einem Bein?

– Damit werde ich fertig! Mein Platz ist jetzt an der Front, gerade jetzt, wo es gilt, deutschen Boden zu verteidigen. Ich kann doch mein Geschwader, meine Kameraden nicht im Stich lassen!

Ich tastete mit einer Frage, – wußte er inzwischen, welche Aufgabe beim Führer auf ihn wartete? Nein. Rudel meinte, der Führer hätte volles Verständ-nis für ihn: Er wird mir den weiteren Fronteinsatz nicht verweigern.

Als ich am Abend Adolf Hitler berichtete, schüttelte er nachdenklich den Kopf und sagte, den Blick auf mich gerichtet: Es ist jetzt nicht an der Zeit, – ich werde nun Oberst Rudel eine neue, wichtige Aufgabe im Bereich der Luft-waffe zuweisen, ich bin sicher, er wird sie meistern.

In den Abend- und Nachtstunden sprach Adolf Hitler über politische, welt-anschauliche, soziale und militärische Themen. Er sprach konzentriert, geist-voll, oft visionär und prometheisch. Ich war während der Kriegsjahre, beson-ders in seinen einsamen Zeiten, sein Gesprächspartner, meist jedoch auf den Gebieten Raumordnung, Gestaltung der Umwelt, Architektur und Städtebau. Nun überraschten mich seine Themen, die er zu Thesen zusammenfaßte; – ich war fasziniert durch seinen Gedankenreichtum und von seiner Gestaltungs-kraft.

Bei einer Unterbrechung – er wurde zum Telefon gebeten – sagte ich leise zu Bormann: Das muß doch festgehalten werden, das ist doch von größter Be-deutung! Darauf Bormann: Ich versuche es, schon seit einiger Zeit*.

Die spannungsreichen Stunden im Befehlsbunker der alten Reichskanzlei reihten sich zu Tagen und Nächten, ohne Übergänge. Den Zeitablauf markierten nur die militärischen Lagebesprechungen, aber auch sie waren fluktuierend, wie die Unterbrechungen durch kurze, denkbar schlichte Mahlzeiten. Trotz dauerndem Kommen und Gehen von Generalen und Offizieren aller Wehrmachtsteile war im Bunker keine Hektik spürbar. Alles war straff organisiert, mit knappen Weisungen und aufmerksamen Adjutanten.

Am 22. Februar rief mich mein Bruder aus München an: Ich übermittle dir eine schlimme Nachricht, – fasse dich, sei hart und höre: Unsere liebe Mutter wurde durch Beschuß von amerikanischen Tiefffliegern schwer verwundet! Nein, keine Hoffnung mehr. Unsere Tante, die bei ihr war, fand gleich den Tod. Komme bitte sobald wie möglich.

Unsere Mutter hatte sich mit ihrer Schwester auf dem Wege zu uns, ihren Söhnen, befunden, nachdem das elterliche Haus zerbombt war. Ich brauchte lange, um gefaßt zu sein, dann nahm ich Abschied vom Kameradenkreis des Führer-Hauptquartiers und ging zum Lage-Raum in der Neuen Reichskanzlei, um mich bei Adolf Hitler abzumelden.

Ich stand in der großen Halle, unter mir war der Kellerraum mit dem Linzer Modell. Es dunkelte, Kerzenlicht wurde gebracht, der Strom war ausgefallen. Die großen Türen gingen auf, und Adolf Hitler sah mich. Er kam zu mir und gab mir die Hand: Ich weiß, Giesler, Ihre Mutter.

Ich möchte mich abmelden, mein Führer, ich nehme den nächsten Zug nach München. – Nein, ich lasse Sie jetzt nicht allein, kommen Sie.

Er führte mich in den Lage-Raum. Ich sah und hörte, – und doch wiederum nicht. Was haften blieb, das war der unwirkliche Raum, was im Schein der Kerzen lag, – der Führer, der Tisch mit den Karten, die angespannten Gesichter, die Uniformspiegel der Offiziere, die Kreuze der Orden, Hände, die deuteten, Stimmen, Meldungen, harte, befehlende Worte.

Ich sah und hörte das alles, denn es war das Jetzt, die Gegenwart. Und dahinter lag der dunkle Raum, unbestimmt wie die Zukunft. Mir war, als hätte ich das alles schon erlebt oder geträumt, voller Bedrückung. Es war die Erinnerung an den Abend auf dem Berghof im Februar 1941. Anstelle des erhofften Friedens stand da drohend die Gefahr aus dem Osten. Auch damals war es das flackernde Licht im dunklen verdämmernden Raum, in dem die Préludes von Liszt als schicksalhaftes Vorspiel erklangen. – Ich dachte an meine Mutter.

Die Lagebesprechung war beendet, ich ging neben dem Führer zurück zum Bunker. Er sagte: Kaltenbrunner fährt diese Nacht nach Süddeutschland, er wird Sie sicher nach München bringen. Ihr Bruder wird verständigt.

– Ich möchte jetzt, nach all dem, Soldat werden und bitte Sie darum.

– Nein, Sie hatten Ihren Einsatz als junger Freiwilliger im Ersten Weltkrieg. Sie bleiben mein Architekt, – Soldaten habe ich genug, wenn sie und ihre Führung nur standhaft sind und kämpfen.

Wenig später kam Kaltenbrunner. Ich verabschiedete mich. Adolf Hitler gab mir die Hand und, wie schon oft, legte er dabei seine linke Hand auf meinen Arm – wortlos. Ich sah Adolf Hitler zum letzten Mal in die Augen.

Der Generaloberst Alfred Jodl sagte 1946 vor dem alliierten Tribunal in Nürnberg über Adolf Hitler:

> „Gehandelt hat er, wie alle Heroen in der Geschichte gehandelt haben und immer wieder handeln werden. Er hat sich auf den Trümmern seines Reiches und seiner Hoffnungen begraben lassen. Möge ihn deswegen verurteilen, wer mag – ich kann es nicht*.“

Anmerkungen

7,1   Heinz Risse, Die Wanderratten

7,2   David Irving, Hitler und seine Feldherren, Berlin (Ullstein) 1975, S. III.

7,3   Gespräch mit dem „Spiegel" vom 1. 10. 1966.

8   Leopold v. Ranke, Wallenstein, Vorrede.

9   Beispiel für einen Keramik-Ofen von Giesler in: Paul Schmitthenner, Baugestaltung, Stuttgart ³1950, S. 74.

10   David Irving, Hitler und seine Feldherren, S. I.

11,1 Zu Fests Behauptungen vgl. S. 26 und 27 und Anm.

11,2 Vgl. S. 381 und Anm.

11,3 Vgl. den S. 27 wiedergegebenen Vermerk.

12   Schopenhauer, Über Schriftstellerei und Stil, Ziffer 16.

13,1 So lehrt es Kant in seiner Geschichtsphilosophie. Kurt Rossmann beschreibt es in der Einleitung zu: Deutsche Geschichtsphilosophie von Lessing bis Jaspers, Bremen, Sammlung Dieterich, Bd. 174, S. XLIV.

13,2 Goethe, dtv-Gesamtausgabe Bd. 41, S. 85

13,3 Günter Zehm über Peter Weiss, Hölderlin, in: Die Welt, 24.9.71

14,1 H. G. v. Studnitz, Denkmalschutz und Geschichtsbewußtsein, in: Deutsche Annalen 1976, Leoni 1976, S. 171

14,2 Shakespeare, Maß für Maß, III 2. Für Liebhaber der Zeitgeschichte ist die Szene auch sonst sehr lehrreich.

14,3 Albert Speer, Spandauer Tagebücher, Berlin 1975, S. 345

14,4 Verlagsprospekte des Propyläen-Verlags zu Speers Spandauer Tagebüchern, Randleiste Seite 1

14,5 Eberhard Wolfang Möller, Albert Speer oder das achte Gebot, Wiederabdruck aus: Klüter Blätter 6/1970 in: Deutsche Wochenzeitung, 30.7.71, Seite 7. Vgl. Anm. 359,2

15,1 Speer, Erinnerungen S. 19

15,2 Die Christuskirche wurde nach etwas über vierjähriger Bauzeit am 1. Oktober 1911 festlich eingeweiht. Vgl. Herbert Wältin, Christuskirche Mannheim, 1911 – 1961, S. 15

15,3 Das Zentralamt des Deutschen Wetterdienstes teilte unter dem Datum vom 20.8.76 zum 19.2.1905 mit: „Das Maximum der Lufttemperatur betrug 11.6 und das Minimum 5.6° C.
      Außerdem wurden am Nachmittag etwa zwischen 15 und 17 Uhr über Mannheim einzelne Gewitter beobachtet, die von Westnordwest nach Südosten zogen. Dabei kam es zu Niederschlägen, teils als Regen, teils als Graupel und zu einzelnen starken Böen aus westnordwestlicher Richtung."

15,4   In der Altphilologie wird die Angabe eines solchen auffälligen Merkmals, etwa einer Geburt, das sich in verschiedenen Berichten wiederfindet, als Topos bezeichnet. Wie ein Geburtsbericht mehrere Topoi vereinigt, kennt man aus der Weihnachtsgeschichte.

16   Leopold v. Ranke, Deutsche Geschichte im Zeitalter der Reformation, Vorrede.

20   Tabun ist ein Kampfgas, das durch Lähmung den Tod herbeiführt. Speer behauptete, er sei durch das Erhöhen des Ansaugkamins für Frischluft an der Ausführung eines geplanten Attentats auf Hitler gehindert worden.

24   Im Zusammenhang ist die Fahrt durch Paris dargestellt im dritten Hauptteil S. 386 bis 396

25   Die Originale behielt Speer. Zusammen mit den Architektur-Skizzen Adolf Hitlers für Berlin und Linz stellte er sie Anfang der 70er Jahre im New Yorker Cultural Center aus und versah sie mit dem Prädikat „Wahnvorstellung von Größe".

26   Giesler fand diese Skizze Adolf Hitlers 1976 mit seinem eigenen Vermerk dazu im Bayerischen Hauptstaatsarchiv wieder. Vgl. S. 11

28   Hierzu Gieslers persönliche Bemerkung:
35 Jahre später habe ich den hier beschriebenen Stadtraum durchschritten: Vom Obelisken zum ‚Königsplatz' mit der Blechlawine unzähliger Autos, dann über die Arcis-Straße zur Pinakothek – nun die Gabelsberger Straße entlang. Und ich verglich das, was sich baulich inzwischen hier getan mit dem, was wir damals geplant hatten. Deprimiert ging ich über die Türkenstraße zur Brienner-Straße zurück, mit einem kurzen Blick auf die in Beton-Technik erstarrten neu errichteten Gebäude, wie sie heute überall und nirgends passend Zeugnis ablegen von der Unkultur ihrer Bauherrn. Ich hätte in meinen Erinnerungen verbleiben sollen, in meinen Studien- und Planungszeiten.

29   Das ‚Wittelsbacher-Palais', 1845–1848 nach dem Plan des Architekten Gärtner für den Kronprinzen Maximilian gebaut, – war der Alterssitz des abgedankten König Ludwigs I. Vor der Zerstörung war es Sitz der Gestapo.

31   Metope = Zwischenfeld des Frieses dorischer Tempel;
Triglyphe = Dreiteiliges Feld am Fries dorischer Tempel.

40   Die Verse Goethes ‚Aus einem Brief an Gräfin Auguste zu Stolberg' finden sich im ersten Band der Hamburger Ausgabe Seite 142.

41,1   Michailowitsch, Draga – ‚Churchill pries Tito, den kommunistischen Partisanenführer in Jugoslawien, als einen „herausragenden Anführer, rühmenswert im Kampf für die Freiheit", und sagte ihm Unterstützung zu. General Draga Michailowitsch, der Antikommunist, der einmal als Verbündeter unterstützt worden war, wurde von Churchill bezichtigt, seine Kommandeure machten Geschäfte mit dem Feind.' –
Benjamin Colby, Roosevelts scheinheiliger Krieg, Leoni 1977, Seite 110 –
Churchill erklärte am 24. Mai 1944 im Unterhaus, General Michailowitsch in Jugoslawien würde nicht mehr mit Waffen beliefert und jetzt erhielte der Kommunistenführer Tito volle Unterstützung, von dem Churchill sagte, er „habe als ein jugoslawischer vaterländischer Anführer den kommunistischen Zug in seinem Wesen weitgehend versenkt".
Colby, Seite 117

41,2   UNRRA – United Nations Relief and Rehabilitation Administration, Hilfsorganisation der UNO für Flüchtlinge.

43   United States vs. Franz Auer et al.
Case / Fall 000 – 5o – 136 – Mühldorf-Case
Prozeßdauer: 1. 4. 1947 – 13. 5. 1947 – held by the 7708 War Crimes Group, Dachau Detachment –

a) Angeklagte: Auer, Franz; Bachmann, Karl; Baya, Wilhelm; Engelhardt, Heinrich; Flocken, Erika, Dr. med.; Gickeleiter, Karl; Giesler, Hermann; Gottschling, Daniel;

Griesinger, Wilhelm; Jergas, Wilhelm; Ostermann, Anton; Schmidberger, Jakob; Spaeth, Herbert; Sperling, Otto.

b) Court/Gerichtsherren: Col. Andrew M. Gardener; Col. James Watkins; Col. Clarence M. Tomlinson; Lt. Col. Carlislie M. Tomlinson; Lt. Col. Walter S. Dickex; Lt. Col. Ottmar W. Eichman; Major Devanson S. Purl.

c) Prosecution/Anklage: Capt. Morton Roth; Major Bachman; 2nd Lt. Paul Guth.

d) Defense/Verteidigung: Mr. Welch; Lt. Hughes.

44,1   Dr. Ludwig Leiss, bis 1945 Staatsanwalt in München, dann Mitarbeiter der amerikanischen Anklagebehörde in Dachau.

44,2   Diese Praktiken werden z. B. in einer Denkschrift des Münchner Weihbischofs J. Neuhäusler vom 21. Juli 1949 erwähnt.

49   Otto Sperling, Polier der Bauunternehmung Polensky & Zöllner. Es stellte sich dann später heraus, daß Sperling weder jemanden totgeschlagen noch einbetoniert hatte, – nur arbeiten mußte man unter seinem Kommando.
Er hatte Glück – vielleicht auch mit dem Verteidiger Leiling – das Todesurteil wurde aufgehoben, er erhielt ‚life‘.
Die Auskunft stammt vom Verfasser. Er hat Sperling in den 60er Jahren auf einer Baustelle getroffen.

50   Frau Dr. Flocken wurde Mitte der 50er Jahre aus der Haft entlassen.

51,1   Die Angelegenheit blieb ungeklärt. Vgl. Bericht in „Der Spiegel“ vom 29. 12. 1949, S. 6 ff.

51,2   Die sogenannten „Bunker“ in Dachau waren massive Gebäude mit Zellen. Es gab den Bunker I aus der Zeit vor 1945, in dem damals die Lagerprominenz untergebracht war – der Pfarrer Niemöller hatte dort zwei Zellen zu seiner Verfügung. Der Bunker II („Gerichtsbunker“) wurde nach 1945 von den Amerikanern in der Nähe der Gerichtssäle errichtet, in ihm waren die Angeklagten während der Prozesse eingepfercht.

52   Es konnte zwar vonseiten der Verteidiger schon während des Prozesses nachgewiesen werden, daß es in Mühldorf keine „Massenerschießungen“ gegeben hatte. Als aber Giesler nach mehr als 7-jähriger Haft in Freiheit kam, stand in deutschen Zeitungen zu lesen: Der wegen Massenerschießungen von einem amerikanischen Kriegsgericht zu lebenslänglicher Gefängnisstrafe verurteilte ehemalige Generalbaurat Professor Giesler wurde vorzeitig aus dem Kriegsverbrechergefängnis Landsberg entlassen.

54,1   1952 erklärte Dr. Baumgärtl die Gründe für seine damalige Aussage: Er sei während des Mühldorf-Prozesses verhaftet und in Dachau von den beiden Anklägern Roth und Bachman unter Druck gesetzt worden. Es wurde ihm erklärt, für diesen Prozeß komme er zu spät, aber im nächsten Prozeß sei er dabei, und dann bekomme er den Strick, der ehemalige Generalbaurat Professor Giesler habe ihn auf das schwerste belastet. (Es war dies die übliche Dachauer Methode des gegenseitigen Ausspielens). Man ließ Baumgärtl in einer Zelle vor sich hin schmoren und holte ihn dann wieder: Es liegt uns nichts an Ihrem Kopf – wir wollen Giesler fertigmachen – wir geben Ihnen eine Chance, schlagen Sie zurück, belasten Sie ihn. Sie bekommen dann keinen Prozeß, sind frei, und wir helfen Ihnen bei der Entnazifizierung! So geschah es dann auch.
Der Vorgang ist durch eidesstattliche Erklärungen nachweisbar. Vgl. auch Anm. zu S. 55,1.

54,2   Inzwischen ist auch in Speers ‚Erinnerungen‘ nachzulesen, wie es zum Bau dieser Großbunkeranlagen kam und wer die Verantwortung dafür trug. – vgl. Albert Speer, Erinnerungen, S. 347 f.
Sodann schreibt Speer: „Erst nach Stunden gab ich unter der Bedingung nach, daß Dorsch mir wieder unterstellt und der bestehende Zustand wiederhergestellt würde. In der Frage der Großbunker allerdings war ich jetzt bereit nachzugeben: ... unter

meiner Zuständigkeit sowie unter höchster Dringlichkeitsstufe sollte Dorsch nun die Bunker bauen". Speer, Erinnerungen, S. 351.

Speer setzte einen Erlaß auf. Er berichtet: „Hitler unterschrieb meinen Entwurf am gleichen Tag: ‚Ich beauftrage den Leiter der OT-Zentrale, Ministerialdirektor Dorsch, unter Beibehaltung seiner sonstigen Funktionen im Rahmen Ihres (Speers) Aufgabenbereiches mit der Durchführung der von mir befohlenen 6 Jägerbauten. Für die Schaffung aller Voraussetzungen, die für eine schnelle Durchführung dieser Bauten notwendig sind, haben Sie Sorge zu tragen. ...'" – Speer, Erinnerungen, S. 567

In dieser Angelegenheit zitiert Speer dann noch Hitler: „Ich überlasse es ganz Ihnen, lieber Speer, welche Regelung Sie in Ihrem Ministerium treffen wollen. Es ist Ihre Sache, wen Sie beauftragen. Natürlich bin ich mit Dorsch einverstanden; aber die Verantwortung für das Bauen bleibt ganz bei Ihnen". – Speer, Erinnerungen, S. 354.

55,1   Jean Cerutti wäre jederzeit bereit gewesen, über seine Beobachtungen auszusagen, wenn es auf die Erkenntnis der Wahrheit angekommen wäre. Die hier folgende Übersetzung einer Eidesstattlichen Erklärung möge das verdeutlichen:
Eidesstattliche Erklärung
Ich, der unterzeichnete Jean Cerutti, geboren am 21. Mai 1921 in Fontainebleau, z. Zt. wohnhaft in Forbach, Rue d'Arras 5a, erkläre hiermit an Eides Statt folgendes: Vom 26. Dezember 1946 bis Ende 1947 war ich als Sous-Lieutenant Mitglied der französischen Verbindungskommission im Lager Dachau. Ich habe dort amerikanische Offiziere und Zivilpersonen der War Crimes Group Dachau kennengelernt, unter anderem auch die Herren Eggers und Roth. Ich weiß, daß Herr Roth zu den Vertretern der Anklage im sog. Mühldorf-Prozeß gehörte und daß Herr Eggers ihm bei seiner Aufgabe half. Während einer Autofahrt, die ich mit Herrn und Frau Eggers und meiner Verlobten, Fräulein Pöpperl, unternahm, war ich Zeuge des folgenden Gespräches zwischen meiner Verlobten und Herrn Eggers.
Dieser erklärte, daß er Dr. Baumgärtl in Bad Aibling aufgesucht und ihn im Auto ins Lager Dachau mitgenommen habe. Im Auto hätte er ihm gesagt, daß er ihn vor Gericht stellen und zum Tode verurteilen lassen könne, denn Professor Giesler habe ihn für den Gesundheitszustand der Häftlinge des Lagers Mühldorf verantwortlich gemacht. Man sei jedoch bereit, ihm den Prozeß zu erlassen, wenn er gegen Giesler als Zeuge auftreten wolle.
Ich hatte diesen Worten keine Bedeutung zugemessen, da es ja nicht das erstemal war, daß ich von solchen Dingen erfuhr und ich außerdem wußte, daß die Herren Roth und Eggers eine starke vorgefaßte Meinung gegen die Häftlinge von Dachau hatten.
Ich bin bereit, die gleiche Erklärung vor einem amerikanischen Offizier abzugeben, falls das erforderlich ist.
Saarbrücken, den 23. März 1952   Unterschriften

55,2   Die Aufzeichnungen von Monsignore Morgenschweiß hat das Erzbischöfliche Ordinariat in München in Verwahrung. Am 25.11.1966 hat er in München einen Vortrag gehalten, dessen Wortlaut auf Tonband aufgezeichnet und veröffentlicht ist in: Der Freiwillige, Hefte 11/72 bis 9/73, Osnabrück (Munin-Verlag), November 1972 ff.

73   Hierzu Giesler ergänzend: Malatesta – so nannte ich den Unterscharführer Oswald Siegmund von der 3. SPW-Kompanie des Panzerregiments der Leibstandarte SS Adolf Hitler.
Durch den „Malmedy-Prozeß" 1946 in Dachau wurde Siegmund einer der 43 zum Tode Verurteilten. Im Kriegsverbrechergefängnis Landsberg sperrte man sie in streng isolierte Einzelzellen. Zwei Jahre warteten diese Todeskandidaten von Woche zu Woche auf die Vollstreckung des Urteils. Im Frühjahr 1948 gehörte er zu denen, die begnadigt wurden – zu lebenslänglicher Haft, versteht sich.
Die anderen, meist seine ehemaligen Vorgesetzten, saßen als „Rotjacken" weiter in den Todeszellen und warteten wie bisher, von Woche zu Woche, von Freitag zu Freitag auf die Hinrichtung. Endlich, am 31. Januar 1951, wurden auch diese Todesurteile in lebenslängliche Gefängnishaft umgewandelt. Man hatte es letztlich doch nicht

gewagt, diese Soldaten aufzuhängen, zuviel Wirbel hatten die üblen Vernehmungs-
methoden im Zuchthaus von Schwäbisch-Hall mit den gemeinen Folterungen, den
Scheinhinrichtungen, hatte der darauf folgende skandalöse Prozeß mit dem abschließenden Urteil ausgelöst.

Siegmund, nunmehr frei von der Bedrückung und Isolation der Todeszelle, schloß
sich in der Freizeit des Gefängnis-Alltags Professor Six und mir an. Es paßte ihm
nicht, daß ich ihn ,Malatesta' nannte.

He, Prof!, – so nannte er mich, – das heißt doch ,schlechter Kopf'! Sie wollen mich
wohl verschaukeln? Er drückte sich etwas anders aus.

Nein, – ich vergleiche Sie mit dem Kondottiere der Renaissance, dem Sigismondo
Malatesta! Denn so kommen Sie mir vor, es ist nicht nur ein Wortspiel.

Ossi, wie ihn seine Kameraden nannten, war Sudetendeutscher und hatte sich mit
18 Jahren zur Waffen-SS gemeldet. Trotz seiner Jugend sah er mit seinem narbigen
Gesicht aus wie ein Kondottiere der Renaissance. Nicht nur der Krieg, auch die Todeszelle hatten ihn hart gemacht, selbstbewußt trat er auf.

Ich war nie so ein disziplinierter Kommiß-Knochen, erzählte er Six und mir. Immer
habe ich mir das größte Maß an persönlicher, eigenwilliger Freiheit genommen und
zu halten versucht. Das konnte nicht gut gehen, ich habe es nicht über den Unterscharführer gebracht.

Trotzdem: Die Kompanie, das Bataillon, das war mein Zuhause. Und die Vorgesetzten, unsere Führer, – na, die mögen manchmal etwas arrogant gewesen sein,
aber wenn es darauf ankam, im Einsatz, dann waren sie alle unser Vorbild an Schneid
und Zähigkeit und Kameradschaft. Man konnte sich auf sie verlassen, drum waren
wir auch so ein guter Haufen! Der Jochen Peiper, der war noch eine Klasse darüber,
der hatte Mut mit Köpfchen, er hatte unser Vertrauen, das war der geborene Führer,
dem wir bedingungslos folgten.

77   Diese Frage Bormanns: „Wo ist Speer" steht in engem Zusammenhang mit der Darstellung Speers:

„Dann nahm ich vor dem Mikrophon Platz und las meine Rede vom Manuskript ab.
Die Techniker blieben stumm, vielleicht waren sie erschrocken, ...
(Gauleiter) Kaufmann (Hamburg) nahm die Platten in Verwahrung. Ihm teilte ich
die Bedingungen mit, unter denen er von sich aus, ohne meine Zustimmung, diese
Rede senden lassen könne. Die Voraussetzungen, die ich ihm nannte, waren bezeichnend für die Gefühle, die mich in diesen Tagen beherrschten: falls ich auf Veranlassung von irgendwelchen politischen Widersachern, zu denen ich vornehmlich Bormann rechnen mußte, ermordet werden sollte; falls Hitler von meinen Unternehmun-
gen gehört hätte und ich durch ihn zum Tode verurteilt werde..." – Speer, Erinnerungen, S. 478 f.

Nach dieser Suchmeldung Bormanns tauchte Speer plötzlich im Befehlsbunker der
Reichskanzlei auf. Nach Meinung Gieslers war es eine überlegte Flucht nach vorne,
um einer für ihn gefährlichen Situation mutig zu begegnen. „Mich habt ihr wohl nicht
erwartet!" sprach er Sekretärin und Adjutant an.

In Kenntnis der Wesensart Adolf Hitlers bezweifelt Giesler die Darstellung Speers
über seine Motive zum ,letzten Besuch' und vor allem über seine ,Beichte', er habe
sabotiert. – vgl. Speer, Erinnerungen, S. 479 ff.

79   Die Proklamation ist inzwischen in wissenschaftlichen Arbeiten veröffentlicht, hier
ein Beispiel:

„Achtung, Achtung! Sie hören den Sender der Freiheitsaktion Bayern! Sie hören
unsere Sendungen auch über den Wellenbereich des Senders Laibach.
Achtung, Achtung, hier spricht die Freiheitsaktion Bayern. Das Stichwort „Fasanenjagd" ist durchgegeben. Arbeiter, schützt eure Betriebe gegen Sabotage durch die
Nazis! Sichert Arbeit und Brot für die Zukunft!
Verwehrt den Funktionären den Zugang zu Euren Anlagen. Beamte, Achtung,
geht Eurem Dienst gewissenhaft nach. Achtung, Achtung! Hier spricht der

Sender der Freiheitsaktion Bayern. Achtung, Achtung! Sie hören weiter unsere Sendungen.
In Dachau hat die Bevölkerung die Barrikaden gegen die feindlichen Panzer niedergerissen. In den Kasernen sind zu allen Zeiten die Magazine geöffnet. Die Bevölkerung greift zu ihrem Eigentum und verschafft sich Bekleidung und Lebensmittel. Achtung, Achtung! Deutsche sichert und schützt Eure Ernährung. Verhindert, daß durch ausländische Plünderer Eure Lebensmittelvorräte zerstört werden! Achtung, Achtung! Es spricht der Sender der Freiheitsaktion Bayern. Beseitigt die Funktionäre der nationalsozialistischen Partei. Die F.A.B. hat heute Nacht die Regierungsgewalt erstritten. Reichsstatthalter Ritter von Epp befindet sich auf dem Gefechtsstand der F.A.B. Achtung, Achtung! Die Alliierten stehen vor den Toren unserer Sperren."
Heike Bretschneider, Der Widerstand gegen den Nationalsozialismus in München 1933 bis 1945; Neue Schriftenreihe des Stadtarchivs München 1968, Heft 4, S. 231 f.

81 SS-Obergruppenführer und General der Waffen-SS Simon, Kommandeur des XII. SS-Armeekorps, bekannt durch die harte Verteidigung des Kessels von Demjansk 1942.

84,1 Die Tatsache blieb weithin unbekannt. Dagegen wurde dem Gauleiter Giesler die Verantwortung für vieles andere angelastet. Hierzu der Verf.: Durchaus verständlich finde ich es, wenn sich dieser und jener unter Berufung auf einen Befehl des Gauleiters den exaltierten Verfolgungen zu entziehen hoffte.

84,2 In Salzburg wurde Ritter von Epp von den Amerikanern gefangen genommen und in verschiedene Camps gebracht, darunter auch das War Crimes Camp Zuffenhausen. Erst kurz vor seinem Tode wurde er entlassen.

89 Die Bemerkung bezieht sich darauf, daß die jüdischen Einwanderer mit der Staatsangehörigkeit westeuropäischer Länder in den U.S.A. in höherem Ansehen standen als diejenigen aus anderen Ländern.

98 Die Organisation ‚Kraft durch Freude' (KdF) war der Einheitsgewerkschaft des Dritten Reiches, der Deutschen Arbeitsfront, als Massenerholungswerk angegliedert.

106 Oswald Spengler, Der Untergang des Abendlandes, Band II, München 1923, S. 118 und 119;

107,1 Max Domarus, Hitler – Reden und Proklamationen 1932 – 1945, München 1965, S. 864 ff.

107,2 Gemeint ist der Erste Weltkrieg 1914 – 1918

107,3 Gemeint ist die Straßenbahn

110 vgl. Albert Speer, Erinnerungen, Berlin 1969, S. 174

116 Die Vignette ist die Abbildung eines Gemäldes von Prof. Hugo Gugg, Weimar.

118 Max Domarus, Hitler – Reden und Proklamationen 1932 – 1945, München 1965, S. 761. Die Rede wird heute als „Geheimrede" bezeichnet.

133 Vgl. S. 327 f und 333

136 Über die Planung und Finanzierung der Augsburger Bauten gibt Speer eine abwegige Darstellung. Vgl. Spandauer Tagebücher, S. 140 – 147

141 Ob Rosenbergs Vermutung den Tatsachen entsprach, ist nicht verbürgt. Später jedenfalls war diese Veranlassung gegenstandslos, und eine Frage an Adolf Hitler erübrigte sich für Giesler.

143 Ein im Dritten Reich gedrehter ‚Kulturfilm' stellt in einer Trickaufnahme das Modell der Hohen Schule so vor die 20 Kilometer weiter südlich verlaufende 1700 m hohe Kampenwand, daß das Gebirge nördlich der Schule erscheint und der Eindruck eines gigantischen Turmgebäudes entsteht. Es wäre nicht ohne Interesse, den Auftraggeber dieses Films zu kennen, der heute unverändert gezeigt werden kann, um ‚Gigantomanie' zu demonstrieren. Vgl. auch die Fotomontage mit der Berliner Halle bei Speer, Erinnerungen, nach S. 160, dazu Giesler S. 328

145,1   Erlaß des Führers und Reichskanzlers über die Neugestaltung der Hauptstadt der Bewegung vom 21. Dezember 1938

§ 1

(1) Für die Hauptstadt der Bewegung ordne ich die Durchführung der städtebaulichen Maßnahmen an, die zur Anlage und zum Ausbau sowie zur planvollen Gestaltung der Stadt erforderlich sind. Für die Durchführung dieser Maßnahmen bestelle ich einen Generalbaurat für die Hauptstadt der Bewegung, der mir unmittelbar untersteht.

(2) Der Generalbaurat kann seine Befugnisse auch über das Gebiet des Stadtkreises der Hauptstadt der Bewegung hinaus ausüben, soweit dies zur Durchführung seiner Aufgabe erforderlich ist.

§ 2

Der Generalbaurat stellt den Gesamtbauplan für die Hauptstadt der Bewegung auf und entscheidet über alle von der Plangestaltung berührten Interessen. Er ist befugt, die zur Erreichung dieses Zweckes notwendigen Maßnahmen und Anordnungen zu treffen.

§ 3

Zur Durchführung seiner Aufgaben stehen dem Generalbaurat die Behörden des Reichs, des Landes Bayern und der Hauptstadt der Bewegung zur Verfügung. Der Generalbaurat sorgt dafür, daß alle seinen Aufgabenbereich berührenden Entscheidungen künftig unter einheitlichen Gesichtspunkten ergehen. Er kann sich von allen Dienststellen des Reichs, des Landes Bayern und der Hauptstadt der Bewegung und von den Dienststellen der Partei, ihrer Gliederungen und der angeschlossenen Verbände die erforderlichen Auskünfte über Bauvorhaben geben lassen. Bei Meinungsverschiedenheiten trifft der Generalbaurat die notwendigen Anordnungen.

§ 4

Alle von Staats- oder Parteistellen beabsichtigten Maßnahmen, die das Aufgabengebiet des Generalbaurats berühren, sind ihm vor ihrer Ausführung zur Kenntnis zu bringen und bedürfen seiner Genehmigung.

§ 5

Der Generalbaurat bezeichnet diejenigen Hoch- und Tiefbauten, Platzanlagen und Straßenzüge, deren Ausführung oder Änderung ohne seine Zustimmung nicht in Angriff genommen werden darf. Vor dieser Zustimmung darf über die für solche Bauvorhaben und -anlagen bestimmten Mittel nicht verfügt werden.

§ 6

(1) Bei allen im Aufgabengebiet des Generalbaurats der Hauptstadt der Bewegung geplanten Bauten mit einem umbauten Raumbedarf von über 30 000 cbm kann der Bauplatz von dem Generalbaurat bestimmt werden.

(2) Derartige Bauvorhaben sind daher rechtzeitig vor der Wahl des Bauplatzes dem Generalbaurat anzuzeigen.

§ 7

Den Erlaß besonderer Ausführungsvorschriften behalte ich mir vor.

Berlin, den 21. Dezember 1938
Der Führer und Reichskanzler, gez. Adolf Hitler
Der Reichsminister und Chef der Reichskanzlei, gez. Dr. Lammers.

Dem Generalbaurat von München standen nach diesem Erlaß im wesentlichen die gleichen Befugnisse zu wie dem Generalbauinspektor für die Reichshauptstadt.

145,2   Nach dem Zusammenbruch verhungerte der vitale Oberbaudirektor Gimple in einem Kriegsgefangenenlager in Frankreich.

146,1   Im Kriegseinsatz der Dienststelle im Rahmen der OT fiel Dr. Praun durch Partisanenüberfall in Nord-Rußland. Vgl. ‚Die Erzählung', S. 444

146,2   Dipl.-Ing. Zeibig fiel in Kurland.

146,3   Dr. Ing. von Freyhold fiel 1945 bei der Verteidigung von Nürnberg.

148   Die Lokalbaukommission entstand aus der kurfürstlichen Generallandesdirektion
             und der – der Regierung unterstellten – ehemaligen Königlichen Lokalbaukommis-
             sion nach dem Reskript von 1804, eine Behörde, ohne die der Kronprinz und spätere
             König Ludwig I. seine kühnen Baupläne nicht realisiert hätte und ohne die seine
             Straßen, Plätze und Bauten in ihrer ursprünglichen Form uns nicht erhalten wären.

152   Giesler dazu: In der Rückschau von heute könnte man versucht sein, von einem
             völlig neuartigen Prinzip der Stadtformung und Planung bis zur Einzelgestaltung
             im Stadtraum zu sprechen. Trotz unerläßlicher Exaktheit behördlicher Arbeit gelang
             damals die Aktivierung aller Kräfte von gestalterischem Format.
             Heute klagt man über den Verlust der Stadtgestalt, gleich wohin man hört und
             schaut. Man spricht von der Verödung, man erkennt die fortschreitende Gefahr für
             die Gemeinschaft und ruft nach der humanen Stadt. Sie hätte realisiert werden kön-
             nen, die Wege dazu waren aufgezeigt, – man hat sie nicht beachtet.

156   Vgl. Anm. 98

162   Hierzu Giesler zum Zeitpunkt der Niederschrift: Was uns damals (1940) als absolut
             vordringlich erschien, ist bis heute, nach 35 Jahren, nicht verwirklicht. Die chaoti-
             schen Zustände sind nicht ausgeblieben. Darüber wird Jahr für Jahr in den Zeitungen,
             im Rundfunk und im Fernsehen lamentiert.

164   Giesler im Gespräch: Ich weiß nicht, ob eine Straße in dieser Konzeption inzwischen
             überhaupt und irgendwo gebaut wurde. Wenn nicht, dann wäre festzustellen, daß
             – abgesehen von Autobahnbauten in ihrer Verpflichtung dem deutschen Raum und
             der Umwelt gegenüber – die städtebauliche Weiterentwicklung der Straße aus-
             geblieben ist. Und dies seit dem Werk des Präfekten Haussmann vor über 100 Jah-
             ren, – obwohl die Technik unserer Zeit alle Voraussetzungen geboten hätte.

170   Dem Verfasser wurde 1975 eine Skizze übergeben. Nach vielen Entwürfen und Ar-
             beiten am Übersichtsmodell diente diese Skizze Gieslers vom Mai 1939, während
             einer Unterhaltung auf einem Briefumschlag gezeichnet, zur Erläuterung der Idee
             des Hauptbahnhofes. Der damalige Gesprächspartner hatte sie mit Datum versehen
             und aufbewahrt.

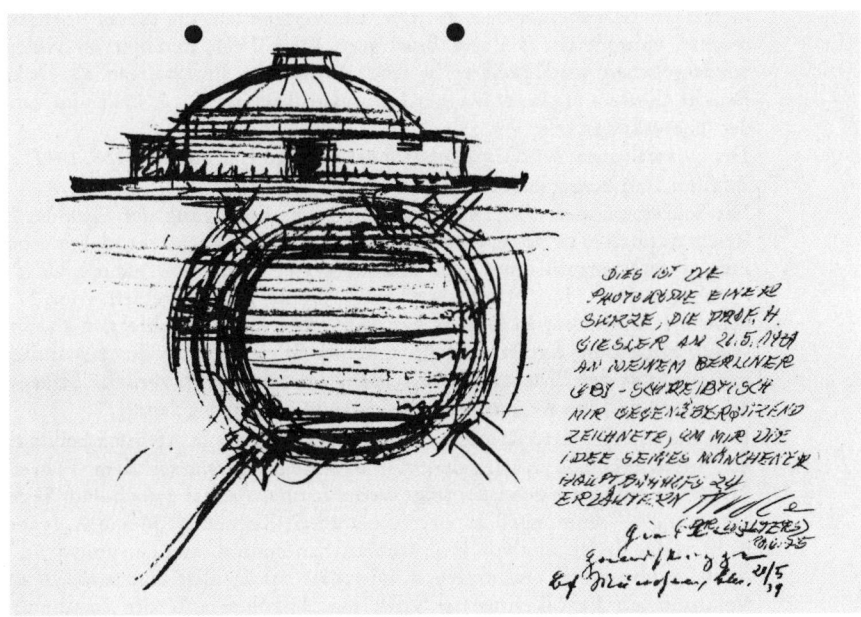

172 Die Sensationen der Weltausstellung von 1889, 100 Jahre nach der Revolution, waren der Eiffel-Turm und die für die damaligen Verhältnisse gewaltige Stahl-Konstruktion der Maschinenhalle, genannt „Palais des Machines", mit 115 Meter Spannweite und 420 Meter Gesamtlänge. Die Drei-Gelenk-Binder hatten eine Konstruktionshöhe von 45 Metern.

173 Die Grundlagen für den Firmenwettbewerb zur Stahlkonstruktion der Polygon-kuppel waren im Mai 1939 in Zeichnungen und im Arbeitsmodell ausgearbeitet. Im August 1940 wurde Prof. Bonatz Vertrauensarchitekt und freier Mitarbeiter der Dienststelle ‚Der Beauftragte für die architektonische Gestaltung des neuen Münchner Hauptbahnhofes'.
Darstellungen, nach denen Hitler den ‚verrückten Rundbahnhof' ersonnen habe oder in denen Prof. Bonatz Idee und Entwurf des Polygon-Ringbahnhofes zugeschrieben werden, sind unrichtig.

176 Diese Vorstellungen und Anweisungen Adolf Hitlers zu einem neuen Transport-system waren zum Zeitpunkt dieser Niederschrift in sehr viel kleinerem Rahmen unter dem Begriff „Container" verwirklicht.
Die Notwendigkeit einer neuen Trasse für den Güter-Schnellverkehr von Hamburg über das Ruhr- und Rhein-Main-Gebiet nach Süddeutschland wird von den Verkehrsexperten nach wie vor betont.

178 In der Nachkriegsdiskussion wurde die Anordnung dann als „Park-and-Ride-System" bezeichnet.

183 Abgebildet ist das Siegel der Stadt München aus dem Jahre 1268 mit dem kaiser-lichen Adler.

188 Es kam nicht mehr zu einem Entwurf, vordringlich war zunächst die Planung der deutschen Bauten für die Weltausstellung in Rom, und im Herbst 1940 wurde Giesler zusätzlich mit der Neugestaltung von Linz an der Donau beauftragt. Neben der kriegsbedingten Tätigkeit im Rahmen der Organisation Todt nahm ihn die Arbeit an Linz völlig in Anspruch.

194 Der Vorgang findet sich im Bayerischen Haupt-Staats-Archiv Abt. I OBB 12719. Durch einen Brief vom 10. 2. 1941 an den Staatsminister und Gauleiter Adolf Wagner und andere Stellen kündigte Giesler die Ausdehnung seiner Aktivitäten auf das Gebiet des Starnberger Sees an. Die Schwierigkeiten, die dieses Vorhaben mit sich brachte, spiegelt ein weiterer Brief vom 11. 3. 1941, der hier im vollen Wortlaut wiedergegeben wird, weil er in einer Reihe von Einzelzügen als Dokument den Bericht Gieslers ergänzt. Wagner las diesen Brief am 20. 3. 1941 und versah ihn mit der Bemerkung ‚sehr gut':
Der Generalbaurat für die Hauptstadt der Bewegung München 11. 3. 1941
Betrifft: Starnbergersee. Az.: Pr./Ki.
Mit Schreiben vom 10. 2. 41 hatte ich, unter Darlegung der Gründe, dem Herrn Reichsstatthalter in Bayern und anderen Behörden mitgeteilt, daß ich beabsichtige, mein Interessengebiet auf den Starnbergersee und seine nähere Umgebung aus-zudehnen. Der Herr Reichsstatthalter glaubte mit Schreiben vom 27. 2. 41 eine derartige Anordnung besonders aus rechtlichen Gründen ablehnen zu müssen. Nach seiner Mitteilung hat er Abschrift dieses Schreibens an die zuständigen Reichs-minister, mit der Bitte um Entscheidung, und an das Bayerische Staatsministerium des Innern und den Regierungspräsidenten in München geleitet.
Ich habe an den Herrn Reichsstatthalter daraufhin das in Abdruck beiliegende Schreiben gerichtet. Die Auslegung, die der Reichsstatthalter dem Führererlaß vom 21. 12. 38 zuteil werden läßt, trägt weder meiner Aufgabe noch dem Sinne der Neu-gestaltungsbestimmungen in ihrer Gesamtheit Rechnung. Meine Aufgabe kann sich nicht in der Errichtung von Repräsentativbauten und etwa den sonstigen Tätigkeiten eines Stadtbauamtes erschöpfen, sondern sie hat darüber hinaus die Beziehung zum Volk und zur Bevölkerung der Stadt, einschließlich z. B. der Standortfrage für die

gewerbliche Wirtschaft (Industrieverlagerung) und der Erholungsmöglichkeiten in der näheren Umgebung der Stadt zu umfassen.

Der Ausbau Münchens zum Mittelpunkt der Bewegung und der deutschen Kultur wird es natürlicherweise notwendig machen, die Planungen der umliegenden Gemeinden auf die Neugestaltung der Hauptstadt der Bewegung abzustimmen. Das gilt vor allem für die Gemeinden Grünwald, Pullach, Aubing und das Würmtal; im Laufe der Planung werden noch weitere Gemeinden davon erfaßt werden müssen. Bei Kenntnis meiner Planungen wäre dem Reichsstatthalter auch klar geworden, daß der Starnbergersee von dem Organismus der Großstadt München ebensowenig getrennt werden kann wie der Wannsee von Berlin und daß dieser Zusammenhang nach Durchführung der Neugestaltung ein unlösbarer sein wird.

Wenn der Reichsstatthalter glaubt, daß die bisherigen Bestimmungen zum Schutze des Starnbergersees genügt hätten, so ist allein die Tatsache meines Eingreifens ein Beweis dafür, daß diese Annahme fehl geht. Das am 22. 9. 33 ergangene Gesetz über die Aufschließung von Wohnsiedlungsgebieten hat jedenfalls bisher nicht zu dem erwünschten Erfolg eines starken Schutzes der Gesamtheit gegenüber einzelnen Interessenten ausgereicht. Die weiteren Befürchtungen des Reichsstatthalters sind teilweise deshalb unbegründet, weil ich zunächst nicht beabsichtige, das Gebiet zum Bereich zu erklären, so daß die Veräußerungsbeschränkungen und Enteignungsbestimmungen des Städtebaugesetzes noch nicht zur Anwendung kommen. Vorgesehen ist vielmehr zur Zeit, den Ministerialrat Esterer der Verwaltung der Staatlichen Schlösser, Seen und Gärten zum Vertrauensarchitekten im Sinne meiner Anordnung vom 6. 11. 1940 (Reichsministerialblatt Seite 499) einzusetzen und die Landräte anzuweisen, in bestimmtem Umfange Baugesuche und Kaufverträge mir zur Zustimmung vorzulegen. Dadurch entsteht noch keineswegs eine Beunruhigung der Bevölkerung oder eine erhebliche Erschwerung des Verwaltungsganges. Daß die bestehenden Behörden durch meine Einschaltung eine Einschränkung erfahren, ist eine unmittelbare Folge der Neugestaltungsgesetzgebung. Es darf aber nicht bezweifelt werden, daß dies auch dem Führer bekannt war, als er mich zum Generalbaurat für die Hauptstadt der Bewegung bestimmte und er hat es dennoch getan. Da der Führer selbst die vorgesehene Maßnahme ausdrücklich billigte, sehe ich kein Hindernis, die geplante Anordnung in den nächsten Tagen zu erlassen.

Heil Hitler! H. Giesler

Durch einen zweiten Erlaß „über die Neugestaltung der Hauptstadt der Bewegung" vom 16. Januar 1942 bestätigte Hitler die Vollmachten des Generalbaurats für eine Reihe von Gemeinden im unmittelbaren Einzugsbereich der Stadt München, darunter auch „in dem Gebiet um den Starnbergersee, das begrenzt wird im Norden durch die Gemeinden Starnberg und Berg, im Westen zwischen der Südgrenze der Gemeinde Starnberg und dem Bahnhof Seeshaupt durch die Eisenbahnlinie Starnberg–Seeshaupt, im Süden und Osten durch eine 500 m parallel zum Seeufer verlaufende, in der Horizontalen gemessene gedachte Linie".

204   Gemeint ist die Avenue de l'Impératrice, die heutige Avenue Foch (140 m breit).

206   Adolf Hitler meinte die Köln-Rodenkirchner Autobahnbrücke, ein Werk von Stahlbau Klönne mit Dr. Ing. Leonhardt und Professor Bonatz.

207   Giesler: Später sah ich die Übersetzung der Dreipaß-Stein-Bogenbrücke S. Trinita (Florenz) in Stahl, in überzeugender Form und mit riesigen Spannweiten, kühn, beschwingt und in harmonischer Klassizität: Die 1947 gebaute Köln-Deutzer Stadtbrücke.

208   Vgl. Abschnitt „Der Zwist", S. 351 f.

216   Vgl. mit Gieslers Darstellung die folgende Bemerkung von Fest:
. . . Seine Begräbnisstätte hatte er in einer gewaltigen Krypta im Glockenturm des geplanten Riesenbaues über dem Donauufer bei Linz gesehen; jetzt fand er sie zwischen Schuttbergen, Mauerresten, Betonmischmaschinen und verstreutem Unrat, festgestampft in einem Granattrichter. (Joachim Fest, Hitler, Berlin 1973, S. 1023.)

Die ergänzende Anmerkung 126 dazu lautet:
Pers. Mitteilung A. Speers. Einer der anderen Vorzugsarchitekten Hitlers, Hermann Giessler (sic!), hat gelegentlich zwar bestritten, daß Hitler im Glockenturm des geplanten Baues über dem Donauufer bei Linz bestattet sein wollte; nur Hitlers Mutter hätte dort beigesetzt werden sollen. Speer erinnert sich jedoch definitiv an Äußerungen Hitlers, wonach dieser in Linz an eben dieser Stelle bestattet sein wollte. Joachim Fest, Hitler, Berlin 1973, S. 1152.

Diese „gewaltige Krypta im Glockenturm" war in Gieslers Planung ein Oktogon-Raum mit einem Durchmesser von vier Metern und mit etwa 5 Meter Höhe, einschließlich Gewölbe. Dieser Gewölberaum sollte die Grabstätte der Eltern Adolf Hitlers werden.
Über die Planung seiner eigenen Grabstätte in München vgl. S. 24 ff.

222   Das heißt 1924.

223   1 Gcal/h = 1×10^3 Mcal/h = 1×10^6 Kcal/h; (Lies: 1 Gigakalorie je Stunde = 1000 Megakalorien je Stunde = 1 000 000 Kilokalorien je Stunde). So auch: 1 MW (Megawatt) = 1000 KW (Kilowatt).

226   In den Energiedebatten der Jahre 1976/77 wird dem Einsatz von Wärmepumpen große Bedeutung zugemessen. Giesler wandte sich an Gerke: „Das hatten wir doch so nebenbei schon im Jahre 1939/40 im Rahmen der allgemeinen Planung ,Energie und Wärme' bei der Neugestaltung Münchens vorgesehen."
Die Antwort von Gerke: Ja, bei der Ermittlung des gesamten Wärmebedarfs aus dem HKW West habe ich s. Z. auf den hohen Wärmeverbrauch der geplanten Thermen hingewiesen (8 Gcal stündlich). Es lag deshalb nahe, die Wärmerückgewinnung über eine Wärmepumpe Wasser-Wasser zu planen. Wir ermittelten dadurch eine jährliche Einsparung von etwa RM 100 000,–.

Es war uns bekannt, daß in Zürich einige Hotels am Limat durch Wärmegewinnung aus dem Wasser teilbeheizt wurden. Ein Ingenieur meines Büros besichtigte diese Anlagen, die positiven Erfahrungen führten zur Einplanung von Wärmepumpen bei verschiedenen Projekten der Neugestaltung.

229   Relation der Belastung durch die Wohnkosten zum Jahresverdienst:
Facharbeiter-Familie (A-Monteur) mit 2 Kindern
1940

1	Verdienst	2,50 RM/h, 48 Wochenstunden 500 RM/Monat × 12 =	RM 6000,–
2	Miete	Neubauwohnung in der geplanten Südstadt. 88 qm groß, vorgesehene Miete 1,– RM/qm 88 qm × 1,– RM/qm × 12 =	RM 1 056,—
3	Heizung	Abwärme HKW München-Ost, berechnet für das Gebiet der Südstadt	RM 112,64
4	Warmwasser	durch HKW, berechnet auf der Basis 50 l zu 60° pro Person und Tag. Warmwasserkosten (ohne Wassergeld) RM 17,50 pro Person und Jahr RM 17,50 × 4 =	RM 70,—
			RM 1 238,—

5   Entspricht etwa 20,7 % des Jahresverdienstes.

1976

1	Verdienst	Tarif (A-Monteur) DM 10,90 + 5 % Leistungszulage = DM 11,50 × 40 Wochenstunden, ca.	DM 24 000,—

2	Miete	im sozialen Wohnungsbau	
		88 qm × 5,– DM/qm × 12 =	DM 5 280,–
3	Heizung	Sammelheizung. Ölkosten mit	
		0,30 DM/l angesetzt.	
		Richtwert DM 108,24/Monat × 12 =	DM 1 298,88
4	Warmwasser	Richtwert mit DM 4,–/cbm angesetzt.	
		50 l × 30 Tage × 4 Personen =	
		6 cbm/Monat × 12 = 72 cbm/Jahr	
		72 cbm/Jahr × 4,– DM/cbm =	DM 288,–
			DM 6 866,–

5   Entspricht etwa 28,6 % des Jahresverdienstes.

230   Energieerzeugung in den geplanten HKW in München (1940):
Gegenüberstellung der Gestehungskosten einer kWh
In den vom Generalbaurat/Oberingenieur Gerke geplanten und
durch die Stadtwerke München betriebenen HKW im Gegendruck-
Verfahren erzeugter Drehstrom   0,8 RPf/kWh
    Im bestehenden Isartal-Kraftwerk im Kondensations-Verfah-
    ren dagegen   2,7 RPf/kWh
Im geplanten, von der Reichsbahn betriebenen HKW Nord im
Gegendruck-Verfahren erzeugter Einphasen-Wechselstrom   0,925 RPf/kWh
    Im bestehenden Kondensations-Kraftwerk West der Reichs-
    bahn München waren die Gestehungskosten   4,1 RPf/kWh
Mit den Stadtwerken München war eine Rückvergütung von 1 RPf auf die im
Gegendruck-Verfahren gezogene Kilowattstunde zur freien Verwendung des Zweck-
verbandes Südstadt vereinbart.
Die Rückvergütung hätte rechnerisch ca. 1,5 Mio RM/Jahr betragen.

232   Auch für die Kleinstadt (etwa 10 000 Einwohner) ergab sich, volkswirtschaftlich
gesehen, die Rentabilität eines Heizkraftwerkes. Das wurde am Beispiel Sonthofen
ermittelt. Den Anstoß gaben die Überlegungen zur Fernwärmeversorgung der
Ordensburg Sonthofen, des KdF-Hotels, der zusammenhängenden Ortsteile von
Sonthofen, der Kasernen und der Fabrikanlagen.
Das HKW sollte, mit oberbayerischer Kohle betrieben, im Jahr ca. brutto 20×10^6
kWh im Gegendruck liefern. Der Anschlußwert des Fernheiznetzes betrug ca.
30×10^6 kcal/h.
Die Planung des HKW durch Ingenieur Gerke war in allen Einzelheiten abgeschlossen und von Dr.-Ing. Wilhelm Nusselt, o. Prof. an der TH München,
geprüft und durch ein positives Gutachten bestätigt. Resümee des Gutachtens:
„Zusammenfassend ist also das Ergebnis meines Gutachtens das, daß ich die
Errichtung eines Heizkraftwerkes in der angebotenen Ausführung vorschlage. Es
ergibt den wirtschaftlichsten Heizbetrieb und entspricht dem gegenwärtigen Stand
der Technik. Dadurch werden auch die technischen Einrichtungen der Ordensburg,
ebenso wie die ganze Anlage eine vorbildliche Schöpfung werden."
Der Bezirk Sonthofen, einschließlich der Allgäuer Überlandwerke Kempten (AÜW),
bezogen und beziehen auch heute noch 80 % Fremdstrom von den Lechwerken,
einem 100 %igen Ableger der Rheinischen Elektrizitäts-Werke (REW).
Die im Winter entstehenden Stromspitzen erzeugen die AÜW über ein Dieselaggregat. Derzeit wird ein weiteres Dieselaggregat gebaut, da die Winterspitze nicht
mehr gedeckt werden kann.
Die Kosten für den von den AÜW Kempten gelieferten Strom betrugen während des
Winters 6 RPf/kWh, in der Spitze 8 RPf/kWh aus dem Dieselkraftwerk. Die
Gestehungskosten der Gegendruck-kWh aus dem geplanten HKW Sonthofen betrugen dagegen etwa 2 RPf/kWh. Dazu kam die Nutzung der Abwärme. An das Ver-
sorgungsnetz des Bezirkes Sonthofen konnten nach Abzug des Eigenverbrauches
der Ordensburg jährlich rund 12×10^6 kWh abgegeben werden.

Bei einer angenommenen Tilgungszeit von 10 Jahren betrug der Gestehungspreis im HKW 1,62 RPf/kWh, bei 15 Jahren sanken die Kosten des Stromes auf 1,37 RPf/kWh. Die Erzeugung von einer Tonne Dampf kostete bei 10jähriger Tilgungszeit 5,00 RM, bei 15jähriger Tilgungszeit 4,51 RM.

Planung und Gutachten wurden dem Bauherrn der Ordensburg Sonthofen vorgelegt. Er ordnete den Bau des HKW Sonthofen an, die entsprechenden Mittel wurden bereitgestellt. Der Krieg verhinderte die Ausführung.

Dieselbe Planung mit allen Ermittlungen und Berechnungen wurde für die Mittelstadt Weimar durchgeführt. Auch in diesem Falle ergab sich eine große Rentabilität des HKW, sowohl bei den Stromkosten als auch in der Wärmenutzung.

233   Gerke 1976 zum Stichwort ‚Gesundschrumpfen‘:
Gesundschrumpfung der Kohle bedeutet:
1. Volkswirtschaftlichen Vermögenverlust von ¹/₄ bis ¹/₃ der Gesamtinvestitionen des Kohlebergbaues.
2. 150 000 Bergleute und Übertagearbeiter verlieren den Arbeitsplatz und müssen „umgeschult" werden. Das Umsetzen eines Bergmannes kostet ca. DM 40 000,–. Ein Teil dieser Bergleute wurde Handwerker und Textilarbeiter. Sie sind zum Teil heute wieder arbeitslos.
3. Durch die „Gesundschrumpfung" trat ein jährlicher Zulieferverlust von etwa 800 Mio. DM auf, das bedeutet einen weiteren Verlust von etwa 25 000 Arbeitsplätzen in der Zulieferindustrie, außerdem Insolvenzen.
4. Mit hohen Entschädigungssummen wurde die ‚Gesundschrumpfung‘, d. h. die Stillegung der Kohlenzechen, bezahlt. Die Zechen soffen ab.
5. Bei einer „Renaissance der Kohle", wie sie bereits ins Auge gefaßt ist, werden neue Investitionen nötig; die Bergleute holt man aus der Türkei.
Die Erzeugung von Kernenergie ist weder in der Technik noch in der Entsorgung ausgereift. Man hat Energieberechnungen aufgestellt auf der Basis Öl – Kernenergie – Kohle, ohne die volkswirtschaftlichen Gesamtzusammenhänge zu berücksichtigen, etwa: Eine kWh, erzeugt durch Öl, ist um X Pfennig, eine kWh, erzeugt durch Kernenergie, ist um Y Pfennigbruchteil billiger als eine kWh aus Kohle. Man vergißt dabei die Arbeitslosen, die volkswirtschaftlichen Verluste und die Folgekosten, von der Abhängigkeit von den Öl- und Uran-Lieferländern ganz zu schweigen.
6. An dem nunmehr offenkundigen Desaster der Energieversorgung haben die Regierungen aller Schattierungen mitgeholfen.
7. Die Aktivitäten der Bürgerinitiativen sind teilweise das Ergebnis des Desasters und kennzeichnen insofern die Versäumnisse der Verantwortlichen in Regierung und Wirtschaft.

241,1   „Ein Aspekt aber ist in der Globaldiskussion zu kurz gekommen oder gar nicht berücksichtigt worden, die Möglichkeit zur Nutzung jener 60 Prozent Energie, die in Großkraftwerken bei der Umwandlung von Kohle in Strom verlorengingen. . . . Kraft-Wärme-Kupplung heißt dieser eine Ausweg, der große Teile der zur Zeit noch verlorenen 60 Prozent Energie nutzen könnte. Statt Sonnen- und Windradutopie sollte die Erfahrung genutzt werden.
Die Aufgabe sollte also lauten, der Stromerzeugung die Dampfgewinnung anzugliedern oder der Dampferzeugung die Stromgewinnung. Das schont die Umwelt, ist relativ schnell zu realisieren, erfüllt den Wunsch nach sparsamer Energieverwendung und hilft die Kraftwerkslücke schließen.
Hans Baumann: ‚Wärme vom Kraftwerk‘, in: Die Welt, 28. April 1977, Beilage „Kraftwirtschaft", S. I.

241,2   Matthöfer antwortete 1976 auf die Frage: „Gibt es Planungen für ein bundesweites Fernwärmenetz?":
Nein. Ein Fernwärmeversorgungssystem kann nur stufenweise von lokalen über regionalen zu überregionalen Etappen aufgebaut werden. Für eine Verwirklichung der jeweils höheren Stufe ist die genaue Ermittlung der Investitionskosten und der

Wirtschaftlichkeit auf der Grundlage bereits betriebener Fernwärmenetze entscheidend. Wie alle großen Infrastruktursysteme – Schienennetz, Stromverbund, Straßennetz – würde der Ausbau eines bundesweiten Fernwärmenetzes Jahrzehnte benötigen.
Hans Matthöfer, Interviews und Gespräche zur Kernenergie, Karlsruhe 1976, S. 37.

244 Die Darstellung Gieslers beruht auf den Aufzeichnungen seines Mitarbeiters Wölfel; sie faßt das Wesentliche in gedrängter Form zusammen.

250 Die Karteien und Übersichtspläne des Referates „Industrieplanung" wiesen aus:

Bau- und Baunebengewerbe	19,8 %
Holzverarbeitende Industrie, Holzlager	8,5 %
Feinmechanik u. a. nicht störende Industrie	11,4 %
Bekleidungs-, Lederwaren-, Sportartikel	2,4 %
Nahrungs- und Genußmittelindustrie	6,8 %
Wenig störende Industrie (Autoreparatur u. ä.)	8,0 %
Störende Industrie (Gießereien, Motoren- und Fahrzeugbau, Maschinenbau, Chem. Industrie)	4,2 %
Lagernde Betriebe (Speditions- und Fuhrunternehmen, Lagerplätze)	9,8 %
Verschiedene	19,2 %
Handwerkliche und kleingewerbliche Betriebe	9,9 %
	100,0 %

256 Vgl. S. 249 die Ausdehnung von Messerschmitt-Bölkow und BMW.

278 Der Reichsschatzmeister der NSDAP   München 33, den 31. 10. 1940
                                                      Verwaltungsbau der NSDAP
An den
Oberbürgermeister der Hauptstadt der Bewegung
Herrn Reichsleiter Karl Fiehler
München
Rathaus
Betreff: „Südstadt der Hauptstadt der Bewegung"
Sehr geehrter, lieber Parteigenosse Fiehler!
Wie Ihnen durch Herrn Generalbaurat Professor Giesler bekanntgemacht sein dürfte, habe ich die Schirmherrschaft über das Bauvorhaben „Südstadt der Hauptstadt der Bewegung" übernommen. Nachdem es sich um ein Bauvorhaben in der Hauptstadt der Bewegung handelt, das unter engster Mitwirkung der Stadt entstehen soll, bitte ich Sie, an einer Besprechung am Dienstag, dem 5. November 1940, nachmittags 3.30 Uhr in meinen Amtsräumen teilzunehmen, bei der auch der Generalbaurat anwesend sein wird.
                     Heil Hitler!   Ihr gez. Schwarz

282 Verlauf einer städtebaulichen Besprechung in der Nacht vom 23./24. August 1944 im Führerhauptquartier Wolfsschanze.

296,1 Gemeint ist die sog. „Blutfahne", die am 9. November 1923 beim Marsch zur Feldherrnhalle vorangetragen worden war und als Symbol des Aufbruchs galt.

296,2 Der Stuck, mit dem die Griechen die Bauteile der Tempel überzogen, ist nicht als Putz zu verstehen, sondern ist Grundierung und Bestandteil der farbigen Fassung aller Architekturteile.

299 Zitiert nach Hermann Schmitz, Berliner Baumeister vom Ausgang des 18. Jahrhunderts, Berlin 1925, S. 62.

303 Paul Bonatz, Leben und Bauen, Leinfelden (Engelhorn) 1950, S. 131

305 Der Name ‚Königsplatz', den er heute wieder trägt, mindert nach Ansicht Gieslers den Rang des Platzes herab.

306 Vgl. die ausführliche Darstellung S. 174 ff.

308   Paul Bonatz, Leben und Bauen, S. 179 f.

309   Trotzdem: Der kombinierte Luftschutz-, Lazarett- und Flak-Turm am Zoo in Berlin hat sich später in schlimmster Zeit bewährt. Vgl. die Schilderung S. 484

310   Die manipulierten Maßangaben und Fälschungen im Bonatz-Buch sind bereits zu dokumentarischem Bodensatz geronnen, so in dem Manuskript von Dr. Armand Dehlinger, Architektur der Superlative, das beim Institut für Zeitgeschichte in München liegt.

Hierzu Giesler im einzelnen: Im Bayerischen Hauptstaatsarchiv München befindet sich eine Querschnitt-Zeichnung: Bahnsteige des neuen Hauptbahnhofs mit den Breitspurgleisen (Datum 18..5.1942).

Auf dieser Zeichnung sind Besprechungs-Eintragungen von Bonatz und Giesler. Der Kuppeldurchmesser beträgt 265 Meter und nicht, wie Bonatz schreibt, 350 Meter. Bei der Niederschrift meiner Berichte habe ich auch in die vielseitigen Bekundungen von Zeitgenossen Einsicht genommen. Ich mußte feststellen, welches Ausmaß die Geschichtsklitterung, die Entstellungen, albernen Fehlurteile und boshaften Lügen angenommen und daß sie sich wie Metastasen verbreitet hatten.

Bonatz nimmt seinen Stuttgarter Bahnhofsturm, als Maßstab aller Dinge, beispielsweise zum Höhenvergleich des Soldatenbogens in Berlin. Dr. Armand Dehlinger kann es in seinem erwähnten Manuskript noch besser: Er vergleicht darin die für den geplanten Hauptbahnhof benötigte Fläche ausgerechnet mit dem Platz vor St. Peter in Rom.

Einen Größenvergleich von Sta. Maria in Cosmedin mit St. Peter könnte man sich vorstellen. Aber einen Großstadtbahnhof, ausgelegt für maximale Zuglängen bis zu 400 Meter, in Vergleich zu setzen mit dem Bernini-Platz vor St. Peter, – das ist albern.

Eher hätte sich angeboten, die Flächenbeanspruchung der damaligen und derzeitigen Hauptbahnhofs-Anlage von München mit 240 000 Quadratmetern in Vergleich zu setzen mit dem Flächenbedarf des geplanten neuen Hauptbahnhofes: etwa 125 000 Quadratmeter. Aber das hätte ja für den neuen Entwurf gesprochen. Erst recht, wenn man bedenkt, daß durch den Standort des neuen Hauptbahnhofes ein Flächenzuwachs von weit über einer Million Quadratmeter für die Große Straße und ihre Bebauung erzielt wurde, und das inmitten des Stadtraumes.

Ein weiteres Beispiel bietet Dehlingers Manuskript über die ‚Architektur der Superlative‘ mit der Behauptung: „... 700 Fachkräfte, die für den Generalbaurat arbeiteten ...“. In den Anmerkungen heißt es dazu: „Nach Auffassung von H. Baurat v. Hanffstengel Nürnberg war die Zahl der für Giesler beschäftigten kleiner.“

Die Nachprüfung ergab rund 120 Mitarbeiter der Dienststelle Generalbaurat, Architekten und Ingenieure, Juristen der Rechtsabteilung, die Verwaltung und die Kasse, Sekretärinnen, Schreibkräfte, Telefonisten, Fahrer und Nachtwache, einschließlich des damaligen Dipl.-Ing. v. Hanffstengel.

Dehlinger hat sich zwar mit dem Multiplikator 6 begnügt, statt durch das Anhängen einer Null die Zahl abzurunden; trotzdem: es bleibt ein Manuskript der Superlative.

311   Paul Bonatz, Leben und Bauen, S. 180 f.

Die Höhe der Reliefgruppen betrug etwa 10 bis 11 Meter. Ein Vergleich mit dem zarten, 92 Zentimeter hohen Reliefband unter dem Gebälk der Cellawand des Parthenon ist nicht möglich. Die Möglichkeit eines Vergleichs bieten eher die Reliefgruppen am Arc de Triomphe in Paris, so das Relief „Marseillaise“ des Bildhauers Rude von etwa 7 Meter Höhe. Der Berliner Bogen war mehr als doppelt so hoch als der Arc de Triomphe.

313   Am 31. Januar 1936 schrieb Dr. Todt als Generalinspekteur für das deutsche Straßenwesen an Alwin Seifert einen Brief, der ein bezeichnendes Licht wirft auf die Rolle, die dem Landschaftsgestalter zugedacht war, und auf die Art, wie er selbst sich dabei verhielt. Seifert hatte in Karlsruhe einen Vortrag gehalten und dabei ‚die Technik‘ in Bausch und Bogen angegriffen. Dr. Todt beschwert sich bei ihm darüber und erläutert die angestrebte Zusammenarbeit zwischen Ingenieuren und Architekten:

„Die Technik hat durch mich Sie aufgefordert, ihr Bundesgenosse zu sein. Ich möchte nun aber auch, daß Sie ein treuer Bundesgenosse sind und nicht über Ihren Waffenbruder lästern. Wenn Ingenieure da und dort das, was Sie haben wollen, nicht verstehen, so hat das mit der Auffassung der Technik, die wir anstreben, nichts zu tun. Auf allen Gebieten wollen wir vorwärts kommen und müssen erleben, daß die Umbildung der Gesinnung ihre Zeit braucht.

Ich möchte Sie abschließend dringend darum bitten, bei Ihren Vorträgen und sonstigen Äußerungen nicht über die Technik zu lästern, sondern anzuerkennen, daß Sie als Helfer von dieser eine Aufgabe übernommen haben, die in gemeinsamer Art zu lösen ist." – Aus dem Besitz von Frau Ilsebill Todt.

314   „An meiner Hochschule hatte ich seit 1932 als Lehrbeauftragter Garten- und Landschaftsgestaltung, schließlich auch noch landwirtschaftliches Bauwesen gelesen. In meinen Vorlesungen hatte ich mich nicht gescheut, mich 1933 über die geplanten Parteibauten am Königsplatz und besonders über das Haus der Kunst am Englischen Garten durchaus abfällig zu äußern, unter begeisterter Zustimmung meiner Hörer. Als Robert Vorhölzer, damals der beste Lehrer, von der Hochschule entfernt werden sollte, war ich der einzige, der zu ihm eisern stand, soviel ich mich auch vorher über ihn geärgert hatte. Ich erreichte schließlich, daß er nur beurlaubt, nicht entlassen wurde. 1942 wurde ich von Rektor und Senat einstimmig und unico loco auf einen Lehrstuhl für bäuerliches Bauwesen, Garten- und Landschaftsgestaltung berufen. Alle Verhandlungen mit dem bayrischen Kultusministerium und mit dem Reichserziehungsministerium in Berlin waren abgeschlossen. Ich konnte zum Herbst 1942 mit der Berufung rechnen, hörte aber nichts.

Im Januar 1943 hatte der Münchner Gauleiter Giesler auf einer Studentenversammlung im Deutschen Museum die weiblichen Studierenden so beleidigt, daß die Studentinnen der Technischen Hochschule den Saal verließen. Sofort erschien die Gestapo; es gab eine ganz üble Geschichte, die ein paar Wochen später mit dem Aufstand der Geschwister Scholl in Zusammenhang gebracht wurde. Ich war sofort für die Studentinnen eingetreten und hatte auf einer nächtlichen Bahnfahrt zu dem Bruder des Gauleiters, dem Generalbaurat Giesler, mit dem ich im Dienste der Stadt München zu tun hatte, ganz offen gesagt, die Mädel hätten mir imponiert, das seien endlich einmal Mannsbilder gewesen. Er fing an zu toben, ‚meldete‘ mich, ich kam vor die Gestapo und hatte von da ab Gelegenheit zu beweisen, daß ich mit dem vivere pericolosamente fertig werden würde. Ich weigerte mich, ein frisiertes Protokoll zu unterschreiben, sondern erklärte dem vernehmenden Beamten ganz offen, daß der Haß auf die Akademiker, den der Gauleiter und sein Bruder, der Generalbaurat bekundeten, nur aus der Tatsache käme, daß sie beide in ihrem Beruf als Architekten gescheitert waren. Als mir angedeutet wurde, daß ich mit einer Verhaftung rechnen müßte, da wußte ich, daß nur noch Frechheit helfen konnte. Ich meldete mich bei Pohl als sein Gast in Dachau an und bat um die Vergünstigung, in der dortigen Heilpflanzengärtnerei beschäftigt zu werden. Dort hätte ich den späteren Bundesminister Schäffer getroffen und jenen Pater Augustin, der die Niederschrift der genauen wissenschaftlichen Prüfungen der biologisch-dynamischen Wirtschaftsweise in sein Kloster nach Westfalen retten konnte.

Bormann, über den meine Berufungspapiere auf den Obersalzberg geleitet worden waren, hatte, wahrscheinlich schon früher, auf diese geschrieben: „Seifert ist ungeeignet für einen Lehrstuhl an einer deutschen Hochschule". Vom Syndikat meiner Hochschule erfuhr ich es erst 1944 und legte sofort mit einem sehr aufrechten Brief an den Gauleiter Giesler als Kultusminister meine Lehraufträge nieder."
Alwin Seifert, Ein Leben für die Landschaft, Düsseldorf 1962, S. 147 ff.

315   Vgl. hierzu David Irving:
„Als einige Münchner Studenten Flugblätter verstreuten, die sie vervielfältigt hatten und in denen sie in leidenschaftlicher Sprache Hitlers Sturz forderten, wurden die Anführer verhaftet und trotz ihrer Jugend vom Volksgerichtshof zum Tode verurteilt. ‚Es gibt vielleicht manche Leute, die sagen: Es ist unverständlich, mit welcher

Rücksichtslosigkeit der Volksgerichtshof vorgeht', sagte Hitler später in einer Geheimansprache vor seinen Generalen. ‚Da ist ein Mann, der hat doch bloß Flugblätter verteilt, und der ist zum Tode verurteilt worden, und zwar sogar ein höherer Beamter, und wieder ein anderer, ein Professor an einer Universität, und zwei Studenten haben auch Flugblätter verteilt, und die werden einfach hingerichtet. – Ja, wenn dieser Professor und diese paar Hochschüler, die das gemacht haben, an der Front stünden, so wären sie vielleicht auch tot; das weiß ich nicht. Das muß aber der Soldat dauernd auf sich nehmen. Ich habe das einst auch auf mich genommen und wenn heute die Not es erfordert, würde ich es wieder auf mich nehmen. ...In einem Zeitalter, in dem ich erwarte, daß Mädchen zu Hause bei schweren Bombenangriffen mit dem Stahlhelm Dienst tun müssen, in einem solchen Staat, in einer solchen Zeit werde ich jeden sofort durch den Volksgerichtshof vernichten lassen, der auch nur im geringsten wagt, dieser Front irgendwie in den Rücken zu fallen. Das muß jeder wissen.' Die Generale spendeten lebhaften Beifall."
David Irving, Hitler und seine Feldherren, Berlin (Ullstein) 1975, S. 470 f.
Unter der Anmerkung (28) wird ausgeführt:
„Geh.Rs.: ‚Ansprache des Führers vor Generalen und Offizieren am 22. Juni 1944 im Platterhof', unveröff. Stenogramm (NS 26/51). – Gemeint sind vermutlich die Geschwister Scholl, deren Flugblatt sich in Himmlers Akten befindet (T 175/66/2095f). Vgl. Vortragsnotiz Himmler für Führerbesprechung am 20. Februar 1943, Punkt 7: ‚Flugblätter in München' (T 175/94/5131). Himmler erwähnte das zweimal in Telefonaufzeichnungen: am 17. Februar mit Kaltenbrunner in Berlin: ‚Sicherungsmaßnahmen in München durch Eberstein'. und zehn Tage später: ‚Studentenkomplex'." – Irving, S. 820

317   Armand Dehlinger: Architektur der Superlative, Institut für Zeitgeschichte München, Archiv 4993/73 – M 58/2(a)
„Es ist typisch, daß bei den umfangreichen Neuplanungen auf denkmalpflegerische Belange überhaupt keine Rücksicht genommen wurde, das Denkmalamt wurde grundsätzlich übergangen. 1938 sprach einer von den jungen Architekten Hermann Gieslers bei dem Leiter des Bayerischen Landesamtes für Denkmalspflege, Professor Dr. Georg Lill, vor, ob der wertvollere Teil des Herzoglichen Palais in der Ludwigstraße zuerst oder zuletzt abgerissen werden sollte, worauf er die einzig richtige Antwort erhielt, nämlich, daß wenn schon das Palais abgerissen werden sollte, es ganz gleichgültig sei, wo mit dem Abbruch begonnen würde."
Als Anmerkung hierzu: „Nach Mitteilung von H. Prof. Dr. Lill an den Verfasser."

318   Wie tief ein Mann fallen kann; in: Deutsche Wochen-Zeitung vom 16.11.1973, S. 8

321   Die Champs Elysées sind 70 m breit, die Avenue Foch mißt 140 m; Brasilia, Hauptachse 350 m, Berliner Achse (Adolf Hitler/Speer) 156 m.

323,1 Dargestellt in einem Lageplan des Generalbauinspektors für die Reichshauptstadt.

323,2 Fritz Alexander Kauffmann, Roms ewiges Antlitz, Murnau (Riemerschmidt) 1940,

326   Giesler bei anderer Gelegenheit:
Fremd im Maßstab? Eher wäre es der Eiffel-Turm, der sich trotz aller Proteste behauptete und nun Bestandteil und Wahrzeichen von Paris geworden ist. Dann wäre es auch der weitaus größere, imponierende ‚Lichtdom' Speers über dem Zeppelin-Feld in Nürnberg gewesen – ich habe ihn damals von innen erlebt und von außen gesehen. Wenn auch nur zeitgebunden, war er einmalig und entsprach den Maßstäben des 20. Jahrhunderts. Gartenzwerge mögen daran Anstoß nehmen.

328   Albert Speer, Spandauer Tagebücher, Berlin (Propyläen Verlag) 1975, S. 217

329,1 Vgl. John Kobler, Al Capone – sein Leben, seine (Un)taten, seine Zeit, Bern 1971; dazu die Rezension von Günter Schlichting: Auf seinen Befehl hörten 700 Gangster, in: Die Welt am Sonntag, 14.11.1971

329,2 Speer, ‚Spandauer Tagebücher', S. 263

332,1   Carl Zuckmayer über Albert Speers ‚Spandauer Tagebücher‘, aus der Tageszeitung ‚Die Welt‘, vom Propyläen Verlag als Werbeprospekt verwendet.

332,2   Speer, ‚Spandauer Tagebücher‘, S. 166

332,3   Spandauer Tagebücher, S. 166 f.

332,4   Spandauer Tagebücher, S. 30

333,1   Speer, Erinnerungen, S. 187

333,2   Speer, ‚Spandauer Tagebücher‘, S. 147

333,3   Der Ausbruch des Krieges verhinderte die Weiterführung der Einzelplanungen und damit einen möglichen Baubeginn; es gab daher auch noch keine ‚Finanzierung‘. Speers Behauptung, das Projekt sei durch Zurückstellung aller Wohnbauten finanziert worden, entbehrt jeder Grundlage. Die Vorgänge sind im Zweiten Kapitel dieses Buches, S. 135 ff., ausführlich geschildert.

334,1   Speer, Spandauer Tagebücher, S. 258

334,2   Fest, Hitler, Berlin (Propyläen) 1973, S. 1023

334,3   Fest, Hitler, S. 1152

335,1   Speer, Spandauer Tagebücher, S. 261 f.

335,2   Spandauer Tagebücher, S. 257

336   Speer, Erinnerungen, S. 93

337   Speer, Spandauer Tagebücher, S. 262

338,1   Speer, Spandauer Tagebücher, S. 167

338,2   Spandauer Tagebücher, S. 219

338,3   Spandauer Tagebücher, S. 219

339,1   Spandauer Tagebücher, S. 55

339,2   Spandauer Tagebücher, S. 55 f.

339,3   Milward, Alan S.: The German Economy at War, London, Athlone Press of the University of London, 1965

339,4   Barraclough, Geoffrey: Hitlers Master-Builder, The New York Review, 7.1.1971

339,5   Speer, Spandauer Tagebücher, S. 16

340,1   Spandauer Tagebücher, S. 17

340,2   Spandauer Tagebücher, S. 524

341   Speer, Erinnerungen, S. 191

344,1   Der Darstellung Gieslers liegen seine eigenen Notizen und Vermerke über die Daten, die Vorgänge und den Ablauf der Auseinandersetzung zugrunde; sie wurden ergänzt durch Mitteilungen Beteiligter und mit den Unterlagen verglichen, die Giesler in jüngster Zeit in verschiedenen Archiven aufgefunden hat.

344,2   Dazu Giesler: Nicht immer war Speer so hilfreich, es kam auch vor, daß er selbst noch auf den einprügelte, dem die Grube zum Verhängnis geworden war.

347   Chronik des Generalbauinspektors für die Reichshauptstadt für das Jahr 1941, zusammengetragen von Rudolf Wolters, S. 2ff.

351,1   Die Chronik weiß noch ein Detail zu berichten, dem Giesler eine Anekdote beigefügt hat:
„Anschließend besprach sich Herr Speer mit Staatssekretär Körner, der jede Unterstützung zusagte. Bei einem späteren Telefongespräch versprach Herr Speer Herrn Körner, daß er ihn als Dank zum ‚Schutzpatron der Dienststelle‘ ernennen werde. Sein Standbild werde im Eingang des Hauses Pariser Platz 4 aufgebaut werden.“
Ich schmunzelte, als ich die Speer-Verheißung nach Jahrzehnten las, und stellte mir vor, wie Pilli Körner für dieses ehrenvolle Standbild dem Bildhauer posiert haben

würde. Zwar kaum vor Arno Breker, denn nackert gab Pilli nichts her, das weiß ich
genau. Aber als Erster Spüler wäre sein Standbild im Ehrenkleid der Arbeit unter den
Händen des Bildhauers Koelle zu monumentaler Größe geartet:
Die Amis nämlich hatten Pilli im Prison Landsberg eine üble Arbeit zugewiesen, er
mußte die blechernen Freßnäpfe spülen und die Löffel dazu. Tränenpilli nannten wir
ihn, weil die Amis, der Hygiene über alles verpflichtet, soviel Desinfektionsstinke
in die Spülfässer schütteten, daß Pilli bei der Arbeit die Tränen kamen und Napf wie
Löffel noch am nächsten Tag nach Lysol schmeckten.
Da stand der Ärmste, mit langer Gummischürze und Stulpenhandschuhen, in der
Rechten eine Rundbürste wie ein Igel, in der Linken den Freßnapf, zwar monumen-
tal zwischen seinen Fässern und würdig wie ein Denkmal, doch nicht einmal die Tränen konnte er sich wegwischen. So ging das, Monat für Monat, Jahr für Jahr.
Tagaus, tagein, wenn ich ihm meinen vom Hühnerfutter freigelöffelten Napf überreichte, geschah das mit freundlichem, aufmunterndem Nicken, was er dankbar erwiderte. Als wir endlich statt rote Beete und Süßkartoffel deutsche Gefängniskost
erhielten, wurde auf Kunststofftabletts serviert. Auf Pillis Spüle hatte das keinen
Einfluß. Nur die Kunststofftabletts waren der Hygiene-Lauge nicht gewachsen.
Aber man würde den Amis grundlos unterstellen, sie hätten den ehemaligen Staatssekretär Görings demütigen wollen. Vielmehr war es sicher ihre Absicht, ihm zu
neuem Aufstieg zu verhelfen: Denn wie man hört, haben viele Größen Amerikas als
Geschirrspüler begonnen.

351,2   Chronik 1941, S. 35

351,3   Speer, Erinnerungen, S. 197

351,4   Chronik 1941, S. 69

352,1   Chronik 1941, S. 18

352,2   Vgl. den Abschnitt ‚Brücken in Stahl', S. 208. Die damals unbekannte Ursache wird
        hier beschrieben.

352,3   Die Chronik 1941 vermerkt auf Seite 7:
        „Ein Einzelfall veranlaßte den Generalbauinspektor am 6. Februar (1941), die mit
        wichtigen Arbeiten für die Berliner Neugestaltung beauftragten Architekten: Kreis,
        Dierksmeier, Dustmann, Freese, Klaje, Koller, Pinnau, Rimpl, Schmidt und Tamms
        zu einer Erklärung aufzufordern, in der sie ihre eigene Arbeitskraft und die ihrer
        Büros in erster Linie dem Generalbauinspektor zur Verfügung stellen und im Inter-
        esse dieser Aufgaben auf eine beliebige Ausweitung ihres Arbeitsgebietes verzichten.
        Den aufgeforderten Architekten, die sich vorbehaltlos einverstanden erklärten,
        wurde die Auslastung ihrer Arbeitskraft im Rahmen der Berliner Neugestaltung
        zugesichert; sie sind ferner berechtigt, die Bezeichnung ‚Beauftragter Architekt des
        Generalbauinspektors für die Reichshauptstadt' zu führen".

        Dazu Giesler: Der „Einzelfall", der zu dieser Vergatterung der Architekten auf dem
        Höhepunkt des Zwistes führte, war – natürlich – durch mich ausgelöst worden.
        Ich hatte einem der oben genannten Architekten einen Planungsauftrag in München
        erteilt. Ich hörte nichts mehr von ihm, bezeichnenderweise erhielt ich auch keine
        mündliche oder schriftliche Absage. Dafür gab mir die Chronik eine eindeutige Er-
        klärung.

353   Die Abschrift dieses Speer-Briefes fand Giesler im Bundesarchiv Koblenz und konnte
        sie mit seinem Text vergleichen.

356,1   Leo Bruhns, Die Kunst der Stadt Rom, Wien 1972, S. 67

356,2   Speer, Spandauer Tagebücher, Legende zu einer Karikatur auf S. 494

356,3   Dr.-Ing. Rudolf Wolters, der Chronist Speers, dessen Tätigkeit hier ironisiert wird,
        hat sich durch seine „Chronik des Generalbauinspektors für die Reichshauptstadt",
        die in mehreren Jahrgängen erhalten ist, um die Dokumentation zur Geschichts-
        schreibung verdient gemacht hat.

380   Die Abweichung dieser Erzählung vom Original ist verbürgt. Zum Vergleich hier Gulbranssons Geschichte:

„Kurz bevor ich nach München fuhr, zog ich in ein Haus, wo Gasbeleuchtung war. Das wäre um ein Haar mein letzter Umzug geworden. Ich kam abends von einem Pilsner Urquell heim – kannte mich mit dem Gas nicht aus, stieg auf einen Stuhl hinauf und blies, was ich konnte, bis das Licht ausging. Gegen 6 Uhr morgens wakkelte ich furchtbar elend zum Fenster hin, das gottseidank offen stand. Es war zum Glück niemand unten auf der Straße. Ich konnte nicht begreifen, warum mir das göttliche Pilsen so unbekömmlich gewesen war. Ich läutete, aber das Mädchen fiel rückwärts und haute die Tür zu. Das offene Fenster hatte mich gerettet. Ich war nachher sehr krank – war aber doch froh, daß ich dem Pilsner Bier nicht die Schuld habe geben müssen."

Olaf Gulbransson: Es war einmal, München 1934, ohne Seitenzahl, viertletzte Seite.

386   Die Besorgnis, mit der Adolf Hitler den Verlauf der gewagten Norwegen-Operation verfolgte, kann man in anderer Beleuchtung auch der Darstellung des Generals Warlimont entnehmen:

„.. so war doch damit der Eindruck eines erschreckenden menschlichen Versagens dieses Mannes an der Spitze des Reichs nicht behoben. In Ergänzung der Szenen kopfloser Erregung, die das Tagebuch des Chefs WFStab drastisch genug wiedergibt, sei hierzu noch ein eigener Eindruck überliefert, der sich dem Verfasser in jenen kritischen Tagen gelegentlich einer Vorsprache bei Jodl in der Reichskanzlei darbot, als Hitler, unbeachtet auf einem Stuhl in der Ecke hockend und in dumpfem Brüten vor sich hinstarrend, das Heil anscheinend nur noch von neuen Nachrichten erwartete, die er, um keinen Augenblick zu versäumen, gleich gemeinsam mit dem Chef WFStab am Fernsprecher aufnehmen wollte. Dem Chef L (Anmerkung: Chef L = Warlimont) blieb damals nur, sich von diesem Bild der Würdelosigkeit abzuwenden...

...Den gefährlichsten Lohn trug der Chef WFStab, General Jodl davon: Außer dem Tischplatz neben Hitler, den er nun über mehr als 2 Jahre beibehalten ‚durfte', hatte seine aufrechte Haltung das Vertrauen des Obersten Befehlshabers in sein militärisches Urteil endgültig gefestigt, – eine ebenso fragwürdige wie verpflichtende Bürde."

Walter Warlimont, Im Hauptquartier der Wehrmacht, 1939 – 1945, Frankfurt a.M. 1962, S. 95 ff.

389   Der Architekt J. Hittorf aus Köln – den der Präfekt Baron Haussmann „l'artiste doublé d'un savant" nannte.

390   Vgl. den Abschnitt über Ausdruck und Formen der Architektur im 20. Jahrhundert.

396   Von der Fahrt Adolf Hitlers durch Paris am 24. Juni 1940 gibt es verschiedene Schilderungen und Darstellungen, die zum Vergleich herausfordern. Statt einer Aufzählung hier ein Beispiel:

„.. Am 28. Juni besuchte Hitler Paris. In frühester Morgenstunde traf er auf dem Flugplatz Le Bourget ein, um zwischen 5 und 6 Uhr morgens eine Stadtbesichtigung vorzunehmen. Offensichtlich hatte er diese ungewöhnliche Zeit gewählt, weil er Angst vor der Pariser Bevölkerung hatte und Attentate oder zum mindesten Mißfallenskundgebungen befürchtete.

Da Hitler, wie er einmal behauptete, die Pläne der europäischen Hauptstädte vollständig im Kopf hatte, würde er sich also, wenn es notwendig gewesen wäre, ohne fremde Hilfe zurechtgefunden haben. Aber auch so wollte er bei dieser Stadtbesichtigung natürlich dominieren. Er hatte seine Architekten, die Professoren Giesler, Speer und Breker, eigens kommen lassen, um ihnen persönlich die Pariser Architektur zu erklären. Zuerst ging es zum Eiffelturm. Da es noch kühl war, trug Hitler seinen grauen Uniformmantel. Als die Sonne höher stieg, tauschte er ihn gegen einen hellen, gürtellosen Trenchcoat um.

Neben der Pariser Oper interessierte Hitler besonders die Kirche St. Madelaine, die in der Form eines griechischen Tempels zur Erinnerung an die napoleonischen Siege gebaut worden war und seinen eigenen klassizistischen Vorstellungen nahekam.

Höhepunkt war der Besuch des Invalidendoms. Ernst blickte Adolf Hitler auf den marmornen Sarkophag Napoleons I. hinunter, sicherlich in Gedanken mit dem Entwurf seines eigenen Grabmals beschäftigt.

Als die Pariser ihren Morgenkaffee tranken, war Hitler schon wieder auf dem Flugplatz. Sie ahnten nicht, welch hohen Besuch sie gehabt hatten!"

Max Domarus, Hitler – Reden und Proklamationen 1932 – 1945, München 1965, S. 1534.

398   Vgl. hierzu die Mitteilung von Herrn Richard Schulze-Kossens, seinerzeit Persönlicher Adjutant von Adolf Hitler, an Herrn Dr. Henry Picker (12..5.1976):

„... Vielleicht hätte man auch darauf hinweisen sollen, in welchem Maße Landesverrat betrieben wurde und wie sehr die Arbeit der Widerstandsbewegung zu Verlusten an den verschiedensten Fronten führte. Auch auf die vielfach falschen Lagebeurteilungen hätte man hinweisen können, die Hitler vorgetragen wurden und auf denen er seine Entschlüsse aufbaute. Auch Ihr Hinweis auf die fehlende Winterbekleidung stempelt eigentlich Hitler zum Schuldigen dafür.

Eine meiner ersten Diensthandlungen im FHQ war die Teilnahme an der Vorführung der Winterausrüstung durch den Generalquartiermeister am 26. 10. 1941, wo General Wagner meldete, daß „alles gut geregelt sei", denn Hitler hatte im Sommer bereits befohlen, gewissenhafte Vorbereitungen für den Winterkrieg zu treffen. Wagner gab bei der Vorführung sogar genaue Zahlen an, in welcher Anzahl die einzelnen Heeresgruppen mit Winterbekleidung ausgerüstet werden könnten."

400   Adolf Hitler sprach nicht von deutschen Ansiedlungen, er sagte „europäische Ansiedlungen".

406,1   Im Bericht des Feldmarschalls von Manstein werden die Ereignisse der Schlacht südlich des Ladogasees folgendermaßen geschildert:

„Bereits am 27. August hatte er (Anm.: der Russe) die nach Osten gerichtete Front der 18. Armee angegriffen. Der Einsatz unserer gerade eingetroffenen 170. Division war notwendig geworden. In den nächsten Tagen zeigte sich, daß es sich sowjetischerseits um eine mit starken Kräften geführte Entsatzoffensive für Leningrad handelte, durch die der Gegner offenbar unserem Angriff zuvorkommen wollte.

Am 4. September, nachmittags, wurde ich von Hitler persönlich angerufen. Er erklärte, ein sofortiges Eingreifen an der Wolchow-Front sei unerläßlich, um eine Katastrophe zu vermeiden. Ich solle sofort den Befehl dort übernehmen, um die Lage offensiv wieder herzustellen. Der Feind hatte an diesem Tage allerdings einen breiten und tiefen Durchbruch durch die dünne Front der 18. Armee südlich des Ladoga-Sees erzielt.

Es war für uns naturgemäß eine etwas peinliche Aufgabe, im Augenblick einer schweren Krise im Bereich der 18. Armee dieser den Befehl über den gefährdeten Frontabschnitt abzunehmen. Schon unsere Betrauung mit dem Angriff auf Leningrad war vom AOK 18 berechtigterweise nicht gern gesehen worden. Es hat aber trotz dieser offenbaren Zurücksetzung alles getan, um uns, die wir ohne OQ-Abteilung waren, mit allen Mitteln die Lösung unserer Aufgabe zu erleichtern.

Statt des geplanten Angriffs auf Leningrad entwickelte sich nunmehr die ‚Schlacht südlich des Ladoga-Sees'.

Es war dem Gegner gelungen, nördlich der von Leningrad über Mga nach Osten führenden Bahn die Front der 18. Armee in einer Breite von acht Kilometer zu überrennen und etwa zwölf Kilometer nach Westen bis in die Höhe von Mga durchzustoßen. ...

Es zeigte aber auch, wie rigoros die sowjetische Truppe im Kessel (Anm.: Wolchow-Kessel) von den Komissaren zu weiterem Widerstand gezwungen worden war.

Bis zum 2. Oktober gelang es auf diese Weise, die Kämpfe im Kessel zum Abschluß zu bringen. Der Gegner, die 2. Stoßarmee, hatte in dieser Schlacht nicht weniger als 16 Schützendivisionen, 9 Schützen-Brigaden und 5 Panzer-Brigaden geworfen. Davon fanden 7 Schützen-Divisionen, 6 Schützen-Brigaden und 4 Panzer-Brigaden im Kessel ihr Ende. Die übrigen erlitten bei ihrem vergeblichen Anstürmen zum Ent-

satz der eingeschlossenen Kräfte schwerste Verluste. 12 000 Gefangene, über 300 Geschütze, 500 Granatwerfer und 244 Panzer wurden vernichtet oder erbeutet. Die blu-
tigen Verluste des Gegners übertrafen die Zahl der Gefangenen um ein Mehr-
faches. ..."
Erich von Manstein: Verlorene Siege, München 1976, S. 294 ff.
Daß Feldmarschall v. Manstein nichts von den falschen Vollzugsmeldungen der
18. Armee erwähnt, ist schwer zu erklären.

406,2   Vgl. die Darstellung Franz Halders, Hitler als Feldherr, München 1949. Walter Gör-
litz hat in der Tageszeitung „Die Welt" vom 21.1.1971 eine Rezension über Helmut
Groscurth, Tagebücher eines Abwehroffiziers 1938 – 1940, veröffentlicht. Darin ist
aus Groscurths Bericht zitiert:
„Einstündige Unterredung mit H. Will Leute verunglücken lassen. 1. Ri., 2. Goe.
Ich warne, rate zu geordnetem Unternehmen. Es sei kein Mann da. Ich nenne B. und
Goer. Auftrag, Goer. sicherzustellen. Außerdem Absicht, General v. G. kommen zu
lassen. Mit Tränen sagt H. – er sei seit Wochen mit der Pistole in der Tasche zu Emil
gegangen, um ihn evtl. über den Haufen zu schießen..."
Diesen Auszug aus dem Buch von Groscurth kommentiert Walter Görlitz wie folgt:
„So vermerkte der Abteilungschef im Generalstab des Heeres, Oberstleutnant i.G.
Groscurth, am 1. November 1939, zwei Monate nach Beginn des Zweiten Weltkrieges, in seinem Privattagebuch. H. war der Generalstabschef d. Art. Halder. Mit Ri.
und Goe., denen Halder ein ‚Unglück' zugedacht hatte, waren der Reichsaußenmini-
ster v. Ribbentrop und Feldmarschall Göring, Oberbefehlshaber der Luftwaffe,
gemeint.
Hinter B. und Goer. verbargen sich die Häupter der konservativen Freunde, Generaloberst a. D. Beck und der ehemalige Leipziger Oberbürgermeister Goerdeler. General v. G. stand für Leo Frh. Geyr v. Schweppenburg, ... Emil nannten die Konspirateure unter sich den ‚Führer' und Obersten Befehlshaber der Wehrmacht, Adolf
Hitler. ...
Halder hat sich über seine Gewissensqualen nach dem Krieg selbst ausgelassen, und
Groscurth bestätigt das Bild des Generalstabschefs, der die Westoffensive plante
und gleichzeitig darüber sann, wie er deren Urheber beseitigen könne."
Aus diesen Äußerungen läßt sich unschwer schließen, daß die Westoffensive gescheitert wäre, wenn Halder sie wirklich geplant hätte. Die Gründe dafür liegen
auf der Hand. Für die Art, wie man sich mit Jämmerlichkeiten wichtigtun kann, nur
ein weiteres Beispiel aus einem Fernseh-Interview. Frage von Joachim Fest: „Konnte
man Hitler nicht mit der Pistole ...?" Antwort des Herrn v. Gersdorff: „Nein, dafür
war er zu gut abgesichert, und er trug eine Panzerweste, und auch seine Mütze war
gepanzert!"

409,1   Ferdinand Sauerbruch, Das war mein Leben, München 1952, unter der Kapitelüber-
schrift „Wen die Götter verderben wollen...".
Es ist kein Ruhmesblatt für die Geschichtschreibung unserer Zeit, daß sie sich aus
solchen „Quellen" Aufklärung versprochen hat. Es gehörte niemals mehr als durch-
schnittliche Intelligenz dazu, sie zu durchschauen. Dies gilt ohne Einschränkung
auch für die „Erinnerungen" Albert Speers; verläßliche Auskunft geben solche festlich ausgeschmückten Memoiren über nichts, außer über ihren Verfasser. Vgl. etwa
Max Domarus, Hitler – Reden und Proklamationen 1932 – 1945, München 1965,
S. 1897 f.

409,2   Dieses Urteil ist einzuschränken. Einer späteren Ausgabe von „Das war mein Leben"
ist ein Brief mit faksimilierter Unterschrift beigedruckt. „Der Verlag gibt Frau
Dr. M. Ludendorff Gelegenheit, das vorstehende, an den Verlag gerichtete Schreiben
den Lesern der Sauerbruch-Memoiren zur Kenntnis zu bringen."
Aus diesem dem Buch beigefügten Schreiben geht hervor, daß die Schilderung des
Arztes und Chirurgen Sauerbruch von der Operation des Generals Ludendorff mit
dem nachfolgenden unglaublichen Ablauf nicht den Tatsachen entspricht. Würde die
Sauerbruch-Schilderung der Wahrheit entsprechen, dann hätte sie nicht nur tragiko-

mische, sondern geschichtliche Bedeutung. Dieser Mangel an Wahrheitsgehalt läßt sich nun nicht mehr auf einen „Buchmacher" abschieben, er bleibt bei dem Arzt und Chirurgen Sauerbruch hängen. So bleibt auch die etwas maliziöse Charakterisierung durch den Internisten: „Ein grandioser Aufschneider." Kürzer konnte er sich nicht fassen.

410,1   Die Überschrift dieses Kapitels enthält eine Feststellung, an der die Historiker auf die Dauer nicht vorbeigehen werden. Walter Görlitz sieht in seiner Buchbesprechung vom 21. 1. 1971 in der Tageszeitung „Die Welt" noch Halder als Autor des Feldzugsplanes an und gibt daher seinem Artikel die Überschrift: „Das Bild des Generalstabschefs, der die Westoffensive plante". Dagegen weiß Warlimont mit Sicherheit, von wem die Pläne stammen. Von den parallelen Überlegungen General v. Mansteins erfuhr Adolf Hitler erstmals am 17. 2. 1940, als nicht nur die Strategie, sondern auch taktische Einzelheiten wie Stärke, Zusammensetzung, Ausrüstung und Zeitplan des Kommandos „Eben-Emael" festgelegt waren. Die Darstellung Warlimonts kann nur als Versuch einer Geschichtsfälschung angesehen werden. Er nennt den Chef des Generalstabs „den eigentlichen Planer der erfolgreichen Feldzüge" und meint damit Halder.
Walter Warlimont: Im Hauptquartier der deutschen Wehrmacht 1939 – 1945, Frankfurt 1962, S. 263

An anderer Stelle reflektiert Warlimont: „...war man sich doch allzusehr bewußt, daß die Verdienste um den großen Sieg in Frankreich am wenigsten Hitler und seinem militärischen Stab zukamen. Der geistige Urheber, General v. Manstein ...".
Warlimont S. 116.

Die Manstein-Strategie des Frankreich-Feldzuges, die der General parallel zu Hitlers Arbeit verfocht, war von Halder stets abgelehnt und zurückgewiesen worden und durchdrang niemals vor dem 17.2.1940 den Filter des OKH. Feldmarschall v. Manstein bestätigt dies ausdrücklich: „... erzählten mir zur gleichen Zeit General Warlimont, der Vertreter Jodls, und der erste Generalstabsoffizier des Wehrmachtsführungsstabes, der spätere General v. Loßberg, daß das OKH niemals im Sinne unserer Vorschläge an Hitler herangetreten sei! Eine für uns etwas verwirrende Lage."
Erich v. Manstein: Verlorene Siege, München 1976, S. 110

Später „... erklärte der Führer mir noch, daß er es mir nie vergessen werde, daß ich vor dem Westfeldzug der einzige gewesen sei, der ihm gesagt habe, daß man durch einen Durchbruch bei Sedan nicht nur eine Schlacht schlagen, sondern die Gesamtentscheidung im Westen herbeiführen könnte und müsse."
v. Manstein, S. 615.

410,2   Im Gegensatz zu Generalfeldmarschall Keitel möchte Halder den Vorgang so gesehen wissen:
„... Der erbitterte Meinungsstreit wurde durch Hitlers bindenden Befehl entschieden, daß der deutsche Angriff mit Schwerpunkt durch die belgischen Provinzen Limburg und Brabant vorzubereiten sei und zum frühest möglichen Zeitpunkt geführt werden solle. Es war ein fantasieloser Abklatsch des Schlieffenplanes, dessen Schwächen der erste Weltkrieg gezeigt hatte.
Das OKH bekämpfte diesen Plan und stellte sich darauf ein, bei Beginn der Bewegungen den Schwerpunkt des Angriffs in kürzester Frist im Sinne seiner eigenen Überlegungen in die Ardennen zu verlegen. Aber auch Hitler hatte kein Vertrauen zu seinem eigenen Plan. In seiner Unsicherheit schenkte er sein Ohr den Einflüsterungen einer hohen Kommandostelle der Westfront, die persönliche Beziehungen zu ihm hatte. Diese wies mit Recht darauf hin, daß in der französischen Grenzverteidigung sich nördlich von Charleville eine schwache Stelle befinde. Die erwähnte Kommandostelle regte an, diese schwache Stelle auszunützen, um die Maginotlinie durch einen Angriff in südlicher Richtung zu umfassen und dadurch einer aus dieser Richtung befürchteten Bedrohung zuvorzukommen. ...".
Franz Halder: Hitler als Feldherr, München 1949, S. 28 f.

Dagegen hier die Aufzeichnungen von Feldmarschall Keitel:

„Einige Tage später – es war wohl noch vor Mitte Oktober – war Gen. Halder zum Führer bestellt, um ihm den Operationsplan West vorzutragen; Jodl und ich wohnten bei. Hitler hat den Vortrag wohl durch verschiedene Zwischenfragen unterbrochen, zum Schluß aber seine Stellungnahme sich vorbehalten, wenn Halder ihm die eingezeichnete Karte übergeben mußte.

Kurz nach seinem Fortgang sagte Hitler zu uns etwa: Das ist ja der alte Schlieffenplan mit dem starken rechten Flügel an die Atlantik-Küste, ungestraft macht man solche Operationen nicht zweimal. Ich bin ganz anderer Ansicht und werde Ihnen (Jodl und mir) das in den nächsten Tagen sagen und danach selbst mit dem OKH besprechen.

Ich will mich hier nicht mit den sich hieraus ergebenden operativen Fragen befassen, die von anderer Seite behandelt werden, aus Zeitgründen, will nur soviel feststellen, daß es Hitler persönlich war, der den Durchbruch über Sedan an die Atlantik-Küste bei Abbéville mit Panzertruppen als seine Lösung forderte, um die aller Voraussicht über die französisch-belgische Grenze nach Belgien hinein vorstoßende französisch-englische motorisierte Armee im Rücken zu fassen und abzuschneiden.

Ich hatte das Bedenken dagegen, daß diese geniale Operation mißlingen könnte, wenn die französische Panzerarmee uns nicht den Gefallen tat, sich durch Belgien automatisch auf unseren Nordflügel zu stürzen, sondern sich zurückhalten sollte, bis die von Hitler geplante Durchbruchsoperation erkannt sei. Jodl teilte meine Befürchtung ebensowenig wie Hitler.

Es sei hier erwähnt, daß der Führer mir eines Tages in späterer Zeit mit dem Ausdruck offensichtlicher Freude mitteilte, er habe über diese operative Frage eine persönliche Aussprache mit v. Manstein gehabt; dieser habe als einziger General des Heeres die gleiche Lösung im Auge, was ihn aufs höchste befriedige.".

Walter Görlitz (Hrsg.): Generalfeldmarschall Keitel, Verbrecher oder Offizier?, Göttingen 1961, S. 226 f.

412   Nach v. Manstein war es der 17. Februar 1940.

413   Oberst v. Below, Luftwaffen-Adjutant bei Adolf Hitler, hat diese Tatsachen 1972 ausdrücklich noch einmal mündlich bestätigt: „Es handelt sich bei der Strategie des Frankreichfeldzuges um den Fall, daß Gedanken und Überlegungen sich unabhängig voneinander bei zwei Persönlichkeiten entwickelten und zu einer übereinstimmenden Vorstellung wurden. Nur war die Strategie und die Taktik durch Adolf Hitler früher und bis in alle Einzelheiten durchdacht und festgelegt und im Januar 1940 abgeschlossen, ehe er die Auffassung v. Mansteins bei dessen Meldung als Kommandierender General kennenlernte."

414   Keitel: „Aus Gründen der historischen Wahrheit will ich mein Wissen über die Umstände des Entschlusses hier kurz behandeln, weil die Darstellungen des Generalstabes des Heeres und der Oberbefehlshaber – wie ich auch im Prozeß gehört habe – zu Unrecht den Fehlentschluß Hitler zuschieben. Ich war bei jenem entscheidenden Vortrag des O.K.H. anwesend, als man vom Führer in dieser Frage Entscheidung verlangte, weil man die Verantwortung für den möglichen Mißerfolg der Operation nicht zu übernehmen sich traute und – so ungern man sonst von Hitler abhängig sein und Rat annehmen wollte – hier die Verantwortung ihm zuschob."

Walter Görlitz: Keitel, Verbrecher oder Offizier?, Göttingen 1961, S. 237.

415   Aus den Aufzeichnungen Generalfeldmarschalls Keitel:

„In den 1. Wehrmachtsbericht am 10. Mai mittags hatte ich den Satz aufgenommen: „Der Führer hat den Oberbefehl über die im Westen operierende Wehrmacht persönlich übernommen".

Text des OKW-Berichtes vom 10. 5. 40: „Um die Gesamtoperationen der Wehrmacht zu leiten, hat sich der Führer und Oberste Befehlshaber an die Front begeben." Wohl eine halbe Stunde habe ich mit ihm über die Zustimmung zu dieser Veröffentlichung gerungen; er erklärte, er wolle anonym bleiben und seinen Generalen den

Kriegsruhm nicht verkleinern. Ich ließ aber nicht locker, denn es mußte einmal ausgesprochen werden, daß er den Oberbefehl auch tatsächlich ausübte und der Feldherr
des Krieges selbst war...
Das größte Interesse brachte er der Panzergruppe v. Kleist entgegen, die ja seine
Durchbruchsidee auf Abbéville durchführen sollte. Immer wieder wies er auf das für
eine Panzerschlacht ideale Gelände hin, das, schnellstens zu gewinnen, die erste und
vordringlichste Aufgabe sei, ohne rechts und links zu schauen...
Am meisten beschäftigte er sich mit der Aufgabe der Armee Busch (d. h. der 16. Armee unter Gen.d.Inf. Ernst Busch), mit dem er persönlich alle Phasen für den Aufbau
einer Flankensicherung nach Süden zur Deckung des glatten Durchstoßes der Panzergruppe durchsprach und dem er die kriegsentscheidende Bedeutung des Gelingens
(des Panzerangriffes) ans Herz legte...
...uns alle bewegte die Frage, ob die taktische Überraschung gelungen war oder nicht.
Hitler selbst erwartete fieberhaft Meldungen von seinem Spezialunternehmen gegen
das starke und moderne belgische Sperr-Fort Eben-Emael, das durch einen kombinierten Erd- und Luftlande-Angriff (mit Lastenseglern) im Handstreich genommen
werden sollte. Bis in die allerkleinsten Einzelheiten hatte Hitler dies Unternehmen
mit den beteiligten Führern und Unterführern (Flieger und Pionier-Btl.) persönlich
am Modell einexerziert.
Ich erwähne dies nur, um zu zeigen, wie der Führer mit seinem unvergleichlichen
Vorstellungsvermögen sich in alle Einzelheiten der praktischen Durchführung seiner
Ideen vertiefte, alles nur Erdenkliche vorbedachte und den Dingen stets auf den
Grund ging. Ich habe das auf allen Gebieten meines Amtsbereiches immer wieder
feststellen müssen. So wurden auch die höheren Führer und wir in seinem Stabe zu
dieser gründlichsten Arbeitsmethode gezwungen. Er ließ nicht ab mit Fragen, Ein-
wänden und Durchdringen der Materie, solange seine unbeschreibliche Phantasie
noch irgendwelche Lücken sah. Man kann sich danach vielleicht vorstellen, weshalb
wir oft stundenlange Besprechungen und Vorträge bei ihm hatten. Es war das die
Folge seiner Arbeitsweise, die doch von unserer traditionellen militärischen Schulung
insofern stark abwich, als wir gewohnt waren, den nachgeordneten Dienststellen
und Kommandeuren die Art der Ausführung gegebener Befehle selbst zu überlassen.
Ob ich wollte oder nicht, ich mußte mich seinem System anpassen".
Walter Görlitz ,Keitel . . .' S. 231 ff.

420   Im Spätherbst 1943 berührte Adolf Hitler im Gespräch das gleiche Thema wieder.
       Er sagte über Italien:
       Ein entschiedeneres Auftreten der italienischen Führung vor dem Kriegsausbruch,
       ein klares Bekenntnis Mussolinis zu seinem Vorschlag der friedlichen Regelung der
       Danzig- und Korridorfrage wäre sicher nicht ohne Eindruck auf England und Frank-
       reich geblieben. In den spannungsreichen Augusttagen 1939 hätte die Darstellung
       einer solidarischen Einheit von Bedeutung sein können.
       Immerhin hätten eine betonte deutsch-italienische Solidarität einerseits und die Abma-
       chungen mit der Sowjetunion andererseits England zu einer Überprüfung seines Vor-
       vertrages mit Polen vom 31. März 1939 veranlassen können. Doch England habe am
       25. August – auf Grund dieses Vorvertrages – mit Polen einen Pakt geschlossen, der
       trotz seiner militärischen Sinnlosigkeit geeignet gewesen sei, Polen in eine chauvi-
       nistische Hysterie verfallen zu lassen.
       Polen sei nicht mehr bereit gewesen, mit uns zu verhandeln, und habe unsere ver-
       nünftigen Vorschläge abgewiesen. Die Zielsetzung dieses englisch-polnischen Paktes
       sei deutlich geworden.
       Vielleicht habe er die vorausgegangenen Quertreibereien des Nepoten Ciano auf der
       politischen Bühne nicht richtig bewertet. Ciano informierte die englische Führung,
       daß Italien in einem Konfliktfall nicht an der Seite Deutschlands stehen würde. Heute
       sei er sicher, daß Ciano – ganz abgesehen von den englischen und jüdischen Kriegs-
       hetzern – keineswegs allein agiert habe.
       Als von uns dann im Frankreich-Feldzug Paris eingenommen worden sei, da hätten

die Italiener mit entschiedenem Auftreten begonnen, da hätten sie sich kriegsbereit gefühlt, weil sie an den Früchten des Sieges teilhaben wollten, den deutsche Soldaten erkämpft hatten!

Nun waren sie im Krieg, – und sie seien für uns zu einem militärischen, politischen und wirtschaftlichen Ballast geworden. Sie hätten uns auf Kriegsschauplätze gezogen und uns Kriegsausweitungen gebracht, an denen wir nicht interessiert sein konnten.

Und doch hätten wir ihnen zur Seite stehen müssen, hätten nicht zulassen dürfen, daß sie in Griechenland und in Afrika geschlagen wurden! Es sei uns teuer zu stehen gekommen!

Unser Interesse habe darin gelegen, den Balkan ruhig zu halten, um uns nicht mit einer Flankenbedrohung zu belasten. Auch hätten wir in der arabischen Welt eine andere Politik betreiben können, die uns entlastet, England aber belastet hätte. Mit dem Kriegseintritt Italiens seien wir gezwungen gewesen, Rücksicht auf den Bundesgenossen zu nehmen. Er habe uns weit mehr abverlangt, als er je auch nur bereit gewesen sei, uns nach seinen Möglichkeiten zu unterstützen.

Nun komme auf den latenten der offene Verrat hinzu, – und nicht nur der Verrat! Der König und die Clique des Badoglio forderten das italienische Volk auf, an der Seite des Feindes gegen uns zu kämpfen, sie forderten den Guerillakampf, mit den Mitteln der Partisanen unseren Soldaten in den Rücken zu fallen! Und das nach dem Ehrenwort des Königs und den heiligen Versicherungen der Treue, – welche Erbärmlichkeit und Tücke!

Er habe sich in der Einschätzung Italiens an einem Mann orientiert. Es sei ein Fehler gewesen. Unbestritten sei die schöpferische Kraft der Romanen; die Kultur des Abendlandes, ja der Menschheit, verdanke ihnen vieles.

Doch uns hätten die Romanen im politisch-militärischen Bündnis kein Glück gebracht, sondern nur Enttäuschungen, vom Beginn an. Er hätte es früher bedenken müssen. Er fühle sich Italien gegenüber an nichts mehr gebunden. Die Folgerung daraus, die noch zu vollziehen sei, heiße Südtirol. Ein Adjutant überbrachte eine Meldung. Als Adolf Hitler das Gespräch fortsetzte, war die kritische Tendenz verändert.

Was wollten wir denn eigentlich von dem König und der Clique des Badoglio erwarten, außer Tücke und Erbärmlichkeit? Wieso erwarteten wir Treue und Beständigkeit zum Ehrenwort, wenn bei uns selbst der Verrat grassiere, wenn der Fahneneid für Generale nur eine fiktive Vorstellung sei, wenn sie sich in den Dienst des Bolschewismus stellten? Auch die nachträglichen Überlegungen, ob ein entschiedeneres Verhalten Italiens der friedlichen Regelung der Danzig- und Korridorfrage gedient hätten, seien unnütz. Denn das setze voraus, daß England willens gewesen wäre, überhaupt noch vernünftige Überlegungen anzustellen! England habe den Krieg gewollt und habe entsprechend gehandelt! Auch eine italienische Demonstration der solidarischen Einheit wäre letztlich ohne Einfluß geblieben.

Die Engländer würden erkennen müssen, daß ihr Kampf gegen Deutschland ein Kampf gegen die Einheit Europas sei und daß sie in diesem sinnlosen Kampf ihr Empire opferten.

Dann, nach einer Weile, sagte Adolf Hitler: Ja, Südtirol – Giesler, können Sie ermessen, wie mich dieses Opfer über die Jahre hin belastet hat?

421   Adolf Hitler war zu diesem Entschluß von Canaris gegen Ribbentrops Rat überredet worden. Über die hochinteressanten Hintergründe dieser Vorgänge vgl. Annelies v. Ribbentrop, Francos weltpolitische Entscheidung im Jahre 1940; in: Deutsche Hochschullehrer-Zeitung, 11. Jg. 1963, Nr. 3, S. 9 ff.

427   Im Herbst 1944 sagte Adolf Hitler zum gleichen Thema, die Strategie des Rußlandfeldzuges sei sorgfältig geplant und wohlüberlegt gewesen: Um schnelle Umfassungsangriffe führen zu können, habe er den für diese Operation notwendigen großen Raum gewinnen, jedoch etwa auf der Linie Peipus-See – Smolensk – Orel – Odessa verhalten wollen. Dann sollten aus der starken Heeresgruppe Mitte die beweglichen Verbände und Panzer herausgelöst werden und nach rechts und links einschwenken.

Nach rechts, um die Heersgruppe Süd zu verstärken, um das Donez-Gebiet und die Ölfelder von Krasnodar und Maikop zu nehmen.

Nach links, zur Heersgruppe Nord, mit dem Ziel, Leningrad einzunehmen, am Ladoga-See die Verbindung mit Finnland herzustellen, um so die Ostsee frei von Feindeinwirkung zu halten, – unerläßlich schon wegen der Versorgung, wegen des Nachschubs der Heersgruppe Nord und der Finnland-Front, der Erz- und Nickelversorgung und um den Ausbildungsraum der U-Boote störungsfrei zu halten.

Das sei die Strategie des Rußland-Feldzuges gewesen, – und was sei daraus geworden! „Was ist daraus durch Eigensinn und Besserwisserei geworden! – ja, manches grenzte an Befehlsverweigerung und fast an Sabotage!"

430   Gauleiter Paul Giesler, Gau München-Oberbayern.

431   Hitler im Herbst 1944: „Da zwingt man mich, anzuordnen, daß jeder, der mich aufsucht, nach Pistolen, Bomben oder Handgranaten untersucht wird."

433,1   Spiegelbild einer Verschwörung, Die Kaltenbrunner-Berichte an Bormann und Hitler über das Attentat vom 20. Juli 1944, Stuttgart 1961, S. 200.

433,2   Kaltenbrunner-Berichte, S. 68.

435,1   Darüber gibt Speer in seinen „Erinnerungen" eine entstellte, teilweise frei erfundene und verunglimpfende Darstellung, die den Verfasser zu einer Richtigstellung beim Propyläen-Verlag veranlaßte.
Vgl. Albert Speer, Erinnerungen, Berlin 1969, S. 158.

435,2   „Als Hitlers Lieblingsminister und einer der möglichen Nachfolger zählte ich nicht mehr – einige Einflüsterungen Bormanns sowie einige Wochen Krankheit hatten mich ausgeschaltet."
Speer, Erinnerungen, S. 341.

435,3   Der „Hohe Göll" ist ein mächtiges Gebirgsmassiv am Obersalzberg.

437,1   Vgl. die Kaltenbrunner-Berichte. Es kann nicht Sinn dieser Niederschrift sein, inzwischen veröffentlichte Dokumente aus der Erinnerung zu rekonstruieren. Wiedergegeben werden Erinnerungen, die für die weitere Schilderung bedeutungsvoll sind.

437,2   Giesler: Das Wesen von Freisler, seine Tonart, seine Schärfe entsprachen mir nicht, seine ironischen und heftigen Bemerkungen verstießen gegen die Würde des Gerichts und die Schwere der Beschuldigungen. Aber wenn heute im Fernsehen, sorgfältig ausgewählt, der damalige makabre Ablauf reflektiert wird, sollte man weder manipulieren noch dazu die Stimmen verzerren, damit die Szenerie nicht zur Farce wird.

439   In der zur Verfügung stehenden Literatur konnte die Richtigkeit dieser Behauptung nicht erwiesen werden.

443,1   Hierzu Speer mit ironischer Einfärbung:
„Daß General Fellgiebel, der Chef der Nachrichtentruppen, ebenfalls zu den Verschwörern gehört hatte, veranlaßte Hitler zu einem Ausbruch, in dem sich Genugtuung, Wut und Triumph mit dem Bewußtsein vermischten, gerechtfertigt zu sein: ,Jetzt weiß ich, warum in den letzten Jahren alle meine großen Pläne in Rußland scheitern mußten. Alles war Verrat. Ohne die Verräter wären wir längst Sieger! Hier ist meine Rechtfertigung vor der Geschichte! Nun muß unbedingt festgestellt werden, ob Fellgiebel einen direkten Draht nach der Schweiz hatte, über den alle meine Pläne an die Russen gingen...'"
Speer, Erinnerungen, S. 399f.

443,2   General Albert Praun hat seine Erinnerungen im Selbstverlag herausgegeben. Zu den ersten, nachstehend zitierten Sätzen bemerkt Giesler, daß Adolf Hitler nicht gestützt worden sei: Er hatte wohl in den ersten Tagen nach dem Attentat Gleichgewichtsstörungen, aber in der ganzen Zeit meiner Anwesenheit im FHQu habe ich nicht einmal gesehen, daß er gestützt wurde, auch nicht am 12. August, als General Praun ihm vorgestellt wurde.

General Praun berichtet:

„Ich durchquerte zum erstenmal die ‚Sperrkreise‘ bis zum Innersten, wo Guderian mich dem Führer vorstellte. Dieser, bleich und krank, ging müde, gestützt von zwei jungen SS-Offizieren auf die wieder instand gesetzte Baracke zu, in der er vor drei Wochen den Tod finden sollte. Hitlers Frage lautete:

‚Wo waren Sie bisher?‘

‚Ich führte eine Division an der Invasionsfront in der Normandie.‘

Ohne darauf einzugehen, antwortete er:

‚In Ihrem jetzigen Bereich sind haarsträubende Zustände, bringen Sie das in Ordnung!‘

Das war und blieb das einzige Gespräch, das ich mit Hitler führte. Die Lagebesprechung mußte ich vor der Baracke abwarten...

Da ich wußte, daß die Nachrichtenverbindungen Fellgiebels bestens in Ordnung waren, konnte es sich bei Hitlers ‚haarsträubenden Zuständen‘ nur um politische Dinge drehen...

Ich ging zu dem Kriminalrat, der für den Schutz Hitlers verantwortlich war. Er verwies mich an Kaltenbrunner, der die Untersuchung gegen die Attentäter leitete...

... Dann sprach ich (bei Kaltenbrunner, der Verf.) von den Vorwürfen gegen Fellgiebel, der angeblich über Leitungen nach Schweden und der Schweiz Landesverrat getrieben hatte. Wie sollte ich das Gegenteil, von dem ich überzeugt war, nachweisen? Kaltenbrunner machte den vernünftigen Vorschlag, nach diesen Dingen Fellgiebel selbst durch einen Stabsoffizier befragen zu lassen.

Wegen weiteren verdächtigten Stabsangehörigen verwies er mich an Gestapo-Chef Müller. Dieser sagte, der Selbstmord des Führers der Leitstelle der Nachrichtenaufklärung wäre überflüssig gewesen, man hätte ihm keinen Zusammenhang mit der Verschwörung nachgewiesen! Es sei nicht beabsichtigt, weitere Stabsangehörige zu verdächtigen. Auskünfte über Fellgiebel, Thiele, Hahn und Hassel lehnte er ab...

Ich folgte Kaltenbrunners Vorschlag und schickte zweimal Stabsoffiziere zu Fellgiebel, mit Fragebögen zu den Vorwürfen, die ihm gemacht wurden. Er gab beide Male zu, daß er Hochverrat, niemals aber Landesverrat mit Feind oder Neutralen getrieben habe, den er als Soldat ablehnte. Das war das eine Ergebnis.

Wie konnten aber seit langem intime Nachrichten aus dem Führerhauptquartier nach wenigen Stunden zum alliierten Sender Calais oder Luxemburg gelangen? Ich setzte eine Horchkompanie um das Führerhauptquartier, nach einem Schwarzsender zu hören, an. Der Einsatz brachte kein Ergebnis. Dann wurde behauptet, die Fernsprecher der Führervermittlung hörten Hitlers Gespräche mit, oder Unbefugte seien angeschaltet. Unweit lag das Armeenachrichten-Regiment der 4. Armee, das mein Adjutant von 1918, Oberstleutnant Dr. Alt, führte. Im Einvernehmen mit seinem Stabe kam er auf meinen Wunsch eines Abends überfallartig mit 200 Mann in Omnibussen und Lkws und besetzte die Fernsprechvermittlung im Führerhauptquartier. Die Offiziere der Führernachrichtenabteilung wurden gleichzeitig durch mich in ihrem Kasino festgehalten. Ich sagte ihnen, daß ich die ungerechtfertigten Vorwürfe gegen sie nachprüfen müsse. In mehreren Stunden wurden nun besonders die Verteiler gründlich nach Parallelschaltungen abgesucht, aber nichts gefunden.

Die Fernsprechvermittlung mit zahlreichen besonders guten Leitungen nach Berlin und allen Fronten wurde nicht nur durch den Wehrmachtsführungsstab, sondern auch von Hitler persönlich, Bormann und deren Hilfspersonal benutzt. Ich schlug Feldmarschall Keitel vor, eine Gesprächsüberwachung einzurichten und sie paritätisch mit Soldaten und Personal der Partei zu besetzen. Er war einverstanden, nahm aber sofort nicht nur Hitler, sondern auch sich selbst von der Überwachung aus...

Ich kann mir nur denken, daß von Berlin aus dann illegale Verbindungen über Funk oder Draht über das neutrale nach dem feindlichen Ausland liefen.

Die praktischen Maßnahmen, welche Fellgiebel zur Unterstützung des Attentats getroffen hatte, waren unzureichend. Er ließ die großen Vermittlungen ausschalten, welche Verbindung zum Führerhauptquartier in Ostpreußen hatten. Dazu setzte man zum Beispiel das Personal des ‚GBN‘ ein, um ‚Zeppelin‘ lahmzulegen, ohne daß jenes überhaupt die Schaltungen kannte. So kam es, daß verschiedene Leitungen nicht ausgeschaltet waren und zum Beispiel Goebbels mit Hitler sprechen konnte. Hier hätte viel solider gearbeitet werden müssen, um den Zweck zu erfüllen. Dann hätte man aber Personal der mittleren und unteren Ebene heranziehen müssen, das man verständlicherweise nicht einweihen wollte. Auch dadurch mißglückte die Revolution von oben.

Albert Praun: Soldat in der Telegraphen- und Nachrichtentruppe. Selbstverlag Würzburg 1965, S. 218 ff.

444,1   Praun notiert über einen Rapport am 22. April 1945 im Bunker der Reichskanzlei: „In Hitlers Nähe hörte man von ‚Verrat‘ sprechen, den es gar nicht gab, der aber davon ablenken sollte, daß es soweit kam.“
Praun S. 252.

Hierzu Giesler: Ich kann mir vorstellen, daß schon der Gedanke an Verrat dem Wesen des Truppenführers Praun widersprach. Jedoch mit seiner Notiz vom 22. April 1945 widerspricht der General seinem vorausgegangenen Bericht, in dem er den Verrat selbst vermutet: „Ich kann mir nur denken, daß von Berlin aus illegale Verbindungen über Funk oder Draht über das neutrale nach dem feindlichen Ausland liefen.“
Heute ist der Name Roessler bekannt. Aber schon als der General an seinem Buchmanuskript arbeitete, war an der Tatsache des Verrats kein Zweifel mehr möglich.

444,2   Hierzu Gieslers Kommentar:
Der Verrat hat einen Namen bekommen, er hatte ihn von Beginn an: „Werther“! Mittelspersonen und Spionage-Funkgruppen sind heute teilweise enttarnt oder haben sich rühmend zu ihrer Tätigkeit bekannt.
Neues brachten die Journalisten Accoce und Quet, sie hatten Bucherfolge in Frankreich mit „Der Krieg wurde in der Schweiz gewonnen“ und „Moskau wußte alles“. Ohne ihr gesamtes Material aufzudecken, nannten sie lediglich die Anfangsbuchstaben der Namen deutscher Verräter, hinter denen man Generale vermutet.
Die deutsche Presse nahm vereinzelt und zögernd diese sensationellen Veröffentlichungen auf. Der Historiker Walter Görlitz versuchte durch einen Artikel – „Haben deutsche Generäle als Verräter den Krieg entschieden“ – mögliche Folgerungen abzumindern oder herunterzuspielen (Die Welt, 15. 3. 1966).
In dem Buch „Hitler als militärischer Führer“ von Percy E. Schramm, Professor für Geschichte, erschienen 1962 im Athenäum-Verlag, befaßt sich der Autor mit dem Generalobersten Alfred Jodl. Schramm notiert in einer für einen Historiker bedenklichen Anmerkung: „Ich (Schramm) lasse die anschließenden Worte (Jodls): „und mit einem Nachrichtendienst, der teilweise für den Gegner arbeitete“ im Text weg, weil Jodl sich in dieser Hinsicht ein entstelltes Bild gemacht hatte“.
Jedoch nicht der Generaloberst Jodl entstellte, als er seine Aussage angesichts des Todes machte. Der Professor der Geschichte Schramm hätte diese Aussage zu achten und nicht zu verwischen; er verstößt damit gegen das wichtigste Postulat eines Historikers!
Seltsam ist, daß der Generaloberst Guderian in seinen kritischen, brillant geschriebenen „Erinnerungen eines Soldaten“ weder im Text noch im Namensregister die Namen Fellgiebel, Thiele, Hahn und Hassel auch nur erwähnt.
Der Widerspruch zu Gehlen gab wahrscheinlich Anlaß zu dem Artikel „Werther hat nie gelebt“. (Der Spiegel, 26/1972). Natürlich hat er nie gelebt, denn bei „Werther“ – das ist keine Fiktion, sondern eine Realität – handelt es sich um einen Tarnnamen für eine ganze Clique von Landesverrätern mit zum Teil hohem militärischem Rang.
Aber diese „Werther“-Clique stand nicht allein im Verratsgeschehen, man darf ihr

ANMERKUNGEN 519

nun keinesfalls alles unterstellen. Es minierten und unterhöhlten den deutschen
Unterbau etliche Gruppen, von denen hier nur eine genannt sei:
„Die unfaßbare Geschichte des Admirals Wilhelm Canaris, der als Hitlers Abwehr-
chef gleichzeitig ein geheimer Verbündeter der Briten war" (Jan Colvin, New York
1952). Dazu gehören als Dokumente auch die Aussagen des holländischen Generalmajors Giysbertus Jacobus Sas, bis 1940 Militärattaché in Berlin. Sas machte seine
Aussagen vor der ‚Niederländischen Dokumenten-Kommission' im Jahre 1948.
Zusammengefaßt lautete seine Aussage: Alle deutschen Angriffstermine wurden ihm
bis zum 10. Mai 1940 rechtzeitig von dem damaligen Obersten, späteren Generalmajor Oster, Leiter der Zentrale der deutschen Abwehr, zur Übermittlung an die
jeweilige Regierung bekanntgegeben.
Der Oberbefehlshaber der holländischen Streitkräfte, General Winkelmann, meinte,
als ihm der Militärattaché Sas eine neuerliche Verratsmeldung von Oster übermittelte: ‚Ich halte den Nachrichtenmann eigentlich für einen erbärmlichen Kerl.'
Erich Kern: Verrat an Deutschland, Göttingen ³1965, S. 19.

444,3   Andere Gruppen sind gekennzeichnet in: Annelies v. Ribbentrop, Deutsch-englische
Geheimverbindungen, Tübingen 1967.
Aber es gab auch den Verrat lange vor Ausbruch des Krieges, einen Verrat, der den
Krieg zum Ziel hatte, um damit Adolf Hitler und den Nationalsozialismus zu be-
seitigen. Vgl. A. v. Ribbentrop, Die Kriegsschuld des Widerstandes, Leoni 1974.

446   Vgl. Kaltenbrunner-Berichte, Stuttgart 1961, S. 275f.

447   Erst nach 1945 stellte sich in Veröffentlichungen zum Ruhme der Täter das ganze
Ausmaß des Hoch- und Landesverrates heraus. Es ist noch nicht untersucht, welcher
Schaden nicht nur der deutschen Sache, sondern den Völkern Europas daraus er-
wachsen ist. Adolf Hitler sagte im Herbst 1944 zum Verfasser:
„Es war ein dauerndes, eklatantes Versagen, – so jedenfalls schien es zuerst. Das
zwang mich zum Eingreifen und zur Ablösung von Canaris. Aber nach dem 20. Juli
wurde es richtig klar: Es war nicht nur Versagen, es waren bewußte Falschmeldungen, es war nicht nur Unvermögen, es war Sabotage, es war Verrat, – übelster, ge-
meinster Verrat, – unglaublich, daß so etwas überhaupt möglich ist. Das ganze Ausmaß der Verrats-Schurkerei dieser Halunken, die sich Offiziere nannten, trat
zutage.
Das hat mich tief erschüttert, weit mehr als das Attentat, – nun, das galt mir,
brachte aber treuen Mitarbeitern den Tod. Hier dagegen, bei dem dauernden Verrat
der Canaris und Oster, – ich weiß nicht, wieviele Soldaten diesem Verrat zum Opfer
fielen."

448   Joseph Görres, Proklamation Napoleons an die Völker Europas vor seinem Abzug
auf die Insel Elba; in: Rheinischer Merkur, Mai 1814.

449   Der englische Historiker J. F. Taylor beurteilt die Aussage Leuschners folgendermaßen:
Leuschner hat nach seiner Verurteilung durch den Volksgerichtshof – also zu einer
Zeit, als er nichts mehr zu gewinnen oder zu verlieren hatte, und daher auch nichts
mehr hinzuzusetzen oder zu verschweigen brauchte, folgendes ausgesagt: Bei seiner
zweiten Rücksprache mit Beck im Jahre 1943 habe ihm der frühere Generalstabschef
auf die Frage, ob und für welchen Zeitpunkt man nun den Putsch beabsichtige,
erklärt, daß ein solcher nicht mehr notwendig sei; man verfüge über genügend Vertrauensleute in Kommandostellen der Ostfront, so daß man den Krieg bis zum
Zusammenbruch des Regimes regulieren könne: diese Vertrauensleute arrangierten
z. B. Rückzüge ihrer Einheiten, ohne jeweils die Nachbareinheiten zu benachrichtigen. Die Folge war, daß die Sowjets in die so entstandenen Frontlücken ein-
brechen und die Front nach beiden Seiten aufrollen konnten. Diese Nachbareinheiten waren dann zum Rückzug gezwungen oder gerieten in Gefangenschaft; daß
ein solches Vorgehen hohe Verluste an Menschen und Material hatte, liegt auf der

Hand. Es muß den Verschwörern schon ein verdammt hohes Menschheitsziel vorgeschwebt haben, das solch große Opfer rechtfertigte!
J. F. Taylor: Der 20. Juli 1944, Bremen ²1968, S. 57.

450   Vgl. hierzu die Darstellung von Generaloberst Guderian:
„... Am 18. Juli meldete sich nachmittags ein mir von früher bekannter General der Luftwaffe und bat um eine Unterredung. Er teilte mir mit, daß der neue Befehlshaber West, Feldmarschall von Kluge, beabsichtige, ohne Wissen Hitlers einen Waffenstillstand mit den Westmächten zu schließen und zu diesem Zweck demnächst in Verhandlungen mit dem Feind einzutreten. Diese Nachricht wirkte auf mich wie ein Keulenschlag. Vor meinem geistigen Auge zeichneten sich sofort die Folgen ab, die dieser Schritt Kluges und seine Auswirkungen auf die schwankende Ostfront und auf das gesamtdeutsche Schicksal nach sich ziehen mußte. Er hätte den sofortigen Zusammenbruch unserer Verteidigung in West und Ost zur Folge gehabt und zu einem nicht aufzuhaltenden russischen Vormarsch geführt."
Heinz Guderian: Erinnerungen eines Soldaten, Heidelberg ⁴1960, Seite 306.

451   Wiederholte Äußerung Adolf Hitlers im Herbst 1944 zum Verfasser. Ebenso der nächste Satz.

457   Giesler erinnert sich genau, daß eines der Bücher das Werk über Kaiser Friedrich II. von Ernst Kantorowicz gewesen ist.

467   Der Luftangriff auf Peenemünde wurde geflogen am 17. 8. 1943. Hierauf bezieht sich die folgende Bemerkung Adolf Hitlers: „Endlich die V-Waffen, die Raketen! Ein Jahr wurde durch Verrat verloren, denn nur Verrat verursachte den furchtbaren Angriff von 600 englischen Bombern auf den Standort dieser Forschung und Entwicklung."

468,1   Erst später kam heraus, daß der Verräter von Peenemünde Dr. Otto John war. Er wurde, unter dem Decknamen Jürgens, williges Werkzeug des Mr. Sefton Delmer. Man fand ihn bestens geeignet als Präsidenten des bundesdeutschen Verfassungsschutzamtes, wo sich dann die Wahrheit des Sprichwortes erwies, daß die Katze das Mausen nicht läßt.

468,2   Zur selben Zeit notiert als Antwort auf eine Frage: „Die Wunderwaffen? – ja, sie sind da, sie werden entwickelt. Von Termin zu Termin werden sie mir zugesagt. So werde ich hingehalten. Ich rechne mit ihnen und werde enttäuscht. Versprechungen, Lügen wo ich nur hinsehe! Aber das ist nicht alles: Verrat, Sabotage, selbst da, wo man es nie vermuten würde!"

471   Aufschlußreich sind die Anmerkungen bei Irving!
David Irving: Hitler und seine Feldherren, Berlin 1975, S. 815 Anm. 9 und S. 816 Anm. 16; Dazu vgl. auch S. 449 f.

474   Generaloberst Jodl vor dem Nürnberger Tribunal.
IMT Band XV, S. 468 f.

475   Auf die gleiche Zeit bezieht sich folgende Notiz: „Ich fürchte den Tod nicht, es wäre mir leicht, aus diesem Leben zu scheiden, um den Mühen, Sorgen und schlaflosen Nächten zu entgehen. Was ist mein Leben? – es ist nur Kampf, Sorge und drückende Verantwortung."

479   Titel eines Buches über nicht ausgeführte Architektur-Entwürfe.

481   Helmut Sündermann berichtet darüber:
Die eilige Korrektur dieser Sprachregelung, ... geschieht in außergewöhnlicher Umgebung. Der Führer befindet sich in der Neuen Reichskanzlei an der Voßstraße in einem Raum, in dem Professor Giesler die Modelle für den Neubau von Linz aufgestellt hat. Es sind die einzigen Projekte dieser Art, deren Planung weitergeführt worden ist. Dem Führer bedeutet es eine Ablenkung, sich eine Stunde lang mit Zirkel und Vergrößerungsglas in architektonische Einzelheiten zu vertiefen.
Helmut Sündermann: Deutsche Notizen 1945/1965, Leoni 1965, S. 268.

Inhaltsverzeichnis